AURORA EGÍPCIA

EXPONDO A VERDADE NUA E CRUA POR TRÁS DO EGITO ANTIGO

ROBERT TEMPLE

AURORA EGÍPCIA

EXPONDO A VERDADE NUA E CRUA POR TRÁS DO EGITO ANTIGO

Tradução:
Soraya Borges de Freitas

MADRAS®

Publicado originalmente em inglês sob o título *Egyptian Dawn*, por The Random House Group Limited.
© 2010, Robert Temple.
Direitos de edição e tradução para o Brasil.
Tradução autorizada do inglês.
© 2013, Madras Editora Ltda.

Editor:
Wagner Veneziani Costa

Produção e Capa:
Equipe Técnica Madras

Tradução:
Soraya Borges de Freitas

Revisão da Tradução:
Bianca Rocha

Revisão:
Silvia Massimini Felix
Jerônimo Feitosa

Dados Internacionais de Catalogação na Publicação (CIP)
(Câmara Brasileira do Livro, SP, Brasil)

Temple, Robert K. G.
Aurora egípicia: expondo a verdade nua e crua por trás do Egito Antigo/Robert Temple; tradução Soraya Borges de Freitas. – São Paulo: Madras, 2013.
Título original: Egyptian dawn

ISBN 978-85-370-0842-3

1. Egito – Civilização – Até 332 A.C. 2. Egito – História – Até 332 A.C. 3. Pirâmides – Egito I. Título.

13-02711   CDD-932

Índices para catálogo sistemático:
1. Egito Antigo: Civilização: História 932

É proibida a reprodução total ou parcial desta obra, de qualquer forma ou por qualquer meio eletrônico, mecânico, inclusive por meio de processos xerográficos, incluindo ainda o uso da internet, sem a permissão expressa da Madras Editora, na pessoa de seu editor (Lei nº 9.610, de 19.2.98).

Todos os direitos desta edição, em língua portuguesa, reservados pela

MADRAS EDITORA LTDA.
Rua Paulo Gonçalves, 88 – Santana
CEP: 02403-020 – São Paulo/SP
Caixa Postal: 12183 – CEP: 02013-970
Tel.: (11) 2281-5555 – Fax: (11) 2959-3090
www.madras.com.br

DEDICATÓRIA

Dedico este livro primeiro à minha esposa Olivia, que me ajudou em todas as etapas, tanto nos sítios arqueológicos no Egito quanto na preparação deste livro. Ela também tirou muitas das fotos. Foi diretora associada de nosso Projeto para Datação Histórica, visitou e auxiliou em todos os sítios e supervisionou a maior parte da logística e dos arranjos de viagem e planejamento. Sua ajuda foi inestimável de várias formas em todos os meus livros desde os anos 1970 até o presente, e sem sua avaliação editorial e sugestões meus livros seriam muito inferiores e menos claros. Ela sempre me desafiou a explicar melhor as coisas e aperfeiçoou minha expressão, fraseologia e exposição em tudo que publiquei. Foi colaboradora em tempo integral, nem sempre adequadamente reconhecida como tal, e até nossos amigos mais íntimos não perceberam completamente o quanto ela esteve intimamente envolvida em toda a minha obra. Além de tudo isso, em seu tempo livre ela é a mulher mais maravilhosa do mundo.

Dedico este livro também a Amy Yuan, Meng Fanjing, Clara Coleridge Hebblethwaite e Jessica Coleridge Williams.

Quero dedicá-lo ainda a certos autores, artistas, cientistas, editores e estudiosos que são ou foram, quando estavam vivos, meus amigos íntimos e que, acredito, exemplificaram os padrões mais elevados de pensamento original e exposição destemida da verdade quando a viam: Michael Baigent, David Bohm, Mark Booth, Cecil Collins, Richard Gregory, Lu Gwei-djen, John Michell, Peter Mitchell (ganhador do Prêmio Nobel de Química, 1978), Joseph Needham, Rupert Sheldrake, Chandra Wickramasinghe e Arthur M. Young.

Que continue por um longo tempo a luta contra a ignorância, a estupidez, a vaidade e o egoísmo. Todos os citados contribuíram muito na batalha contra as trevas.

Agradecimentos

Meu primeiro agradecimento vai para minha esposa Olivia, que, como sempre, contribuiu muito com este livro, não só organizando as viagens ao Egito para pesquisa, mas também aconselhando sobre todo o conteúdo, bem como o revisando e também traduzindo parte do material francês usado em minha pesquisa.

Agradeço ao Conselho Supremo de Antiguidades do Egito por permitirem que eu, Olivia e o professor Ioannis Liritzis realizássemos a pesquisa arqueométrica em Gizé, concedendo-nos acesso especial aos Templos do Vale e da Esfinge, que parece não ter sido concedido a mais ninguém há algumas décadas. Agradeço também ao dr. Zahi Hawass por nos conceder permissão para descer e estudar o Poço de Osíris em Gizé, que está abaixo da Calçada de Quéfren e é um sítio que se identifica especialmente com sua pesquisa pessoal.

Um obrigado especial e minha admiração ao meu colega professor Ioannis Liritzis, diretor do Departamento de Estudos Mediterrâneos da Universidade de Aegean, em Rodes. Ioannis é o inventor da nova técnica de datação conhecida como termoluminescência óptica, que pode determinar quando dois fragmentos de pedra talhada prensados foram expostos pela última vez à luz do sol e, portanto, pode datar as estruturas das pedras diretamente. (Uma descrição dessa técnica e um relato de como Ioannis a descobriu podem ser vistos no texto principal.) Ioannis e eu resolvemos colaborar em um trabalho arqueométrico na Grécia e no Egito e um pouco de nosso trabalho egípcio está descrito aqui, por isso há o anúncio após o índice e o relato introdutório sobre "o Método de Datação de Liritzis". O restante de nossos achados aparecerá mais tarde em um livro em conjunto. Todos os nossos achados no Egito foram apresentados ao dr. Zahi Hawass bem antes da presente publicação, embora não saibamos se ele tomou alguma atitude para publicá-los no

Egito, o que era seu direito sob os novos termos de cooperação com estrangeiros.

Sou grato ao professor Gunter Dreyer, diretor do Instituto Alemão no Cairo, por nos convidar para datar a tumba do rei Khasekhemui (último rei da Segunda Dinastia) em Abidos durante sua escavação.

Agradeço especialmente a Mark Booth, outrora da Century Books, por autorizar este livro e pelo apoio amigável e entusiasmado que ele me deu para assegurar que esses achados fossem disponibilizados ao público geral.

A preparação das plantas do Planalto de Gizé e a verificação meticulosa dos dados usando um *software* avançado não seriam possíveis sem a colaboração gráfica de Jonathan Greet, que também é o *designer* e o encarregado do site deste livro, <www.egyptiandawn.info>, no qual se pode ver um grande número de outras ilustrações relativas ao livro.

Muito deste livro seria impossível sem o vasto e dedicado auxílio na tradução do alemão de minha amiga Eleonore Reed. Juntos, nós traduzimos as obras relevantes de Uvo Hölscher e Hermann Ricke, uma tarefa de extrema dificuldade. Tenho uma gratidão imensa a ela por isso. Agradeço também ao professor Horst Jaritz, ex-diretor do Instituto Suíço no Cairo, por me ajudar a traduzir uma passagem especialmente difícil no relato de Ricke sobre sua escavação do Templo da Esfinge.

Quero também expressar minha gratidão às seguintes pessoas:

Michael Lee, por escanear todas as ilustrações e fotos presentes neste livro e em seu site, uma tarefa especializada que exigiu muita habilidade, principalmente quando foi usado material mais antigo, o que exigia uma melhoria digital e a limpeza meticulosa das imagens. Meu agente Bill Hamilton da A. M. Heath, por sua atenção a este projeto em um período de tempo considerável. Mohammed Nazmy, por nos ajudar nos arranjos de viagem e acomodação no Egito. Simon Cox, por me disponibilizar os mapas do serviço topográfico egípcio e outros livros e materiais, bem como por suas úteis discussões. Meu amigo Stefano Greco, por encontrar e traduzir o livreto de Annibale Brandi do italiano, que pode ser visto no "Apêndice". Tessa Dickinson, por traduzir vários artigos de Egiptologia do francês e me auxiliar de outras formas. Livia Puggini, por me ajudar com outros trabalhos de tradução do alemão. Chris Prior, por fazer um cálculo matemático usado neste livro a meu pedido.

Olivia e eu devemos muito ao nosso bom e saudoso amigo Michael Scott, de Tânger, por nos levar ao Mezorah há muitos anos e nos autorizar a estudar e fotografar o sítio raramente visitado. Devemos um

Agradecimentos

agradecimento ao falecido Gordon Browne, do Marrocos, por informações e discussões úteis sobre o assunto. Sou particularmente grato a James Mavor por me enviar informação sobre seu estudo do Mezorah e me dar permissão para reproduzir o esboço de sua pesquisa (que pode ser vista no site deste livro) e citar trechos de seu artigo sobre o assunto.

Agradeço também à sra. Kathleen Kottler, da Califórnia, por disponibilizar material e fotos de seu pai, o falecido dr. Patrick O'Mara, e por me dar permissão para citar trechos de seus textos.

John Pye sempre me ajudou muito a adquirir publicações raras, como fez Shirley Lancaster.

A edição deste livro foi feita com muito prazer e eficiência pela animada e encantadora Briony Nelder, da Century. Agradeço também a Penny Isaac pelo cuidadoso copidesque.

ÍNDICE

O Método de Datação de Liritzis 15
1. Desmascarando a Grande Mentira 18
2. O Poço de Osíris em Gizé e Seus Mistérios 56
3. As Pirâmides São Antigas Demais 92
4. As Verdadeiras Localizações das Tumbas Reais em Gizé 162
5. Um Rei de Dois Metros e Meio de Altura 203
   Os resultados de datação 220
   Conclusões 221
6. Os "Reis Perdidos" e uma Pirâmide da Primeira Dinastia 222
7. Os Templos do Vale e da Esfinge em Gizé 288
   O Templo do Vale 295
   O Templo do Vale que ninguém conhece 333
   O Templo da Esfinge 347
   Os resultados de datação 368
8. Stonehenge na África 375

   Apêndices:
1. Dois Relatórios Antes Desconhecidos do Século XIX sobre as
   Passagens da Grande Pirâmide 441
2. "Medições" da Pedra de Palermo 448
3. Tradução da Introdução ao Relatório de Escavação de Uvo
   Hölscher sobre o Templo do Vale em Gizé 454

   Legendas da Seção de Pranchas Coloridas 469
   Índice Remissivo 489

Para ilustrações e documentos complementares veja:
www.egyptiandawn.info
Os resultados de datação apresentados neste livro foram obtidos pelo professor Ioannis
Liritzis e o autor como resultado de viagens conjuntas de pesquisa feitas por eles e Olivia
Temple ao Egito, com permissão oficial do Conselho Supremo de Antiguidades do Egito.

"(...) deixe-os marchar em silêncio sobre a incandescência pálida da planície; e ajoelhando, enfim, na névoa dos sonhos, lá onde as pessoas se aniquilam no pó inerte da terra (...) todo o sal da terra estremece no sonho. E de repente, ah, de repente, o que fazem essas vozes conosco? Arremate um deserto de espelhos no cemitério das torrentes, deixe-os apelar no decurso das eras! Erija pedras para minha fama, erija pedras em silêncio; e para guardar esses lugares, cavalhadas de bronze verde nos grandes caminhos!"

St. John Perse, *Anabase* (traduzido por T. S. Eliot, 1930)

O Método de Datação de Liritzis

O trabalho de datação referido neste livro baseou-se no desenvolvimento de uma nova técnica revolucionária de datação para a arqueologia, conhecida como *termoluminescência óptica*. Ela foi inventada e aperfeiçoada por meu colega grego, professor Ioannis Liritzis. Outra técnica para datar cerâmica com um nome semelhante, chamada apenas de *termoluminescência*, é conhecida há muito tempo. Mas a técnica de Ioannis é nova e determina a idade de pedras, não de cerâmicas.

Até agora não era possível que os arqueólogos datassem estruturas de pedra diretamente. Todas as medições de edifícios e estruturas sobre as quais você lê se baseiam em métodos *indiretos*. Pedaços de cerâmica espalhados ao redor de um sítio ou um pedaço de madeira ou outra matéria orgânica podem ser datados. (Madeira e matéria orgânica são datadas pelo famoso método carbono-14.) Então se conclui que talvez o edifício seja da mesma época que os pedaços encontrados ao redor e dentro dele. Pelo menos assim esperavam os arqueólogos! O que mais poderiam fazer? Eles não podiam datar o edifício. Mas agora isso pode ser feito. E, como isso se tornou possível, tudo mudará drasticamente. Em vez do processo indireto de "datação por associação", que foi praticado até hoje em todos os edifícios e estruturas de pedra, Ioannis pode obter uma datação direta das próprias estruturas.

O professor Ioannis Liritzis foi físico nuclear e, com seu conhecimento nessa área, ele conseguiu elaborar uma técnica com a qual pôde calcular a data da última exposição à luz de dois pedaços de pedra que foram prensados. (Logo mais apresentarei uma explicação de sua técnica e de como ele a desenvolveu.) Se pudermos detectar a época em que as pedras foram prensadas na construção do edifício, nós o datamos.

Muitas das antigas conjecturas agora podem se tornar certezas. Embora nossos resultados de datação costumem se espalhar por vários séculos, de modo que eles não podem nos afirmar por si sós se algo foi construído no reinado de um rei específico, podemos classificar com segurança as estruturas em períodos de tempo mais amplos. No Egito, por exemplo, podemos dizer se algo é do Antigo Império, do Médio Império ou do Novo Império.

Antes de desenvolver sua nova técnica, Ioannis conhecia bem o método de termoluminescência para datar cerâmica, que ele mesmo usava. Conhecia também a técnica de datação LOE (luminescência opticamente estimulada), usada principalmente para datar sedimentos geológicos, como areia do mar, lodo de rios e depósitos de loess. Às vezes a LOE é usada na arqueologia, como, por exemplo, para datar um sedimento geológico enterrado ou em um sítio arqueológico. Pode ser usada também para datar cerâmicas. A LOE data o tempo que passou desde que certos minerais, como quartzo e feldspato, foram expostos à luz pela última vez. Mas ninguém nunca utilizou os conceitos subjacentes a essa técnica para datar estruturas de pedra.

Ioannis começou a tentar compreender sozinho como alguém poderia datar diretamente os muros de um monumento. Ele pensou nos blocos de calcário sendo cortados e depois cinzelados para caber em uma parede. Imaginou-se como um minúsculo cristal de calcário passando por tudo isso. Lá estava ele em sua imaginação, um "cristal de calcita", sujeito a todas as forças ambientais que esses cristais sofrem, e tentou imaginar como elas eram. Como cristal, ele absorvia muitos dos elétrons livres da radiação de seu ambiente circundante. Alguns deles vieram de raios cósmicos. Outros, da radiação emitida por radioisótopos de urânio, tório, potássio e rubídio que estavam na vizinhança, bem como os raios gama emitidos por seu ambiente. (Esse bombardeio é chamado de "taxa de dose", como se o cristal fosse forçado a engolir um remédio.) O cristal em que Ioannis se transformou recebia altas doses e foi forçado a engolir muitos elétrons, que ficaram apertados em buracos microscópicos no cristal, chamados "armadilhas de elétrons". Mas, de repente, como cristal, Ioannis foi arrancado do útero de seu bloco de calcário e exposto, nu, ao sol. A energia da luz solar fez todos os elétrons começarem a sair de suas armadilhas e basicamente o cristal começou a vomitar todo o seu remédio. Em apenas poucas horas, o cristal perdeu todos os seus elétrons e todas as armadilhas ficaram vazias. Então, de repente, veio a escuridão e o cristal foi pressionado contra outro bloco de calcário, e nunca mais viu o sol de novo. Devagar, aos

O Método de Datação de Liritzis

poucos, os elétrons voltaram e começaram a preencher todos os buracos mais uma vez. Mas demorou muito. O choque da luz solar, como um banho gelado, nunca voltaria e o cristal traumatizado voltou à normalidade após muita terapia.

Após ter passado por tudo isso como um cristal em sua mente, Ioannis teve uma epifania. Como ele diz:

"E fez-se a luz! Uma ideia veio como uma luz impressionante! Estava inspirado! A exposição à luz do sol deu a resposta."

De repente, ele percebeu que a inundação do cristal de calcário com a luz do sol (chamada por ele de "alvejamento") e o esvaziamento de suas armadilhas de elétrons poderiam ser considerados como um ajuste de um "cronômetro de pedra" para o zero. Então, quando o cristal estivesse coberto de escuridão de novo e começasse a engolir seu remédio mais uma vez, com os elétrons rastejando como sempre pela radiação do ambiente, o cronômetro do cristal seria acionado de novo. E, se alguém retirasse o cristal novamente (sem expô-lo à luz) e contasse os elétrons presentes nele, saberia quantos anos se passaram desde que ele foi "alvejado" pelo sol. E isso daria uma data!

Claro que havia muitos detalhes ainda a resolver, como o tipo de ambiente em que a pedra esteve, se ele era muito radioativo ou apenas um pouco (uma taxa de alta dose ou uma baixa). Por isso Ioannis carrega com ele, onde estiver coletando amostras, uma máquina pesadíssima chamada detector de raios gama, que é de arrebentar as costas se formos a sítios remotos!

Capítulo 1

Desmascarando a Grande Mentira

O mais enigmático de todos os "mistérios antigos" é: "De onde veio a civilização egípcia?", junto com a questão "Quem construiu as pirâmides e por quê?". Muitos egiptólogos estão cheios dessas questões. Eles sentem que sabemos o suficiente para não nos preocuparmos, é apenas uma questão de preencher algumas lacunas, arrumar nossos fragmentos de conhecimento, encontrando pedaços de informação ocasionais em reescavações de tumbas que foram originalmente furtadas há muitos milhares de anos, e dizendo a todos que podem relaxar.

Mas na verdade as coisas não são bem assim. Neste livro desmascararei a Grande Mentira. Demonstrarei de forma conclusiva que muitos dos fatos que todos consideram certos estão errados. Indicarei as localizações exatas de tumbas do Antigo Império lacradas e ignoradas até agora e darei uma prova concreta disso; apresentarei novas datações de pirâmides, templos e tumbas baseando-me em uma nova técnica revolucionária de datação; desmascararei a prova falsa ingenuamente aceita pela comunidade da Egiptologia, com o resultado de que suas cronologias anteriores a 2200 a.C. estão erradas; explicarei que Quéops e Quéfren não poderiam ter construído as duas maiores pirâmides de Gizé; demonstrarei que havia duas civilizações egípcias ao mesmo tempo nos últimos anos pré-históricos em vez de apenas uma; explorarei a tumba mais incrível de Gizé, o Poço de Osíris, e revelarei a verdade sobre ela; descreverei o existente "Stonehenge da África", o maior círculo megalítico do mundo, ligado tanto aos construtores megalíticos da Europa quanto aos construtores das pirâmides de Gizé.

Até hoje nos deparamos com o enigma de como poderia surgir de repente uma civilização tão grandiosa, precedida apenas por tribos neolíticas. Devemos acreditar que o povo egípcio poderia passar, do nada, de cabanas de palha para pirâmides gigantescas (a base da Grande Pirâmide cobre uma área de 13,5 acres). Fácil quando você sabe como fazer!

Tudo neste livro será corroborado por várias notas de rodapé, muitas fotografias e provas concretas. As redatações de monumentos importantes fazem parte dos resultados de um projeto de datação realizado com um colega professoral, ex-físico nuclear, que inventou uma nova técnica revolucionária de datação. A permissão para essas redatações no Egito foi concedida oficialmente pelo Conselho Supremo de Antiguidades do país. Muitos dos resultados de datação que obtivemos, publicados e não publicados, levantaram questões sérias e forçaram reavaliações de cronologias.

Se isso soa sensacional, é porque é. Nós não devemos ter medo de mudança. Se precisarmos mudar nossas ideias, tudo bem. Começo da premissa de que ninguém está sempre certo. Cometemos erros sobre muitas questões. Mas o que todos devemos fazer é tentar sempre reduzi-los, chegando cada vez mais perto da verdade. Se virmos que estamos errados, devemos abandonar o falso caminho e tentar encontrar o verdadeiro. Este livro explora muitos deles.

No próximo capítulo, eu descrevo minha descida com um colega ao Poço de Osíris, que fica a 114 pés (34,7 metros) abaixo da superfície do Planalto de Gizé. No fundo há uma "tumba de Osíris", uma réplica secreta, subterrânea e simbólica da tumba mitológica do deus que foi rei dos mortos. Seu sarcófago de granito fica no centro de uma câmara cercada por um canal artificial cheio de água. Nenhum registro arqueológico desse sítio foi publicado. Os fanáticos religiosos o vandalizaram desde 1944 e quebraram os quatro pilares que ficavam ao redor da tumba, aparentemente em uma tentativa desvairada de destruir esse fantástico santuário subterrâneo. Poucos já puseram os olhos nessa tumba de Osíris e há raras fotografias dela. Eu consegui tirar fotos de cada estágio da descida e da tumba e aquelas que não puderam ser publicadas neste livro estão disponíveis no site www.egyptiandawn.info, que contém material complementar, principalmente um grande número de fotos adicionais.

Meu colega e eu obtivemos dois resultados de datação para essa câmara mortuária, que desafiam a base de toda a cronologia do Planalto de Gizé. Além disso, pela análise de difração de raio X, conseguimos descobrir que há um sarcófago na câmara esculpido de uma pedra específica que nunca foi usada em qualquer outro objeto de pedra em toda a história do Egito Antigo. Todos os detalhes dessas descobertas surpreendentes são apresentados no Capítulo 2.

No Capítulo 3, revelo a notícia inquietante de que as pirâmides são *antigas demais*. Usando a nova técnica revolucionária de datação chamada de termoluminescência óptica inventada por meu colega professor Ioannis Liritzis, uma amostra retirada da terceira pirâmide (supostamente a última das três a ser construída) provou que ela é de *antes* do rei Quéops. Portanto, a Grande Pirâmide (ou Pirâmide de Quéops, como é chamada às vezes), a Pirâmide de Quéfren e a Pirâmide de Miquerinos em Gizé não poderiam ter sido construídas por Quéops, Quéfren e Miquerinos. Elas existiam antes. Esses três reis vieram na Quarta Dinastia e as usurparam, construíram várias tumbas ao redor delas, encheram-nas com seus parentes e servos, centenas deles, e disseram serem suas. Mas elas foram construídas muito antes por outras pessoas.

Então quem as construiu? Nossos resultados de datação, bem como aqueles do Poço de Osíris lá perto, cobrem um vasto intervalo temporal e não indicam um ano ou até um século específico. Mas eles sugerem que as pirâmides seriam centenas de anos ou, possivelmente, até milhares de anos mais antigas do que todos pensam. De fato, não há hieróglifos nas pirâmides de Gizé, nenhuma inscrição e nenhum fragmento de evidência já foram encontrados dentro de cada uma das três pirâmides para associá-las com os faraós da Quarta Dinastia, à exceção de algumas pinturas grosseiras com tinta vermelha dentro de algumas câmaras acima da Câmara do Rei da Grande Pirâmide, que parecem mencionar o nome de Quéops (Khufu em egípcio, Quéops é a forma grega de seu nome). Com uma meticulosa análise de toda a prova documental sobre a estranha descoberta desses rabiscos em 1837, consegui demonstrar que eles foram forjados pelo coronel Howard Vyse para demonstrar a seus investidores financeiros que ele encontrara algo em uma pirâmide vazia, pois eles já tinham pago a ele para investigá-la, esperando encontrar tesouro. O relato completo desse ato de falsificação, até os detalhes dos dias exatos em que foi realizado, e uma confissão de Vyse em suas memórias de que as câmaras não continham nenhuma inscrição *após* a data na qual ele afirmou depois tê-las encontrado (que é uma contradição completa) estão no Capítulo 3. Isso significa que não há uma prova interna direta para sugerir quem foram os reais construtores das pirâmides de Gizé.

No Capítulo 4, recorro a algumas estranhas provas físicas que descobri e medi com cuidado dentro do Templo da Esfinge em Gizé, que normalmente é fechado não apenas aos visitantes, mas também aos arqueólogos. Consegui obter acesso especial a esse lugar e como resultado fiz algumas descobertas, que fotografei. Em minha opinião, elas demonstram que há ainda várias tumbas reais lacradas em Gizé de antes de 2200 a.C. e possivelmente muito antes disso.

Identifiquei os restos de mecanismos de descida para colocar sarcófagos de 40 a 60 toneladas dentro de cavernas secretas embaixo de vários locais em Gizé. Descobri também grandes blocos de estalactites pendendo do Templo da Esfinge, que nunca foram mencionados por nenhum dos escavadores desse sítio. Como eles eram pesados demais, eles não os retiraram, apenas os deixaram lá, onde permaneceram por pelo menos 4 mil anos. Eu tirei uma pequena amostra e a enviei a um especialista no Museu de História Natural em Londres pedindo sua opinião mineralógica. Ele confirmou que essas pedras foram retiradas de uma caverna de calcário e não poderiam ter vindo de outra fonte possível. Isso prova que, embaixo desse templo em Gizé, foram escavadas grandes cavernas nas quais ninguém entrou desde esses dias. (Os sítios foram cobertos de areia no mais tardar em 2000 a.C., dois deles só foram escavados em 1936, então não foi possível haver saque das tumbas e, portanto, ninguém poderia ter entrado nas cavernas ou câmaras por pelo menos 4 mil anos.) Eu descobri nada menos que sete dessas tumbas reais lacradas em Gizé e indico exatamente onde elas estão por meio de fotos e diagramas.

Publico aqui também, como um apêndice, uma obra até então desconhecida e perdida, uma tradução do italiano de um livreto impresso em particular, publicado em 1823, do qual restou apenas uma cópia em algum lugar, em uma cidade no interior da Itália onde o autor vivia. Ele foi descoberto e traduzido por meu amigo Stefano Greco. Esse livreto foi escrito por um amigo do capitão Giambattista Caviglia, o primeiro a redescobrir a Câmara Subterrânea da Grande Pirâmide em 1817. O autor descreve uma passagem embaixo da Grande Pirâmide. Ele diz que ela se estende horizontalmente da "gruta", um bolsão no leito de rocha, e parece estar oculta desde aquela época por uma queda de cascalho, de forma que essa passagem hoje é desconhecida e inexplorada. Publico também um relato em manuscrito de 1826 de um homem que explorou outra passagem "perdida" embaixo da Grande Pirâmide. Essas estranhas descrições de fontes antes desconhecidas levantam outras questões sobre que surpresas permanecem guardadas a nós dentro da Grande Pirâmide.

Descrevo como rastejei ao redor de muitos poços, túneis e câmaras em Gizé desconhecidos pelos arqueólogos. Fui o primeiro em décadas a conseguir acesso a partes lacradas do Templo do Vale ao lado da Esfinge em Gizé. As autoridades precisaram arrebentar os cadeados com martelos porque as chaves foram perdidas há muito tempo e os cadeados estavam enferrujados. Consegui entrar em espaços completamente desconhecidos dentro das paredes do templo, que não aparecem em nenhuma das plantas: uma misteriosa câmara sem saída, poços vazios de 30 pés (nove metros) de altura e estranhas passagens estreitas ao nível do solo. Estas lembravam os buracos por onde as cobras saíam e entravam, pois elas tradicionalmente gostam de viver dentro das fundações dos templos egípcios. As ancestrais originais delas provavelmente foram colocadas lá como guardiãs pelos últimos sacerdotes para proteger as criptas e câmaras ocultas quando a civilização egípcia foi aniquilada pelos persas invasores há mais de dois milênios e meio. Esses "buracos de cobras" menores levavam a espaços maiores nos quais eu entrei rastejando, sufocando com a poeira. As fotos de todas essas descobertas também estão no site deste livro. Discuto o possível significado de todas essas características interiores ocultas de um templo pelo qual mais de 1 milhão de pessoas passam todos os anos, ignorando completamente os segredos que estão há apenas alguns passos de onde elas caminham.

Nós obtivemos novas datações desse templo, bem como do Templo da Esfinge, e eu as comparo e discuto quem pode ter construído essas estruturas enormes e se elas são contemporâneas das pirâmides, ou se foram construídas depois. Apresento provas de uma descoberta arqueológica dentro do Templo do Vale, um templo atribuído normalmente ao rei Quéfren da Quarta Dinastia, que em vez disso o associam a um rei muito anterior, chamado rei Send, da Segunda Dinastia, de quem quase nada se sabe. (Seu nome também é escrito como Sened e significa "o Assustador" ou "o Temido". Alguns especialistas sugerem que Send não foi um rei da Segunda Dinastia, mas sim um rei muito anterior, mais conhecido pelo nome de "Rei Escorpião", que viveu antes da Primeira Dinastia, convencionalmente datada em cerca de 3200 a.C.)

Uma cobertura fotográfica completa de todas essas descobertas é apresentada aqui no livro ou no site complementar, para que todos os espaços estranhos onde entrei possam ser vistos pelos leitores. Não existem outras fotografias da maioria desses locais.

Dirijo-me então à estranha questão das datas e ao enigma de quem poderia ter construído esses edifícios. Considero o último rei da Segunda Dinastia. Fomos convidados pelo escavador a ver sua tumba em Abidos, no sul do Egito ("Alto Egito"), escavada de novo pela primeira vez desde a era vitoriana. Ficou descoberta por apenas duas semanas e

Desmascarando a Grande Mentira

depois foi coberta de novo com areia. Tirei uma série completa de fotos coloridas na ocasião. Eles nos pediram para tirar amostras para datação de pedra, madeira e cerâmica, o que nós fizemos. Essas datações são discutidas e considera-se a natureza estranha desse rei, que diziam ter 2,5 metros de altura. Estudamos o uso inferior da pedra por esse rei, cuja câmara do sarcófago, como demonstro, foi feita de blocos de calcário tão mal entalhados que pareciam cortados por um chimpanzé. Supõe-se que esse homem tenha sido o último rei da Segunda Dinastia, sucedido imediatamente pelo primeiro rei da Terceira Dinastia, que construiu a gigantesca Pirâmide de Degraus em Saqqara apenas 20 ou 30 anos depois da morte de seu "antecessor". Essa pirâmide contém aproximadamente 1 milhão de toneladas de pedras moldadas com esmero. Como, em apenas 20 anos, a tecnologia em pedras progrediria do entalhe de algumas pedrinhas para uma sepultura patética até uma pirâmide enorme como aquela, projetada e construída pelos mestres de seu ofício? Isso é completamente impossível e, portanto, torna-se necessário repensar tudo que acontecia no "Egito Arcaico". Demonstro que havia claramente duas civilizações egípcias separadas naquele tempo: uma tecnologicamente avançada e a outra atrasada. Elas viviam com muita dificuldade lado a lado e, por isso, toda a questão das primeiras "dinastias" é confusa e bizarra.

Ao olhar para essas questões obscuras, percebi que havia algo drasticamente errado com a prova na qual os egiptólogos confiavam desde 1910 ao construir uma suposta "cronologia" para esse período inicial no Egito. Há uma pedra famosa com uma lista cuidadosamente entalhada conhecida como a "lista dos reis". Ela é conhecida como a Pedra de Palermo (preservada no museu em Palermo, na Sicília). Ela pertence à Quinta Dinastia e lista os primeiros reis. Infelizmente, é apenas um fragmento modesto do que já foi uma pedra enorme. Sua autenticidade é inquestionável. Porém, em 1910, vários fragmentos apareceram à venda no Bazar do Cairo, como se fossem pedaços adicionais dessa pedra. Eles são conhecidos em grupo como a "Pedra do Cairo" ou "Fragmentos do Cairo". Um deles está em Londres e o resto está no Cairo. Os egiptólogos ficaram quase loucos de alegria quando eles foram descobertos e suas inscrições logo foram aceitas como registros históricos autênticos. Quando ficou claro depois que eles não poderiam ser da mesma pedra real que a de Palermo, não fizeram muito estardalhaço e as pessoas apenas resmungaram: "Ah, elas não podem ser da mesma pedra, mas eram claramente de *outra*". Ignorou-se a fraqueza desse argumento porque ninguém queria desistir deles.

Porém, pode-se demonstrar de forma conclusiva, em minha opinião, que cinco dos seis fragmentos que compõem a Pedra do Cairo são falsos. (E olhe só! O único que não é contém pouquíssima informação e não tem tanta importância.) Isso significa que partes de todo livro que discutiu o início da história do Egito e a cronologia desde 1910 estão cheias de informações falsas fabricadas por um falsificador de antiguidades. E o pior é que esses pseudofragmentos são muitas vezes examinados como sendo a Pedra de Palermo, sem qualquer diferenciação entre eles e a pedra autêntica, de modo que, quando são criados dogmas históricos sobre o início da história egípcia com base na Pedra de Palermo, fica impossível saber se a informação vem de uma fonte real ou de uma falsa, a menos que você tenha um conhecimento prévio do que havia em cada um, o que claramente não se espera que a maioria, até muitos egiptólogos, tenha. Então isso deixa tudo sobre o início da história do Egito e sua cronologia em uma bagunça total.

Mas também há muitos outros enigmas. Às vezes há reis "demais" com o mesmo nome. Por exemplo, o rei Teti. Todos estavam muito felizes quando havia apenas um, mas então veio outro, e mais outro. Agora nós temos três Tetis e simplesmente não sabemos o que fazer com eles. Em outras ocasiões, há nomes sem reis. Veja "Menés", por exemplo. Ele deveria ser o unificador do Egito. Mas quem foi ele? Explico o que o nome "Menés" realmente significava. Mas uma coisa está certa: na verdade, nunca houve um rei com esse nome durante toda a sua vida.

Há também muitos "reis perdidos" do Egito primitivo, nomes sem fatos, e também há fatos sem nomes. Alguns estudiosos acham que havia nove reis na Terceira Dinastia, outros, apenas três. Chamo a atenção para 13 reis pré-dinásticos "perdidos", apresento evidências provando sua existência e traduzo seus nomes pela primeira vez. Mas não há apenas reis "perdidos". Há também uma pirâmide "perdida". Essa importante pirâmide foi construída por um rei da Primeira Dinastia. Publico uma foto dela, quando foi escavada em 1937. Mas por que ninguém nunca a menciona?

Bem, isso é um caos em grande escala. E agora, só para dificultar mais as coisas, descobrimos datas "impossivelmente antigas" para monumentos importantes como as pirâmides de Gizé usando nossa nova técnica de datação.

Então o que realmente aconteceu?

Tentei investigar quem realmente construiu as pirâmides de Gizé. Em 1956, o antropólogo físico (um tipo de antropólogo especializado na análise de crânios e esqueletos) D. E. Derry publicou um artigo no

The Journal of Egyptian Archaeology (Volume 42) intitulado "The Dynastic Race in Egypt". Nesse artigo, ele relatou os resultados de seus estudos (biométricos em esqueletos e crânios do norte e do sul nas sepulturas pré-dinasticas e dos primeiros anos da dinastia egípcia). Suas conclusões foram absolutas, baseadas em medições meticulosas dos ossos e do crânio que não poderiam ser questionadas. Ele disse: "(...) fiz a descoberta inesperada de que os construtores das pirâmides eram de uma raça diferente do povo cuja ascendência eles supostamente tinham. Naturalmente, depois disso me perguntaram de onde os invasores vieram. Minha resposta foi que definitivamente eles não vieram do sul (...) Se essas pessoas vieram do norte, elas devem ter cruzado o mar".

Quem poderiam ser essas pessoas? A declaração emocionante e serpreendente de Derry me levou a um pensamento lateral. Se eles fossem de um período anterior ao da Terceira Dinastia (estendendo-se, por convenção, de 2686 a 2575 a.C., embora ninguém concorde quanto à duração), então claramente eles não poderiam ser os reis do sul, que não conseguiam esculpir um bloco de calcário melhor do que um chimpanzé. Quem estava lá, então, no norte? Ou quem poderia ter entrado no norte pelo mar? Isso me levou a algumas descobertas bem bizarras sobre a região norte do Egito conhecida como Delta. Comecei a levar mais a sério o povo extraordinariamente obscuro amontoado sob o termo vago "líbios". Mas o que era um líbio naquela época? Bem, isso acabou sendo mais complicado do que eu imaginava.

Uma mulher que eu mal conhecia, Alessandra Nibbi, passou a maior parte de sua vida tentando explicar para seus colegas egiptólogos que "havia algo errado com o Delta", mas eles não a ouviam. Quando percebi a verdadeira importância de seu trabalho, ela já tinha morrido. Mas consegui reunir todos os seus artigos impressos comprando uma coleção completa de *Discussions in Egyptology*, uma revista publicada em Oxford editada por Alessandra na qual ela escreveu suas estranhas observações, feitas após explorações pessoais na geografia do Delta. Isso envolvia as descobertas de que o "cedro-do-líbano" não veio do Líbano, que o papiro só cresce em certas condições específicas desconhecidas, ao que parece, pela maioria dos egiptólogos, que havia em uma época muito distante uma rota fluvial para o Sinai e outras coisas surpreendentes que desafiaram tudo que eu achava saber sobre esses assuntos.

(Eu já sabia que os nomes de lugares antigos muitas vezes podem enganar. Por exemplo, Paulo na estrada para Damasco não ia para Damasco na Síria, mas para uma cidade na Judeia com esse nome. Da mesma forma, Jesus de Nazaré não era de Nazaré, porque essa cidade só passou a existir mais de três séculos após sua morte, e "de Nazaré" é um erro textual dos copistas do último evangelho no lugar de "o Nazareno", uma seita judaica antagônica aos saduceus, que recebeu esse nome por causa da palavra aramaica *nazar*, que significa "verdade". Além disso, há uma parte da cidade agora conhecida como Cairo que já se chamou "Babilônia", mesmo sem ter qualquer ligação com os babilônios. Então precisamos ter cuidado com essas coisas!)

Descobri que "líbios" era um termo impreciso usado para se referir a qualquer um que vivesse a oeste do Egito até a Costa Atlântica. Essa é uma categoria bem ampla e vaga, cobrindo talvez mil milhas (1.609 quilômetros) de território e inúmeros povos diferentes. Alessandra Nibbi achava que algum tipo de "líbio" também habitou todo o norte do Egito do ponto onde o Nilo se divide e se espalha em forma de leque para formar o Delta. Mas Gizé fica logo abaixo desse ponto. Então me perguntei se algum "líbio" poderia estar envolvido na construção das pirâmides. Mas quem realmente eram esses povos indefinidos? As pessoas costumam falar muito sobre os líbios antigos e alguns especialistas tentaram simplificar o problema dividindo-os em "orientais" e "ocidentais". Isso deveria ajudar de alguma forma. Mas é simplista demais, como dividir os índios americanos em grupos orientais e ocidentais. Isso ainda não identifica os Cheyenne, os Apaches, os Navajos, os Hurons, os Algonquins ou os Sioux, nem quer dizer muito, exceto por uma decisão de dividir a ignorância em duas na esperança que duas metades de um problema pareçam de alguma forma menos intimidadoras do que um problema inteiro.

Então lembrei que minha esposa Olivia e eu soubemos afinal algumas coisas surpreendentes sobre alguns "líbios" antigos desconhecidos, mas nunca fiz a ligação potencial com o Egito antes. Há muitos anos visitamos um local incrível na selva mais erma do Marrocos, onde existe o maior círculo megalítico do mundo. Não só fotografamos esse local, que poucos além dos marroquinos locais já viram, como também eu passei muito tempo o investigando e até escrevemos sobre muitas descobertas extraordinárias relativas a ele e a sobrevivência de uma memória dele na antiga lenda grega como o local do chamado "Jardim das Hespérides", onde cresciam maçãs douradas e Atlas segurava o mundo em seus ombros. Eu sabia que o Oceano Atlântico recebera esse nome por causa da figura mitológica de Atlas e acreditava que finalmente tinha a explicação verdadeira para a lenda do continente perdido de Atlântida. Pretendia "um dia" conseguir escrever um livro inteiro sobre isso. De repente, esse projeto meio esquecido, guardado em uma caixa em algum lugar de meu estúdio, deu um "clique" em minha cabeça.

Eu sabia que esses misteriosos "líbios" conseguiram construir muralhas com blocos de pedra de 40 toneladas, bem como levantar menires enormes com quase 20 pés (seis metros) de altura e muitas toneladas de peso. Eu tinha até fotos para provar isso. Eu sabia que seu círculo megalítico tinha correlações astronômicas incríveis e que essas pessoas eram matemáticas e geômetras avançadas, bem como astrônomas. De repente percebi que tinha uma resposta possível para a identidade dos misteriosos construtores das pirâmides. Esse mesmo povo ou outro ligado a ele habitando o Delta egípcio pode ter construído o Complexo de Gizé ou colaborado em sua construção. Naquele tempo eles teriam dominado o Egito pelo menos até mais ao sul na altura de Meidum (agora a quatro horas ao sul do Cairo de carro). O povo considerado normalmente "egípcio" naquele tempo estava estabelecido no Alto Egito, o sul do país.

Aurora Egípcia inclui agora um relato completo do "Stonehenge da África", que eu suspeito ter sido construído pelo mesmo povo, cujos descendentes ergueram depois as pirâmides de Gizé. Nessa data pré-histórica, que está de acordo com nossos novos achados de datação, o mundo era um lugar muito diferente do que se imaginava até agora. O mito de "Atlântida" foi uma lenda fabricada pela desinformação espalhada por esse povo para enganar outros exploradores marítimos do Mediterrâneo que poderiam se afastar para além dos Pilares de Hércules até o Atlântico. Pois esse povo se estabeleceu por toda a costa atlântica até a Grã-Bretanha, Irlanda e além, e em direção ao sul ao longo da costa marroquina. Em outras palavras, os construtores da versão mais antiga de Stonehenge e Avebury na Grã-Bretanha estão diretamente ligados aos construtores das pirâmides de Gizé. "Atlântida" como uma ilha nunca existiu. Contava-se às pessoas que esse lugar existia para encorajá-las a desviar e navegar direto para o meio do oceano em busca de algo que nunca esteve lá, na esperança de que eles se perdessem e naufragassem. A verdadeira "Atlântida" foi a civilização da costa atlântica dos construtores megalíticos. Ela foi herdada depois, desde cerca de 1550 a.C., pelos fenícios. Prosperou com o comércio.

Por ironia, em busca de uma resposta aos mistérios de Gizé no Egito, acabei ligando-a com esses construtores megalíticos familiares para os britânicos. Consegui até demonstrar que a região chamada hoje de Líbia está cheia de colunas verticais com pedras colocadas no topo, os "trílitos", como aqueles de um último estágio de Stonehenge, sugerindo que as comunicações entre a costa norte-africana e a Grã-Bretanha permaneceram por milênios. Justifica até o estranho comentário preservado pelo antigo historiador inglês Geoffrey de Monmouth, o qual diz que as pedras de Stonehenge foram levadas da África. Na verdade não foram as pedras em si, mas o padrão e a tradição dos círculos de pedra que foram levados da África para a Inglaterra. Mas as maiores façanhas desse povo, a fundação de Mênfis e a construção do Complexo de Gizé logo abaixo do Delta do Egito, foram dominadas por uma invasão do sul, os construtores originais foram expulsos e esses locais foram herdados e absorvidos pelo povo que estamos mais acostumados a chamar de egípcios genuínos. A tecnologia de pedra secreta permaneceu em uma forma diminuta como um segredo real no norte, mas nunca se permitiu sua propagação para o sul, no Egito "unificado" de modo constrangedor dos períodos arcaico e do Antigo Império.

Quando aconteceu o "Primeiro Período Intermediário" de praga, colapso social e caos em cerca de 2000 a.C., a verdade sobre todas essas coisas se perdeu. Quando os egípcios se recuperaram de novo e restabeleceram a vida civilizada, talvez 150 anos depois, no período chamado de Médio Império, os "líbios" eram uma memória distante ou pessoas encontradas às vezes na batalha e no comércio, mas não mais uma civilização dominante. Alguns dos primeiros reis egípcios tomaram princesas "líbias" como suas rainhas, cuja deusa padroeira chamava-se Neith, e uma dessas rainhas até se chamava Neith-Hotep ("oferta a Neith"), enquanto outra se chamava Mer-Neith ("amada por Neith"). Mas os "líbios" desapareceram mais ou menos da vista dos egípcios como um fator sério após 2000 a.C. É verdade que por volta de 950 a.C. uma dinastia "líbia", conhecida como 22ª Dinastia, chegou ao poder no Egito. Mas isso nada tinha a ver com a história antiga.

A história apresentada neste livro, portanto, engloba e unifica as tradições das origens da civilização egípcia, a construção das pirâmides de Gizé, os construtores de Stonehenge e até dá uma explicação completa possível do mito de "Atlântida". De certo modo, "Atlântida" realmente existiu. Mas foi uma civilização costeira, não insular, do Oceano Atlântico. Esta foi a civilização que originou a compreensão da terra como uma esfera, que possuía um conhecimento profundo de astronomia, matemática e geometria e uma tecnologia de pedra avançada. Eu acredito que o apogeu das façanhas desse povo, um ramo ocidental de quem construiu o Stonehenge na Grã-Bretanha, foi a construção da Grande Pirâmide, a personificação mais suprema da ciência antiga avançada já construída e um triunfo da engenhosidade que parece estar além das capacidades comuns dos humanos antes ou depois. Até hoje ainda não conseguimos construir uma estrutura dessas. Isso deixa aberta a possibilidade levantada originalmente em meu livro *O Mistério de Sírius* de que a ligação com a estrela Sírius não foi um mero acidente. Pois esses primeiros tecnólogos de pedra e mestres geômetras não precisavam estar sozinhos. Agora temos uma história reconstruída coerente. Enfim nós podemos pensar com confiança em uma *Aurora Egípcia*.

Agora quero revelar algumas descobertas sobre o Planalto de Gizé no Egito que mostram que cada pedaço do projeto do planalto e de seus principais monumentos é uma façanha tão impressionante quanto a construção dos próprios monumentos. As três pirâmides principais e a Esfinge foram todas planejadas como um conceito de desenho unificado. Isso ficará óbvio quando eu revelar todas as provas novas. O brilhantismo da proeza intelectual do planejamento e desenho do planalto é tão devastador que não consigo pensar em outro feito de arquitetura na terra planejado com tanta intensidade e que demonstre uma genialidade comparável. Ao apresentar um relato disso, discutirei apenas o *projeto completo* do Planalto de Gizé e ignorarei as pirâmides individuais como estruturas separadas.

O "Projeto de Gizé" é essencialmente invisível e foi feito assim. Não há nada óbvio nele e nenhum olhar casual deveria percebê-lo. Como diz o velho provérbio: "O melhor esconderijo é à vista de todos". Bem, o Planalto de Gizé esteve lá por milhares de anos e guardou muito bem seus segredos, apesar de estar lá para todos verem.

Ao desenvolver tudo isso, usei os melhores materiais disponíveis: os mapas de serviço topográfico do governo egípcio do Planalto de Gizé. Quando são bem ampliados, descobre-se que eles não têm uma precisão absoluta, mas se aproximam o suficiente para uma análise prática. Desenhei primeiro tudo no papel com réguas e compassos e quando terminei me reuni com meu colaborador gráfico, Jonathan Greet, especialista nas complexidades do *software* Adobe Illustrator. Nós ampliamos os mapas em um monitor grande de computador até o tamanho em que um *pixel* digital equivalesse a um pé no solo. Todas as nossas medições foram verificadas até um nível de acurácia de dois *pixels*, equivalente a dois pés no solo. Como algumas das coisas que descobri no papel não passam pelo "teste dos dois pés", eu as rejeitei. Se fosse aceito um controle de qualidade menos preciso, então haveria muito mais correlações, mas eu quis ser o mais rigoroso possível. Jonny sempre estava pronto para dizer com sua voz de advertência: "curto demais" ou "longo demais" por alguns pés, então sempre os diminuíamos. Preciso acrescentar outra qualificação de que nossa acurácia depende também da acurácia dos mapas do serviço topográfico e, se eles estiverem levemente em desacordo, então as correlações dadas aqui podem estar erradas por uns poucos pés, mas não temos jeito de saber isso.

O Planalto de Gizé, para quem não teve a felicidade de visitá-lo em pessoa, precisa ser visualizado de seu declive. Ele parece plano no mapa, mas não é. O fenômeno de medição que estou prestes a revelar seria impressionante o bastante se tivesse ocorrido em uma superfície completamente plana. Mas essas medições foram realizadas e implementadas em declives e diversos níveis de solo. As façanhas de engenharia envolvidas nisso são surpreendentes de contemplar. Mas aqui só vou discutir o projeto *em si*.

A área do Planalto de Gizé incluída no Projeto de Gizé é de 10.834.564,73 pés quadrados (1.006.564 metros quadrados). Conseguir especificar as correlações geométricas que descobri em dois pés em uma área de quase 11 milhões de pés quadrados basta para o propósito, eu acho.

Então vamos lá. Tudo começa não com substância, mas com sombra, o que é minha brincadeirinha, como você logo entenderá. A menos que se saiba atrás do que os egípcios estavam e a importância dessa sombra sobre eles, nunca se poderá entender o Projeto de Gizé, por mais que se tente. Por isso eles conseguiram "esconder tudo à vista" com tanta facilidade. Pois o Projeto de Gizé *tinha de incluir a sombra* para sua fronteira setentrional começar longe da extremidade setentrional da Grande Pirâmide. Sem saber isso, você não consegue nem começar a resolver o problema do projeto total. Em meu livro anterior, *The Sphinx Mystery*, eu publiquei o "Projeto Dourado de Gizé", que não se fia na sombra. Mas eu sempre soube que era uma mera parte da resposta. Pois há na realidade três Projetos de Gizé simultâneos e sobrepostos e é o Quadrado da Sombra de Gizé, o primeiro deles, que originalmente gerou e ditou o formato e a natureza do desenho do planalto e seus principais monumentos. Então começaremos com isso. Ao explicar isso, demonstrarei como todo o Planalto de Gizé foi concebido, por que as três pirâmides foram colocadas onde estão e por que têm esse tamanho. Quando compreendermos o início do projeto completo, tudo o mais entrará no lugar.

Ao tentar "reverter a engenharia" do desenho do Planalto de Gizé e descobrir como os egípcios começaram a construí-lo, em oposição

Desmascarando a Grande Mentira

ao modo bem diferente no qual eu descobri pessoalmente, decidi que seu conceito inicial era a necessidade para o comprimento de sombra mais longo possível que eles pudessem razoavelmente esperar conseguir emitido por uma estrutura sólida e permanente. A estrutura mais estável possível dessa altura era uma pirâmide, e nenhum outro formato seria tão feliz e satisfatório. Precisamos aceitar que, sejam quais forem os motivos, os egípcios estavam obcecados pelo calendário e sentiam uma necessidade imperiosa de descobrir a duração certa do ano solar em tantas frações quantas fossem possíveis. Eles tinham um sistema decimal e dividiam seus números em dezenas, centenas, milhares, dez milhares, etc., assim como nós. Mas não há provas de que estenderam seu sistema decimal para expressar frações também como decimais. (Meu relato sobre a invenção das frações decimais pelos chineses no século I a.C. pode ser visto em meu livro *The Genius of China*.)[1] Nós nunca encontramos um exemplo de um egípcio escrevendo 10,0972, 22,25, 17,62 ou algo assim. Em vez disso, as frações sempre foram escritas como tal e até a forma em que faziam isso era um tanto peculiar. Não quero entrar em detalhes sobre as frações egípcias porque seria uma digressão desnecessária para este livro. Basta dizer que eles muitas vezes escreviam longas séries delas sem parar, em geral como uma série decrescente de frações cada vez menores. Para nós parece bizarro, mas para eles era normal.

Então comecemos com o que os egípcios deviam considerar seu requisito fundamental. Eles precisavam produzir uma sombra bem definida ao meio-dia em cada solstício de inverno (que seria a sombra mais longa do ano), que segundo os cálculos deveria ter 648 pés (197,5 metros) de comprimento. (Obviamente eles usavam côvados, mas, como não quero confundir o leitor com essa medida, usei o pé inglês.) O crédito por calcular esse comprimento de sombra, perceber sua importância e deduzir que o verdadeiro objetivo da Grande Pirâmide era lançá-la para propósitos de cálculos do calendário pertence ao gênio autodidata do século XIX Moses B. Cotsworth de York, de quem falei antes em meu livro *The Crystal Sun* (2000).[2]

Eles resolveram de alguma forma que, a menos que tivessem uma sombra tão comprida, não poderiam alcançar a acurácia de que precisavam para medir o comprimento do ano com precisão suficiente. Os

---

1. Robert Temple, *The Genius of China: 3,000 Years of Science, Discovery and Invention*, Andre Deutsch, London, 2007 (nova edição), p. 156.
2. Cotsworth, Moses B., *The Rational Almanac*, York, 1905, p. 64-67. Tenho a sorte de ter uma cópia assinada dessa segunda edição rara e ampliada (a primeira e mais curta edição apareceu em 1902).

solstícios são "vagos" porque o sol atinge sua posição máxima no norte ou no sul e, a olho nu, parece "flutuar" lá por dois ou três dias, de forma que ninguém consegue determinar o momento absoluto do solstício direito sem uma sombra de comprimento extremo, que por si só possibilita a medição precisa de seu comprimento máximo de sombra para ajudar na identificação do "momento do solstício". O leitor vai ter de se virar sem todas as evidências e provas disso, algumas das quais discuti em meu livro *The Crystal Sun*, mas o relato completo aparecerá em todos os detalhes em um livro futuro. Não há espaço aqui para explicar tudo isso por completo, com o acompanhamento dos diagramas necessários. Meu objetivo agora é apenas esclarecer as pessoas sobre o que realmente acontecia nas mentes estranhas dos criadores do desenho do Planalto de Gizé quando eles começaram a organizar sua forma geométrica. Devo acrescentar, porém, que Cotsworth conseguiu demonstrar que a porção fracionada "extra" de um dia que dá o comprimento completo do ano de 365,24219 dias também foi provavelmente calculada pelos egípcios a partir de uma série de proporções geométricas de varas de sombra observadas em ligação com a sombra equinocial da ponta da Grande Pirâmide, para que 0,24219 de um dia fosse mesmo mostrado visualmente na frente de seus olhos durante séries prolongadas de anos, e não foi apenas um cálculo numérico abstrato existente em suas cabeças ou em um pedaço de papiro. Não posso descrever os detalhes desse procedimento engenhoso de sombra física aqui, pois a curtíssima sombra equinocial não nos interessa, considerando o Projeto de Gizé, baseado na sombra *mais longa* do solstício de inverno e não na curta sombra do equinócio, que se estendia por apenas 4,45 pés (1,35 metro) ao norte da pirâmide e foi medida por um medidor meridiano curto desse comprimento. Ao planejar o Projeto de Gizé, os egípcios tinham em mente a maior distância que sua sombra mais longa atingiria para o norte, o que os ajudou a criar a fronteira setentrional mais distante para a vizinhança sagrada.

Após decidirem que precisavam de uma sombra de 648 pés (197,5 metros), eles calcularam a altura necessária para a pirâmide projetar a sombra que eles queriam a partir da elevação máxima do solstício de inverno do sol em um ângulo de 36°45' no céu em Gizé e depois usando a cotangente desse ângulo de 1,339 para o cálculo simples da altura (não estou sugerindo que eles usaram tabelas trigonométricas modernas, mas sim algum método antigo mais básico para descobrir 1,339 expresso em frações). O antigo nome egípcio para o que nós chamamos de cotangente era *sekhed*. O resultado foi a Grande Pirâmide.

Desmascarando a Grande Mentira 33

Eles concluíram que 380 pés (115,8 metros) da sombra cairiam na face norte da pirâmide, deixando 268 pés (81,6 metros) em excesso e apontando para o norte ao meio-dia. (Observação: estou usando os valores de Cotsworth, mas é possível que apenas 378 pés (115,2 metros) tenham caído sobre a pirâmide e, portanto, a sombra no chão foi de 270 pés (82,2 metros). Porém, nessa discussão não me desviarei dos valores apresentados por Cotsworth. O comprimento de sombra total em qualquer caso é o mesmo. A sombra plana mais longa que a pirâmide projetaria no solstício de inverno seria de 268 pés (81,6 metros) ao meio-dia (a "sombra meridiana mais longa"), e quando essa sombra atingiu seu máximo, foi o momento que eles precisavam para medir com seus relógios de água para medir a duração real do ano até as muitas frações que eles sentiam precisar. Depois de medir com os relógios de água, eles sincronizavam com seus relógios de sombra alguns minutos depois, por causa do fato inconveniente que seus relógios de sombra "pifavam" por alguns minutos diariamente ao meio-dia. Os sacerdotes que faziam esse tipo de coisa eram conhecidos como unuti. (Eles se estabeleciam em Mênfis. "Unuti" significa "observadores das horas". Em um livro futuro, descreverei em detalhes os métodos para medir o tempo dos antigos egípcios e por que eles eram tão obcecados pela acurácia e precisão em relação ao tempo.)

Logo, ao perceber que a sombra cairia a 268 pés (81,6 metros) para o norte na superfície plana que eles pretendiam criar, eles arrumaram a base da Grande Pirâmide e depois nivelaram o leito de rocha para ficar absolutamente plano por 268 pés (81,6 metros) para o norte, a fim de criar um "piso de sombra" pavimentado com blocos finos de calcário para estudar a sombra todos os dias durante o ano quando ela mudava. Os blocos de calcário foram retirados e levados para construir mesquitas no Cairo há séculos, ao mesmo tempo em que as pedras de revestimento (a "pele" da pirâmide) foram retiradas da pirâmide pelo mesmo propósito durante a Idade Média. A Figura 1 demonstra o piso de sombra nivelado se estendendo em direção ao norte, para o leitor visualizar com clareza.

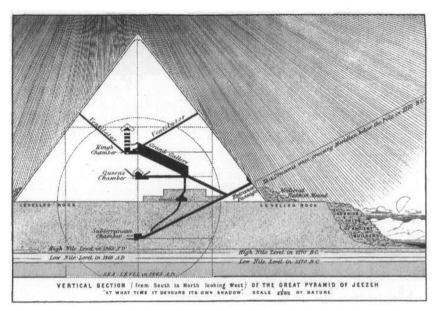

Figura 1. Esse é um corte da Grande Pirâmide vista do leste, demonstrando a superfície nivelada com cuidado para o norte (que está à direita nessa imagem) da Grande Pirâmide, onde as sombras do sol eram projetadas para determinar o comprimento preciso do ano. Principalmente havia uma "linha meridiana norte" traçada na superfície da base da pirâmide para medir a sombra do meio-dia em cada equinócio, que tinha menos de cinco pés (1,5 metro) de comprimento. Uma pedra ligada com esse ponto preciso na base foi retirada na Antiguidade. O monte de entulho retratado aqui contra a face norte da pirâmide foi retirado há muito tempo. A sombra mais longa projetada pela Grande Pirâmide além de sua base se estendia por 268 pés (81,6 metros) ao norte ao meio-dia no solstício de inverno, por isso a necessidade de um piso de sombra nesse leito de rocha nivelado. (O pavimento de calcário do piso de sombra foi retirado há muito tempo por saqueadores de pedras.) Piazzi Smyth traçou uma linha até o céu mostrando que em 2170 a.C. a estrela *Alpha Draconis* cruzou a linha de visão da Passagem Descendente precisamente na direção do meridiano, permitindo assim uma conjunção ou culminação meridiana perfeita a ser observada todas as noites. Esse não é um detalhe que escolhi discutir, pois a astronomia da Grande Pirâmide é um assunto complexo demais para se discutir aqui e eu não necessariamente concordo com a ideia da *Alpha Draconis*. Esse desenho é de Charles Piazzi-Smyth, *Our Inheritance in the Great Pyramid*, London, 1880, Prancha 6 na frente do livro. O "piso de sombra" colocado sobre o leito de rocha nivelado ao norte da Grande Pirâmide deve ser incluído no Recinto de Gizé para o verdadeiro Projeto de Gizé ser revelado. Se incluirmos essa extensão setentrional além da base da Grande Pirâmide, conseguimos o "Quadrado da Sombra de Gizé", o ângulo sudoeste do qual é definido pela Pirâmide de Miquerinos (veja a Figura 2). Do Quadrado da

Sombra pode ser construído (como na Figura 5) o "Quadrado Perfeito de Gizé", que é um pouco maior, mas compartilha seu ângulo sudoeste com o Quadrado da Sombra. A pequena Pirâmide de Miquerinos é, portanto, um tipo de objeto "âncora" que mantém o Quadrado da Sombra e o Quadrado Perfeito no lugar em seu ângulo sudoeste comum. A partir desses dois quadrados, pode-se derivar muitos detalhes da correlação geométrica para os principais monumentos de Gizé que são exatos a aproximadamente dois pés em uma área com cerca de 11 milhões de pés quadrados (1.021.933,44 metros quadrados). O enorme excesso de correlações reveladas nesses quadrados não pode ter um propósito "normal", e o fato de mais de um quadrado ser usado sugere uma tentativa de ocultar todo o conceito do desenho do planalto por linhas múltiplas de desenho, de tal modo que, se uma camada fosse descoberta, as outras continuariam escondidas. Supõe-se que esses jogos intelectuais dos sacerdotes egípcios tenham uma motivação religiosa ou "mágica", como parte de um esforço devoto para simular a estrutura do Cosmos como imaginada por eles, como parte de sua necessidade religiosa fundamental para "honrar Maāt (ordem cósmica)". Eles também claramente queriam ocultar seus segredos sagrados dos olhos dos profanos.

Para encontrar uma forma na qual eu possa explicar o que se segue em breve para um público leitor geral, é essencial mostrar mais de um diagrama do Planalto de Gizé. O "projeto" de Gizé não é único, mas na verdade é um projeto triplo, e no meu livro anterior, *The Sphinx Mystery*, eu apresentei um deles, o "Projeto Dourado" (Figura 7.25 daquele livro, encontrada também no site sobre o livro, www.sphinxmystery. info). Além disso, há dois "quadrados de Gizé", um levemente maior do que o outro, e para ver a geometria completa você precisa sobrepor um ao outro. Como os egípcios antigos fizeram isso sem um papel vegetal ou a tecnologia de computação moderna é difícil de imaginar. Só usar cores diferentes não seria o suficiente em um pequeno projeto, porque, como veremos, fica complicado demais. A única forma de uma representação desenhada em cores diferentes funcionar seria se tudo fosse desenhado em um grande projeto com, pelo menos, vários pés quadrados, para todas as linhas e pontos serem vistos com clareza. Provavelmente seria fisicamente impossível fazer uma folha de papiro grande o bastante para isso, então eles teriam sido forçados a usar a única alternativa disponível a eles: uma grande pele de boi. O ideal seria uma pele de boi branco, porque senão eles não conseguiriam distinguir as cores direito.

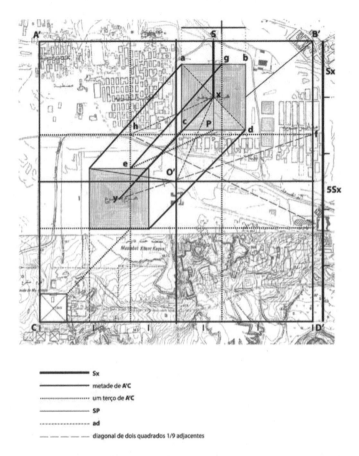

Figura 2. O Quadrado da Sombra de Gizé. O limite norte foi determinado pelo ponto S, a ponta da sombra meridiana máxima lançada pela Grande Pirâmide ao meio-dia do dia do solstício de inverno (daí o nome "Quadrado da Sombra"). O quadrado sombreado perto do topo é a Grande Pirâmide, cujo vértice é x e cujos ângulos são a, b, c e d. O quadrado sombreado abaixo e à esquerda é a Pirâmide de Quéfren, cujo vértice é y. Abaixo e à esquerda do Quadrado da Sombra está a pequena Pirâmide de Miquerinos (não sombreada), cujo ângulo sudoeste é o ponto C. Podem-se ver linhas grossas dividindo o Quadrado da Sombra em quatro quadrados menores iguais (com comprimentos de lado de ½ A'C) e linhas pontilhadas dividem o Quadrado da Sombra em nove quadrados menores iguais (com comprimentos de lado de ⅓ A'C). Como o Quadrado da Sombra foi construído multiplicando-se o comprimento Sx (o total do comprimento máximo da sombra meridiana) por cinco e usando esse valor como comprimento de lado, as escalas são mostradas à direita e abaixo do desenho, demonstrando onde essas divisões quíntuplas ocorrem, embora elas não pareçam ter relação com os monumentos. As ligações geométricas entre os pontos importantes dos monumentos são evidenciadas

Desmascarando a Grande Mentira 37

pelos diferentes tipos de linhas representando os diferentes comprimentos-padrão, como indicado pela legenda. Por exemplo, a diagonal da Grande Pirâmide, ad, também é igual à distância entre o vértice da Grande Pirâmide e o centro do Quadrado da Sombra, como demonstrado pela linha O'x. A mesma distância separa x e h, e a distância ocorre mais uma vez definindo a distância entre o ângulo sudoeste da Pirâmide de Quéfren e o limite sudeste do Quadrado da Sombra. As outras correlações entre pontos dos monumentos podem ser vistas na planta e são descritas no texto. (Desenho feito por Robert Temple, versão gráfica de Robert Temple e Jonathan Greet.)

Nas Figuras 2 e 5 vemos os dois quadrados em separado. O maior é o que chamei de Quadrado Perfeito de Gizé. Tem um lado de 3.291,59 pés (1.003 metros) de comprimento (preciso para um pé). Aquele um pouco menor se chama Quadrado da Sombra de Gizé porque seu lado norte é definido pela ponta da sombra meridiana mais longa da Grande Pirâmide, que acabamos de discutir. Esse quadrado tem um lado de 3.232,84 pés (985 metros) de comprimento (preciso para um pé). Indiquei os quatro ângulos do quadrado maior como A, B, C e D e seu centro como O. Indiquei os quatro ângulos do quadrado menor como A', B', C, D' e seu centro como O'. A letra C é a mesma nos dois porque esse é o único ângulo que compartilham, o sudoeste, idêntico ao ângulo sudoeste da Pirâmide de Miquerinos. Mas nós começamos nossas considerações com o quadrado menor, pois ele é a sombra que gerou os dois quadrados, e esse processo bizarro começou com o Quadrado da Sombra em si.

Na Figura 2 vemos o "Quadrado da Sombra de Gizé" com certos pontos importantes do quadrado classificados com as letras já mencionadas. A ponta da sombra máxima é classificada de S.

Então vamos seguir o processo de decisão dos egípcios e investigar a forma bizarra pela qual suas mentes trabalhavam. Eles primeiro decidiram que queriam uma sombra de 648 pés (197,5 metros) de comprimento, e para consegui-la deveriam construir uma pirâmide grande o bastante para projetá-la. Tinha de ser a Grande Pirâmide. Eu indiquei seu vértice como ponto x. O comprimento total da sombra máxima no meridiano (ao meio-dia no solstício de inverno) é demonstrado, portanto, pela linha Sx. Como já disse, eles calcularam a altura que sua pirâmide devia ter para projetar essa sombra. Cotsworth usou o valor de 484 pés (147,5 metros) para a altura da Grande Pirâmide, que foi frequentemente aceito em sua época. Como não há um topo hoje, não se tem certeza da altura precisa e ela costuma ser estimada com base no grau de inclinação das pedras de revestimento agora desaparecidas. Alguns estimam a altura original como menos de 481 pés (146,6 metros).

O que os egípcios ainda não tinham decidido era o tamanho da base da Grande Pirâmide. Eles decidiram isso multiplicando a altura por 2π, para obter o comprimento do perímetro total da Grande Pirâmide. Dessa forma, eles trataram a pirâmide como se fosse a parte de cima de uma esfera, mas com uma base quadrada em vez de redonda, que é uma forma de "esquadrar o círculo". Eu usei uma altura de 481,3 pés (146,7 metros) em meus cálculos e considerei o pi como 3,1415. Se multiplicarmos 481,3 pés por 2π e dividirmos por quatro, encontraremos um comprimento médio para o lado da Grande Pirâmide de 756 pés (230,4 metros), valor aceito em geral hoje para o comprimento médio do lado, incluindo as pedras de revestimento. (Esse valor pode variar um pouco em algumas polegadas de acordo com medições rivais e, nesse caso, a altura original projetada da Grande Pirâmide também varia um pouco, mas, por ser apenas uma altura projetada, devemos confiar nas medições da base para obtermos acurácia absoluta e deixar a altura projetada aumentar ou diminuir de acordo.)

Agora eles tinham suas especificações da Grande Pirâmide: sua altura e seu perímetro (que dividido por quatro dava seu comprimento de base em cada lado), de modo que a inclinação da pirâmide veio depois automaticamente.

John Taylor parece ter sido o primeiro a insistir que o valor de pi estivesse incorporado nas dimensões da Grande Pirâmide, em um livro publicado por ele em 1859. Foi dele a descoberta de que a base era igual à altura vezes 2π.[3]

Os egípcios decidiram então criar um grande projeto para todo o planalto e traçaram uma linha leste-oeste por S, a ponta da sombra, que foi o limite norte do projeto. Eles então multiplicaram o comprimento de sombra total Sx por cinco e decidiram usá-lo como o comprimento de cada lado do Quadrado da Sombra de Gizé total. Eles criaram assim as fronteiras norte e sul para o primeiro estágio de seu projeto maior e descobriram os comprimentos dos lados. Mas onde deveriam colocar os lados leste e oeste do quadrado total que eles

---

3. John Taylor, *The Great Pyramid. Why Was It Built? And Who Built It?*, Longman Green, London, 1859, p. 22. Em seus cálculos, Taylor usou a altura de 486 pés (148 metros), o que é alto demais, e seu cálculo ficou levemente impreciso, mas o princípio estava certo. Seu livro é mais sobre medições antigas do que a Grande Pirâmide, apesar do título. Contém informações realmente notáveis sobre as medições britânicas antigas, a respeito das quais Taylor sabia muito. *Sir* Flinders Petrie, um arquicético nesses assuntos, concordou que o *pi* foi incorporado na Grande Pirâmide.

pensavam em criar? Eles conheciam os comprimentos daqueles dois lados, mas não onde colocá-los.

Eles estabeleceram isso dividindo a base da face norte da Grande Pirâmide pela seção áurea no ponto g, com a parte mais curta em direção ao leste. (A linha ab é a linha de base norte da Grande Pirâmide. Quando ab é dividida na seção áurea em g, ag é maior e gb é menor, como visto no diagrama.) Eles levantaram uma linha vertical desse ponto g ao topo do quadrado, criando um ponto que poderia agir como um ponto de trisseção para a fronteira norte do projeto. Eles então deslocaram essa fronteira norte até esse ponto em linha reta acima de g dividir a fronteira norte de forma que um terço ficasse à direita (leste) de g e dois terços à esquerda (oeste) de g. Isso ancorou todo o quadrado de Gizé em relação a leste e oeste.

Depois de estabilizar seu quadrado e lhe dar uma posição bem fixa no plano, eles o dividiram em nove quadrados menores. Não sabemos por que eles fizeram isso, embora eu dê algumas sugestões "religiosas" sobre isso daqui a pouco, mas os resultados disso provocaram muitas consequências geométricas interessantes. Não sabemos se elas apareceram por acidente ou se eles as previram com seu profundo conhecimento de geometria.

Ao mesmo tempo eles também dividiram todo o quadrado em quatro quadrados menores. Eles usaram os comprimentos dos lados de cada tipo de quadrado pequeno como comprimentos padrão para suas outras construções geométricas dentro do projeto maior. O comprimento do lado de um dos nove quadrados menores é claramente $\frac{1}{3}$ do comprimento do quadrado maior, e o comprimento do lado de um dos quatro quadrados menores é metade do comprimento do quadrado maior. Por incrível que pareça, os dois geram correlações interessantes dentro do projeto maior da forma mais impressionante, como veremos, e os dois se relacionam um com o outro apesar de se basearem em números diferentes.

Parece que a próxima coisa feita pelos projetistas foi pegar $\frac{1}{3}$ do comprimento do Quadrado da Sombra (o lado de um dos nove quadrados pequenos) como um raio e traçar um arco desse raio para sudoeste a partir do ângulo sudoeste (ponto c) da Grande Pirâmide. Em algum lugar nesse arco ficaria o vértice de sua próxima pirâmide, que chamamos de Pirâmide de Quéfren. Eles fizeram então uma coisa surpreendente: pegaram metade do comprimento do Quadrado da Sombra e o estenderam para sudoeste a partir do vértice da Grande Pirâmide. Onde a linha de metade do comprimento e o arco de $\frac{1}{3}$ de comprimento se cruzam definiu o ponto preciso que se tornaria o vértice da Pirâmide de Quéfren, que eu chamei de ponto Y.

Eles então pegaram a mesma ½ linha de comprimento que usaram para juntar os vértices das duas pirâmides e estenderam essa linha para sudoeste a partir dos ângulos noroeste e sudeste da Grande Pirâmide para designar os ângulos noroeste e sudeste da Pirâmide de Quéfren. Esses dois pontos definiram, portanto, a base da Pirâmide de Quéfren. Logo, o projeto da Pirâmide de Quéfren foi um tipo de projeção geométrica do projeto da Grande Pirâmide.

Apesar de essas conexões se basearem em ½ comprimento de lado do Quadrado da Sombra, eles então voltaram à divisão em nove vezes do Quadrado da Sombra com seu ⅓ do comprimento do Quadrado da Sombra para estabelecer outras correlações. O bizarro é que alguns dos pontos importantes emanando da divisão em nove são na verdade medidos pela divisão em quatro. Esse estranho achado pode ser visto no diagrama do Quadrado da Sombra. Incluí no diagrama as duas divisões do Quadrado da Sombra: em nove quadrados menores e em quatro quadrados menores, sendo os lados desses quadrados, respectivamente, ⅓ e ½ do comprimento do lado do Quadrado da Sombra. Se você analisar o diagrama, pode ver que o ponto g (que estabeleceu originalmente a linha de ⅓ do comprimento) dista do ponto e por uma linha de ½ do comprimento, apesar do fato de que o ponto é definido, na verdade, pela interseção de um dos lados dos nove quadrados menores com a base da face norte da Pirâmide de Quéfren. Então aqui nós vemos com clareza uma correlação entre as duas pirâmides de uma linha de ½ do comprimento baseada em uma grade derivada de uma linha de ⅓ do comprimento. Talvez eu seja muito ignorante ou não seja nada bom em geometria, mas não entendo isso, mesmo sendo seu descobridor.

Agora outro aspecto estranho do Quadrado da Sombra de Gizé se manifesta. Você pode estabelecer com certa facilidade o centro do Quadrado da Sombra, pois, se traçar as duas diagonais do quadrado, o ponto onde elas se cruzam é o centro. Eu o chamei de O'. Se você pegar o comprimento da diagonal da Grande Pirâmide (ad) e fixar seu compasso com ele como seu raio, com a ponta do compasso no vértice da Grande Pirâmide, o arco passa por O' e você descobre que o centro do Quadrado da Sombra tem a mesma distância do vértice da Grande Pirâmide como o comprimento da diagonal dessa pirâmide. Como isso é possível?

A diagonal da Grande Pirâmide reaparece como uma medida de novo, pois é a mesma que a distância a partir do ângulo sudoeste da

Desmascarando a Grande Mentira

Pirâmide de Quéfren a um ponto logo abaixo dela no limite sul do Quadrado da Sombra. Mas por que a diagonal da Grande Pirâmide apareceria aqui, nesse contexto aparentemente não relacionado?

O mesmo comprimento, ad, da diagonal da Grande Pirâmide se estende do vértice da Grande Pirâmide até o ponto h, a interseção dos quatro quadrados pequenos na extremidade noroeste do Quadrado da Sombra, como pode ser visto no diagrama. Logo, o vértice da Grande Pirâmide é equidistante do centro do Quadrado da Sombra e um ponto definido por sua divisão em nove vezes, essa distância sendo uma diagonal da base da pirâmide a que se chegou de forma independente. Como isso é possível?

Agora aparece outro aspecto bem bizarro. Se pegarmos a distância SP, que se estende da ponta da sombra (S) ao ponto central logo abaixo dela da base da face sul da Grande Pirâmide, descobrimos que essa distância, SP, é igual à distância do centro do Quadrado da Sombra, O', ao ângulo noroeste da Pirâmide de Quéfren. Como isso é possível?

Além disso, essa mesma distância separa o ponto central da base da face leste da Grande Pirâmide com o ponto B', o ângulo nordeste do Quadrado da Sombra. Como isso é possível?

Outra estranha correlação ocorre se traçarmos uma linha do ponto P, o ponto central da base da face sul da Grande Pirâmide, para o ponto e, o ponto na base da face norte da Pirâmide de Quéfren, logo abaixo do ponto h, cortado por um dos lados dos nove quadrados menores. Descobrimos que essa distância é igual a $\frac{1}{3}$ do comprimento do lado do Quadrado da Sombra.

Após decidirem ancorar o ângulo sudoeste do Quadrado da Sombra em C com uma pirâmide pequena, eles tinham o problema de decidir que tamanho ela teria. Eles resolveram isso traçando uma linha para sudoeste de um ponto na base da face sul da Pirâmide de Quéfren onde ela é cortada pela linha vertical na qual h e e aparecem mais acima, no ponto de interseção entre os quatro quadrados menores a sudoeste do Quadrado da Sombra. O comprimento usado foi de $\frac{1}{3}$ do comprimento do lado. O ponto onde ela terminou foi designado como o ângulo nordeste da Pirâmide de Miquerinos. Como eles especificaram agora os ângulos nordeste e sudoeste dessa pirâmide, foram determinados seu plano e as dimensões de base.

Outro comprimento usado no Quadrado da Sombra foi a diagonal retangular de dois quadrados pequenos adjacentes. Essa diagonal é a distância entre o ponto h e a pata direita da Esfinge, bem como o ângulo noroeste do Templo da Esfinge. Esse mesmo comprimento também separa o vértice Y da Pirâmide de Quéfren com o ponto f no limite leste do Quadrado da Sombra, o ângulo sudeste do quadrado pequeno a sudeste quando o Quadrado da Sombra é dividido em nove.

Os egípcios criaram agora para si um grande quadrado que cobria todo o Planalto de Gizé. Como já mencionado, como parte da construção interna do projeto total, ele foi dividido primeiro em nove quadrados menores iguais. Mas por que eles quiseram fazer isso? Deve haver um motivo religioso, além de um geométrico. Os egípcios tinham um famoso grupo de deuses, conhecidos por nós por seu nome grego como a "Enéade", que significa "os Nove". O deus Sol era um deles e comandava o grupo. Os egípcios podem ter acreditado que reverenciavam os deuses ao terem uma "enéade geométrica" representada em seu projeto sagrado em Gizé. No Papiro Chester Beatty Número Um, nós encontramos até um incidente registrado em uma lenda mitológica na qual o deus Sol é descrito presidindo uma reunião da Enéade ao meiodia, hora à qual os egípcios se referiam como o "momento brilhante".[4] Portanto, nós temos um texto que associa o deus Sol em seu papel de comando sobre a Enéade, ou Grupo dos Nove, fazendo isso exatamente ao meio-dia, e, como sabemos, foi a sombra do meio-dia no solstício de inverno que deu origem às construções geométricas que expliquei até agora e que descreverei com mais detalhes daqui a pouco.

Em meus livros anteriores, *The Crystal Sun* (2000) e *The Sphinx Mystery* (2009), descrevi a dramática sombra que a Pirâmide de Quéfren projeta no pôr do sol do solstício de inverno sobre a face sul da Grande Pirâmide, e em cada livro publiquei uma foto diferente mostrando esse fenômeno. É importante lembrar que essa sombra gigante *foi projetada no mesmo dia que a sombra do meio-dia mais longa sobre a Grande Pirâmide*. O Planalto de Gizé é, portanto, um Centro da Sombra de Solstício de Inverno onde exibições de duas sombras gigantescas aconteciam no mesmo dia, uma ao meio-dia e outra no pôr do sol. A sombra do pôr do sol projetada sobre a Grande Pirâmide está sobre o "ângulo áureo" e revela na superfície externa da Grande Pirâmide o mesmo declive que aparece duas vezes no interior, no caso das Passagens Ascendente e Descendente. O engenheiro britânico Henry Crichton Agnew, nos anos 1830, foi quem primeiro descobriu o "declive áureo" dentro da Grande Pirâmide, uma medida angular confirmada

---

4. Gardiner, Alan H., *The Library of A. Chester Beatty: Description of a Hieratic Papyrus with a Mythological Story...The Chester Beatty Papyri, nº I,* Oxford, 1931, p. 25. Como Gardiner observa em sua nota de rodapé 2: "A frase desconhecida alhures *'no momento brilhante'* provavelmente se refere a uma hora específica do dia, talvez o meio-dia".

depois por *sir* Flinders Petrie. Para ter uma explicação completa de tudo isso, o leitor deve consultar meus livros anteriores, porque não posso repeti-la de novo aqui. O que não sugeri antes é que a sombra do pôr do sol no lado externo da Grande Pirâmide pode ter servido como calendário. É concebível que ele pode ter sido cronometrado com precisão e que essa cronometragem poderia ser tratada como um procedimento de cronometragem dupla em conjunto com a sombra do meio-dia, para proporcionar uma verificação dupla dos cálculos do calendário. Porém, apresento isso apenas como uma ideia, pois não me preocupei em desenvolver os detalhes. Contudo, faz sentido ter um segundo evento no mesmo dia cronometrado com precisão e comparar os eventos ano após ano para refinar as medições da duração do ano, pois eles eram muito obcecados com a acurácia extrema. A reta vertical levemente entalhada (chamada de "apótema"), que parte do centro da face sul da Grande Pirâmide e só pode ser vista do ar quando a luz do sol estiver em um ângulo favorável, pode ter contido, quando as pedras de revestimento estavam intactas, um aferidor vertical incrustado, que faria uma medição linear precisa. Uma foto mostrando esse entalhe vertical na superfície da Grande Pirâmide pode ser vista em meu livro *The Crystal Sun*.

Agora nós voltamos a mais detalhes geométricos do Quadrado da Sombra de Gizé e vemos como o Quadrado Perfeito de Gizé, um pouco maior, originou-se dele, em parte para ocultar o projeto completo do planalto dos olhos curiosos dos profanos e em parte para possibilitar todas as relações e correlações geométricas adicionais de que os egípcios acreditavam precisar para "completar" o conceito do desenho total do planalto. Pois se havia algo que um sacerdote/projetista egípcio odiava era deixar algum aspecto importante de fora e por isso ser responsável por um possível descuido que poderia ser interpretado como um ato de impiedade. O comportamento dos antigos egípcios lembrava dessa forma um transtorno obsessivo-compulsivo. Eles apenas eram fascinados pelo que poderia ser justificado considerando sua mania religiosa e geométrica.

O leitor perceberá que temos tanta coisa acontecendo aqui que precisaríamos de uma sequência em vídeo com uma animação em computação gráfica para demonstrar tudo, e eu preparei isso junto com Jonathan Greet e coloquei no site deste livro, www.egyptiandawn.info, junto com outras sequências de animação, como uma para o conjunto de fotos que descreve a descida do Poço de Osíris (Capítulo 2). Mas vamos seguir em frente, pois há muito mais a falar.

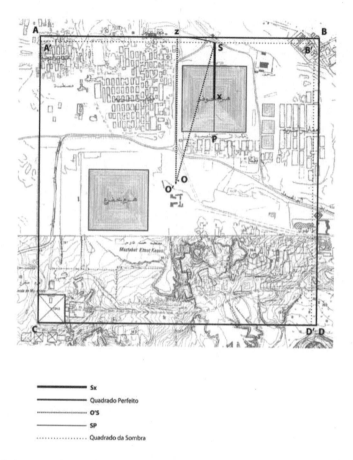

Figura 3. A construção do Quadrado Perfeito de Gizé (ABCD) a partir do Quadrado da Sombra de Gizé (A'B'CD'). O Quadrado Perfeito é apenas um pouco maior, mas tem propriedades completamente diferentes e muitas outras correlações dos pontos importantes dos monumentos surgem dele. O ponto C, o ângulo sudoeste abaixo à esquerda, está em comum entre os dois quadrados e é o ângulo sudoeste da Pirâmide de Miquerinos. O' é o centro do Quadrado da Sombra; o centro do Quadrado Perfeito está um pouco acima e à direita dele. O "Olho de Rá" em Gizé, visto na Figura 4, não pode ser construído no Quadrado da Sombra de tal forma que corte qualquer ponto importante, mas sim no Quadrado Perfeito. Eu construí o Quadrado Perfeito tratando a linha O'S como um raio e subindo-a para a vertical, estabelecendo assim um novo e um pouco maior limite norte. O ponto S é a ponta do comprimento máximo da sombra meridiana. O comprimento do lado do Quadrado da Sombra é 3.232,84 pés (985,3 metros) (preciso para um pé) e a área é de 10.451.254,47 pés quadrados (970.953,3 metros quadrados). O comprimento do lado do Quadrado Perfeito é 3.291,59 pés (1.003,2 metros) (preciso para um pé) e a área é de 10.834.564,73 pés quadrados (1.006.564 metros

quadrados). É extraordinário como dois quadrados com um tamanho tão próximo um do outro possam ter propriedades tão diferentes em relação aos monumentos, mas também como *os dois* podem ter conexões geométricas profundas e íntimas entre eles. Se um quadrado for colocado sobre o outro e se o Projeto Áureo de Gizé publicado em *The Sphinx Mystery* também for colocado sobre eles, então teremos o projeto total do Planalto de Gizé, que é triplo. (O "Olho de Rá" é uma característica a mais ou pode ser tratado como parte do desenho do Quadrado Perfeito.) Ninguém deveria descobrir todos esses projetos, pois as três camadas de mistério separadas deveriam ser impenetráveis a qualquer investigador, para que quem descobrisse uma nunca descobrisse todas as três. Às vezes projetos em três camadas sustentam grandes estruturas: esse foi o caso da Pirâmide de Degraus do Rei Zoser e da Pirâmide do Rei Enezib, ambas em Saqqara, descritas no Capítulo 6. (Desenho feito por Robert Temple, versão gráfica de Robert Temple e Jonathan Greet.)

Agora algo muito estranho acontece. Nós agora geramos o projeto quadrado um pouco maior para Gizé, que chamei de Quadrado Perfeito de Gizé, e acharemos nesse plano outro conjunto de relações geométricas bizarras. A maneira como esse quadrado maior foi construído dependia de novo do comprimento da sombra do meio-dia, mas de um modo menos direto e óbvio. Os egípcios pegaram a distância entre O' e S, uma linha que podemos chamar O'S, e erigiram uma linha vertical partindo de O' igual a ela. A forma mais fácil para visualizarmos isso acontecendo é se fixarmos a ponta de um compasso em O', usarmos O'S como o raio e traçarmos um arco para cima. No ponto onde o arco cruza uma linha vertical subindo de O', especificamos um ponto em *um novo limite ao norte de um quadrado maior de Gizé*. Isso é demonstrado na Figura 3. Mantendo o ponto C fixado no ângulo sudoeste, estendemos então o lado oeste do Quadrado da Sombra a uma curta distância ao norte até atingir o novo limite norte do quadrado novo. Esse é então o novo ângulo noroeste do quadrado maior e é chamado de A. Nós medimos AC e, reproduzindo seu comprimento, traçamos então o limite norte da mesma distância até o novo ângulo nordeste que chamamos de B. Então traçamos uma linha vertical para baixo para onde ela encontra o limite sul, o ponto D. Temos agora o quadrado ABCD, um pouco maior do que o quadrado A'B'CD', que compartilha seu ângulo C com ele (e está completamente incluído em ABCD). Depois de fazermos tudo isso, traçamos diagonais nesse novo quadrado, e onde elas se cruzam é o novo centro, chamado de O. Embora O e O' estejam muito próximos, eles não são os mesmos. Qualquer um que tentasse analisar o Planalto de Gizé e descobrisse o Quadrado Perfeito normalmente nunca conseguiria diminuir o resultado e obter o Quadrado da Sombra menor. Digo "normalmente nunca" em vez de "nunca" porque eu consegui. Mas não penso da mesma forma que os outros, então consigo fazer essas coisas. Sou "estranho" de alguma forma nunca antes definida.

Esse quadrado novo, o Quadrado Perfeito, gera então vários aspectos geométricos que se relacionam com as três pirâmides já presentes, mesmo que elas tenham sido construídas com base no Quadrado da Sombra *anterior*. Para os egípcios conseguirem isso, eles deveriam ter um conhecimento realmente profundo de geometria, porque, francamente, não creio que haja alguém vivo hoje que poderia prever o que aconteceria. Os resultados são tão bizarros que de uma forma esse é o aspecto mais incrível de todo o fenômeno de Gizé. Como os egípcios sabiam que um quadrado um pouco maior construído desse modo na base da mesma ponta da sombra se relacionaria com as pirâmides de uma forma tão extraordinária? Isso é inacreditável. Mesmo assim, presume-se que eles deveriam saber. Esse é um verdadeiro mistério. Enquanto eu descubro todas essas coisas, fico com aquele sentimento desconfortável de que há alguns princípios de geometria mais profundos operando aqui do que aparenta para nós ou pelo menos para mim. O conhecimento egípcio parece ter sido tão profundo que englobava algum tipo de nível geométrico maior, quase o que um físico chamaria de "variáveis ocultas", ou seja, dinâmicas em ação que ainda não entendemos. Assim como os fractais nos parecem óbvios agora e mesmo assim são tão recentes que eu conheci, já adulto, seu descobridor (Benoit Mandelbrot) e conversei com ele, suspeito haver outra abordagem igualmente insuspeita à geometria básica que ainda aguarda nossa descoberta, mas que os construtores das pirâmides conheciam. Enquanto eu continuo a descrever meus achados bizarros, o leitor pode se sentir disposto a concordar.

A primeira coisa que se pode fazer com o Quadrado Perfeito de Gizé é construir um Olho de Rá gigante virado para o céu. É um desenho puramente geométrico, que não está representado fisicamente no chão. Porém, não é apenas um Olho de Rá arbitrário, mas construído com dois arcos e um círculo, cada um intersectando pontos importantes dos monumentos de Gizé. Demonstrarei agora como criamos esse "Olho de Rá" dentro do Quadrado Perfeito, como visto na Figura 4. Esse Olho gigante olha diretamente para cima na linha meridiana que divide o Quadrado Perfeito em dois e examina o ponto central do céu tanto de dia como à noite, chamado de zênite.

Desmascarando a Grande Mentira 47

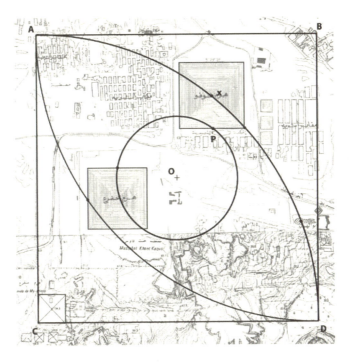

Figura 4. "O Olho de Rá" em Gizé. Isso pode ser inscrito com significado apenas no Quadrado Perfeito (onde ele cruza muitos pontos importantes dos monumentos), e não no Quadrado da Sombra (onde não cruza nenhum). Se você colocar a ponta de um compasso em B e traçar um arco entre A e D e colocar a ponta de um compasso em C e traçar um arco oposto entre A e D, consegue o formato de um olho. Em geometria, isso é conhecido como *vesica piscis* e costuma derivar de uma interseção de dois círculos do mesmo tamanho. Ele é o hieróglifo egípcio para a letra "r" e na matemática egípcia também é o sinal para indicar "fração". Como os egípcios não escreviam as vogais, também significa "Ré" ou "Rá", nome do deus Sol. Esse hieróglifo inscrito cruza (1) o vértice da Grande Pirâmide, (2) o ângulo sudeste da Grande Pirâmide, (3) o ponto central da cintura da Esfinge, (4) o ponto central da base da face oeste da Pirâmide de Quéfren. Se você colocar a ponta de um compasso no centro do Quadrado Perfeito, ponto O, e desenhar um círculo de raio OP, ele cruza tanto o ponto P (o ponto central da base da face sul da Grande Pirâmide) e o ponto central da base da face norte da Pirâmide de Quéfren. O "Olho de Rá" cruza, portanto, seis pontos importantes dos monumentos dentro do Quadrado Perfeito de Gizé. Como são curvas inscritas na superfície em declive do Planalto em vez de retas, como encontramos em todas as outras correlações entre pontos dos monumentos, a acurácia é um pouco mais vaga do que no caso das retas e pode ficar em alguns pés de alguns pontos em vez de em apenas um ou dois pés. Porém, como o Quadrado Perfeito contém quase 11 milhões de pés quadrados, esse nível de acurácia levemente diminuído ainda é rigoroso e acei-

tável. Esse "Olho de Rá" olha direto para o céu, no ponto central chamado zênite. É um símbolo apropriado para a natureza solar de todo o complexo de Gizé. (Desenho feito por Robert Temple, versão gráfica de Robert Temple e Jonathan Greet.)

Antes de qualquer coisa, colocamos a ponta do compasso em C, o ângulo sudoeste do Quadrado Perfeito. Traçamos um arco de A para D. Notamos que ele cruza o vértice da Grande Pirâmide, bem como o ângulo sudeste da Grande Pirâmide e o ponto central da cintura da Esfinge. Então nós colocamos a ponta do compasso em B, o ângulo nordeste do Quadrado Perfeito, e traçamos um arco de A para D. Notamos que esse arco cruza o ponto central da base da face oeste da Pirâmide de Quéfren. Criamos assim uma forma se estendendo entre A e D, dois ângulos opostos do Quadrado Perfeito, conhecida por seu nome latino *vesica piscis*. Normalmente, uma *vesica piscis* é obtida por dois círculos intersectados do mesmo tamanho, mas nesse caso temos um inscrito dentro do Quadrado Perfeito de Gizé. A *vesica piscis* foi fundamental para a arquitetura gótica na construção das catedrais na Idade Média. Foi adotada pelos antigos cristãos como o "símbolo do peixe", que eles usavam como um sinal de direção secreto no labirinto de catacumbas embaixo de Roma. Isso porque os primeiros cristãos foram um conjunto de seitas místicas, conhecidos como "gnósticos". (O próprio Jesus era um "nazareno", um tipo de judeu gnóstico.) O imperador Constantino se apoderou do Cristianismo como uma religião de Estado e transformou-a em uma "Igreja de Roma", que tinha um propósito puramente político. A partir desse momento, os "gnósticos" foram perseguidos ou executados e seus livros foram queimados, de modo que a forma original do Cristianismo só sobreviveu como um movimento alternativo e apenas ressurgiu em parte na Reforma como o Protestantismo, mas sem muito de seu conteúdo místico (exceto pelo princípio de contato individual direto com Deus, sem a necessidade do controle desse processo pelo clero), por ser em grande parte apenas uma rebelião contra o controle romano. A *vesica piscis* foi usada como um hieróglifo egípcio para a letra "r". Como tal, indica o nome do deus Sol Rá, também escrito como Ré, e na matemática egípcia também significava "fração" como um termo técnico, embora não saibamos se era pronunciado como *er* ou *re*.

No meio do hieróglifo "r" inscrito no Quadrado Perfeito de Gizé, nós podemos desenhar agora um círculo com seu ponto de origem em O, que também é o centro do Quadrado Perfeito. Ele representa a íris do Olho. Ele cruza dois pontos importantes dos monumentos: o ponto central da base da face sul da Grande Pirâmide e o ponto central da base da face norte da Pirâmide de Quéfren. Esses dois arcos e o círculo que formam o Olho de Rá em Gizé cruzam, portanto, nada menos do que seis pontos importantes dos monumentos de Gizé. Um Olho equivalente não pode ser desenhado dentro do Quadrado da Sombra, e é apenas o Quadrado Perfeito que gera um Olho que cruza pontos importantes dos monumentos desse modo. Só os projetistas, os sacerdotes e, claro, presumivelmente, os deuses conheciam esse Olho gigante e invisível, mas subentendido geometricamente. Ele fica lá no chão como um constructo imaginado nas mentes dos sacerdotes para prestar uma homenagem invisível ao deus Sol. Porém, não devemos pensar nisso como uma fantasia, mesmo só aparecendo em nossos projetos geométricos, porque é realmente construído com arcos e um círculo que cruzam de fato pontos importantes dos monumentos de Gizé. Portanto, é "real" de certo modo, pois seu projeto está lá, e também é "real" porque os dois quadrados de Gizé estão lá: eles estão lá nos projetos. E ao prestar homenagem aos deuses, considerava-se o suficiente oferecer essas ideias e conceitos esotéricos, que ficavam ocultos dos olhos dos profanos por não haver nada físico para ver. Nas mentes dos sacerdotes egípcios, os projetos geométricos sagrados eram semelhantes a orações silenciosas: nada pode ser visto, nada pode ser ouvido, mas elas existem e são poderosas porque foram articuladas de forma completa e com esmero na intimidade mental dos mais elaborados atos de culto pelos próprios sumos sacerdotes. O que poderia ser mais apropriado para um centro solar como Gizé do que ele representar em segredo um olho solar gigante fitando o céu? Esse mesmo olho reaparece repetidas vezes nas pinturas egípcias e como um motivo difundiu-se por toda a cultura religiosa egípcia por milênios. O uso vigente do nome Rá para o deus Sol como parte de um nome real pode ter começado com o rei Raneb ("Rá é meu Senhor"), o segundo rei da Segunda Dinastia. Em algumas listas de reis egípcios, ele foi supostamente sucedido pelo rei Send, cujo nome foi encontrado por escavadores no Templo do Vale em Gizé, como descrevo no Capítulo 7 (embora a posição exata de Send na sequência de reis não seja clara e ele possa ter sido o quinto rei em vez do terceiro ou nenhum dos dois, pois sabemos muito pouco sobre essas coisas por causa do chamado "caos cronológico", discutido no Capítulo 6).

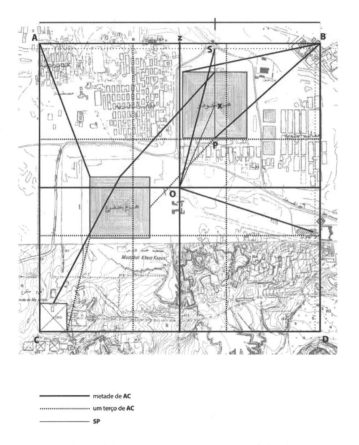

Figura 5. O Quadrado Perfeito de Gizé. O lado desse quadrado tem 3.291,59 pés de comprimento (preciso para um pé) e uma área de 10.451.254,47 pés quadrados. Derivou do Quadrado da Sombra de Gizé pelo método demonstrado na Figura 4. O centro desse quadrado, O, tem uma localização um pouco diferente daquela do ponto O', o centro do Quadrado da Sombra (não demonstrado aqui). Se o lado de cima desse quadrado for dividido na seção áurea, como demonstrado aqui, com a extremidade mais curta para a direita (leste) e uma linha vertical for traçada para baixo desse ponto, cruza o vértice da Grande Pirâmide e também passa pela ponta da sombra meridiana máxima (ponto S). Essa sombra (que definiu originalmente o Quadrado da Sombra, do qual esse Quadrado Perfeito derivou indiretamente) é marcada, portanto, pela seção áurea em um quadrado de derivação apenas secundário, não primário. Nesse quadrado, surge outro conjunto de correlações de pontos importantes dos monumentos separado daqueles do Quadrado da Sombra, um pouco menor. O mais extraordinário é que o centro desse quadrado, O, é visto agora afastado do vértice da Grande Pirâmide pela distante SP, que de novo deriva da sombra (Sx é o comprimento de sombra total). A distância de metade de AC, o lado de um dos quatro quadrados pequenos nos quais o quadrado principal pode ser

dividido, é igual a: (1) a distância entre o ponto A, o ângulo noroeste do Quadrado Perfeito, e o ângulo noroeste da Pirâmide de Quéfren, (2) a distância entre o ponto B, o ângulo nordeste do Quadrado Perfeito, e P, o ponto central da base da face sul da Grande Pirâmide, (3) a distância entre o ponto B e o ângulo noroeste da Grande Pirâmide, (4) a distância entre S, a ponta da sombra meridiana máxima, e o ponto O, centro do Quadrado Perfeito, (5) a distância entre o ponto O e a cabeça da Esfinge, (6) a distância entre o ponto central da base da face norte da Grande Pirâmide e o ponto central da base da face norte da Pirâmide de Quéfren e (7) a distância entre o ponto central da base da face norte da Pirâmide de Quéfren e o ponto central da face norte da Pirâmide de Miquerinos. Se pegarmos $\frac{1}{3}$ da distância AC, lado de um dos nove quadrados menores nos quais o Quadrado Perfeito pode ser dividido, descobrimos que ele é igual a: (1) a distância entre o ângulo sudoeste da Pirâmide de Quéfren e o ângulo sudeste da Pirâmide de Miquerinos e (2) a distância entre P, o ponto central da base da face sul da Grande Pirâmide, e o ponto central da base da face leste da Pirâmide de Quéfren. Todas essas correlações entre pontos importantes dos monumentos são separadas das encontradas no Quadrado da Sombra e suplementares a elas. É incrível como cada quadrado gera seu próprio conjunto separado, mas cheio de correlações entre monumentos. Os dois quadrados, o Quadrado Perfeito e o Quadrado da Sombra, foram feitos para se complementar, bem como complementar o Projeto Áureo de Gizé reproduzido como Figura 7.25 em meu livro anterior *The Sphinx Mystery* (veja em www.sphinxmystery.info), que realmente reproduz algumas dessas mesmas correlações entre os pontos meramente com base em um ângulo em comum em vez de uma medida de distância em comum. O Planalto de Gizé foi elaborado com o projeto de *design* triplo de correlações múltiplas o mais complexo imaginável, que deveria ser impenetrável a qualquer investigador e permanecer para sempre secreto. Foi criado especialmente para que, se alguém descobrisse um dos projetos, nunca conseguisse descobrir os outros dois, e a informação decodificada ficaria assim sempre incompleta. Porém, eles não contavam que alguém munido de levantamentos modernos pudesse descobrir todos os três, apesar da aparente impossibilidade de fazer isso. (Desenho feito por Robert Temple, *design* gráfico de Robert Temple e Jonathan Greet.)

Citarei agora brevemente as outras correlações geométricas que ocorrem entre os pontos importantes dos monumentos ao ser vistos no contexto do Quadrado Perfeito. Já apresentei a descrição do Olho de Rá, ou seja, o ponto central da base da face norte da Pirâmide de Quéfren e o ponto central da base da face sul da Grande Pirâmide equidistam de O, o centro do Quadrado Perfeito.

Se dividirmos o Quadrado Perfeito em quatro quadrados pequenos e pegarmos o lado de um desses quadrados pequenos como uma medida (½ do comprimento do lado do Quadrado Perfeito), vemos que ele é igual à distância entre o ponto A, o ângulo noroeste do Quadrado Perfeito, e o ângulo noroeste da Pirâmide de Quéfren. Podemos também ver que é o mesmo que a distância entre os pontos centrais das bases das faces norte da Pirâmide de Quéfren e da Pirâmide de Miquerinos. A mesma distância também liga os pontos centrais das bases das faces norte da Pirâmide de Quéfren e da Grande Pirâmide. Isso significa que todas as três principais pirâmides de Gizé têm seus pontos centrais norte unidos por linhas de comprimento igual à da linha que liga A ao ângulo noroeste da Pirâmide de Quéfren. Mas isso não é tudo. O mesmo comprimento também separa os pontos centrais das bases das faces leste da Pirâmide de Quéfren e da Grande Pirâmide.

O mesmo comprimento também separa o ponto central da base da face sul da Grande Pirâmide do ponto B, o ângulo nordeste do Quadrado Perfeito. E, por fim, o mesmo comprimento é a distância entre o ponto B e o ângulo noroeste da Grande Pirâmide. Logo, descobrimos que uma unidade de comprimento definida pelo Quadrado Perfeito liga dois ângulos e quatro pontos centrais de base das três pirâmides principais um com o outro e com dois dos ângulos do Quadrado Perfeito. E essa unidade de comprimento ocorre de outras formas também: é a distância do centro do Quadrado Perfeito até qualquer de seus lados, em outras palavras, é a metade do comprimento do lado do quadrado. Mas se você puser a ponta de um compasso no ponto O, o centro do Quadrado Perfeito, e traçar um arco desse raio para leste do ponto logo acima dele no lado norte do quadrado, ele não só cruza a ponta da sombra S (como dito antes), mas, se você girar o compasso de novo, ele atinge a cabeça da Esfinge. Isso é o mesmo que dizer que, se você inscrever um círculo no Quadrado Perfeito, ele cruzará a ponta da sombra ao norte e a face da Esfinge a leste. Como era a face da Esfinge que observava o sol nascente e a ponta da sombra que marcava a sombra do sol do meio-dia mais longa possível, isso sugere outra correlação de simbolismo solar.

Se então apagarmos a divisão do Quadrado Perfeito em quatro quadrados pequenos e, em vez disso, o dividirmos em nove quadrados pequenos e pegarmos o lado de um desses nove quadrados como uma medida ($\frac{1}{3}$ do comprimento de lado do Quadrado Perfeito), descobriremos que é igual a: (1) a distância do ângulo sudeste da Pirâmide de Miquerinos ao ângulo sudoeste da Pirâmide de Quéfren e (2) a distância do ponto central da base da face leste da Pirâmide de Quéfren ao ponto central da base da face sul da Grande Pirâmide.

O bizarro sobre todas essas correlações é que elas ocorrem com referência ao Quadrado Perfeito maior com muita precisão, apesar do fato de os monumentos estarem dispostos, na verdade, de acordo com o Quadrado da Sombra menor. Como esses dois quadrados grandes de dimensões diferentes podem gerar tantas correlações de distância entre o mesmo conjunto de monumentos importantes? Com certeza, se você projetar um conjunto de monumentos em um quadrado grande de modo que apareça um grande número de correlações, você não pode esperar aparecer outro grupo de correlações tão impressionantes quanto em um segundo quadrado grande de dimensões maiores. Como as afinidades dos monumentos importantes se "transportam" do quadrado de Gizé menor ao maior? Admito achar isso desconcertante, realmente espantoso.

Uma coisa que notei, quando examinei as medições do Quadrado da Sombra comparadas com as do Quadrado Perfeito, é que o comprimento do lado do Quadrado Perfeito é 1,0187 vezes o comprimento do lado do Quadrado da Sombra. Isso pode não parecer familiar a quem não leu meu livro anterior *The Crystal Sun* (2000) com muita atenção, mas ele é apenas 0,0051 diferente de 1,0136, a constante universal conhecida como a Coma de Pitágoras, sobre a qual discuti em detalhes nesse livro anterior como o número mais importante e secreto conhecido pelos antigos egípcios. (Eles o expressavam como uma fração, não como um decimal, claro.) A Coma foi fundamental para a harmonia musical (ela expressa a diferença aritmética entre a matemática da quinta e a da oitava, como qualquer músico ensinado sabe muito bem, e com que Bach tentou lidar ao compor sua obra *O Cravo Bem Temperado*) e para o calendário, ao determinar o valor preciso do ano (estabelecendo o que estava por trás de todo o objetivo principal de Gizé), como expliquei em detalhes naquele livro, e por esse motivo parece ter sido vista pelos egípcios como o número essencial para expressar a "ordem cósmica". Também era representada graficamente pelo "Olho de Hórus", como demonstrei no livro anterior. Não posso repetir todas as informações aqui. Mas com certeza não pode ser um acidente a Coma de Pitágoras aparecer mais uma vez, na determinação do projeto sagrado do complexo de Gizé. Outro ponto a observar é que se pode afirmar que a Coma, representada pelo Olho de Hórus, gerou outro olho, ou seja, o Olho de Rá, que vimos aparecer dentro do Quadrado Perfeito de Gizé. Pode ser até que, usando a Coma para aumentar as dimensões contextuais de um conjunto de relações geométricas, outro conjunto de relações profundamente relacionadas a elas surja do nada e que haja uma ligação profunda entre quaisquer dois conjuntos de relações geométricas que parecem estar completamente separados se eles estiverem relacionados aritmeticamente pela Coma. Isso pode sugerir a existência de um subconjunto antes inesperado de princípios geométricos, um tipo de "geometria oculta" ou o que chamaríamos "hipergeometria". Seria de uma "dimensão superior" de uma forma nunca antes imaginada por nós, pois não teria nada a ver com o que normalmente chamamos de "hiperdimensional", mas em vez disso é mais uma dinâmica interna escondida que aparece no lugar quando esse número específico opera, como um tecido conjuntivo invisível ativado por alguém inserindo um código numérico. Como esse livro logo mais vai para o prelo, lamento não ter oportunidade de elaborar leis ou princípios desse mundo geométrico oculto, se ele existe. Mas as relações bizarras que descobri entre os dois quadrados de Gizé sugerem veementemente que a Coma os une. Subvertendo esse argumento, significaria que o comprimento de sombra foi determinado pela Coma, para tornar os dois quadrados possíveis, e, portanto, a Coma foi a derradeira geradora de todos os aspectos complexos do projeto de Gizé.

Vamos parar por um momento para considerar o que acontece aqui. Começamos com a necessidade de uma sombra, cujo comprimento os astrônomos calcularam. A partir daí conseguimos uma pirâmide alta o bastante para projetá-la. Então conseguimos o Quadrado da Sombra, no qual ocorre uma série desconcertante de correlações entre pontos importantes de monumentos. Então, usando de novo essa sombra, estendemos o Quadrado da Sombra menor para fazer um Quadrado Perfeito um pouco maior, no qual ocorre outra, aparentemente separada, série desconcertante de correlações entre pontos importantes de monumentos.

Como tudo isso acontece?

Agora acontece algo ainda mais estranho. Se ajustarmos o compasso de modo que seu raio seja igual a SP e pusermos a ponta dele em O, centro do Quadrado Perfeito, veremos que ele toca o vértice da Grande Pirâmide.

Como os egípcios descobriram tudo isso?

Se o leitor não estiver confuso e exausto agora, eu estou. Os egípcios eram obsessivo-compulsivos e não sabiam quando parar. Eles só seguiam em frente. O problema com os mistérios do Egito Antigo é que eles são muitos. Vou pular os retângulos áureos e outros detalhes do Planalto de Gizé que não descrevi e mudar de assunto. O leitor já pegou a ideia. E se você acha que revelei muito sobre o Planalto de Gizé neste capítulo, espere até chegar ao Capítulo 4, no qual descrevo as localizações de muito mais do que meros pontos geométricos, mas em vez disso apresento as localizações precisas de sete tumbas reais intactas. Por experiência própria, as pessoas sempre preferem uma boa múmia a um ponto geométrico em qualquer ocasião, e se a tumba estiver cheia de ouro, bem, isso é ainda mais empolgante para muitos leitores. Espero que no Capítulo 4 possa ser acusado com justiça de "colocar minhas múmias onde minha boca estiver". E o que é um alívio ainda maior, você não precisa de matemática para abrir aquelas tumbas, pois as ilustrações do capítulo mostram exatamente onde todas elas estão.

Mas primeiro devemos ir para baixo da superfície do Planalto de Gizé, a exatos 114 pés de profundidade, e encontrar algo realmente espantoso: uma réplica da Tumba de Osíris. Para ver a série completa de fotos coloridas da aventura descrita no capítulo seguinte, favor consultar o site deste livro, www.egyptiandawn.info, pois a economia da editora permite apenas um número limitado de fotos no livro. O site mantido pelo autor deve sempre ser tratado como uma extensão do livro e consultado pelo leitor quando ele quiser ver mais ilustrações sobre algo discutido no livro.

Capítulo 2

O Poço de Osíris em Gizé e Seus Mistérios

Bem embaixo do Planalto de Gizé, pelo menos a 114 pés de profundidade pela rocha sólida, há uma ilhota misteriosa cercada de água em cujo centro há um enorme sarcófago de pedra. Ele é conhecido como a Tumba de Osíris. Poucas pessoas a viram e há poucas fotos dela. Porém, eu estive lá, estudando e fotografando. Este capítulo conta a história do que é, do quanto é antiga e explica por que o poço levando a ela pode ser mais velho do que as pirâmides, antes até de o nome "Osíris" ser usado.

Das três pirâmides de Gizé, a central é conhecida em geral pelo nome de Pirâmide de Quéfren, nome do segundo faraó na sucessão a Quéops, a quem se atribui a Grande Pirâmide. A Pirâmide de Quéfren tem o tamanho um pouco menor que a Grande Pirâmide e ainda possui uma "camada de cobertura" no topo, os restos do revestimento de calcário que cobria essas duas pirâmides antes de essas pedras serem retiradas pelos árabes e usadas para construir a cidade do Cairo. A Pirâmide de Quéfren tem uma longa e grande calçada de calcário ao longo do morro em sua frente na direção da Esfinge, conhecida como a Calçada de Quéfren.

O Poço de Osíris é o nome geralmente usado agora para designar um poço funerário fundo situado bem embaixo da Calçada de Quéfren em Gizé. Às vezes também é chamado de "Poço de Água" ou "Poço da Tumba de Osíris". O motivo por que o nome do deus Osíris se ligou a ele é que bem no fundo do poço, no terceiro nível, há uma câmara com uma réplica da mítica "Tumba de Osíris", mencionada um pouco antes, descrita tradicionalmente como um sarcófago de pedra em uma ilha cercada por água do qual Osíris levantou dos mortos. Ele serve para simbolizar o local da ressurreição divina. Como Jesus, segundo o mito egípcio, Osíris morreu, foi enterrado em uma tumba e levantou dos mortos. Também como a história cristã, a tumba aberta e vazia simbolizava a ressurreição. A tradição cristã é cheia de referências à "tumba vazia" e ela é assunto de alguns hinos. É mencionada principalmente nos quatro evangelhos canônicos. A tumba vazia, portanto, é fundamental a toda a mensagem do Cristianismo. Jesus não foi para o céu direto da cruz, ele não passou pela ressurreição de imediato, primeiro foi colocado em uma tumba, bloqueada por uma pedra pesada, e só ressuscitou após passar algum tempo naquela tumba. Por isso, a tumba se torna símbolo da vida eterna.

O Poço de Osíris em Gizé atraiu muita curiosidade internacional. Poucas pessoas puderam entrar nele, há poucas fotos dele e de má qualidade, não foi publicado nenhum relato arqueológico formal, exceto a observação curta de Selim Hassan em 1944, citada adiante, e a especulação sobre sua verdadeira natureza prolifera na Internet. Um vislumbre rápido da câmara mais baixa mostrado na televisão americana levantou mais questões do que respondeu e, até agora, nenhuma datação direta confiável foi possível. Nossa datação direta é de alguns sarcófagos gigantes contidos dentro desse lugar único e bizarro, pois o poço em si é esculpido no leito de rocha sólida e não contém nenhum tipo de construção na pedra, de modo que o poço não pode ser datado. Como veremos, os sarcófagos enormes são incrivelmente antigos e um deles é feito de uma pedra de um tipo muito enigmático que, pelo que pudemos determinar, não ocorre em qualquer outro exemplo em todos os restos arqueológicos do Egito Antigo.

Em anos recentes, o Poço de Osíris foi estudado pelo dr. Zahi Hawass, que foi secretário-geral do Conselho Supremo de Antiguidades do Egito e também subsecretário de Estado. Ele foi responsável por bombear a água do nível mais baixo e levantar a tampa do sarcófago, que submergiu de lá. Mas o dr. Hawass não conseguiu ter certeza da data do poço. Quando lhe sugeri que conseguiríamos datar os sarcófagos de pedra no poço com nossas técnicas novas, ele ficou entusiasmado e nos deu permissão para descer ao poço para coletar amostras. Portanto, ficamos muito agradecidos ao dr. Hawass por permitir esse acesso pessoalmente. Esse sítio a princípio não fazia parte de nossa permissão concedida pelo Conselho Supremo e foi uma extensão possibilitada na autoridade pessoal do dr. Hawass, antes de ele se tornar secretário-geral e quando era diretor do Planalto de Gizé. Ele orgulha-se muito desse poço e as pessoas costumam considerá-lo "seu" sítio. Depois do que encontramos lá, ele deve se orgulhar ainda mais dele, pois é muito mais importante do que ele suspeitou até em seus momentos mais otimistas.

O dr. Hawass chamou atenção especial para esse poço em 1999, quando apareceu em um programa da Fox Television Network (Estados Unidos) chamado *Opening the Lost Tombs: Live from Egypt*, transmitido em 2 de março de 1999. Durante esse programa, Hawass convidou uma equipe de filmagem para descer ao poço, onde foi entrevistado discutindo sobre ele. Uma transcrição completa da parte filmada dentro do poço foi publicada na Internet por um entusiasta amador chamado Nigel Skinner-Simpson, um *designer* de *software* com interesse no Egito e uma fixação específica pelo Poço de Osíris.[5]

As citações do programa foram retiradas dessa transcrição, presumivelmente precisa (exceto quando ele entende errado no comentário inserido as direções dos pontos cardeais quando tenta dar as orientações das câmaras). Houve um bloco interessante nesse programa ruim, o trecho do Poço de Osíris. Hawass é visto levando uma apresentadora chamada Suzy Kolber para dentro do poço, e ali começa a contar-lhe sobre ele, enquanto outro apresentador, chamado Maury Povich, faz uma locução. Kolber afirma erroneamente que Hawass tirou a areia do fundo do poço, o que não pode ser verdade, pois ele já estava limpo nos anos 1930. Hawass também afirma que os dois sarcófagos no Nível Dois são feitos de granito vermelho, mas isso não é verdade, como nós veremos, pois eles nem são vermelhos. Mas os egiptólogos raramente falam com clareza sobre pedras e minerais, e muitos artefatos egípcios nos museus ao redor do mundo são equivocadamente descritos em termos de materiais de que eles são supostamente compostos.

Hawass também afirma que a profundidade do poço indo do Nível Um ao Nível Dois é de "55 pés" (16,7 metros), enquanto na verdade tem pelo menos 83 pés (25,2 metros) abaixo do nível do solo, embora a profundidade exata não seja de muita importância. A afirmação principal feita nessa parte do programa por Hawass foi que a cerâmica do Nível Dois seria do período saíta tardio (26ª Dinastia, terminado

---

5. <http://towers-online.co.uk/pages/shaftos3.htm>. Nigel Skinner-Simpson publicou um artigo sobre o Poço de Osíris no início de 2004 na segunda edição da revista *Phenomena*, da qual fui editor colaborador e colunista, mas não tive nada a ver com sua publicação e só o vi depois de ser publicado: "Tunnel Talk", nas p. 25-27. Há várias imprecisões no artigo de Skinner-Simpson, incluindo um erro de 90 graus nas direções da bússola e a declaração de que Zahi Hawass escavou o nível mais baixo do Poço de Osíris, embora isso tenha sido feito na verdade no início do século XIX. Ele afirma que o sarcófago nesse nível foi descoberto em 1992, embora já tenha sido descrito em 1837. Skinner-Simpson diz que Mark Lehner afirmou em 1988 na televisão que havia poços "ainda mais fundos" embaixo da água do canal no Nível Três. Não sei nada disso, mas, como o leitor descobrirá no fim deste capítulo, eu enfatizei a necessidade de estudar o fundo do canal com muito cuidado e, se isso fosse feito, logo se saberia dessa informação.

em 525 a.C.) ou até do período persa. (O ano 500 a.C. seria durante o reinado do imperador persa Dario I, que controlava o Egito na época, a última dinastia nativa fora dominada pelos persas 25 anos antes.) Isso era o que se esperava, pois, como veremos, Selim Hassan concluíra que o Poço de Osíris era do período saíta e deve ter feito isso com base na cerâmica que ele encontrara lá antes. E o poço com certeza foi reutilizado durante esse período. Mas, como também veremos, o poço é na verdade muito anterior e esses restos de cerâmica tardios enganam.

O programa de TV continuou com Hawass e Kolber descendo até o nível seguinte, onde Hawass diz: "Suzy, esta é a 'Tumba de Osíris'". Ele não quis dizer literalmente que era a Tumba de Osíris, claro, mas que seria uma réplica da tumba, embora nenhum telespectador tenha percebido isso. A câmera realmente não mostrou muito nesse nível e os telespectadores com certeza foram deixados em um estado de suspense sobre essa revelação espantosa, da qual se mostrou apenas um vislumbre. Mas o programa queria provocar essa reação, pois Kolber disse a Povich no fim do bloco: "Maury, acho que pessoalmente estou admirada com toda essa coisa. É uma oportunidade única na vida fazer parte dessa grande descoberta que com certeza estimulará e deflagrará especulações de que poderíamos encontrar respostas, talvez detalhes de uma civilização perdida, talvez até instruções para nosso futuro".

Esses comentários referem-se a uma especulação sobre Atlântida e a clarividência visionária do falecido Edgar Cayce, sobre quem Kolber e Hawass falaram em frente às câmeras durante esse bloco. O assistente de Hawass, Mark Lehner, escreveu seu primeiro livro sobre esse assunto, intitulado *Egyptian Heritage: Based on the Edgar Cayce Readings*, no qual ele propunha a existência de um continente perdido de Atlântida cuja cultura sobreviveu no Egito do Antigo Império. Embora Hawass dissesse a Kolber: "é uma lenda, é um mito" e quisesse rejeitar as fantasias de Cayce sobre as civilizações perdidas, os telespectadores desse programa ficaram, por conta de Kolber, com a impressão de que talvez esse Poço de Osíris levasse a uma rede de túneis, que revelariam os segredos de uma civilização perdida. Com esse tipo de incentivo dado a milhões de telespectadores, não é de se admirar que para muitos o Poço de Osíris veio representar um possível "portal" levando a algo chamado "Sala de Registros", onde todos os segredos das eras estão guardados, aguardando a redescoberta para dar uma nova orientação à civilização moderna: a que Kolber se refere como "instruções para nosso futuro". É óbvio que a datação correta do Poço de Osíris é de suprema prioridade, portanto, porque se tornou parte de um discurso público abrangente sobre os mistérios do Egito e as origens da civilização humana.

Talvez infelizmente para os egiptólogos, descobrimos que o Poço de Osíris é de fato antiquíssimo e se apresenta como um enigma para todos nós. Ele não é tão antigo assim para justificar as teorias fantásticas de uma Atlântida de 10000 a.C., claro, tão distante no passado que não haja uma ligação possível com o que é conhecido na arqueologia moderna. Mas, o que é possivelmente mais perturbador, ele é parte da prova descoberta por nós no Egito sugerindo que as ideias convencionais sobre as origens da civilização egípcia estão erradas. Devem acontecer mudanças drásticas em nossas ideias, mas, minha nossa, nós não estamos certos sobre quais serão essas mudanças. Será preciso pesar muito e fazer muita pesquisa. Isso não seria tão crucial não fosse pelo fato de falarmos sobre possivelmente a primeira civilização avançada do mundo e, portanto, a origem de civilizações avançadas para toda nossa espécie. Não precisamos de nenhuma "Sala de Registros" para nos agitar, pois essas descobertas já fazem isso sozinhas. Neste livro, sugiro uma resposta possível a esse problema.

Nos tempos modernos, o Poço de Osíris aparentemente foi descoberto pela primeira vez por Giambattista Caviglia em 1816 ou 1817 (o período de suas atividades iniciais em Gizé), como descobri nos Manuscritos de Burton na Biblioteca Britânica. Não restou nenhum registro do poço feito pelo próprio Caviglia, mas James Burton mencionou a exploração pioneira de Caviglia em um documento de 1826:

> Em um ou outro aposento de todos esses edifícios monumentais havia um poço profundo, do fundo do qual uma passagem estreita conduzia a uma câmara subterrânea.

> Um desses poços, encontrado pelo sr. Caviglia, estava a 60 pés (18,2 metros) de profundidade, e na câmara, um pouco ao sul da extremidade mais baixa, havia um sarcófago simples, mas muito bem finalizado, sem tampa e quase das mesmas dimensões da câmara da Pirâmide de Quéops, mas de um acabamento superior. Essa descoberta fornece um forte argumento a favor das pirâmides como tumbas.[6]

---

6. Add. Ms. 25, 618, f. 73, na Biblioteca Britânica. Esse é um documento de 1826 contido na coleção em 63 volumes *Collectanea Aegyptiaca* de James Burton, composta de manuscritos datados do período entre 1820 e 1839.

O Poço de Osíris em Gizé e Seus Mistérios

Essa descrição parece ser do Poço de Osíris, referente ao segundo nível, embora ele, na verdade, tenha mais de 60 pés de profundidade. Como o terceiro nível esteve parcialmente inundado até recentemente, quando foi esvaziado pelo dr. Zahi Hawass, podia-se pensar que ninguém antes dele conseguiu explorar o terceiro nível e descobrir a "Tumba de Osíris", e que Caviglia não tivesse entrado lá. Mas ficamos surpresos aqui, pois temos provas documentais de que a câmara mais baixa estava apenas algumas polegadas imersa em água no início do século XIX.

A descoberta do Poço de Osíris por Caviglia também está registrada em um livreto publicado em italiano por seu amigo Annibale Brandi em 1823:[7] "Caviglia desceu em uma tumba subterrânea e encontrou uma grande câmara contendo um impressionante sarcófago de granito com sua tampa em uma condição muito boa".

Os egiptólogos não conheciam esse livreto de Brandi até meu amigo Stefano Greco, que trabalhou comigo para tentar encontrar alguns papéis desaparecidos de Caviglia na Itália, o encontrou em uma biblioteca de uma cidadezinha italiana, Livorno. Como o livreto foi impresso em particular na mesma cidade, acredita-se que essa seja a única cópia remanescente.[8]

Vinte anos depois de Caviglia, o Poço de Osíris foi investigado de novo. Um árabe local chamado Abd el Ardi, que sem dúvida sabia do poço por conhecer Caviglia (que recentemente havia voltado para Gizé e trabalhou por algum tempo lá de novo em 1837), o mencionou em 20 de maio de 1837 para o coronel Richard Howard Vyse, que o nomeou Poço Número Um de Gizé, e sua primeira nota sobre ele foi a seguinte, registrada no volume um de sua obra em três volumes, *Operations Carried on at the Pyramids of Gizeh in 1837*:[9]

---

7. "A.B." [Annibale Brandi], *Descrizione Compendiosa delle Piramidi di Giza in Egitto* [Compendious Description of the Pyramids of Giza in Egypt], Livorno, 1823. Traduzido para o inglês por Stefano Greco, com notas de Robert Temple: a última parte, que trata da Esfinge, foi publicada como Apêndice 4 em Temple, Robert, *Sphinx Odyssey*, Inner Traditions, USA, 2008; a parte inicial, que trata das pirâmides, está publicada como um apêndice deste livro.

8. A última parte do livreto (na tradução de Stefano Greco), que trata da Esfinge, foi publicada como um apêndice de meu livro anterior, *The Sphinx Mystery* (2009), e o restante do livro, que lida com as pirâmides, está publicado como um apêndice deste livro. Um escaneamento de toda a obra em italiano, junto com uma tradução completa em inglês do livro feita por Stefano Greco, com minhas notas, está disponível como uma fonte livre no site complementar deste livro: www.egyptiandawn.info. Nesse site há também fotos adicionais do Poço de Osíris.

9. Howard Vyse, Coronel Richard, *Operations Carried on at the Pyramids of Gizeh in 1837*, 3 vols., James Fraser, London, 1840, Vol. I, p. 266.

A escavação da Tumba de Campbell foi retomada de novo. Abd el Ardi mencionou um poço perto do períbolo de tijolo, ao norte da Esfinge, outro entre esse monumento e a Tumba de Campbell e um terceiro entre a Tumba de Campbell e a Segunda Pirâmide, que continha água. Este último, ele disse, foi aberto uns três anos antes por M. Massara. Pedi, portanto, para o sr. Hill mandar fazer uma bomba, e uma mangueira foi enviada de Alexandria para examiná-los.

Massara entrou, portanto, no Poço de Osíris por volta de 1834, embora não haja qualquer registro seu fazendo isso além dessa nota. Como Caviglia e Vyse, que trabalharam juntos por um tempo em 1837 em Gizé, brigaram e não se falavam mais, Abd el Ardi, que agora era empregado de Vyse, preferiu não mencionar o nome de Caviglia em ligação com o poço, embora esteja evidente que Massara deve ter ouvido falar dele por Caviglia e Abd el Ardi sabia disso muito bem. Em 23 de maio, Vyse escreve: "(...) foi enviado um grupo para esvaziar o poço que continha a água entre a Esfinge e a Tumba de Campbell [este não é o Poço de Osíris, mas é o primeiro poço mencionado no próximo excerto do diário, o segundo sendo o Poço de Osíris]".[10]

No dia seguinte ele relatou: "O poço a oeste da Esfinge foi esvaziado e um grupo se aproximou daquele entre a Tumba de Campbell e a Segunda Pirâmide. [Este é o Poço de Osíris.] O termômetro estava 46° à sombra".[11]

O exame posterior de Vyse e a desobstrução do Poço de Osíris estão registrados no volume dois de seu livro:

O poço entre a Tumba de Campbell e a Segunda Pirâmide foi examinado. Da gruta no fundo do primeiro poço [Nível Dois], um segundo descia para uma câmara mais baixa [Nível Três], na qual pilares quadrados foram deixados para escorar o teto; um terceiro poço [o canal] estava cheio de água, que era perfeitamente potável e cobria o chão a uma profundidade de quatro ou cinco polegadas [dez a 12 centímetros]. O nível da água estava a 113,7 pés (34,6 metros) abaixo do topo do poço superior. Os árabes disseram que uma passagem horizontal seguia para norte dessas câmaras pelo lado da rocha, mas, em virtude da areia soprada pelo vento no deserto e os efeitos de escavações repetidas,

10. Ibid., p. 269.
11. Ibid., p. 272.

é impossível agora formar uma ideia da superfície original do solo. [Isto foi escrito muito antes de a Calçada ser desobstruída e quando muito menos estava claro sobre as estruturas da superfície.] (...) (A água) poderia vir da chuva, mas não parece fluir do rio [Nilo], pois ela não enche e diminui com ele. Da forma que ela [a água] foi produzida, os sarcófagos não podem ter sido imersos intencionalmente, e as inundações das tumbas devem ter se originado acidentalmente do preenchimento dos canais artificiais e da água penetrando entre os estratos da rocha.[12]

Isso é com certeza uma descrição do Poço de Osíris, e em 1837 está claro que os quatro pilares quadrados no Nível Três ainda estavam completamente intactos e o nível da água estava apenas quatro ou cinco polegadas acima do pavimento principal (sendo mais profundo no canal que cerca a ilha, claro), com o grande sarcófago central já submerso nesse nível fundo.

Essa inspeção do Poço de Osíris por Howard Vyse aconteceu em 2 de junho de 1837 e em seu índice ele o descreve como Poço nº 1, como foi nomeado em seu mapa desdobrável do Planalto de Gizé na frente da primeira página do volume um de sua obra (veja na Figura 6 detalhes desse mapa mostrando a localização do poço).

Três dias antes, em 30 de maio, Howard Vyse relatou: "A areia foi retirada do poço entre a Tumba de Campbell e a Segunda Pirâmide e uma gruta foi descoberta no fundo dele".[13]

Com essa frase, Howard Vyse conclui o volume um de sua obra. A partir do relato de James Burton sobre a obra de Caviglia, já citado, descrito no manuscrito inédito que descobri no Museu Britânico, da breve menção feita pelo amigo italiano de Caviglia, Annibale Brandi, e do relato de Howard Vyse sobre o trabalho de seus homens e sua inspeção pessoal, podemos reconstruir agora o que ocorreu na primeira metade do século XIX.

---

12. Ibid., Vol. II, p. 4-5.
13. Ibid., p. 292.

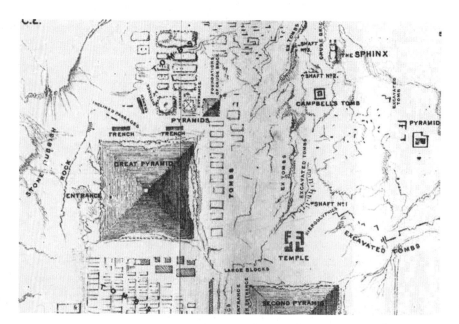

Figura 6. Detalhes de um mapa do Planalto de Gizé desenhado por John S. Perring, aparecendo oposto à página 1 do volume um de Howard Vyse, *Operations Carried on at the Pyramids of Gizeh in 1837*, London, 1840, 3 vols. O Poço de Osíris é denominado "Poço nº 1" nesse mapa, perto do centro da planta mostrada aqui. A Esfinge é mostrada no topo, os dois templos na frente dela eram desconhecidos na época e ainda estavam cobertos de areia. A Calçada de Quéfren, que fica em cima do Poço de Osíris, também estava coberta de areia e era desconhecida na época, exceto pelo ponto onde ela cruza o Poço de Osíris. As ruínas marcadas como "templo" logo acima da "Segunda Pirâmide" (a Pirâmide de Quéfren) são o Templo Funerário de Quéfren. Esse mapa de 1837 não é só a planta mais antiga mostrando a localização do Poço de Osíris, como a única.

O Poço de Osíris foi descoberto nos tempos modernos por Giambattista Caviglia em 1816 ou 1817. Ele usou sua grande equipe de trabalhadores para retirar grande parte da areia do poço para ele conseguir descer com facilidade ao Nível Dois e ver lá pelo menos um dos dois grandes sarcófagos de pedra. Duvida-se muito que o poço estivesse completamente cheio de areia, pois ele foi engenhosamente projetado para evitar isso. Primeiro, o poço do nível mais alto se abre embaixo da Calçada de Quéfren e dessa forma é mantido livre de toda a areia levada pelo vento, exceto aquela que entra de lado pela passagem estreita embaixo da Calçada. Segundo, o poço principal está localizado bem mais para o lado, embaixo de uma saliência ao norte, do Nível Um, para que nenhuma areia soprada pelo vento dessa direção o alcançasse e apenas

O Poço de Osíris em Gizé e Seus Mistérios   65

se esperasse entrar uma pequena parte desse sopro pela passagem superior do sul. Nesse arranjo o poço superior poderia ficar quase cheio de areia antes de qualquer proporção considerável acabar derramando no poço principal para alcançar o Nível Dois. Mas ao longo dos séculos um pouco realmente derramou, e parece evidente no relato de James Burton que a passagem final até o Nível Três estava obstruída e que Caviglia e Burton só alcançaram o Nível Dois, o que exigiu a desobstrução pelos funcionários daquele.

O próximo estágio foi em 1837, quando Howard Vyse mandou seus homens tirarem a areia que permaneceu no Poço de Osíris para ele descer ali, o que fez aproximadamente uma semana após o início dos trabalhos. O montante de areia retirado em uma semana não poderia ser muito e deve ter consistido a princípio do que bloqueava o caminho para o Nível Três e tapava uma proporção considerável desse nível. Porém, até isso está sujeito a alguma dúvida, porque não há um vestígio real de areia hoje no Nível Três e a água está limpa, exceto por uma espuma em sua superfície, então pode ser que o Nível Três não estivesse bloqueado por areia, mas por entulho, jogado lá por quem estivesse interessado em usar o Nível Dois para enterros tardios.

Mas seja o que for que os homens de Vyse demoraram uma semana para tirar, eles entraram no Nível Três e o encontraram intacto em 1837. Os pilares quadrados, agora completamente destruídos, ainda estavam lá. (A destruição desses pilares será discutida depois.) E a câmara não estava inundada, não tinha mais do que umas poucas polegadas de água em excesso.

A próxima referência ao Poço de Osíris foi um comentário indireto feito por Uvo Hölscher em seu livro de 1912, *Das Grabdenkmal des Königs Chephren*,[14] citado em grande parte no Capítulo 7. Em seus comentários sobre a Calçada de Quéfren no Capítulo 3, Hölscher diz apenas:

> Medida em declive, a Calçada entre o Templo do Vale e o Templo Funerário tem 494,6 metros de comprimento (...) Ao lado e bem perto do antigo caminho ascendente [*Aufweg*], após sua destruição nos anos de dominação persa, foram construídos túmulos em poços, que penetram parcialmente a fundação (da Calçada).[15]

---

14. Hölscher, Uvo, *Das Grabdenkmal des Königs Chephren*, Vol. I de *Veröffentlichungen der Ernst von Sieglin Expedition in Ägypten* [Publications of the Ernst von Sieglin Expedition in Egypt], ed. Georg Steindorff, J. C. Hinrich's Booksellers, Leipzig, 1912.
15. Ibid., p. 49-50.

O único túmulo em poço perto da Calçada que realmente penetra sua fundação é o Poço de Osíris, mas nada mais se diz sobre isso e há dúvidas se Hölscher entrou nele.

Supõe-se, em geral, até agora que o Poço de Osíris só foi conhecido em 1930, após Selim Hassan desobstruir um pouco mais a Calçada de Quéfren, retirando a areia que se acumulara desde o tempo de Hölscher. Sua descoberta foi noticiada no *Daily Telegraph* de Londres em 4 de março de 1935 com a manchete: "Passagem Subterrânea Encontrada sob as Pirâmides: Novas Descobertas no Egito: Sala Colunada em Rocha: Câmaras de 2.500 Anos de Idade". Nesse artigo, Hassan foi citado dizendo que acreditava que as câmaras seriam do período saíta [a 26ª Dinastia, 672 a.C.-525 a.C.], por isso a manchete fala delas como tendo 2.500 anos de idade. Veremos que o Poço de Osíris é muito mais antigo. Poços saítas são "carne de vaca" e tardios demais para ser interessantes. O Poço de Osíris, por outro lado, é único até onde eu sei e tão antigo que as origens egípcias deverão ser repensadas. Outra nota do achado apareceu no *Illustrated London News* em 6 de abril de 1935.

Porém, como já mencionei, é improvável que a passagem subterrânea sob a Calçada estivesse sempre completamente oculta por areia e entulho, e com certeza havia uma entrada para a passagem subterrânea acessível antes de Hassan desobstruir totalmente a Calçada, a partir de pelo menos 1817. Quanto ao poço em si, por ele ser protegido pela Calçada, que fica logo acima dele, aparentemente ele nunca ficou totalmente cheio de areia e provavelmente sempre esteve aberto. O poço com certeza foi usado em uma época faraônica tardia e qualquer um com bastante determinação e com uma corda longa o bastante poderia ter descido em qualquer momento até o segundo nível. (É uma ironia cordas longas serem tão impossíveis de obter no Cairo no meio do século XIX, como Vyse relata com raiva, reclamando que ele teve de mandar trazer uma de Alexandria para usar junto com a escavação da Tumba de Campbell.) Mas, quanto ao terceiro nível, essa foi outra questão, como vimos. Então a afirmação feita em 1935 de que o Poço de Osíris foi uma descoberta nova não era verdade.

O primeiro relato publicado sobre o Poço de Osíris que poderia ser considerado como verdadeiramente arqueológico apareceu em 1944, quando Selim Hassan incluiu uma breve descrição dele no volume cinco de sua famosa série de diários das escavações, *Excavations at Giza*.[16]

---

16. Hassan, Selim, *Excavations at Giza*, Volume V: 1933-1934, Government Press, Cairo, 1944, p. 193.

Nesse relato, Hassan registra que, em sua opinião, ele foi o descobridor do poço, que ele supõe ser saíta:

POÇOS DO PERÍODO SAÍTA

Durante esse período [o período saíta, ou 26ª Dinastia; 664 a.C.-525 a.C.], era costume as pessoas abastadas talharem poços bem largos e profundos terminando em uma sala espaçosa que se abria em uma série de pequenas câmaras, cada uma contendo um sarcófago. Esses sarcófagos, que são antropoides e variam de material de acordo com os meios do proprietário, são em geral de calcário de Tura, mas o basalto não é incomum. Às vezes o poço é anormalmente profundo e nesse caso divide-se em estágios à medida que se desce. O exemplo mais impressionante desse tipo de poço é aquele talhado na calçada da Segunda Pirâmide [de Quéfren] e descoberto por mim em nossa sexta temporada de trabalho. Na superfície da calçada eles construíram primeiro uma plataforma no formato de uma mastaba, com pedras retiradas das ruínas do corredor coberto da calçada. No centro dessa superestrutura eles desceram um poço, que passou pelo teto e o piso da passagem subterrânea seguindo sob a calçada a uma profundidade de aproximadamente nove metros. No fundo desse poço há uma câmara retangular em cujo piso do lado leste há outro poço. Este desce a cerca de 14 metros [isso é com certeza um erro de impressão, seria provavelmente 24 metros] e termina em uma sala espaçosa cercada de sete câmaras mortuárias, e dentro de cada uma há um sarcófago. Dois desses sarcófagos, monolíticos e de basalto, são tão enormes que a princípio nos perguntamos se eles conteriam os corpos de búfalos sagrados.

No lado leste dessa sala há mais um poço, com aproximadamente dez metros de profundidade [dessa vez a profundidade está correta], mas infelizmente está inundado. Pela água pura podemos ver que ele termina em uma sala colunada, também com câmaras laterais contendo sarcófagos. Tentamos bombear a água em vão, mas parece que uma nascente deve ter se aberto na rocha, pois um bombeamento diário e contínuo por um período de quatro anos não conseguiu reduzir o nível da água. Devo acrescentar que, depois de analisar a água e ver que era pura, a usei para beber. Isso foi uma grande bênção para toda a equipe.

A água estava gelada mesmo no clima mais quente, e não foi preciso racionar a quantia tomada por cada um, um luxo que talvez seja único em um local no deserto.

Para falar a verdade, pouquíssimos poços saítas foram examinados por completo, porque a maioria deles está inundada e infelizmente parece haver pouca chance de um dia conseguirmos nos livrar dessa água. Seria interessante ver o resultado de um bombeamento intenso no verão, após uma estiagem anormal do Nilo. [Observação: esse relato foi escrito antes da construção da Represa de Assuã, que alterou todos os níveis de água.]

Esse relato sobre o Poço de Osíris é muito estranho em diversos aspectos. Devemos o fato de a câmara mais baixa estar finalmente seca depois de conseguirem bombear a água aos efeitos da Represa de Assuã e a interrupção das inundações do Nilo, embora em muitos lugares, como em Luxor, o nível do lençol de água tenha aumentado perigosamente em vez de baixar. Mas a descrição do Poço de Osíris feita por Hassan difere muito do que encontramos hoje. Aconteceram muitas mudanças drásticas lá desde 1944. Hassan nem se dá ao trabalho de descrever o primeiro nível, mas ele é essencialmente insignificante. Não contém nada agora e provavelmente não continha nada na época (exceto por entulho levado pelo vento), sendo um mero estágio de descida. A superestrutura da mastaba que ele descreve desapareceu em grande parte e o que permaneceu pode ser visto na Prancha 1. Cinco dos sete sarcófagos do segundo nível desapareceram, permanecendo apenas os dois gigantescos. Eles são aqueles que Hassan afirmou ter imaginado conterem búfalos sagrados. Mas na câmara de baixo, o terceiro nível, as colunas que Hassan podia ver pela água, e Howard Vyse tinha visto secas, agora estão totalmente destruídas, permanecendo apenas os tocos de cima e de baixo. Se realmente existiram sarcófagos adicionais, além daquele que permanece no centro da câmara, eles também foram retirados. Eu logo descreverei o poço e suas câmaras mais detalhadamente.

Na Prancha 1 e na seguinte no site podemos ver os lados norte e sul da passagem subterrânea sob a Calçada de Quéfren que leva à entrada do Poço de Osíris. Na Figura 6 pode-se ver um detalhe do mapa de Vyse mostrando a localização da passagem subterrânea. Hoje barras de metal foram colocadas ao redor da entrada real do poço dentro da passagem subterrânea para proteção do público que poderia cair nela e também, podemos ficar tentados a acrescentar, para a proteção do poço e seu conteúdo. Uma escada conduz para baixo no primeiro nível (veja Prancha 2), que está cheio do entulho soprado pelo vento de sempre que os turistas jogam por todo o Planalto de Gizé. Após se deparar com essa escada, uma descida de aproximadamente 27 pés (8,2 metros), se você virar para o norte e caminhar sob uma saliência da rocha até o fim desse estágio de descida ou semicâmara, chega ao verdadeiro poço, que submerge nas entranhas da terra por uma distância que parece ser de quase cem pés, embora pareça mesmo 72 pés (21,9 metros). Já deram várias profundidades para os estágios do poço, mas como nossa missão era realizar a datação, não medimos as profundidades nem tínhamos os meios para medir essa distância.

Esse poço principal incrivelmente fundo tem um par de escadas de metal paralelas presas à sua parede sul. São escadas modernas, para uso privado dos poucos arqueólogos, como Hawass, que visitam o poço, pois não é permitida a entrada de nenhum turista, que eu saiba. Quando se desce por uma dessas escadas verticais bem vertiginosas sem declive, ela parece chacoalhar de alguma forma na rocha, inspirando pouca confiança em sua qualidade. Você sente até que "a hora dela chegou" e espera que outra pessoa esteja lá pendurada quando isso acontecer. A escada também é bem úmida, de modo que você pode realmente cair se não se segurar bem firme. Na Prancha 2, pode-se ver o poço principal e as escadas.

Nossa descida ao poço só foi possível porque o dr. Hawass mandou instalar uma iluminação rudimentar para essas explorações com sua equipe. Porém, ele estava na Suíça no dia em que descemos e um grande cara brigão responsável pela eletricidade não estava nada satisfeito com nossa entrada lá, ainda que tivéssemos autorização do dr. Hawass e estivéssemos acompanhados de um de seus inspetores de antiguidades, que se recusou a descer pela escada perigosa e ficou na superfície com minha esposa Olivia. Por várias vezes o eletricista desligou a energia, ligada pelo inspetor, tentando nos forçar a sair do poço. Olivia protestava com veemência e tentava, sem sucesso, impedi-lo de se comportar dessa maneira maluca, pois não tínhamos tochas/lanternas. Nunca me esquecerei da experiência assustadora de ficar no meio caminho da escada principal do poço com as luzes apagadas, deixando-me com minha mão em um degrau escorregadio, pendurado no espaço com o que parecia ser 50 pés (15,2 metros) acima e 50 pés abaixo de mim, no breu absoluto por vários minutos, ouvindo o som dos pregos de metal chacoalhando de forma agourenta nos buracos da pedra por causa de meu peso. Ioannis estava um pouco mais para baixo na mesma escada. Nós só tínhamos de esperar e torcer, enquanto não sabíamos que Olivia tentava persuadir o lunático cujo inglês era macarrônico a ligar as luzes para não sofrermos uma queda letal. Ela teve a impressão nítida de que era o que ele queria. O inspetor também tentou argumentar com o homem em árabe, mas foi inútil.

A descida desse poço foi descrita pelo famoso escritor egiptólogo Robert Bauval, que também teve o acesso permitido pelo dr. Hawass, em seu livro *Secret Chamber*:

> A escada de metal estava muito úmida e escorregadia, tornando a descida uma experiência de arrepiar. Agora estava muito escuro e até com tochas era difícil ter uma boa vista panorâmica desse ambiente subterrâneo (...) enfim nós chegamos ao piso do segundo nível. Parecia uma eternidade.[17]

Bauval acreditava, muito por experiência própria nos sítios e instinto instruído, que o poço e os sarcófagos deveriam ser anteriores ao período saíta (672 a.C.-525 a.C.) e, no que diz respeito à datação dos sarcófagos, seu palpite estava certo. Quanto à data do poço, tudo se resume a se alguém quiser acreditar que sarcófagos antiquíssimos foram colocados em poços saítas ou se os dois foram contemporâneos. Mas, como veremos, a resposta a isso é bem óbvia por vários motivos.

Após alcançar o segundo nível, a atmosfera é seca e você tem uma sensação nítida de estar realmente bem abaixo da superfície da terra. Você sabe que se gritar ninguém o ouvirá. A percepção de separação do mundo superior é completa e há uma sensação curiosa de isolamento desesperador, silêncio e o que só posso chamar "morte".

Nesse segundo nível, encontra-se uma grande câmara contendo sete nichos e na extremidade nordeste uma outra abertura levando a um terceiro nível, aquele que estava inundado até recentemente. A descida a esse terceiro nível é feita por uma escada inclinada até 30 pés para baixo. Nós falaremos do Nível Dois e do Nível Três em nossas descrições, embora este possa ser considerado com certeza a "câmara de Osíris" ou até a "'Tumba' de Osíris", da qual é inquestionavelmente uma réplica.

Felizmente, quando não há um louco no trabalho as acendendo e apagando como intimidação, as luzes elétricas ligadas à superfície por longos cabos possibilitam a inspeção e o estudo do poço, de seus níveis e conteúdos. Assim conseguimos coletar amostras para datação de dois dos três sarcófagos: um no Nível Dois e outro no Nível Três. Em várias vezes ficamos no breu completo nesses dois níveis, quando o eletricista maluco tentou nos atormentar, e Olivia tentava brigar com ele para religar a energia, explicando-lhe pelo tradutor que, se ele não fizesse isso,

---

17. Bauval, Robert, *Secret Chamber*, Century, London, 1999, p. 297.

como poderia esperar que conseguíssemos voltar para a superfície, pois não tínhamos luz nem para encontrar o caminho da escada. Assim, conseguimos passar uma hora e meia no poço, realizando nosso trabalho durante os intervalos em que a eletricidade funcionava e esperando com paciência no escuro quando não funcionava.

O Nível Dois tem vários pedacinhos de ossos humanos espalhados pelo chão, sem dúvida por causa de invasões e saques de sepulturas posteriores. Se você procurar com cuidado, provavelmente encontrará pedaços das bandagens que envolviam as múmias. Devo confessar, porém, que não fiquei tentado a fazer isso, porque bandagens de múmias não me atraem. Hawass nos anos 1990 aparentemente retirou a maior parte da cerâmica e dos ossos para estudo. Mas o lugar foi tão saqueado sem dó desde 1944, todos os sarcófagos, menos os maiores, foram levados (sem registro, aparentemente para destinos desconhecidos), que as únicas coisas de interesse nesse nível são os dois sarcófagos enormes, com as tampas entreabertas e vazios, claro. Ninguém conseguiu retirá-los! Eles devem pesar 40 toneladas cada. Eles pareciam ser de basalto, pois eram de grãos finos, e claramente não eram de granito de Assuã. Depois descobrimos com análise de difração mineralógica por raio X do que eles eram feitos, e isso foi um verdadeiro choque.

Os sarcófagos não têm quaisquer tipos de inscrições ou entalhes e são completamente simples. Como esses objetos enormes e pesados foram abaixados com corda e mantidos parados é um desafio à imaginação. Quais eram as chances dessas coisas balançarem, batendo e quebrando os lados dos poços (não há vestígio disso), ou ser amassadas e arranhadas (não há vestígios disso também)? Como elas ficaram paradas e como foram abaixadas? Nós sabemos que os antigos egípcios tinham polias de pedra para içar e arriar coisas pesadíssimas no máximo na Quarta Dinastia, pois Selim Hassan escavou duas delas em Gizé. Os detalhes dessas polias, com fotos e uma discussão sobre sua importância, podem ser vistos no Capítulo 4, no qual eu discuto as tumbas lacradas que acredito ainda existirem em Gizé, dando suas localizações precisas e explicando como as localizei. A importância da descoberta de Hassan das polias de pedra do Antigo Império ficará clara em minha discussão sobre as localizações prováveis das tumbas intactas dos reis Quéops e Quéfren, junto com a evidência que encontrei diretamente relacionada com a colocação nelas de sarcófagos de pedra enormes e pesados. Tudo isso tem uma relevância potencial para a construção das pirâmides, que eu também discuto em um capítulo posterior. Durante minhas pesquisas árduas sobre esses assuntos, descobri inesperadamente em um antigo panfleto industrial comercial anunciando cordas e polias (informação surpreendente discutida no Capítulo 4) que as cordas mais fortes do mundo antes de as fibras sintéticas serem inventadas no século XX eram feitas de algodão egípcio. Vejam só, arqueólogos: esse parece ser um dos segredos extraordinários dos egípcios antigos, que tirei de um catálogo industrial velho e empoeirado.

No Nível Dois do Poço de Osíris, os sete nichos, evidentemente funerários, estão arrumados ao longo das paredes sul, oeste e norte da câmara, sem nenhum na parede leste. Todos os nichos estão no nível do chão, nenhum no alto. Como vimos, em 1944 havia sarcófagos em todos eles, mas apenas dois deles eram grandes. Os cinco pequenos foram retirados em décadas recentes, enquanto os dois grandes eram pesados demais para qualquer pessoa moderna tirar.

Não há dúvida de que invadiram e saquearam repetidas vezes o Poço de Osíris na Antiguidade, e podemos supor com segurança que ele foi reutilizado no período saíta, como deve ter sido qualquer poço proeminente e acessível em Gizé. Os cinco sarcófagos pequenos desaparecidos eram provavelmente de um período posterior. É possível em teoria que o poço em si fosse do período saíta, mas, caso fosse, os sarcófagos enormes, antiquíssimos, como veremos, teriam de ter sido saqueados de outro lugar (presumivelmente em Gizé) e levados para baixo no poço no período saíta para ser reutilizados. De alguma forma isso parece bem improvável e uma medida bem extrema. (Veremos depois que na verdade é impossível.) Os sarcófagos, se reutilizados, permaneceriam sem inscrições? Há também as considerações sobre o posicionamento do poço, às quais retornaremos, e, o mais importante de tudo, a concepção unitária do projeto do Nível Três, do qual o sarcófago central é um aspecto fundamental, ligando assim o sarcófago e o Nível Três a uma data comum. A probabilidade de sarcófagos mais velhos sendo colocados em um poço do Médio Império é realmente tão pequena que podemos descartá-la.

Em um nicho na parede sul do Nível Dois há um sarcófago gigantesco de pedra negra, que chamaremos de Sarcófago Um. Como não conseguimos coletar uma amostra desse sarcófago, não fizemos nenhuma datação ou análise mineralógica dele. Com certeza seria interessante tentar de novo, mas havia dificuldades de acesso até um ponto adequado para uma amostra no tempo disponível e o constante corte das luzes interrompeu nosso trabalho. Com a maior das dificuldades, nós enfim conseguimos coletar uma boa amostra do outro sarcófago gigante no Nível Dois (Sarcófago Dois), cinza e no último nicho na parede norte. A posição da amostra, retirada de um ponto onde a rocha já havia sido separada por antigos saqueadores de tumbas, está indicada por Ioannis em uma foto no site, onde há também uma foto de todo o sarcófago. Este é com certeza o objeto de maior interesse em todo o Poço de Osíris.

Fizemos leituras com o contador Geiger dentro dos dois sarcófagos no Nível Dois e ficamos impressionados com a radioatividade intensa emitida pela pedra, concentrando-se nos interiores dos sarcófagos. Algo que os egiptólogos parecem nunca ter notado antes é que os sarcófagos feitos de granito, basalto e pedras afins têm uma radioatividade tão poderosa que um cadáver colocado dentro dele seria irradiado de forma tão intensa que, como o alimento irradiado vendido em supermercados, teria uma "data de validade" estendida e muitas ou todas as bactérias da decomposição na múmia morreriam. Com certeza isso deve ter ajudado a preservar as antigas múmias tanto quanto o processo de embalsamento, ou talvez até mais do que ele. Os sarcófagos de calcário ou alabastro não teriam essa propriedade. Eu sugeri fazer essas leituras por causa de nossos achados no Templo do Vale, descrito no Capítulo 7, onde o granito era tão radioativo que decidimos que qualquer sacerdote ou assistente trabalhando lá com regularidade teria contraído leucemia ou alguma outra forma de câncer terminal e provavelmente não teria vivido mais de 20 anos naquele ambiente. Essas questões de radioatividade parecem ser novos achados, pois nenhum de nós já ouvira falar ou lera sobre esses assuntos antes.

A análise mineralógica da amostra do Sarcófago Dois foi nossa primeira surpresa. Estávamos convencidos, pela observação visual, de que o sarcófago era feito de basalto, por sua textura vítrea em grãos finos. Descartamos a ideia de granito. Mas chegou o laudo do laboratório dizendo que era de uma pedra chamada dacito. Isso nos fez coçar as cabeças, perplexos; tentamos descobrir se conheciam no Egito alguma coisa feita de dacito, pois nunca tínhamos ouvido falar de seu uso lá. Meu primeiro passo foi verificar no competente livro de Lucas e Harris, *Ancient Egyptian Materials and Industries*,[18] e não se mencionava o dacito. Recorri então à obra *Ancient Egyptian Stone Vessels*, de Barbara Aston, que contém uma seção longa de 62 páginas listando e discutindo todas as pedras e minerais conhecidos usados no Egito Antigo.[19] A

---

18. Lucas, A., & Harris, J. R., *Ancient Egyptian Materials and Industries*, Dover Publications, Mineola, New York, 1999.
19. Aston, Barbara G., *Ancient Egyptian Stone Vessels: Materials and Forms*, Heidelberger Orientverlag, Heidelberg, Germany, 1994. A pesquisa incrivelmente abrangente de pedras e materiais usados no Egito Antigo é encontrada nas p. 11-73, mas o dacito não é listado e só é mencionado para ser descartado (veja a nota seguinte).

maioria considera essa lista não só abrangente, mas também definitiva. Porém, o dacito só é mencionado de passagem, em um levantamento de rochas vulcânicas, e a autora o exclui especificamente dizendo que nunca foi usado para recipientes de pedra no Egito.[20] Recorri então a outra das três autoridades-padrão do conhecimento mineralógico com referência à civilização egípcia, J. R. Harris, mas ele também não tinha nada a dizer sobre o dacito.[21]

O que é dacito e onde ele ocorre? É uma rocha ígnea composta em grande parte de feldspato e quartzo, de textura "afanítica", ou seja, seus cristais são tão pequenos que só podem ser identificados com um microscópio, dando à rocha um brilho pétreo ou fosco. É "encontrado nos rios de lava e como pequenas intrusões" e é semelhante a outra rocha ígnea chamada riólito, exceto que esta contém um predomínio de feldspato de potássio enquanto o dacito contém principalmente feldspato plagioclásio (cal sodada).[22]

Consultei alguns livros sobre geologia egípcia e os únicos depósitos de dacito mencionados que encontrei estavam no Deserto do Extremo Oriente e no Monte Sinai, que ficam a centenas de quilômetros de Gizé, sem uma rota conveniente para transporte de grandes pedras (o Deserto do Extremo Oriente fica ao lado do Mar Vermelho e não ao lado do Nilo, e o Sinai fica no outro lado do Mar Vermelho).[23] Jules Barthoux, que escreveu sobre essas ocorrências de dacito nesses lugares afastados, mencionou que o dacito ocorre, na maioria das vezes, como veios correndo por outras rochas, como se pode ver em seu desenho que reproduzo no site. Extrair um bloco sólido para um sarcófago de um veio assim é bem mais problemático e bizarro, pois a maioria dos veios não é grande o suficiente para tal feito ser fisicamente possível. Esses veios às vezes são verticais, dificultando bastante o acesso e a extração. Quando Barthoux encontrou um pedaço de dacito de um veio com aproximadamente 1,5 metro de largura, ele pareceu se surpreender por ele ser grande e esplêndido.[24] Mas até esse veio não era grande o bastante para produzir o enorme sarcófago de dacito no Poço de Osíris. Parece que essa não é uma rocha egípcia comum e nunca foi usada

---

20. Ibid., p. 12.
21. Harris, J. R., *Lexicographical Studies in Ancient Egyptian Minerals*, Akademie-Verlag, Berlin, 1961.
22. Giully, James, Waters, A. C., & Woodford, A. O., *Principles of Geology*, W. H. Freeman, USA, 1959, p. 504-506.
23. Barthoux, Jules, *Chronologie et Description des Roches Ignées du Desert Arabique, Mémoires Présentés à l'Institut d'Égypte*, Tome V, Cairo, 1922, p. 160-167.
24. Ibid., p. 167.

em nenhum das dezenas de milhares de pequenos recipientes de pedra aproximadamente contemporâneos do sarcófago (cuja data logo será revelada). Na verdade, não parece haver nenhuma ocorrência conhecida de seu uso em qualquer artefato ou construção do Egito Antigo, exceto para esculpir esse enorme Sarcófago Dois no Poço de Osíris.

Os locais reais onde existem alguns veios de dacito estão todos a centenas de quilômetros do poço: Gebel Dukhan e Gebel Um-Sidri ao lado das montanhas perto de Wadi Mouelih, Gebel Ferani no Sinai e Wadi Ranga, perto do Mar Vermelho. Supondo que você poderia localizar um veio grande o bastante para produzir um sarcófago enorme em qualquer um desses locais, que não é uma tarefa invejável, e supondo que isso seja possível, você poderá se ver a uma distância enorme de Gizé, não ligada por uma rota por água, deparando-se com a necessidade de despesas enormes de travessias no deserto, tudo isso carregando um bloco ou objeto pesando 30 ou 40 toneladas. Então surgem as questões: como eles fizeram isso e, acima de tudo, por quê? Por que eles não pegaram granito de Assuã (acessível sem dificuldade no Nilo) ou basalto do Fayyum (não muito distante do sul de Gizé)? Por que passar por esse incrível monte de problemas; uma tarefa beirando perigosamente o impossível? Se eles encontraram uma forma de fazer isso dessa vez, como obviamente conseguiram, por que nunca fizeram isso de novo em toda a história egípcia?

Nossa descoberta de dacito no Poço de Osíris foi anunciada por Ioannis em um artigo em uma revista técnica em 2008, junto com uma foto do dacito.[25]

Mas o achado bizarro da natureza dessa pedra foi apenas a primeira surpresa proporcionada por esse sarcófago. Pois, mais tarde, quando recebemos o resultado da datação, descobrimos que sua data era 2800 a.C., com uma margem de erro de 550 anos para mais ou para menos. Em outras palavras, sua data possível variava de 3350 a.C. a 2250 a.C. Essa não era uma sepultura do período saíta tardio. No máximo, era do Antigo Império, mas *poderia* ser quase um milênio mais velha do que o tempo de Quéops e da Quarta Dinastia. Esse resultado surpreendente aumenta a importância de fazermos uma segunda tentativa de obter uma amostra do Sarcófago Um para comparação. Quanto ao Sarcófago Três no Nível Três, nossa data para ele fornece uma confirmação interessante que consideraremos logo mais. Com certeza, para resultados tão inesperadamente antigos, é melhor não confiar em uma única amostra, e o fato de nós termos duas datas sobrepostas do Poço de Osíris

---

25. Liritzis, etc.

é muito encorajador. Se eles tivessem idades muito diferentes, então poderíamos esperar algum erro, mas, como esse não é o caso, sentimos confiança nessas datas.

Descer ao Nível Três do Poço de Osíris é uma experiência extraordinária. Embora a câmara tenha sido gravemente danificada por caçadores de tesouros ou fanáticos religiosos, ainda dá uma impressão sinistra e estonteante. Um bom panorama pode ser visto na Prancha 4, tirada da escada durante a descida. No centro da foto está a tampa do sarcófago de pedra (Sarcófago Três), levantada pelo dr. Hawass e que agora descansa em duas vigas gigantes, que parecem dormentes de ferrovia. Isso foi feito para que ele pudesse olhar dentro do sarcófago, encontrado vazio e também sem inscrições. Na esquerda da foto pode ser visto um pequeno canal de água, correndo ao lado da ilha central: essa é a parede oeste. O sarcófago no centro da câmara está alinhado mais ou menos de norte a sul, embora não tenhamos medido com bússola para verificar as direções magnéticas e não tenhamos uma forma de determinar as direções geográficas exatas nesse ambiente subterrâneo. (Os alinhamentos das pirâmides de Gizé são geográficos, não magnéticos, e as leituras da bússola não os indicam. Para conseguir o norte-sul verdadeiro de uma leitura magnética, você precisa de um mapa de variação magnética para calcular a correção.) Se nós voltássemos com uma bússola e um mapa de variação magnética, sem dúvida poderíamos computar os alinhamentos geográficos. Porém, como nenhum de nós tinha entrado no Poço de Osíris antes e não tínhamos muito ideia do que encontraríamos, não nos preparamos para essas contingências. Além disso, como mencionado em um instante, há ferro lá embaixo, o que causaria uma distorção localizada de qualquer leitura magnética.

Já publiquei uma foto colorida mostrando parte do canal de água no Nível Três do Poço de Osíris como a Figura 7.10 no Capítulo 7 do livro *The Sphinx Mystery*.[26] (Ela também pode ser vista no site de meu livro anterior, www.sphinxmystery.info, ligada à discussão sobre o nível do lençol freático em Gizé.) É reproduzida de novo no site deste livro, www.egyptiandawn.info.

O canal de água, que pode ser visto à esquerda na foto, na verdade circunda totalmente a ilha central contendo o sarcófago por todos os lados, exceto pelo caminho do poço, que entra na ilha pelo sul. Os quatro cantos da ilha tinham originalmente quatro pilares quadrados do chão ao teto. Pelo relato publicado por Hassan em 1944, que já vimos, sou-

---

26. Temple, Olivia & Robert, *The Sphinx Mystery*, Inner Traditions, USA, 2009, Figura 7.10 na p. 338.

bemos que esses quatro pilares ficaram intactos apenas na lembrança. Todos eles foram quebrados de forma tão maldosa que só sobraram os tocos. É difícil saber quando isso poderia ter acontecido. Com certeza não foi na época do dr. Hawass, que guarda o poço com tanto zelo e tem um interesse pessoal profundo nele, e antes disso a câmara estava inundada, até onde sabemos. A única solução para esse mistério parece ser supor que as águas da inundação baixaram ou o bombeamento teve sucesso no fim dos anos 1940 ou dos 1950 e que a câmara foi mutilada ao mesmo tempo em que os cinco sarcófagos do Nível Dois foram retirados, supostamente como um ato de saque de antiguidades. Por causa do desaparecimento dos outros sarcófagos, parece certo que aconteceu um saque no Poço de Osíris depois de 1944, e o dano ao Nível Três deve ter acontecido nessa ocasião.

Mais tarde, a câmara deve ter inundado de novo, até que o dr. Hawass conseguisse bombear a água até secar, exceto pela água do canal, que permanece. A quebra das quatro colunas de pedra é tão maldosa e deve ter exigido um esforço tão prolongado e exaustivo em um período grande de tempo que me parece que só poderia ter tido uma motivação de fanatismo religioso de algum tipo. Com certeza, estava muito além da capacidade de vândalos comuns e deve ter sido premeditada. Creio que as motivações devem ser aquelas de muçulmanos fanáticos e extremistas, querendo destruir algo pré-islâmico tão misteriosamente sagrado que suscitou seus medos e superstições, ou a destruição deve ter sido realizada para algum propósito oculto sinistro por uma sociedade secreta (nesse caso isso teria acontecido provavelmente antes de 1956, quando Nasser assumiu o Egito). Porém, se uma sociedade secreta fez isso, não devem ter sido os maçons ou rosacrucianos egípcios, mais propensos a ter um interesse favorável nesse sítio do que danificá-lo. Seria mais provável se fosse alguma sociedade esotérica da elite extremamente contrária a eles e possivelmente ligada à Irmandade Muçulmana do Egito, que segundo o que ouvi tem algumas sociedades esotéricas antimaçônicas ligadas a ela. O trabalho para quebrar essas colunas de rocha sólida não deve ser subestimado. Alguém ou algum grupo estava determinado a profanar essa câmara sagrada de uma maneira drástica e permanente, talvez em uma tentativa de destruir seu "poder espiritual" para sempre. Pessoas comuns podem pensar que esses propósitos "ocultos" são tão absurdos que acham difícil de acreditar que as pessoas poderiam levá-los a sério o bastante para fazer isso. Mas há muitas pessoas e grupos no mundo obcecados pelo ocultismo e não é sensato ignorar sua existência e ações.

O dr. Hawass destacou com seu entusiasmo de praxe que essa câmara mais baixa é uma "Tumba de Osíris", e nisso ele com certeza está certo. É sem dúvida uma réplica daquela ilha mítica cercada de água onde o sarcófago de Osíris deve ficar. É uma réplica da ilha descrita nos textos sagrados e também é semelhante, embora em menor escala, à outra Ilha de Osíris subterrânea cercada por um canal de água que foi escavada em Abidos. Refiro-me ao famoso Osireion ao lado do Templo de Seti I, duas estruturas que datamos e discutimos em meu relato sobre nosso trabalho no Templo de Seti I, ainda não publicado. Hawass parece ter sido o primeiro a reconhecer a verdadeira natureza dessa incrível câmara como uma Ilha de Osíris.

O Poço de Osíris foi esculpido do leito de rocha sólido de modo original, com um esforço enorme, e essa "Tumba de Osíris" parece ter sido criada originalmente por uma crença religiosa intensa. Tive um sonho com a câmara no qual ouvia o hino cristão "Faith of Our Fathers Living Still" (familiar para mim da minha juventude) cantado como acompanhamento, o que é muito adequado, pois Jesus Cristo morreu, foi enterrado em uma tumba e se levantou dos mortos, assim como Osíris, e o mito de Cristo deve muito a este.

A princípio, quando a câmara do Nível Três estava intacta, teria uma visão incrível: um sarcófago no meio de uma ilha com pilares em cada canto, cercado por um rio artificial.

O Nível Três tem um veio saliente de ferro espalhando-se pela rocha. Esses veios não são incomuns no planalto de calcário de Gizé. "Fendas" ocasionais no leito de rocha do Planalto de Gizé podem estar vazias porque os veios de ferro foram retirados dela, como, por exemplo, no caso do "poço de água" da Grande Pirâmide. A câmara do Nível Três foi esculpida de forma um tanto rude do leito de rocha e a impressão dada por essas superfícies inacabadas não é nada sofisticada. É tudo feito de uma forma um pouco grosseira demais para sugerir que as mesmas pessoas que construíram as pirâmides perfeitas esculpiram uma câmara tão imperfeita. Elas simplesmente não combinam. Se os construtores de pirâmides fizeram a câmara, ela não deveria parecer polida e linda? O resultado de datação que apresento em instantes pode explicar isso.

O sarcófago cinza encontrado no Nível Três não é de dacito. A análise mineralógica revelou que era de granito. Sua situação é bizarra e única no Egito, pois está assentado em uma depressão no centro da ilha, que por sua vez fica no centro da câmara. (Embora haja uma Ilha de Osíris em Abidos, não há sarcófago.) Na Prancha 4 podemos ver a tampa do sarcófago deitada sobre suas vigas e abaixo dela a depressão, cheia de água, assim como o canal ao redor. O sarcófago mesmo não está só cheio de água, como também fica embaixo da água. Nossa amostra veio da tampa, pois não conseguimos alcançar a base do sarcófago.

O resultado da datação desse sarcófago é 1970 a.C., com uma margem de erro de 400 anos para mais ou para menos, dando assim uma data possível entre 2370 a.C. e 1570 a.C. Como a menor data possível do Sarcófago Dois é 2250 a.C. e a maior possível do Sarcófago Três é 2370 a.C., há um período sobreposto de 220 anos para esses dois sarcófagos. Se eles foram contemporâneos entre si, então devem pertencer à Quinta ou Sexta Dinastia do Antigo Império, pelas cronologias convencionais. Em qualquer caso, podemos descartar uma data do Sarcófago Três durante o Primeiro Período Intermediário, de modo que aproximadamente 150 anos do intervalo temporal é impossível por razões sociais, em virtude do caos total daquele período na história, em cerca de 2170-2020 a.C. Uma coisa nós podemos concluir com certeza: o Sarcófago Três pertence a antes do Primeiro Período Intermediário ou depois dele; se for antes, então deve ser da Quinta ou Sexta Dinastia.

Porém, é bem mais provável que os sarcófagos não sejam contemporâneos entre si. O Nível Três é provavelmente uma criação tardia, um outro nível criado em um período posterior, quando uma "Tumba de Osíris" foi considerada desejável. Embora Osíris tenha se popularizado na Quinta Dinastia (2498 a.C.-2345 a.C., convencionalmente), de modo que pelo menos o conceito estava presente, provas circunstanciais pareciam sugerir que o Médio Império (cerca de 2000 a.C-cerca de 1750 a.C., segundo as cronologias básicas, determinadas astronomicamente) é uma data mais provável para o Nível Três e o Sarcófago Três. Isso porque temos agora uma data para a maior e mais grandiosa "Tumba de Osíris" subterrânea, o Osireion em Abidos, e podemos demonstrar de forma conclusiva que parte dela é do Médio Império. Provavelmente o mesmo ambiente cultural que criou um Osireion subterrâneo criou o outro. Podemos descartar a data possível entre 1750 a.C. e 1570 a.C., pois é tão improvável que o Sarcófago Três pertença ao Segundo Período Intermediário quanto ao Primeiro Período Intermediário. Nós realmente temos apenas duas possibilidades convincentes para a origem do Sarcófago Três a partir de seu período temporal potencial: é da Quinta ou Sexta Dinastia do Antigo Império ou é do Médio Império. E a câmara e o sarcófago, que combinam tanto um com o outro e são concebidos como uma entidade única, devem ser contemporâneos. Dentre as duas possibilidades, temos provas circunstanciais a favor da segunda, e somos tentados a supor, portanto, que o Nível Três e o Sarcófago Três pertençam ao Médio Império em vez de ao fim do Antigo Império.

A natureza unitária do projeto da câmara e do sarcófago parece óbvia no Nível Três, pois a ilha é cercada pelo fosso e tinha seus quatro pilares nos cantos, e no meio dela fica a depressão sobre a qual se apoia o sarcófago. Parece impossível conceber essa câmara, portanto, como outra coisa senão uma única entidade conceitual definida. O Nível Dois é apenas uma câmara de sepultamento com sete nichos e pode ser mais jovem que o Sarcófago Dois. Mas não pode ser saíta, pois tem de ser mais velho que o Nível Três, porque está acima dele e leva para a câmara mais baixa, e, como o Nível Três não é posterior ao Médio Império, o Nível Dois precisa pertencer pelo menos a esse período. Logo, somos forçados a abandonar completamente os conceitos de poços e sepultamentos saítas e encaramos o fato de todo o Poço de Osíris ser do Médio Império no máximo, por causa do poço em si.

Mas já vimos que o Sarcófago Dois não pode ser tão recente quanto o Médio Império, pois sua última data possível é 2250 a.C., ou por volta do fim da Quinta Dinastia. Isso nos leva de volta a um tempo apenas, um pouco mais de um século depois da construção da Calçada de Quéfren que percorre o topo do Poço de Osíris. Como é bem improvável que qualquer objeto pertença à menor data possível de um intervalo histórico prolongado, ficamos em uma situação na qual é difícil fugir da conclusão de que o Poço de Osíris existia *antes* da construção da gigante Calçada de Quéfren da Quarta Dinastia e que ela deixou um caminho subterrâneo para acesso de propósito, embora a superestrutura, agora desaparecida, descrita por Selim Hassan em 1944 teria sido uma adição posterior, possivelmente do período saíta, pois ele afirma ter sido construída com os restos do teto da Calçada, que provavelmente ainda estava intacta no Médio Império. Para um poço tão profundo ter sido construído *antes* da Quarta Dinastia, sugere-se que este era um local de sepultamento muito importante. Isso está de acordo com uma única pedra sendo usada para o sarcófago enorme e também com a falta de inscrições, pois nesse período elas não eram entalhadas nos sarcófagos.

O Poço de Osíris é, portanto, um elemento novo e fundamental a ser levado em conta quando consideramos a natureza do Planalto de Gizé e da Necrópole como um todo. Deve ser visto como uma parte elementar de todo o conceito de *design*. Longe de ser fechado por ser um obstáculo ao caminho da Calçada de Quéfren, foi *acomodado* pela Calçada. Isso é extraordinário, se a Calçada foi mesmo construída por Quéfren e no tempo que normalmente aceitamos. Quéfren foi um faraó muito egotista, a julgar por suas centenas de estátuas de si mesmo (veja Capítulo 7). Em circunstâncias normais, ele deixaria um poço funerário anterior ficar no caminho de seus planos para o que se supõe ser sua pirâmide e sua calçada? Não se esperaria que ele o tapasse ou pelo menos o lacrasse? Em vez disso, ele parece ter deixado sua construção tomar o poço sob sua asa, por assim dizer, incorporando uma passagem subterrânea para ele embaixo de sua calçada preciosa e muito pessoal, o que é realmente extraordinário. Quais seriam seus motivos para fazer isso?

Para voltar ao assunto da pedra do Sarcófago Dois ser o dacito: quem teria o poder de exigir algo tão raro e difícil de encontrar e transportar um bloco tão grande dessa pedra para Gizé e baixá-la ao fundo de um poço de cem pés? Podemos supor com segurança que só um rei poderia ter feito isso. Então o sepultamento no Sarcófago Dois deve ter sido um sepultamento real. E isso talvez forneça a justificativa para Quéfren tratá-lo com reverência o suficiente para não destruí-lo.

Mas e quanto ao fato de que o intervalo temporal possível para o Sarcófago Dois remonta até o período pré-dinástico, na verdade a 3350 a.C.? Isso é cerca de 850 anos antes da data aceita em geral para a construção das pirâmides de Gizé. O sarcófago e seu poço, por implicação, poderiam ser de qualquer data da mais remota até a Quinta Dinastia.

Algo acontecia de fato em Gizé assim tão cedo? A questão da datação das pirâmides de Gizé é discutida no próximo capítulo, no qual se esclarece que as pirâmides de Gizé são mais velhas do que se considerava por convenção e o Sarcófago Dois poderia ser uma relíquia do mesmo período e da mesma cultura. Mas que resultados convencionais nós temos para demonstrar que Gizé era usado antes da Quarta Dinastia? Bem, na verdade nós tivemos várias provas por um longo tempo de que Gizé era usado para sepultamentos durante a Primeira e Segunda Dinastia, e a primeira tumba da Primeira Dinastia foi descoberta por Alessandro Barsanti (1858-1917) em 1904 e escavada por Daressy; os demais restos da Primeira e Segunda Dinastia em Gizé foram escavados por *sir* Flinders Petrie, como descrito em seu volume de relatos de escavações intitulado *Gizeh and Rifeh* em 1907.[27] Além disso, a inscrição de um nome de um rei da Segunda Dinastia foi encontrada em escavações do Templo do Vale, e eu reproduzo essa inscrição adiante, junto com minha discussão sobre ela no Capítulo 7. Por isso, não se pode descartar que o Poço de Osíris principal pertença à Primeira Dinastia, por volta de 3000 a.C., pois há muito tempo temos evidência de sepultamentos

---

27. Petrie, [*Sir*] W. M. Flinders, *Gizeh and Rifeh,* British School of Archaeology in Egypt, London, 1907.

em Gizé pelo menos desse período. É verdade que essa evidência não apresenta nada como um projeto tão ousado como a construção desse poço profundíssimo, e se o Poço de Osíris pertencesse a esse período, deveria ser uma grande tumba real por causa do esforço empregado na construção.

O fato de estar originalmente sob uma mastaba (uma tumba retangular, parcialmente submersa de tijolos de barro) também fornece um eco de práticas mortuárias dinásticas arcaicas, embora Hassan achasse que essa mastaba poderia ter sido construída depois com os restos do teto da Calçada, talvez demolidos pelos persas, ou assim ele imaginava. Mas há outras diferenças possíveis: se o Poço de Osíris fosse desse período, encontraríamos fragmentos de vasos de pedra espalhados pelo chão do Nível Dois. Embora eu não tenha visto nenhum, nós com certeza não buscamos esses vestígios. Desconsideramos até os ossinhos que vi no chão sob nossos pés, pois não tínhamos tempo para essas distrações enquanto lutávamos para pegar amostras para datação entre os blecautes. Deve-se fazer um estudo decente do sítio para ver se podem ser encontrados alguns dos pequenos fragmentos ou vestígios de oferendas mortuárias arcaicas ou do Antigo Império, talvez caídos atrás dos sarcófagos gigantes em seus nichos, de onde eles não poderiam ser afanados durante o saque dos outros cinco sarcófagos e aqueles vários ocorridos no poço ao longo dos milênios, inclusive no meio do século XX. O fundo do canal no Nível Três também deve ser vasculhado com muito cuidado em busca de fragmentos de quaisquer restos. Isso exigiria um mergulhador com boa iluminação. A revelação de que os sarcófagos são extraordinariamente antigos justifica o exame mais minucioso possível de todo aspecto do poço, do canal e das câmaras. Ele está pronto para um novo exame amplo e completo de uma eficácia forense, como em uma investigação policial de homicídio.

Mas agora temos outro problema: se a tumba era tão importante, por que o poço ficava aberto? Um sepultamento real poderia ter acontecido em um local tão acessível? Não podemos concluir que isso seja impossível. Porém, o sepultamento, real ou não, em um sarcófago tão espetacular deve ter exigido segredo. Então concluímos que deve ter existido um lacre muito intacto em cima do poço e a passagem subterrânea deve ter sido cuidadosamente bloqueada em cada extremidade e escondida por pedras enormes. Em outras palavras, o poço deve ter sido lacrado com firmeza e segurança no Antigo Império quando, por um acordo aparentemente unânime entre todos os egiptólogos, o Planalto de Gizé era sacrossanto e bem guardado. Portanto, deve ter sido

O Poço de Osíris em Gizé e Seus Mistérios   83

algum tipo de sepultamento real antigo. Provavelmente foi arrebentado e pilhado durante o Primeiro Período Intermediário, quando sabemos que o Planalto de Gizé foi saqueado sem misericórdia por hordas de saqueadores e multidões querendo quebrar as estátuas e relíquias das dinastias anteriores.

Depois de ser deixado aberto, com sua tumba roubada, o Poço de Osíris seria então um local tentador para exploração pelos faraós adoradores de Osíris do Médio Império, que poderiam tirar vantagem da maior parte do trabalho feito, apenas cavando um pouco mais e fazendo outra câmara para criar uma mística "Tumba de Osíris". Quem sabe? Possivelmente o sarcófago do Nível Três também tenha sido usado mesmo. Ou pode ter sido apenas um simulacro com uma importância meramente simbólica. Pois o poço possivelmente nunca foi lacrado depois disso e é muito provável que a "Tumba de Osíris" tenha sido usada como um local para iniciação esotérica para sacerdotes e talvez até faraós. Se seu propósito foi a princípio para cerimônias religiosas, não haveria necessidade de "retocar" as paredes, seria mais verdadeiro manter o visual desbastado para enfatizar a natureza selvagem e cavernosa do lugar. E seria *necessário*, claro, o poço permanecer aberto, pois senão o acesso à "Tumba de Osíris" não seria possível e os rituais não poderiam acontecer lá.

Qual seria a natureza dessas cerimônias? As cerimônias de Osíris são descritas em meu relato sobre nosso trabalho em Abidos (ainda não publicado), que lida com a estrutura dupla, conhecida como o Templo de Seti I acima do solo e o Osireion abaixo. Demonstramos que suas datas são diferentes e que o faraó do Novo Império Seti I incorporou a antiga estrutura do Osireion em seu próprio Templo de Osíris, mas acrescentou as inscrições ritualísticas, religiosas e astronômicas do Osireion. Todas as inscrições das duas estruturas foram estudadas em detalhes por Rosalie David em sua obra seminal, *Religious Ritual at Abydos (c. 1300 BC.)*.[28] A professora David reconstruiu os rituais religiosos, descritos nos mínimos detalhes nas paredes, em textos e imagens. Infelizmente, seu livro não é ilustrado, então se deve complementar seu relato completo dos textos e palavras-pinturas com ilustrações publicadas em outro lugar, como descrevo em meu relato. Mas há várias observações no excelente livro de Rosalie David que podem ser usadas em relação ao Poço de Osíris, embora ela não o mencione e na verdade nunca tenha entrado nele.

---

28. David, A. Rosalie, *Religious Ritual at Abydos (c. 1300 BC)*, Aris and Phillips, Warminster, England, 1973.

Em seu livro, a professora David destaca que o nome de Osíris é desconhecido antes da Quinta Dinastia e diz: "A teologia menfita coloca seu afogamento nos arredores de Mênfis...".[29] Isso é importantíssimo, porque confirma que havia uma tradição em Mênfis, a cidade mais próxima de Gizé, de que Osíris se afogou perto dali. Portanto, um centro de culto a Osíris nos arredores é mais ou menos uma necessidade. Como o "sarcófago de Osíris" está sob a água na depressão no centro da Ilha de Osíris no fundo do Poço de Osíris, talvez a tradição de que "Osíris se afogou perto de Mênfis" de alguma forma faz referência a esse sarcófago estar embaixo da água, e por isso também a ideia de que Osíris estaria de alguma forma dentro dele deve ser considerada como a origem de se pensar que ele se "afogou". Isso é pura especulação, mas não é impossível.

Como eu destaco no Capítulo 7, há bons motivos para acreditar que o Templo do Vale em Gizé foi transformado em um Templo de Osíris em algum ponto e aconteciam ritos lá. Mas preferia-se um santuário subterrâneo reproduzindo sua tumba para o culto adequado a Osíris, o Deus dos Mortos. Como diz David: "Em Abidos, acredita-se que o Osireion seja uma imitação do local de sepultamento de Osíris...".[30]

E como esse era o caso, podemos confiar também que o nível mais baixo do Poço de Osíris representava a mesma coisa.

Então o que aconteceu lá? De que forma as cerimônias realmente aconteciam? Ao contrário do Osireion, que teve inscrições acrescentadas às suas paredes em um período posterior, o Poço de Osíris não tem textos ou imagens representando as cerimônias. Mas poderemos ter uma ideia do que teria acontecido lá por analogia ao Osireion em Abidos. Antes de tudo, Osíris era o deus dos Mortos, e uma visita solene a uma réplica de seu sarcófago seria o elemento fundamental das cerimônias. Mas como Osíris também era o deus da Ressurreição, algumas cerimônias de ressurreição poderiam acontecer lá também. Elas podem ter tomado a forma de um sarcófago vazio sendo aberto, e uma pessoa importante, um sacerdote ou um faraó, deita nele e depois a tampa é colocada sobre ele como uma provação sagrada. A provação pode ter incluído o "afogamento" dentro do sarcófago, com um tubo de ar e provisão de ar limitada. Pouco tempo depois, quando uma cerimônia de súplica para Osíris levantar dos mortos fosse encenada, completa com música e orações, a tampa seria retirada e o indivíduo "ressuscitado" levantaria e "nasceria de novo".

---

29. Ibid., p. 244.
30. Ibid.

Somos encorajados a pensar na realização de algum ritual dessa forma por causa do famoso mito de que pediram para Osíris se deitar em um sarcófago para testar seu tamanho e a tampa foi então fechada por seu perverso irmão Set, depois ele foi jogado no rio e morreu. (Mais uma vez, nessa lenda clássica contada por Plutarco no século I d.C., temos o motivo do "sarcófago submerso", pois ele é descrito como sendo jogado no rio e submergindo na água.) Depois, a esposa e irmã de Osíris o encontrou e o levantou dos mortos. Se uma cerimônia dessas foi realizada no Poço de Osíris, haveria uma sacerdotisa representando Ísis e ela presidiria a ressurreição. Princesas e rainhas da casa real sempre foram as sacerdotisas. Por exemplo, como destaquei no Capítulo 5 de meu livro anterior, *The Sphinx Mystery*, a rainha Mersyankh III, esposa de Quéfren e também neta de Quéops, tinha o cargo de sacerdotisa de Thoth.

Rosalie David explica que, em Abidos, se encenava uma peça de mistério sobre a morte e a ressurreição de Osíris:

A partir da 12ª dinastia em diante, todo ano em Abidos uma peça de mistério era realizada em homenagem a Osíris, reencenando os acontecimentos da vida e da morte do deus. As peças estão registradas na Estela de Ikhernofret (Ikhernofret foi chefe tesoureiro do faraó do Médio Império Sesóstris III) e considera-se que os atos mencionados nessa estela estejam na ordem certa, pois eles são compatíveis com o que se conhece do mito de Osíris. A peça era encenada por sacerdotes e assistida por peregrinos, era celebrada em parte no templo, e a cerimônia era realizada para benefício do rei falecido e para a ressurreição eterna de todos os adoradores de Osíris. No Templo de Dendera, as imagens ritualísticas em alto-relevo mostram os mistérios de Osíris como eram realizados no período ptolomaico, e pode-se supor que eles não eram muito diferentes dos de Abidos (...) estes podem ser parcialmente reconstruídos [também] a partir das imagens em alto-relevo e inscrições que ocorrem nas paredes de certos templos, ilustrando o ritual que acompanhava o período anual de devoção a Osíris. Assim como o material do Templo de Dendera, no Templo de Hórus em Edfu, a Cripta, a Mansão do Príncipe e a Câmara Privada da Cripta estão todas ligadas com esse culto e seus mistérios; além disso, ritos de Osíris ocorriam em Karnak no mês de Khoiak e, na era greco-romana, a ilha de Filas foi um dos principais centros do culto (...) O grande festival acontecia no último mês de inundação e, em Abidos, a celebração era representada em parte por uma peça de mistério de oito atos (...) Thoth era um dos principais atores nos mistérios (...) todos os ritos essenciais para assegurar a ressurreição do deus eram realizados antes do festival em câmaras privadas dentro dos templos.[31]

Sabemos que em Abidos o faraó Seti I desempenhava o papel de Osíris em pessoa, pois ele é retratado nas paredes do templo fazendo isso. Portanto, é provável que o Sarcófago Três do Poço de Osíris fosse um lugar secreto de iniciação e reencenação do ritual de sepultamento e ressurreição de Osíris pelo faraó em pessoa. Alguém representaria Ísis, embora não possamos dizer se ela seria uma mulher ou um sacerdote, e um sacerdote vestido como Thoth ficaria à disposição como o participante principal da cerimônia, um conselheiro e assistente do faraó como Osíris. Com certeza, se os faraós realmente aceitassem ser encerrados em um sarcófago, mesmo por pouco tempo, teria sido um verdadeiro teste dos nervos. Nas fotos, fica claro como a tampa de pedra do sarcófago era enorme e pesada. Mas talvez eles não realizassem de fato esse ato físico. Afinal, o sarcófago ficava em uma depressão submersa na ilha central e, como deve ter ficado sempre coberto de água, é possível que a intenção fosse apenas ele ser observado pela água e "realmente conter" Osíris em um sentido simbólico. Se um ritual de ressurreição faraônica fosse encenado sob essas circunstâncias, ele seria feito de forma mais simples, usando um caixão de madeira colocado perto do sarcófago, talvez ao pé da pequena ilha.

O espaço na câmara é limitado e o número de participantes seria bem pequeno. Não haveria espectadores, de modo que o propósito seria completamente privado, por isso eu digo que serviria para mágica ou iniciação, pois não havia espaço para uma peça de mistério direcionada a um público. Uma procissão bem pequena de sacerdotes e o faraó entrariam na ilha pelo trajeto e andariam ao redor do sarcófago submerso, observando-o com pesar e entoando um hino fúnebre. Um sacerdote vestido de Set convidaria o faraó a se deitar em um caixão de madeira; ele seria trancado ali durante uma cerimônia; então Ísis abriria o caixão e Thoth o levantaria e o tiraria de lá para seu renascimento. Isso deve ter sido uma cerimônia de ressurreição anual planejada para renovar a vida

---

31. Ibid., p. 245, 244, 245, em sucessão.

do faraó. Se o faraó vivo usasse um caixão de madeira colocado ao pé do "sarcófago de Osíris", isso seria considerado suficiente para o ritual.

Mais tarde, durante o período saíta, o Poço de Osíris oferecia um local excelente para reutilização em sepultamentos saítas, e supomos que eles com certeza devem ter acontecido e que os pequenos sarcófagos relatados por Hassan em 1944 seriam saítas, exceto aquele que deveria ser muito mais velho e usado nos rituais que acabei de sugerir. Como parece nunca ter havido mais do que dois sarcófagos gigantes no Nível Dois, os cinco nichos restantes podem ter guardado oferendas mortuárias originalmente. Mas estas teriam desaparecido durante a conversão do poço de uma verdadeira sepultura a um centro de iniciação durante o Médio Império.

Portanto, temos uma reconstrução possível da complicada história desse grande poço de Gizé. Porém, são apenas sugestões e outros pesquisadores podem ter ideias melhores. Mas qualquer teoria alternativa deve se adaptar às datas dos sarcófagos e ao evidente projeto do Nível Três como uma concepção unitária ligada à data do Sarcófago Três. Na verdade, esses são exatamente os tipos de problemas que podem aparecer quando, em vez de especulação sobre datas, conseguimos de súbito fatos consistentes com a datação direta da pedra, de modo que as inferências por estilo e associação são retiradas de seu lugar de primazia. Quando os sarcófagos não podiam ser datados diretamente, era fácil considerar o Poço de Osíris como um poço saíta de menor importância. Mas, agora que ele não pode mais ser considerado assim, só nos resta nos agarrarmos aos novos problemas resumidos anteriormente.

A localização do Poço de Osíris no Planalto de Gizé deve ter alguma importância. O único mapa existente demonstrando seu local foi publicado por Howard Vyse em 1837 (veja Figura 6). Não podemos supor que esse mapa seja exato como o mapa topográfico geodésico moderno usado para a preparação da Figura 1 no capítulo anterior. Porém, qualquer um pode colocar uma régua no mapa de Vyse e ver claramente que o Poço de Osíris fica em uma linha reta ligando o vértice da Pirâmide de Quéfren ao ponto central da Esfinge (veja Figura 6). Traçar uma linha ligando as duas extremidades no mapa geodésico moderno dá um ponto na Calçada de Quéfren que fica na linha meridiana norte-sul que divide a Grande Pirâmide em duas partes, embora, no desenho de Vyse, o poço seja demonstrado um pouco mais a oeste desse ponto. Porém, o mapa moderno esclarece que a linha unindo o vértice da Pirâmide de Quéfren com o ponto central da Esfinge não cruza a Calçada de Quéfren mais a oeste e, como nós sabemos que o poço fica embaixo da Calçada, o mapa de Vyse está um pouco errado. Precisamos lembrar que, quando Vyse fez seu mapa, a Calçada de Quéfren estava invisível e ainda enterrada na areia. Só se via a mastaba em cima do Poço de Osíris. O erro mais provável dos dois possíveis feitos por Vyse ao desenhar seu mapa foi demonstrar o poço muito a oeste. Nesse caso, o ponto moderno de interseção das duas linhas com a Calçada pode estar correto. Alguém precisará confirmar isso algum dia, claro, mas isso exigirá um esforço especial com um teodolito e uma pequena equipe de pesquisa topográfica. Se confirmada, a posição do Poço de Osíris então será vista encaixada firmemente no grande esquema do desenho de Gizé e sugere que pertence ao período em que os Projetos de Gizé ainda eram compreendidos; poderia até ter sido uma parte integrante deles desde o início.

Quanto ao Poço de Osíris levar a outros túneis ligados a outros locais subterrâneos no Planalto de Gizé, como foi sugerido por especulações fantasiosas na Internet recentemente, onde se suspeita de um "acobertamento" dos segredos de Gizé no poço, podemos descartar estas ideias. Há dois "buracos" nas paredes do Nível Três do outro lado do canal da ilha central e, portanto, difíceis de alcançar, mas a inspeção tão minuciosa quanto conseguimos fazer nos deixou convencidos de que eles não levam a nenhum lugar. Por causa das especulações extraordinárias a respeito desses buracos, achei que valeria a pena reproduzir fotos dos dois. Aquele no canto nordeste parece ter sido uma tentativa de um ladrão de tumbas antigo de invadir em busca de alguma coisa, mas ele deve ter desistido, pois não há nada lá depois de um pequeno espaço para se arrastar além de um buraquinho que parece não levar a nada. Minha foto pode ser vista no site. O outro, na parede oeste, é outra fenda, talvez incorporando alguma cavidade natural na rocha, que se dobra até sair da vista e parece ser grande o bastante para um menino entrar se arrastando, mas quase com certeza não leva a nada. Segundo Hawass, ele segue por cerca de seis metros e depois termina, mas ele pretende escavá-lo um dia. Mesmo se encontrar alguma extensão, porém, nada de nenhum tamanho pode ser tirado por ele, por ser tão pequeno. Esse buraco pode ser visto no site deste livro. Ele parece diminuir, embora não tenhamos conseguido mergulhar na água e cruzar o canal para olhar de perto, pois não estávamos preparados para essa tarefa, não tínhamos tempo suficiente e sofríamos com os constantes blecautes que tornavam todo o empreendimento perigoso. Porém, com certeza podemos descartar as fantasias do Poço de Osíris como um centro nevrálgico de túneis subterrâneos de Gizé.

Há ainda a outra possibilidade, que deve ser mencionada, da existência de passagens levando para fora da câmara que só podem ser acessadas por baixo da água (só se "Osíris submergir"?). As pessoas que exploram as cavernas geralmente precisam mergulhar na água em um lago ou rio subterrâneo, passar por uma abertura e chegar à próxima caverna. Se alguém quisesse ocultar uma passagem conjugada, escondê-la sob a água seria a maneira perfeita de começar. Então você mergulharia no fosso, encontraria a abertura e passaria por ela, chegaria por sob a água em outra caverna ou câmara e então subiria à superfície de novo. Enquanto o fosso dessa câmara não for completamente explorado por um mergulhador com luzes, essa possibilidade não pode ser descartada. No Osireion em Abidos, não temos certeza se há uma abertura de um conduto construído sob o nível da água para o canal ao redor da ilha, que deixa a água entrar. Eu sugeri com veemência em meu relato ainda não publicado sobre Abidos que o canal deveria ser investigado por mergulhadores. Se houver uma abertura sob o nível da água levando ao canal ao redor de uma Ilha de Osíris, por que não haveria uma na outra?

Fico curioso em saber por que não há mais fragmentos de rocha espalhados no Nível Três do que aqueles. Onde está a maior parte dos restos das quatro colunas que foram quebradas em pedacinhos com tanta violência? Embora alguns estejam visíveis na ilha central, presumo que o restante deva estar no fundo do canal. Mas, como o canal está cheio de uma água coberta por uma espuma opaca, não se dá para ver nada nela. A água em si é limpa se for separada da espuma. Esta poderia ser retirada da superfície da água do canal para podermos olhar para o fundo de todo o canal, a fim de vermos o que ele contém. Se houver pilhas de fragmentos de pedra das colunas quebradas lá, então elas teriam de ser retiradas completamente antes de podermos ver se encontramos no fundo do fosso algo de real interesse, anterior a 1944.

Outra curiosidade é a fonte da água do canal: de onde ela vem? Obviamente deve ser de algum tipo de nascente. Isso por si só sugere um canal subterrâneo ou algum tipo de entrada, pois não há uma abertura visível nas paredes de rocha sólida para deixar a água entrar. Como a água veio de algum lugar e não há uma fonte visível, pode-se concluir que deve haver uma fonte invisível. Em outras palavras, deve haver um conduto como aquele em Abidos. A câmara agora parece ter recuperado seu nível de água original, pois o nível é elevado o bastante para encher o canal ao redor da ilha. Deve ter parecido assim no Médio Império. Para encontrar a água no nível certo, os escavadores da câmara continuaram a cavar até o atingirem, e então construíram a ilha e o canal no nível adequado. Devemos nos lembrar do que Hassan disse sobre a água: era potável. Provavelmente ela vem de uma nascente sem ligação com as fontes mais a leste do Planalto poluídas pelas habitações e o esgoto da vila vizinha de Nazlett. Há uma séria possibilidade de a água vir de um canal construído escondido sob a água, porque o leito de rocha lá embaixo é sólido demais para vazamentos aleatórios. Se existir um canal assim, então sua construção deve ter sido um empreendimento subterrâneo enorme do tipo mais furtivo imaginável, pois deveria haver outras câmaras perto, nas quais a água era encontrada, e deve ter sido necessário um projeto realmente extraordinário. Mas onde estão os poços que levam a essas outras câmaras? Deveria haver outra câmara e também outro acesso a ela para desviar a água para o canal por um conduto construído do outro lado. Quando buscamos contatos para negócios, dizemos: "siga a trilha de dinheiro", mas aqui é um caso de "seguir a trilha de água". Alguém precisa fazer isso com urgência. Mas, como não sou mergulhador, não serei voluntário do trabalho sob as águas.

Não parece ter acontecido nenhuma exploração completa do fundo do pequeno canal. Embora haja relatos circunstanciais de pessoas nadando na câmara quando o nível de água era maior, o que deve ter sido algo refrescante em um dia quente no Egito, isso não parece ter sido combinado com o mergulho para encontrar a entrada da água ou para estudar o fundo do canal. Nós com certeza esperamos que esses estudos aconteçam e que os mistérios da "Tumba de Osíris" possam ser revelados completamente um dia.

Em suma, devo dizer que o Poço de Osíris agora nunca mais poderá ser relegado à condição de aspecto secundário do Planalto de Gizé na hipótese de ser um poço funerário saíta pertencente ao período de 664 a.C.-525 a.C. Agora esse definitivamente não é mais o caso. O fundo do poço possivelmente pertence ao Médio Império e o Nível Dois provavelmente não é posterior à Quarta Dinastia. Além disso, o fato de o Sarcófago Dois ser feito de uma pedra única que não ocorre em nenhum outro lugar, até onde sabemos, entre o que restou da antiga civilização egípcia, e por ser inesperadamente antigo, deve ser visto como um dos objetos esculpidos mais antigos e preciosos de todos remanescentes em todo o Egito. A "Tumba de Osíris" também deve ter agora uma importância extraordinária, seja como um local de sepultamento místico ou como um local religioso místico para iniciações ou cerimônias ligadas à religião osiriana durante o segundo milênio antes de Cristo.

Não há dúvida de que os resultados obtidos no Planalto de Gizé, incluindo a data do Poço de Osíris, demonstram que Gizé como um todo deve ser reavaliado. Assim como toda a origem da civilização egípcia avançada, que nunca foi clara. Essa não será uma tarefa fácil. As cronologias históricas das dinastias existentes são precisas em grande parte, de modo que apenas as datas dos monumentos precisam de um ajuste? Ou devemos mudar as datas dinásticas para vários séculos antes? Mas isso criaria grandes intervalos no tempo, e como eles seriam preenchidos? E como as pirâmides de Gizé (veja o próximo capítulo, "As Pirâmides São Antigas Demais") e o Poço de Osíris são tão velhos, quem os construiu realmente? Onde estão todos os outros restos da mesma era que se esperaria encontrar em Gizé e outros lugares? Onde estão as tumbas desses reis mais antigos? Eram esses antigos construtores das pirâmides os misteriosos "filhos de Hórus", que, segundo a tradição egípcia antiga, reinaram antes dos reis conhecidos? Se sim, quem foram esses "filhos de Hórus"? Por que eles construiriam essas pirâmides gigantes, mas deixariam tão pouco para trás, exceto o Poço de Osíris e a Esfinge? Ou existem outras tumbas e estruturas, algumas delas familiares e "datadas" segundo um suposto conforto, que precisam de reavaliação e uma redatação à luz de nossos achados? No Capítulo 4, dou as localizações precisas do que parecem ser sete tumbas reais lacradas em Gizé que não podem ser posteriores à Quarta Dinastia. Parece que nosso trabalho só começou.

Capítulo 3

As Pirâmides São Antigas Demais

As pirâmides de Gizé são provavelmente os monumentos mais famosos da Antiguidade em todo o mundo. Sua data de construção correta é, portanto, da maior importância possível. Todos naturalmente querem saber quem as construiu e quando fizeram isso. Aliada a isso há a questão de como elas foram construídas, mas esse é um problema separado, exceto que as questões de "quem" e do "quando" também afetam o "como".

Como resultado de nosso estudo de datação, descobrimos que as pirâmides de Gizé são muito mais antigas do que se supunha. Essa descoberta é o mais importante de todos os resultados de datação obtidos por mim e Ioannis Liritzis porque sugere que o conceito das origens da civilização avançada no Egito deve ser reformulado. Para isso, por sua vez, seria necessária uma nova conceitualização de como a civilização evoluiu durante todo o mundo antigo.

Supõe-se que as pirâmides de Gizé pertençam a uma época muito específica no Antigo Império do Egito e formem parte de uma sequência de desenvolvimento arquitetônico. Por exemplo, elas deveriam ter sucedido, não precedido, a Pirâmide de Degraus em Saqqara, supostamente da dinastia anterior (Terceira Dinastia), que é feita de pedras pequenas, é menor do que as duas grandes pirâmides de Gizé e tem várias características geralmente consideradas transitórias das tumbas de mastaba anteriores à verdadeira forma piramidal. Essas ideias são tão repetidas que ninguém as questiona e, além disso, elas parecem bem óbvias. A maioria dos egiptólogos acredita que as pirâmides de Gizé sejam as tumbas de certos faraós específicos da Quarta Dinastia. Tudo isso deveria ser reconsiderado agora, à luz da redatação que apresentaremos.

As Pirâmides São Antigas Demais   93

A questão de como uma construção tão antiga das pirâmides de Gizé pode caber no que já se conhece da cronologia e da história do Egito Antigo é agora o principal problema. Porém, no Capítulo 6, será exposta a falta geral de certeza na Egiptologia sobre o que realmente aconteceu antes da Quarta Dinastia, e isso não é novidade nenhuma. Veremos que ninguém tem a menor ideia de quantos reis havia na Terceira Dinastia, quem eles eram, nem compreende quanto tempo ela durou. Antes disso, no Capítulo 5, conto a história estranha do último rei da Segunda Dinastia, junto com os resultados de datação obtidos de sua tumba quando ela foi escavada de novo pelo Instituto Alemão no Cairo. Serão levantadas questões sobre as definições dessas primeiras "dinastias". Elas eram mesmo isso? Todas as listas de reis são incompletas ou imperfeitas, todos os reis tinham mais do que um nome em cada uma de qualquer maneira. Tão logo você encontra um rei que pode identificar, como o rei Teti da Sexta Dinastia (cuja pequena pirâmide foi escavada em Saqqara), não um, mas dois outros reis anteriores chamados Teti aparecem, e a única coisa que se sabe com certeza sobre eles é que são diferentes um do outro e daquele que achávamos ser o único: o terceiro. Como nem sabemos de verdade os nomes de todos os reis e não podemos ter certeza sobre suas chamadas "dinastias", como vamos descobrir se alguma dessas pessoas, conhecidas ou não, foi capaz de construir as pirâmides de Gizé?

O fato de o nome do quinto rei da Segunda Dinastia (rei Send ou Sened) estar gravado dentro do Templo do Vale é tentador e é discutido no Capítulo 7, mas é apenas sugestivo. O fato de existir uma lista de nomes de reis supostamente antecedendo a Primeira Dinastia em uma antiga lista de reis (a Pedra de Palermo), mas nenhum desses nomes ser familiares e nós não sabermos nada sobre quem eram ou o que faziam, com certeza acrescenta uma dimensão interessante ao enigma. Terei mais a dizer sobre esses reis antigos desconhecidos depois, nas discussões do Capítulo 6. Eles devem ter sucedido os deuses e semideuses como reis do Egito, mas quem foram eles?

No Capítulo 6, veremos o argumento das "dinastias" sobrepostas, em vez de sucessivas, no início do chamado Período Arcaico (esse tipo de coisa aconteceu em tempos muito posteriores, mas nunca antes se sugeriu isso para o Período Arcaico), a existência das muitas "listas de reis" rivais e antagônicas, com a discordância entre os egiptólogos sobre elas, a necessidade de inserir "reis fantasmas" adicionais nas listas de reis existentes, dos quais existe uma evidência arqueológica concreta, apesar de seus nomes terem desaparecido da história oficial, e as outras incertezas de um tipo perturbador, mas estimulante, garantirem distração e entretenimento ao leitor que puder ver o humor nessa "confusão toda" das origens da civilização egípcia.

A crença convencional e aceita é que a Grande Pirâmide de Gizé foi construída pelo faraó Quéops (nome egípcio: Khufu), da Quarta Dinastia egípcia, que reinou por volta de 2604-2581 a.C., segundo as atuais visões da cronologia. Estas se baseiam em uma combinação de estudos de listas de reis fragmentadas (e, como mencionei, controversas), ascensões datáveis historicamente da estrela Sírius (em que algumas específicas foram escolhidas de forma subjetiva em detrimento das outras, escolhas que à luz de nossos achados não podem ser justificadas), deduções e conjecturas. Existiram cronologias completamente ortodoxas e convencionais nas eras vitoriana e eduardiana que se amoldariam melhor a nossos achados, como a adotada pelo ilustre egiptólogo James Henry Breasted (1865-1935, fundador da Egiptologia americana) em 1906.[32] Seu famoso esquema cronológico, conhecido como "Cronologia de Breasted", não é mais aceito por egiptólogos mais recentes, que não concordam com as conclusões a que ele chegou a partir de uma variedade de fontes consideradas com o maior cuidado em sua época. Mas eles podem achar que devem trazê-lo de volta. Pois a data de Breasted para a Quarta Dinastia era 2900 a.C-2750 a.C.,[33] e se nós voltássemos à cronologia de Breasted, então a Grande Pirâmide ainda poderia ser concebida como uma construção de Quéops, como veremos conforme prosseguimos. Mas, como muitos egiptólogos vivos se sentiriam humilhados se adotássemos de novo a cronologia de Breasted, após ela ter sido abandonada de vez recentemente, duvida-se que eles possam ser persuadidos a concordar com isso.

Breasted fez questão de ressaltar que "as datas da 12ª Dinastia são calculadas astronomicamente com uma margem de erro de três anos",[34] portanto, apenas as datas antes do Médio Império (isto é, datas anteriores a cerca de 2000 a.C.) foram modificadas desde os dias de Breasted, e é onde ainda estão todas as incertezas. Esse ponto pelo menos agora

---

32. Breasted, James Henry, *Ancient Records of Egypt*, 5 vols., London, 1906, Vol. I, p. 40-47. Usei a reimpressão moderna, Histories & Mysteries of Man Ltd., London, 1988. Sua cronologia também é apresentada em seu livro *A History of Egypt from the Earliest Times to the Persian Conquest*, 2nd edn, Hodder & Stoughton, London, 1948; veja p. 21 e p. 597-601. As datas que ele dá para a Quarta Dinastia na p. 597 são 2900-2750 a.C. Ele só considera 80 anos para a Terceira Dinastia (2980-2900 a.C.) e inclui o rei Sneferu como último rei dessa dinastia, embora hoje ele costume ser considerado o primeiro rei da Quarta Dinastia. Ele considera 420 anos para a Primeira e Segunda Dinastias (3400-2980 a.C.).
33. Ibid., p. 40.
34. Ibid., p. 39.

não é mais controverso. A credibilidade das datas da 12ª Dinastia e, portanto, de todo o Médio Império no Egito, salientada por Breasted, é uma questão que parece ter sido confirmada e determinada de forma definitiva pelo principal especialista em astronomia egípcia antiga, Richard Parker, em 1977, em seu ensaio intitulado "The Sothic Dating of the Twelfth and Eighteenth Dynasties".[35] Porém, a cronologia absoluta não é nosso único problema de jeito nenhum, pois, como veremos, o problema da tecnologia antiga superior contra a inferior apresenta um dilema ainda maior, e precisamos encarar esse problema de agora em diante neste livro.

A segunda maior pirâmide, aquela com as pedras de revestimento de calcário ainda no lugar no topo, como uma camada de cobertura em um bolo, é chamada em geral de Pirâmide de Quéfren, pois, segundo a convenção, acredita-se que tenha sido construída pelo faraó Quéfren (nome egípcio: Khafre; a forma correta de seu nome era na verdade Ra-kaf ou Raqaf, mas ninguém nunca o usa por algum motivo bizarro, então devemos continuar chamando-o de Khafre para evitar confusão). Os egiptólogos o consideram filho ou irmão de Quéops. Não temos muita informação confiável sobre as relações familiares precisas de várias figuras importantes da Quarta Dinastia, por causa do alto grau de incesto e relacionamentos múltiplos entre todos eles. Todos na família real parecem ter sido irmão, irmã, tio ou tia de todos, às vezes por duas vezes! Há também sugestões de que alguns dos faraós mudaram seus nomes quando ascenderam ao trono e deixaram de ser príncipes e alguns casos de "duas pessoas diferentes" serem na verdade "uma única pessoa".

Além disso, pouco se sabe ao certo sobre os eventos históricos desse período. Quéfren reinou em cerca de 2572-2546 a.C. segundo sistemas convencionais. Entre esses dois faraós havia outro chamado Djedefre (ou na verdade Radjedef, que é provavelmente a forma correta do nome, embora também não seja muito usada; então, para evitar confusão, eu devo mais uma vez continuar a usar a forma errada do nome como todos fazem), que por algum motivo misterioso não se importou em construir uma pirâmide para si em Gizé, segundo essas noções aceitas. Às vezes dizem que ele supervisionou a escavação, a restauração ou pelo menos a lacração de alguns poços de barcos ao

---

35. Parker, Richard A., "The Sothic Dating of the Twelfth and Eighteenth Dynasties", in *Studies in Honor of George R. Hughes, January 12, 1977; Studies in Ancient Oriental Civilization*, nº 39, Oriental Institute of the University of Chicago, Chicago, USA, 1977, p. 177-189.

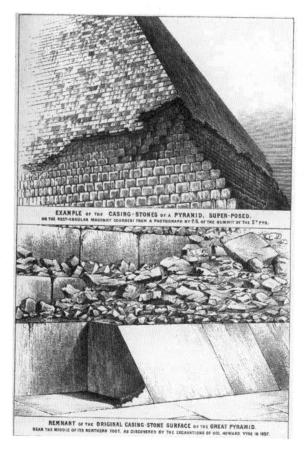

Figura 7. Vemos aqui as pedras de revestimento das duas principais pirâmides de Gizé remanescentes, desenhadas com clareza por Piazzi Smyth, para demonstrar como elas eram. Tirado de Charles Piazzi Smyth, *Life and Work at the Great Pyramid*, Edinburgh, 1867, 3 vols., Volume II.

lado da Grande Pirâmide, mas ele não construiu nenhuma pirâmide em Gizé.[36] Porém, contesta-se até essa "lacração do poço de barco". Ela não é aceita pelo notável e extremamente cuidadoso cronologista Anthony Spalinger em seu artigo de pesquisa "Dated Texts of the Old Kingdom".[37] A evidência vem na forma de uma referência a uma data pintada em um bloco da cobertura de um poço de barco de Quéops, mas a data refere-se ao ano de um reinado, sem especificar de quem. O

---

36. Edwards, I. E. S., *The Pyramids of Egypt*, revised edn, Viking, London, 1985, p. 121.
37. Spalinger, Anthony, "Dated Texts of the Old Kingdom", *Studien zur Altägyptischen Kultur*, ed. Hartwig Altenmüller, Helmut Buske Verlag, Hamburg, 1994, Vol. 21, p. 275-319.

egiptólogo alemão Rainer Stadelmann acreditava que deveria se referir ao reinado de Djedefre. Porém, segundo diz Spalinger:

> Essa referência foi mencionada por Stadelmann ligada ao reinado de Djedefre, sucessor de Quéops. Porém, com [Wolfgang] Helck, sinto que, se essa citação for válida, então valeria para Quéops. Os motivos para isso são simples: (1) a 11ª contagem [modo como se expressava a data no reino indefinido, por "contagens de gado" bianuais, em um método mais familiar da Primeira e Segunda Dinastia] concorda com a evidência do Papiro de Turim [uma lista de reis fragmentada preservada em Turim, na Itália]; de fato, ele realmente é precedido por um, a figura na próxima inscrição, nº 8; (2) a duração do reinado de Djedefre é desconhecida, mas 11 ou 12 anos parece um período longo demais; (3) a escavação foi próxima à morte de Quéops (se não antes dela) e (4) o poço foi fechado provavelmente na época do sepultamento de Quéops, e uma contagem de 11 para Djedefre não bate com esse calendário. De modo geral, mesmo que se duvide da credibilidade dessa evidência, se ela for confiável então se deve atribuir a data a Quéops.[38]

Então nós vemos que Spalinger duvida até da credibilidade da evidência, mas, se ele a aceitasse, só faria isso baseado no fato de ela ser uma referência a Quéops em vez de a Djedefre. Outro especialista, Wolfgang Helck, concorda com isso. Portanto, a história muito repetida de Djedefre "lacrar um poço de barco" na Grande Pirâmide não é confiável, provavelmente é falsa. Rainer Stadelmann não é tão especializado em questões de cronologia como Anthony Spalinger. Temos pouca escolha, portanto, a não ser descartar a história de Djedefre ter qualquer associação com Gizé como um conto de fadas.

É meio estranho, para dizer o mínimo, haver um faraó entre Quéops e Quéfren que "dispensou" a construção de uma pirâmide. Se as pirâmides eram tumbas de faraós, por que Djedefre estava nessa autonegação? Por que ele evitou Gizé? Seria uma questão de ressentimento pessoal? Ou há algo mais errado com toda a história de Gizé como ela foi imaginada até agora?

E então, finalmente, acredita-se que a menor das três principais pirâmides de Gizé, chamada em geral de Pirâmide de Miquerinos, foi construída pelo faraó Miquerinos (nome egípcio: Menkaure; nome gre-

---

38. Ibid., p. 284-285.

go: Mikerinos), que se acredita ter sido filho de Quéfren e ter reinado em cerca de 2539-2511 a.C., segundo as ideias convencionais. Porém, mais uma vez a sucessão não era o que parece. Dois outros faraós na verdade vieram no meio da cronologia entre Quéfren e Miquerinos, embora muitos não percebam isso. O primeiro, chamado Hordjedef, não construiu uma pirâmide. O segundo se chamava Bikheris (nome egípcio: Biufre) e parece ter reinado por sete anos, mas também não construiu uma pirâmide para si em Gizé nem em outro lugar. Esses dois reis eram conhecidos apenas como X-1 e X-2 (porque havia intervalos sem nomes em uma lista de reis) até 1949. Nesse ano, o francês Fernand Debono descobriu uma inscrição entalhada em pedra em Wadi Hammamat, uma passagem de caravanas que leva do Nilo ao Mar Vermelho. Reproduzo essa inscrição aqui na Figura 8. O talentoso egiptólogo francês Etienne Drioton conseguiu datar a inscrição como pertencente à 12ª Dinastia (que começou em cerca de 2000 a.C.).[39] Se você olhar no canto inferior direito da figura, verá uma linha ondulada vertical como uma série de formas em "v". Esse é o hieróglifo para a letra "n". Normalmente ele é escrito na horizontal, porque deve representar a superfície ondulada de uma massa de água. Só durante a 12ª Dinastia as pessoas o viraram para cima e escreveram-no na vertical. Por isso sabemos quando essa inscrição foi entalhada.

A importância da inscrição é que ela preserva uma lista de reis parcial da Quarta Dinastia, começando com Quéops e mostrando seus quatro sucessores. Como essa inscrição pode ter sua data determinada e é bem anterior às listas de reis do Novo Império, ela é historicamente mais confiável. A lista é lida da direita para a esquerda, com todos os nomes em cartuchos elípticos [a forma elíptica tradicionalmente desenhada ao redor de um nome de rei para destacá-lo]. Se você olhar a figura, poderá ver o nome de Khufu à direita, parcialmente quebrado no canto superior direito. Dá logo para perceber seu nome quando ele aparece por causa do pintinho, o hieróglifo da letra "u". Seriam necessários três pintinhos para escrever em hieróglifo a frase mais memorável de Marilyn Monroe: "Boo-boopy-doo!", que nos símbolos linguísticos adorados por todos os egiptólogos seria transliterado como *bwbwpydw*. Presume-se que Marilyn Monroe não soubesse que tinha dito isso e é um alívio nunca terem contado isso a ela, pois ela ficaria profundamente chocada, com certeza.

---

39. Drioton, Etienne, "Une Liste de Rois de la IV Dynastie dans l'Ouadi Hammamat", *Bulletin de la Société Français d'Égyptologie*, nº 16, October, 1954, p. 41-49.

Figura 8. Esta é a "minilista de reis" de uma sucessão de faraós da Quarta Dinastia encontrada entalhada em um despenhadeiro em Wadi Hammamat no Deserto Oriental do Egito, entre o Nilo e o Mar Vermelho. Os nomes dos reis vão da direita à esquerda na sequência histórica e há cinco deles, cada um em um cartucho real. O primeiro, com o pintinho quebrado em cima, é o nome do rei Khufu, mais conhecido como rei Quéops (versão grega de seu nome). Em seguida, à esquerda dele, está o nome do rei Radjedef, mais conhecido hoje em dia como Djedefre. Ele foi o primeiro faraó da Quarta Dinastia a incorporar o nome do deus Sol, Rá ou Ré, em seu nome. É simbolizado pelo disco solar no topo, e os faraós seguintes à esquerda dele o usaram também. À esquerda dele está o rei Raqaf, conhecido hoje em dia entre os egiptólogos como Khafre e popularmente como Quéfren (a versão grega de seu nome). Os egiptólogos divergem sobre se "Ra" ou "Re" realmente deva ser pronunciado no início do nome, como é escrito, ou se ele foi escrito apenas por respeito e deve ser pronunciado no fim. O próximo rei à esquerda é o rei Ra-Hordjedef, e o último à esquerda é o rei Ra-Biuf ou Biufre (a versão grega de seu nome é Bikheris). Essa importante lista antiga de reis foi descoberta pela primeira vez em 1949 por Fernand Debono. Essa lista enfatiza o fato de que um faraó pouco conhecido estava no meio da sucessão entre Quéops e Quéfren e de que outros dois faraós, ainda menos conhecidos, vieram entre Quéfren e Miquerinos, que nem é mencionado aqui. Essa evidência é inadequada para quem defende a teoria de que as três principais pirâmides de Gizé foram construídas por três reis em sucessão, Quéops, Quéfren e Miquerinos, como suas tumbas. (De Etienne Drioton, *"Une Liste de Rois de la IV Dynastie dans l'Ouadi Hammamat"*, Bulletin de la Société Français d'Égyptologie, nº 16, outubro de 1954, p. 41-49.)

Depois do nome de Quéops como Khufu, temos Radjedef, que, como mencionei, é sempre chamado de Djedefre pelos estudiosos. O próximo é Quéfren como Ra-kaf, ou Raqaf, chamado hoje em dia também de Khafre.

Depois temos Hordjedef, que não tem nome grego. Por fim, temos um nome estranho, que Drioton prefere transcrever como Biufre [Bioufre]. Na verdade, ele diz Bioufre, mas sempre precisamos "desintoxicar" o francês quando o passamos para outros idiomas, retirando seu uso excessivo da letra "o", um dos maus hábitos realmente embaraçosos dos franceses, como comer morcela e cabeças de vitelo, algo que tentamos ignorar em pessoas tão encantadoras. Na verdade não está escrito Biufre, na minha opinião, mas quem sou eu para discordar de Drioton, exceto para destacar que é na verdade Ra-biuf, que é reconhecidamente inadequado e incerto como um nome egípcio, pois "biuf" não é nada elegante. Como não temos outro registro de seu nome, ele deve até estar abreviado como está o nome de Khufu nessa inscrição, na qual está escrito apenas "Khuf". Por isso, por tudo que sabemos, poderia ser Ra-biu-fu (se um "u" final foi omitido como no caso do nome de Khufu) ou Ra-biu-ef, etc. Devo confessar que prefiro chamá-lo de Rabiufu. Em qualquer caso, esse é claramente o faraó cujo nome grego é Bikheris, como encontrado na lista de reis escrita em grego por Maneton (sacerdote egípcio que escreveu sobre a história egípcia em grego durante o reinado ptolomaico e cuja obra permanece apenas em fragmentos).

Quanto às ortografias verdadeiras dos nomes desses reis, não sou o único que se recusa a aceitar que o afixo "Ra-" em nomes reais seria um sufixo em vez de um prefixo do resto do nome. A ideia de "Ra-" vindo no final da palavra baseia-se em uma suposição de uma convenção de uso da qual não há uma prova real. Contudo, o segundo rei da Segunda Dinastia se chamava Ra-neb,[40] e ninguém o chama de Nebre, apesar do fato de seu nome em um cartucho estar escrito da mesma forma que o de "Khafre", e, se o hábito de reverter os elementos de seu nome fosse seguido da mesma forma, teríamos Nebre em vez de Ra-neb. Então por que todos são tão contraditórios sobre isso? Presumivelmente porque na época grega o uso de Quéfren se tornou comum, então se supõe que o afixo "re" ou "ra" do nome egípcio tenha sido transposto como segundo elemento do nome. Porém, com certeza não há consistência na forma como esses nomes são expressos na transliteração pelos diversos estudiosos e há um tipo de luta, o que aumenta a confusão.

As estranhas anomalias que surgem do fato de os faraós Djedefre, Hordjedef e Bikheris virem no meio dessa suposta sequência de eventos costumam ser encobertas. As pessoas gostam de falar da sequência Quéops/Quéfren/Miquerinos como se ela fosse contínua. Membros co-

---

40. Emery, Walter B., *Archaic Egypt*, Penguin Books, Harmondsworth, Middlesex, England, 1984 (orig. edn. 1961), p. 93 e 103.

As Pirâmides São Antigas Demais

muns do público educado presumem que "não se pode passar uma faca entre eles" e que suas três pirâmides apareceram, "ploft, ploft, ploft", como três entregas sucessivas de um pássaro gigante no céu. Mas as coisas nunca são tão certinhas.

As pessoas em geral parecem se sentir muito confortáveis sobre a Quarta Dinastia. Ouvi muitas pessoas que não sabem quase nada sobre o Egito Antigo falarem de Quéops, Quéfren e Miquerinos como se fossem seus colegas de escola e, embora atualmente sem contato, tivessem toda a esperança de se reunir com eles logo pelas redes sociais. As pessoas "se sentem à vontade" com Quéops, Quéfren e Miquerinos porque ouviram tanto esses nomes que eles parecem familiares de alguma forma. Em outras palavras, esses faraós tiveram muita publicidade. Seus nomes estão nos jornais. Isso funciona no mesmo princípio que uma eleição: você compra um tempo na televisão, consegue "reconhecimento" e as pessoas se sentem tranquilas para votar em você *porque elas ouviram falar de você*. A Quarta Dinastia parece *familiar*, há uma "zona de conforto" ao redor dela. As pessoas não gostam que interfiram em suas zonas de conforto, ficam irritadas e às vezes até perigosas. Se tentar falar com as pessoas sobre Djedefre, Hordjedef e Bikheris, elas podem ficar muito bravas com você. A existência desses três reis indesejáveis as deixa muito *desconfortáveis*. A sucessão de Quéops, Quéfren e Miquerinos e sua série de três pirâmides contribuem para um sistema arrumadinho. Não complique!

Algumas pessoas negam com fervor que Bikheris tenha existido, mas elas gritam ao vento. (Essas pessoas tendem a nunca ter ouvido falar de Hordjedef pelo motivo óbvio de nunca ter visto o artigo de Drioton em uma obscura revista francesa.) Quanto a Djedefre, ele agora é bem conhecido, pelo menos entre os egiptólogos, e há um busto maravilhoso mostrando seu rosto bem impressionante. Ele tem uma expressão bem amigável. Mas supõe-se que ele tentou construir uma grande pirâmide para si mesmo em um monte elevado chamado Abu Ruash, seis milhas (9,6 quilômetros) a nordeste de Gizé, com uma visão bem distante de lá e a 60 pés de altura (18 metros). Porém, como não há pirâmide lá na verdade, é mais uma questão controversa se ele realmente teve a intenção de construir a chamada "pirâmide inacabada". Com certeza Djedefre foi associado com, e talvez construiu, um grande edifício ao lado do local, onde seu nome foi encontrado nas escavações e onde seu busto magnífico foi descoberto entre entulho antigo, mas a estrutura em que ele foi encontrado era apenas de tijolos de barro. Costuma ser chamado de templo, mas há uma evidência muito forte de que não era isso, e eu voltarei a essa questão.

Há um complexo subterrâneo enorme e profundo lá, a céu aberto, que pode ser visto na Prancha 7, mas não passa realmente de um buraco enorme no chão contornado por pedras. Já houve algo na superfície, que ficou inacabado, mas a ideia de que isso já foi uma pirâmide ou parte de uma é mera especulação. Engenheiros civis me sugeriram que o buraco é grande demais para ter sido preenchido por *qualquer* superestrutura de pedra. Um monte de pedaços quebrados de estátuas foi encontrado entre o entulho ao redor, mas eles sugeririam uma estrutura que *não seria* uma pirâmide mais do que uma pirâmide, pois quem já ouviu falar de uma pirâmide cheia de estátuas? Ao redor do "buraco no chão", nos três lados, com certeza havia algum tipo de estrutura com paredes de pedra, com pelo menos 12 camadas de pedras de altura (veja as Figuras 9 e 10 mostrando-a como estava em 1837, antes de ser quase totalmente desfeita pelos árabes), que provavelmente não tinha teto, mas isso não necessariamente tem algo a ver com uma pirâmide. Como pedacinhos de granito foram encontrados ao redor do local, sabemos que granito foi usado lá, mas não há evidência do propósito para o qual serviria. Eu tenho uma ideia completamente diferente sobre o que era esse local. Diagramas desse sítio de perfil e em planta podem ser vistos na Figura 11. Para a aparência do Poço de Abu Ruash hoje, veja as Pranchas 5, 6 e 7.

Figura 9. Este desenho publicado por Vyse em 1840 mostra o monte de Abu Ruash, que se eleva a 60 pés acima de Gizé ao norte e é o local da chamada "pirâmide inacabada". Porém, era mais provável que fosse um local excelente para um poço

de observação astronômica. Chegava-se lá por uma grande e longa calçada, que seria necessária para sacerdotes e faraós com seus séquitos o acessarem. Muitos egiptólogos supuseram sem a menor lógica que a presença da calçada prova a presença necessária de uma pirâmide. Porém, só porque o Monumento a Washington e o Big Ben estão do lado de estradas não quer dizer que um não possa ser uma torre de relógio e o outro um monumento comemorativo. Não conheço uma regra de lógica que exija que todas as estruturas acompanhadas de uma calçada sejam pirâmides necessariamente. (Esta imagem ilustra a página 7 do Volume III de Vyse.)

Figura 10. Em 1840, Howard Vyse publicou este desenho da assim chamada "pirâmide" de Abu Ruash vista do sudoeste, como ela estava em 1837. (Desde então, a maior parte dessa parede foi roubada pedra por pedra pelos árabes e usada para seus propósitos.) Como se pode ver, em nenhum lugar havia uma parte dessa parede quadrada elevando-se acima de 12 camadas de pedra; a escala é fornecida pelo homem de pé perto da extremidade da parede no centro da imagem. Essa parede não atravessa a abertura do poço ao norte dessa estrutura. Muitas pessoas concluíram, errado na minha opinião, que esse era o local de uma "pirâmide inacabada". Porém, não há provas para defender essa opinião. O fato de uma parede em declive com aproximadamente essa altura cercar o vasto poço escavado (veja a Prancha no site) não constitui evidência de uma pirâmide, mesmo uma "inacabada". Creio que esse local foi um poço de observatório astronômico meridiano usado para verificar a acurácia do calendário, e que o poço semelhante (que se sabe pertencer ao rei da Terceira Dinastia chamado Neferka) em Zawiyet el-Aryan, muitos quilômetros ao sul daqui, também foi usado para isso. (Esta imagem ilustra a página 8 do Volume III de Vyse.)

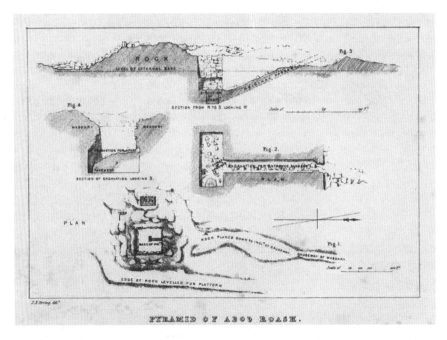

Figura 11. Desenhos de Vyse publicados em 1840 mostrando os perfis e as plantas da assim chamada "pirâmide" em Abu Ruash, que creio ter sido um poço de observatório astronômico cercado por uma parede de pedras. O poço está precisamente na direção do meridiano, apontando para o norte, de forma que as estrelas circumpolares do céu setentrional pudessem ser observadas em suas culminações meridianas toda noite para verificar a acurácia do calendário. A plataforma de pedra nivelada a leste da parede pode ter sido usada para observações das estrelas e do nascer do sol. Esse local fica convenientemente no topo do maior monte perto de Mênfis e as pirâmides de Gizé podem ser vistas a vários quilômetros de distância, mais abaixo ao sul, embora hoje elas sejam obscurecidas pela névoa provocada pela poluição do Cairo. (Esta imagem ilustra a página 9 do Volume III de Vyse.)

Um buraco enorme no chão, semelhante, contornado por pedras, fica nos arredores de uma base militar no outro lado de Gizé conhecida como Zawiyet el-Aryan, e não está aberto a inspeção arqueológica para ninguém, por motivos de segurança militar, de modo que há na verdade duas dessas "pirâmides invertidas" que vão para baixo, não para cima. As duas têm passagens descendentes sem teto e câmaras, a céu aberto, de proporções gigantescas, excedendo em muito as dimensões de quaisquer passagens ou câmaras que já foram encontradas sob ou dentro de qualquer pirâmide verdadeira, portanto são diferenciadas na verdade como uma categoria completamente separada de construção pelo tamanho enorme de sua escavação. Qualquer um que já tenha descido pela passagem descendente da Grande Pirâmide e ganhado dores nas pernas e um mau jeito na coluna e engatinhado para dentro de sua câmara subterrânea (algo muito doloroso para os joelhos por causa da pedra), como se deve fazer, sabe perfeitamente bem que o interior das pirâmides costuma ser apertado. Mas os grandes poços abertos de Abu Ruash e Zawiyet el-Aryan são mais como trilhas para procissões cerimoniais, e uma centena de pessoas poderia ficar de pé no fundo, como talvez elas fizessem. A noção de que eles são "pirâmides inacabadas" é insustentável, na minha opinião. Eles claramente tinham outro propósito, por não terem a menor semelhança com qualquer subestrutura piramidal conhecida.

O nome do rei da Terceira Dinastia chamado Neferka foi encontrado duas vezes em escavações no buraco de Zawiyet. Isso bagunça a teoria de o buraco de Abu Ruash ser da Quarta Dinastia, porque seu "companheiro" ou "gêmeo" era claramente anterior e é provável que tenham sido produzidos na mesma era. Tudo fica ainda pior pelo fato de ninguém saber nada sobre Neferka, um tipo de "faraó fantasma". Mas, então, há tantos "faraós fantasmas" que seria possível fazer um filme de terror sobre eles (no qual apareceriam egiptólogos gritando com medo e apreensão, talvez perseguidos em terror por múmias ressuscitadas com suas bandagens se soltando; preciso ligar para meu agente para contar essa ideia!).

As Pranchas 8 e 9 e os diagramas na Figura 13 mostram o enorme Poço de Zawiyet el-Aryan.

Figura 12. As duas inscrições do nome do rei Neferka, da Terceira Dinastia, em cartuchos reais encontrados durante a escavação de Zawiyet el-Aryan. Eles demonstram que o local não poderia ser da Quarta Dinastia, como muitos egiptólogos insistem erroneamente, e para o qual não há evidência. Estas são as Figuras 3 e 4 na página 305 do artigo de Jean-Philippe Lauer, "Reclassement des Rois des IIIe et IVe Dynasties Égyptiennes par l'Archéologie Monumentale", *Académie des Inscriptions & Belles-Lettres, Comptes Rendus... 1962*, Paris, 1963, p. 290-309, com uma resposta de Pierre Montet nas p. 309-310.

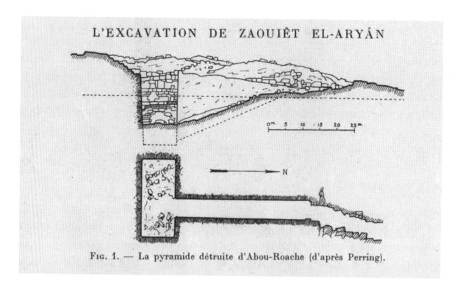

Figura 13. O perfil e a planta feitos por Jean-Philippe Lauer do poço e da câmara expostos em Abu Ruash, baseados em desenhos anteriores de John Perring no século XIX. Note o alinhamento norte-sul preciso do poço. Esta é a Figura 1 de "L'Excavation de Zaouiet el-Aryan" ("A Escavação de Zawiyet el-Aryan"), de Jean-Philippe Lauer.

Até onde eu sei, ninguém fez nenhum estudo para ver se essas passagens descendentes possam ter algo a ver com observações estelares. Embora essas observações tenham sido sugeridas como um propósito das passagens da Grande Pirâmide antes de ela ser completada,[41] ninguém parece ter sugerido esse uso para as passagens das duas "pirâmides negativas", que tenho certeza nunca terem sido encobertas, mas devem ter sido deixadas abertas na antiguidade de propósito. A especulação de que seriam "inacabadas" vem apenas do fato de nada estar em cima delas, mas isso seria como alguém insistir que, como as mulheres não têm órgãos genitais masculinos, elas também são "inacabadas". (Para dizer a verdade, o disparate de Sigmund Freud não era mais evidente em outro lugar do que quando ele insistia que todas as mulheres têm "inveja do pênis". Os egiptólogos que insistem que os poços grandes sobre os quais discutimos tinham de ter pirâmides cobrindo-os podem também dizer que todo buraco

---

41. Dois livros dedicados a esse assunto são: A. Dufeu, *Découverte de l'Age et de la Véritable Destination des Quatre* [sic] *Pyramides de Gizeh Principalement de la Grande Pyramide* [Uncovering the Age and True Purpose of the Four Pyramids of Giza, Principally of the Great Pyramid], Paris, 1873; e Richard A. Proctor, *The Great Pyramid: Observatory, Tomb and Temple*, Chatto & Windus, London, 1883.

grande no chão tem "inveja da pirâmide"...) É apenas uma *hipótese* moderna que como as passagens e câmaras eram esculpidas no leito de rocha, elas deveriam ser preliminares à construção das pirâmides que as cobririam. Mas esses poços são tão imensos que nenhuma pirâmide poderia ter ficado em cima deles sem cair no buraco por falta de suporte estrutural. É muito mais provável que esses "buracos no chão" gigantes estivessem ligados às observações astronômicas e deveriam permanecer abertos. Por que alguém os consideraria câmaras e túneis que deveriam ficar embaixo das pirâmides que *não* foram construídas quando eles não lembram nada que se conhece embaixo das pirâmides que *foram* construídas? Há a outra possibilidade de eles terem sido centros cerimoniais, para procissões descendo uma ladeira até uma área sagrada onde se realizavam rituais. Seus telhados poderiam ter sido perecíveis ou cobertos em parte por dosséis. Como a astronomia era conduzida por uma categoria especial de sacerdotes chamados *unuti* ("observadores das horas"), as estruturas adjacentes teriam sido seus quartos, seu "escritório" e seu templo. As procissões e os rituais cerimoniais poderiam facilmente ser combinados com as funções astronômicas desses grandes poços, principalmente se os rituais estivessem ligados à homenagem aos espíritos das estrelas, à deusa do céu noturno e a outras divindades relevantes.

Os poços de Zawiyet el-Aryan e Abu Ruash são conhecidos por estarem orientados exatamente ao longo de um eixo de um verdadeiro meridiano norte-sul, então eles teriam feito excelentes poços de observação meridiana com o objetivo de uma acurácia no calendário e para acertar os relógios pelas observações meridianas das estrelas e constelações enquanto elas passavam em sucessão no céu. Você apenas tinha de ficar de pé no fundo do poço, olhar para cima e observar os momentos precisos em que as estrelas alcançavam o centro fixo do poço (que se chama "culminação no meridiano"). Em 1837, Vyse já concluíra que nenhuma pirâmide foi construída em Abu Ruash, como ele escreveu sobre esse local: "(...) o edifício provavelmente não foi completado nem elevado a uma altura considerável, pois são vistos quase nenhum material e muito pouco entulho, apesar de a situação ser difícil de acessar".[42]

Voltarei ao assunto dessas duas "pirâmides negativas" em outro capítulo. Mas, por enquanto, vamos levar em consideração que já se provou que pelo menos uma delas pertence a um período anterior à

---

42. Vyse, Colonel Howard, *Operations Carried on at the Pyramids of Gizeh in 1837*, 3 vols., London, 1842, Vol. III, Apêndice do volume escrito com John S. Perring, p. 8.

Quarta Dinastia, de modo que ela não cabe em qualquer teoria cômoda dos "construtores de pirâmides da Quarta Dinastia" em qualquer caso.

Afirma-se também de um modo geral que as pirâmides de Gizé foram construídas como tumbas pessoais pelos três faraós: Quéops, Quéfren e Miquerinos. Não há uma evidência real convincente ou in-disputável para provar que essas pirâmides foram projetadas ou usadas como tumbas, e essa teoria também é uma questão de especulação, em parte baseada na projeção no passado da prova clara de que as peque-nas pirâmides da Quinta e Sexta Dinastia foram usadas como tumbas, além do fato de a Pirâmide de Degraus da Terceira Dinastia ter um caráter funerário. (Porém, não há provas do enterro do rei Zoser em sua Pirâmide de Degraus, e ela parece ter sido um cenotáfio funerário com um propósito mágico e sagrado ligado à sua ressurreição. Na verdade, eu diria que, antes da Quinta Dinastia, seria considerado um sacrilégio enterrar um corpo em uma pirâmide, pois seria uma forma de contaminação.)

Mas essa argumentação por associação fica fraca demais quando é examinada de perto considerando a lógica. Nós já vimos no capítulo anterior que a mera presença de um sarcófago de pedra vazio dentro de uma estrutura não prova nada, exceto a presença de um sarcófago de pedra vazio. A ideia de que um sarcófago significa uma tumba usada em oposição a uma vazia de propósito é uma mera suposição. Assim como as próprias pirâmides devem ter sido planejadas como estruturas simbólicas gigantes, seus sarcófagos também podem ter sido planeja-dos como algo simbólico. Eles seriam grandes "declarações" sobre a ressurreição, assim como a tumba de Jesus, exibida com orgulho em Jerusalém depois do desaparecimento de seu corpo. Mas essa ideia já foi discutida e não precisamos repeti-la. Em um próximo capítulo, pro-varei que Quéops e Quéfren estão enterrados em outro lugar, direi exa-tamente onde e mostrarei fotos da evidência. Creio que seus locais de sepultamento ainda estão perfeitamente intactos e nunca foram abertos. Acredito também que poderíamos abrir essas tumbas com facilidade e reaver todos os seus conteúdos. Eles claramente poderiam ultrapassar muito em importância a pequena tumba do faraó menino Tutankhamon, que foi um acontecimento sem método, reunido com bugigangas que foram jogadas em uma câmara inesperadamente e sem uma tentativa séria de magnificência ou respeito.

Além disso, o historiador grego Heródoto, do século V a.C., nos conta especificamente que os faraós Quéops e Quéfren não foram enterrados nas pirâmides com seus nomes, mas sim em outro lugar no

As Pirâmides São Antigas Demais

Planalto de Gizé, em seus arredores. Não consigo entender por que ninguém percebeu essa afirmação espantosa e explícita. Seria porque as pessoas são tão "cegas" a afirmações que contradizem suas suposições que literalmente *não as veem*? Discuti essa passagem de Heródoto em meu livro anterior, *The Sphinx Mystery*, e comentei o estranho fenômeno da "cegueira unânime" na Arqueologia em um livro mais antigo, *The Crystal Sun*. Em *The Sphinx Mystery*, eu disse:

> Os egiptólogos ou os estudiosos clássicos não percebem muitas vezes que Heródoto, na verdade, não diz que as câmaras subterrâneas às quais ele se refere não têm nada a ver com nenhuma das pirâmides. Em vez disso ele diz algo bem diferente: que as câmaras ficam no *monte*. Por acaso é o mesmo monte, ou planalto, em que estão as pirâmides. Em outras palavras, ele descreve câmaras subterrâneas do Planalto de Gizé e definitivamente *não* as câmaras subterrâneas de uma pirâmide. Ninguém parece ter prestado atenção nessa distinção. Essa prova antiga evidente *contra* a "teoria da tumba piramidal" é ignorada por todos os egiptólogos e não seria muito conveniente para muitos deles ser forçados a notá-la, pois ela se opõe à sua teoria favorita.[43]

A passagem do texto de Heródoto está no Livro II, 124.[44]

Como já mencionei, a ocorrência dos sarcófagos vazios dentro das pirâmides não é nada conclusiva, pois os sarcófagos vazios de uma natureza simbólica não eram incomuns no Egito, como atesta o Sarcófago Três no Poço de Osíris em Gizé, discutido no Capítulo 2, que provavelmente esteve sempre vazio, bem como a chamada Câmara do Sarcófago do Osireion em Abidos, sobre a qual tratei em meu relato sobre nossas pesquisas no Templo de Seti I e no Osireion subterrâneo em Abidos (ainda não publicado), que parece ter sido deixado vazio de propósito e sem qualquer acesso possível a ele sem demolir a parede de pedra. Sarcófagos "vazios" eram muito comuns em importantes sítios do Antigo Império no Egito, e deveríamos voltar nossa atenção para tentar descobrir o que eles significam simbolicamente quando ocorrem em vez de tentar enchê-los de corpos em nossas fantasias.

---

43. Temple, Olivia & Robert, *The Sphinx Mystery*, Inner Traditions, USA, 2009, Ch. 6.
44. Herodotus, Book II, 124; traduzido por A. D. Godley, Loeb Classical Library, Harvard University Press, 4 vols., 1960, Vol. I, p. 425-427.

Porém, muitos egiptólogos aceitam a "teoria da tumba" das pirâmides de Gizé sem questionar e não se preocupam com o fato de ser uma especulação, pois eles a consideram sólida. Como a "teoria da tumba" é tão aceita, há uma grande resistência psicológica a qualquer redatação possível das pirâmides, porque, assim que você faz isso, se torna impossível Quéops, Quéfren e Miquerinos terem sido enterrados nelas, e então desmorona a "teoria da tumba" em sua forma tradicional. Em contrapartida, precisa-se adotar algo como a cronologia de Breasted, mas alguns egiptólogos hesitariam muito em fazer isso, porque teriam de voltar atrás em sua decisão de abandoná-la. Muitos egiptólogos estão mais ansiosos em preservar a "teoria da tumba" do que as datas precisas das construções em si, então eles devem a todo custo manter as datas das construções arraigadas nos reinados de Quéops, Quéfren e Miquerinos, pois senão todo o edifício de suas ideias preconcebidas do que eram as pirâmides fica insustentável.

Além disso, como sabemos tanto sobre os sepultamentos reais dos faraós antigos, se as pirâmides realmente tivessem sido construídas antes do que pensamos, então fica difícil manter uma teoria da tumba, pois muitos desses faraós mais antigos tinham tumbas reais, muitas das quais foram encontradas e identificadas com clareza. Por exemplo, se começarmos pelo rei Hor-Aha da Primeira Dinastia: segundo Walter Emery, sua tumba no norte em Saqqara e sua tumba no sul em Abidos foram localizadas.[45] (Examinarei essa tumba no Capítulo 6.) Se analisarmos o próximo rei da Primeira Dinastia, Zer, sua tumba no sul em Abidos foi encontrada e sua tumba no norte em Saqqara foi encontrada provisoriamente.[46] Se considerarmos o quarto rei da Primeira Dinastia, Uadji, sua tumba no sul em Abidos foi encontrada e sua tumba no norte em Saqqara "parecia ser sua sepultura", segundo Emery.[47] Quanto ao quinto rei da Primeira Dinastia, Udimu, sua tumba no sul em Abidos foi encontrada e uma ao norte em Saqqara, que antes se pensava pertencer a Hemaka, agora foi atribuída a Udimu.[48] E assim por diante. Não é preciso dar a lista completa dessas tumbas porque o princípio é claro: essas tumbas de faraós são bem conhecidas mastabas, não pirâmides. (No Capítulo 6, discuto uma exceção

---

45. Emery, *Archaic Egypt*, op. cit., p. 53-54. Veja também o relatório de escavação abrangente de Emery sobre essa tumba: Emery, Walter B., *Excavations at Saqqara 1937-1938: Hor-Aha*, com a colaboração de Zaki Yusef Saad, Service des Antiquités de l'Égypte, Cairo, 1939, que é um modelo de relato de muitas formas.
46. Emery, *Archaic Egypt*, op. cit., p. 61-63.
47. Ibid., p. 69-71.
48. Ibid., p. 73-76.

extraordinária.) Se as pirâmides de Gizé foram construídas durante os reinados desses reis, então elas não foram construídas como tumbas. Todos esses reis já tinham duas tumbas, uma no Alto Egito e outra no Baixo Egito (uma era a real e a outra, um cenotáfio simbólico), e eles não precisavam de uma terceira.

O estranho fenômeno das "tumbas duplas" dos reis antigos será discutido de novo no Capítulo 6, no qual outros problemas ligados a essa prática bizarra serão abordados, e mais uma vez descobriremos que as coisas não são tão simples quanto parecem.

Outra coisa resulta dessa redatação: no momento, segundo a convenção, as pirâmides tiveram de ser *construídas* nos períodos dos reinados de Quéops, Quéfren e Miquerinos respectivamente. Isso significa que havia apenas um certo número restrito de anos para se construir cada pirâmide. Se as pirâmides deixam de ser ligadas a esses reinos, os períodos de anos desmoronam e deixa de existir qualquer orientação a respeito de quanto tempo realmente deve ter levado para construir as pirâmides de Gizé. Poucas pessoas além dos cronologistas históricos ligariam para quanto tempo exatamente Quéops ou Quéfren reinaram, porque isso não teria mais relevância para a construção das pirâmides. Mais adiante neste livro consideraremos brevemente as outras três grandes pirâmides de pedra em Meidum e Dashur, mas por ora deixo-as de fora da discussão para evitar complicações demais nesse estágio. Mas não quero ninguém pensando que esqueci delas. Um aspecto a ser explorado em outro livro é que as duas pirâmides de Dashur têm uma relação estrutural extraordinária uma com a outra não muito conhecida em geral, embora se aceite que elas foram "construídas pelo mesmo homem". Com certeza parece que elas foram planejadas ao mesmo tempo, e explicarei por quê. Em razão do tamanho deste livro, precisei retirar muitas dessas informações, que aparecerão em outro livro.

Já destaquei, em *The Sphinx Mystery*, o que acredito ser uma prova absolutamente conclusiva para estabelecer que as três principais pirâmides e a Esfinge de Gizé foram todas construídas como uma unidade, um complexo único, projetadas ao mesmo tempo. As pirâmides não foram construídas uma a uma por faraós consecutivos, mas foram projetadas todas de uma vez ou pelo menos como parte de um projeto unificado. (Se todas elas foram construídas ao mesmo tempo não é a questão importante, mas sim que foram todas *projetadas* ao mesmo tempo.) Já discuti esse assunto no Capítulo 1. O Projeto Áureo de Gizé demonstrado na Figura 7.25 de meu livro *The Sphinx Mystery* deixa perfeitamente claro que todas as três pirâmides e a Esfinge determinam mutuamente as localizações precisas uma das outras e os tamanhos irradiando linhas de mira em ângulos idênticos. É inconcebível que todas as quatro não tenham sido originadas ao mesmo tempo, como um conceito único. Esse princípio de construção também esteve no cerne do complexo de Zoser em Saqqara, embora ele seja um monumento separado de outro período. Em um livro posterior, demonstrarei as distâncias fantásticas às quais o projetista do interior da Grande Pirâmide foi para cruzar todo ponto importante do projeto com pelo menos dois outros pontos importantes, em uma teia de relações de tanta complexidade que quase desafia a razão. Devo salientar que todas essas correlações de pontos nada têm a ver com qualquer teoria de projeto, são puramente empíricas e não dependem de nenhuma suposição. Não tenho espaço aqui para publicar esses achados extraordinários, sem qualquer relação com os estudos das pirâmides anteriores.

Devo ressaltar que a óbvia ligação profunda de Quéops, Quéfren e Miquerinos com Gizé e as várias construções e atividades deles lá (tumbas, pirâmides menores, poços de barcos, etc.) não são contestadas por nossa redatação das pirâmides ou até por minha observação de que os quatro principais monumentos de Gizé foram construídos como um complexo único e não por três faraós consecutivos. Afinal, há muitas tumbas de membros da família e cortesãos desses reis no Planalto de Gizé, fatos provados muitas vezes. Qualquer um que tentasse sugerir que esses reis não tivessem nenhum tipo de ligação com as pirâmides de Gizé estaria fora da realidade. A tumba de Hetepheres, mãe de Quéops, foi encontrada em um poço cavado na rocha perto da Grande Pirâmide, embora o sarcófago de alabastro nesse "sepultamento" também foi aparentemente deixado vazio e nunca acomodou seu corpo. Mais um "sarcófago vazio". George Reisner sugeriu que este seria um novo sepultamento, transferido de algum outro local, possivelmente Dashur.[49] Há, portanto, várias circunstâncias curiosas ligadas a ele: um corpo desaparecido e um possível "novo sepultamento", mas quem "enterraria de novo" um sarcófago vazio? Sugeriu-se que a tumba foi saqueada e o corpo roubado, mas por que fazer isso e deixar os bens funerários valiosos? Os saqueadores de tumbas são conhecidos por seu interesse em tesouros, não por sua necrofilia. Por

---

49. Reisner, George Andrew, *A History of the Giza Necropolis*, Vol. II: *The Tomb of Hetep-Heres, the Mother of Cheops*, Harvard University Press, USA, 1955, reimpresso fotograficamente por John William Pye, Brockton, Massachusetts, USA, p. 1-12.

que o local do enterro foi alterado e onde ficava o original? Por que o novo sepultamento foi feito logo em seguida do enterro original? Por que se dar ao trabalho de enterrar um corpo, só para desenterrá-lo de novo e transferi-lo pouco tempo depois? Nesse caso, não era costume "perturbar os mortos" ou até desarranjar os sarcófagos vazios. Não fazemos ideia de como explicar essas coisas, e a teoria do novo sepultamento não passa disto: uma teoria. É tudo um mistério. Mas o fato de Quéops não ter construído a Grande Pirâmide não afeta isso. Ele com certeza era obcecado pela Grande Pirâmide e queria se associar com ela, adotá-la, dizer que é sua, e deve ter enterrado ou reenterrado sua mãe ao lado dela (ou ainda ela pode ter vivido mais do que ele e foi enterrada lá como uma homenagem por um faraó sucessor). Ele pode muito bem ter construído as pirâmides bem pequenas próximas, uma das quais pode ter sido para sua rainha, até onde sabemos.

Há três minipirâmides a sudeste da Grande Pirâmide, conhecidas oficialmente como Pirâmide Subsidiária Norte, Pirâmide Subsidiária Central e Pirâmide Subsidiária Sul; elas são conhecidas popularmente como as "pirâmides das três rainhas". Cada uma tem uma passagem e uma câmara mortuária subterrânea, as câmaras obviamente foram roubadas e desguarnecidas na Antiguidade. Foram descobertos vestígios de uma quarta minipirâmide ao sul da Grande Pirâmide, mas não se sabe muito disso, pois ela foi coberta por uma estrada. Quéops deve ter construído os poços de barcos ao lado da Grande Pirâmide, que não datamos. Um grande barco de madeira foi retirado de um desses poços e agora está exposto no museu ao lado da pirâmide. Aparentemente Quéops, ou o próximo faraó, Djedefre (cuja ligação com o poço de barco, como já discutido, provavelmente nunca existiu), deixou vestígios nesses poços, que no mínimo Quéops abriu e lacrou de novo. (Havia um poço de barco ao lado da tumba do rei Hor-Aha, considerado o "primeiro rei da Primeira Dinastia". Portanto, a tradição é muito antiga.)

Um grande templo funerário ficava no lado leste da Grande Pirâmide, cujas porções do piso de basalto ainda podem ser vistas (veja a Prancha na seção do Capítulo 4 no site). O projeto desse templo foi reconstruído e muito se publicou sobre ele, como o relato mais abrangente em um volume inteiro de Selim Hassan.[50] (Veja seu projeto na Figura 30, no Capítulo 4.) Embora o templo funerário semelhante a

---

50. Hassan, Selim, *The Great Pyramid of Khufu and Its Mortuary Chapel*, que é o Vol. X, 1938-1939, de sua coleção *Excavations at Giza*, Cairo, 1960.

leste da Pirâmide de Miquerinos (Menkaure) fosse claramente posterior à pirâmide e literalmente esmagado contra ela, como a Prancha 12 mostra com tanta clareza, e como será discutido em ligação com a Pirâmide de Miquerinos logo mais, não sobrou nenhum resíduo daquele atribuído a Quéops ao lado da Grande Pirâmide para nos mostrar se ele estava sobreposto à pirâmide ou não. Em suma, Quéops deve ter feito tudo *menos* construir a Grande Pirâmide. E ele deve ter ocupado os lugares exatos na cronologia do Egito e nas sequências de reis da Quarta Dinastia normalmente atribuídos a ele. Em outras palavras, nada precisa mudar, exceto que a Grande Pirâmide estava lá muito antes de seu dia e ele se tornou obcecado por ela, construiu um monte de coisas em seus arredores e pode até tê-la renomeado "o Horizonte de Khufu" ou "o Esplendor de Khufu". Em outras palavras, ele pode ter "reciclado" a Grande Pirâmide da mesma forma que muitos faraós em toda a história egípcia fizeram com monumentos, colocando seus nomes neles, apesar do fato de terem sido construídos séculos antes, apoderando-se deles, retirando blocos de pedra de monumentos mais antigos e reutilizando-os em suas próprias construções. Os arqueólogos chamam isso de "usurpação de monumento".

Mas o fato é que nós descobrimos (como os resultados de nossa amostragem mostrarão a seguir) que as pirâmides são antigas demais para ter sido construídas por Quéops, Quéfren e Miquerinos, se as mantivermos em suas datas convencionais, e devemos concluir então que, em vez de *construí-las*, eles apenas se *apropriaram* delas. (Discutirei depois a questão dos supostos grafites dos trabalhadores com o nome de Quéops aparecendo dentro da Grande Pirâmide, quando veremos que a evidência para eles foi indiscutivelmente forjada pelo coronel Howard Vyse no século XIX, como demonstrarei em minha análise, e sabe-se que ele forjou sem a menor vergonha um caixão de Miquerinos e o colocou na terceira pirâmide em Gizé.)

Nós estabelecemos em nossa datação, como explicado em breve, que Quéops, Quéfren e Miquerinos não construíram as pirâmides atribuídas a eles. Então *quem* as construiu?

Esse é um mistério gigantesco e desconcertante. Só nos resta falar dos "construtores das pirâmides", e as únicas características identificadoras dessas pessoas é que elas construíram as pirâmides. Ainda não conseguimos identificá-las de outra forma. Mas, se não conseguimos identificar os "construtores das pirâmides", não haveria um grande buraco em nossas ideias de como a civilização egípcia surgiu? De fato, no Capítulo 8, eu faço algumas sugestões sobre a possível identidade desse misteriosos construtores e, ao mesmo tempo, revelo um grande monumento arqueológico em outro lugar na África do Norte, que visitei e estudei, mas é bem desconhecido atualmente e pode nos dar a pista que tanto procuramos.

Quais características esses "construtores das pirâmides" deveriam ter?

Eles precisariam de um conhecimento matemático e geométrico extraordinário, habilidades em construção formidáveis em uma escala enorme (a Grande Pirâmide era a maior estrutura no mundo até o século XIX d.C., ainda é a maior estrutura de pedra do mundo e sua base cobre 13,5 acres de terra) e de uma civilização bem avançada para possibilitar tudo isso. Embora a imagem popular de um bando de escravos açoitados por capatazes com chicotes, arrastando pedras ao longo de rampas e sendo esmagados no processo seja tola (e é hora de esquecermos as fantasias do diretor de filmes mudos Cecil B. DeMille, que popularizou essa imagem), com certeza os construtores das pirâmides tinham de estar no controle da sociedade na área e ser capazes de reunir grupos de trabalhadores, escravos ou livres. A "cidade dos trabalhadores" a sudeste das pirâmides de Gizé deve tê-los abrigado, embora não precise ter sido a residência das pessoas que realmente construíram as pirâmides, pois havia muitas outras construções para manter suas equipes de operários ocupadas durante a Quarta Dinastia, a contar pelo grande número de mastabas construídas.

A Pirâmide de Degraus em Saqqara, conhecida por ter sido construída durante o reinado do primeiro faraó da Terceira Dinastia, rei Zoser, Djoser ou Djeser (todas as três formas estão corretas, mas eu prefiro a mais comum, Zoser), por seu vizir, Imhotep, é datada convencionalmente em cerca de 2670 a.C. Essa pode ou não ser uma data precisa. Nós não tivemos permissão para coletar uma amostra para datação dessa pirâmide em nossa primeira rodada de amostras, apesar de pedirmos para fazer isso, e nossa segunda (quando nos prometeram permissão para a coleta), depois de ser adiada repetidas vezes pelo atual regime arqueológico, agora foi recusada com base de que as amostras de datação não podem mais ser levadas para fora do Egito, uma decisão geral tomada por Zahi Hawass e aplicada a todos. Porém, como não há laboratórios capazes de atender às nossas exigências tecnológicas em qualquer lugar no Egito, isso significa que nossa técnica não pode mais ser usada lá. Uma amostra de datação típica para nós é um pedaço de junta de pedra com alguns centímetros de comprimento. Em geral coletamos amostras de áreas não visíveis aos turistas e há poucos vestígios de sua retirada. Mas, como destaco no Capítulo 5, ao tratar da confirmação da data da tumba do rei Khasekhemui, o último faraó da Segunda Dinastia, que se supõe tê-lo precedido, há um problema evidente e enorme associado com a suposta "sucessão" do rei Khasekhemui para o rei Zoser.

O problema não é político ou dinástico, mas sim tecnológico, pois, como veremos conforme prosseguirmos, esses dois homens, que viveram na mesma época, representavam níveis de civilização tecnológica completamente incompatíveis. O contraste seria como aquele entre as potências coloniais europeias no século XIX e algumas das remotas colônias criadas por elas na África ou entre a tecnologia dos invasores brancos da América do Norte, com suas armas de fogo, e os nativos, que tinham apenas arcos e flechas. Sim, eles viveram ao mesmo tempo e juntos, mas os índios americanos não foram a "Dinastia Americana Nº 1" e os europeus invasores não foram a "Dinastia Americana Nº 2", como alguns arqueólogos poderiam imaginar daqui a mil anos. Há algo seriamente errado na forma que vemos as dinastias egípcias antigas. Mas esse é um assunto para os outros capítulos.

No fim da década de 1990, o dr. Gunter Dreyer descobriu em uma escavação evidências de que Zoser sucedeu diretamente Khasekhemui. Isso tomou a forma de selos de jarros na tumba de Khasekhemui com o nome de Zoser, o que dificilmente pode ser o caso se outro que não Zoser o tenha enterrado, o que, portanto, parece descartar um faraó no meio dos dois. Mas, como as fotos acompanhando o Capítulo 5 demonstram claramente, a construção da tumba de calcário de Khasekhemui (que ficou descoberta por apenas duas semanas e depois foi coberta de novo, então tivemos sorte em vê-la e coletar amostras) é tão grosseira, com blocos mal talhados, que lembra o tipo de trabalho em pedra que se esperaria encontrar em uma tribo de selvagens. Ir de uma construção selvagem e primitiva para uma tão sofisticada e maravilhosa como a Pirâmide de Degraus com seu milhão de toneladas de blocos de pedras em apenas cerca de 20 anos, como nos fazem acreditar as cronologias aceitas hoje em dia, é como sugerir que você poderia ir de um aviãozinho de papel feito por um menininho na escola a um míssil balístico intercontinental no mesmo período de tempo. Mas como a maioria dos egiptólogos está tão pouco preocupada com tecnologia e engenharia, esse ponto é raramente considerado, e o fato de talvez menos de dez egiptólogos ativos terem realmente visto a tumba do rei Khasekhemui com seus próprios olhos não ajuda muito, claro. Normalmente se esperaria

As Pirâmides São Antigas Demais

uma influência estrangeira vinda de algum lugar, resultando na introdução repentina dessa tecnologia de pedra avançada, mas ela não poderia ter vindo da Mesopotâmia, onde toda a construção era de tijolos de barro. Esse assunto é discutido em detalhes no capítulo sobre a tumba, Capítulo 5, e considerado também nos seguintes.

Alguns egiptólogos, especialmente alertas, deveriam receber o crédito por tentar chamar atenção urgente ao problema que acabei de mencionar. Esse dilema foi levantado pelo excelente e respeitadíssimo Walter Emery, provavelmente o principal especialista em Egito Antigo que já viveu. Em 1961, em seu trabalho seminal *Archaic Egypt*, Emery expôs o problema:

> Um aspecto curioso da tumba de Kha-sekhemui é sua irregularidade e projeto imperfeito e, por seu tamanho impressionante, é difícil acreditar que apenas alguns anos a separam da magnífica Pirâmide de Degraus de Zoser em Saqqara.[51]

Outro egiptólogo famoso que citou essa observação de Emery e chamou atenção ao problema de novo, mas sem resolvê-lo, foi Michael Hoffman, em seu livro de 1980 *Egypt before the Pharaohs*.[52]

Kurt Mendelssohn discutiu o problema em seu livro *The Riddle of the Pyramids*, em 1974:

> (...) o nível no qual a pedra foi extraída, transportada e enfeitada para uma tumba real da Segunda Dinastia não tem relação com o esforço exigido para o monumento funerário de Zoser [a Pirâmide de Degraus]. No primeiro caso, exigiu algumas toneladas de calcário, enquanto o complexo da Pirâmide de Degraus contém pelo menos 1 milhão de toneladas. É quase impossível cogitar como se conseguiu esse aumento de produção em apenas uma geração.[53]

O arqueólogo egípcio Nabil Swelim também chamou atenção para o problema no único livro já escrito dedicado inteiramente à Terceira Dinastia, *Some Problems on the History of the Third Dynasty*.[54]

---

51. Emery, op. cit., p. 102.

52. Hoffman, Michael A., *Egypt before the Pharaohs*, Ark Paperbacks, London, 1984 (orig. edn 1980), p. 350.

53. Mendelssohn, Kurt, *The Riddle of the Pyramids*, Thames and Hudson, London, 1974, p. 36.

54. Swelim, Nabil M. A., *Some Problems on the History of the Third Dynasty*, Archaeological & Historical Studies Vol. 7, Publications of the Archaeological Society of Alexandria, Alexandria, Egypt, 1983. Esses livros publicados em Alexandria são dificílimos de obter e tive sorte em comprar a cópia assinada que o autor deu ao egiptólogo Kent Weeks em 1983.

Como esse livro foi publicado em Alexandria, no Egito (ainda que em inglês), é raríssimo e difícil de encontrar, mesmo em grandes bibliotecas. Tive a sorte de obter uma cópia só porque comprei parte da biblioteca do dr. Kent Weeks, o egiptólogo (que encontrei em Luxor uma vez), e adquiri assim a cópia com dedicatória que Swelim dera a Weeks na época da publicação. Ela tem a vantagem de conter as correções feitas pelo autor nos erros de impressão e tipografia ocasionais ocorridos durante o processo de publicação. Esse livro é de uma importância extraordinária e o examinarei de novo no Capítulo 6. Em seu livro, Swelim diz o seguinte sobre esse assunto:

> Se (...) Netjerykhet [outro nome de Zoser, que Swelim prefere usar] viesse logo depois de Khasekhemwy [a ortografia de Khasekhemui preferida por Swelim], as datas da cultura e da tradição coincidiriam. Mas, em vista do avanço espantoso na arquitetura em pedra, a sucessão pode ser questionada (...) [Ele cita então Emery, cujos comentários nós já lemos.] (...) Em defesa do presente argumento há a opinião de V. Maragioglio e de C. Rinaldi sobre Imhotep, "Leonardo da Vinci del Nilo" [em outras palavras, eles chamavam Imhotep de Leonardo da Vinci do Nilo]. Eles acreditam que Imhotep não teria conseguido construir a Pirâmide de Degraus sem uma tradição antiga antes dele e não conseguem explicar como se poderia alcançar um padrão tão elevado de perfeição arquitetônica sem ter sido precedido por um longo processo de desenvolvimento.[55]

Swelim volta ao assunto algumas páginas depois em seu livro:

> Considerando as diferenças incomparáveis entre os monumentos funerários de Khasekhemwy e Netjerykhet [Zoser], mencionadas acima, destacou-se que a cronologia aceita até agora não permite um período intermediário para qualquer forma de preparação. Se as camadas de tijolos de bar-

---

Do contrário não acho que teria conseguido uma. É um livro fascinante e é uma pena eu não conseguir discutir aqui seu conteúdo como ele merece.

55. Ibid., p. 14-15. Essas opiniões de Maragioglio e Rinaldi estão expostas em um artigo que não vi, que Swelim descreve em sua nota de rodapé como: *"La Leggenda della Schiavitù del Popalo Egisiona*, última página de um artigo sem data enviado para mim pelo falecido C. Rinaldi". Embora eu tenha um conjunto de livros raríssimos de Maragioglio e Rinaldi sobre monumentos e pirâmides, não tenho esse artigo, cujas fonte e data nem Swelim conhecia, como ele esclarece.

ro fossem trocadas pela construção com pedras, um tempo considerável seria necessário para dominar essa nova tecnologia arquitetônica (...).[56]

Mas além desses autores alertas e questionadores, a maioria dos egiptólogos prefere evitar a questão e simplesmente ignorá-la. É fácil ignorar algo quando "não é seu trabalho" e, como o trabalho de um egiptólogo não é o do outro, quer dizer que você pode ignorar tudo. E se você estiver interessado em evitar os inimigos que possam dificultar sua carreira acadêmica, é melhor ficar de boca fechada. Por isso a maioria do iconoclasmo que acontece na Egiptologia é encontrada em paralelo, quando não há carreiras acadêmicas em jogo, ou entre estudiosos antigos ou aposentados.

Logo, chegamos à compreensão extraordinária de que a confirmação de uma data aceita na Egiptologia pode criar mais problemas do que resolvê-los. O fato é que seria bem mais confortável em se tratando de história da tecnologia se conseguíssemos demonstrar no capítulo seguinte que o rei Khasekhemui foi enterrado em um tempo remoto muito antes do que qualquer um pensava. Então o estado primitivo de seu trabalho em pedra poderia ser explicado. Mas lamentavelmente ficamos presos com ele mais ou menos em sua estrutura temporal convencional, significando que ele ainda precisava ser seguido diretamente por Zoser por causa das descobertas de Dreyer (descritas no Capítulo 5). Isso significa que, em 20 ou 30 anos, o impossível tinha de acontecer: a Pirâmide de Degraus em Saqqara tinha de ter uma construção bem avançada, usando uma tecnologia em pedra sofisticada que parece estar séculos à frente do que é encontrado na tumba do rei precedente em Abidos.

É importante ressaltar que a construção em pedra avançada acontecia em uma região geográfica diferente e que Saqqara fica a centenas de quilômetros ao norte de Abidos. Com certeza parece ter havido uma restrição geográfica à tecnologia de pedra avançada, e isso, por sua vez, sugere uma tecnologia no norte secreta bem guardada, proibida de se espalhar para o sul ou sair do controle real em Mênfis. Isso, por sua vez, nos encoraja a postular uma solução para esse enigma bizarro e também pode se aplicar a nossos achados sobre as pirâmides de Gizé: deve ter havido duas civilizações egípcias antigas paralelas e sobrepostas, uma avançada e a outra atrasada tecnologicamente, e uma deve ter absorvido a outra. Mas há uma

---

56. Ibid., p. 21.

quantidade enorme de evidência de escavações, inscrições, etc., que precisam ser avaliadas com cuidado para ver se essa hipótese pode se sustentar. Essa é uma tarefa gigantesca que, se fosse realizada completamente, requereria anos de análise minuciosa, com a colaboração de especialistas no Período Arcaico do Egito, que também chamamos de Primeira e Segunda Dinastia. Darei alguns passos iniciais nesse caminho nos Capítulos 5 e 6, nos quais aprenderemos alguns fatos relevantes e veremos como algumas das hipóteses mais comuns podem ser inseguras. A seguir neste livro, demonstrarei também uma ligação espantosa entre a Pirâmide de Degraus de Zoser e uma estrutura erigida por um rei mais antigo da Primeira Dinastia, nunca antes observada.

Então, se duas civilizações egípcias diferentes existiram, o rei Zoser deve representar a avançada e sua sucessão temporal tão próxima ao rei Khasekhemui não pode ser uma sucessão direta acontecendo em uma mesma civilização tecnológica. É possível que essa sucessão tenha ocorrido no sentido de que a Terceira Dinastia *absorveu* a Segunda Dinastia, possibilitando uma sucessão temporal na forma de uma aquisição, como uma empresa gigante adquirindo uma companhia menor (ou até uma companhia maior, o que os executivos chamam de "operação reversa de aquisição"). Mas elas *não podem* ter sido uma mesma civilização. A discrepância tecnológica torna isso absolutamente impossível, a menos que se pressuponha uma revolução tecnológica mais drástica e rápida do que a Revolução Industrial do século XIX na Europa. Isso é explicado melhor nos outros capítulos.

Se tentássemos desprezar essa única possibilidade de explicar o avanço espetacular na tecnologia de pedra no Egito Antigo por meio de uma revolução tecnológica, nos restaria um dilema aparentemente insolúvel: como pessoas com tão pouca habilidade com calcário em uma geração passam a construir algo tão grande como a enorme Pirâmide de Degraus em Saqqara?

Mas agora redatamos as pirâmides de Gizé e descobrimos que elas são bem mais *antigas* do que a data convencional da Pirâmide de Degraus e também do que nossa data para o rei Khasekhemui e sua tumba primitiva, como explicaremos em um instante. Então precisamos descartar a teoria de que a Pirâmide de Degraus foi um passo na evolução da tecnologia de pedra, que culminou nas pirâmides de Gizé. Isso não pode mais ser defendido. Pelo contrário, a Pirâmide de Degraus agora pode ser vista como uma tentativa corajosa e impressionante de imitar e copiar as pirâmides de Gizé, que já eram

As Pirâmides São Antigas Demais

estruturas antigas na época. Em outras palavras, Imhotep podia estar tentando imitar as façanhas de uma era passada. Se ele usou uma tecnologia avançada, o que obviamente ele fez, então deve tê-la recriado, não inventado. Ele não pareceu ser capaz de conseguir o tamanho gigante de blocos usados antes, pois os blocos da Pirâmide de Degraus são bem menores, como pode ser visto com clareza na Prancha 10. Pelo contrário, o tamanho dos blocos usados nas pirâmides de Gizé era de até 200 toneladas cada um, se considerarmos aqueles usados na plataforma da "Pirâmide de Quéfren", que ainda pode ser vista por qualquer turista. Um bloco de 200 toneladas equivale em peso a aproximadamente 350 grandes carros amontoados um em cima do outro. Nenhum egiptólogo apresentou uma explicação satisfatória de como eles chegaram lá ou foram produzidos, pois os egípcios antigos não tinham guindastes para levantar e colocar essas pedras monstruosas, nem havia rolos concebíveis que pudessem suportar esse peso, nem qualquer meio fisicamente imaginável de transportar blocos de 200 toneladas por morros e ladeiras e depois colocá-los juntos no local com precisão.

Se considerássemos as pirâmides de Gizé como construídas primeiro, a Pirâmide de Degraus em Saqqara depois destas e as pequenas pirâmides da Quinta e da Sexta Dinastia construídas por último, veríamos uma diminuição progressiva no tamanho da pedra, de modo que haveria um padrão coerente de diminuição dos elementos da construção. Isso representa um tipo de "lógica do declínio". Portanto, vai contra a moderna e popular "teoria do progresso universal". Segundo essa teoria absurda, ou devo dizer mito, a civilização humana só progride, nunca regride.

Ioannis e eu não fizemos um trabalho de datação na pirâmide em Meidum ou nas duas pirâmides em Dashur. Porém, a Pirâmide Vermelha de Dashur contém uma grande quantidade de cedro, que pode ser datado com facilidade com as técnicas de datação por radiocarbono. Essas três pirâmides de pedra enormes com certeza apresentam um dilema ainda maior para todos, embora ninguém realmente saiba ao certo quem as construiu, e há alguns que ainda insistem que a pirâmide "em ruínas" em Meidum não desmoronou de jeito nenhum, e outros insistem que a pirâmide "torta" em Dashur estava assim de propósito. Alguns dizem que o rei Sneferu construiu todas elas. Outros insistem que o rei Huni construiu a pirâmide em Meidum, e essa sugestão é muito atacada também. (Na verdade, ninguém nem concorda com a dinastia de Huni, muito menos se ele construiu uma pirâmide ou não. Há até listas de reis que excluem sua existência.) Como sempre, ninguém concorda muito. Porém, todos estão *certos*. Apesar do fato de nem todos poderem estar corretos, sua *convicção* não é menor. Na verdade, eles defendem muitas dessas opiniões *ferozmente*.

Logo, você tem uma "opinião feroz para Huni", uma "opinião feroz para Sneferu", e assim por diante. A ferocidade com que essas visões são defendidas aumenta com a incerteza dos fatos. De fato, a Primeira Lei Antrópica de Temple afirma: *A certeza das opiniões humanas é inversamente proporcional à incerteza dos fatos.* Logo, as opiniões são defendidas, mas propagadas de forma ofensiva. Isso me lembra a religião: quanto mais ridícula uma crença, maior é o fanatismo com que ela será defendida. Suponho que isso seja como uma exigência física: quanto menos se agarra a tora de madeira quando se flutua no rio, com mais firmeza se tentará agarrá-la para não se afogar. Muitos sentem que estão se afogando em um universo estranho, então eles se seguram nessas toras com toda a força. Quando vista como uma técnica de sobrevivência, isso faz sentido. Muitos não se importam na verdade com o que acreditam, desde que não percam sua tora e se afoguem.

A única amostra para datação de pirâmide de Ioannis foi coletada da "Pirâmide de Miquerinos", depois disso se alterou a permissão para coleta de amostras nas pirâmides e ela não pôde continuar, como será explicado a seguir. Ioannis coletou essa amostra das pedras de revestimento de granito vermelho na face leste. Embora muitas das pedras de revestimento remanescentes dessa pirâmide sejam ásperas nas superfícies externas, porções das faces são lisas, como pode ser visto nas Pranchas 12a e 12b. Ioannis coletou a amostra de uma parte lisa por ser mais fácil chegar no encaixe entre os blocos quando as superfícies externas eram lisas, pois se elas fossem ásperas o encaixe era mais profundo e de acesso difícil, como ele me explicou depois. Um dos traços mais estranhos dessa pirâmide é que muitas das pedras de revestimento foram deixadas ásperas em sua face externa, quando são tão lisas e se encaixam com tanta perfeição em outros pontos. Elas não foram deixadas ásperas por falta de habilidade dos construtores, mas por escolha. A aspereza tinha algum significado simbólico que não sabemos hoje, ou os construtores das pirâmides se tornaram inexplicavelmente preguiçosos e não podiam ser incomodados, ou haveria alguma interrupção no trabalho. Como a calçada dessa pirâmide (agora recoberta de areia) nunca foi terminada, a construção da pirâmide pode ter sido interrompida. Sugeriu-se que as faces externas dos blocos de pedra eram ásperas quando posicionadas e alisadas depois, principalmente o granito. Com isso os granitos poderiam ser enviados de barco de Assuã para o extremo sul. Qualquer dano causado aos blocos em trânsito não ficaria visível depois do alisamento do bloco no local. Nesse caso, a teoria "inacabada" ganha mais suporte. Porém, nunca se deve ter certeza sobre as anomalias nas construções egípcias, pois muitas vezes elas têm um propósito ou uma intenção incompreensíveis para nós, mas importantes para os construtores.

Um aspecto que notei depois, quando examinei bem de perto o exterior dessa pirâmide, foi que o pavimento se estendendo para leste da pirâmide sobre o qual foi colocado o templo funerário atribuído a Miquerinos era claramente de uma construção posterior, pelo fato de o trabalho de pedra para ele se sobrepor e obstruir as pedras de revestimento da pirâmide de uma forma um tanto desajeitada. Esse aspecto é mostrado claramente nas fotos que tirei para mostrá-lo, reproduzidas aqui como as Pranchas 12a e 12b e no site deste livro. Quase me lembra de uma batida de carro pela forma com que as pedras foram socadas uma contra a outra por força bruta. O pavimento e o templo funerário, portanto, podem pertencer a um período consideravelmente posterior, pois, assim como os aspectos mencionados em ligação à Grande Pirâmide estavam definitivamente associados com Quéops, esses aspectos posteriores podem muito bem se associar a Miquerinos porque foram acrescentados depois. Seria interessante comparar a data desse pavimento com a das pedras de revestimento. A famosa afirmação encontrada em uma tumba da Quarta Dinastia em Gizé referindo-se a "trabalho sendo feito na pirâmide (chamada) Miquerinos-é-divino"[57] não precisa se referir à construção da pirâmide, pois na verdade não fala dela, mas sim de um "trabalho sendo feito na pirâmide", isto é, há uma obra dentro da pirâmide, o que difere muito de dizer "a construção da pirâmide". A Quarta Dinastia de Quéops, Quéfren e Miquerinos pode, portanto, ter sido uma dinastia "arcaizante", que foi fixada nas pirâmides preexistentes de Gizé e construiu nelas e ao redor delas, muito como seus sucessores distantes da Dinastia Saíta ou 26ª Dinastia fariam 2 mil anos depois. Mas, como destaquei antes, nem todo faraó da Quarta Dinastia fez isso, e muitos não fizeram. Mesmo no período imediato de Quéops a Miquerinos, três de seis, ou 50%, dos faraós não tocaram em Gizé, como vimos. Deve ter havido alguma discórdia séria na dinastia sobre todo o negócio de Gizé, se

---

57. Reisner, George Andrew, *Mycerinus: The Temples of the Third Pyramid at Giza*, Harvard University Press, USA, 1931, p. 5. Usei a edição original, mas há também uma reimpressão fotográfica de John William Pye, Brockton, Massachusetts, USA.

houve mais faraós boicotando o lugar do que aqueles obcecados com ele. Quando digo boicotando, digo *faraós que não foram mencionados nem em um único enterro em mastaba*. Como deveríamos explicar isso? Sua *ausência completa* clama por explicações e não há nenhuma.

A data obtida por Ioannis para as pedras de revestimento da "Pirâmide de Miquerinos" foi 3590-2640 a.C. Essa data descarta qualquer ligação com Miquerinos se aceitarmos a suposição cronológica existente do seu reinado em cerca de 2539-2511 a.C., pois essas datas são de mais de um século depois da data mais recente possível para a amostra.

A data média para a pirâmide é 3090 a.C. Isso nos leva de volta ao período pré-dinástico, 58 anos antes de uma data convencionalmente aceita para a unificação do Egito por seu primeiro faraó, "rei Menés", fundador da Primeira Dinastia. Porém, nossa amostra poderia datar de 3590 a.C., 500 anos antes. Em uma data tão antiga, nada do que sabemos ter acontecido poderia ser descrito como "civilização avançada". Então nos deparamos com o dilema mais terrível: como alguma coisa poderia vir do nada? Como as pirâmides de Gizé foram construídas quando não havia "ninguém lá" para fazer isso?

Não se podem estabelecer probabilidades em um intervalo de datas possíveis apenas com uma amostra, e isso depende da existência de várias delas, de modo que esse cálculo aguarda mais amostras. Porém, não parece que o diretor de Antiguidades Egípcias nos permitirá coletar mais amostras, pois ele proibiu o envio de pequenos fragmentos de pedra (e aparentemente até de madeira) para fora do Egito para análise. Isso inevitavelmente paralisará a maior parte do trabalho de datação no Egito. A falta de lógica nessa regra desafia todas as tentativas de explicação racional. Nós deveríamos supor que um minúsculo fragmento de madeira ou um pedaço de cinco centímetros de pedra seria sagrado demais para cruzar as fronteiras do Egito? Não se poderia nem levar uma amostra para, digamos, a Jordânia. Por Zahi Hawass ser um homem cosmopolita, que viaja muito para o exterior, e não um provinciano limitado, sua atitude é um enigma. Por que ele não permitiria o envio de alguns centímetros de madeira e pedra para fora do país para testes para os quais não existem laboratórios no Egito?

Nossos problemas com a datação das pirâmides começaram no meio de nosso projeto. Ioannis e eu recebemos uma permissão muito clara e sem ambiguidade para datar as pirâmides do Conselho Supremo de Antiguidades, como se pode ver na reprodução do documento oficial no site (nas versões em árabe e inglês). Depois de obter esse documento, embora eu soubesse que se precisa passar pela outra formalidade de múltiplas liberações de segurança, não fazia ideia de que a permissão, concedida pelas autoridades arqueológicas, poderia ser "incomodada" por outras autoridades, alterando os sítios. Nunca entrou em minha cabeça que os oficiais de segurança poderiam ignorar as decisões já tomadas pelas autoridades arqueológicas do Egito e especificar quais monumentos podem ou não ser examinados.

Com a intenção de demonstrar educação e respeito por Zahi Hawass em sua função na época de diretor do Planalto de Gizé, marquei um horário com ele para mim e Olivia (Ioannis não estava no Egito) em seu pequeno escritório perto da Grande Pirâmide. Algum tempo depois sua secretária nos levou a seu escritório e ficou sentada ao lado dele durante toda a nossa reunião. Disse que fomos lá para ter um papo preliminar com ele sobre a coleta de amostras que faríamos no futuro em Gizé. Ele parecia enfurecido em vez de satisfeito e não olhava para mim. Fiquei profundamente confuso, pois tinha ido vê-lo com a intenção de estabelecer relações amigáveis e cooperativas. Pensando que talvez ele não estivesse entendendo, ou duvidasse do que eu dizia, eu lhe entreguei o formulário de permissão arqueológica assinado pelas autoridades do Conselho Supremo de Antiguidades, incluindo o então diretor, G. A. Gaballah, com quem eu tinha relações muito cordiais e que é uma pessoa muito adequada, culta e refinada. Gaballah é exatamente o tipo de pessoa que transmite uma boa imagem ao Egito no exterior. Outra pessoa extremamente refinada e culta foi Mohammed Saguir, diretor de Arqueologia Faraônica, que também assinou o formulário e que eu achei muito agradável e solícito. Hawass olhou para o formulário por um momento, amassou até formar uma bola e o jogou em minha cara de sua mesa, dizendo sem paciência: "Isso não significa *nada*!".

Eu peguei o papel amassado e tentei desamassá-lo porque fiquei preocupado por ele ter estragado. Perguntei como isso não poderia significar *nada*. Estava assinado pelos superiores dele. Isso só serviu para irritá-lo ainda mais, e seu rosto ficou vermelho de raiva. Ele disse que ainda precisávamos das liberações de segurança. Eu disse que sabia que as liberações de segurança eram necessárias e que elas demorariam muito, por isso voltaríamos alguns meses depois, quando elas estivessem prontas. (Na verdade demorou nove meses para conseguirmos todas elas, porque éramos "principiantes". Os pedidos pela segunda vez são mais rápidos e só demoram três meses, porque eles já têm arquivos abertos para você.) Eu expliquei que não tinha ido vê-lo com a intenção de coletar amostras já, mas sim por cortesia para informá-lo com bastante antecedência de que voltaríamos um dia e para estabelecer um contato preliminar com ele. Ele não apreciou minhas tentativas de ser educado. Deixou bem claro que falaria com as autoridades de segurança sobre nós e insinuou que tentaria nos deter. Há bastante oportunidade para isso com as autoridades de segurança, pois elas são seis. Para realizar um trabalho arqueológico no Egito, é necessário ter permissão de seis entidades separadas: o Exército, a Marinha, a Aeronáutica, a polícia de antiguidades, a polícia comum e o serviço secreto. Todas elas checam você uma por uma. Quando o Exército termina e o libera com um carimbo no formulário, este é levado em mãos à Marinha, onde fica em uma bandeja, e quando a Marinha termina e o libera com um carimbo no formulário, este é levado à Aeronáutica, e assim por diante. Todas as autoridades ficam em edifícios diferentes. Estima-se que cada "tempo em bandeja" separado seja de um mínimo absoluto de duas semanas, até para rostos familiares ligados a renomados institutos arqueológicos estrangeiros.

Quando eu brinquei com alguém no Egito que fiquei feliz em saber que a Força Aérea Egípcia não me viu como uma ameaça à segurança egípcia, pois eu não tinha um avião de combate para chamar de meu, a pessoa não achou nada engraçado.

Quando enfim conseguimos nossas permissões de segurança para podermos voltar na temporada seguinte após a concessão de nossa permissão original, não conseguimos lê-las, pois elas estavam apenas em árabe. Nós tivemos muito problema para encontrar alguém para traduzi-la para nós, pois um documento tão delicado não poderia apenas ser mostrado para um recepcionista de hotel. Ioannis, cheio de entusiasmo por receber a liberação de segurança, foi e coletou uma amostra inicial do exterior do revestimento de granito da Pirâmide de Miquerinos, pois era mais fácil ir lá em pleno planalto durante o horário de funcionamento normal. Obviamente teríamos de esperar para ir aos Templos do Vale e da Esfinge e ao Poço de Osíris, até fazermos arranjos elaborados para termos acesso a eles. Além disso, teríamos de consultar o temido Hawass sobre os interiores das pirâmides e combinar com ele de coletar amostras após o horário de fechamento, por causa da terrível multidão de turistas nas demais horas. Porém, enfim conseguimos traduzir os documentos da segurança e descobrimos que as pirâmides foram retiradas. Ficamos profundamente chocados, mas é impossível discutir com o Exército, a Marinha, a Aeronáutica, a polícia de antiguidades, a polícia comum e o serviço secreto, e não era uma boa ideia tentar. Buscamos um esclarecimento com as autoridades arqueológicas, que nos disseram com pesar que, embora elas não entendessem e estivessem muito surpresas com isso, não tinham poder para passar por cima das autoridades de segurança. Parecia-me provável por seu comportamento prévio e suas observações que Hawass deve ter "batido um papo" com alguém em uma das seis corporações e pediu essa anulação em uma tentativa de nos contrariar. Não conseguimos prosseguir com nenhuma outra atividade nas pirâmides. Porém, nossa permissão arqueológica deixava claro que definitivamente nos concederiam uma fase 2, uma segunda rodada de coleta de amostras, então pretendíamos reintegrar as pirâmides, a menos que fôssemos impedidos uma segunda vez pelos oficiais de segurança desconhecidos e/ou Hawass. Só para mostrar como nossos documentos oficiais realmente "não significavam *nada*", e de fato nossas permissões de segurança também "não significaram *nada*", Hawass em pessoa concedeu sua permissão para que datássemos o Poço de Osíris, como descrito no capítulo anterior. Seu motivo para isso era simples: era *seu sítio*. Ele pensou que pudéssemos ser úteis *para ele*. Não significava nada que essa coleta de amostras arranjada por Hawass não estivesse em nenhum de nossos formulários, seja os arqueológicos ou de segurança. Então ele tinha razão. Eles *não significavam nada*!

Portanto, só nos restou a única amostra de Ioannis da menor pirâmide, e não havia possibilidade de ele conseguir mais. Mas, como acabei de destacar, o resultado dessa amostra foi dramático.

O que deveríamos achar de uma situação em que as pirâmides foram claramente construídas antes do início da Quarta Dinastia? Nossa data para a "Pirâmide de Miquerinos" não pode ser posterior a 2640 a.C. e, segundo as cronologias convencionais, isso é um ano antes da fundação da Quarta Dinastia por seu primeiro faraó, Sneferu. Qualquer ligação entre as pirâmides e os faraós Quéops, Quéfren e Miquerinos é, portanto, impossível, a menos que mudemos completamente as cronologias.

Porém, é muito improvável que a pirâmide seja tão recente quanto sua última data possível. O intervalo de datação estende-se por quase mil anos, e na tentativa de interpretar esses resultados é mais seguro lidar com a idade média. Mas, mesmo se fizermos isso, ignorando os 500 anos antes da idade média que poderiam estar corretos, ainda ficaríamos com o fato constrangedor de as pirâmides de Gizé terem sido construídas antes da unificação do Egito e antes do reinado do primeiro faraó da Primeira

Dinastia. Isso nos deixa em um dilema terrível, pois não temos mais a menor ideia de quem foram os construtores das pirâmides.

No Capítulo 6, apresento um relato, junto com uma foto, sobre uma pirâmide real da Primeira Dinastia com 75 pés (22,8 metros) de comprimento na base e 43 pés (13,1 metros) de altura, feita com tijolos de barro. Ela foi escavada em 1937 por Walter Emery em Saqqara. Poucas pessoas, se alguma, sabem hoje que havia uma pirâmide tão grande na Primeira Dinastia, o que serve para mostrar quantos fatores desconhecidos e inexplicáveis estão envolvidos aqui. Com certeza não ajuda na questão os egiptólogos se recusarem a discutir algo tão crucial como uma pirâmide da Primeira Dinastia com 43 pés de altura. Qualquer um consideraria esse um assunto óbvio para discussão nas chamadas "histórias das pirâmides", mas de alguma forma ele consegue ser ignorado.

Mencionei antes a única evidência existente que parece indicar uma ligação entre a Grande Pirâmide e o faraó Quéops (nome egípcio: Khufu). Obviamente, essa evidência, se existe, é importantíssima, exceto se supormos que havia um Khufu anterior e que o motivo pelo qual o Khufu da Quarta Dinastia ficou tão fixado na Grande Pirâmide foi por ele ter o mesmo nome de um rei anterior, de quem perdemos todo o conhecimento hoje, mas que o faraó da Quarta Dinastia conhecia em sua época. Para dizer a verdade, várias pessoas já sugeriram essa possibilidade antes. Eu já salientei que, quando achávamos que havia apenas um rei Teti, o famoso primeiro rei da Sexta Dinastia (acredita-se que ele reinou em 2345 a.C-2333 a.C.), descobrimos depois que existiram dois outros anteriores também no Período Arcaico da Primeira e Segunda Dinastia,[58] dando um total de três Tetis antes de 2300 a.C., então há precedentes desse tipo de coisa. Porém, não gosto de pressupor a existência de um Khufu anterior, porque parece algo extraordinariamente artificial a se fazer, na ausência de alguma evidência real. Portanto, precisamos lidar com a existência, nas "câmaras de descarga" acima da Câmara do Rei da Grande Pirâmide (veja a Figura 14), de grafites em algumas pedras com o nome "Khufu" em hieróglifo, embora a maioria em uma forma bizarra e atípica. Além disso, o exemplo específico salientado por quem quisesse usar essa evidência para provar que a Grande Pirâmide foi a tumba de Quéops

---

58. Veja seus nomes idênticos e cartuchos em Émile Brugsch Bey e Urbain Bouriant, *Les Livres des Rois*, Cairo, 1887, p. 1 (Primeira Dinastia), 3 (Terceira Dinastia) e 9 (Sexta Dinastia). Embora cartuchos não fossem usados na Primeira Dinastia, Brugsch e Bouriant adotaram a convenção das listas de reis do Novo Império e as usaram em seu livro. Eles escrevem Teti na forma alternativa e mais antiga, "Teta".

(Khufu) tem a característica impressionante de parecer continuar embaixo de uma pedra sobreposta e, portanto, ter sido pintado durante a verdadeira construção da pirâmide.

Deve-se ressaltar que esses grafites são a única evidência egípcia nativa conhecida de qualquer tipo ligando a Grande Pirâmide a Quéops (Khufu), sem considerar as construções adjacentes fora da pirâmide que não constituem evidência de nada exceto de adjacências da pirâmide, pois elas se demonstram inferiores e possivelmente muito posteriores à Grande Pirâmide. Heródoto, nascido em 484 a.C., atribuiu a Grande Pirâmide a Quéops, mas ele era grego, e alguns especialistas acreditam até que ele nunca visitou realmente o Egito em pessoa, mas pegou a informação de um escritor mais antigo que visitou, chamado Hecateu de Mileto (viveu em cerca de 550 a.C.-490 a.C.; não confunda com Hecateu de Abdera, nascido em cerca de 300 a.C., historiador grego bem posterior que também escreveu sobre o Egito e é mais conhecido). Em qualquer caso, sua história não pode ser tratada como uma evidência séria de nada além do "que as pessoas disseram" no Egito no século V a.C.)

Como se sabe, não há inscrições formais de qualquer tipo dentro de qualquer uma das três principais pirâmides de Gizé. (Nem dentro da Pirâmide de Meidum ou das duas pirâmides de Dashur.) Também não há evidência de haver existido outras pinturas ou indicações além dos sarcófagos vazios (sem inscrições) de que esses edifícios eram tumbas ou tivessem associações específicas com qualquer faraó. Grafites foram encontrados ao redor das pirâmides em estruturas externas, mas nunca dentro das pirâmides de Gizé. Os grafites acima da Câmara do Rei, portanto, são únicos, e por isso não é de surpreender que eles tenham sido considerados uma falsificação do século XIX.

Não tive a oportunidade de examinar os grafites pessoalmente. Porém, vi fotos de alguns deles e seus desenhos são reproduzidos aqui nas Figuras 19 e 20. Em setembro de 2002, o canal de TV por satélite da National Geographic transmitiu um documentário de duas horas sobre Gizé e a Grande Pirâmide, incluindo uma filmagem feita na câmara de descarga de cima da Grande Pirâmide, além de mostrar o dr. Zahi Hawass rastejando dentro da câmara. Nessa filmagem foi possível dar uma boa olhada nos principais grafites mencionando "Khufu", e a impressão deixada não foi boa. A inscrição pintada, que parece continuar sob uma pedra sobreposta, não me pareceu nada convincente. Além disso, não creio que ela continua por baixo da outra pedra. Parecia como se tivesse sido pintada direto até a extremidade para dar a impressão de seguir por baixo, mas na verdade não faz isso. Seria preciso tirar um pedaço da outra pedra para ver se a inscrição realmente continua por baixo ou não, mas aposto que não. Olhei o programa gravado de novo e estou mais do que convencido de que isso é falso. Mas, como já disse, não sou o primeiro a sugerir isso.

Em 1988, um programa de TV chamado *The Mysteries of the Piramids... Live* foi transmitido nos Estados Unidos, com Omar Sharif como apresentador e William Kronick como diretor. Parece ter sido uma versão estendida e atualizada de um programa anterior feito pelo mesmo diretor, também com Omar Sharif, 11 anos antes, em 1977, chamado *Mysteries of the Great Pyramids* (com apenas 52 minutos de duração), que eu nunca tinha visto. Até onde sei, esses programas nunca foram transmitidos em minha cidade natal na Grã-Bretanha. Não muito antes de terminar este livro, consegui ver uma gravação em fita cassete muito ruim de segunda ou terceira geração do programa de 1988. O programa mostrava Mark Lehner descendo no Poço de Osíris, que tinha um nível de água no fundo mais elevado na época, com as quatro colunas já quebradas (o comentário do narrador disse erroneamente que elas foram "desgastadas pela água", o que seria fisicamente impossível), e pegando pedaços de ossos humanos e madeira de um caixão que estava na água. (Não se viam os sarcófagos do Nível Dois.) Não se mostrava muito o poço e se preocupou em criar um ar de mistério sobre o lugar para depois mudar para outro assunto em outro lugar. Lehner era então visto entrando nas "câmaras de descarga" acima da Câmara do Rei na Grande Pirâmide. Mais uma vez vimos pouco, mas vimos uma boa imagem dele de pé na câmara de cima, que tem um teto pontudo e possibilita que as pessoas fiquem eretas. Ele apontou para um cartucho grande e não refinado contendo o nome de Khufu na parede da câmara, mas me pareceu tão falso que não consegui entender alguém levando isso a sério. Nas câmaras inferiores, os nomes atribuídos a elas estavam inscritos em grandes letras nas paredes: "Lady Arbuthnot", "Nelson", etc., todos pintados por Howard Vyse ou por ordem dele, que parece ter enlouquecido com um pote de tinta.

As Pirâmides São Antigas Demais　　　　　　　　　　　　　　　　　　　　131

Figura 14. As câmaras de descarga sobre a Câmara do Rei, vistas em secção vertical na face oeste, como desenhadas por Charles Piazzi Smyth e reproduzidas por ele como Prancha 17, antes da p. 97, no Volume II da obra em três volumes de Smyth, *Life and Work at the Great Pyramid*, Edinburgh, 1867. Smyth também mostra as localizações dos grafites. Ajuda também ver os desenhos feitos por Smyth da profundidade das escavações do início do século XIX sob o cofre (essas escavações agora estão completamente ocultas, tanto que a maioria não sabe que elas aconteceram) e os detalhes das escavações de Caviglia ao sul da Câmara de Davison.

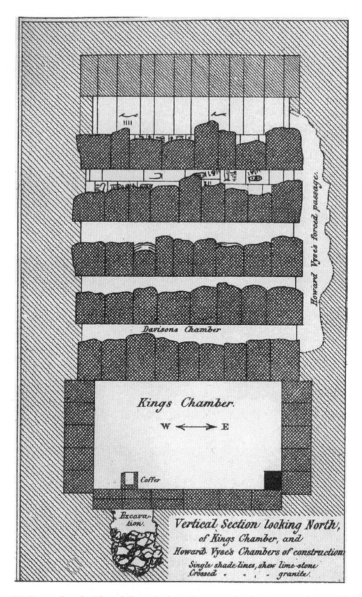

Figura 15. Desenho de Piazzi Smyth das câmaras de descarga sobre a Câmara do Rei vistas em secção vertical na face norte, sendo a outra metade de sua Prancha 17. O pequeno quadrado preto no canto inferior direito da Câmara do Rei é a entrada.

As fotos que vi dos outros dos "grafites de Khufu" também não são nada convincentes e os grafites pareciam o tipo de coisa que um aluno entediado na escola rabiscaria em um dia ruim. É claro que devem parecer pichações feitas por pedreiros ou operários da construção, e raramente eles são cultos. Mas, mesmo assim, a imperfeição das marcas é bem perturbadora. E várias anomalias incomodam. Por exemplo, a câmara de descarga inferior foi descoberta em 1765 por Nathaniel Davison (tecnicamente falando, ela foi descoberta por um francês um pouco antes, mas ele nunca é mencionado por ninguém e costuma-se dizer que ela foi descoberta por Davison, portanto acho que podemos mencionar que "ele também a descobriu") e não tem grafites. Por que não há grafites nessa câmara, mas apenas naquelas descobertas depois pelo homem acusado por muitos de os ter falsificado? Se houvesse algum na Câmara de Davison, descoberta muito antes de Vyse aparecer, então não haveria controvérsia.

Figura 16. Esse desenho é de um obscuro panfleto alemão de Heinrich Hein, intitulado *Das Geheimnis der Grossen Pyramide* (*The Secret of the Great Pyramid*), Zeitz, Germany, 1921, Figura 2, página 10. (Eu preparei uma tradução completa desse interessante panfleto e espero publicá-lo um dia.) Ele é especialmente útil por mostrar a passagem de ligação (representada pelas linhas pontilhadas) pela qual Nathaniel Davison em 1765 descobriu o que é conhecida como "Câmara de Davison" dentro da Grande Pirâmide. A estrutura à esquerda mostra a Câmara do Rei (com o cofre no chão também à mostra) abaixo de uma série de "câmaras de descarga", dentre as quais a inferior é a Câmara de Davison. À direita há o fim da Grande Galeria, logo abaixo do teto do qual é a entrada para a passagem minúscula indicada pelos pontos.

As câmaras de descarga acima da Câmara do Rei foram chamadas em publicações anteriores de "câmaras de construção". Em 1883, Petrie publicou sua obra seminal, *The Pyramids and Temples of Gizeh*, em sua primeira e mais completa edição[59] (muito mais completa do que a segunda edição bem resumida, reimpressa em anos recentes). Ela contém muita informação sobre essas câmaras. Petrie relata:

> Os espaços, ou "câmaras de construção", como foram chamados, que ficam um em cima do outro sobre a Câmara do Rei, são adentrados por uma pequena passagem que começa na parede leste da galeria [a Grande Galeria], logo abaixo do teto. Essa parece ser uma passagem original e leva à câmara inferior; só se pode entrar nos quatro espaços acima dela pela passagem ascendente forçada cortada pelo coronel Howard Vyse (...) Na segunda câmara (...) há um grande cartucho de Khnumu-Khufu, quase todo quebrado pela entrada forçada de Vyse (...).[60]

Em outro lugar em seu livro, Petrie descarta totalmente a ideia de "Khnumu-Khufu" e Khufu (Quéops) serem a mesma pessoa. Seus comentários sobre esse ponto crucial são os seguintes:

> O construtor da Grande Pirâmide de Gizé é bem conhecido. Khufu (grecizado como Kheops e Soufis, anglo-grecizado como Cheops) é denominado tanto por historiadores quanto por seus cartuchos, encontrados como a marca do construtor nas pedras da construção. Mas outro nome é encontrado nos blocos na Pirâmide, ao lado daqueles com o nome de Khufu. Esse outro nome é o mesmo de Khufu, com um prefixo de dois hieróglifos, um jarro e um carneiro; traduzido de modo variado como Khnumu-Khufu, Nh-Shufu e Shu-Shufu. A teoria mais destrutiva sobre esse rei é que ele é idêntico a Khufu e o carneiro é apenas um símbolo do deus Shu e é colocado como "o determinativo nesse lugar de primeira sílaba do nome". Mas deve-se observar contra essa hipótese que (1) a pronúncia era Khufu, não Shufu, antigamente; (2) o primeiro hieróglifo, o jarro, não foi explicado; e (3) não há prefixo semelhante de determinativo em um nome de rei, em qualquer outro exemplo dentre centenas de nomes, e milhares de variações, conhecidos.[61]

---

59. Petrie, [Sir] W. M. Flinders, *The Pyramids and Temples of Gizeh*, London, 1883.
60. Ibid., p. 91-92.
61. Ibid., p. 152.

As Pirâmides São Antigas Demais

Em outras palavras, Petrie acredita ser impossível os grafites na câmara de descarga se referirem a Quéops. Então, se por acaso eles forem autênticos, não se referem a Quéops. Mas é bem mais provável que seja uma falsificação de Vyse e bem grosseira. Em outras palavras, provavelmente nunca existiu um "Khnum-Khufu" para começo de conversa, exceto criado artificialmente por alguém que errou seu grafite falsificado.

Em 1932, Petrie escreveu uma resenha mordaz sobre o volume de Porter e Moss com a documentação epigráfica sobre Mênfis, que tinha acabado de ser publicado. Ele criticou principalmente Porter e Moss por não conseguirem muitas vezes tratar das pirâmides de Gizé adequadamente (ignorando as obras de Cole e de Borchardt, omitindo inscrições, etc.) e sua última reclamação foi: "Além do mais, Khnem-Khufu [Khnum-Khufu] não aparece no Índice Remissivo".[62] Vemos aqui que Petrie continuava irritado com a questão Khnum-Khufu e não ficou nada contente que "Khnum-Khufu" não teve seu *status* separado reconhecido por Porter e Moss, que supostamente deduziram que não passava do nome do rei Khufu. Isso demonstra que, 49 anos depois da publicação de seu livro sobre as pirâmides, a irritação de Petrie com os comentários sobre a natureza distintamente separada de "Khnum-Khufu" (fosse um nome ou um epíteto, como sugere Breasted, a seguir) do nome do faraó Khufu não diminuiu, para dizer o mínimo.

Em seu livro sobre as pirâmides de 1883, Petrie não menciona o outro nome pintado de Khnum-Khufu na câmara de descarga superior, ou quinta, provavelmente porque ele se recusou a aceitar sua validade. Porém, podemos ler sobre ele em *Complete Pyramids*, de Mark Lehner:

> Acima da Câmara do Rei há cinco câmaras de descarga, cada uma com a mesma área da respectiva câmara abaixo. No topo, as pedras são colocadas em cantiléver na forma de um teto de proteção para distribuir o peso e as tensões da montanha de alvenaria acima do qual há poucos paralelos e nenhum precedente. [Na verdade, não se tem certeza se essas câmaras realmente aliviam qualquer tensão para baixo, mas isso é outro assunto.] Os grafites deixados pela equipe de trabalhadores nas paredes acrescentam um elemento humano. Os nomes dos trabalhadores são combinados com o do rei, aqui Khnum-Khufu.[63]

---

62. Petrie, [*Sir*] W. M. Flinders, resenha de Bertha Porter e Rosalind Moss de *Topographical Bibliography* para Memphis, Vol. 3, Clarendon Press, Oxford, in *Ancient Egypt*, London, 1932, p. 55.
63. Lehner, Mark, *The Complete Pyramids*, Thames & Hudson, London, 1997, p. 111 e 114 (páginas desdobráveis).

Só para constar, na verdade são mencionados os nomes dos "grupos dos trabalhadores", não os nomes de cada um individualmente.

É mais do que estranho que o nome de Khufu seja combinado com o do deus Khnum, uma divindade com chifres de carneiro associada, sobretudo, à ilha de Elefantina em Assuã e que comandava o torno do oleiro e a construção com pedra. James Breasted destacou, em *Ancient Records of Egypt*, que a expressão "'Khnum-Khufu' na verdade significa 'Khnum me protege' e não é um nome".[64] Se "Khnum-Khufu" fosse tratado como um nome em um cartucho e se fosse real em vez de uma falsificação, então se referiria a um faraó desconhecido de um período desconhecido, chamado "Khnum me Protege", mas definitivamente não Quéops. Lá se foi a ideia do nome de Quéops ter sido encontrado dentro de "sua" pirâmide.

Um livro moderno sobre as pirâmides, mais esclarecedor em todos os sentidos (exceto pelo fato de não ter ilustrações coloridas) do que a pesquisa superficial de Lehner, é *The Egyptian Pyramids*, de J. P. Lepre.[65] Ele contém um relato mais amplo das câmaras de descarga. O autor descreve como o coronel Richard Howard Vyse usou dinamite para abrir seu caminho na segunda câmara em 14 de fevereiro de 1837. Ele menciona os grafites pintados em ocre vermelho nas paredes da câmara e as ocorrências do nome de Khufu:

> Os hieróglifos na verdade foram encontrados em todas as quatro câmaras de descarga atravessadas por Vyse, mas eles eram marcações dos operários, pintadas nas pedras. Essa afirmação é sustentada pelos seguintes fatos: (1) eles eram imperfeitos, não decorativos; (2) esses aposentos superiores eram apenas cavidades de construção; e (3) alguns desses hieróglifos estavam na verdade de ponta-cabeça. Com as marcações já neles, os blocos foram colocados no lugar de acordo com a forma como o peso e as dimensões devem ser orientados, e não para os hieróglifos serem facilmente lidos por alguém vendo a câmara depois. A leitura de alguns desses signos foi impedida onde os blocos foram colocados no lugar atrás de outras pedras cruzadas. Muitas delas tinham os vários nomes dos grupos da construção escritos nelas, com títulos como: "A equipe, a Coroa Branca de Khnum-Khuf (Khufu) é poderosa" ou "A equipe, Khufu incita amor".

---

64. Breasted, *Ancient Records of Egypt*, op. cit., Vol. I, p. 83.
65. Lepre, J. P., *The Egyptian Pyramids: A Comprehensive Illustrated Reference*, McFarland & Company, Jefferson, North Carolina, USA, 1990. Lepre morreu jovem e não conseguiu dar prosseguimento ao seu excelente trabalho.

As Pirâmides São Antigas Demais

Essas menções ao faraó Khufu são o único testamento histórico real ao construtor da Grande Pirâmide. Seu nome hieroglífico é mencionado tantas vezes nas paredes de tumbas e mastabas que crivam o complexo funerário de Gizé e foram os locais do sepultamento de sua família, dignitários e sacerdotes. Mas os hieróglifos que agraciam as câmaras de descarga são os únicos com seu nome já encontrados dentro ou na pirâmide... O compartimento superior ou quinto, chamado de Câmara do (Coronel) Campbell, é de muitas formas o mais interessante dos cinco... Há vários hieróglifos pintados no teto, alguns dos quais com o nome do rei Khufu, e um em particular registrando que esse estágio na construção do monumento foi atingido durante o 17º ano de seu reinado.[66]

Outro relato sobre as câmaras de descarga aparece em *Secrets of the Great Pyramid*, de Peter Tompkins, que comenta:

> A descoberta mais interessante não foi tanto as câmaras em si, mas uns cartuchos pintados de vermelho rabiscados nas paredes internas das câmaras superiores. Graças à Pedra de Roseta e aos sucessores de Champollion, um desses cartuchos foi reconhecido pelos egiptólogos como pertencente a Khufu, considerado o segundo faraó da Quarta Dinastia, chamado de Quéops pelos gregos (...) Ainda havia dúvidas se não teria havido um rei anterior com um cartucho semelhante, desconhecido dos egiptólogos (...) Como algumas das pinturas nas pedras encontradas nas câmaras são hieróglifos significando "ano 17", os egiptólogos deduziram que o edifício atingiu esse estágio no 17º ano do reinado do rei. A maioria das marcas estava rabiscada com tinta vermelha (...).[67]

Portanto, Lepre baseava seus comentários em uma mera hipótese quando dizia que se referia ao 17º ano do reinado de Khufu; na verdade, o que está rabiscado na pedra é apenas uma menção ao "ano 17". Poderia ser o "ano 17" de qualquer reinado e com certeza não precisa ser o de Quéops. De fato, é improvável que o ano de um reinado fosse registrado dessa forma por uma marca rabiscada em um bloco de pedra, porque isso também foi feito da forma errada. Sabemos pela coleção "Dated Texts of the Old Kingdom", compilada por Anthony Spalinger, mencionado anteriormente, que grafites desse tipo, quando autênticos, não dizem apenas "ano 17".

---

66. Ibid., p. 106-109.
67. Tompkins, Peter, *Secrets of the Great Pyramid*, Harper & Row, New York, 1971, p. 64-65 (incluindo o texto de uma legenda na p. 64).

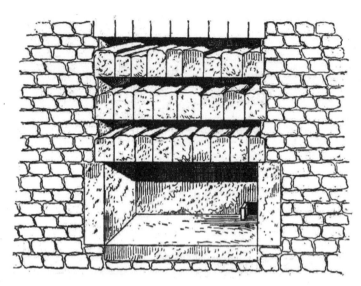

Figura 17. Secção longitudinal em perspectiva da Câmara do Rei e três das "câmaras de descarga" acima dela. Figura 153 na p. 228 em Georges Perrot e Charles Chipiez, *Histoire de l'Art dans l'Antiquité*, Paris, 1882, Vol. I, *L'Égypte.*

Figura 18. Secção transversal em perspectiva da Câmara do Rei com as cinco "câmaras de descarga" acima dela na Grande Pirâmide. À direita está a extremidade superior da Grande Galeria. Figura 152 na p. 227 em Georges Perrot e Charles Chipiez, *Histoire de l'Art dans l'Antiquité*, Paris, 1882, Vol. I, *L'Égypte.*

Não funciona assim. Em vez disso, eles têm um jargão próprio e sempre dizem coisas por meio de fórmulas, tais como: "No ano após a quarta ocorrência da contagem [de gado]", e depois dão também o mês e o dia. O próprio Spalinger rejeitou a autenticidade desse grafite, omitindo-o de sua lista de textos datados autênticos do reinado de Quéops. Como ele parece ser o especialista mais importante nesse campo, acho que podemos descartar esse grafite com segurança como uma falsificação apenas com base nisso, embora, como veremos, há razões ainda mais sólidas para fazê-lo.

Em *Texts from the Pyramid Age*, Nigel Strudwick e Ronald Leprohon, em uma seção apresentando traduções de oito textos com "nomes de equipes" de Gizé, três dos quais mencionam Menkaure (Miquerinos), omitem o "grafite datado" da Grande Pirâmide, mas apresentam cinco supostas referências a Khufu (Quéops), embora apenas uma tenha realmente o nome Khufu. Uma menciona "Khnumkhufu" e três mencionam "Hórus Medjedu".[68] Acredita-se que Medjedu seja o "nome Hórus" alternativo de Quéops. Porém, ele já tinha outro nome Hórus, que era Bikuinub ("dois falcões dourados"). Parece que também há um nome Hórus de Medjedu de uma mastaba em Gizé, mas não sei se ele está determinado como um segundo nome Hórus de Quéops. Não creio ter existido qualquer outro faraó com dois nomes Hórus, e isso é muito suspeito. Porém, a sugestão de Quéops ter o nome "alternativo" de Khnum-Khufu passou a ser bem aceita, apesar do fato de apenas se fiar na evidência do grafite que, como vimos, Petrie não considerava confiável. Strudwick e Leprohon não comentaram sobre a credibilidade ou não dos cinco grafites com nomes das equipes atribuídos à época de Khufu e eles não parecem saber que aquele mencionando Khnum-Khufu não é confiável, e não comentam sobre isso.

Em seu livro sobre Miquerinos, George Reisner tem um apêndice no qual ele não só lista os grafites com o nome das equipes de funcionários de Miquerinos, mas os de outros faraós ligados a Gizé.[69] Por mais estranho que pareça, eles começam com dois de um faraó misterioso chamado Neferka, considerado rei da Terceira Dinastia, que com certeza não era em caso nenhum posterior a isso, e de quem nada se sabe. Quatro dos listados relacionam-se a Quéops, mas apenas um o menciona especificamente. Há também aquele mencionando "Khnum-Khufu", que já consideramos. E os outros dois mencionam "Hórus Medjedu", escrito por Reisner como Mededuw. Mas o estranho é que um "nome

---

68. Strudwick, Nigel C., e Leprohon, Ronald J. (ed.), *Texts from the Pyramid Age*, Brill, Leiden, 2005, p. 154-155.
69. Reisner, George A., *Mycerinus*, op. cit., p. 275.

Hórus" para um faraó parece ser usado apenas com Quéops. Esses nomes na verdade estavam fora de moda na época da Quarta Dinastia, e isso também não soa verdadeiro. Reisner não considera a questão da autenticidade, exceto para rejeitar o grafite "datado" não o incluindo. Porém, se este for falso, então os outros também são.

Dieter Arnold, em seu livro *Building in Egypt: Pharaonic Stone Masonry*, refere-se de passagem aos grafites da Grande Pirâmide, mas não os descreve nem tece comentários sobre eles, apenas coloca uma nota de rodapé indicando ao leitor as obras de Vyse e Petrie.[70]

Como esclarecerei agora, há uma forte razão para acreditar que Howard Vyse realmente falsificou todos os grafites de Khufu nessas câmaras. Não seria algo difícil. Aparentemente ele tinha muitos motivos e oportunidades. Ele gastou 10 mil libras sem muito o que mostrar e precisava encontrar algo bem sensacional. (Não sei quanto essas 10 mil libras na década de 1830 equivaleriam no dinheiro atual, mas provavelmente meio milhão de libras seria uma estimativa conservadora. Claro que um homem esbanjando essa quantia do dinheiro de outra pessoa, sem uma grande descoberta, estava mesmo desesperado.) Ele usou dinamite para destruir a face sul da Grande Pirâmide em uma tentativa desesperada de abrir um caminho daquele lado que pudesse levar a outras câmaras e passagens, e seu fracasso total em encontrar algo está registrado com tristeza e determinação em seu livro da seguinte maneira: "(...) pode-se inferir que não há câmaras ou passagens na Pirâmide além daquelas já descobertas".

> Desistimos, portanto, da escavação em busca de uma entrada sul, realizada até uma profundidade considerável sem a descoberta do menor vestígio de uma passagem, seja por uma inclinação na fileira de pedras ou por qualquer outra circunstância. A grande magnitude da construção, comparada com o tamanho pequeno das câmaras e passagens, além da posição da entrada a leste da face norte, induziu a hipótese de que uma entrada a oeste na face sul poderia conduzir a passagens e aposentos construídos no grande espaço entre as três câmaras com entrada pelo norte. Mas esse não parece ser o caso, e acredita-se que a Câmara do Rei seja o principal aposento (...).[71]

---

70. Arnold, Dieter, *Building in Egypt: Pharaonic Stone Masonry*, Oxford University Press, Oxford, 1991, p. 20 e nota de rodapé 80 na p. 25.
71. Howard Vyse, Colonel [Richard], *Operations Carried on at the Pyramids of Gizeh in 1837*, James Fraser, London, 1840, Vol. I, p. 287.

As Pirâmides São Antigas Demais

Ao descobrir as câmaras de descarga superiores acima da Câmara do Rei com uma detonação de dinamite e ao ser forçado a abrir uma "entrada" para que o ar entrasse na câmara, mas não conseguindo descobrir mais nada, o coronel Howard Vyse não tinha descobertas impressionantes o bastante para justificar seus grandes gastos. Ele não encontrara nada dentro das câmaras e passagens da Grande Pirâmide além dos grafites que copiou com tanto entusiasmo, publicados em seu livro, então combinou com seu engenheiro John S. Perring para que ele publicasse também e anunciou com orgulho "provavelmente as mais antigas inscrições existentes".[72]

Essa afirmação exagerada dá indícios de desespero quando ele admitiu que já tinha visto muitos grafites semelhantes em pedreiras e nas tumbas em Gizé, e descreveu sua descoberta de um na Tumba de Campbell perto da Esfinge. Como ele estava familiarizado com vários cartuchos de Quéops (Khufu) de Gizé e alguns deles já tinham sido publicados, já conhecia bem várias inscrições do mesmo reinado; elas eram do mesmo reinado daquele atribuído aos grafites da Grande Pirâmide. Os grafites da Grande Pirâmide, portanto, não poderiam ser as mais antigas inscrições conhecidas, se fossem da mesma época daqueles muitos outros que ele conhecia. O fato de ele fazer essa estranha declaração, contradizendo suas próprias afirmações feitas em outros lugares, apenas mostra como ele estava ansioso em poder afirmar que encontrara algo extraordinário contido no interior vazio, para sua frustração, da Grande Pirâmide, que do contrário não teria inscrição nenhuma. É estranho que os únicos grafites "encontrados" lá estivessem nas únicas câmaras onde ninguém havia entrado antes e às quais Howard Vyse teve acesso exclusivo e ilimitado dia e noite por muitas semanas consecutivas. Se houvesse grafites genuínos a ser encontrados dentro da Grande Pirâmide, esperar-se-ia encontrá-los em outros lugares, como no poço, na gruta, na Câmara Subterrânea e em outras fendas e retiros afastados onde há superfícies de pedra ásperas semelhantes. Mas não há vestígios de nenhum. Também não há nenhum na câmara de descarga inferior, descoberta 72 anos antes por Davison, como já mencionado.

Em 26 de abril, em seu livro impresso como um diário, Howard Vyse denuncia sua ansiedade profunda por não ter descoberto nada, escrevendo: "Ainda não abandonamos todas as esperanças de uma importante descoberta (...)".[73]

---

72. Ibid., p. 259.
73. Ibid., p. 235.

Essa é uma forma estranha de falar, considerando que um dia antes ele havia descoberto a terceira câmara de descarga denominada em homenagem a Nelson e o dia em que ele escreveu seus comentários desesperados: "os melhores pedreiros foram empregados para chegar em cima do teto da Câmara de Nelson".[74] É óbvio que Howard Vyse não estava nada satisfeito com sua mera descoberta de câmaras de descarga e a tentação de embelezar essas descobertas era muito forte.

Howard Vyse ficava um tempo enorme sozinho nas câmaras com seus assistentes. Qualquer um que suspeitasse dele falsificando os grafites deveria considerar a evidência encontrada em seu relato no qual discute como ele autorizou a pintura de uma inscrição na parede de uma câmara de descarga. Em 28 de abril, apenas dois dias depois de entrar nela pela primeira vez, Howard Vyse conta: "O sr. Hill escreveu o grande nome de Nelson na câmara recém-descoberta".[75] Em outras palavras, ao mesmo tempo que Howard Vyse é suspeito de ter falsificado grafites nas câmaras de descarga com a ajuda de J. R. Hill, ele instrui o mesmo a pintar um grafite moderno em um lugar de destaque na parede de uma dessas câmaras. Essa prova os coloca lá com pincéis e potes de tinta. Então por que parar em Nelson, por que não resolver logo o assunto? De fato, eles fizeram o mesmo na Câmara de Lady Arbuthnot e na Câmara de Campbell (veja Prancha 13, onde seu nome pintado por Hill está bem visível). Ele já tinha registrado que conhecia bem o uso da tinta vermelha para rabiscar marcas dos trabalhadores nos monumentos antigos, pois em 21 de abril comentou sobre essa inscrição que ele alega ter encontrado na Tumba de Campbell no Planalto:

> Os senhores Perring e Mash continuaram o levantamento topográfico e, durante essa tarefa, copiaram as figuras no poço na base do sarcófago na Tumba de Campbell. Elas foram escritas com tinta vermelha entre linhas duplas, a duas polegadas (cinco centímetros) de distância uma da outra.[76]

Portanto, vemos pelo próprio testemunho de Howard Vyse que, em um mesmo mês, ele se interessou pelos detalhes do tamanho, do formato e da tinta vermelha dos grafites da Quarta Dinastia, conheceu os detalhes dos cartuchos de Quéops (Khufu) em outros lugares [além disso, alguns cartuchos de Quéops já tinham sido publicados pelos egiptólogos Wilkinson e Rossellini], instruiu que o nome de Nelson fosse pintado na

---

74. Ibid.
75. Ibid., p. 236.
76. Ibid., p. 232.

As Pirâmides São Antigas Demais 143

parede de uma das câmaras de descarga (provando assim que ele não tinha nenhum escrúpulo em escrever nas paredes) e ficou frustradíssimo que, apesar de encontrar as câmaras de descarga, ele ainda não tinha feito uma "descoberta importante" depois de gastar seu tempo, energia e dinheiro. Esse foi o mesmo mês no qual ele mandou J. R. Hill copiar os grafites supostamente encontrados nas câmaras de descarga para circulação e publicação. Quando aparentemente ele encontrou grafites na Tumba de Campbell, mandou John Perring copiá-los, e em 12 de abril ele logo mandou cópias deles pelo correio para William Hamilton, o eminente diplomata e antiquário, para impulsionar sua reputação.[77] Isso, por sua vez, é uma prova conclusiva de que ele via os grafites da Quarta Dinastia como uma descoberta muito importante, certo de garantir seu nome nos anais da descoberta, algo que, por seus comentários, ele evidentemente acreditava que sua descoberta de meras câmaras de descarga não conseguiria. Um dia antes, em 11 de abril, Howard Vyse conta que "copiou as marcas de pedreiras encontradas na face sul da Grande Pirâmide", símbolos sem sentido que não contêm hieróglifos ou cartuchos, publicados em seu livro.[78]

Depois de fazer um estardalhaço sobre esses rabiscos nada interessantes encontrados fora da Grande Pirâmide, copiar e enviar a Hamilton os grafites mais interessantes reivindicados como uma descoberta na Tumba de Campbell e observar em detalhes a tinta vermelha e as características das marcas de pedreiras de Gizé, de repente os grafites começaram a aparecer nas câmaras de descarga. Howard Vyse abriu seu caminho para uma nova câmara a dinamite e então no dia seguinte não só copiou as marcas de pedreiras, como contou sobre elas em uma carta para William Hamilton. Sua urgência em convencer os outros de suas grandes proezas era tamanha que apenas 24 horas se passaram entre a primeira descoberta de uma câmara e ele se gabar das marcas de pedreiras para o grande antiquário. Isso aconteceu, por exemplo, com a Câmara de Nelson. Ela foi descoberta em 25 de abril e Howard Vyse declarou: "Várias marcas de pedreiras foram pintadas em vermelho sobre os blocos, principalmente no lado oeste". Ele escreveu para William Hamilton no dia seguinte e um dia depois: "As marcas de pedreiras na Câmara de Nelson foram copiadas", e no dia seguinte: "O sr. Hill escreveu o grande nome de Nelson na câmara recém-descoberta".[79]

Comentou-se muito que alguns dos grafites que Howard Vyse afirmou ter descoberto estão de cabeça para baixo e alguns parecem

---

77. Ibid.
78. Ibid., p. 226.
79. Ibid., p. 235-236.

continuar sob outros blocos. Mas antes de tais características de qualquer um dos grafites da Grande Pirâmide serem registradas, Howard tinha registrado essas características específicas dos grafites encontradas em outros lugares do Planalto, copiadas à mão por ele:

> Eu copiei alguns hieróglifos observados pelo sr. Perring nas ruínas do templo a leste da Segunda Pirâmide. Essas figuras pareciam estar na face interna de uma pedra, que, portanto, deve ter pertencido a algum outro edifício de antiguidade extraordinária; e deve-se observar que blocos foram descobertos nas tumbas a oeste da Grande Pirâmide escritas com hieróglifos invertidos em suas faces internas.[80]

Isso foi registrado em 6 de maio. Em 9 de maio, Howard Vyse copiou um cartucho parcial de "Suphis", isto é, Quéops (Khufu), que ele encontrara em uma pedra retirada de um morro, publicado em seu livro.[81] Logo depois, descreveu no mesmo dia:

> A Câmara de Lady Arbuthnot foi examinada minuciosamente e encontraram muitas marcas de pedreiras. Apesar de as figuras nessas câmaras terem sido examinadas em uma escala reduzida pelo sr. Perring, considerei proveitosos os fac-símiles em seu tamanho original, por terem grande importância por sua situação e provavelmente por serem as inscrições mais antigas existentes. Pedi, portanto, para o sr. Hill copiá-las. Seus desenhos foram comparados com os originais por *sir* Robert Arbuthnot, pelo sr. Brettel (um engenheiro civil), pelo sr. Raven e por mim e estão guardados no Museu Britânico.[82]

Há várias coisas estranhas aqui. Como tantos grafites foram descobertos de repente? Com certeza, quando se descobre a câmara, você os vê ou não, pois eles devem ser óbvios. Nas pranchas desdobráveis deles, publicadas por Howard Vyse, opostas às p. 279 e 284 do Volume I de seu livro (veja as Figuras 19 e 20), pode-se ver que os grafites estão simplesmente em todos os lugares, em abundância, e é quase impossível não vê-los. Parece, portanto, muito falso afirmar que só depois de um exame minucioso se encontrou grafites em uma câmara que já havia sido descoberta antes. Você teria de ser cego para não ver tantos grafites

---

80. Ibid., p. 255.
81. Ibid., p. 258.
82. Ibid., p. 259.

As Pirâmides São Antigas Demais 145

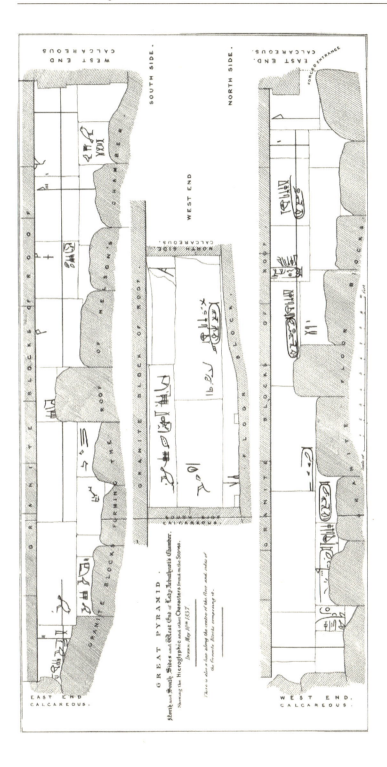

Figura 19. Prancha desdobrável oposta à p. 279 do Volume I de Howard Vyse, *Operations Carried on at the Pyramids of Gizeh in 1837*, 3 vols., London, 1840.

146 Aurora Egípcia

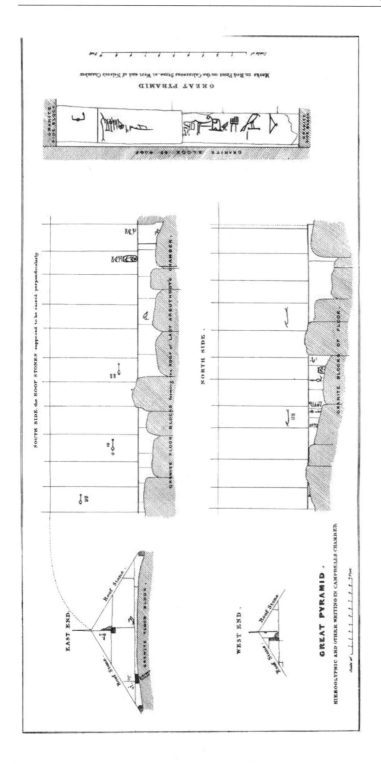

Figura 20. Prancha desdobrável oposta à p. 284 do Volume I de Howard Vyse, *Operations Carried on at the Pyramids of Gizeh in 1837*, 3 vols., London, 1840.

As Pirâmides São Antigas Demais

cobrindo todas as paredes logo depois de entrar, se eles estivessem lá originalmente quando você entrou.

Essa descoberta repentina aconteceu no mesmo dia que Howard Vyse copiava um cartucho de Quéops, também publicado por ele. Então ele, nesse mesmo dia, levou dignitários à câmara para examinar os grafites, supostamente descobertos de repente naquele mesmo dia. Além disso, Howard Vyse se contradiz dizendo que Perring já os copiara e ele achou que devia fazer isso de novo. Mas como Perring já os copiara se eles ainda não tinham sido "descobertos de repente"? E mais, em seu registro no dia 9 de maio, Howard Vyse anotou a informação e publicou a imagem do cartucho parcial de Quéops, e depois se contradiz afirmando que ele só foi encontrado em junho. Por que mudar sua história assim no meio de um discurso? Depois, em 27 de maio, Howard Vyse diz que ele detonou seu caminho acima da câmara chamada Câmara de Lady Arbuthnot até a câmara de descarga superior, que ele chamou de Câmara de Campbell. Ele descreve todas as pedras e diz: "Havia muitas marcas de pedreiras semelhantes àquelas das outras câmaras e também várias linhas vermelhas se cruzando em ângulos retos [reproduzidas por ele], com triângulos equiláteros pretos descritos perto das interseções, provavelmente para obter um ângulo reto".[83]

Nesse ponto em seu relato, Howard Vyse insere um texto comprido sobre os grafites da Grande Pirâmide escrito depois por Samuel Birch do Museu Britânico. Birch estava prestes a escrever uma importante primeira obra sobre os hieróglifos intitulada *Introduction to the Study of the Egyptian Hieroglyphics*, publicada 20 anos depois em 1857. Muitos estudiosos não notaram essa obra de Birch porque, embora fosse de tamanho modesta por si só, estava enfiada na parte final de um livro do muito mais famoso *sir* Gardner Wilkinson, e por isso escapou até da classificação de alguns bibliotecários.[84] Porém, a primeira publicação de Birch sobre os hieróglifos parece ser seu tratado incorporado no livro de Howard Vyse. Considerando os grafites da Grande Pirâmide, Birch registra os fatos de cartuchos de Quéops semelhantes àqueles mencionados a ele por Howard Vyse já ter sido publicados e ser bem conhecidos:

> Os símbolos ou hieróglifos, desenhados em vermelho pelo escultor, ou pedreiro, nas pedras das câmaras da Grande

---

83. Ibid., p. 278.
84. Wilkinson, *Sir* J. Gardner, *The Egyptians in the Time of the Pharaohs, Being a Companion to the Crystal Palace Egyptian Collections...To Which Is Added An Introduction to the Study of the Egyptian Hieroglyphs by Samuel Birch*, London, 1857.

Pirâmide parecem ser marcas de pedreiras (...) Embora não muito legíveis (...) eles possuem pontos de considerável interesse pelo aparecimento de dois nomes reais, já encontrados nas tumbas de funcionários empregados pelos monarcas da dinastia na qual essas pirâmides foram erigidas.

Um cartucho, semelhante àquele que ocorre primeiro na Câmara de Wellington, foi publicado pelo sr. Wilkinson (...) O outro nome descoberto (...) que ele já havia observado na tumba vizinha e supôs ser de Quéops (...) compõe-se de elementos puramente fonéticos e é decididamente um nome. Ele também foi publicado pelo sr. Wilkinson (...) dois outros prenomes, nos quais falta o disco [solar] [significando "Rá"], também são apresentados pelos srs. Burton, Wilkinson e Rossellini.[85]

Isso é ainda mais suspeito. Eu definitivamente não estou sugerindo que Samuel Birch tivesse algo a ver com a falsificação. Mas seu estudo sobre os grafites, solicitado por Howard Vyse, revela sem querer que os elementos-chave dos grafites, isto é, os cartuchos de Quéops, já eram familiares e foram publicados por várias fontes, e eram bastante conhecidos em outros lugares em Gizé. E mais, o estranho nome "Khnum-Khufu" deve ter se originado de uma tumba de Gizé como um nome não real "no qual não há o disco", mas Vyse, achando que fosse uma forma do nome de Quéops, então erroneamente o inseriu em um cartucho quando falsificou o grafite. Segundo evidência possível, nunca deve ter existido um rei chamado Khnum-Khufu.

Muitas vezes é difícil para nós nessa distância no tempo sabermos a sequência de publicações e quem conhecia o quê naquela época. Mas esse testemunho explícito de Birch confirma que Howard Vyse tinha o necessário à mão para realizar as falsificações, pois tudo que precisava fazer era copiar cartuchos e marcas de pedreiras, que ele conhecia bem segundo se provou conclusivamente. Portanto, Howard Vyse tinha o motivo, os meios, o acesso exclusivo, a habilidade, o tempo, o histórico e os materiais para cometer as falsificações que ele praticou segundo o que eu sugiro. Além disso, ele é famoso por ser um aventureiro em vez de um estudioso sério e deu provas conclusivas de que não hesitaria em danificar monumentos antigos usando dinamite e não hesitaria em desfigurá-los ao mandar pintarem os nomes de Nelson, Campbell e Lady Arbuthnot em letras grandes nas câmaras de descarga. Dizer que Howard Vyse é um candidato excelente para travessuras é um eufemismo.

---

85. Howard Vyse, *Operations*, op. cit., p. 279-283.

As Pirâmides São Antigas Demais 149

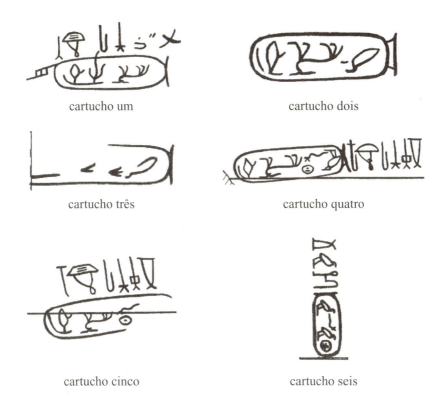

Figura 21. Aqui estão os seis cartuchos inteiros que aparecem como grafites nas "câmaras de descarga" acima da Câmara do Rei dentro da Grande Pirâmide, falsificados por Howard Vyse e dois de seus assistentes. Nenhum desses cartuchos representados nos grafites da Grande Pirâmide está correto. Nenhum deles apresenta o nome "Khufu" (forma egípcia de Quéops). Em nenhum lugar dos grafites aparece o hieróglifo egípcio para "kh" certo. Esse hieróglifo é um círculo com listras finas paralelas desenhadas sobre ele na diagonal, que geralmente se acredita representar uma peneira de junco redonda. Ele está no início da escrita do nome "Khufu", seguido pelos signos para "u", "f" e "u". Os homens que falsificaram esses grafites não entendiam direito naquela época que o nome de "Khufu" deveria ser escrito assim. Em vez disso, o hieróglifo circular é mostrado com um ponto no centro (signo do sol, Rá ou Ré), com um ponto e uma linha no centro (signo que não significa nada e nunca existiu) ou com um borrão no centro de formato indeterminado. Quando o hieróglifo solar é usado nesses grafites, lê-se "...-raf" e não é definitivamente nem "...khaf", tampouco "khuf". O pintinho usado como um hieróglifo para "u" pelos egípcios está tão mal desenhado que parece mais um abutre-do-egito (um hieróglifo completamente diferente) ou uma tentativa de uma criança de 6 anos de desenhar um peixe. Todos os cartuchos encontrados entre esses grafites são falsificações errôneas e patéticas.

O que eu acredito ser a evidência conclusiva surge de uma análise do registro dos acontecimentos mantido por Vyse. Uma anotação em seu diário da data de 9 de maio, após a descoberta de três das quatro câmaras de descarga, por ocasião de sua descoberta de algumas pedras de revestimento intactas da Grande Pirâmide em sua base escavada e de uma pedra fora da pirâmide contendo um cartucho parcial. Porém, esses comentários na verdade se referem a um evento acontecido em 2 de junho, após a descoberta da Câmara de Campbell, a quarta e última câmara de descarga:

> Descobrimos também uma série de blocos que formavam parte do revestimento. Como ainda não tinha sido determinado que a pirâmide foi coberta, a princípio supôs-se que essas pedras, por seu formato angular, foram empregadas para preencher e esconder o buraco perto da entrada. Elas eram duríssimas e muito bem trabalhadas, mas, ao contrário do testemunho de Abdallatif e os outros autores árabes, elas não tinham o menor vestígio de inscrição ou escultura. Na verdade, também não se encontrou nenhuma sobre qualquer pedra pertencente à pirâmide ou perto dela (à exceção das marcas de pedreiras já descritas, com algumas linhas traçadas em vermelho sobre uma pedra plana, aparentemente feita para o forro) e de uma parte do cartucho de Suphis, entalhado em uma pedra marrom com seis polegadas (15 centímetros) de comprimento por quatro polegadas (dez centímetros) de largura. Esse fragmento foi escavado do morro no lado norte em 2 de junho, mas não parecia ter pertencido à pirâmide.[86]

Nós só precisamos parar e pensar por um momento no que isso significa. Em seu comentário feito de passagem, enquanto discutia as recém-descobertas pedras de revestimento, Vyse realmente admite não ter descoberto nenhum grafite ou hieróglifo, a partir de 2 de junho, sobre nenhuma pedra pertencente à pirâmide. Porém, esses comentários foram registrados depois da descoberta de todas as quatro câmaras de descarga. Isso equivale a nada menos do que uma confissão completa, e o veredito só pode ser culpado.

---

86. Ibid., p. 258.

As Pirâmides São Antigas Demais

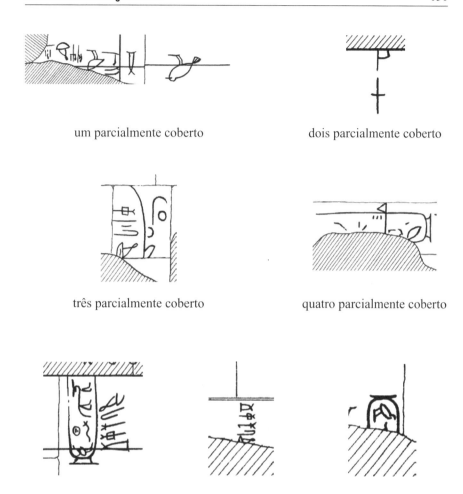

Figura 22. Aqui estão os sete grafites meio cobertos ou parcialmente cobertos encontrados nas "câmaras de descarga" acima da Câmara do Rei dentro da Grande Pirâmide. Mais uma vez, como foi o caso com os cartuchos inteiros, o nome de "Khufu" não aparece em lugar nenhum. Há uma tentativa patética de imitá-lo, mas o hieróglifo interpretado como "kh" é de novo mostrado erroneamente como um disco contendo uma linha horizontal com um ponto embaixo dele, que nunca existiu como hieróglifo egípcio, e não se entende o pintinho no fim de tão mal desenhado. Essas marcações rabiscadas poderiam ser facilmente pintadas na extremidade de uma das pedras ao lado e não há provas de que elas continuam por baixo. Algumas das linhas mostradas aqui nem chegam à ponta, param perto dela, embora sem examinar os grafites originais fica impossível saber se isso serve para os originais ou se é uma falha na cópia do artista moderno. Nenhum aspecto desses grafites é convincente, e todos eles parecem falsificações feitas por Howard Vyse e seus dois assistentes.

Vyse descobriu um total de quatro câmaras de descarga acima da Câmara de Davison, as quais ele nomeou em ordem crescente: de Wellington, Nelson, Lady Arbuthnot e Campbell. É preciso listar as datas e os primeiros registros de descoberta de cada uma delas feitos no diário de Vyse, e não veremos menção aos grafites quando as câmaras foram abertas. Há referência a marcas de pedreiras, e Vyse desenhou e reproduziu algumas, que estavam escritas de vermelho e consistiam de linhas dos construtores, que podemos chamar de rabiscos. Mas não se menciona nenhum grafite ou hieróglifo até depois da realização esmagadora por Vyse que chegou enfim à câmara superior e que não seria a descoberta glamourosa de uma câmara mortuária secreta acima da Câmara do Rei, como ele esperou por meses. A sequência da descoberta das câmaras com as datas foi a seguinte:

1. Câmara de Wellington. Descoberta por um buraco, em 28 de março, adentrada pela primeira vez em 30 de março por uma passagem forçada. Marcas de pedreiras foram encontradas [símbolos dos construtores, não hieróglifos], mas nenhum grafite foi registrado na ocasião.[87]

2. Câmara de Nelson. Descoberta e adentrada em 25 de abril. "Várias marcas de pedreiras [símbolos, não grafites com hieróglifos] foram escritas em vermelho nos blocos, principalmente no lado oeste".[88] O nome de Nelson foi pintado na parede da câmara em 28 de abril.[89] Nenhum hieróglifo ou grafite foi registrado no diário na ocasião.

3. Câmara de Lady Arbuthnot. Descoberta e adentrada em 6 de maio. "(...) estava bem vazia".[90] Não há menção a grafites ou hieróglifos no diário na ocasião.

4. Câmara de Campbell (a superior). Descoberta e adentrada em 27 de maio.[91] Vyse ficou desanimado ao perceber que provavelmente não havia uma câmara mortuária secreta acima dela, que ele esperava encontrar, e que "(...) ela estava completamente vazia (...) mas parecia ser a última e completar a série, pois tinha um teto inclinado, como o das Câmaras da Rainha e de Belzoni [esta, uma câmara na Pirâmide de Quéfren], composto de 11 lajes de pedra calcária com 12 pés e três polegadas (3,73 metros) de comprimento".[92]

---

87. Ibid., p. 203-207.
88. Ibid., p. 235.
89. Ibid., p. 236.
90. Ibid., p. 255-256.
91. Ibid., p. 277.
92. Ibid.

Na anotação do dia 27 de maio no diário, Vyse fala o seguinte sobre as marcas de pedreiras na Câmara de Campbell: "Havia muitas marcas de pedreiras semelhantes àquelas das outras câmaras e também várias linhas vermelhas se cruzando em ângulos retos, com triângulos equiláteros pretos descritos perto das interseções, provavelmente para obter um ângulo reto".[93]

Não há nenhuma menção de grafites ou hieróglifos. Na mesma página das anotações anteriores no livro impresso, Vyse reproduziu desenhos de duas das linhas cruzadas com triângulos. Além deles, Vyse também reproduziu um desenho de um veado deitado, embora ele não seja mencionado no texto. Aparece uma nota de rodapé estranha ao lado do veado reclinado dizendo: "Este hieróglifo não foi observado pelo sr. Hill".[94] O sr. Hill deve ter protestado. (Não sei se hoje esse veado reclinado é encontrado nas câmaras de descarga.)

Vyse então diz que voltou ao Cairo com os srs. Raven e Hill, e o relato regular dos eventos no livro publicado é interrompido pela inserção de um texto de Samuel Birch, escrito algum tempo depois, que discute os hieróglifos encontrados dentro das câmaras de descarga. Isso foi claramente inserido para a impressão e não aparecia no diário original. É um alívio o texto de Birch estar lá, pois esse parece ser o momento em que Vyse percebeu que não tinha conseguido encontrar uma câmara secreta e precisava desesperadamente "tirar um coelho da cartola", por assim dizer. Ele deve ter decidido que não tinha outra escolha senão falsificar alguns hieróglifos nas câmaras de descarga, acima do acesso ao qual ele tinha controle total. O diário recomeça então em 28 de maio, após o texto inserido de Birch, e não há registro no diário de nenhum grafite ou hieróglifo nesse dia ou no próximo. Apenas em 30 de maio que Vyse registra: "O sr. Hill copiou os hieróglifos na Câmara de Campbell".[95]

Isso é tudo. Nenhum hieróglifo é mencionado nas câmaras inferiores. Nós podemos concluir com segurança que na verdade o que Vyse persuadiu o sr. Hill a fazer em 30 de maio não foi copiar os hieróglifos na Câmara de Campbell, mas falsificá-los. O volume então termina. Mas devemos lembrar que uma interpolação no texto do diário observada anteriormente mostrou Vyse admitindo que em 2 de junho, três dias depois, não se encontrou nenhum hieróglifo em nenhuma pedra na pirâmide. Em minha opinião, essa é a prova conclusiva da falsificação

---

93. Ibid., p. 278.
94. Ibid.
95. Ibid., p. 291.

dos grafites. Pois se Hill os copiava em 30 de maio e Vyse admitiu que eles não existissem em 2 de junho, só há uma explicação possível ao que realmente acontecia.

Talvez a mais condenatória de todas seja a aparente falsificação por Howard Vyse e seus colegas de uma tampa de esquife com o nome de Miquerinos (Menkaure), que eles afirmaram ter encontrado dentro das câmaras da "Pirâmide de Miquerinos". Vyse registrou essa "descoberta" em seu livro,[96] e este foi provavelmente seu achado mais sensacional. Mas egiptólogos modernos provaram que o achado com certeza não foi genuíno. George Reisner foi comedido quando escreveu: "Em 1837, Howard Vyse, durante a escavação das câmaras mortuárias da Terceira Pirâmide, encontrou um esquife de madeira antropoide com o nome de Miquerinos (...) O esquife de madeira parece ser uma restauração da Dinastia XXVI, ou depois (...)".[97]

Parece que a "restauração" foi feita pelo próprio Howard Vyse, e alguém capaz de cometer uma fraude como essa com certeza foi capaz de falsificar alguns grafites, como ele parece ter feito também na câmara mortuária de uma das três pequenas pirâmides perto da Pirâmide de Miquerinos; por que o nome desse faraó estaria rabiscado em vermelho no teto de sua câmara, não uma marca de pedreiras nesse caso, e seria convenientemente descoberto por Howard Vyse,[98] a menos que fizesse parte de seu plano em andamento para embelezar seu trabalho com materiais textuais sensacionais?

Parece que ele andava pelo Planalto de Gizé implacavelmente "borrifando" o lugar com cartuchos e grafites e até uma tampa de esquife falsa, para tentar dar uma garibada em seus achados, um tanto como um decorador de interiores dando uns toques aqui e ali para conseguir um bom efeito. Ele fazia isso para tentar recuperar sua credibilidade e ter algo a ostentar após todos os seus meses de esforço e enormes somas de dinheiro gastas. Afinal, ele não era um arqueólogo, mas sim um aventureiro e um soldado. Ele tinha de maquinar alguma coisa!

Deveria haver com certeza um estudo sério e uma publicação acadêmica sobre os grafites da Grande Pirâmide. Isso nunca foi feito de uma forma completa ou satisfatória. (Pode muito bem ser que ninguém nunca os tenha copiado, pois as câmaras são difíceis demais de acessar: o maior pesadelo de um claustrofóbico. Embora eu não tenha claustrofobia, também não tenho acesso a elas.) Quanto à menção de Khufu,

---

96. Ibid., Vol. II, p. 93.
97. Reisner, *Mycerinus*, op. cit.
98. Ibid.

que parece continuar sob outra pedra, se eu não a tivesse visto em uma filmagem com meus próprios olhos, não poderia ter imaginado como não parece nada convincente. E o fato de o nome de Khufu ser apresentado como Khnum-Khufu aparenta uma objeção limitativa. Por fim, parece que um dos assistentes de Howard Vyse, um jovem inglês de apenas 20 anos chamado Humphries Brewer, discutiu com Vyse sobre o que ele insistia serem falsificações dos grafites e registrou essa informação em correspondência para sua família. Ele disse que Vyse e dois assistentes chamados Raven e [J. R.] Hill (o homem que pintou o nome de Nelson na parede) entraram na pirâmide com pincéis e tinta vermelha com o objetivo específico de falsificar os grafites. Discutiu-se essa evidência incrível na Internet e ela parece ter sido publicada primeiro em 1985 em um livro de um autor que escreveu:

> Em 1983, um leitor de [um livro mais antigo] se apresentou para nos fornecer registros familiares mostrando que seu bisavô, um Mestre maçom chamado Humphries Brewer, contratado por Vyse para ajudá-lo a usar pólvora para detonar a entrada da pirâmide, foi uma testemunha ocular da falsificação e, por se opor ao feito, foi expulso do sítio e obrigado a deixar o Egito na hora![99]

Eu dei tanta atenção a esse problema dos grafites porque nossas datas provam que Khufu (Quéops) não poderia ter construído a Grande Pirâmide se ele vivesse quando os egiptólogos pensavam. Estou tentando salvar a cronologia real. Mas se insistirmos na autenticidade dos grafites e que o nome de Khufu realmente se refira ao faraó da Quarta Dinastia, então não teremos escolha senão colocar a Quarta Dinastia antes no tempo. Pelo princípio da "Navalha de Occam" (o princípio da menor complexidade), podemos tentar encontrar uma forma de alterar o menos possível o que achamos já saber, mantendo a Quarta Dinastia e as cronologias reais no lugar, enquanto deslocamos apenas os monumentos para trás no tempo para concordar com os novos resultados

---

99. Sitchin, Zecharia, *The Wars of Gods and Men*, Avon Books, 1985, em seguida de seu livro anterior *The Stairway of Heaven*, 1980, que levantou a questão da falsificação dos grafites feita por Howard Vyse. Sitchin foi atacado na Internet por isso por um internauta britânico chamado Martin Stower, que dá muito mais detalhes sobre como Brewer foi para o Egito a princípio para ajudar na construção de um hospital oftalmológico, mas, como ela foi cancelada, ele fez uns trabalhos para Howard Vyse. Ele protestou quando Raven e Hill falsificaram os grafites, escreveu sobre isso em cartas para casa, que foram mantidas na família, etc., etc. Veja http://martins.castlelink.co.uk/pyramid/forging/witness1.html para a discussão e outras referências. Embora Stower desdenhe esse assunto, ele com certeza não foi de maneira alguma totalmente esclarecido. (Veja a próxima nota para mais debate sobre Sitchin.)

de datação. Pois, afinal, só datamos os monumentos, não Quéops. Se alguns grafites questionáveis forem tudo o que está em nosso caminho, então temos todo o direito de questionar sua autenticidade tanto quanto alguém tem de insistir nela.

Mas nos aprofundarmos mais nisso nos desviaria muito do caminho. É o suficiente aqui levantar as dúvidas sobre a autenticidade dos grafites para registrar que não podemos de jeito nenhum aceitá-los sem questionar. Era essencial fazer isso, caso contrário pareceria ser uma contradição insuperável nas datas, *a menos que desloquemos Quéops ainda mais para o passado*. Se isso acontecer, então a questão dos grafites deixa de ser crucial, embora francamente eu mesmo não consiga aceitar sua autenticidade e, feita a apresentação de toda a evidência, não vejo como alguém mais possa continuar a aceitá-la.

Em 1980, Zecharia Sitchin, então desconhecido para mim, analisou esses grafites e também concluiu que eles foram falsificados. Só soube disso em 2009, quando vi seu livro pela primeira vez. Portanto, li seu relato depois de ter completado minha análise. Quem quiser saber mais sobre o assunto deve consultar seu livro para conhecer pontos adicionais sustentando a hipótese da falsificação, referência ao qual é apresentada na nota de rodapé.[100] Entre outras coisas, ele destaca que o especialista em hieróglifos Samuel Birch se perguntava como algumas das marcas poderiam estar em escrita semi-hierática muitos séculos antes de ela existir no Egito. Os rabiscos também repetem um erro tipográfico cometido por Wilkinson em um livro de 1837, no qual o disco de peneira representando "kh" era erroneamente substituído por um disco solar. Portanto, o hieróglifo de "kh" não foi usado no grafite, em vez disso o disco solar foi usado errado, resultando em "Raufu", não "Khufu", como o nome do rei. Esse autor faz um ótimo trabalho de destruição de Vyse como um falsificador em geral e apresenta muitos detalhes sobre as falsificações de Miquerinos feitas por Vyse de que não tratarei aqui.

Agora chegamos a um trabalho de datação anterior nas pirâmides que também mostrou que elas são centenas de anos mais velhas do

---

100. Sitchin, Zecharia, *The Stairway to Heaven*, Harper paperback, New York, 2007, C. 13 ("Forging the Pharaoh's Name"), p. 337-376. Esse livro aparentemente foi publicado pela primeira vez em 1980, embora eu só o tenha visto em 2009. Conheci um pouco Sitchin no fim de julho de 1978 em Chicago. Frequentamos uma conferência e também aparecemos juntos em um programa de entrevistas na TV. Não apoio as teorias de Sitchin. Não concordo com o que ele diz no capítulo sobre a Estela do Inventário ser do Antigo Império, embora eu acredite que contenha algum material textual do Antigo Império (veja a foto, o desenho e a discussão sobre ela em meu livro anterior, *The Sphinx Mystery*).

As Pirâmides São Antigas Demais

que se costuma supor. Mas esse trabalho, realizado na década de 1990, usando técnicas de carbono-14, tentou datar os restos orgânicos encontrados na argamassa entre os blocos das pirâmides. Muitos egiptólogos se recusaram a levar os resultados a sério porque era muito mais fácil para eles afirmarem que as amostras estavam "contaminadas" de alguma forma. Os arqueólogos sempre dizem isso quando não gostam dos resultados. Claro, a ideia de que as amostras estavam contaminadas não por restos orgânicos mais recentes ou modernos, mas *do passado*, de centenas de anos antes das supostas datas de construção das pirâmides, parece bem estranha, para dizer o mínimo! Mas quem quer resistir à mudança não vê dificuldade em dizer essas coisas, em seu desespero para manter intacto o *status quo* de uma teoria. O silêncio retumbante e embaraçoso que saudou os resultados de datação foi francamente um insulto àqueles que realizaram a pesquisa. Se eles tivessem confirmado as ideias preconcebidas de todos, teriam sido festejados como heróis. Mas, em vez disso, um relato completo de seu trabalho nunca foi publicado, e quando eu pedi para Mark Lehner, um daqueles que realizaram a pesquisa, me dar alguma informação sobre os resultados do projeto, ele se recusou.

O estudo de datação por radiocarbono foi conduzido por Herbert Haas, Mark Lehner, Robert J. Wenke, Willy Wölfli, James M. Devine e Georges Bonani. Um relato preliminar foi publicado em 1993 no Cairo, na revista egípcia *Annales du Service*.[101] A equipe anunciou a datação de 17 monumentos, obtendo 72 datas por radiocarbono de 64 amostras.

> A maioria das amostras era de fragmentos de madeira chamuscada ou outras fibras vegetais que foram incorporadas à argamassa de gipsita usada para nivelar, alinhar e colar os blocos de pedras de algumas das pirâmides. Essa argamassa era feita aquecendo-se a gipsita e pequenas quantidades de calcário em fogueiras e misturando depois o produto anidro com quartzo e carbonato de areia para produzir uma substância que endureceria quando misturada à água e exposta ao ar. No processo de fabricação, pequenas quantidades de cinzas, carvão e outros materiais orgânicos foram acrescentadas à argamassa, provavelmente sem querer. Nossas amostras dos materiais carbonizados da argamassa de gip-

---

101. Haas, Herbert, Lehner, Mark, Wenke, Robert J., Wölfli, Willy, Devine, James M. & Bonani, Georges, "A Radiocarbon Chronology for the Egyptian Pyramids", *Annales du Service des Antiquités Égyptiennes*, Publications de l'Organisation des Antiquités Égyptiennes, Tome LXXII, 1992-1993, Cairo, 1993, p. 181-190.

sita variavam em quantidade de alguns miligramas a cerca de três gramas.

O grupo menor de amostras coletadas não estava relacionado à argamassa. Essas amostras eram de uma diversidade de locais e de vários materiais, abrangendo de troncos de madeira se projetando do núcleo da Pirâmide de Degraus de Djoser em Saqqara a junco não queimado das paredes de tijolo de barro associadas com alguns dos complexos de pirâmides.[102]

Os resultados da maioria das amostras chocaram. Eles eram séculos anteriores às datas convencionalmente aceitas. Vinte amostras foram desconsideradas por dúvidas a seu respeito e se prometeu mais informação sobre elas em uma futura publicação, que ainda não apareceu depois de todos esses anos. Porém, o artigo continuou resumindo os resultados das restantes.

> Nossas medições de idade calibradas diferem sistematicamente, com apenas algumas exceções, das idades estimadas para esses monumentos com base nas fontes em escrita (...) As datas remanescentes [após a retirada de 20 amostras contestadas] são uma média de 374 anos mais antigas do que suas idades estimadas baseadas em textos antigos (...) Portanto, nossos resultados sugerem que ou a cronologia histórica está incorreta ou há problemas fundamentais com os métodos analíticos ou os fatores de correção aplicados para calcular as datas por radiocarbono (...) Resumindo nossos resultados, temos poucos dados para concluir que a cronologia histórica do Antigo Império está errada em vários séculos, mas essa possibilidade deve ser pelo menos considerada (...) Se algumas das pirâmides egípcias são muito mais antigas do que pensávamos antes, alguns dos "modelos" explicativos do processo que produziram os primeiros estados egípcios deveriam ser reconsiderados. As ligações culturais entre as civilizações egípcia e mesopotâmica também deveriam ser reexaminadas. Por outro lado, se nossas estimativas etárias estiverem erradas por causa da diluição do C14 biológico ou por imprecisões nas curvas

---

102. Ibid., p. 181.

de correção, devemos supor que muitas outras datas obtidas dos materiais egípcios também são suspeitas.[103]

Hoje estamos em posição para confirmar os achados dessa datação anterior, que até agora foi efetivamente omitida e ignorada na Egiptologia por ser "inconveniente". E enquanto a "contaminação biológica" de dúzias de amostras – *pelo passado*, deve-se enfatizar! – foi usada como uma desculpa para negligenciar esses achados anteriores, não é possível ocorrer nenhuma "contaminação biológica" em nossas amostras de pedras, de modo que as pessoas teriam de pensar duas vezes se quisessem varrer achados inconvenientes para debaixo do tapete.

Nenhum relato monumento por monumento das amostras coletadas por esse levantamento anterior, ou dos resultados, foi publicado. Isso significa que não podemos fazer uma correlação cruzada de nossos resultados com os deles, porque eles nunca especificaram quais foram os deles. Em outras palavras, nem sabemos ao certo se eles coletaram uma amostra da Pirâmide de Miquerinos e, se coletaram, qual data obtiveram dela. Enquanto eles nos informaram em 1993 que todos, menos 20 de seus resultados, resultaram em uma média de 374 anos "mais cedo", eles não identificaram as amostras nem deram as datas de cada uma. Então só nos resta tropeçar no escuro sem saber o que fazer com seu estudo além de em termos muito gerais.

Oito anos depois, em 2001, os resultados de outro estudo por radiocarbono foram publicados. Quatro dos mesmos homens participaram dele, junto com quatro pessoas novas. Esse relato apareceu em uma revista da Universidade do Arizona e se intitulava "Radiocarbon Dates of Old and Middle Kingdom Monuments in Egypt".[104] Por algum motivo estranho, embora quatro dos autores tenham escrito o relato de 1993 de *Annales du Service*, a existência do relato anterior não é mencionada em lugar nenhum e é eliminada das notas de rodapé. Isso é bizarro e inexplicável. Nesse novo relato, apenas quatro parágrafos de discussão precedem a lista de amostras e datas. Nesses parágrafos introdutórios não há afirmações gerais, como havia no relato de *Annales du Service*, chamando atenção ao fato de que o estudo apresentou datas anteriores demais às das cronologias convencionais. Em vez disso, os autores saem de seu caminho para afirmar que não há nada com que se preo-

---

103. Ibid., p. 182-185.
104. Haas, Herbert, Hawass, Zahi, Lehner, Mark, Nakhla, Shawki, Nolan, John, Wenke, Robert & Wölfli, Willy, et. al., "Radiocarbon Dates of Old and Middle Kingdom Monuments in Egypt", in *Near East Chronology: Archaeology and Environment, Radiocarbon*, Vol. 43, Nº 3, 2001, p. 1.297-1.320.

cupar em seus achados: "Os resultados confirmaram a sequência dos monumentos e suas idades como determinadas pelos historiadores, mas a combinação entre as datas do C14 e as históricas foi apenas aproximada e deixou aberta a possibilidade de uma diferença entre as duas cronologias".[105]

Essa é uma declaração bem modesta! Os resultados de datação de muitas amostras são listados sem comentário, tomando várias páginas, e fica claro que a maioria das datas é antiga demais. Presumivelmente, essa discrepância patente entre teoria e prática é o que a introdução quer dizer com "deixando aberta a possibilidade de uma diferença". A única possibilidade deixada aberta, em minha opinião, é de estar surdo, mudo, cego e em negação ou de ler os resultados e tirar a conclusão óbvia: *os monumentos são mais antigos do que se supõe.*

Na lista de datas das amostras, a Grande Pirâmide é datada entre 2604-2828 a.C., a "Pirâmide de Quéfren" é datada entre 2634-2876 a.C. e a "Pirâmide de Miquerinos" é datada entre 2582-2858 a.C. Todas essas datas são "antigas demais", embora o artigo não diga isso realmente em lugar nenhum. (Na verdade, elas seriam aceitáveis para a, agora descartada, cronologia de Breasted, mencionada antes neste capítulo.) Se essas datas estiverem corretas, assim como as cronologias aceitas atualmente, então as três pirâmides não podem ter sido construídas por Quéops, Quéfren ou Miquerinos. Ainda assim os autores não chamam atenção a isso. Considerando sua importância e que toda a base das suposições convencionais sobre o Antigo Império no Egito está em risco, esperar-se-ia pelo menos o começo de um murmúrio. Em vez disso, tem-se a impressão de que os autores do relato esperam que ninguém perceberá. Por que eles "esqueceriam" sua publicação anterior e eliminariam toda menção a ela de suas notas de rodapé? Parece-me que estavam esperando que ninguém percebesse que quatro deles colocaram seus nomes em um artigo no qual ousaram questionar os princípios das ideias preconcebidas egiptológicas.

Por tudo isso, fica claro que grande parte da evidência anterior foi reunida (embora uma parte dela nunca foi publicada) para indicar o que nosso estudo demonstra agora, ou seja, que as pirâmides de Gizé são inquestionavelmente mais antigas do que se supõe. Mas em vez de gritar isso aos quatro ventos, os autores dos relatos dão a impressão de falar ao mundo por meio de uma toalha molhada. Eles parecem ter apenas "descarregado" seus resultados em uma lista. Por outro lado, acho que é hora de encararmos os fatos e não hesito em declarar a plenos pulmões:

---

105. Ibid., p. 1.297.

as pirâmides são mais antigas do que qualquer um imaginava e não me arrependo de dizer isso!

Em meu capítulo anterior sobre o Poço de Osíris, apresento duas outras datas surpreendentemente antigas do Planalto de Gizé. Particularmente, a mais antiga das duas propõe a possibilidade da produção de um sarcófago de pedra gigante bem antes da Quarta Dinastia e possivelmente no período pré-dinástico. O estudo do Poço de Osíris conduzido por mim e Ioannis Liritzis reforça, portanto, nossos achados em relação às pirâmides. O Poço de Osíris é "antigo demais", assim como as pirâmides. Nos dois casos, parecem ser as ruínas de alguma civilização que de alguma forma não conseguimos identificar. Só para deixar tudo ainda mais intrigante, o sarcófago do Poço de Osíris é feito de um material anômalo outrora desconhecido à Egiptologia. Então o mistério se avoluma.

O que tudo isso significa? O fato é: nós não sabemos. Mas tenho algumas ideias que apresentarei nos capítulos seguintes que podem se aproximar das respostas a algumas de nossas questões. Porém, antes disso, precisamos considerar a evidência descoberta por mim de uma série de tumbas reais intactas e lacradas em Gizé, onde elas estão, e por que deveríamos tentar abrir essas tumbas, que poderiam revolucionar a história do Egito Antigo.

Capítulo 4

As Verdadeiras Localizações das Tumbas Reais em Gizé

As tumbas dos famosos faraós Quéops e Quéfren poderiam ter sido escondidas com tanto esmero em Gizé, nos arredores das pirâmides, mas não dentro delas, que ainda estariam intactas? Heródoto, o antigo historiador grego (cerca de 484 a.C.-425 a.C.), afirmou especificamente que essas tumbas estavam em outro lugar no planalto e não dentro das pirâmides que hoje, como em seu tempo, carregam seus nomes. Mais tarde neste capítulo citarei suas palavras gregas sobre esse ponto específico, estranhamento ignorado até agora, e revelarei exatamente onde em Gizé eu acredito que estejam realmente essas tumbas intactas. Apresentarei também provas fotográficas e pictóricas para confirmar essa afirmação. Creio que essas tumbas permaneceram intocadas do Antigo Império até hoje e elas poderiam facilmente ser abertas e todos os seus conteúdos recuperados.

Antes de perceber tudo isso, inesperadamente encontrei indícios do que acredito agora ser outras tumbas reais em Gizé, provavelmente mais antigas, ainda lacradas, e nenhuma delas pode ser posterior à Quarta Dinastia. Na verdade, descobri nada menos que mais cinco dessas localizações de tumbas lacradas e, ao que eu sei, toda a série de faraós da Quarta Dinastia pode estar lá esperando para vivenciar sua "ressurreição" nas mãos da arqueologia moderna. Por outro lado, quatro das sete "tumbas" que localizei podem não ser realmente tumbas, mas algo mais, um tipo de santuário subterrâneo de Sokar (o nome antigo de Osíris como deus dos mortos), cheio de coisas incríveis e

– 162 –

misteriosas às quais se alude muitas vezes nos textos religiosos egípcios. Eu me refiro aos "Segredos ocultos em Rostau", mistérios subterrâneos mencionados nos Textos das Pirâmides, nos Textos dos Sarcófagos e nos vários textos do mundo inferior, por séculos a fio, pelos sacerdotes egípcios. Onde ficava Rostau? Era aquela parte de Gizé na Esfinge, onde ficam os dois templos conhecidos como Templo do Vale e Templo da Esfinge e o recinto da Esfinge.

A chave para esse estranho enigma me foi revelada como resultado de meu acesso especial a um sítio normalmente fechado a todos os visitantes em Gizé, o que me levou a fazer uma descoberta incomum. Creio que as tumbas subterrâneas ou locais de mistério ainda estão intactos e poderiam ser abertos e ter todo o seu conteúdo recuperado. Dou os detalhes neste capítulo. As fotos que não cabem na seção de pranchas do livro podem ser encontradas no site www.egyptiandawn.info. Não me refiro à câmara mortuária invadida e agora vazia embaixo da Esfinge de que tratei em *The Sphinx Mystery* (no qual reeditei relatos equivalentes a 281 anos de testemunhas que entraram nela) ou a outras estruturas já conhecidas. Quem sabe, talvez uma dessas câmaras fechadas e engenhosamente ocultas, ou complexos de câmaras, seja a lendária "Sala de Registros". Como acredito ter encontrado sete estruturas subterrâneas separadas em Gizé contendo sarcófagos enormes e pesados, ou outros objetos, e como Quéops e Quéfren precisavam apenas de uma tumba cada um, fiquei bem intrigado com o que poderiam ser na verdade as outras cinco câmaras subterrâneas ou complexos de câmaras.

Em janeiro de 2001, Ioannis Liritzis, Olivia e eu recebemos permissão do Conselho Supremo de Antiguidades do Egito para fazer um trabalho arqueológico dentro dos Templos do Vale e da Esfinge em Gizé. O Templo do Vale é a enorme estrutura megalítica perto da Esfinge pela qual os turistas passavam quando visitavam as pirâmides e a Esfinge entrando pela vila na frente desta, chamada Nazlett el-Sammann, embora essa entrada pública deva ser fechada. Esse templo contém muitas partes trancadas fascinantes, que depois descreverei em detalhes, e é um edifício muito mais complexo do que se imagina. É perfurado com uma estrutura interna secreta. Rastejei para dentro de muitos buracos pequenos nas paredes e no teto e encontrei várias câmaras, poços e passagens não relatadas dentro das espessas paredes do Templo do Vale. Estou certo de que deve haver tantas surpresas debaixo da terra quanto acima.

Descrevo o que encontrei no Templo do Vale no Capítulo 7, e fotos de muitas das câmaras e poços estão reproduzidas neste livro ou no site. A maioria dessas características nunca apareceu em minhas plantas publicadas do templo, são desconhecidas dos egiptólogos contemporâneos, que nunca tiveram acesso a elas, e nunca foram vistas sequer pelos inspetores do Planalto de Gizé. A inspetora que nos acompanhou trabalhava no Planalto de Gizé já havia dez anos e nunca tinha andado em nenhuma das áreas fechadas do Templo do Vale nem entrado no Templo da Esfinge. Nenhum dos inspetores de Gizé conseguia se lembrar de ninguém que tenha entrado em alguns dos lugares do Templo do Vale; os cadeados enferrujaram e tiveram de ser arrebentados com martelos. Suas chaves foram perdidas.

O Templo da Esfinge fica perto do Templo do Vale e todo ele é fechado aos turistas. Poupas fazem seus ninhos lá e ficam tranquilas. É preciso uma permissão arqueológica especial para entrar nessa área. Como poucos arqueólogos têm motivo para ir lá, ele é raramente visitado. É a estrutura com aparência de ruínas que fica bem na frente da Esfinge e parece como se tivesse ficado embaixo d'água por séculos. Na verdade, ficou debaixo da areia por pelo menos 4 mil anos e só foi escavado em 1936. Antes disso, sua existência foi completamente esquecida e é provável que ninguém o tenha visto desde o fim do Antigo Império, em cerca de 2200 a.C. Ele ficou com certeza completamente desconhecido durante o período do Novo Império, quando estruturas foram construídas no topo de seu monte de areia.

Minha descoberta, a apenas uma pequena distância da Esfinge dentro do Templo da Esfinge, a princípio foi interpretada por mim como a provável tumba de Quéops. Mas, como veremos, analisando mais essa evidência, decidi que essa tumba estava em outro local que discutirei mais tarde. Quanto à tumba de Quéfren, pelas dicas reunidas sobre a provável localização da tumba de Quéops, creio que também a encontrei baseado nessa evidência semelhante, e que ela está em outro lugar do Planalto de Gizé, como explicarei. Quanto ao que está embaixo do Templo da Esfinge, creio ser outra coisa. Mas, seja o que for, como contém objetos pesadíssimos colocados lá, então deve ser importante. Ele também foi construído pelo alargamento de alguns espaços subterrâneos naturais dentro da rocha de calcário, como veremos.

Comecemos analisando a evidência para essa grande estrutura subterrânea embaixo do Templo da Esfinge. É onde começou a trilha de provas. Por isso é tão importante termos conseguido passar um tempo no Templo da Esfinge em janeiro de 2001. Depois de ter examinado de perto muitas coisas mais óbvias clamando por minha atenção, enfim eu vi. Mas mesmo então não apreciei os detalhes de sua importância. Apenas sabia que havia algo anômalo e errado nele, então fiz um estudo minucioso, medi-o com cuidado e tirei muitas fotos. Só depois de voltar à Inglaterra, estudar minhas fotos, fazer uma tradução cuidadosa do relato da escavação de Herbert Ricke sobre essa característica e pensar muito nela é que a solução me ocorreu. Para ver qual característica era essa, precisava me abrir completamente a uma nova possibilidade, mas primeiro tinha de descartar todas as possibilidades "normais". Como você vê, tive minha própria batalha com a "cegueira consensual".

A característica estranha é chamada por Herbert Ricke, o escavador alemão, de "conduto de águas residuais" ou "dreno de águas residuais" (*Abwasserleitung*). Em um olhar casual, pode-se facilmente supor que deve ser isso mesmo. Afinal, o que mais poderia ser? A maioria das pessoas deixaria assim. Mas eu sou um daqueles que nunca aceitarão uma explicação convencional qualquer para algo sem examiná-lo e ver se realmente pode ser verdade ou não. Se as pessoas supõem que algo seja verdade, eu sempre suspeito. Suposições não são seguras. A Segunda Lei Antrópica de Temple determina: "Quanto a suposições ou interpretações de evidência, a acurácia é inversamente proporcional à certeza e diretamente proporcional à incerteza". Uma forma mais fácil de dizer isso é: "Quanto mais certa uma pessoa estiver de que está correta, mais provável é que esteja errada, e quanto mais incerta uma pessoa estiver de que está correta, mais provável é que realmente esteja correta".

Conforme eu olhava para essa estranha característica no chão do Templo da Esfinge, ficava cada vez mais intrigado. Chamei a atenção de Olivia e de meu colega, Ioannis. Eles concordaram comigo que parecia pequeno demais para ser algum tipo de dreno. Isto é, embora parecesse superficialmente com um, como ele poderia funcionar direito se era tão estreito que mal poderia drenar algum líquido? Nós tínhamos um nível de bolha conosco e o colocamos na extremidade interna do "dreno", então vimos claramente que ele derramava *para dentro*, não para fora, de modo que não poderia ter drenado nada da estrutura. Se realmente fosse algum tipo de "dreno", teria de escoar algo para *dentro*, não *para fora*. Por que alguém iria querer isso?

Fiquei meio obcecado com essa característica do Templo da Esfinge e com seu mistério, e ninguém conseguia me afastar dela até eu tê-la estudado o mais de perto possível com os meios que tinha em mãos.

O "conduto" era antes de tudo um canal, cortado com muito cuidado na rocha e depois preenchido de granito com esmero, de forma tão justa que parecia quase fisicamente impossível fazer isso. Uma coisa é juntar essas pedras tão bem que você não consegue passar nem uma lâmina entre elas, mas encaixar uma pedra *na rocha* sólida no mesmo nível de precisão é tão fantástico que se fica tentado a acreditar que apenas uma *pedra fundida* derramada como um reboco e então endurecida poderia ter se encaixado tão justo no piso de rocha.

Além do granito encaixado assim na rocha, muitas vezes me peguei imaginando como alguém poderia cortar uma pedra tão frágil e quebradiça com tanta precisão que blocos maciços de várias toneladas de peso se encaixaram tão bem. Pois o granito do Antigo Império, como eu sei por experiência própria, pode se espatifar como vidro quando você o atinge com o cinzel. Polir esse granito é uma coisa, cortar e moldar é outra. A matriz da pedra é fraca e pode facilmente se esmigalhar em uma massa de cristais de feldspato e pó.

O que é ainda mais peculiar sobre o "conduto", porém, é que ele foi incrustado primeiro com um bloco sólido de granito muito longo com 5,24 metros de comprimento (até o ponto em que desaparece sob a parede do templo), mas esse, por sua vez, tem um corredor oco cujo topo é todo incrustado com uma série de blocos de granito menores e realmente não dá para passar uma lâmina entre cada um deles. Eles variam entre 64 centímetros e 72 centímetros de comprimento, mas têm uma largura constante de 42 centímetros, para caber na ranhura central, e a altura desses blocos pequenos é de 24 centímetros. A largura geral do "conduto" é de 118 centímetros. Veja a Prancha 15, na qual se pode observar com clareza a sucessão de blocos de granito percorrendo a ranhura central no topo do pedaço de base de granito. (Devo acrescentar que eu mesmo tirei todas essas medidas e nenhuma delas aparece no relatório de escavação de Ricke ou em outro lugar.)

Há um espaço cortado na rocha na frente dos blocos de granito, grande o bastante para uma pessoa ficar agachada, como eu fiz quando tirei a foto em *close* vista na Prancha 16, que mostra a extremidade sul da "incrustação" de granito. A partir disso, pode-se ver que um canal muito pequeno corre embaixo dos blocos de granito incrustados e emerge para seguir uma ranhura parecida com um dreno até a extremidade do bloco basal de granito. Nas duas fotos, podem ser vistos sinais de desgaste em cada lado da extremidade dessa ranhura parecida com um dreno, como se algo desgastou o granito por um deslocamento lateral ao lado da ranhura de baixo e, portanto, arredondou os cantos. Seja o que for, deve ter ocorrido uma quantia considerável de pressão na pedra para executar isso. Acredito que sei como e por que isso foi feito por um padrão de desgaste, mas, antes de explicar, continuarei com a descrição do suposto "conduto" e o que acho ser sua verdadeira função.

Na Prancha 15 podemos ver claramente que o canal e seu granito duas vezes incrustado se prolongam diretamente sob a parede norte do Templo da Esfinge, onde um grande bloco e abaixo dele um bloco muito menor agem como "tampões" convenientes na parede para vedar o topo do "conduto". Portanto, o templo fica bem em cima desse canal com declive para dentro.

Fiquei curioso em saber se o canal continuava embaixo da parede do templo no outro lado. Então saí do templo, circundando e subindo no penhasco, e olhei para baixo para o que se chama a Trincheira Norte. Não há como entrar na trincheira, exceto pulando e depois a escalando para sair, pois a cerca com lanças de metal no lado leste não tem portão e não podemos subir nela. A escalada para entrar e sair deve ser feita no lado oeste, visto que as barreiras norte e sul são intransponíveis sem escadas muito altas. Desde a última escavação feita por Herbert Ricke em 1970, pouquíssimas pessoas devem ter descido na Trincheira Norte. Não há um motivo especial por que alguém iria querer ter o trabalho considerável envolvido, pois não parece haver nada lá para ser visto.

Porém, apesar dos apelos do inspetor que me acompanhava de que era hora de voltar para casa, que não havia nada para ver na Trincheira Norte e que entrar nela era quase impossível, mas com certeza seria impossível sair de novo, eu pulei na trincheira e me arrisquei. Imaginei que, se ficasse preso lá, alguém teria de descobrir alguma forma de me libertar uma hora ou outra, e não me importava de passar a noite toda lá, pois eu ia ver para onde ia o canal misterioso. A única forma de conseguir justificar isso foi lembrar o inspetor de que o inspetor chefe Mansour Radwan tinha me contado que eu deveria dar uma olhada na Trincheira Norte porque seria interessante do ponto de vista da construção de paredes. Então ignorei todos os protestos com base nessa autoridade suprema e pulei na trincheira.

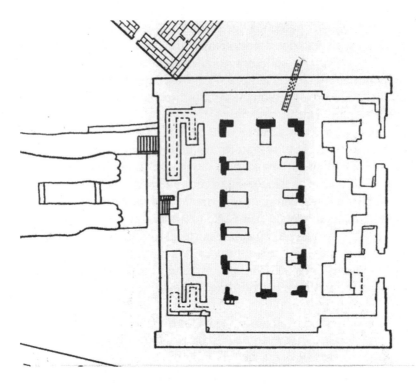

Figura 23. Este é um detalhe da "Planta Geral da Zona da Esfinge" de Selim Hassan, publicada como Prancha XVI em seu relatório de escavação de 1953. À esquerda ficam as patas da Esfinge e a estrutura no centro é o Templo da Esfinge, do qual Hassan foi o primeiro descobridor em 1936. Cruzando a parede do templo no topo (parede norte), podemos ver com clareza o caminho da canalização norte, que Hassan acreditava ser um dreno de águas residuais, sem perceber que se inclinava para dentro e não para fora e, portanto, não poderia ter drenado nada, além do fato de ser em qualquer caso bloqueado com firmeza com pequenos tampões de granito, deixando aberto apenas o canal estreito do guia de cabo embaixo desses tampões, que de qualquer forma é minúsculo demais para qualquer drenagem significativa. Herbert Ricke, o reescavador do templo, declarou em seu relato de 1970 que descobrira esse conduto pela primeira vez, mostrando que nem se importou em ler ou folhear o relatório de escavação do mesmo sítio de seu antecessor, pois se tivesse feito isso ele não teria deixado de ver a grande foto do conduto!

A Figura 23 mostra uma planta do Templo da Esfinge, e a Trincheira Norte pode ser vista acima da parede do templo (o despenhadeiro não é retratado e a fronteira norte da trincheira não aparece). O "conduto" pode ser visto claramente no desenho passando por baixo da parede norte do templo para dentro da trincheira. É visto no topo da figura, como uma faixa em um leve ângulo.

A Trincheira Norte já é por si só uma característica curiosa dessa área estranha e malcompreendida do Templo da Esfinge. A fronteira sul da trincheira é a parede norte do templo, feita de blocos de calcário maciços. Porém, quando a rocha foi cortada e nivelada originalmente, o espaço era muito maior do que aquele ocupado pelo templo agora. Um despenhadeiro reto e íngreme foi cortado verticalmente na rocha para agir como a atual fronteira norte da trincheira. A extremidade leste, não fosse pela cerca de metal, ficaria aberta. A extremidade oeste também é cortada da rocha, mas não é tão elevada quanto a face norte, e é quase inacessível sem escadas.

Primeiro, olhando de cima para baixo na trincheira, de pé para o norte, eu via um único bloco pequeno de granito exposto na areia, parecendo uma tampa de bueiro. Todo o resto estava coberto por uma espessa camada de poeira do deserto. As pessoas costumam falar em areia de Gizé, mas poeira do deserto é uma descrição mais precisa. Ela não é cheia de grãos de quartzo que você possa sentir e não tem nada em comum com a areia encontrada em uma praia. Ela costuma fluir como água e é fresca quando tocada. Suas partículas são minúsculas, aparentemente microscópicas, e quando agitadas criam as nuvens mais terríveis e sufocantes que demoram séculos para se reassentar na terra. É sempre muito difícil tentar rastejar nessa poeira em um espaço pequeno, porque é complicado demais de respirar.

Quando pulei na trincheira e investiguei com mais cuidado, pude ver que o canal, seu bloco de granito encoberto e a série de pequenos blocos de granito colocados em cima dele continuavam todos na trincheira como eles ficavam dentro do templo, exceto que não havia evidência de uma ranhura basal no granito no fim da placa de granito subjacente nessa extremidade. (Esse detalhe é importante, como veremos.)

Eu só podia usar as mãos e os pés para limpar quantidades consideráveis de lixo levado pelos turistas e depois de poeira grossa do deserto para expor os blocos, o que não consegui fazer completamente. Eu tinha dois cinzéis disponíveis presos em meu cinto, um normal e um pontudo, que consegui usar para raspar poeira suficiente das superfícies de pedra para averiguar que elas realmente eram granito e não outra pedra. Como não tinha meios de limpar direito essas pedras, eu me virei arrastando a ponta de um cinzel chato pelas pedras com rapidez para expor as superfícies e tirar a fotografia na Prancha 20b.

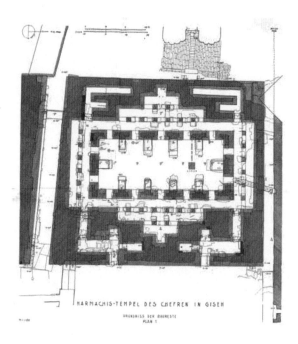

Figura 24. Essa é provavelmente a planta mais precisa do Templo da Esfinge já publicada. Esse incrível trabalho de amor foi realizado pelo arqueólogo alemão Herbert Ricke, baseado em escavações e levantamentos. Ele não usava o termo comum "Templo da Esfinge" para a construção, mas a chamava de "Templo de Harmachis", em homenagem ao deus Harmachis (um nome tardio para a estátua da Esfinge depois de ela ser divinizada). Porém, é confuso demais ter dois nomes para o mesmo templo, então eu emprego o mais comum, usado pela maioria dos egiptólogos. Esse é o templo, fechado ao público, que fica logo na frente da Esfinge, cujas patas dianteiras e o pavimento na frente delas podem ser vistos no topo desse desenho. A "Trincheira Norte" é mostrada à direita do templo. Era necessária para dar espaço para os trabalhadores construírem o templo, visto que a parede norte dessa passagem é um despenhadeiro de rocha sólida, mostrado aqui com um sombreado cinza escuro. O "conduto" norte, com sua ranhura para guia de cabo, pode ser visto claramente perto do meio à direita do desenho, passando por baixo da parede norte (à direita) do templo até a Trincheira Norte e entrando embaixo da face do despenhadeiro. Não é tão fácil de ver o "conduto" sul aqui, mas se você seguir pela entrada à esquerda embaixo, virar à esquerda e depois à direita, pode vê-lo sobre a passagem indo para baixo de cada lado da parede, logo antes de você sair da entrada para a passagem cercando o pátio central. Pode-se ver uma foto dele na Prancha X. (*A ilustração é a Planta 1, a planta desdobrável no fim, de Herbert Ricke*, Der Harmachistempel des Chefren in Giseh, na série Beiträge zur Ägyptischen Bauforschung und Altertumskunde, *Vol. 10; veja notas no texto principal.*) Essa ilustração fica melhor se vista a cores, como está reproduzida no site.

Presume-se que, em 1970, Ricke deva ter limpado essas pedras o suficiente para ver suas superfícies, mas obviamente elas ficaram desconhecidas desde então. Ricke chama a atenção ao fato de o canal ser levemente entalhado na face do despenhadeiro norte. Porém, ele não menciona que os blocos de granito param antes e não vão até a face do despenhadeiro, o que é um ponto crucial e tem ligação com o possível propósito de toda essa construção estranha. Eu medi o comprimento total do granito do ponto onde ele emerge de debaixo da parede norte do templo até o fim do granito logo antes de ele atingir o despenhadeiro e parar, e deu 66,5 centímetros. Mas, além disso, há um espaço modesto onde o canal continua, ao contrário dos tampões de granito. Duvido que Ricke tenha limpado essa porção do canal, ou ele deveria ter mencionado essa característica. Como ele claramente tinha resolvido que lidava apenas com um "conduto de águas residuais" insignificante, um tanto peculiar, não teria muita razão em fazer um estardalhaço sobre um detalhe desses. Em sua planta de escavação do templo (veja a Figura 24), o detalhe do "canal" revela que ele estava entalhado a uma curta distância na face do despenhadeiro da Trincheira Norte, e o término do granito também é indicado. Mas o que Ricke evidentemente não fez foi cavar no fim desse granito.

Fiquei perturbado com essa anomalia e suspeitei ser algo estranho. Usando o cinzel de ponta fina, golpeei repetidas vezes a poeira do deserto até onde o cinzel e minha mão podiam chegar e consegui determinar que não havia pedra nenhuma lá. Não havia meios de limpar a poeira desse grande buraco sobre o qual, de qualquer forma, empilhei muito entulho (para limpar o "conduto" e deixá-lo visível), o que pode ser visto na foto. Mas a impressão que tive era que havia uma entrada inferior na face do despenhadeiro norte aqui, possivelmente levando a algum tipo de túnel na rocha.

Na Prancha 20a, a localização desse canal e sua entrada no despenhadeiro norte podem ser vistas. A importância potencial de uma entrada cortada na face do despenhadeiro parece óbvia. Com um pouco de lógica elementar, pode-se chegar às seguintes conclusões:

1. O "dreno" se inclina para dentro, não para fora, como demonstrei com meu nível de bolha. Portanto, se "drenou" alguma coisa, teria sido de fora para o chão do templo, e não de dentro do templo para fora.

2. O canal misterioso desaparece em um buraco cortado especialmente em um despenhadeiro, então não poderia ser um dreno também por isso. Isso porque teria de haver algum outro lugar para ou de

onde drenar e alguma coisa teria de ser construída para esse propósito dentro ou abaixo do despenhadeiro, o que é ridículo com o propósito de drenagem quando havia toda uma trincheira ao nível do solo acessível e disponível para a drenagem.

3. A rocha foi cortada até uma profundidade desconhecida antes de atingir o despenhadeiro, depois do término do granito, está cheia de poeira do deserto e entulho e não há pedra ou rocha discerníveis embaixo dela. Portanto, ela leva a algum lugar, mas aonde?

4. O canal é meticulosa e completamente tampado. Deve ficar claro a todos que um canal tampado não pode agir como um dreno porque não está mais aberto.

5. O canal é cortado do piso de rocha nivelado, que Ricke chama de "terraço inferior" do templo. Ele se inclina do nordeste para o sudoeste e, portanto, não tem relação com o desenho do templo que fica em cima dele e é orientado de modo plano na direção dos pontos cardeais. Estava lá antes do templo e, portanto, deve ter outro propósito totalmente diferente, que não exigia que estivesse alinhado com o eixo do templo. Além disso, esse "conduto" já esteve coberto e escondido pelo pavimento do Templo da Esfinge, de forma que não poderia ser visto e sua existência teria permanecido desconhecida. (Ricke não explicou como a água residual poderia ser escoada de modo proveitoso embaixo de um piso, mesmo se o "dreno" estivesse inclinado para fora, como ele supôs, o que não é o caso.)

6. Como as tentativas anteriores de explicar o canal estavam completamente erradas, devemos tentar encontrar uma nova explicação.

Qual é a história anterior das discussões sobre esse conduto? Herbert Ricke, que publicou (em alemão) o último relato da escavação do Templo da Esfinge em 1970,[106] acreditava ser o primeiro a perceber ou discutir o conduto. Falando sobre este e também de outro menor, menos proeminente e mais obscuro na extremidade sul do templo, Ricke diz (traduzido): "Eles estão descritos aqui pela primeira vez, visto que a maneira de sua inclusão no templo permanece uma questão de conjecturas".[107]

Não sei como ou por que Ricke pensava ser o primeiro a discutir o conduto, pois ele com certeza foi discutido pelo escavador anterior do Templo da Esfinge, Selim Hassan. Em seu livro *The Great Sphinx*

---

106. Ricke, Herbert, *Der Harmachistempel des Chefren in Giseh*, in *Beiträge zur Ägyptischen Bauforschung und Altertumskunde*, ed. Herbert Ricke, Vol. 10, Wiesbaden, 1970, p. 1-43. *Observação*: Ricke escolhe chamar o Templo da Esfinge pelo nome de Templo de Harmachis, o que não é tão comum entre a maioria dos egiptólogos.
107. Ibid., p. 15.

and Its Secrets, de 1953,[108] que contém os relatos de suas escavações, o corte na rocha da face do despenhadeiro na Tricheira Norte é claramente visível à direita na Figura 95 da p. 150, embora Hassan não diga nada sobre ele nesse lugar. E, como veremos, ele não prestou atenção a ele. Entretanto, Hassan dá bastante atenção ao conduto em si. Ele foi o primeiro a escavá-lo desde o período do Antigo Império, mais de 4 mil anos antes. Ele parece desenhado com muita clareza, cruzando de forma oblíqua embaixo da parede norte do templo, em sua planta desdobrável, na Prancha 15, a "Zona da Esfinge", depois da p. 28, embora a Trincheira Norte não apareça na planta. Mas a Figura 15 na p. 27 é uma foto grande preenchendo metade de uma página, que mostra o conduto muito claramente e se intitula "Um canal no chão da passagem norte". Hassan diz o seguinte sobre o conduto, introduzindo-o ao mencionar pela primeira vez a passagem chamada agora de Trincheira Norte:

> No lado norte do templo há uma passagem medindo 31,5 x 3 metros de leste a oeste [a Trincheira Norte]. A parede sul da passagem é formada pela parede norte do grande pátio [do Templo da Esfinge], enquanto sua parede norte é cortada na rocha natural. A uma distância de aproximadamente 18,5 metros de sua entrada, um canal, com um metro de largura, cruza a passagem obliquamente de leste para oeste, passando embaixo da parede sul para o pátio e terminando em um corte na parede norte da passagem. Esse canal, com um comprimento total de dez metros, começa como uma mera depressão no solo do lado norte do pátio e desce a uma profundidade de 1,25 metro em seu fim. É pavimentado com granito (Fig. 15). O túnel pelo qual passa, embaixo da parede do pátio, é tampado com blocos de calcário.

Existe um canal semelhante no solo da passagem da entrada sul e ele parece começar no lado sul do recesso oriental. Talvez eles fossem escoamentos para água ou libações.[109]

Isso é tudo que Hassan tem a dizer sobre os canais. É muito estranho que Herbert Ricke não conhecesse as fotos e os textos sobre essas características do relatório de escavação de seu antecessor, principalmente por ele chegar à mesma conclusão sobre seu propósito. É claro que nós vimos que o canal principal se inclina para dentro, algo que

---

108. Hassan, Selim, *The Great Sphinx and Its Secrets: Historical Studies in the Light of Recent Excavations*, Government Press, Cairo, 1953.
109. Ibid., p. 27-28.

nenhum dos dois percebeu, e, portanto, ele não poderia ter escoado a água da chuva nem as libações.

O canal sul não é tampado com granito, é uma peça um tanto rústica e, por isso, não muito interessante. Ele pode ser visto na Prancha 22. Ele também segue por baixo de uma parede do templo e claramente é anterior à estrutura. Eu o discutirei em detalhes depois.

Antes de eu explicar o que acredito realmente ser o canal norte do Templo da Esfinge e por que acredito que ele indique a localização de uma tumba ainda lacrada, é melhor lermos o que Herbert Ricke disse sobre ele em seu relatório de escavação de 1970. Ricke, ao contrário da maioria dos egiptólogos, que chamam a construção de Templo da Esfinge, prefere chamá-la pelo nome de Templo de Harmachis, usando um dos nomes da Esfinge, Harmachis, comum no período do Novo Império. Eu traduzi esse trecho de seu relato do alemão, mas para conseguir precisão em uma descrição tão técnica fui muito bem auxiliado pelo dr. Horst Jaritz, ex-diretor do Instituto Suíço no Cairo (a quem quero oferecer meu muitíssimo obrigado), que revisou minha tradução, pois eu estava preocupado em representar errado algum detalhe do relato de Ricke:

> Os drenos de água [*Ableitungen für Wasser*] são encontrados em dois lugares no templo, ambos parecem ser mais antigos do que o Templo de Harmachis. Eles provavelmente pertencem a algumas estruturas das quais hoje não há mais vestígios [*sonst spurlos verschwundenen Einrichtung*] no terraço inferior antes limpo [é assim que ele se refere à superfície de rocha nivelada sobre a qual fica o templo]. Eles são descritos aqui pela primeira vez, pois o modo como estão inclusos no templo nos leva a suspeitar que são bem antigos. Um dos escoamentos fica na parte sudeste do templo e consiste de um poço na rocha e duas seções de canal (Planta I). [Esse desenho está reproduzido aqui como Figura 24.] O poço fica embaixo de alguns restos da seção norte da parede cercada [*Umfassungsmauer*] da área do Templo do Vale na alvenaria central do Templo de Harmachis (Prancha II, *a*, sob o grande bloco no meio da imagem, que atravessa o poço). No poço há um canal esculpido na rocha parte do norte, cuja extremidade norte foi construída sobre a alvenaria central do primeiro período de construção; ele está cheio de entulho, deixando-o assim fora de ação. [Ricke não retirou o entulho para examinar o que haveria embaixo.] Esse canal cruza a passagem que

liga a antecâmara sul com a galeria do pátio. Durante a construção da porta levando à galeria do pátio, a ranhura na qual o parafuso inferior da folha da porta seria inserido foi arranjada na perpendicular à direção da entrada – enquanto todos os outros lugares do templo são paralelos à direção da entrada –, para não cruzar o conduto de águas residuais; por isso, ele já deveria existir antes da construção da porta. No mesmo poço, um segundo canal desemboca para dentro do sul, aparentemente projetado para o desvio da água da chuva da área do Templo do Vale. Essa seção do canal parece ter sido mantida operacional; ela também não foi completamente coberta pela reconstrução do Templo de Harmachis.

O segundo conduto de águas residuais encontra-se no lado norte do templo (Planta I); consiste de um poço e um canal cortado com muito cuidado. O poço, escavado profundamente na rocha, fica em parte sob a rocha sólida que limita o terraço inferior do lado norte. [Isso se refere ao que agora é a chamada Trincheira Norte, cuja extremidade norte consiste de um grande despenhadeiro artificial escavado na rocha sólida. Embora o poço se estenda quase até essa face do despenhadeiro, os tampões de granito param bem antes dela, como destaquei antes em meu texto.] O canal parte da galeria do pátio sob a parede norte do templo no poço. Ele consiste de dois blocos de granito, trabalhados como uma calha, bem encaixados com um canal semicircular estreito coberto de pedras de granito quadradas bem trabalhadas dentro deles (Prancha 15, *a*). O corte na rocha onde o canal estava incrustado foi coberto por um bloco muito grande durante os dois períodos de construção do Templo de Harmachis; aquele do segundo período de construção ainda está no local (Prancha 15, *a*). Aquele do primeiro período de construção deixou vestígios na rocha (Figura 7 e Prancha 10, *b*); deve ter sido de granito, pois ficava na fileira de granito do revestimento do primeiro período de construção. O que nos leva a acreditar que esses condutos de águas residuais podem muito bem ser mais antigos do que o templo é que eles foram preservados na abertura para a galeria do pátio nessa posição tão difícil de entender [*schwer verständliche*] e em sua direção oblíqua no declive suave para o leste do terraço inferior. Não se percebe mais se esse conduto de águas residuais foi usado após a construção do templo ou se foi coberto completamente por um pavimento. Entretanto, pode-se imaginar que o pavimento do pátio pode ter sido colocado com um declive saindo da entrada do canal para escoar a água da chuva ou a água para purificação. Se fosse para a água da chuva, a entrada deveria ficar no meio do pátio, como foi o caso no templo funerário de Quéfren; a água para purificação poderia ter vindo de um altar, que seria construído no pátio.

Pode parecer estranho a água escoada correr em poços que seriam cortados na rocha sólida e ficariam rapidamente inundados. Ouvimos falar que "uma americana procurando câmaras sob a Esfinge" perfurou um buraco vertical na rocha de um dos pilares do poço no lado oeste do templo e encontrou lá um lençol de água de mais ou menos um metro de profundidade. Portanto, a rocha deveria ter uma camada porosa na qual poderia se formar um lençol freático. Essas camadas ficam visíveis na gradação de pedra [*an der Felsstufe*] onde fica a Calçada do Monumento Funerário de Quéfren [ele se refere à Calçada de Quéfren partindo da Pirâmide de Quéfren com o Templo Funerário na frente dela no leste] (Prancha 6, *b*); elas se inclinam para o sudeste e poderiam escoar sem dificuldade qualquer quantidade de água na direção do vale. Essas camadas tão frágeis e, portanto, tão expostas às intempéries podem ser vistas em todos os lugares nos blocos da alvenaria central, que estavam quebrados nas adjacências (Prancha 13).[110]

É essencial perceber que os canais foram cortados na rocha e as cem toneladas de granito foram colocadas metodicamente e com cuidado no canal norte *antes da construção do templo*. Isso porque o templo foi construído em cima deles e paredes de calcário grossas foram construídas no outro lado deles. Ricke observa corretamente que os canais devem ser mais antigos do que a estrutura completa do templo. Isso significa que *eles não podem ser posteriores* à Quarta Dinastia e o reinado de Quéfren, que terminou em 2533 a.C., segundo as cronologias convencionais. (Em qualquer caso, a data não pode ser posterior a essa; mesmo se a cronologia fosse reconsiderada, ela seria mais antiga, não mais nova.) Portanto,

---

110. Ricke, *Der Harmachistempel*, op. cit., p. 15-16.

a questão pendente não consiste de qual *data*, mas sim qual o *propósito* dos canais. Quanto ao canal sul, sem tampões de granito, suspeito que ele também leve a algum túnel ou tumba subterrânea. Mas o que sugiro sobre o canal norte não se baseia apenas em especulação. Pois o canal norte tem características que mostram alguma *evidência de intenção*.

A prova está nos blocos de granito que enchem esse canal e em algumas outras características, principalmente a misteriosa ranhura minúscula embaixo dos pequenos blocos de granitos tão apertados na longa placa de base de granito. Estou convencido de que o canal nada tinha a ver com algum tipo de drenagem. Já vimos que ele se inclina para dentro, então só poderia escoar nessa direção, e como obviamente ninguém inundaria um templo com águas residuais de propósito, podemos descartar com satisfação a descrição de Ricke desse canal como um conduto de águas residuais. Mas vimos também que eles se deram a um trabalho enorme de vedar esse canal muito bem com uma placa gigante de granito que, a menos que fosse alguma forma de "pedra artificial", deve ter sido trazida lá de Assuã e deveria pesar umas cem toneladas, o que é claramente uma proeza incrível indicando um propósito sério. Feito isso, os egípcios entalharam uma longa incisão retangular em toda a parte de cima da placa de granito e depois escavaram mais uma ranhura minúscula com apenas nove centímetros de profundidade ao longo do centro de sua incisão retangular. Então os egípcios produziram com esmero uma sucessão de blocos de granito, também supostamente trazidos de Assuã, todos com exatos 42 centímetros de largura e que cabiam tão bem na incisão no topo da placa de base de granito que é impossível passar uma lâmina entre eles e a placa ou entre os blocos em si. Todos esses blocos de granito foram muito bem vedados acima da ranhura minúscula, como se guardasse algo dentro dela com firmeza.

Essa quantidade enorme de trabalho, custo e sacrifício quase desafia nossa razão. Por que tanto esforço por um "conduto de águas residuais"? Seja qual for o propósito desse estranho canal e dos tampões de granito que o preenchem, construídos com tanto esmero, e sua configuração curiosa, era algo importantíssimo para os egípcios. Então, como a drenagem está fora de questão, ficamos com o enigma desconcertante: *para que serve a ranhura, se não para um líquido?*

Se não for para um líquido, poderia ser para um sólido. Mas qual? Algo que se move para a frente e para trás, supostamente. O que é sólido e se move para a frente e para trás em uma longa ranhura estreita? Resposta: *um cabo.*

Creio que a ranhura foi construída como um guia de cabos para baixar algo pesadíssimo como um sarcófago de basalto na tumba subterrânea. Todo o canal me parecia ser uma passagem meticulosamente produzida para um túnel subterrâneo. Ele teria sido usado para atracar um cabo para baixar objetos pesadíssimos, suspensos no centro em uma rede, em uma câmara subterrânea. A ranhura serviria, portanto, para acomodar o cabo, e os blocos de granito encaixados à perfeição acima e abaixo impediriam que o cabo se mexesse em qualquer outra direção além de para a frente e para trás. Portanto, podemos ter aqui nesse chamado "canal" um raro exemplo remanescente de um mecanismo de arriamento como sabemos que os egípcios devem ter usado em inúmeros exemplos, mas do qual não temos nenhum outro vestígio até onde eu sei (além dos outros "condutos" de Gizé, que discutirei aqui).

Mas se o "canal" realmente for um dispositivo de arriamento, levanta-se a questão: a câmara possível (supostamente mortuária) ainda está intacta e o que foi colocado nela ainda estaria lá? A primeira coisa a se fazer seria investigar e descobrir se há realmente um túnel ou uma câmara, mas isso exigiria uma pequena escavação. Parece óbvio que qualquer sepultura que possa existir ou ter existido nesse ponto não poderia ser posterior à Quarta Dinastia, pois o Templo da Esfinge foi definitivamente construído em cima desse "canal" e ninguém acredita que o Templo da Esfinge possa ser posterior a ele. (No Capítulo 7 dou as datas reais obtidas para o Templo da Esfinge.) Porém, há algumas anomalias na parede norte do Templo da Esfinge no ponto exato sob o qual passa o "canal", o que deve ter algum significado. Parece-me que o bloco gigante de calcário da parede do templo, colocada diretamente sobre o "canal", não só se projeta para o norte um pouco demais, como parece ter sido "socado" lá após a construção da parede principal. Isso me dá a impressão que o "canal" estava lá antes da construção da parede do templo, mas um grande buraco foi deixado na parede sobre ele e depois esse buraco foi tampado com um bloco de calcário. Na verdade, Ricke parece acreditar que havia originalmente um enorme bloco de granito nesse espaço durante o que ele chama "primeiro período de construção", e depois, durante o "segundo período de construção", foi trocado por esse bloco de calcário. (Os dois períodos de construção de Ricke são hipotéticos, não uma certeza. Não se sabe o tempo que se passou entre eles, presumindo haver duas fases de construção.) Isso não afeta nosso argumento, embora seja uma questão que possa conter mais pistas sobre o que realmente aconteceu. Mas o fato de que o canal estava embaixo de um ou dois blocos é indiscutível.

Those who carry the cord

Figura 25. Figura 43 (Vol. I, p. 166) de Alexandre Piankoff e N. Rambova, *The Tomb of Ramesses VI*, Bollingen Series Vol. XL. 1, Pantheon Books, New York, 1954, 2 vols. Essa ilustração é descrita pelo texto na tumba como uma representação "daqueles que carregam a corda no oeste, que dividem os campos para os espíritos. Pegai a corda, segurai a corda de medição dos ocidentais [*os mortos*]. Vossos espíritos vão para vossos assentos, ó deuses. A vossos lugares, ó espíritos! O Divino está em paz! O campo dos espíritos foi avaliado pela corda. Vós estais certos (em medir) para quem existe [*os mortos abençoados*], estais certos para aqueles que não são [*os mortos maus e aniquilados*]. Ré [o Sol] diz-lhes: Correta é a corda no Oeste. Ré está satisfeito com a corda de medição. Vossa porção é vossa, ó deuses. Vossos lotes são vossos, ó espíritos. Olhai, Ré fez seu campo, ele distribuiu grandes porções de terra dentre vós. Ave, Aquele no Horizonte [Hórus]! (...) Glória a vós, medidores dos campos, que presidem sobre a corda no Oeste. Oh, estabelecei os campos a ser concedidos aos deuses e aos espíritos!" (tradução de Piankoff, p. 166-167). Embora essa corda gigante represente medições da superfície do solo para marcar cercas ou "campos" dos deuses ou dos mortos abençoados, referindo-se a seus limites e suas tumbas, essas cordas também teriam sido usadas, em três ou quatro partes, para arriar sarcófagos pesados em tumbas nos fundos de poços profundos. No início do século XX, um fabricante de cordas fez um estudo internacional para encontrar o material mais forte no mundo para cordas e descobriu que era o algodão egípcio. Portanto, não deveríamos subestimar a força das cordas usadas no Egito Antigo, pois elas foram feitas desse material.

Se o "canal" for realmente um dispositivo de arriamento, então significará que ele foi cortado na rocha e construído primeiro, com o Templo da Esfinge construído em cima dele, com sua parede norte o atravessando. Uma fenda (agora tampada com um enorme bloco de calcário) foi deixada na parede nesse ponto; depois o dispositivo foi realmente usado para baixar um sarcófago e, então, por fim, o enorme bloco de pedra tampou o buraco na parede do templo quando a tumba foi lacrada e o acesso não era mais necessário: tudo isso deve ter sido feito com a aprovação de um faraó. Em outras palavras, um faraó teria jazido na tumba indicada pelo "canal", e pelo que todos sabemos ainda pode estar lá.

Devemos nos lembrar que o Templo da Esfinge é conhecido por ter sido completamente coberto de areia durante o Novo Império e só foi limpo em 1936, pela primeira vez desde talvez 2000 a.C. ou até antes. Se existir uma tumba nesse ponto que sugeri, em minha opinião ela não pode ter sido roubada, por ser fisicamente inacessível desde o Primeiro Período Intermediário. A desagregação da civilização egípcia no fim da Sexta Dinastia, em cerca de 2200 a.C., e início do Primeiro Período Intermediário provavelmente coincidiu com a cobertura do Templo da Esfinge com areia suficiente, tornando impossível roubar a tumba, porque a areia simplesmente não poderia ser retirada. Antes disso, esse ponto sagrado em Gizé teria sido bem protegido por guardas reais, e o furto de tumbas antes do colapso da Sexta Dinastia pode ser descartado sem medo. Sabemos que a parede norte do Templo da Esfinge estava lá desde quando o último bloco de calcário foi socado no lugar acima do canal. Isso significa que o canal nunca teve seu tampão de granito retirado, permanecendo como um lacre sobre seja lá o que for que ele oculta, que está, portanto, definitivamente intacto.

A abertura na face do despenhadeiro norte é pequena demais para qualquer grande saque de tumba ter acontecido, pois ela não é grande o bastante para algo de qualquer tamanho ser retirado. De fato, quando os tampões de granito foram colocados no lugar, havia apenas espaço o suficiente para um caixão, uma pessoa distinta e pequenos objetos ficarem dentro na tumba, se isso for uma. Talvez a finalidade do cabo seria baixar uma pesada porta levadiça. Se for, os escavadores ainda a encontrarão lá com seu caminho bloqueado.

Uma inspeção minuciosa das extremidades com placas de granito basal em cada lado da ranhura quando ele se abre no Templo da Esfinge mostra claros sinais de um padrão de desgaste lateral, como mencionei antes. Creio que isso possa ser evidência de um cabo carregando uma carga pesada balançando de um lado ao outro enquanto emergia da ranhura, desgastando o granito.

Será que eu localizei a lendária tumba do rei Quéops?

Uma tumba de Quéops nos arredores da Esfinge! Intacta!

Essa poderia ser a origem derradeira de todas as tradições, ao longo das eras, da Esfinge guardando a tumba de um rei egípcio. Se houver uma chance da existência de uma tumba intacta da Quarta Dinastia (cerca de 2500 a.C.), não deveríamos tentar abri-la? A tumba menor de um jovem rei chamado Tutankhamon rendeu um bando de tesouros inestimáveis, mas nada comparado ao que encontraríamos com certeza dentro da tumba de um potentado tão poderoso como o rei Quéops. Além disso, poderíamos esperar textos inclusos, que seriam os primeiros textos confiáveis ou abrangentes desse período da história, anteriores aos "Textos das Pirâmides" escavados nas paredes das pequenas pirâmides da Quinta e Sexta Dinastia. A Tumba de Quéops nos daria uma compreensão direta das origens da civilização.

Porém, eu explicarei, com provas, por que acredito que as tumbas de Quéops e Quéfren ficam na verdade mais para cima do morro. Então de quem seria essa tumba, embaixo do Templo da Esfinge? Como explicado depois, no Capítulo 7, existem algumas evidências arqueológicas que associam o rei Send (ou Sened) da Segunda Dinastia com o Templo do Vale, vizinho do Templo da Esfinge. Além disso, como explicado nesse mesmo capítulo, também há provas associando os reis Hotepsekhemui e Nebra (ou Raneb), respectivamente o primeiro e o segundo rei da Segunda Dinastia, com o Templo do Vale de Miquerinos (mencionado de novo depois como local de outra tumba), junto com o nome do rei Sneferu, o primeiro da Quarta Dinastia. Mas além de Quéops, Quéfren e do rei Send da Segunda Dinastia, não temos evidências arqueológicas associando qualquer rei antigo específico com os Templos do Vale e da Esfinge. Então essa suposta tumba poderia ser de qualquer rei anterior a Quéops. Poderia, por exemplo, ser do rei Sneferu, pai de Quéops e fundador da Quarta Dinastia. Se não for uma tumba real, poderia ser uma simbólica ou uma "Sala de Registros", ou algo assim. Mas devemos ter em mente que, seja o que for, com certeza contém pelo menos um objeto pesadíssimo, com provavelmente no mínimo umas 40 toneladas.

Contudo, não vamos cometer o erro de imaginar que a passagem minúscula na face do despenhadeiro norte seja a única entrada. Se verificarmos que ela realmente leva para baixo, sem dúvida descobriremos que existe um vasto complexo de cavernas embaixo do Templo da Esfinge e de seu despenhadeiro ao norte, provavelmente se estendendo também sob todo o Templo do Vale. Nessa ligação, creio que poderíamos fazer um estudo minucioso do canal embaixo da extremidade sul do Templo da Esfinge, que podemos ver na Prancha 22. Esse provavelmente seria outro canal de cabo para arriamento, mas, como não é incrustado com os mesmos blocos de granito exatos, estava mais para um equipamento mais comum em vez de um usado para um sarcófago pesado ou uma porta levadiça e, portanto, não exigia o mesmo grau de força na vedação sobre o buraco do cabo. Nesse caso, então essa área de arriamento deve ter servido para o verdadeiro tesouro da tumba, que era bem mais leve, ou até para carregar os trabalhadores para cima e para baixo como uma rota de acesso mais conveniente. Devemos levar em consideração que Ricke a descreve com dois canais, o que sugere um arranjo de cabo duplo, talvez para o içamento e arriamento contínuos. Ou então existiria um contrapeso no fim de um cabo, que se ligava ao outro. Veremos que polias sofisticadas e fortíssimas feitas de basalto existiram em Gizé durante o Antigo Império, pois Hassan escavou duas delas. (Veja as Pranchas 24a e 24b.)

Há na verdade outra evidência impressionante, em plena vista no Templo da Esfinge, para a existência de uma caverna e de um complexo de câmaras subterrâneas enormes sob a estrutura. Mas os antigos investigadores não perceberam isso. A inacessibilidade prolongada para visitantes no Templo da Esfinge é um motivo possível para isso, claro. No chão do templo, obviamente, em direção à extremidade ocidental, há uma grande massa do que parece ser alabastro. Ele não faz parte da estrutura, mas como era pesado demais para movimentar, foi apenas deixado lá por vários escavadores. Talvez os arqueólogos que deram uma olhada nele imaginaram que seria um resto da construção, se é que eles pensaram nisso.

Parece-me que ele deve ter sido colocado no templo porque foi preservado lá de propósito na Antiguidade, mas ignorou-se sua importância durante as duas escavações do templo e apenas o deixaram ficar lá porque dava trabalho demais para retirá-lo. Eu fiquei atraído por ele por ser tão lindo, branco e brilhante. A princípio não apreciei sua importância, mas como fui autorizado pelo Conselho Supremo de Antiguidades a coletar pequenas amostras de pedra, levei um pedacinho comigo. Primeiro pensei que seria útil porque parecia ser um espécime natural a partir do qual tantos dos blocos de alabastro foram esculpidos, e talvez ele tenha sido deixado como fonte de troca ou reparo, e uma análise dele se provaria interessante em relação aos materiais de construção. Só depois, algum tempo após eu compreender a importância do conduto e sua ranhura para cabo, é que de repente me ocorreu o que poderia ser essa pedra.

O alabastro egípcio, também conhecido como travertino, não é o mesmo da Europa (sulfato de cálcio), na verdade é uma variante de calcário com uma composição química de carbonato de cálcio puro. Fui a uma mina de alabastro antiga no deserto oriental de Hawara e os antigos egípcios eram excelentes em conseguir bons suprimentos desse lindo material tanto para construção quanto para obras de arte, como vasos e estátuas. Como já estava familiarizado com os fragmentos de alabastro da Pedreira de Hawara, que consegui examinar, reconheci que o material do Templo da Esfinge era mais puro, branco, maior e mais brilhante. Mas ainda demorou um pouco para compreender sua verdadeira importância.

Na Pedreira de Hawara eu vi por onde escorriam os agora esgotados veios de alabastro nos despenhadeiros e entendi que pedaços bem grandes de alabastro, tanto grossos quanto altos, eram incomuns, porque nem todos os veios são grossos o bastante para produzir grandes pedaços. Mas o "alabastro" colocado no Templo da Esfinge é realmente muito grande. E é mesmo lindo, como se pode ver no site em uma foto da peça que trouxe comigo. Eu suspeitei que esse alabastro não fosse comum, mas um tipo especial encontrado apenas em cavernas e não em minas. Agora cheguei a uma conclusão sobre o que esse alabastro realmente é: acredito que foi extraído de uma caverna de calcário expandida no subterrâneo debaixo dos Templos do Vale e da Esfinge.

Para testar essa hipótese de uma forma realmente neutra, levei meu pedaço de "alabastro" do Templo da Esfinge junto comigo para o Museu Britânico de História Natural, onde costumo levar amostras minerais. Entreguei-o ao geólogo como um de uma série de espécimes minerais para ter seu parecer. Não lhe disse nada sobre ele. Ele não sabia que vinha do Egito e supôs a princípio que fosse da China, como tantos de meus outros espécimes são. Ele se maravilhou com sua aparência e apenas disse: "É uma estalactite". Vibrei com essa confirmação de minha hipótese por um especialista, pois isso era exatamente o que eu suspeitava.

Para testar um pouco mais a hipótese, fingi reclamar com o geólogo que ele não poderia estar certo, alegando ter encontrado o pedaço de "alabastro", que ele identificou corretamente como carbonato de cálcio, jogado no chão ao ar livre e que ele não poderia ter vindo de uma caverna. Ele disse que definitivamente veio de uma e, se eu o encontrei ao ar livre no chão, então alguém o deixou lá, porque ele só poderia ocorrer dentro de uma caverna. Ele disse que era uma exsudação de carbonato de cálcio puro de uma rocha de calcário, que se acumulou dentro de uma caverna por eras, e por isso tinha cristais em sua superfície. (Veja a prancha no site, onde eles podem ser vistos com clareza.) Ele disse que a água penetra no calcário e esse cristal de carbonato puro se forma como uma estalactite na caverna dentro da pedra calcária. Bem, então contei a verdade e ele concordou comigo que o "alabastro" no chão do Templo da Esfinge só poderia ser uma estalactite de uma caverna em calcário, evidentemente daquele que forma o Planalto de Gizé embaixo ou perto de onde essa massa de estalactite estava.

Se uma massa tão enorme de estalactite foi retirada de uma caverna na pedra calcária embaixo do Templo da Esfinge, isso só poderia significar que os egípcios estavam ocupados lá embaixo aumentando cavernas naturais e moldando-as no formato de câmaras. Além disso, levar uma peça tão grande à superfície prova por si só a existência de mecanismos de içamento e arriamento capazes de fazer isso, porque ela deve pesar duas ou três toneladas. Em outras palavras, temos aqui evidência separada para a existência necessária daqueles mesmos mecanismos de cabo que acredito ter descoberto na forma dos dois condutos.

Porém, ainda há mais nessa história. Pois uma grande proporção do Templo do Vale, principalmente as partes trancadas que o público nunca vê, mas incluindo também o piso da Passagem Ascendente, sobre a qual todos andam quando deixam o templo indo para a Calçada de Quéfren e seguem na direção das pirâmides, é composta de massas gigantescas desse mesmo lindo alabastro. Muitas vezes o alabastro é entremeado com granito vermelho, dando um efeito incrível. No Templo do Vale há uma escadaria anexa remanescente levando ao topo, que está trancado, claro, e quase nunca alguém entra lá. A princípio, quando eu subia e descia essa escadaria, achava que suas paredes eram de calcário. Mas daí fiquei intrigado. Aproximei minha tocha da parede e, sem dúvida, a pedra ao redor desse ponto ficou com uma luz dourada. Essa translucidez é um sinal evidente de "alabastro" ou estalactite em vez de calcário e provou que as paredes só pareciam ser de calcário porque estavam sujas e cobertas da fuligem de areia do deserto, fazendo-as parecer cinza. Mas originalmente essa escadaria anexa era de um lindo branco reluzente, e, se alguém subisse seus degraus carregando tochas, a pessoa seria seguida por um brilho dourado em todos os lados enquanto subia. Quando se alcança o topo, a pedra lá presente volta a parecer um calcário comum. O calcário é opaco, mas esse "alabastro do Templo do Vale" é translúcido. Essa qualidade translúcida do "alabastro" e também sua extraordinária beleza cintilante e brancura pareciam maravilhosas para os antigos egípcios, como parecem para mim.

Pode ser que a capital de Mênfis tenha recebido a alcunha de "Paredes Brancas" porque suas paredes eram feitas com esse material. Nesse caso, as cavernas deixadas depois de sua extração deveriam ser realmente vastas, como uma pequena cidade subterrânea.

A quantidade desse lindo "alabastro" branco no Templo do Vale impressiona. Com certeza chega a muitos milhares de toneladas. Se tudo veio das cavernas embaixo dos dois templos, como parece provável, então um enorme complexo subterrâneo deve ter sido criado lá, onde tanto material de estalactite teria sido extraído. Deve haver muitas câmaras, e se considerarmos a vasta extensão do que o rei Quéfren, a quem o Templo do Vale é atribuído, recebe crédito por ter construído sobre a terra, então ele, ou seja quem for que realmente tenha feito isso antes dele, deve ter criado algo comparável embaixo da superfície. Esse complexo funerário subterrâneo só poderia ser um rival subterrâneo das pirâmides de Gizé. Seja o que for, será grande o bastante para conter muito tesouro, talvez até todos os tesouros e bibliotecas dos templos, que podem ter sido escondidos no colapso da Sexta Dinastia, quando a ordem social sucumbia e os sacerdotes podiam ver as multidões aparecerem para roubar e destruir tudo. E o que é ainda mais provocador, tudo pode estar perfeitamente intacto.

Nós temos sim um famoso exemplo de evidência que esse tipo de ocultação aconteceu no Templo do Vale: a enorme e magnífica estátua de Quéfren, um dos triunfos da arte egípcia antiga, que está agora no Museu do Cairo. Mas ela foi encontrada enfiada no poço no chão do templo, em um óbvio ato de ocultação pelos sacerdotes. Imagine só o que estaria escondido embaixo dos chãos dos templos!

Então o que estamos esperando?

Eu sugeri em um livro anterior, *The Crystal Sun*, por que haveria fortes motivos para suspeitar da existência de uma câmara subterrânea, um túnel ou um espaço embaixo da extremidade ocidental da "Passagem Ascendente", com um aclive de 26,5 graus para fora do Templo do Vale na Calçada de Quéfren.[111] Esse livro foi publicado antes de eu ter acesso ao Templo da Esfinge ou fazer essas descobertas, e fiz a sugestão por outros motivos. Agora estou mais do que convencido de sua solidez. Além disso, achei duas outras ranhuras de granito para cabos no Templo do Vale, ambas abertas a oeste da estrutura por sua parede ocidental, que seriam usadas para içar e arriar qualquer quantidade de objetos pesados nas profundezas do subterrâneo logo a oeste do templo. Uma delas fica praticamente ao lado da Passagem Ascendente e poderia ter servido para uma câmara embaixo dela. A Figura 26 mostra quatro vistas de uma dessas ranhuras de granito para cabos. Ela lembra claramente os "condutos" do Templo da Esfinge, mas, em vez de ser cavadas no chão, essas ranhuras para cabos ficam abertas no teto do Templo do Vale, onde havia bastante espaço para equipes de homens rebocarem os

---

111. Temple, Robert, *The Crystal Sun*, Century, London, p. 375. Na Prancha 31 há uma foto dessa passagem. Medi a inclinação da passagem e descobri que era idêntica àquela das passagens ascendente e descendente dentro da Grande Pirâmide. Nunca ninguém percebeu isso antes.

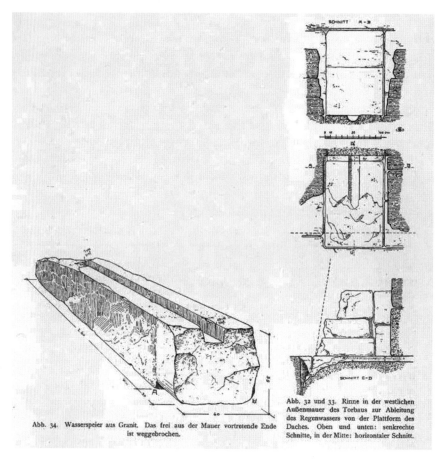

Abb. 34. Wasserspeier aus Granit. Das frei aus der Mauer vortretende Ende ist weggebrochen.

Abb. 32 und 33. Rinne in der westlichen Außenmauer des Torbaus zur Ableitung des Regenwassers von der Plattform des Daches. Oben und unten: senkrechte Schnitte, in der Mitte: horizontaler Schnitt.

Figura 26. Vemos à esquerda o "cano de água de granito", escavado por Hölscher. A outra parte dele está quebrada na parede oeste externa do teto do Templo do Vale. Isso lembra muito a grande ranhura para cabo norte no chão do Templo da Esfinge. À direita, vemos vistas diferentes da parte da ranhura para cabo remanescente na parede. Acima, o corte mostra a mesma abertura semicircular da ranhura no fundo de uma pedra forte e pesada como a vista no Templo da Esfinge para impedir o cabo de se mexer para cima ou escorregar para o lado, para guiá-lo com precisão com esses materiais de pedra fortes e para içar pesos imensos. O desenho no centro à direita mostra a planta baixa de uma parte exposta da ranhura na parede, olhando de cima para baixo. Embaixo, o desenho mostra um corte leste-oeste de frente para o norte, com a ranhura fora de vista aqui, mas atravessando embaixo do mais profundo dos três grandes blocos de pedra da direita (o teto) à esquerda. (Hölscher escreveu as seguintes legendas para esses desenhos: "Figuras 32 e 33. Canal na parede exterior oeste do Templo do Vale para drenagem de água da chuva da plataforma do telhado. Acima e abaixo: cortes verticais, no meio: corte horizontal. Figura 34. Cano de água da chuva de granito. A extremidade que se projetava da parede foi quebrada".)

As Verdadeiras Localizações das Tumbas Reais em Gizé

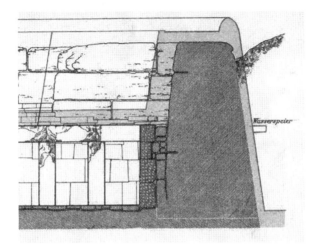

Figura 27. À direita está a parede oeste do Templo do Vale, com o "cano de água" se projetando. Essa era uma das duas ranhuras saindo detrás do templo que teriam agido como guias de cabo para o arriamento de objetos pesados em espaços subterrâneos, que devem ter sido acessíveis na base da face oeste do templo. Como o "cano de água" estava desenhado em vermelho, isso significa que é a reconstrução do escavador de como ele pareceria. Na verdade, ele o encontrou quebrado (veja Figura 28) e essa é a extensão da parte remanescente do canal, como ela pareceria e se projetaria. Acima do cano o artista esboçou o monte de areia que ainda ficava contra a maior parte da parede oeste do Templo do Vale naquela época (1910). (Detalhe do livro de Hölscher, mostrando um corte longitudinal de leste a oeste pelo Átrio e a Sala dos Pilares do templo, embora nesse detalhe se mostre apenas a extremidade oeste da sala, à esquerda.)

cabos para cima e para baixo sem ficar dentro do templo. Na Figura 28, uma planta do Templo do Vale, podemos ver (indicado como *Entwässerung*) de onde essas duas ranhuras saem da parede. Naturalmente, as duas são consideradas drenos de água pelo escavador. No relatório de escavação de Hölscher sobre o Templo do Vale, ele chama atenção a um "cano de água" cortado no granito vermelho (*Wasserspeier aus Granit*).[112] Veja nas Figuras 27-29 seu desenho desse "cano de água" e observe como ele lembra os outros que consideramos. Esse "cano" vai de leste a oeste e sai da parede oeste, embora hoje sua extremidade esteja quebrada. Eles compartilham a característica de ser pequenos e estreitos e não serviriam como drenos de água. Se algum deles for uma ranhura para cabo, então todos são, pois todos são da mesma natureza e feitos com cuidado e paciência infinitos e a um grande custo.

---

112. Ibid., p. 47 e Figs. 32, 33 e 34 nessa página.

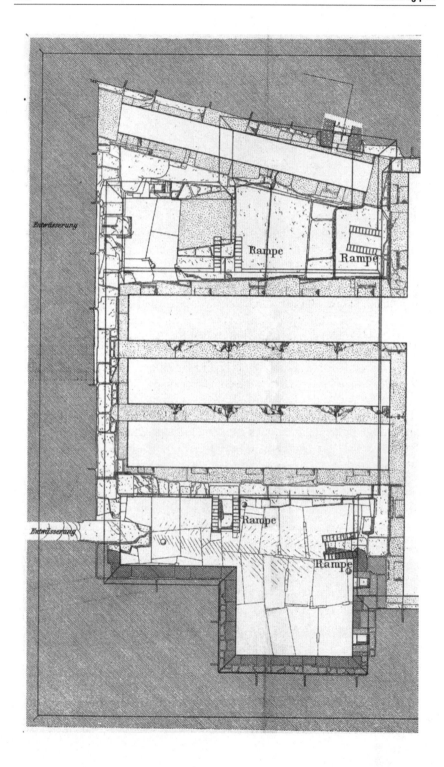

Figura 28. O escavador Uvo Hölscher fez esse desenho detalhado da extremidade oeste do Templo do Vale em Gizé, como em uma planta vista de cima. As linhas traçadas em vermelho, marcando *Rampe*, são sugestões feitas por ele do que considerou sinais de rampas ou degraus. Após fazer um exame minucioso do teto dessa estrutura, não consegui encontrar evidência de nada disso, apesar do fato de eu ter andado por lá examinando os locais com o original desse e de outros diagramas de Hölscher em mãos e tê-los segurado ao lado de cada ponto. Portanto, estou propenso a duvidar das suposições de Hölscher sobre essas rampas e degraus, além de outras estruturas sugeridas por ele. A existência ou não de rampas ou degraus não é importante, o que preocupa é ele insistir na existência de características das quais não consegui detectar nem um mínimo fiapo de evidência de nenhum tipo e até desenhá-las (em vermelho) em sua planta da estrutura como se houvesse certeza sobre elas. Por não haver justificativa para isso em seu texto, ele querer "acrescentar características" ao templo causa preocupação, enquanto, como veremos no Capítulo 7, ele omitiu um grande número de outras ainda mais importantes de suas plantas e de seu relato. Esse comportamento errático levanta questões sobre seu bom senso. No topo do desenho pode ser vista a inclinada "Passagem Ascendente", que se eleva do nível do solo do templo no "declive áureo" e se abre na Calçada de Quéfren. Acredito que exista uma grande câmara lacrada embaixo da extremidade elevada a oeste dessa passagem, que não foi aberta desde o Antigo Império. Sugeri isso primeiro em *The Crystal Sun* (2000). À esquerda desse desenho, vemos duas vezes a palavra alemã *Entwässerung* ("drenagem"). Hölscher acreditava que os dois "drenos de água" nesses pontos escoavam a água da chuva do telhado do templo para a areia a oeste. Na Figura 26 podemos ver um desses extraordinários "drenos de águas residuais", laboriosamente cortados de um grande pedaço de granito de Assuã. Afirmo que esses "drenos" não eram nada disso, mas sim canais para guias de cabos, ou ranhuras para cabos, para o arriamento de sarcófagos ou outros objetos e pedras pesadas nas câmaras subterrâneas ou ocultas. O "dreno" norte, que está mais acima na planta, teria sido usado para baixar objetos do nível do solo para a câmara oculta embaixo da Passagem Ascendente e o que acredito ser a câmara contígua ao sul dela, que fica logo abaixo desse "dreno". O "dreno" sul, visto abaixo nessa planta, teria sido usado para baixar objetos do nível do solo para a câmara subterrânea que ficaria embaixo do canto sudoeste do templo (embaixo à esquerda). Esses "drenos", isto é, ranhuras para cabos, eram feitos de um granito precioso trazido de Assuã por causa da força da pedra necessária para sustentar o peso enorme de sarcófagos de até 40 toneladas pelos cabos. Polias de basalto, como aquelas das Pranchas 24a e 24b, reconhecidas como pertencentes ao Antigo Império, teriam sido usadas para esses cabos. Com os operadores dos cabos no teto do templo se teria muito mais facilidade e controle, pois prender objetos no nível do solo a oeste do templo e operar os cabos de uma posição a pelo menos 30 pés (dez metros) mais alta do que o solo ajudariam com a estabilidade e a imobilidade das cargas enquanto elas baixavam. Mas para isso uma forte ranhura para cabo de granito era essencial. Qualquer coisa feita de madeira teria se rompido e uma pedra fraca teria se esmigalhado. Hoje usamos aço para esse propósito. (Este é um detalhe da prancha desdobrável XII do livro de Hölscher.)

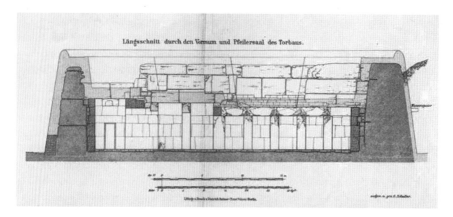

Figura 29. Corte longitudinal leste-oeste do Templo do Vale, pelo Átrio (esquerda) e a Sala dos Pilares (centro). À direita, projetando-se da parede oeste, há um *Wasserspeier*, "cano de água", que acredito ter sido um canal e uma ranhura para cabos. Esse desenho é de Hölscher.

Descobri tantos poços, passagens e câmaras ocultos no Templo do Vale, onde realmente consegui entrar, que posso imaginar muito bem um grande número de outros lacrados e inacessíveis. Fotografei o máximo que pude, apesar das condições adversas. Mas considero minhas descobertas um mero prelúdio ao que alguma hora será encontrado, isto é, se permitirem. Os detalhes do que descobri estão descritos no Capítulo 7 e as fotos que não couberam aqui estão no site.

Com certeza os enormes poços verticais, que descobri e fotografei, escondidos nas paredes do templo e sem aparecer em qualquer planta existente da estrutura, poderiam ter sido importantes para acessar espaços subterrâneos. Acho incrível ninguém ter estudado o Templo do Vale direito desde a publicação do único relatório de escavação dele em 1912.

Mencionei antes que acredito ter achado as localizações das tumbas intactas de Quéops e Quéfren, mas não perto da Esfinge. Mais uma vez eu "segui os condutos". Ficou claro para mim que outros dois condutos misteriosos em outro lugar em Gizé tinham uma semelhança fantástica com aqueles que eu vinha investigando nos Templos do Vale e da Esfinge. Todos os arqueólogos também descartaram os dois como "drenos de água" com a mesma ausência de justificativa. Os dois eram cobertos originalmente por estruturas enormes de templos e, em suas características mais importantes, lembravam o canal norte embaixo do Templo da Esfinge. Agora é hora de refletirmos sobre eles.

As Verdadeiras Localizações das Tumbas Reais em Gizé

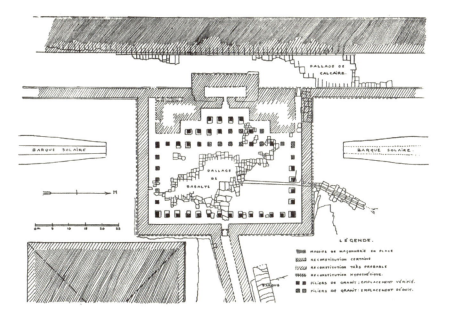

Figura 30. Essa é uma planta do agora desaparecido Templo Funerário de Quéops, que ficava na base da face leste da Grande Pirâmide. Essa versão da planta baseia-se em uma anterior de Jean-Phillipe Lauer, desenhada de novo por Selim Hassan, que diz: "o leitor pode julgar por si se as ruínas existentes justificam [a] reconstrução imaginária". Hoje, só resta uma parte do lindo e magnífico piso de basalto no centro, então essa é uma tentativa de reconstruir a planta do mais escasso indício. Abaixo está a Calçada de Quéops, agora também desaparecida, exceto pelos vestígios da fundação e alguns blocos ocasionais, saindo em um ângulo à direita. À esquerda e à direita há dois poços de barcos mortuários retangulares, para as "barcas solares". A importância principal dessa imagem para nossos propósitos é ver o "dreno de águas residuais" evidente na forma de um canal de calcário indo do centro do pátio para a direita (norte), que passava embaixo da parede norte do templo e continuava até o Planalto na frente da pirâmide. Acredito que este seja o canal para guia de cabos para arriar um sarcófago de pedra enorme e outros bens mortuários na tumba de Quéops, que eu acredito ficar embaixo do piso do templo no lado esquerdo do canal ou logo ao norte do templo no lado direito do canal. Não acredito que a tumba tenha sido saqueada ou aberta desde o Antigo Império. (De Selim Hassan, *The Great Pyramid of Khufu and Its Mortuary Chapel*, Cairo, 1960, Figura 11, uma prancha desdobrável que vem depois da p. 38 e estranhamente antecede a próxima, chamada de Figura 10.)

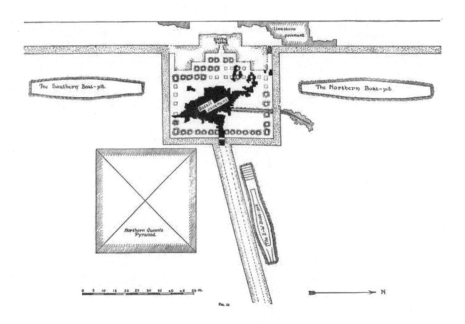

Figura 31. Essa é outra vista, provavelmente mais confiável, da planta do Templo Funerário de Quéops, desenhada por Selim Hassan, sobre a qual ele diz: "mostra em linhas sólidas todas as características do templo que podem ser corroboradas com a ajuda dos indícios das fundações de pedra, e estas podem ser vistas por quem se importar em examinar o local". Essa vista mostra o basalto remanescente em preto e muito mais da Calçada, além de um poço de barco adicional ao lado dela. O canal para guia de cabos é exibido com mais clareza nessa vista. (Esta é a Figura 10 de Selim Hassan, *The Great Pyramid of Khufu and Its Mortuary Chapel*, Cairo, 1960. Ela está em uma prancha desdobrável após a Figura 11 e as duas ficam entre as p. 38 e 39.)

Quanto às tumbas de Quéops e Quéfren, não creio que estejam na localidade de Rostau, a área ao redor da Esfinge, mas em outras, mais apropriadas para esses dois reis. Nesse caso, precisamos subir o Planalto, onde se encontrar a evidência, como podemos ver nas Figuras 30 e 31, oriundas do estudo feito por Selim Hassan do Templo Funerário de Quéops, que ficava na base leste da Grande Pirâmide.[113] E acredito ter identificado os *locais exatos* das tumbas de Quéops e Quéfren em Gizé, nenhuma das quais fica dentro de uma pirâmide, e, portanto, as duas se localizam – assim como o historiador grego Heródoto, do século V a.C., afirmou especificamente sobre a tumba de Quéops – *em*

---

113. Hassan, Selim, *The Great Pyramid of Khufu and Its Mortuary Chapel*, Cairo, 1960. Esses dois desenhos são as pranchas desdobráveis 10 e 11.

As Verdadeiras Localizações das Tumbas Reais em Gizé

algum outro lugar embaixo do Planalto. Isso quer dizer em qualquer lugar, menos em uma pirâmide, contrário a todas as crenças populares atuais e às hipóteses da maioria dos egiptólogos vivos. O testemunho de Heródoto é específico e enfático nesse ponto, mas nunca foi "visto" pelos investigadores nos últimos 2.500 anos por causa de sua cegueira consensual; tanto que, quando eles o liam, as afirmações claras feitas por Heródoto sobre isso, enquanto eram registradas em suas retinas, não se imprimiam em seus cérebros. Então apresento agora as palavras exatas de Heródoto, descrevendo a localização da tumba de Quéops, do Livro II, Capítulo 124: *epi tou lophou*. Isso significa "no monte".[114] Heródoto diz que a tumba fica em câmaras subterrâneas "no morro onde se encontram as pirâmides". Não dentro da pirâmide.

Na tradução de Henry Cary: "(...) nessa estrada [calçada] então dez anos se passaram e na criação dos aposentos subterrâneos no morro, onde se encontram as pirâmides, que ele fez como uma cripta funerária para si (...)".[115]

D. Godley traduz: "Os dez anos supracitados se passaram na criação dessa estrada [calçada] e das câmaras subterrâneas no monte no qual ficam as pirâmides, que o rei queria como locais funerários para si (...)".[116]

"O monte no qual ficam as pirâmides" é o Planalto de Gizé. A tumba de Quéops estava em câmaras subterrâneas dentro desse morro, não na pirâmide.

A afirmação é claríssima, mas sempre foi ignorada por não agradar às ideias formadas de todos.

Interessa também que se fale da tumba subterrânea de Quéops dentro do Planalto em ligação com a Calçada de Quéops, uma construção agora desaparecida, cujo caminho ainda conhecemos, seguindo da planície inundada até o declive e culminando no Templo Funerário de Quéops (agora completamente desaparecido, exceto por uma parte de seu magnífico piso de basalto), que ficava na base leste da Grande Pirâmide. (Veja a prancha no site.) Veremos logo mais que esse detalhe do relato de Heródoto também é importante.

---

114. A palavra grega *lophos*, que significa "monte", às vezes passa para o inglês como "loaf" (pão). Meus avós tinham uma fazenda perto de Roanoke, Virginia, que tinha um grande monte atrás chamado Pão de Açúcar. Eles costumavam brincar com os amigos sobre sua "montanha no quintal".

115. Herodotus, traduzido por Henry Cary, Henry G. Bohn (Bohn's Classical Library), London, 1861, p. 145.

116. Herodotus, traduzido por A. D. Godley, Vol. I, Loeb Classical Library, Harvard University Press, USA, 1960, p. 427 (o texto em grego está na página oposta, p. 426).

Se Quéops e Quéfren viveram em um período anterior ao que se pensava e, portanto, realmente construíram as principais pirâmides de Gizé, ou se as "usurparam" e construíram edifícios para veneração mortuária para eles ao redor delas não importa tanto no que diz respeito às suas tumbas. Pois estou convencido de que essas tumbas nunca estiveram dentro de qualquer pirâmide, mas sim muito perto delas. Na verdade, quando eu explicar onde acredito que elas estejam e der provas disso, tudo parecerá tão claro e óbvio que muitas pessoas ficarão tentadas em falar: "Sempre achei isso".

Sugiro então que a localização exata da tumba intacta do rei Quéops seja logo abaixo das partes remanescentes do grande piso de basalto a leste da Grande Pirâmide do agora desaparecido Templo Funerário de Quéops. Aqui nesse templo também vemos mais uma vez o padrão familiar de um "dreno de água" misterioso indo do pátio do templo para fora embaixo da parede norte. Nesse caso, é um canal de calcário. Se ele já conteve uma longa inserção de granito, como no Templo da Esfinge, não sabemos mais, por essa área ter sido tão saqueada. Nesse caso, temos mais vestígios do que um conduto e uma ranhura completos.

Tudo que resta desse templo é uma parte do magnífico piso de basalto, como visto nos desenhos e na foto no site. O ponto importante para nós é que o conduto se estende embaixo das partes remanescentes do piso de basalto. Os blocos de basalto deveriam ser erguidos para ver aonde esse canal vai. Mais uma vez temos a prova de que o conduto é anterior à construção do templo. Temos também uma demonstração conclusiva de que não poderia ter escoado água do piso do templo, porque ficava embaixo dele. É a mesma história de sempre. Acredito haver uma tumba intacta aqui, e é a de Quéops. A tumba fica em uma extremidade ou outra do conduto, ao norte onde ele termina ou no centro do pátio das estátuas, embaixo das ruínas do piso de basalto.

Quando você pensa nisso, faz sentido um faraó colocar sua tumba logo abaixo de seu templo funerário, pois o que poderia ser mais seguro do que colocar um templo inteiro no topo da entrada de sua tumba? Isso supera as portas levadiças. Para chegar na tumba, os saqueadores primeiro teriam de demolir o templo inteiro. Nesse caso, embora o templo agora tenha sido realmente demolido, o ponto no centro do pátio continua inalterado, pois restou essa parte do piso. Pense só na distração gigantesca para a atenção de todos atrás desse templo: a Grande Pirâmide. Quem pensaria em derrubar o templo para achar a entrada de uma tumba quando há uma tentadora pirâmide atrás dele, que por si só parece um local muito mais sugestivo para uma tumba? E mais, a

As Verdadeiras Localizações das Tumbas Reais em Gizé

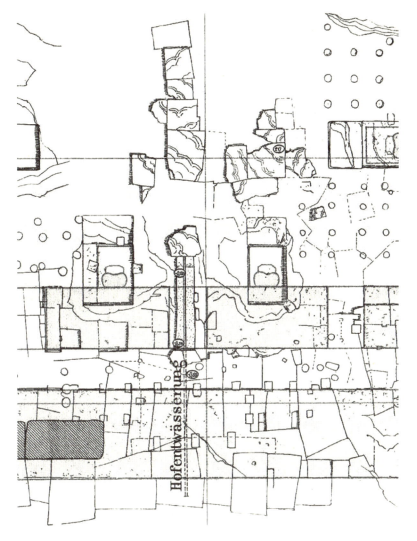

Figura 32. Detalhe da planta de escavação de Uvo Hölscher de 1909/1910 do Templo Funerário de Quéfren, da prancha desdobrável XVIII de Uvo Hölscher, *Das Grabdenkmal des Königs Chephren*, Erster Band (Vol. 1) de *Veröffentlichungen der Ernst von Sieglin-Expedition*, editado por Georg Steindorff, contendo também contribuições de Ludwig Borchardt e Georg Steindorff, J. C. Hinrich's Booksellers, Leipzig, 1912. O "*Hofentwässerung*" visto seguindo na vertical do sul (margem inferior do desenho) ao norte é o conduto de cabos supostamente usado para arriar o sarcófago na Tumba de Quéfren. Ele passava embaixo da parede sul do templo e seguia embaixo do piso do templo para o centro do pátio. Uma imagem colorida desse detalhe e também de um corte maior da imagem, mostrando mais contexto, pode ser vista no site deste livro, www.egyptiandawn.info. (*Coleção de Robert Temple.*)

própria cerimônia funerária teria ficado escondida de olhos curiosos porque o cortejo fúnebre provavelmente teria acontecido dentro do templo funerário, proporcionando assim uma "cobertura" para levar o caixão lá, sem levantar suspeitas. Então o caixão é apenas baixado para onde o sarcófago já espera para recebê-lo. A preparação da tumba já estaria bem avançada na ocasião da morte do faraó, com o sarcófago vazio esperando pelo caixão real ser baixado nele.

Há uma situação semelhante em relação à tumba de Quéfren, que acredito ficar abaixo de seu templo funerário, na base leste da segunda pirâmide, conhecida como Pirâmide de Quéfren. Aqui, mais uma vez, temos um conduto indo do centro do pátio embaixo de uma parede do templo, nesse caso ao sul, como se pode ver nas Pranchas 24c e 24d. Essas fotos publicadas em 1912 foram tiradas por Uvo Hölscher,[117] o escavador do Templo Funerário de Quéfren, cujos restos ficam na base leste da Pirâmide de Quéfren e onde termina a Grande Calçada de Quéfren. (Veja a prancha no site.) Hölscher disse o seguinte sobre isso em um artigo publicado em 1909 (traduzido):

> Muito interessante também é a descoberta de um sistema de dreno reconhecidamente simples no pátio (Figura 4), composto de um canal de granito semicircular. Ele fica aberto por uma extensão de uns três metros e depois desaparece sob uma pedra de revestimento de granito, coberta de novo por uma placa fina de calcário. Então continua sob o piso e reaparece de novo ao sul das paredes externas sul em uma grande profundidade. Sem dúvida, ele servia para mandar a água da chuva para fora do piso de alabastro do pátio.[118]

Vamos examinar essas observações mais de perto. O que se diz aqui é que um canal de granito semicircular (exatamente o que encontrei no norte do Templo da Esfinge) foi encontrado coberto por (1) "uma pedra de revestimento de granito", (2) "uma placa fina de calcário", (3) um "piso de alabastro" e (4) uma parede por baixo da qual ele passa. Esperam que acreditemos que isso poderia ser um dreno para águas residuais, apesar do fato de ter três camadas de pedra sobre ele e passar embaixo de uma parede de blocos de pedra gigantescos. O que ele conseguiria escoar? Como a "chuva" a ser escoada poderia chegar lá? Além disso, ele então "reaparece (...) em uma grande profundidade".

---

117. Hölscher, Uvo, *Das Grabdenkmal*, op. cit., Figs. 47 e 48 na p. 57.
118. Hölscher, Uvo, & Steindorff, Georg, "Die Ausgrabung des Totentempels der Chephrenpyramide durch die Sieglin-Expedition 1909", *Zeitschrift für Ägyptische Sprache*, Vol. 46, 1909, p. 9-10.

Isso apenas é o que nós esperaríamos que ele fizesse, pois ele deve, portanto, levar até a tumba. O raciocínio frágil que levou Hölscher a imaginar que a "água da chuva" de alguma forma pararia no piso de alabastro, passaria por ele, pela placa de calcário e pela cobertura de granito, entrando enfim na ranhura fina para ser escoada, mostra uma falha evidente de poder conceitual da parte dele.

Se você voltar para o que citei de Ricke (na tradução) anteriormente, verá que ele também menciona de passagem um dreno de águas residuais em seu sítio, saindo do pátio central desse templo embaixo da parede sul do templo. Presumivelmente ele obteve sua informação do artigo de 1909 de Hölscher que acabei de citar.

As fotos esclarecem que esse "canal de Quéfren", cortado com cuidado no granito sólido, lembra o canal que passa embaixo da parede norte do Templo da Esfinge. É legítimo olharmos este como outro possível "canal para guia de cabos" e supor que ele sugere outra sepultura real, ao sul da parede do Templo Funerário de Quéfren ou, caso contrário, no lado oposto do conduto, embaixo do piso do templo. É provável que essa tumba seja de Quéfren. Em razão do fato de ninguém nunca ter levado esses "drenos de água" a sério até agora, ninguém desde o Antigo Império percebeu que eles eram sinais apontando as tumbas reais ocultas logo abaixo. Afinal, esses drenos estavam todos cobertos por gesso e pisos de pedra e às vezes por pedras adicionais colocadas embaixo ou em cima deles. Então eles foram cobertos pela areia trazida pelo vento. Qualquer um que desse uma olhada neles em qualquer época pensaria que fossem escoadouros. Mas até olhar para eles era impossível, como vimos, pois no Templo da Esfinge todo o edifício ficou enterrado na areia de pelo menos 2000 a.C. até 1936 e, quanto ao Templo Funerário de Quéfren, grande parte dele também ficou enterrada na areia até Hölscher o escavar em 1909. É verdade que alguns autores anteriores alegaram ter visto algumas ruínas ali, então algumas pessoas perceberam que havia algo lá, mas ninguém se importou de investigar direito. Em qualquer caso, os "drenos" teriam sido logo cobertos por cascalho da demolição de algumas das pedras grandes.

O sétimo e último conduto de cabo sugerindo uma tumba real subterrânea intacta foi descoberto no chão do Templo do Vale de Miquerinos, escavado por George A. Reisner da Universidade de Harvard e do Museu de Belas Artes de Boston, começando em 1906, auxiliado por Cecil Firth, Oric Bates (que é discutido com detalhes no Capítulo 8 em relação a outro assunto) e outros. Embora o Templo Funerário de Miquerinos, que fica na frente da Pirâmide de Miquerinos e foi descrito no

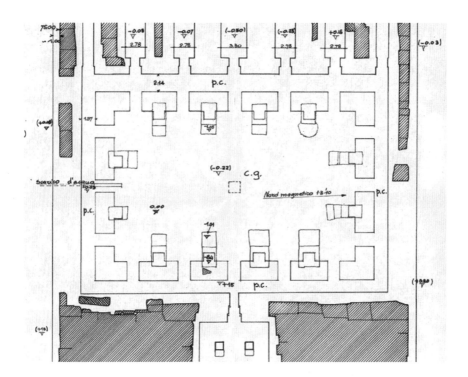

Figura 33. Planta do pátio central do Templo Funerário de Quéfren desenhada por Vito Maragioglio e Celeste A. Rinaldi, como parte da prancha desdobrável 11 da Parte Cinco – Pranchas, *L'Architettura delle Piramidi Menfite*, Rapallo, Itália, 1966. O topo do desenho é o oeste e o centro da planta mostra o Pátio do Templo. A localização exata do guia de cabos de Quéfren, onde ele passa sob a fundação da parede sul do templo, é mostrada no centro à esquerda com a legenda *scarico d'aqua*, que significa "saída de água". Ele é desenhado como uma longa ranhura fina passando sob a parede sul do templo e se estendendo para o sul. (A Pirâmide de Quéfren fica acima desse desenho; o norte magnético é mostrado apontando para a direita, mas varia um pouco do verdadeiro norte geográfico.) A disposição daqui lembra a do Templo da Esfinge, onde o guia de cabos também começa dentro do pátio central perto de uma parede externa do templo e passa embaixo dela. Se há um poço na extremidade sul do canal como demonstrado aqui ou se o canal se estendia originalmente mais para o sul do que isso deve ser estabelecido na escavação. Porém, é provável que a entrada para a tumba de Quéfren fique embaixo desse ponto e a própria tumba se estenda por baixo do templo. Caso contrário, a tumba ficaria na extremidade norte do conduto entrando diretamente embaixo do antigo piso do templo.

Capítulo 3, não tenha vestígio de nenhum conduto de cabo em seu piso, há a ocorrência patente de um no piso de seu Templo do Vale, situado ao sul do Templo do Vale atribuído a Quéfren, que fica ao lado do Templo da Esfinge no fim da Calçada de Quéfren, ao qual se referem em geral apenas como "Templo do Vale em Gizé", como se não houvesse outro. (Eu continuei esse uso e me referirei, portanto, ao nome inteiro do Templo do Vale de Miquerinos para evitar confusão.)

No piso do Grande Pátio Aberto do Templo do Vale de Miquerinos ocorre outro desses condutos de cabo, colocado em um ângulo oblíquo semelhante à orientação do eixo do templo como aquele que primeiro chamou minha atenção no piso de rocha do Templo da Esfinge. Naturalmente, supunha-se ser algum tipo de dreno, embora Reisner, por ser bem mais observador do que Hassan e Ricke, tenha observado que era uma *inclinação para dentro*. Reisner realmente deveria receber a Ordem da Estrela Dourada por perceber e registrar isso. Ele diz o seguinte sobre o "dreno":

> O grande pátio aberto era muito parecido com o do templo da pirâmide ("o Templo Funerário" de Miquerinos, como costuma ser chamado hoje), exceto por não ter um piso de pedra. Media 19,40 metros de comprimento (leste-oeste) e 41 metros de largura (norte-sul) e era cruzado por um caminho pavimentado de pedra com 110 centímetros de largura, começando do meio da entrada oeste da antecâmara e terminando em uma rampa de pedra levando ao santuário (...) Ao sul do meio da via, um tanque, escavado em um único bloco retangular de calcário, ficava afundado no cascalho que enchia o pátio. De seu canto nordeste, um dreno afluente, inclinado a leste-nordeste, alcançou a porta oeste da antecâmara do vestíbulo. Ele era uma trincheira escavada em blocos de pedra colocados de uma ponta a outra e cobertos com placas de pedra. Os encaixes entre as pedras foram calafetados apenas com o gesso que traçava a trincheira.[119]

---

119. Reisner, George A., *Mycerinus*, op. cit., p. 40.

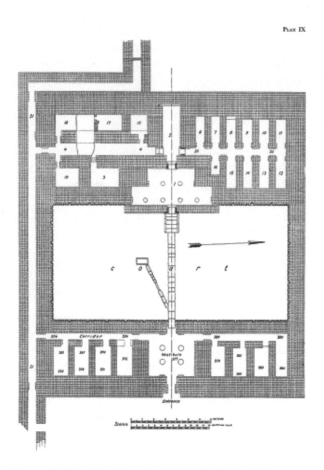

Figura 34. Esta é a planta desdobrável IX (em um saco na parte de trás do livro) mostrando o Templo do Vale de Miquerinos, de George Andrew Reisner, *Mycerinus*. Harvard University Press, USA, 1931. (O topo da planta é o oeste.) O conduto de cabo para a tumba de Miquerinos é visto logo à esquerda do caminho de pedras central no meio do templo, inclinando-se na diagonal para cima no Grande Pátio Aberto. Ele culmina no topo à esquerda em um poço retangular escavado em um bloco de calcário, incrustado no piso de cascalho, pois esse templo não é construído na rocha e, portanto, não foi possível entalhar um poço na extremidade do conduto para os homens manobrando as cordas, da forma que vimos no Templo da Esfinge. O caminho de pedras no meio do Grande Pátio Aberto passa sobre o conduto de cabo, que foi construído antes. O conduto parece terminar embaixo da porção norte (à direita) da parede leste do Grande Pátio Aberto e o rei Shepseskaf, sucessor de Miquerinos, provavelmente construiu a parede e o caminho sobre o topo do conduto de propósito, para escondê-lo e lacrá-lo, e então terminou o templo depois de enterrar seu antecessor lá. A tumba de Miquerinos, portanto, deve ser encontrada embaixo da extremidade leste desse conduto.

As Verdadeiras Localizações das Tumbas Reais em Gizé

Figura 35. Esta é a planta desdobrável VIII (em um bolso na parte de trás do livro) mostrando o Templo do Vale de Miquerinos, de George Andrew Reisner, *Mycerinus*. Harvard University Press, USA, 1931. (O topo da planta é o oeste.) O conduto de cabo para a tumba de Miquerinos é visto logo à esquerda do caminho de pedras central no meio do templo, inclinando-se na diagonal para cima no Grande Pátio Aberto. (A bagunça de estruturas quase enchendo esse pátio é de um período posterior e não original do templo. A Figura 34 mostra o pátio vazio, como era originalmente.) No fundo, o conduto passa sob uma parede, como era o caso do conduto norte do Templo da Esfinge. O fim do conduto acima à esquerda fica em um poço fundo escavado em um bloco de calcário enfiado no piso de cascalho. Como esse templo, ao contrário do Templo da Esfinge, não fica na rocha, o poço baixo teve de ser escavado em um bloco de calcário transportado ao local e incrustado no chão. Esse conduto é um canal longo escavado na pedra, com pedrinhas marteladas no topo, deixando uma ranhura, como no Templo da Esfinge. Reisner não mencionou se as pedras eram de calcário ou de granito, pois não achava o "dreno" importante. Ele observou, porém, que "escoava para dentro" (isto é, não poderia ser um dreno), o que é mais do que Hassan ou Ricke observaram no Templo da Esfinge quando o escavaram. No topo da planta, pode-se ver um dreno real cruzando embaixo de um corredor, com a capacidade de escoar a vazão da água da chuva de norte a sul, como observa Reisner.

Esse "dreno" lembra o conduto de cabo norte no piso do Templo da Esfinge por ser, mais uma vez, estreito e escavado nas "pedras" (Reisner não nos diz se de calcário ou granito) colocadas de um ponto a outro, com pedras em cima. O modelo é, portanto, essencialmente o mesmo. Como no caso do conduto de cabo norte do Templo da Esfinge, o "dreno" se inclina para dentro, então não poderia "drenar" o templo, só inundá-lo. Portanto, ocorre de novo o mesmo problema da inclinação para dentro.

O "dreno" do Templo do Vale de Miquerinos pode ser visto em dois diagramas e duas fotos, as Figuras 34 e 35. Não há uma foto de perto, mas a vista que temos do "dreno" na Prancha 25 e na foto consecutiva no site mostra com clareza como ele lembra o conduto de cabo norte do Templo da Esfinge.

Como o Templo do Vale de Miquerinos não foi construído na rocha, mas na terra, não havia possibilidade de escavar na rocha um buraco para as pessoas se agacharem para manipular os cabos, como no Templo da Esfinge. Em vez disso, o que parece ter acontecido é que um bloco de calcário retangular foi escavado na terra na extremidade do conduto para ter a mesma função. As Figuras 34 e 35 deixam claro que o "dreno", na verdade, não se "liga" ao bloco de calcário escavado, só o "toca" de leve. Não há, portanto, nenhuma ligação estrutural entre os dois, e interpretar o bloco escavado como um "tanque" não faz sentido, porque o "dreno" não ia até ele. Em qualquer caso, como aconteceu no Templo da Esfinge, a outra extremidade do conduto passa por baixo e desaparece embaixo de uma parede e do caminho de pedras central do grande pátio aberto do templo. Ele foi claramente construído antes do templo, como foi o caso no Templo da Esfinge, pois este templo também foi construído em cima dele.

Mais uma vez perguntamos: por que alguém se daria a todo esse trabalho de preparar um conduto de pedra estreito coberto por pedras restringentes, que se inclina para dentro e não poderia "escoar" nada nem "drenar" algo para dentro, pois ele não se liga a nada, e depois construir um templo real em cima dele? Fica claro que esse é outro conduto de cabo usado para baixar um sarcófago e outros objetos pesados em uma tumba real. É muito provável que a tumba seja de Miquerinos. Então agora temos prova de sete tumbas reais intactas em Gizé, nenhuma de um período posterior à Quarta Dinastia.

Outro ponto a considerar sobre todos esses "condutos" ou canais de cabo é que eles só ocorrem nos exatos locais onde faria sentido ter uma tumba real subterrânea. Não é como se eles fossem encontrados aqui e acolá. Eles aparecem só onde seriam úteis para baixar sarcófagos de pedra pesados. Não encontramos nenhum onde eles não são necessários.

Então é isso aí. Vamos fundo nessa!

Capítulo 5

Um Rei de Dois Metros e Meio de Altura

O rei Khasekhemui (pronunciado "casa-come-ooey" com a sílaba tônica no "oo") foi o último rei da Segunda Dinastia egípcia. Ioannis e eu fomos convidados pelo professor Gunter Dreyer, diretor do Instituto Alemão do Cairo, para tentar uma datação da tumba desse rei em Abidos. Isso foi em 2001, durante a reescavação de Dreyer da tumba, que havia sido escavada originalmente um século antes por *sir* Flinders Petrie. Segundo as cronologias aceitas em geral, o enterro do rei Khasekhemui aconteceu em cerca de 2700 a.C. Gunter Dreyer defende uma data um pouco posterior e me disse: "Segundo nossa cronologia, ele governou na primeira parte do século XXVII a.C.".[120]

Ioannis, Olivia e eu fomos levados em um veículo com tração nas quatro rodas por uma trilha deserta cheia de solavancos até o local do acampamento do Instituto Alemão em Abidos. Gunter Dreyer escavava tumbas nos grandes cemitérios de lá havia mais de 20 anos. Quando nos aproximamos, um cachorrinho branco estava deitado em um buraco na areia, cansado demais pelo calor e incapaz até de levantar sua cabeça e olhar para nós. Dreyer nos recebeu com cordialidade e nos ofereceu Coca-Cola. Depois fomos para o deserto, onde o calor era escaldante e desumano: pelo menos 45°C. Olivia estava muito bem vestida com uma leve *gallabiya* de algodão branco, que ela costuma usar em sítios arqueológicos egípcios por proteger tão bem contra o sol. Ioannis suava horrores ao carregar seu pesadíssimo detector de radiação gama com o qual ele faz as leituras em cada local de coleta. Eu estava ocupado tirando fotos, sabendo como era única essa

---

120. *E-mail* de Gunter Dreyer no Egito para Robert Temple em Londres, 16 de abril de 2001.

oportunidade de ver algo que poucas pessoas no mundo veriam de relance. Os trabalhadores egípcios, com roupas coloridas, carregavam sacos de areia nos ombros ao longo do corredor de madeira acima do grande poço onde a tumba gigante foi exposta. Nossas tentativas de encontrar um pedacinho de sombra durante esse dia foram infrutíferas, pois o sol parecia estar em todo lugar e não havia como escapar dele. Embora eu tenha estado em situações mais quentes e ainda mais tristes no Egito, no meio do deserto, onde miragens iludem a vista e se pode ficar confuso e desidratado com facilidade, ficamos tanto tempo na tumba que a exposição prolongada em um lugar era novidade para nós. Então é isso o que os verdadeiros escavadores sofrem dia após dia. Comparados a eles, nós somos aves migratórias, adejando de um lugar a outro, enquanto eles se esfalfam em um único local por semanas a fio.

A primeira escavação dessa tumba foi relatada por Petrie em seu livro *The Royal Tombs of the Earliest Dynasties*, 1901.[121] A escavação do professor Dreyer expôs o local mais uma vez, mas muito rapidamente, pois ele foi todo recoberto de areia quando terminaram. Com certeza não será exposto de novo na vida de qualquer um de nós, talvez nunca. Estávamos lá para datar a câmara mortuária de calcário, muitas vezes descrita como a estrutura de pedra mais antiga do Egito. Como essa câmara esteve exposta só por duas semanas, o arranjo de nossa visita esteve sujeito a pressões consideráveis por causa do tempo, pois saímos de dois países separados e tivemos de coordenar nossos horários. No fim das contas, conseguimos examinar a câmara, mas no dia de nossa visita apenas duas fileiras de pedras estavam visíveis das seis existentes: as quatro inferiores ainda estavam enterradas na areia. Nossas fotos, portanto, mostram apenas o terço superior (veja a Prancha 26). Porém, a parte exposta foi suficiente para nossa datação. Um *close* dos blocos de calcário dessas duas fileiras pode ser visto na Prancha 27. Pode-se ver nessa foto que a construção era muito rústica e nada impressionante.

Quando eu vi os blocos de calcário, fiquei pasmo. Não havia nenhuma evidência de sofisticação no entalhe e na colocação dos blocos de pedra. As paredes da tumba pareciam algo erigido por meninos. Pareceu-me incrível – na verdade, inacreditável – que essa fosse a qualidade de trabalho em pedra existente apenas alguns anos antes do início da construção na magnífica Pirâmide de Degraus de Zoser (grafado às vezes como Djoser) em Saqqara, que dizem ter sido construída no início

---

121. Petrie, [*Sir*] W. M. Flinders, *The Royal Tombs of the Earliest Dynasties* (Part II of *Royal Tombs*), Egypt Exploration Fund Memoir, Volume 21, Kegan Paul, Trench, Trübner and Co., London, 1901, p. xx.

da dinastia seguinte. Não consigo entender por que essa questão não foi abordada com mais barulho na comunidade dos egiptólogos. Não discuti o assunto com Gunter Dreyer, mas tratei dele com um de seus colegas, que admitiu, embaraçado, que com certeza era um problema e ele pessoalmente não via nenhuma solução. Fiquei com a impressão de haver um acordo tácito de não considerar nem discutir o assunto entre a equipe. É muito comum os escavadores se restringirem a seu trabalho e se absterem de interpretações gerais, por mais drástica que seja a questão. Nesse caso, qualquer discussão sobre o assunto com certeza seria controversa.

Eu definitivamente não hesitei em levantar a questão. Para mim ela representa um dos maiores dilemas de toda a Egiptologia. Aparentemente tivemos duas dinastias consecutivas, uma produzindo um trabalho em pedra tão malfeito que poderia ter sido obra de chimpanzés e a próxima, só 20 ou 30 anos depois, produzindo uma pirâmide gigantesca que ainda está de pé com orgulho e contém, segundo se estima, um milhão de toneladas de pedras esculpidas com destreza. (Prancha 10.) Como pode a estrutura em pedra patética vista nas Pranchas 26 e 27 estar separada por apenas 20 ou 30 anos da estrutura maciça e sofisticada vista na Prancha 10?

Como historiador da ciência, preciso propor a pergunta: *o que aconteceu??*

Parece haver apenas duas possibilidades lógicas. A primeira é que alguma revolução tecnológica incrível ocorreu em apenas alguns anos, iniciada talvez pelo brilhante vizir Imhotep, conhecido por ter projetado e construído a Pirâmide de Degraus em Saqqara. Nós com certeza temos evidências claras que as inovações de Imhotep no uso das pedras e nas técnicas de construção foram revolucionárias. Ninguém questiona isso. Mas essa revolução tecnológica deve ter sido mais rápida e avassaladora do que qualquer outra ocorrida até os anos mais recentes, com a invenção de computadores, celulares, Internet, quando a sociedade foi transformada de forma semelhante além de todo reconhecimento em apenas alguns anos. É possível que algo tão rápido e avassalador quanto isso tenha acontecido há 4.500 anos?

Porém, se hesitarmos em pressupor essa onda de mudança tão grande varrendo o Egito em uma fração de uma vida humana, seremos forçados então a considerar uma segunda alternativa: há algo errado com nossa cronologia, com nosso conceito do desenvolvimento histórico egípcio ou com as duas coisas. Em outras palavras, em nossa luta para compreender o que aconteceu nesse período em termos de eventos políticos e dinastias, de alguma forma entendemos tudo errado.

Mas *como* poderíamos ter entendido tudo errado?

As tentativas de compreender esse período enigmático são hercúleas. Muitos estudiosos e pesquisadores excelentes gastaram suas energias de tal forma que poucos aspectos da Egiptologia receberam uma atenção tão obstinada e exaustiva. Porém, todos eles foram assombrados pelo medo de que a evidência fosse fraca demais de alguma forma. Em qualquer momento um selo de algum jarro poderia aparecer e causar uma reviravolta em suas teorias. (Os selos de jarros de alimento e vinho nas tumbas reais tinham os nomes reais entalhados neles e serviam para identificar os reis e as dinastias. Eles mostram quem estava por lá na época da construção da tumba.)

Gunter Dreyer buscava principalmente esses selos quando escavou de novo a tumba de Khasekhemui. Ele os encontrou em grande quantidade, deixados para trás por Petrie, que na ocasião não avaliou totalmente sua importância, não os coletou nem peneirou areia o bastante para encontrá-los. Pelos selos encontrados por Dreyer é possível concluir três coisas: (1) Khasekhemui foi o último rei da Segunda Dinastia, (2) Zoser foi o primeiro rei da Terceira Dinastia e (3) Zoser (sob seu nome alternativo, Netjerykhet) enterrou Khasekhemui, pois os selos estampados com o nome daquele foram encontrados na tumba deste. A única alternativa à última conclusão parecia ser a possibilidade de Zoser ter enterrado de novo Khasekhemui ou relacrado sua tumba depois, se ela foi adulterada ou saqueada.

Se tirarmos a primeira conclusão, a de que Zoser realmente enterrou Khasekhemui, então devemos concluir também que um homem capaz de construir uma pirâmide de pedra gigante em Saqqara vivia na época da morte de um rei cuja tumba continha uma pequena quantidade de construções de pedra muito rústicas. Uma continuidade física como essa deve ter acompanhado uma descontinuidade de tecnologia tão ampla que a palavra "hiato" é inadequada. Khasekhemui e Zoser também podem ter vindo de regiões diferentes do universo, a julgar de suas respectivas tecnologias de pedra, mas mesmo assim um deles parece ter estado presente no enterro do outro.

Até esse mistério ser explicado de uma forma convincente e lógica, nunca poderemos ficar com a cabeça tranquila sobre o que realmente acontecia no Egito Arcaico e do Antigo Império. Não adianta ignorar isso e fechar os olhos, como muitos egiptólogos fazem, dizendo que não é problema deles. O fato é que é problema de *todo* egiptólogo, goste ou não. Tentar compreender esse dilema aparentemente insolúvel é uma responsabilidade coletiva. Ninguém nunca fez progresso em entender nada fingindo que não tinha problema ou ficando em negação. Esse problema específico com certeza requer tentativas enérgicas e engenhosas para algum tipo de solução!

Considerando a importância crucial dessa questão, uma datação da tumba de Khasekhemui é importantíssima. Coletamos amostras para três tipos de datação diferentes: madeira para a datação por carbono-14, fragmentos de cerâmica para a termoluminescência e calcário da câmara da tumba para a termoluminescência óptica.

Os resultados de quatro fragmentos de cerâmica não tiveram relação com a tumba. Dois deles eram grandes e os resultados demonstraram que eram ou do Novo Império ou do Terceiro Período Intermediário. Eles indicam apenas saques de túmulos, posse indevida ou enterros tardios superficiais. Pode ser que nada tenha a ver com Khasekhemui. Os resultados precisos foram: 1200 a.C. e 1100 a.C., ambos com uma margem de erro de 200 anos para mais ou para menos. Outros dois fragmentos menores deram datas anteriores a essas. O primeiro dos dois fragmentos pequenos da vizinhança da câmara mortuária deu datas de 2210 a.C., com uma margem de erro de 260 anos para mais ou para menos, ou seja, estendendo-se de 2470 a.C. a 1950 a.C. O outro deu datas de 2490 a.C., com uma margem de erro de 260 anos para mais ou para menos, estendendo-se, portanto, de 2750 a.C. a 2230 a.C. Supondo que os dois fragmentos tenham a mesma idade, isso daria um período de tempo entre 2470 a.C. e 2230 a.C., definitivamente muito mais tarde do que o enterro, e indicaria uma profanação da tumba ou um enterro tardio durante o Antigo Império, quando a tumba provavelmente ainda não estava toda coberta de areia, como deveria estar na época do Novo Império. Portanto, interferiram no local repetidas vezes nos períodos seguintes, como em todos esses locais no Egito.

Sempre houve confusão com as identidades dos reis da Segunda Dinastia. Um dos principais motivos para isso é que cada um tinha três nomes diferentes. Os principais, que gostamos de usar para eles, chamavam-se "nomes Hórus". Khasekhemui é um exemplo. Mas cada rei também tinha um nome *nebti* (também escrito como *nebty*) e um *nesu-bit* (ou *bik-nebu*). As listas egípcias posteriores dos primeiros reis não os chamavam por seus nomes Hórus, mas pelos alternativos. Isso vale para as listas do Novo Império e também para a lista preservada pelo antigo historiador Maneton, na qual os nomes são ainda mais mascarados por estarem em suas formas gregas. Portanto, essas listas posteriores referem-se a reis como se estivessem em código: um rei mencionado com seu nome *nebti* poderia ser um rei bem conhecido por seu nome Hórus, mas por acaso não temos certeza de qual seria realmente seu nome *nebti*, por isso a informação é quase inútil. É como tentar adivinhar quem desempenhou qual papel em uma peça quando você tem os nomes dos personagens em uma lista e os dos atores em outra separada, mas nenhuma lista conjunta especificando quem desempenhou qual papel. Em muitos casos você pode fazer uma lista conjunta parcial, mas em muitos exemplos somos reduzidos à simples adivinhação.

De qualquer forma, o rei Khasekhemui sempre foi atormentado por um problema especial. Há prova da existência de outro rei da mesma dinastia cujo nome era quase igual: rei Khasekhem. Muitos egiptólogos pensaram que isso seria coincidência demais e que os dois homens seriam o mesmo. Mas outros insistiram que eram homens diferentes.

Walter Emery, em seu livro seminal *Archaic Egypt*, diz categoricamente: "Kha-sekhem foi sucedido por Kha-sekhemui, que foi talvez o monarca mais marcante da dinastia (...)".[122]

Segundo ele, o nome Khasekhem significa "A Manifestação do Poder", enquanto o nome Khasekhemui significa "A Manifestação dos Dois Poderes".[123] Alguns acham que, depois de Khasekhem unir o norte e o sul, ele mudou seu nome para Khasekhemui para celebrar o fato. Mas Emery acha que "portanto, parece que Kha-sekhem e Kha-sekhemui foram duas pessoas, provavelmente os oitavo e nono reis da dinastia".[124]

Essa é a posição adotada por Verbrugghe e Wickersham, os tradutores mais recentes do historiador Maneton (distinguiu-se em cerca de 285-245 a.C.). Maneton foi um sacerdote egípcio que escreveu uma história de seu país em egípcio, que só sobrevive em fragmentos de uma tradução grega citada por outros autores. Sua principal importância foi ter preservado uma lista de reis crucial. Ao tentar compreender o rei listado por Maneton como aquele que reinou no fim da Segunda Dinastia, chamado Kheneres, que ele diz ter reinado por 30 anos, eles dão uma reconstrução moderna de dois reis consecutivos nesse período: Khasekhem, com um reinado de 21 anos, e Khasekhemui, com um reinado de 17 anos. Eles não explicam como um total de 38 anos poderia se igualar aos 30 anos especificados por Maneton.[125] Eles também mencionam que, segundo a lista de reis alternativa apresentada

---

122. Emery, Walter B., *Archaic Egypt*, op. cit., p. 101.
123. Ibid., p. 98.
124. Ibid.
125. Verbrugghe, Gerald P., & John M. Wickersham, *Berossos and Manetho*, University of Michigan Press, Ann Arbor, Michigan, USA, 2000, p. 189.

pelos papiros de Turim do fim do Novo Império, Khasekhem é chamado de Hudjefa e teria reinado por 11 anos e Khasekhemui é chamado de Bebti e teria reinado por 27 anos (um total de 38 anos).[126] Nada impede, claro, Hudjefa e Bebti de serem o mesmo homem com dois nomes consecutivos, ou seja, Hudjefa/Khasekhem poderia ter mudado seus nomes para se tornar Bebti/Khasekhemui. Verbrugghe e Wickersham não discutem essa questão.

Erik Hornung não reconhece a existência separada de um rei Khasekhem e, portanto, acredita que ele e Khasekhemui eram a mesma pessoa. Ele também acredita que havia apenas cinco reis na Segunda Dinastia.[127]

Michael Hoffman, autor de *Egypt before the Pharaohs*, também acreditava que os dois eram a mesma pessoa:

> Walter Emery, que, como já vimos, gostava de oferecer explicações alternativas não apoiadas pela maioria de seus colegas, sustentou por muito tempo que os dois nomes, Khasekhemui e Khasekhem, representavam dois monarcas separados. Embora isso possa ser verdade, a evidência linguística é redondamente contrária a isso, como salientou o egiptólogo Werner Kaiser.[128]

Michael Rice, autor de *Egypt's Making*, é outro autor que acredita que Khasekhem e Khasekhemui eram o mesmo homem:

> (...) Khasekhem voltou às fronteiras do Egito para encontrar [o deus] Set, na pessoa de Peribsen [o nome de outro rei], em posse do que ele, Hórus [o rei se identificava com o deus Hórus], via como seu patrimônio. Aconteceu uma série de encontros violentos, por todo o vale, resultando na vitória de Khasekhem e na derrota do rei Set. Sugere-se então que Khasekhem tenha adotado um nome de trono modificado, "o Hórus Khasekhemwy [uma ortografia mais técnica de Khasekhemui]". Isso significava "nele os Dois Poderes se reconciliaram", uma afirmação importante e majestosa, em todas as circunstâncias.[129]

---

126. Ibid.
127. Hornung, Erik, *History of Ancient Egypt*, Cornell University Press, Ithaca, New York, 1999, p. xiv.
128. Hoffman, Michael A., *Egypt before the Pharaohs*, Alfred A. Knopf, New York, 1979, p. 349.
129. Rice, Michael, *Egypt's Making*, 2nd edn, Routledge, London, 2003, p. 149.

Um antigo egiptólogo, Wallis Budge, aceitou a identidade de Khasekhem e Khasekhemui, mas fez isso de forma muito errada, no sentido de acreditar que os dois seriam nomes alternativos do primeiro rei da Segunda Dinastia, que segundo ele também se chamava Besh, Neter-Baiu e Betchau. Sobre Betchau, ele fala do "nome Hórus KHĀ-SEKHEM, que se torna KHĀ-SEKHEMUI quando as figuras de Hórus e Set aparecem [juntas] acima do padrão".[130]

Petrie contou nove reis na Segunda Dinastia e acreditava que Khasekhem e Khasekhemui seriam dois homens separados, os últimos reis da Segunda Dinastia. Ele grafava os nomes como Khosekhem e Khosekhemui. Porém, ele tomou o cuidado de dizer que alguns acreditavam se tratar de uma mesma pessoa: "(Khosekhem) só é conhecido por seus monumentos em Hieracômpolis, e seu lugar na lista [de reis] é incerto. Sem dúvida ele antecedeu Khosekhemui, embora alguns suponham que fosse um nome antigo do mesmo rei".[131]

Porém, Petrie estava indeciso quanto a Khasekhemui de outras formas, dizendo que "Khosekhemui pode bem ser, portanto, o último rei da Segunda Dinastia ou o primeiro da Terceira".[132]

Embora ainda existam muitas incertezas, parece ter havido bastante progresso para nos convencermos hoje de que Khasekhemui foi mesmo o último rei da Segunda Dinastia, enquanto Zoser (Djoser) foi o primeiro rei da Terceira Dinastia. Porém, ninguém sabe realmente que diferença há ou havia entre a Segunda e a Terceira Dinastia, por que elas foram diferenciadas e quais relações existiam na verdade entre elas. Isso fica ainda menos claro agora que Zoser parece ter "enterrado" Khasekhemui. Se houve uma continuidade suficiente para isso acontecer, por que as dinastias eram consideradas separadas? Talvez devêssemos buscar um tipo de resposta totalmente diferente. Vale a pena pelo menos considerar a possibilidade de a Terceira Dinastia não ter "sucedido" a Segunda Dinastia em termos políticos, embora isso tenha ocorrido segundo a cronologia pura. Talvez as duas entidades fossem de uma ordem diferente. Pode ser simplista demais supor que uma dinastia termina e a outra começa. Talvez estivesse acontecendo algo ainda mais complicado nesse período remoto sobre o qual nosso conhecimento real é, afinal, tão escasso e fragmentado que não passa de sugestões. Por ser

---

130. Wallis Budge, [*Sir*] E. A., *A History of Egypt*, Volume I, *Egypt in the Neolithic and Archaic Periods*, Kegan Paul, London, 1902, p. 208-209.

131. Petrie, [*Sir*] W. M. Flinders, *A History of Egypt*, Volume I, *From the Earliest Kings to the XVth Dynasty*, 10th edn, reprinted by Histories & Mysteries of Man Ltd., London, 1991, p. 34.

132. Ibid, p. 36.

mais um historiador de ciência do que um egiptólogo, gostaria de lembrar meus amigos egiptólogos que há outras formas de evidência além daquelas que eles estão acostumados a considerar. Se houve uma grande lacuna tecnológica entre dois regentes supostamente consecutivos, talvez eles não fossem realmente consecutivos, mesmo tendo aparecido em uma sequência cronológica. Hora de parar para pensar...

Alguns egiptólogos reagiram com surpresa à descoberta de Dreyer dos selos dos jarros de Zoser na tumba de Khasekhemui, como se fosse um achado revolucionário. Porém, as descobertas de Dreyer poderiam ser consideradas uma confirmação dramática das conclusões já tiradas nas excelentes pesquisas do egiptólogo Patrick F. O'Mara nos anos 1970. O'Mara fez um estudo profundo da pedra da Quinta Dinastia mencionada no Capítulo 1, a Pedra de Palermo. Ela é, infelizmente, apenas um fragmento pequeno do que foi originalmente uma pedra muito maior com uma lista completa dos reis das primeiras cinco dinastias. Por gerações, os egiptólogos foram levados ao desespero extremo porque essa pedra crucial está incompleta, e vários deles, tanto famosos (Petrie, Breasted, Borchardt, etc.) quanto desconhecidos, fizeram mais de uma dúzia de tentativas muito sérias e difíceis para tentar reconstruir suas partes perdidas.

O'Mara começou seu trabalho analisando todas essas tentativas e demonstrando claramente o que estava errado com todas elas. (Por exemplo: nenhuma levou em conta a medida de altura da pedra, apenas sua largura.) O'Mara então deu o passo sensato de aplicar o cânone egípcio tradicional de medição e proporção na pedra e demonstrou como essa era uma prática regular para os papiros. A abordagem de O'Mara é incrivelmente convincente e ele parece ter tido sucesso onde tantos falharam. Seu primeiro e grande livro, no qual ele descreveu essa técnica em detalhes, é de fato algo para especialistas. (Ele publicou muitos artigos e quatro outros livros mais curtos, que serão discutidos no Capítulo 6.) Mas suas conclusões em muitos casos são extraordinárias. Porém, uma delas não será surpresa: ele insiste que Khasekhem e Khasekhemui devem ser a mesma pessoa e esse rei foi sucedido por Zoser, que aliás tinha um pouco da cerâmica de Khasekhemui dentro de sua Pirâmide de Degraus.[133] A coragem de O'Mara em dizer o impensável é elogiadíssima no capítulo seguinte. Pois foi ele quem insistiu que certos fragmentos das antigas listas de reis conhecidas coletivamente como a "Pedra do Cairo" são falsos, contra uma oposição enorme dos

---

133. O'Mara, Patrick F., *The Palermo Stone and the Archaic Kings of Egypt*, Paulette Publishing Company, La Canada, California, USA, 1979, p. 196.

egiptólogos, que odeiam a ideia de reescrever seus livros de história. Suspeito que O'Mara estivesse certo, como veremos adiante.

Podemos ver uma imagem do rei Khasekhem na Prancha 30. Essa estátua pequena do rei sentado foi escavada em Hieracômpolis em fragmentos e depois remendada. Está exposta hoje no Museu Ashmolean em Oxford. Nessa estátua, o rei usa a coroa do Alto Egito. Como a maioria dos estudiosos acredita que Khasekhem e Khasekhemui eram a mesma pessoa, como vimos, é provável que essa seja a imagem verdadeira do homem enterrado na tumba que datamos. Os fragmentos da estátua, antes de ser remendados, foram publicados em fotos separadas por James Breasted em seu *A History of Egypt*, que aceitou Khasekhem e Khasekhemui como reis separados.[134] Ele reproduziu essas fotos tiradas de sua fonte original, *Hierakonpolis*, de James Quibell, de 1900-1902.[135]

Breasted também publicou uma foto da câmara mortuária de calcário de Khasekhemui, retirada de Petrie,[136] cuja legenda era "A estrutura em pedra mais antiga do mundo" e sobre a qual ele falava com entusiasmo em seu texto: "(...) e até o fim da Segunda Dinastia as câmaras de tijolos vizinhas da tumba do rei Khasekhemui cercam uma câmara construída de calcário cortado, a primeira estrutura construída em pedra conhecida na história do homem (...)".[137]

Há certos relatos preservados sobre Khasekhem e Khasekhemui, ou devo dizer sobre "ele". Ele parece ter sido uma espécie de gigante físico. Como conta Petrie: "Maneton afirma que Sesokhris [que Petrie iguala a Khasekhem] tinha cinco côvados e três palmos de altura, o que daria uns oito pés [quase 2,5 metros], se fosse usado o côvado curto de 17,4 polegadas [44,1 centímetros]".[138] Na tradução mais recente de Maneton, vemos a afirmação: "Sesokhris governou por 48 anos. Diz-se que ele tinha cinco côvados e três palmos (8,5 pés) de altura".[139] Com certeza a câmara mortuária era grande o bastante para comportar um homem tão alto, mas, como todos os vestígios do corpo e do sarcófago desapareceram há séculos, ou provavelmente milênios, essa estranha lenda jamais poderá ser confirmada. Se realmente fosse verdade que

---

134. Breasted, James Henry, *A History of Egypt*, op. cit., p. 40 e 47 e Figs. 20 e 21, opostas à p. 38.

135. Quibell, James E., *Hierakonpolis*, 2 vols., London, 1900-1902.

136. Petrie, *The Royal Tombs*, op. cit., Prancha 57, 5.

137. Breasted [Qual obra: *Ancient Records* ou *A History of Egypt*?], op. cit., p. 42. A foto é a Fig. 25, oposta à p. 42.

138. Petrie, *A History of Egypt*, op. cit., p. 36.

139. Verbrugghe e Wickersham, *Berossos and Manetho*, op. cit., p. 133.

o rei fosse um gigante desses, claro que deve ter sido muito mais fácil para ele unir norte e sul pela conquista militar.

Emery diz:

> A Segunda Dinastia termina com dois reis: Kha-sekhem e Khasekhemui (...) O primeiro seria, portanto, idêntico a Huzefa (Neferka-sokar?) das listas de Sakkara e Turim e a Sesochris de Maneton, que ele afirma ter reinado por 48 anos. Embora esse nome de rei esteja excluído da lista de Abidos, não há muita dúvida de que seu domínio se estendeu sobre todo o Egito, pois seus monumentos foram encontrados em Hieracômpolis. Mas seu reinado parece ter sido turbulento e as únicas relíquias do período, duas estátuas, uma estela e três recipientes de pedra, registram guerra e conquista; embora alguns desses eventos tenham ocorrido além da fronteira do Egito, eles indicam um período de desordem nacional. As duas estátuas, uma de xisto e a outra de calcário, são de mérito artístico excepcional e representam Kha-sekhem sentado em um trono, usando a coroa do Alto Egito e o manto geralmente associado ao festival Sed [para renovação da soberania]. Ao redor das bases das duas estátuas há uma fileira de figuras humanas contorcidas representando os inimigos mortos e na frente está escrito "inimigos do norte 47.209". Sugeriu-se que os "inimigos do norte" seriam os líbios que invadiram o Delta, mas não devemos ignorar a possibilidade de uma insurreição interna no Baixo Egito ou, talvez o mais provável, uma conquista do norte pelos sulistas sob o comando de Kha-sekhem, que por isso se renomeou Khasekhemui. Quanto aos "nortistas" e "líbios", quem eles eram e qual poderia ter sido sua relação, teremos muito mais a dizer sobre eles em um próximo capítulo.
>
> Outra evidência de rebelião no norte vem de três recipientes de pedra com a inscrição "Ano de combate ao inimigo do norte na cidade de Nekheb". A deusa Nekhbet, na forma de um abutre, segura um "círculo de sinete" no qual há a palavra *besh* (rebeldes) enquanto segura na outra pata o emblema da unidade do Egito antes do nome de Kha-sekhem.

O fragmento da estela mostra parte de um prisioneiro ajoelhado em uma plataforma que termina na cabeça de um estrangeiro onde se apoia um arco. Embaixo há o nome de Kha-sekhem e o texto "submetendo as terras estrangeiras". É importante notar que em suas estátuas o rei é mostrado usando apenas a Coroa Branca do Alto Egito [isto é, como não usava a coroa dupla, ele claramente não tinha jurisdição sobre o Baixo Egito no Delta e no norte], assim como um falcão também é mostrado com a Coroa Branca nos vasos de pedra. A partir dessa evidência reconhecidamente limitada, tem-se a impressão de que Khasekhem foi um regente da família tinita do Alto Egito que uniu o Vale do Nilo depois das guerras religiosas entre os seguidores de Hórus e de Set que provavelmente dividiram o país desde o reinado de Perabsen [Peribsen]. Seu nome, "Manifestação do Poder", é significativo, e a ausência de qualquer monumento contemporâneo seu em Sakkara sugere veementemente que seu governo centrava-se no extremo sul (...) Kha-sekhem foi sucedido por Kha-sekhemui, que foi talvez o monarca mais extraordinário da dinastia, pois em seu governo estabeleceu-se a unidade final do país e assentou-se o alicerce para a assombrosa expansão e desenvolvimento do poder faraônico na Terceira Dinastia (...) A luta entre os seguidores de Hórus e de Set terminara e ao seu nome Kha-sekhemui, "A manifestação dos Dois Poderes", acrescentou-se seu nome completo: "Os deuses nele estão em paz". Nos vários selos de jarros, há sempre um falcão e o animal de Set sobre o nome Ka do rei, indicando que se conseguiu alguma forma de unidade em termos iguais.[140]

Em 1968, o egiptólogo francês Godron fez uma importante colocação sobre essa estela que ainda não tinha sido notada antes. Enquanto estudava a inscrição mais de perto, reconstruindo alguns hieróglifos incompletos e acrescentando alguns detalhes sobre seu significado, ele também observou que a tradução da inscrição feita por Petrie como "submetendo as terras estrangeiras", que Emery citou no trecho acima, não é precisa. Ele cita Weigall por destacar isso originalmente nos anos de 1930, quando disse: "este monumento fala da derrota dos 'condenados', uma frase que costumava ser aplicada a um usurpador ou a um

---

140. Emery, *Archaic Egypt*, op. cit., p. 98-102.

rebelde subjugado cujo nome foi apagado dos anais".[141] Esse é um detalhe histórico crucial que não recebeu a atenção adequada. Há uma enorme diferença entre submeter inimigos estrangeiros ou submeter rebeldes. A primeira interpretação sugere uma condição internacional, a última não necessariamente sugere algo do tipo. Os rebeldes podem estar no fim da rua ou virando a esquina, enquanto os estrangeiros ficam no exterior. A escala do problema é alterada completamente por uma mudança na tradução. Khasekhemui foi realmente importante no cenário mundial (isto é, o mundo definido pelos egípcios naquela época) ou ele não passava de um potentado local forjado restrito à parte sul do Alto Egito, que sofria de delírios de grandeza? Quem está correto sobre a tradução? Petrie? Ou Weigall e Godron?

Emery continua assim seu relato sobre Khasekhemui:

> A tumba sul de Kha-sekhemui em Abidos é uma construção fantástica sem qualquer semelhança com outros monumentos desse local, na verdade, com qualquer outra construção contemporânea em Sakkara. Infelizmente, assim como outros monumentos em Abidos, não restou nenhuma superestrutura e temos apenas o alicerce para avaliar o tamanho imenso da construção. Ela mede 68,97 metros de comprimento, com uma largura variando entre 17,6 e 10,4 metros. Ela consiste de três partes: ao norte há uma porta levando a três fileiras de 33 armazéns para oferendas e equipamento funerário, depois há uma câmara mortuária construída em pedra com quatro salas em cada lado e depois mais dez armazéns, cinco em cada lado de um corredor na direção da porta sul, com mais quatro salas em cada lado, e depois mais dez armazéns, cinco em cada lado de um corredor na direção da porta sul, com mais quatro salas.

> Acreditava-se que a câmara mortuária fosse o exemplo mais antigo de construção em pedra existente, mas escavações em Sakkara e Helwan mostraram que essa técnica de construção era conhecida na Primeira Dinastia. Um aspecto curioso da tumba de Kha-sekhemui é sua irregularidade e planejamento imperfeito; por seu tamanho impressionante,

---

141. Godron, G., "A Propos d'une Inscription de l'Horus Kh sékhem", in *Chronique de l'*Égypte, Brussels, Tome XLIII, n⁰ 85, 1968, p. 34-35.

é difícil de acreditar que apenas alguns anos a separam da magnífica Pirâmide de Degraus de Zoser em Sakkara.[142]

Em nome da integralidade, deveria mencionar apenas algumas das formas nas quais a pedra foi usada antes da época de Khasekhemui. Antes de mais nada, placas verticais de calcário eram usadas como estelas, que ficavam nas entradas das tumbas reais, identificando a tumba com o nome do rei. Isso também servia para os cenotáfios. Mas só uma tumba real descoberta até agora usava pedra dentro dela antes da época de Khasekhemui. Acontece na tumba do rei Den ("rei Mutilador"), no meio da Primeira Dinastia. *Sir* Flinders Petrie publicou essa descoberta em 1901 e comentou:

> A tumba do rei Den-Setui foi parcialmente esvaziada no último ano (...) A passagem tem 78 pés [23,7 metros] de comprimento ao todo (...) A grande câmara de tijolos tem aproximadamente 50 por 28 pés [15,2 por 8,5 metros] e 20 pés de profundidade [6 metros] (...) A característica surpreendente dessa câmara é seu pavimento de granito, um uso de granito considerável como esse era desconhecido até a pirâmide de degraus de Saqqara, no início da Terceira Dinastia (...) Algumas das placas são de granito gneissico cinza, que se lasca em massas finas, sendo a oeste com 111 x 64 polegadas [2,8 x 1,6 metro] e apenas cinco polegadas de espessura [12,7 centímetros]; outras são de granito rosa lapidado (...) Entretanto, o recesso leste da câmara era todo pavimentado com tijolo, como a borda do piso nos outros lados.[143]

Todos os outros usos antigos da pedra envolviam calcário. Eles foram escavados entre 1942 e 1954 no cemitério arcaico de Helwan por Zaki Saad. Helwan é um subúrbio a sudeste do Cairo, na margem leste do Nilo, no lado oposto de Saqqara. Não era um local para enterros reais, mas oficiais e nobres estavam enterrados lá. Saad escavou um total de 10.258 tumbas em Helwan (o que é bastante) e descobriu que oito delas continham um pouco de calcário em sua construção (uma nona foi parcialmente trabalhada na rocha de calcário, enquanto todo o resto foi trabalhado no cascalho). Isso significa que menos de 0,0008% das tumbas usavam pedra, então não era muito comum. Elas foram todas reexaminadas por Wendy Wood em um artigo publicado no *Journal of*

---

142. Emery, *Archaic Egypt*, op. cit.

143. Petrie, [*Sir*] W. M. Flinders, *The Royal Tombs of the Earliest Dynasties*. op. cit., p. 9-10.

Egyptian Archaeology em 1987.[144] Ela diz sobre uma delas: "As paredes da escadaria são de tijolos de barro com um revestimento de pedra e os degraus são de pedra. Duas portas levadiças de calcário foram encontradas *in situ* junto ao trecho norte-sul da escadaria". Ela diz que, embora Saad a atribua à primeira metade da Primeira Dinastia, ela realmente data da época do último rei dessa dinastia.

Wood diz sobre outra tumba:

> O alicerce consiste de uma escadaria de pedra terminada em ponta com duas portas levadiças *in situ* e uma câmara mortuária retangular cortada em cascalho (...) A câmara é pavimentada e "cercada por paredes com grandes blocos de calcário branco da mesma forma que [a tumba descrita antes]" (...) e o maior bloco de calcário (tinha) aproximadamente 3 metros x 2 metros x 50 centímetros".

Essa tumba data aproximadamente do reino do rei Den da Primeira Dinastia.

Outra das tumbas foi atribuída por Wood ao fim da Segunda Dinastia, ou seja, contemporânea da tumba de Khasekhemui. Isso é descrito assim: "As únicas placas calcárias colocadas na horizontal nas paredes norte e sul da câmara mortuária retangular medem 4 metros x 2 metros x 40 centímetros para abarcar os longos lados do retângulo". Sobre essas, Wood diz que "houve um maior cuidado para revestir a pedra".

Esses usos da pedra são mínimos e sem eficácia. Como Wood comenta:

> Mesmo considerando os monumentos perdidos, e há um número espantoso de remanescentes, nada na arquitetura arcaica das tumbas é uma preparação adequada para a perícia técnica que aparece de repente no centro do complexo da Pirâmide de Degraus da Terceira Dinastia em Saqqara. O complexo contém duas câmaras mortuárias de granito e um tampo de granito com aproximadamente três toneladas de peso, usado para lacrar a câmara principal embaixo da Pirâmide de Degraus.

Em outras palavras, a outra pequena evidência remanescente dos usos de alguns pedaços de pedra em circunstâncias raras na Primeira

---

144. Wood, Wendy, "The Archaic Stone Tombs at Helwan", *Journal of Egyptian Archaeology*, Volume 73, 1987, p. 59-70.

e Segunda Dinastia não impressiona mais do que vimos na tumba de Khasekhemui, na verdade, ainda menos.

Khasekhemui com certeza era ambicioso quanto ao tamanho de suas estruturas, mesmo se houvesse uma falta de finura no projeto e na construção. Acredita-se que ele construiu a grande estrutura em Hieracômpolis conhecida como "o Forte". (Veja as Pranchas 31, 32 e outras fotos no site.) Essa construção definitivamente não era um forte, mas sim um palácio ou algum tipo de grande terreno religioso. O nome "Forte" foi vinculado a ele há muito tempo e foi mantido por ser familiar. Outra estrutura maciça de Khasekhemui, chamada Shunet el Zebib em árabe, é encontrada em Abidos. David O'Connor disse:

> Há muito ficou claro que nenhum desses terrenos são fortalezas, mas, por outro lado, continua o debate sobre suas funções (...) Os muros duplos [de Shunet el Zebib] definem uma área de aproximadamente um hectare ou sob 2,5 acres (...) As paredes maciças de tijolos dessa estrutura, hoje chamada de Shunet el Zebib, ainda se elevam a uma altura de dez a 11 metros, aproximadamente 36 pés (...) Desde 1904 essa estrutura é atribuída ao faraó Khasekhemwy [Khasekhemui] do fim da Segunda Dinastia e, portanto, tem cerca de 4.700 anos de idade. É provavelmente o exemplo mais antigo de arquitetura em tijolo monumental em grande escala do mundo, no sentido de que a maior parte dela sempre permaneceu livre de areia ou escombros.[145]

Quando Olivia e eu visitamos Hieracômpolis, fomos recebidos com alegria pela saudosa Barbara Adams, cuja morte precoce é profundamente lamentada por todos que a conheceram. Ela dedicou muitos anos de sua vida ao local e conhecia cada centímetro da enorme extensão de cemitérios, onde fez muitas descobertas surpreendentes, incluindo os restos de um elefante. (Veja uma foto dela ao lado de uma antiga padaria em Hieracômpolis no site *Egyptian Dawn*.) Ela nos mostrou o Forte, feito inteiramente de tijolos de barro. Uma única peça de pedra ficava no centro do amplo pátio e já houve uma vez um batente de portão de granito rosa com o nome do rei Khasekhemui inscrito na entrada, que foi retirado pelo Museu Egípcio do Cairo em 1899. Esse batente foi descoberto por Quibell em 1897.[146]

---

145. O'Connor, David, "The Earliest Pharaohs and the University Museum: Old and New Excavations: 1900-1987", in *Expedition*, Vol. 29, nº 1, 1987, p. 37.
146. Quibell, *Hierakonpolis*, op. cit., Vol. I, Prancha ii.

Em 1932, Engelbach conseguiu elucidar o fato de que ele já teve cenas elaboradas da fundação com o faraó estabelecendo uma estrutura sagrada e martelando as estacas para o alicerce no chão com a deusa Sheshet, que é sempre mostrada ao lado do faraó nessas cenas, das quais essa é a mais antiga conhecida. Ele conseguiu deixar essas cenas parcialmente visíveis esfregando-as com pó de giz e iluminando-as em um ângulo agudo e publicou o resultado. Ele disse que essas cenas estavam "quase completamente apagadas". Ele descobriu depois que Gaston Maspero percebera essas cenas em 1906 e comentou que elas foram "cinzeladas quando o bloco foi reutilizado".[147] Engelbach não elabora essa ideia extraordinária sugerida por Maspero.

Francamente, é difícil acreditar que o bloco foi reutilizado de alguma forma, por ter sido encontrado *in situ*, e sabemos que esse "Forte" não era usado durante o período da Quarta à Sexta Dinastia.[148] Em que "reutilização" Maspero estava pensando? Parece-me que um detalhe importante passou batido aqui: devemos presumir que essas cenas foram apagadas não por uma reutilização do bloco, mas de propósito enquanto permanecia *in situ*, em uma tentativa de apagar Khasekhemui dos anais da história, como inimigos vitoriosos e sucessores costumavam fazer com seus inimigos políticos. Como vimos anteriormente, Khasekhem gostava muito de fazer isso. Mas quem poderia ter feito isso com o pobre Khasekhemui? Não pode ter sido muito tempo depois de sua morte, pois a raiva teria esfriado e as motivações políticas teriam diminuído se passasse muito tempo, e sua memória seria esquecida de qualquer forma. Não consigo imaginar um ataque à memória de Khasekhemui acontecendo depois da Quarta Dinastia, e isso deve ter ocorrido provavelmente em algum ponto durante a Terceira Dinastia. Mas por quê? Isso é pura especulação, com sua única defesa sendo o fato relatado por O'Connor de que a cerâmica para de ser deixada lá em algum momento durante a Terceira Dinastia, indicando talvez uma interrupção de santidade ou respeito pelo local, o que poderia muito bem coincidir com o apagamento dos entalhes. Mas recomendo que esses estudiosos preocupados com a história política do período considerem essa anomalia curiosa e tentem descobrir o que significa. Temos poucas pistas suficientes sobre essas coisas, e deixar passar alguma não é boa ideia.

---

147. Engelbach, R., "A Foundation Scene of the Second Dynasty", in *Journal of Egyptian Archaeology*, Vol. 20, 1932, p. 183-184 e Prancha XXIV. A citação de Maspero vem de seu Guia do Museu do Cairo de 1906.
148. O'Connor, *"The Earliest Pharaohs"*, op. cit., p. 38.

Embora esse grande edifício do "Forte" ainda seja muito impressionante até hoje, 4.500 anos depois, a ausência de pedra constitui outro contraste admirável à construção de pedra do complexo de Zoser em Saqqara que o seguiu logo depois.

Khasekhemui foi obviamente um homem poderoso, dinâmico e provavelmente vaidoso. Ele pode muito bem ter matado 47 mil inimigos, como afirmou. Ele também pode ter sido um gigante que intimidava todos que encontrava. Ele queria seu nome nas coisas, queria grandes estruturas. Mas não conseguiu fazer mais com pedra do que empilhar alguns blocos mal cortados em meras seis fileiras e nem sabia como terminá-los direito. Há algo errado em algum lugar em tudo isso.

Os resultados de datação

Nossas datações por carbono-14 foram realizadas em pedaços de madeira incrustados no tijolo de barro da principal estrutura da tumba, na vizinhança da câmara mortuária. Há uma grande quantidade dessa madeira e coletar amostras foi bem simples. Os resultados obtidos vieram de dois laboratórios diferentes. No laboratório grego, Demokritos, os resultados de duas amostras foram de 2834-2579 a.C. (com 68,3% de probabilidade) e 2857-2502 a.C. (95,4% de probabilidade). Os outros resultados vieram de Geochron Laboratories em Cambridge, Massachusetts, Estados Unidos, e eles foram de 2860-2470 a.C. (68,3%) e 2880-2350 a.C. (95,4%).

Se pegarmos a menor das datas-limite mais altas, temos 2834 a.C. E se pegarmos a mais alta das datas-limite menores, temos 2579 a.C. Provavelmente não corremos o risco de errar, portanto, em supor que a madeira seja de 2834 a.C. a 2579 a.C., um período de 255 anos. Considerando a maior variação possível, diríamos que as datas caem entre 2880 a.C. e 2350 a.C., um período de 530 anos.

Ioannis coletou duas amostras de calcário da câmara mortuária, uma das quais acabou não servindo para a análise. O resultado da amostra boa datada por termoluminescência óptica foi de 3300 a.C., com uma margem de erro de 450 anos para mais ou para menos, dando um intervalo de 3750 a.C.-2850 a.C.

Uma data convencional para a morte de Khasekhemui é 2707 a.C. Embora nossas datas por carbono-14 incluam essa data em seu período, nem os fragmentos nem o calcário são tardios assim. Como a data mais antiga possível pelo carbono-14 é de 2880 a.C. e a menor data possível do calcário é 2850 a.C., isso sugeriria que a tumba de Khasekhemui seja de um período de 30 anos entre essas duas datas.

Segundo esses achados, a tumba de Khasekhemui é de 143 a 173 anos mais antiga do que afirmam algumas cronologias convencionais e entre 200 e 220 anos mais antiga até do que a data comumente aceita pelo Instituto Alemão no Cairo (antes de 2600 a.C.).

Conclusões

É completamente absurdo aceitar a interpretação-padrão dos eventos no Egito Antigo nesse momento. Ficou muito claro que havia discrepâncias tecnológicas tão patentes e extremas que só podemos concluir que deviam existir *duas civilizações egípcias contemporâneas separadas*. A civilização com tecnologia avançada ficava no norte (Baixo Egito). Lá era possível construir pirâmides gigantescas. Já a civilização atrasada tecnologicamente, representada pelo rei Khasekhemui, ficava no sul (Alto Egito). *Essas civilizações não eram a mesma*. Sim, o rei Zoser deve ter enterrado o rei Khasekhemui. Sim, eles devem ter vivido ao mesmo tempo. Mas, não, eles não foram reis consecutivos da mesma civilização. Apesar de suas pretensões vaidosas, Khasekhemui não foi o faraó de todo o Egito, apenas o rei do sul atrasado tecnologicamente, que travou algumas batalhas no norte (não se sabe ao certo se foi contra os saqueadores líbios do deserto ocidental ou contra egípcios nativos), algumas das quais ele parece ter vencido. Mas ele não era o rei do norte, era um intruso nessa região. Agora vemos o motivo real, nunca compreendido até então, por que os antigos historiadores egípcios demarcavam bem a "Segunda Dinastia" da "Terceira Dinastia". Elas eram separadas não só em nome, mas em natureza. A "Terceira Dinastia" não era apenas uma continuação da "Segunda Dinastia" porque eram reinos completamente diferentes; embora eles se conhecessem e tivessem um contato amigável o suficiente para um rei enterrar o outro, eles governavam partes diferentes do Egito ao mesmo tempo. A civilização no norte era avançada, a do sul era atrasada. Um não sucedeu o outro. Eles governaram em paralelo por parte do tempo, embora não esteja claro por quanto tempo.

Isso resulta em um panorama completamente diferente das origens da civilização egípcia do que se sugeria até agora. À luz disso, nenhuma ideia preconcebida está a salvo. Suas implicações são tão inacreditáveis que todo aspecto da história dessa época precisa ser revisto. Como se estivéssemos em um trem que chegou ao fim da linha, deveríamos gritar: *Baldeação!*

Capítulo 6

Os "Reis Perdidos" e uma Pirâmide da Primeira Dinastia

Uma pirâmide da Primeira Dinastia no Egito? Quem já ouviu uma coisa dessas? Bem, é esse o problema, a maioria nunca ouviu. Mas apesar disso essa pirâmide foi escavada por Walter B. Emery em 1937, em Saqqara, e suas ruínas podem ser vistas na Prancha 33 e na Figura 36. Goste ou não, ela está lá.

Isso é o que eu chamo de *história*. Mas é uma história que ninguém queria contar. Por que isso? É embaraçosa demais porque nenhum especialista sabe o que dizer sobre ela ou o que ela significa?

Essa pirâmide foi a tumba de um rei renegado da Primeira Dinastia chamado Enezib, cujo nome às vezes é escrito como Anedjib (as duas formas estão "certas", pois tanto faz usar o "dj" ou o "z" em nossa forma moderna de escrever os nomes egípcios). Ele foi o quinto rei da Primeira Dinastia.

Como pode um rei tão antigo quanto esse ter construído uma pirâmide e mesmo assim ninguém saber nada sobre ela?

A pirâmide de Enezib tinha 75 pés [22,8 metros] de comprimento na base e teria originalmente 43 pés [13,1 metros] de altura, portanto, não era particularmente pequena. Sua altura foi calculada por seu declive, que Emery diz ser de 49 graus, três graus menor do que o da Grande Pirâmide de Gizé. Mas a pirâmide de Enezib não foi feita de pedra, e sim de tijolos de barro.

O rei Enezib parece ter sido derrotado, mas, mesmo se tivesse morrido de causas naturais, seu sucessor, o rei Semerkhet, fez todos os esforços para apagar sua memória, retirando seu nome de objetos preciosos, entre outras coisas. E então cortaram o topo da pirâmide de Enezib. Ela foi, portanto, uma *pirâmide decapitada*. Isso com certeza foi uma atitude bem drástica e sugere um ódio violento por pirâmides da parte dos reis do sul que estabeleceram a Primeira Dinastia. Isso também deve ter sido feito sob ordens de Semerkhet, pois Emery estabeleceu que foi feito dentro de um período de tempo que teria incluído a vida do arquiteto, portanto deve ter acontecido logo depois da morte do rei Enezib.

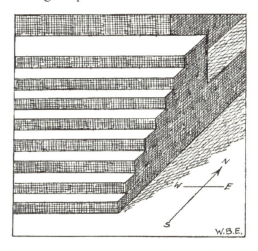

Figura 36. Esse diagrama em corte mostra os degraus da tumba da Pirâmide de Degraus escavada do rei Enezib (ou Anedjib), quinto rei da Primeira Dinastia, que foi descoberta em Saqqara em 1937 por Emery e foi atribuída a princípio a Nebetka, um oficial real que viveu durante o reinado de Enezib. Vemos também nesse desenho que a estrutura está orientada exatamente de acordo com os pontos cardeais, assim como as pirâmides de Gizé. (Figura 64 de Walter B. Emery, "A Preliminary Report on the Architecture of the Tomb of Nebetka", *Annales du Service*, Cairo, Vol. 38.) Um relato mais completo sobre essa tumba foi publicado 11 anos depois em Walter B. Emery, *Great Tombs of the First Dynasty*, Volume I, Cairo, 1949, no qual esse desenho é a Figura 38-A na p. 84, e a tumba recebeu a numeração de Tumba 3038. Após alguns anos de debates e considerações, Emery decidiu que haveria "algumas possibilidades mais espantosas" sobre essa tumba do que apenas pertencer a um oficial real. Ela foi construída originalmente como uma pirâmide de degraus! O topo foi cortado e a forma piramidal foi completamente escondida por uma nova superestrutura na forma convencional de uma tumba com uma frente conhecida como desenho de "fachada de palácio". Em 1961, Emery enfim falou sobre o que ele achava que era essa tumba; em seu livro *Archaic Egypt*, ele disse: "A construção é do período de Enezib e, embora ocorra o nome de um oficial chamado Nebitka nos selos dos jarros, etc., pareceria provável que fosse o local de sepultamento do rei" (p. 82). Veja a discussão no texto.

A forte possibilidade de essa ter sido uma disputa entre o norte e o sul sobre o que exatamente constituía um "Egito unificado" é sugerida de forma explícita por Walter Emery[149] e indicada pelas diferenças drásticas entre duas antigas listas de reis, uma do norte conhecida como Lista de Reis de Saqqara e uma do sul conhecida como Lista de Reis de Abidos (veja as Figuras 37 e 38), as quais descreverei logo mais. A lista do norte omite Semerkhet e os quatro reis da Primeira Dinastia que precederam Enezib e o cita como o verdadeiro fundador de um Egito unificado. No que diz respeito a essa lista, a história egípcia oficial começa com ele. Não pode ser coincidência essa lista ser de Saqqara, onde Enezib construiu sua pirâmide. Mas a lista do sul, por outro lado, inclui todos esses reis omitidos. Então esses são os primeiros dos nossos "reis perdidos" deste capítulo. Mas, como veremos, houve muitos outros, provavelmente mais importantes, que fazem parte dos mistérios contínuos do Egito pré-dinástico e arcaico e o que realmente acontecia na época, bem como alguns enigmas sobre a Terceira Dinastia do início do Antigo Império.

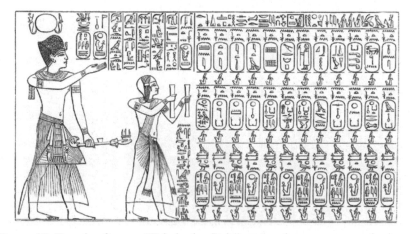

Figura 37. Essa é a famosa "Tabela dos Reis", escavada em uma parede de um corredor no Templo de Seti I em Abidos, no Alto Egito. Como é impossível fotografar a superfície do entalhe, por causa de sua largura e a estreiteza do corredor, essa imagem dele é inestimável. (Ele na verdade se estende mais à direita.) Seti I, o segundo rei da 19ª Dinastia, é visto levando oferendas (ele segura um incensário na mão esquerda) aos espíritos dos ancestrais reais. Um sacerdote vem antes dele. Essa imagem foi publicada no livro de Norman Lockyer, *The Dawn of Astronomy*, London, 1894, p. 21. Essa lista de reis agora é conhecida em geral pelo nome de Lista de Reis de Abidos. Cada cartucho contém o nome de um rei antigo, cujo espírito é reverenciado. Os reis hereges, como Akhenaton e seu filho Tutankhamon,

---

149. Emery, Walter B., *Archaic Egypt*, op. cit., p. 80.

são omitidos dessa lista, que servia para propósitos cerimoniais, pois seus espíritos não deveriam ser reverenciados. O templo de Seti I em Abidos era, na realidade, um "Templo dos Ancestrais Reais", culminando nele. Um de seus objetivos era fortalecer suas reivindicações à legitimidade retratando-se como sucessor direto de todos os reis antigos mortos. Acredita-se que ele pessoalmente realizasse cerimônias elaboradas para reverenciar os reis mortos pelo menos uma vez ao ano. Nessa ocasião, todos os nomes deveriam ser recitados em voz alta.

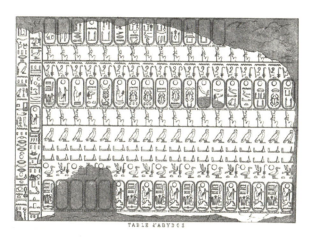

Figura 38. Uma ilustração de parte da Lista de Reis de Abidos entalhada em uma parede do Templo dos Ancestrais do Rei Seti I, conhecido hoje apenas como "O Templo de Seti I" em Abidos, ao norte de Dendera, no Alto Egito. (De *L'Égypte: Atlas Historique et Pittoresque*, Prancha I, data desconhecida, mas do fim do século XIX, uma prancha solta na Coleção de Robert Temple.)

A instabilidade da regência da Primeira Dinastia é mostrada de uma forma bem dramática pela descoberta de Emery, que foi uma das descobertas mais inesperadas feitas na Egiptologia antes da Segunda Guerra Mundial, embora as implicações dessa descoberta não tenham ficado óbvias de imediato, até para Emery. Tudo começou com ele achando uma tumba enigmática em Saqqara conhecida como Tumba 3038. Ele a descobriu em 1937 e a princípio achou que fosse de um oficial real chamado Nebetka ou Nebitka, cujo nome foi encontrado em alguns selos de jarros na tumba. Então seu relato a descrevia como "a tumba de Nebetka".[150] Quando Emery publicou seu relato mais abrangente dessa tumba no Volume I de seu *Great Tombs of the First Dynasty* em 1949, depois de terminar a interrupção lastimável da guerra, ele

---

150. Emery, Walter B., "A Preliminary Report on the Architecture of the Tomb of Nebetka", in *Annales du Service des Antiquités de l'Égypte*, Cairo, Vol. 38, 1938, p. 457-459 e Pranchas 77-85. (Minha cópia é uma impressão original.)

concluiu que a tumba não poderia ser de Nebetka na verdade, mas haveria "algumas possibilidades mais espantosas".[151] Por fim, quando publicou seu livro *Archaic Egypt* em 1961, Emery enfim foi específico sobre o que queria dizer com isso: "A construção é do período do [rei] Enezib e, embora o nome de um oficial chamado Nebitka [que antes ele grafava Nebetka] ocorresse em selos de jarros, etc., parece provável que este seja o local de sepultamento do rei".[152]

Não conto essa evolução dos pensamentos de Emery sobre uma tumba sem motivo. Pois o *motivo* é o que impressiona tanto em tudo isso. Essa tumba é a única tumba de rei em todo o Período Arcaico, constituído pelo que chamamos Primeira e Segunda Dinastia. E a estranha estrutura dessa tumba descoberta por Emery parece estar ligada a um conflito político de grandes proporções. Pois o que maravilhou Emery foi o estranho fato de que essa tumba foi projetada e construída a princípio *como uma pirâmide*. E uma tumba real no formato de uma pirâmide na Primeira Dinastia é única.

Há mais coisas estranhas sobre a tumba do que seu formato piramidal original. Há um mistério sobre o que aconteceu com ela e com seu rei. A tumba parece ter sido vítima de uma grande luta por poder político e toda a sua aparência foi modificada, porque depois do corte do topo da pirâmide a estrutura foi remodelada para parecer "normal", como as tumbas dos antecessores e sucessores do rei. Em outras palavras, o rei Enezib parece ter sido um "herege", que foi renegado e teve seu legado alterado por sua dinastia, mas foi reabilitado muito depois.

Mencionei antes neste capítulo a existência da Lista de Reis de Saqqara. O rei Enezib foi o primeiro a ser mencionado na lista, como se ele fosse considerado o primeiro "rei do Egito" legítimo aos olhos dos habitantes do norte. Todos os reis da Primeira Dinastia antes dele foram ignorados. Seu sucessor imediato, rei Semerkhet, que se opôs a ele, também foi omitido da Lista de Saqqara, de forma que os habitantes do norte de tempos posteriores se recusaram a reconhecê-lo. Entretanto, os reis "omitidos" da Lista de Saqqara, do norte, foram reintegrados na Lista de Reis de Abidos, do sul. Portanto, parece bem claro que acontecia uma grande luta por poder entre norte e sul e que o rei Enezib favoreceu o norte, enquanto seus antecessores e seu sucessor imediato Semerkhet favoreceram o sul. As omissões e inclusões "olho por olho" nas listas de reis rivais parecem deixar isso óbvio.

---

151. Emery, Walter B., *Great Tombs of the First Dynasty*, Vol. I, Cairo, 1949, Prancha 35-A, Figura 38-A e p. 84.
152. Emery, Walter B., *Archaic Egypt*, op. cit., p. 82.

O rei Semerkhet tentou apagar o nome de Enezib dos monumentos e mandou retirar o nome de Enezib de algumas tigelas de pedra preservadas na Pirâmide de Degraus em Saqqara. Com certeza houve uma campanha logo depois de seu reinado para acabar com a identidade dele. Semerkhet deve ter alterado a tumba de Enezib. Afinal, só um rei poderia mandar mutilar a tumba de outro. A determinação de Enezib em ter uma tumba no formato de uma pirâmide deve ter sido uma declaração do sentimento do norte que seu sucessor não conseguia tolerar. Emery diz o seguinte em seu livro de 1961:

> Enezib foi o primeiro rei mencionado na lista de reis de Saqqara e podemos inferir disso que ele foi o primeiro monarca tinita ["Tinis" foi o nome da capital da Primeira Dinastia] a ser reconhecido como legítimo pelo Baixo Egito. É significativo que seu nome, entalhado em recipientes de pedra, tenha sido apagado com frequência por seu sucessor Semerkhet, que por sua vez foi omitido na lista de Saqqara; tudo isso sugere uma luta dinástica entre pretendentes rivais que receberam apoio, um do Alto e o outro do Baixo Egito (...) Quando foi escavada pela primeira vez, a construção da tumba parecia seguir o desenho familiar de uma plataforma retangular, com seu exterior decorado com imagens em baixo-relevo. Porém, cavando mais revelou-se uma estrutura piramidal em degraus oculta dentro dela. Só a parte inferior da estrutura em degraus estava preservada (...).[153]

O relato completo da escavação de 1949 traz mais informações sobre a estrutura anômala:

> De um ponto de vista arquitetônico, essa tumba é de longe a estrutura mais interessante da Primeira Dinastia já descoberta, pois passou por três mudanças distintas e radicais no modelo, todas feitas aparentemente pelo mesmo construtor. Graças ao tamanho, textura e cores uniformes dos tijolos utilizados em todas as três estruturas, podemos ter mais ou menos certeza de que não se passou um grande intervalo entre essas alterações. Mas não conseguimos nenhuma pista do motivo para as mudanças ou da concepção arquitetônica por trás das primeiras duas construções (...) A primeira consistia de um poço retangular (...) A superes-

---

153. Ibid., p. 80-82.

trutura consistia de um bloco retangular de alvenaria com lados verticais que cobriam apenas o poço mortuário e as salas secundárias e nos lados norte, sul e oeste foram colocados bancos de areia e cascalho contra eles para formar um alicerce e um núcleo para uma série de degraus arrumados em formato piramidal (...) Os degraus (...) se elevam em um ângulo de 49 graus (...)[154]

Isso é realmente extraordinário. A inclinação da Grande Pirâmide está a apenas 52 graus, e aqui nós temos uma tumba real da Primeira Dinastia, construída originalmente com uma inclinação de 49 graus, muito perto. Quanto ao tamanho, a pirâmide do rei Enezib tinha 22,8 metros de comprimento (exatas 25 jardas ou 75 pés) de norte a sul, mas apenas 10,55 metros de leste a oeste, porque a face leste da pirâmide parece ter sido cortada e está ausente. Não se sabe se isso foi originalmente intencional ou se foi parte da mutilação, mas foi isso que os escavadores encontraram quando atingiram a estrutura interna. Portanto, a Prancha 33 e a Figura 36 mostram essa estrutura interna depois de a revelarem, retirando o revestimento externo "normal", que a escondeu completamente da vista por quase 5 mil anos.

A Figura 39 mostra como uma tumba real típica em Saqqara pareceria quando estava nova, com seu motivo decorativo de "fachada de palácio" característico da alternância de imagens em baixo e alto-relevo e o formato retangular plano conhecido como "mastaba". Pois um rei construir de repente uma pirâmide para ser sua tumba no meio de todas essas mastabas semelhantes deve ter sido um grande choque para todos! Chamar Enezib de não convencional não faz justiça ao impacto de sua ação, que deve ter sido tão perturbador ao *status quo* quanto Akhenaton foi em sua época, quando ele também tentou mudar as coisas.

O fato de alterações terem sido feitas tão rápido deve significar que o rei Semerkhet mandou a pirâmide ser cortada, provavelmente por seu arquiteto original, e a tumba ser convertida em um retângulo "normal" com a aparência-padrão. Portanto, a "grande declaração" do rei Enezib foi destruída e coberta. Seria tentador pensar que a pirâmide de degraus do rei Enezib da Primeira Dinastia pudesse ter inspirado a do rei Zoser da Terceira Dinastia, também em Saqqara. Mas isso é impossível, porque ela foi decapitada e coberta, de modo que o arquiteto de Zoser, Imhotep, não poderia tê-la visto.

---

154. Emery, *Great Tombs, op. cit.*, Volume I, p. 82-84.

Porém, as histórias de Enezib e de Zoser têm um aspecto estranhíssimo, pois de alguma forma parecem estar relacionadas. A pirâmide de Enezib foi decapitada e coberta por dois estágios consecutivos de mastabas. (Como não está claro por que se achava necessário fazer isso duas vezes, talvez haja uma consideração "mágica" por causa de algum tipo de superstição.) Mas quando Lauer escavou e estudou a construção da Pirâmide de Degraus de Zoser em Saqqara, descobriu que Imhotep fez *exatamente o oposto*. A Pirâmide de Degraus de Zoser também é construída em três estágios. Ela começou com uma mastaba, depois uma pirâmide foi construída em cima dela e depois mais outra em cima desta. Isso pode ser visto graficamente em dois diagramas de Lauer, reproduzidos como Figuras 40 e 41.

Figura 39. A reconstrução feita por Jean-Philippe Lauer da tumba (ou cenotáfio, ninguém tem certeza sobre o que é) da rainha Merneith ("Amada de Neith", que foi a deusa do norte) da Primeira Dinastia em Saqqara, como ela teria parecido quando era nova, reproduzida em várias de suas publicações. Essa rainha era uma "líbia" do Delta, provavelmente da capital de Sais, que se acredita ter sido a esposa do rei Djet e mãe do rei Den (o terceiro e quarto reis da Primeira Dinastia).

Então consideremos isto por um momento:

(1) A tumba de Enezib consistia de uma pirâmide, que foi cortada e coberta por uma mastaba e depois coberta por outra mastaba.

(2) A tumba de Zoser consistia de uma mastaba, que foi coberta por uma pirâmide e depois coberta por outra pirâmide.

Se Semerkhet fez uma declaração ao converter a pirâmide de Enezib em uma mastaba *duas vezes*, talvez Imhotep estivesse fazendo uma declaração convertendo uma mastaba em uma pirâmide *duas vezes*.

Será que Imhotep estaria contra-atacando a "magia negra" que acontecera séculos antes com um ritual mágico de construção próprio, como um tipo de ato arquitetônico de exorcismo?

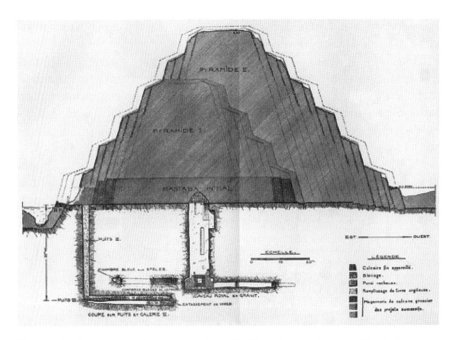

Figura 40. O corte em diagrama de Jean-Philippe Lauer da Pirâmide de Degraus em Saqqara, mostrando nas partes sombreadas suas três fases de construção acima do nível do solo (abaixo do solo é mostrado em branco). A fase 1 é a mastaba curta e retangular na base, denominada "Mastaba Inicial". A fase 2 é a Pirâmide 1. A fase 3 é a Pirâmide 2, que é o que vemos agora do lado de fora, revestindo completamente as duas estruturas mais antigas em segredo. Isso tudo foi feito de propósito durante a vida do rei Zoser por seu arquiteto, Imhotep. A questão é: por quê? Até agora, supôs-se, por falta de qualquer outra explicação, que o faraó e seu arquiteto não conseguiam se decidir e resolveram primeiro construir uma mastaba, mas não ficaram satisfeitos com ela e então construíram uma pirâmide pequena sobre ela. Mas então, ainda insatisfeitos, eles construíram mais uma pirâmide, dessa vez muito maior, que engoliu as duas estruturas anteriores (que só foram descobertas pelas investigações e escavações de Lauer). Porém, essa explicação os apresenta como tolos e confusos e não combina psicologicamente com o que sabemos sobre Imhotep ter a reputação de maior gênio da história egípcia. Mas agora se apresenta uma alternativa inesperada: talvez Imhotep estivesse fazendo uma "declaração" decisiva de natureza política e cultural. Pois ele fez exatamente o oposto do que fez o rei Semerkhet da Primeira Dinastia: Semerkhet decapitou a pirâmide de seu antecessor, rei Enezib, em Saqqara e construiu duas mastabas consecutivas sobre ela. Imhotep fez o exato oposto, também em Saqqara, começando com uma mastaba e depois construindo duas pirâmides sobre ela. Isso poderia ter sido feito não só por uma implicação política e cultural, mas também mágica: desfazer a "magia negra" de uma era anterior revertendo-a com a "magia boa" corretiva. Veja a discussão no

texto principal. Este desenho é a prancha desdobrável 11 no livro de Jean Philippe Lauer, *Histoire Monumentale des Pyramides d'Égypte*, Volume 1, *Les Pyramides à Degrés (IIIe Dynastie)*, Cairo, 1962.

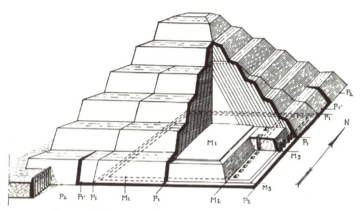

Fig. 20. — Schéma perspectif des états successifs de la Pyramide à degrés.

Figura 41. Vista em perspectiva esquemática das camadas sucessivas da Pirâmide de Degraus de Zoser em Saqqara. Figura 20 na p. 71 de Jean-Philippe Lauer, *Histoire Monumentale des Pyramides d'Égypte*, Volume I: *Les Pyramids à Degrés (IIIe Dynastie)*, Cairo, 1962. A mastaba retangular e plana ("M1") foi a primeira construção (as pequenas modificações dela são denominadas M2 e M3), a pirâmide de degraus denominada "P1" foi construída em cima dela e, por fim, a Pirâmide de Degraus como a vemos agora ("P2") foi construída em cima de tudo.

Ou terá sido apenas um ato político? O rei Enezib claramente ostentou o fato de ter construído sozinho uma pirâmide para ser sua tumba e seu sucessor ficou tão furioso que a destruiu e converteu em uma mastaba para parecer todas as outras. Talvez Zoser e Imhotep estivessem reabilitando Enezib e fazendo uma grande declaração de que ele estava certo e as coisas seriam da sua maneira daquele momento em diante. Em outras palavras, o norte estava no topo de novo, não o sul. Depois de enterrar o rei Khasekhemui em Abidos, no sul, e apaziguarem tudo lá, eles voltaram para Saqqara e começaram a construir uma proclamação triunfal da supremacia do ponto de vista do norte, usando a tecnologia de pedra secreta do norte à qual só eles tinham acesso. Só para esfregar isso na cara de todo mundo e deixar absolutamente claro, eles *reverteram* de forma ostensiva o processo de erradicação de Semerkhet, cujas memórias devem ter permanecido, e mostraram seu desprezo pelo conceito de mastaba do sul, que veio para simbolizar o domínio dos reis sulistas, colocando não uma, mas duas pirâmides em cima de uma. É possível até que a seção leste da pirâmide de Enezib tenha sido cortada para Imhotep examinar a estrutura interna e fazer sua pesquisa arquitetônica.

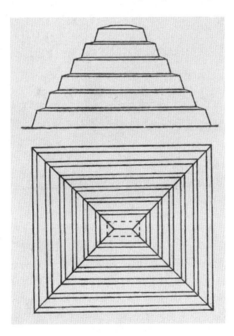

Figura 42. Desenho em posição frontal e plano da Pirâmide de Degraus de Saqqara, como foi publicado por seu principal escavador, Jean-Philippe Lauer. Essa é a Figura 1 do antigo artigo de Jean-Philippe Lauer, "Remarques sur les Monuments du Roi Zoser à Saqqarah", *Bulletin de l'Institute Français d'Archéologie Orientale*, Vol. XXX, 1930, p. 334. Lauer salientou que a Pirâmide de Degraus não tinha um plano quadrado, mas retangular. (Os lados norte e sul são mais longos do que os lados leste e oeste em uma razão de seis para 5,4 na base. Essa razão muda quando a estrutura fica maior e você segue para níveis maiores ou "degraus", de modo que os lados norte e sul ficam cada vez mais longos e os lados leste e oeste mais curtos quanto mais alto você vai.)

O que nos encoraja a acreditar que tudo isso foi político é a evidência de que o antecessor e o sucessor imediato de Enezib foram apagados da Lista de Reis de Saqqara. Nesse ponto, devo explicar exatamente o que é a Lista de Reis de Saqqara e responder a uma sugestão, feita por um estudioso, de que esses reis foram omitidos por falta de espaço.

Os "Reis Perdidos" e uma Pirâmide da Primeira Dinastia

A Lista de Reis de Saqqara foi encontrada inscrita nas paredes da tumba de um sumo sacerdote, conhecido como "sumo sacerdote leitor", chamado Tjuloy, que vivia na época do Novo Império no reinado do faraó Ramsés II (1279 a.C.-1213 a.C.). Como Tjuloy queria reverenciar os "reis ancestrais", ele tinha 58 nomes de reis representados em dois registros com 29 cada um, em um relevo na capela de sua tumba.

O primeiro nome de sua lista é do rei Enezib, e depois se omite o rei seguinte, Semerkhet, grande inimigo de Enezib, assim como são omitidos os quatro reis da Primeira Dinastia antecessores de Enezib. O especialista Donald Redford, que escreveu um livro importante sobre as listas de reis e os anais antigos dos egípcios, sugere que essas omissões não ocorrem de propósito. Segundo ele, o espaço na parede acabou. Mas nesse caso, trabalhando para trás, eles deveriam ter terminado com Semerkhet e não chegar a Enezib. Mas, em vez disso, omitiram Semerkhet. Por que isso? Como isso caberia na teoria de Redford? Ele também diz que a lista é do sul e só por acaso teria sido entalhada no norte, porque a capital do Novo Império era Tebas (a Luxor moderna), todas as listas eram "tebanas" nessa ocasião e a Lista de Reis de Saqqara deveria representar "uma incursão da tradição tebana na região menfita".[155] Mas isso também não convence. As partes mais recentes da lista vieram de lá, claro, de onde mais elas viriam? Mas quando se entalha uma lista em Saqqara, mesmo se for do sul, nas questões relativas a esse lugar, espera-se que a pessoa seja fiel às tradições. Não havia uma versão "saqqariana" de nenhuma lista de reis do Novo Império, pois Saqqara nunca teve muito a ver com esse período. Mas se você estivesse erguendo uma tumba em Saqqara, não iria contra os costumes locais. Fazer isso seria não só um insulto aos seus habitantes, mas também "magia negra".

Redford parece interessado em minimizar qualquer significado político em relação às omissões dos nomes dos "reis perdidos". Mas ele contradiz esse argumento em outro momento em seu livro. Ele admite que, em relação às listas de reis, "uma tradição local permaneceu forte e esses reis são agrupados de acordo com o agrupamento geográfico".[156] Absolutamente certo. Ele também menciona, quando fala da lista do sul conhecida como Lista de Reis de Abidos: "(...) a forte ligação de culto entre a casa real menfita do Antigo Império e a lista de Abidos está

---

155. Redford, Donald B., *Pharaonic King-Lists, Annals and Day-Books: A Contribution to the Study of the Egyptian Sense of History*, SSEA Publication IV, Benben Publications, Mississauga, Canadá, 1986, p. 27.
156. Ibid.

devidamente refletida na progressão em ordem de Menés ao 56º nome (...)".[157] Mas é exatamente esse o ponto com a própria Lista de Reis de Saqqara, ou seja, havia uma forte "tradição de culto" local, que Tjuloy não ousava desafiar, com receio de ofender os anfitriões de sua tumba. Como a tradição local poderia ser mais forte do que em Saqqara, onde a tumba mutilada de Enezib e a aparentemente pirâmide de Zoser a favor de Enezib e contra Semerkhet foram encontradas? Mas o ponto mais significativo é que omitiram Semerkhet da lista de Tjuloy. Se fosse uma questão de espaço na parede, ele seria o "primeiro rei", não Enezib.

Então o que acontecia aqui? A pirâmide de degraus do rei Enezib foi a primeira de todas no Egito? Se sim, de onde ele tirou a ideia? Como foi destruída e coberta por seu sucessor irado Semerkhet, de onde Imhotep tirou essa mesma ideia muito tempo depois, considerando que não poderia ser de observar ou até saber da estrutura antiga de Enezib? Qual foi a fonte dessas duas pirâmides, ambas em Saqqara, apesar do fato de que a segunda não poderia ter derivado da observação direta das ruínas da primeira? (Deixo de lado aqui a possibilidade de Imhotep ter tirado um pedaço do lado leste para investigar, por não termos prova disso.)

Esse é um mistério genuíno. Mas, como todos os mistérios, este deve ter uma solução. Não considerando o fato de que uma tradição, conhecida por Zoser e Imhotep, deve ter sobrevivido à mutilação da pirâmide de Enezib, as duas pirâmides de Saqqara tiveram uma fonte de inspiração em comum: uma outra ou outras pirâmides que os inspiraram. *Poderiam ter sido as três principais pirâmides de Gizé?*

Nós vimos nos resultados de datação que as pirâmides de Gizé poderiam pertencer ao período pré-dinástico. Não quer dizer que pertenceram, mas poderiam. Mas, se elas não pertenceram, então quem, entre o período pré-dinástico e a Quarta Dinastia, poderia tê-las construído sem que soubéssemos?

No Capítulo 8, proponho algumas sugestões inesperadas quanto à fonte de conhecimento e tecnologia que teria levado à construção das pirâmides de Gizé por faraós antes da Quarta Dinastia, como nossos resultados sugerem. Fica absolutamente claro que nenhum faraó da Primeira Dinastia poderia tê-las construído, porque Enezib tentou construir uma pirâmide em Saqqara e só conseguiu fazer isso com tijolos de barro, embora tenha sido uma boa tentativa. O fato de os egiptólogos não conseguirem discutir ou chamar a atenção para a pirâmide de Enezib não ajudou nas discussões dessas questões. Ao deixar isso fora do

---

157. Ibid., p. 20.

discurso, eles distorceram as discussões, eliminando a primeira evidência previamente datável de uma construção de pirâmide séria. Eu não deveria ter de introduzir a pirâmide de Enezib aqui como uma novidade, quando ela já é conhecida desde a época de Emery. Mas o assunto não recebeu a devida atenção daqueles cujos deveres seriam encará-lo.

Isso me leva aos outros grandes e misteriosos "reis perdidos" deste capítulo. Pois eles pertencem ao período pré-dinástico, eram reis do Baixo Egito citados com clareza na Pedra de Palermo (um registro de anais mencionado no Capítulo 1 que eu descrevo com mais detalhes abaixo), mas sobre quem se perdeu todo conhecimento, como se uma campanha de erradicação de todos os vestígios de sua existência tivesse sido conduzida na região por seus sucessores, os reis conquistadores do sul do Alto Egito, que "unificaram" o Egito e fundaram o que passamos a chamar de Primeira Dinastia. Esses "reis perdidos" do norte poderiam ser os verdadeiros construtores das pirâmides de Gizé? Será que o rei Enezib os admirava, tentou imitá-los à sua maneira pequena com tijolos de barro e tentou construir sua própria pirâmide? Apesar de tudo, ela não era tão pequena (sua base tinha 75 pés ou 22,8 metros de comprimento) e ele parece ter levado tudo a sério. Isso poderia ser visto como uma apostasia chocante pelos reis do sul que eram contra o Baixo Egito, principalmente pelo sucessor de Enezib, Semerkhet (que pode muito bem tê-lo derrotado)? As eliminações estranhas dos primeiros reis do sul da Lista de Reis de Saqqara, incluindo Semerkhet, e a inclusão de Enezib e sua posição como o *primeiro rei do Egito unificado* sugerem uma discordância política ferrenha entre quem era pró-norte e quem era pró-sul. Acredito que todos subestimaram as paixões envolvidas em tudo isso na Antiguidade. As guerras civis são sempre as mais cruéis.

Essa linha de pensamento é encorajada pelo que já vimos, ou seja, a indisponibilidade de uma tecnologia de pedra avançada para os reis do sul, como vimos na tumba de Khasekhemui, descrita no capítulo anterior, mas sua disponibilidade em Saqqara, como no reinado do rei seguinte, Zoser. A existência de uma divisão tecnológica era inquestionável, pois os habitantes do norte eram capazes de construir pirâmides e os do sul incapazes. Só um rei da Primeira Dinastia, Enezib, construiu uma pirâmide, e ele foi descrito em uma lista do norte como o primeiro rei genuíno do Egito unificado. Seus antecessores e seu sucessor imediato foram omitidos do registro. Talvez tenha havido uma tentativa tão rigorosa e determinada quanto para reescrever a história da parte dos primeiros reis da Primeira Dinastia, que não queriam a permanência de nenhum vestígio ou memória dos "reis perdidos". Entretanto, por causa do conservantismo dos sacerdotes egípcios e das pesquisas arquivísticas de Imhotep na Terceira Dinastia (que coletou 40 mil tigelas de pedra com os nomes dos antigos reis entalhados em muitas delas), os nomes foram preservados nas listas e reapareceram sozinhos, sem outros detalhes junto, no fim da Quinta Dinastia na Pedra de Palermo.

Topamos aqui com outro enigma cronológico.

A cronologia da história egípcia antiga é, como já destaquei, estabelecida firmemente em 2000 a.C. Antes disso, houve algo chamado Primeiro Período Intermediário, um período com um colapso social e político total. Acredita-se que ele tenha sido marcado por enchentes, secas, pragas e ilegalidade. Ninguém sabe exatamente quanto tempo durou, mas alguns imaginam que tenha sido menos de 50 ou cem anos e muitos acham que tenha sido cerca de 150 anos. Estou disposto a considerar 150 anos como uma estimativa bem confiável.

Antes disso, aconteceram a Quinta e Sexta Dinastia do Antigo Império. Elas foram uma espécie de crepúsculo tépido da glória do verdadeiro Antigo Império, que compreendia a Terceira e Quarta Dinastia. Costumava-se considerar a Primeira e Segunda Dinastia como parte do Antigo Império, mas agora ficou moda falar delas como "Período Arcaico". Um motivo para isso é sabermos tão pouco sobre elas. (Porém, devo dizer que sabemos ainda menos sobre a Terceira Dinastia, mas as pessoas se esquecem disso.)

O inquietante é que antes de, digamos, 2200 a.C., a cronologia da história egípcia desmorona. Tudo antes dessa data fica mais ou menos envolto em uma espécie de caos cronológico. Muitos egiptólogos não pensam assim. Mas isso porque eles se consolam com asserções cronológicas. Eles apenas *decidem* certas datas.

Os resultados de datação encontrados por mim e Ioannis Liritzis no Poço de Osíris em Gizé e na Pirâmide de Miquerinos enfraquecem qualquer aceitação cômoda de uma "cronologia-padrão" anterior a 2200 a.C. Não somos de nenhuma maneira os primeiros a sugerir em décadas recentes que todas as datas do Antigo Império convencionalmente aceitas são "um pouco tardias demais" e que ajustes de um, dois, três ou mais séculos para trás seriam necessários. No Capítulo 3 vimos que outros resultados de datação das pirâmides também sugeriram o mesmo. No Capítulo 5 vimos que um ajuste de 173 anos é aconselhável para termos a data verdadeira do enterro do rei Khasekhemui, último da Segunda Dinastia. E não duvido de que esses ajustes tão modestos para o passado são o menor dos problemas.

A cronologia desses períodos antigos se apoia no mais fraco dos alicerces. Para conseguir discutir esse assunto direito, preciso descrever brevemente os textos e evidências existentes nos quais os egiptólogos baseiam seus argumentos. Uma dessas fontes provavelmente é uma falsificação na qual não se deve confiar, embora ela tenha sido um suporte para a maior parte do trabalho acadêmico feito sobre esses problemas desde 1910.

A falsificação a que me refiro é a chamada "Pedra do Cairo", que discuti resumidamente no Capítulo 1. Não é uma única pedra, mas um conjunto de fragmentos, por isso se referem a "Fragmentos do Cairo". Só um desses fragmentos não está no Museu Egípcio do Cairo, chamado antes de Museu do Cairo, por isso o nome dado à "pedra". O maior dos fragmentos também é chamado às vezes de Pedra do Cairo, mas a forma com que se fala dessas coisas não é realmente consistente. O outro fragmento está no Museu Petrie em Londres e às vezes é chamado de Fragmento de Petrie, Fragmento de Londres ou até apenas Fragmento do Cairo, mesmo não ficando lá. Discutirei os detalhes da Pedra do Cairo enquanto continuamos. Mas primeiro descreverei a Pedra de Palermo, mencionada também no Capítulo 1, que atualmente está, como se pode esperar, em Palermo, na Sicília, por isso seu nome. A Pedra do Cairo é vista como outra parte da Pedra de Palermo. É uma surpresa algumas pessoas ainda acharem isso, apesar do fato de aqueles familiarizados com os detalhes físicos das duas "pedras" terem concordado há tempos que elas não são pedaços da mesma pedra. As Pedras do Cairo e de Palermo têm espessuras diferentes, por exemplo, e não poderiam fazer parte do mesmo objeto físico.

Os Fragmentos do Cairo também diferem um do outro em espessura, sugerindo uma origem em pedras separadas. Petrie destacou a diferença na espessura em 1916, quando escreveu seu primeiro artigo sobre os fragmentos, intitulado "New Portions of the Annals", no qual publicou uma foto excelente de seu próprio Fragmento do Cairo, que ele comprou no bazar do Cairo e levou de volta a Londres. Agora ele está no Museu de Petrie em Londres. Eu o reproduzo na Prancha 34.

Petrie diz:

> Todos os pedaços são do mesmo monumento ou seriam duas ou mais cópias dos Anais? A evidência interna sugere que as peças de Palermo e do Cairo foram feitas por mãos diferentes. Na peça do Cairo as linhas da fileira superior de reis são irregulares e inclinadas, as linhas inferiores principais dos registros são cortadas com uma simetria menor

e os sinais nos fragmentos 1 e 2 do Cairo sugerem que quando frescos eles eram muito menos lindamente simétricos do que os de Palermo (...) Outra consideração é a espessura das placas. A grande peça do Cairo tem de 2,36 a 2,44 polegadas [5,9 a 6,1 centímetros] de espessura, que se afirma ser a mesma das duas peças pequenas e da pedra de Palermo. Por outro lado, a peça dita de Mênfis tem 3,18 polegadas [oito centímetros] de espessura e aquela na University College [em Londres] tem 2,09 polegadas [5,3 centímetros].

Petrie está propenso a ser caridoso e aceitar que variações de espessura nas placas originais possam acontecer aqui, mas ele alerta: "Antes de concluirmos qualquer coisa, precisamos de uma aferição precisa de todos os lados das peças maiores para ver como elas se afilam em todas as direções".[158]

Em 1917, um ano depois do artigo de Petrie, o egiptólogo alemão Ludwig Borchardt publicou seu livro *Die Annalen*,[159] no qual lidava com a Pedra de Palermo e os Fragmentos do Cairo de uma maneira um tanto pomposa, que irritou profundamente Petrie e muitos outros. Entretanto, como esse livro saiu no meio da Primeira Guerra Mundial, não foi visto fora da Alemanha por alguns anos. Só em 1920 Petrie conseguiu manifestar uma opinião sobre ele em uma resenha na publicação que ele editava, *Ancient Egypt*. Petrie foi muito duro com Borchardt e o acusou do crime gravíssimo de adulterar a evidência. Depois de criticar Borchardt quanto às pedras, Petrie então continuou a fazer essa acusação espantosa de desonestidade acadêmica:

> Uma questão que lança uma grave sombra sobre esta obra é a "adulteração" de duas tábuas de marfim na p. 53. Uma segunda versão de uma tábua tem a inserção gratuita de [um certo numeral] colocada em nome do argumento, da qual não há vestígio no original. Uma segunda versão de outra tábua tem uma quebra polida e uma linha gravada perfeitamente clara apagada para distinguir uma grupo hipotético semelhante. Nenhuma dessas leituras propostas têm o menor fundamento, e propor leituras fictícias só joga uma sombra sobre todo o restante do material.[160]

---

158. Petrie, [*Sir*] W. M. Flinders, "New Portions of the Annals", in *Ancient Egypt*, 1916, Part 3, p. 115.
159. Borchardt, Ludwig, *Die Annalen... des Alten Reiches*, Berlin, 1917.
160. Petrie, [*Sir*] W. M. Flinders, resenha em *Ancient Egypt*, 1920, p. 123-124.

Os "Reis Perdidos" e uma Pirâmide da Primeira Dinastia

Esse é um dos ataques mais ferozes a um egiptólogo famoso por outro igualmente reconhecido em todo o século XX. Não creio que alguma pessoa contemporânea tenha percebido ou esteja consciente disso. Mas deve ter provocado um tsunami na ocasião. É interessante ter acontecido no contexto das discussões do que escolhi chamar de "caos cronológico" da história egípcia anterior a 2200 a.C. Petrie acusou Borchardt de falsificar evidência de alguns dos rótulos dos jarros de marfim escavados nas tumbas da Primeira Dinastia (e Petrie os escavou mais do que ninguém, então ele sabia do que falava e pode muito bem ter escavado esses próprios, por isso sua fúria) para sustentar uma interpretação dos Fragmentos do Cairo. Então é evidente que as coisas estavam ficando feias já em 1917.

Petrie destacou outro aspecto desagradável dos Fragmentos do Cairo em 1931. Não parece ter-lhe ocorrido nunca que os fragmentos pudessem ser falsificações (afinal, como ele comprou um, inconscientemente ele queria que fossem reais). Mas ele se referia muitas vezes às dificuldades deles, e disse nessa ocasião:

> Seria impossível ter uma placa com nove pés [2,7 metros] de comprimento e apenas 2,5 polegadas [6,3 centímetros] de espessura: deve ter ocorrido várias divisões. Como seria difícil ter uma junção em um período de meio ano, então um número total de espaços em cada fileira deve ter sido encaixado. Isso quase obriga a uniformidade da largura das placas para conseguir em cada placa um número completo de espaços em cada fileira. Por isso, há a necessidade de placas da mesma largura. Segundo as peças existentes, seria impossível ter quatro, cinco, sete, oito ou nove placas, então seis é o número provável.[161]

Mas isso já está ficando um pouco artificial e desesperado. Para os Fragmentos do Cairo serem reais, Petrie está dizendo na verdade é que as placas dos anais precisavam ser em número de seis com a mesma largura. Nada mais, nada menos.

No ano seguinte, em 1932, em uma resenha sobre um artigo de James Henry Breasted, referente aos Fragmentos do Cairo, Petrie declarou: "A diferença de espessura não justifica (...)". Mas ele ainda continuava com sua teoria de seis placas lado a lado como a solução e não achava isso forçado demais para ser convincente.[162]

---

161. Petrie, [*Sir*] W. M. Flinders, "A Revision of History", in *Ancient Egypt*, 1931, p. 9.
162. Petrie, [*Sir*] W. M. Flinders, resenha em *Ancient Egypt*, 1932, p. 84.

É irônico que Borchardt, em seu livro de 1917, apesar de aparentemente "falsificar" algumas evidências em placa de marfim, estava certo em insistir que os Fragmentos do Cairo difeririam tanto em espessura, estilo e hieróglifos que deveriam vir de pelo menos quatro fontes separadas e não poderiam fazer parte da mesma pedra. (Petrie poderia ter concordado com ele sobre isso se não estivesse tão enfurecido com a falsificação dos rótulos de marfim.) O que simplesmente não lhe ocorreu, nem a ninguém naquela época, foi que todos foram tapeados e os fragmentos não só vieram de pedras diferentes, como também são falsos. As pessoas não chegaram a essa conclusão antes porque, por alguns anos depois de sua descoberta, os Fragmentos do Cairo, tirando o de Petrie, ficaram no Museu do Cairo, onde não foram disponibilizados para inspeção, para a frustração de todos. Muitos dos especialistas que escreveram os livros sobre eles não os examinaram ao vivo, mas foram forçados a trabalhar apenas com fotografias.

A Pedra de Palermo definitivamente não é falsa. Ela pertence à última parte da Quinta Dinastia ou, no máximo, ao primeiro reinado da Sexta Dinastia. Não há nenhuma dúvida quanto a isso. Essa pedra foi muito quebrada e é apenas um pequeno fragmento do que já foi uma pedra gigantesca com inscrições registrando a história do Egito do início nas eras dos deuses até a Quinta Dinastia. Quem dera se tivéssemos a coisa toda. A situação, mais do que atormentar, leva as pessoas à loucura; e alguns, creio eu, sucumbiram!

Vista de frente, a Pedra de Palermo só dá os nomes de três reis da Primeira à Quinta Dinastia. São eles: Ninetjer e Khasekhemui da Segunda Dinastia e Sneferu da Quarta Dinastia. Todos os outros nomes das primeiras quatro dinastias estão quebrados ou desgastados. Mas a pedra revela mesmo todos os tipos de detalhezinhos maravilhosos e fascinantes, é singular em um grau extraordinário e é admiravelmente e sublimemente arcaica. Depois de escavados e de terem feito sucesso com todos, os fragmentos misteriosos conhecidos como Pedra do Cairo apareceram nas mãos de um revendedor de antiguidades do Cairo em 1910 e foram vendidos ao Museu do Cairo. Todos se empolgaram porque, depois de se frustrarem com a Pedra de Palermo por ela ser apenas um fragmento, eles queriam acreditar que, por algum milagre, encontraram mais alguns fragmentos dessa pedra provocante. Depois de muitos especialistas perceberem que as pedras não poderiam ser idênticas fisicamente, o consenso foi: não importa, é só outra cópia do mesmo texto de outra pedra. E daí, *nós conseguimos mais algumas peças que faltavam!* Dá para imaginar a violenta euforia com que os egiptólogos delirantes

Os "Reis Perdidos" e uma Pirâmide da Primeira Dinastia

receberam esse completo milagre: o surgimento de mais fragmentos! Eu me sinto um estraga-prazeres, mas realmente não é assim. Explicarei o porquê depois, mas a evidência para a falsificação é mesmo sólida. A Pedra do Cairo tem sido um transtorno tão grande ao desviar todos do caminho quanto se pode imaginar.

Há algumas outras listas de reis breves e parciais tão antigas quanto a Pedra de Palermo encontradas em locais curiosos. A Lista Wadi Hammamat, entalhada em um despenhadeiro em uma localidade no deserto, é uma lista de reis curta que mostra uma série de reis da Quarta Dinastia e já foi mencionada. Ela pertence à 12ª Dinastia. Foi reproduzida como Figura 8 no Capítulo 3.

Há uma lista curta de reis preservada em alto-relevo no calcário da tumba de Mahu em Saqqara. Ela só menciona três nomes que ainda podem ser lidos: o primeiro (Userkaf, primeiro rei da Quinta Dinastia) é bem conhecido, o segundo (Teti) é um enigma, pois existiram três Tetis e ninguém realmente entra em um acordo sobre eles, e o terceiro, aparentemente chamado Djeser-nub, pode ou não ser um nome interpretado corretamente, mas em qualquer caso ninguém sabe quem ele é. Então aqui há mais caos cronológico.

Há uma lista de reis preservada em um objeto intrigante conhecido como Tábua de Desenho de Gizé, uma paleta de madeira para escrita encontrada em uma tumba da Quinta Dinastia em Gizé em 1904. Como o objeto pertence à Quinta Dinastia, os reis listados são todos antigos. Mais uma vez há um Teti: ninguém sabe qual deles. Quéfren e Djedefre são mencionados, mas Quéops não. Há um rei Bedjau, mas ninguém sabe realmente quem ele é. Como se pode ver, as coisas são uma bagunça. Alguns reis mencionados nas listas antigas não devem ter existido e há aqueles que provavelmente ou com certeza existiram e não são mencionados.

O livro *Pharaonic King-Lists, Annals and Day-Books* de Donald B. Redford (1986) traz uma lista abrangente e um resumo da maioria das listas de reis existentes (mas não todas).[163] Como fica claro pela pesquisa completa de Redford, muitas das listas existentes não interessam, por ser fragmentárias ou adulteradas, e nem vou me dar ao trabalho de mencioná-las.

A próxima lista de reis importante chama-se Papiro de Turim. Como se pode esperar, ela fica em Turim e é em um papiro. Às vezes é chamada de Cânone de Turim (e abreviada como CT) ou Lista de Reis de Turim. Foi encontrada intacta, mas então alguns idiotas a colocaram em uma caixa e mandaram-na de navio do Egito para a Itália e quando

---

163. Redford, Donald B., *Pharaonic King-Lists*, op. cit.

ela chegou estava em inúmeros pedacinhos. Ninguém conseguiu juntá-los de novo. Entretanto, muitos pedaços foram reconstituídos e ainda se pode reunir bastante informação desse documento esfarrapado. O Papiro de Turim é importantíssimo. É uma pena ter sido tão arruinado.

Então há a Lista de Reis de Abidos. Os entalhes dela podem ser vistos nas Figuras 37 e 38. Essa lista longuíssima está entalhada em alto-relevo em uma grande parede do Templo de Seti I em Abidos, uma construção que ainda está de pé. Seti I foi o segundo rei da 19ª Dinastia. Os faraós hereges Akhenaton e Tutankhamon foram omitidos dessa lista (os dois foram apagados da história como "não pessoas", cujos espíritos não poderiam receber oferendas de incenso), assim como a faraó rainha Hatshepsut, que não poderia receber oferendas de incenso não só por ser mulher, mas também por se vestir às vezes como um homem (literalmente uma rainha que se vestia como rei). Peribsen, um faraó herege da Segunda Dinastia, também foi omitido. Mas tomou-se muito cuidado para enumerar incontáveis faraós antigos da aurora da história egípcia e, mesmo que os nomes dados a eles costumem ser deturpados e confusos, impressiona a seriedade com que isso foi feito sob as ordens do rei Seti. Como expliquei em minha longa pesquisa com os resultados de datação desse templo (ainda não publicada), o Templo de Seti I era na realidade dedicado aos Ancestrais, culminando no próprio Seti. Seu filho, Ramsés II, mandou colocarem uma lista semelhante em seu próprio templo lá perto, levando a lista uma geração adiante para incluir seu nome, mas ela é de alguma forma inferior à de Seti e com certeza não acrescenta nada além do próprio Ramsés.

Por fim, chegamos a Maneton. Ele foi um sacerdote egípcio, cujo nome egípcio é desconhecido, e passou a ser conhecido por seu nome em grego. Viveu durante os reinados dos dois ou três primeiros faraós ptolomaicos, a série de faraós gregos que começou depois de Alexandre, o Grande (morto em 323 a.C.) e terminou com Cleópatra (morta em 30 a.C.). Maneton escreveu várias obras importantes sobre a história e a cultura egípcias em grego, que circularam amplamente em todo o mundo civilizado de sua época. Como é o caso com grande parte da literatura clássica, da qual apenas cerca de 5% permanece, seus livros estão todos perdidos. Entretanto, partes consideráveis das listas de reis registradas por Maneton permaneceram depois de ser copiadas de suas obras por dois outros autores. É um tanto confuso elas diferirem uma da outra em detalhes. Mas esse é um dos riscos de trabalhar com fragmentos de textos perdidos que nem sempre foram copiados satisfatoriamente. Os fragmentos de Maneton estão disponíveis sem dificuldade na

Os "Reis Perdidos" e uma Pirâmide da Primeira Dinastia

tradução inglesa.[164] Foi ele quem "criou" pela primeira vez a divisão em dinastias da Primeira à Sexta Dinastia. Essa numeração não tem uma tradição antiga. Os egiptólogos adotaram o lote inteiro dessas criações dinásticas de Maneton. Além disso, foi ele quem "inventou" o conceito de "dinastias" para o Egito, para começo de conversa:

> Maneton dividiu depois as séries de regentes em um conjunto de "dinastias". *Dynasteia* foi sua palavra grega para cada grupo e parece que esse foi um lance novo e original. Antes disso, a palavra tinha o sentido abstrato de "poder governamental" ou designava o poder de um regente específico. Só com Maneton ela adquire o sentido de uma sequência de potentados com uma origem comum ou outros aspectos unificadores. Ele não achava essa sucessão de dinastias designada de forma explícita nas fontes egípcias, ou outras que possa ter usado.[165]

Portanto, é importante perceber que os antigos egípcios não distinguiam necessariamente entre a Terceira e a Quarta Dinastia, entre a Primeira e a Segunda, ou entre a Quinta e a Sexta. Isso tudo foi inventado por alguém escrevendo em grego no século III a.C., cujas obras não são preservadas direito de qualquer forma. É bem irritante ficarmos presos em suas categorias, quando não podemos nem ter certeza de que temos a descrição certa delas, por terem sido reunidas como meras citações de outros autores, diferentes entre si. Essas "dinastias" podem muito bem ser artificiais. Precisamos levar isso em consideração enquanto prosseguimos. Em tempos mais recentes, em virtude das diferenças definidoras entre elas, é perfeitamente justificável para nós nos referirmos aos Ptolomeus como uma dinastia, à 25ª Dinastia Etíope como uma dinastia, ao governo dos invasores chamados hicsos como uma "Dinastia Hicsa" (embora "período hicso" seja mais preciso). Mas quando vamos tão longe quanto as origens da civilização egípcia, ser guiado por "dinastias" inventadas é uma receita pelo que acabei de sugerir existir: caos cronológico.

Agora, antes de chafurdarmos mais no caos, vamos voltar à questão da Pedra do Cairo falsa. Como sabemos que foi falsificada? Se pudermos ter certeza disso, quanto do que foi escrito sobre a história egípcia antiga, desde a descoberta dos fragmentos da Pedra do Cairo em uma loja em 1910, é confiável? A situação é terrível, porque muitos

---

164. Há uma edição na Loeb Library da Harvard University Press. A mais recente é: Verbrugghe, Gerald P. e John M. Wickersham, *Berossos and Manetho*, op. cit.
165. Ibid., p. 98.

estudiosos, acreditando na autenticidade dos Fragmentos do Cairo, usaram essa informação falsa supostamente "registrada" neles sem distingui-la da informação genuína da Pedra de Palermo. Isso é um desleixo da parte deles e provocou a bagunça mais assustadora.

É uma infelicidade Donald Redford, autor da melhor pesquisa moderna sobre as listas de reis, não reconhecer a condição dúbia dos Fragmentos do Cairo. Poucos estudiosos reconhecem. Então vamos recorrer à fonte da qual vem essa revelação.

A descoberta e a demonstração da falsificação dos Fragmentos do Cairo é talvez a maior realização de um estudioso de cronologia extraordinário, dr. Patrick F. O'Mara (1914-2001). Ele foi um professor da Los Angeles City College que, além de escrever um livro para ajudar alunos a se familiarizarem com os hieróglifos, publicou uma série de cinco livros sobre a cronologia egípcia: *The Palermo Stone and the Archaic Kings of Egypt* (1979),[166] *The Chronology of the Palermo and Turin Canons* (1980),[167] *Some Indirect Sothic and Lunar Dates from the Middle Kingdom in Egypt* (1984),[168] *Some Lunar Dates from the Old Kingdom in Egypt* (1984)[169] e *Additional Unlabeled Lunar Dates from the Old Kingdom in Egypt* (1985).[170] Infelizmente nunca vi o quinto livreto. Tentei rastrear O'Mara e contatei sua antiga faculdade, mas fui informado de seu falecimento e que ele deixara viúva e uma filha, mas ninguém sabia como contatá-las. Por um bom tempo insisti e finalmente, com um incansável trabalho de detetive, consegui encontrar sua filha, a sra. Kathleen Kottler, da Califórnia, que me enviou cópias de todos aqueles artigos publicados por seu pai que eu ainda não tinha (que se juntam aos quatro livros mencionados, embora ela aparentemente também não tenha uma cópia do quinto livro), além da foto dele que reproduzi como Prancha 35. O obituário de O'Mara apareceu no periódico alemão de Egiptologia *Göttinger Miszellen* em 2001.[171] Ele

---

166. Vol. 1 de *Studies in the Structural Archaeology of Ancient Egypt*, Paulette Publishing Company, La Canada, California, USA, 1979.
167. Vol. 2 de *Studies in the Structural Archaeology of Ancient Egypt*, Paulette Publishing Company, La Canada, California, USA, 1980.
168. Vol. 3, Pt. 1 de *Studies in the Structural Archaeology of Ancient Egypt*, Paulette Publishing Company, La Canada, California, USA, 1984.
169. Vol. 3, Pt. 2 de *Studies in the Structural Archaeology of Ancient Egypt*, Paulette Publishing Company, La Canada, California, USA, 1984.
170. Vol. 3, Pt. 3 de *Studies in the Structural Archaeology of Ancient Egypt*, 1985. Nunca vi essa publicação e só a conheço de uma resenha sobre ela escrita por Stephen Quirke em *Discussions in Egyptology*, Oxford, Vol. 6, 1986, p. 101-104. A filha de O'Mara aparentemente não tem uma cópia deste livro. Suponho que ele tenha sido publicado, como os outros, por Paulette, mas não consegui confirmar isso.
171. "Obituary Notice", *Göttinger Miszellen*, Göttingen, Germany, 2001, Vol. 185, p. 4.

Os "Reis Perdidos" e uma Pirâmide da Primeira Dinastia

contribuiu com cinco artigos para esse periódico nos últimos oito anos de sua vida, entre 1993 e 2001. Para facilitar uma familiaridade maior com a obra valiosa de O'Mara no campo da cronologia egípcia antiga entre 1979 e 2001, um período de 22 anos, compilei o que acredito ser uma lista cronológica completa de todos os seus artigos publicados sobre Egiptologia, que podem ser vistos na nota de rodapé.[172]

---

172. Segue uma lista cronológica de todos os artigos sobre a cronologia egípcia antiga publicados por Patrick O'Mara:

"Is the Cairo Stone a Fake?", *Discussions in Egyptology*, Oxford, Vol. 4, 1986, p. 33-40.

"Historiographies (Ancient and Modern) of the Archaic Period. Pt. I: Should We Examine the Foundations? A Revisionist Approach", *Discussions in Egyptology*, Oxford, Vol. 6, 1986, p. 33-45.

"Historiographies (Ancient and Modern) of the Archaic Period. Pt. II: Resolving the Palermo Stone as a Rational Structure", *Discussions in Egyptology*, Oxford, Vol. 7, 1987, p. 37-49.

"Probing for Unlabeled Astronomical Datings in the Old and Middle Kingdoms. I. Lunar Materials in the Old Kingdom", *Discussions in Egyptology*, Oxford, Vol. 9, 1987, p. 45-54.

"Probing for Unlabeled Astronomical Datings in the Old and Middle Kingdoms. II. Sothic and Pseudo-Sothic Materials", *Discussions in Egyptology*, Oxford, Vol. 10, 1988, p. 41-54.

"Was the Sed Festival Periodic in Early Egyptian History? [Pt. 1], *Discussions in Egyptology*, Oxford, Vol. 11, 1988, p. 21-30.

"Was the Sed Festival Periodic in Early Egyptian History? [Pt. 2], *Discussions in Egyptology*, Oxford, Vol. 12, 1988, p. 55-62.

"Toward a Multi-Modeled Chronology of the Eighteenth Dynasty", *Discussions in Egyptology*, Oxford, Vol. 17, p. 29-44.

"Dating the Sed Festival: Was There only a Single Model?", *Göttinger Miszellen*, Göttingen, Germany, Vol. 136, 1993, p. 57-70.

"Was There an Old Kingdom Historiography? Is it Datable?, *Orientalia*, Vol. 65, Fasc. 3, 1996, p. 197-208.

"Manetho and the Turin Canon: A Comparison of Regnal Years", *Göttinger Miszellen*, Göttingen, Germany, Vol. 158, 1997, p. 49-61.

"Can the Gizeh Pyramids Be Dated Astronomically? Logical Foundations for an Old Kingdom Astronomical Chronology. Pt. I. On the Existence of Unlabeled Lunar and Sothic Dates", *Discussions in Egyptology*, Oxford, Vol. 33, 1995, p. 73-85.

"Can the Gizeh Pyramids Be Dated Astronomically? Logical Foundations for an Old Kingdom Astronomical Chronology. Pt. II. Searching for OK [Old Kingdom] Sothic and Festival Dates", *Discussions in Egyptology*, Oxford, Vol. 34, 1996, p. 65-82.

"Can the Gizeh Pyramids Be Dated Astronomically? Logical Foundations for an Old Kingdom Astronomical Chronology. Pt. III. Pepi's Jubilee: Its Promise and Its Problems", *Discussions in Egyptology*, Oxford, Vol. 35, 1996, p. 97-112.

"Can the Gizeh Pyramids Be Dated Astronomically? Logical Foundations for an Old Kingdom Astronomical Chronology. Pt. IV. Some Lunar Dates from the 4th and 5th Dynasties", *Discussions in Egyptology*, Oxford, Vol. 38, 1997, p. 63-82.

"The Cairo Stone [Pt. I]: Questions of Workmanship and Provenance", *Göttinger Miszellen*, Göttingen, Germany, Vol. 168, 1999, p. 73-82.

"The Cairo Stone [Pt. II]: The Question of Authenticity", *Göttinger Miszellen*, Göttingen, Germany, Vol. 170, 1999, p. 69-82.

"Palermo Stone or 'Annalenstein'?", *Discussions in Egyptology*, Oxford, Vol. 45, 1999, p. 71-86.

"The Birth of Egyptian Historiography, Fifth Dynasty Annalists at Work and the Origins of 'Menes'", *Discussions in Egyptology*, Oxford, Vol. 46, 2000, p. 49-64.

Patrick O'Mara resolveu lidar com a Pedra de Palermo da melhor maneira possível: do ponto de vista de um escriba egípcio antigo. Os egípcios eram fanáticos por medições corretas e tudo tinha de se basear na unidade de medida chamada côvado e em suas subdivisões. Todos os escribas usavam "réguas de côvados" (veja Prancha 36), que poderiam ser carregadas com eles para qualquer lugar como parte de seu kit-padrão. Nenhum escriba poderia se dar ao luxo de ser pego sem uma. Os côvados tinham subdivisões, assim como os pés têm polegadas e os metros têm centímetros: eles se dividiam em "palmas" (ou "mãos") e "dedos". (Essas medidas baseavam-se, como seu nome sugere, em uma largura de "palma" e de "dedo" ideais, mas elas eram extremamente precisas e não variavam.) Uma régua de côvado de um escriba teria em geral 15 dedos de comprimento, equivalendo a três mãos de comprimento. Eles liam as réguas da direita para a esquerda e na parte de baixo também havia frações em uma sequência descendente: um terço, um quarto, um quinto, um sexto, etc. Havia cânones rígidos de proporção na arte e arquitetura egípcias (um assunto que discuti em detalhes em meu livro anterior, *The Crystal Sun*). Simplificando, o que O'Mara descobriu e o que todos os outros egiptólogos deixaram passar foi que a técnica de desenho da Pedra de Palermo baseava-se rigorosamente no côvado egípcio, enquanto a dos fragmentos da Pedra do Cairo não. Quem entalhou os Fragmentos do Cairo parecia ignorar completamente as medidas e proporções egípcias e, portanto, não poderia ter sido um escriba egípcio antigo. *Nenhuma régua de côvado foi usada para o desenho dos Fragmentos do Cairo*, logo, eles *devem* ser falsos.

A maioria dos egiptólogos nunca considerou profissionalmente arte, técnica de desenho, arquitetura ou até os princípios de *design* subjacentes do Egito Antigo. Um egiptólogo que passa o tempo todo em cima de textos ou cavando pode nunca ter pensado nisso. Tamanhos são os perigos da superespecialização.

Entretanto, Patrick O'Mara também descobriu muitos outros aspectos falsos nos Fragmentos do Cairo que seriam óbvios aos estudiosos, mas eles deixaram passar em seu entusiasmo. Como por exemplo, há um cartucho contendo um nome real entalhado na vertical em vez da horizontal, o que não deveria acontecer. Há várias outras falhas: os níveis do Nilo são apresentados de uma maneira impossível,

---

"Once Again: Who Was Menes? An Orthographical Approach", *Göttinger Miszellen*, Göttingen, Germany, Vol. 182, 2001, p. 97-105.

"Censorinus, the Sothic Cycle, and Calendar Year One in Ancient Egypt: the Epistemological Problem", *Journal of Near Eastern Studies*, Vol. 62, 2003, p. 17-26. [Esse artigo foi aceito para publicação logo antes da morte de O'Mara e publicado postumamente.]

Os "Reis Perdidos" e uma Pirâmide da Primeira Dinastia

sugerindo que a cheia atingiu exatamente o mesmo nível por alguns anos consecutivos (o que não pode ser verdade); uma seção é copiada diretamente da Pedra de Palermo (indicando assim que a Pedra de Palermo foi usada como modelo pelos falsificadores de antiguidades para falsificar os "novos fragmentos"); os hieróglifos estão errados e partes do texto são incompreensíveis, incluindo até erros de escrita que nenhum escriba real teria cometido.

Como a falsificação dos Fragmentos do Cairo é tão crucial, vou citar diretamente das conclusões de O'Mara em vez de resumi-las, para dar uma impressão clara de como a prova da falsificação dessas pedras é completamente avassaladora. Descontando a "evidência" dessas falsificações, a cronologia do Egito anterior à Sexta Dinastia deve ser reconstruída por completo. Essa é com certeza a forma mais extrema do caos cronológico, mas é necessária, porque muito do que está impresso em diversos livros de especialistas no assunto é uma besteira total. Os especialistas foram tomados por um boato comercial cruel e ficaram parecendo trouxas. O'Mara relata:

> Em 1910, não muito depois dos esforços pioneiros de Kurt Sethe e Eduard Meyer para esclarecer a Pedra de Palermo, apareceu no mercado de antiguidades do Cairo um fragmento novo de um antigo anal em pedra, um pouco menor do que a Pedra de Palermo, mas de estrutura idêntica ou semelhante. Vários fragmentos menores de igual aparência foram encontrados ao mesmo tempo e logo atribuídos à Quinta Dinastia. A maior parte dos novos materiais foi adquirida pelo Museu do Cairo, à exceção de um, que passou para as mãos de Flinders Petrie e depois para a coleção da University College, em Londres [que abriga o Museu Petrie]. Um pequeno fragmento final veio à tona há alguns anos. A maior dessas novas descobertas desde então é conhecida como Pedra do Cairo.

> Os estudos sobre a nova companheira da Pedra de Palermo começaram de imediato com a publicação de vários fragmentos por Gauthier em 1915. Georges Daressy, assistente de Maspero no museu, avaliou a pedra grande como um fragmento do lado esquerdo do mesmo bloco original da Pedra de Palermo. Seu ensaio uniu as duas pedras (...) Petrie e Ricci também acreditavam que as duas pedras seriam partes de um original único e confiavam cegamente nos dados da nova pedra para sustentar sua análise da antiga.

Ludwig Borchardt utilizou muito a Pedra do Cairo em seu estudo matemático clássico sobre a Pedra de Palermo. Ele reconheceu que as duas não poderiam ser parte do mesmo original, mas defendia que elas eram praticamente idênticas em estrutura e conteúdo, exceto pela Fileira I. De fato, sua reconstrução final da Pedra de Palermo baseou-se mais nas características de sua nova companheira do que na pedra antiga e mais estabelecida. As duas foram unidas inseparavelmente em todas as abordagens do problema de Palermo desde então, até o ponto de a Pedra de Palermo subordinar-se à sua rival.

Muitas vezes não se percebe o quanto de nossa visão da cronologia da Primeira Dinastia veio da Pedra do Cairo. A Pedra de Palermo não tem nenhum nome real nas duas primeiras fileiras históricas nas quais os reinados deveriam ser identificados (...) A estrutura da Pedra do Cairo é bem diferente da de Palermo. De fato, é diferente de quaisquer outros anais em pedra ou papiro que medi (...) Qualquer interpretação deve concluir que as Fileiras I-III não foram desenhadas em termos de distâncias em palma convencionais. [Aqui ele usa a palavra "palma" para descrever a medida egípcia desse nome, mencionada anteriormente, que deriva da palma de uma mão ideal.] (...) De fato, a falta óbvia de uma estrutura em palmas coerente e racional, junto com muitas inconsistências e contradições detectadas, aponta sem erro para a conclusão de que a vara de côvado egípcia não foi empregada na construção da Pedra do Cairo.

A Pedra do Cairo não foi desenhada com a régua de côvado egípcia e não segue os princípios estruturais da antiga técnica de desenho egípcia. Portanto, ela não foi desenhada por um artífice antigo. É uma falsificação moderna, produzida no inverno de 1909-1910 para o mercado de antiguidades dos bazares do Cairo. Ela não vale para a pesquisa histórica. Toda e qualquer conclusão tirada até agora baseada nessa pedra espúria é inválida (...) Há mais um absurdo estatístico na natureza da ruptura e do desgaste. Por que a ruptura da pedra corresponde quase exatamente à porção restante da pedra genuína? Quando o monumento se despedaçou, por que esse pedaço específico não quebrou no segundo ou terceiro registro ou mais para cima no desenho superior? É verdade que o fragmento do Cairo se estende consideravelmente abaixo da última fileira preservada em Palermo, mas essa parte está inteiramente apagada (...) O simples fato é que as partes restantes e legíveis da Pedra do Cairo correspondem exatamente às partes legíveis e calculáveis da Pedra de Palermo, desafiando a probabilidade estatística, só porque aquela é uma imitação desta. O desenhista moderno simplesmente não sabia o que ficava acima e abaixo dos materiais restantes de Palermo e não poderia se arriscar a um possível erro (...) Daressy provavelmente estava certo em deduzir que a Pedra do Cairo serviu por muitos anos como uma soleira de porta em alguma residência particular. A parte traseira está completamente gasta e arranhada. A face ficou no chão e, ainda mais grave do que na Pedra de Palermo, está muito oxidada. Mas não está gasta nem arranhada. O ponto essencial é que as inscrições foram colocadas em um fragmento já quebrado e desgastado pelas intempéries, mas fresco no sentido de não ter sido marcado pela mão humana.

Muitas das linhas não alcançam as pontas da superfície. Se alguém for fazer uma falsificação em uma pedra já quebrada, deve-se ter cuidado em entalhar linhas nas pontas. É exercida uma pressão pesada sobre a pedra. Se o estilo realmente alcançar a ponta, cristais podem se romper para expor o interior inalterado. Feito isso repetidas vezes, a falsificação fica evidente. Por isso há uma tendência a diminuir a pressão na aproximação da ponta e as linhas param antes da marca (...) No grande Fragmento I do grupo do Cairo, a maioria das linhas horizontais não alcança a ponta da superfície e nem algumas das linhas verticais ao longo da ponta superior (...) O pequeno fragmento de Petrie na University College, embora desenhado de forma insuperável, tem uma linha principal que não consegue atingir a ponta. Todas essas são falsificações sobre pedras em branco, já quebradas e desgastadas.[173]

Veja na Prancha 34 uma foto do fragmento de Petrie.

---

173. O'Mara, *The Palermo Stone*, op. cit., p. 113-126.

Estudei o fragmento de Petrie e posso confirmar que não uma, mas várias das linhas principais param visivelmente antes das pontas da superfície do fragmento. Isso é tão óbvio que, quando é mostrado para alguém e se destaca a importância disso, é inconcebível que a pessoa continue a considerá-lo genuíno. Essas características não podem ser averiguadas pela foto (Prancha 34), só por uma inspeção real do objeto.

Como se essa análise não fosse devastadora o bastante, O'Mara continua a enumerar os muitos erros nas inscrições dos fragmentos: erros de escrita, desenhos errados, uma terminação em grego usada inadvertidamente em vez de uma egípcia para o nome de uma rainha [isso deve ter dado trabalho, pois foi milhares de anos antes de os gregos existirem], os níveis do Nilo já aludidos como os mesmos por alguns anos, como se o acaso tirasse férias, e assim por diante. Não tenho ideia de como todos esses erros gritantes passaram batido por estudiosos supostamente sérios desde 1910. Talvez tudo isso sirva para mostrar que, quando as pessoas querem acreditar em algo, você não pode impedi-las e elas não resistem. Isso não é só uma doce ilusão, é ser "maria vai com as outras".

Figura 43. Imagem de um "unificador" em seus dois estilos, rei Djer (também chamado de Zer), segundo rei da Primeira Dinastia, mostrado duas vezes em um selo de jarro em sua tumba, sentado em seu trono e segurando um açoite como um símbolo de autoridade real. À esquerda, ele usa a coroa branca do sul e à direita, a coroa vermelha do norte. Na frente dele, seu nome está incluído embaixo das patas de um falcão sobre um desenho conhecido como *serekh*, que era a apresentação-padrão do nome de um rei nesse período (substituída depois pelo cartucho). Na frente de cada imagem de Djer, há um emblema com um ameaçador chacal/cão selvagem no topo, representando Upwawet ("Abridor dos Caminhos"), Khenti-Amentiu (Chefe dos Ocidentais, o nome mais antigo de Osíris e sua forma em chacal) ou uma forma de Anúbis (ou alguma noção, não mais completamente

clara para nós, incorporando todas as ideias de divindade acima). Essa ilustração é da Figura 108 da Prancha XV no livro de *sir* Flinders Petrie, *Royal Tombs of the Earliest Dynasties, 1901, Part II*, Egypt Exploration Fund, London, 1901.

Muitos especialistas falam agora sobre os tempos antigos no Egito como indicados na Pedra de Palermo, quando realmente se referem à Pedra do Cairo. Eles aceitaram que esta faça parte e seja uma extensão daquela de forma tão inquestionável que muitas vezes nem se incomodam de distinguir uma da outra quando "a" citam: *as duas* são a Pedra de Palermo. O'Mara concluiu o seguinte sobre as implicações de tudo isso:

> Esta pedra e os outros fragmentos associados a ela não foram encontrados durante escavações profissionais. Eles simplesmente apareceram no mercado do Cairo e foram oferecidos para venda. Eles nunca foram autenticados por meio de uma análise publicada. Todos os itens agora devem ser considerados sem valor (...) Sua exibição não é uma grande perda e nós ganharemos infinitamente mais do que parece termos perdido temporariamente. A Pedra do Cairo tem sido a maldição da cronologia arcaica. Ela nos colocou em maus lençóis. Livres das preconcepções impostas a nós por Cairo, agora estamos livres para deixar apenas a Pedra de Palermo nos guiar em nossa busca pela lista de reis original e autêntica.

> Talvez os historiadores não estejam totalmente conscientes de quantos detalhes importantes e hipóteses não questionadas sobre a história egípcia antiga se baseiam em nenhuma outra autoridade arqueológica além da Pedra do Cairo. Ela foi muito mais utilizada do que a Pedra de Palermo para unir muito da estrutura do Período Arcaico. A atribuição de Meresankh como mãe de Snefru e provavelmente esposa de Huni baseia-se apenas em uma leitura da Pedra do Cairo feita por Cerny. É a única evidência para a descrição de uma guerra conduzida pelo rei Djer contra os asiáticos. [O nome do rei Djer nem é mencionado na Pedra de Palermo.]

> A sustentação arqueológica para a existência de vários dos reis antigos da Primeira Dinastia mencionados em cânones posteriores do Novo Império consistia de evidência direta e indireta selecionada na Pedra do Cairo... Não há nenhum tipo de evidência antiga para a existência de um regente da Primeira Dinastia chamado Athothis além da Pedra do

Cairo. Nem de Ity e Ita. O mesmo pode ser dito de Menés [apresento a verdadeira explicação sobre "Menés" a seguir neste capítulo; não era um nome propriamente dito, mas um epíteto que depois foi confundido com um nome] (...) reabre-se a questão da *ordem* dos faraós (...) Agora somos livres para considerar a possibilidade de os egípcios mais tardios *não* saberem a ordem correta de seus regentes mais antigos. A arqueologia moderna pode ser humilde demais. Sabemos bem mais sobre muitos aspectos da Primeira Dinastia do que os egípcios sabiam sobre o período da Terceira à Quinta Dinastia, a era da tradição mais antiga dos anais.[174]

Alguns egiptólogos nem tomaram conhecimento das publicações de Patrick O'Mara. Um motivo para isso seria a falta de distribuição, pois elas são difíceis demais de encontrar. Eu tenho só uma cópia original de uma delas, e as restantes são fotocópias de bibliotecas variadas, pois nenhuma parece ter todas elas. A pequena editora que lançou seus livros saiu do mercado há muitos anos e ficava longe na Califórnia, onde há pouca Egiptologia. O'Mara, como um professor no distante Los Angeles City College, não era conhecido pessoalmente por muitos egiptólogos. Era fácil demais ignorá-lo. Nessa época não havia Internet para facilitar a comunicação.

Em seu livro mencionado antes, Donald Redford refere-se a um dos livros de O'Mara de passagem em uma única nota de rodapé, mas não fala nada sobre ele de outra maneira. Isso é muito decepcionante, pois indica que Redford se recusou a lidar com a questão da falsificação dos Fragmentos do Cairo, o que francamente eu acho uma falha grave, considerando seu desejo de escrever um livro definitivo sobre listas de reis. No mínimo, Redford deveria reconhecer que O'Mara tem sua opinião e, se ele não a aceitasse por algum motivo, dizer qual é a dele. Para dizer a verdade, em 1982, Redford fez uma resenha de dois dos livros de O'Mara em um periódico acadêmico, no qual ele fez estas observações breves, e na minha opinião completamente insatisfatórias, sobre os Fragmentos do Cairo:

A Pedra de Palermo, por ser apenas uma fração pequena do documento original, resistiu à reconstrução; todas as estimativas quanto ao seu tamanho quando intocada resultam em meras aproximações. O'Mara também encontra um impasse. Entretanto, após levar 60 páginas para descobrir que a medição de precisão leva ao fim da linha e depois

---

174. Ibid., p. 131-133.

de manifestar o pensamento repressor de que quaisquer tentativas futuras devem prosseguir com base no côvado egípcio, ele se recusa a se render e se lança em outras avenidas que parecem prometer soluções. Isso é uma pena; ele deveria se render (...) Os fragmentos do Cairo, claro, não o apoiam, e ele faz um grande esforço em dispensá-los como falsificações (Uma réplica aqui demoraria muito, mas posso assegurá-lo de que, se ele tivesse estudado os fragmentos de primeira mão, nunca teria chegado a essa conclusão).[175]

Quando estudei o Fragmento de Petrie de primeira mão, percebi que era uma falsificação em menos de um minuto.

O que poderia ser mais importante para as listas de reis do que a possibilidade, sem mencionar a probabilidade, ou, como alguns diriam, a certeza, de que uma das listas fundamentais é uma farsa? Mas, apesar do fato de Redford ter lido e escrito uma resenha sobre duas das primeiras publicações de O'Mara, nem na época (pois "demoraria muito"), tampouco depois, ele deu motivos convincentes para explicar por que O'Mara estaria errado sobre esse ponto. Redford foi ofensivo e nada erudito em 1982 ao repudiar a opinião de O'Mara sobre a falsificação dos Fragmentos do Cairo alegando que ele precisava que fossem falsos porque ficavam no caminho de suas teorias! Os insultos não constituem um argumento sensato. O'Mara não quis se livrar dos fragmentos porque achava que fossem inconvenientes a suas teorias, destacou vários motivos convincentes por que eles deveriam ser falsos e desviavam todos do caminho. Redford nunca respondeu a esses pormenores em 28 anos, provavelmente porque não conseguiu.

Stephen Quirke, atual professor de Egiptologia na University College London e curador do Museu Petrie, em 1986 tinha algumas coisas incentivadoras a dizer sobre as dúvidas de O'Mara quanto aos Fragmentos do Cairo:

> Apesar de um certo isolamento da pesquisa atual (...) os estudos de O'Mara têm o mérito de focar em problemas que tendem a passar batido entre os egiptólogos (...) Vale notar também as formas distintas em que a Pedra de Palermo e os fragmentos do Cairo chegaram até nós; mesmo se os fragmentos forem autênticos, como se costuma presumir em vez de afirmar, é metodologicamente fraco considerá-los junto

---

175. Redford, Donald B., resenha em *The American Historical Review*, Vol. 87, nº 1, February, 1982, p. 157-158.

com a Pedra de Palermo, pelo menos nos primeiros estágios de pesquisa. Por fim, os estudos apresentados por O'Mara chamaram a atenção à contribuição da Astronomia à Egiptologia; esse aspecto dos estudos da cronologia recebeu muito menos discussão do que garante uma esfera tão importante.[176]

Estas foram coisas ousadas demais para um egiptólogo jovem ousar dizer, e isso prova que Quirke nunca foi um bajulador.

Uma atitude muito mais impressionante do que a de Redford foi tomada por Toby Wilkinson, em seu livro intitulado *Royal Annals of Ancient Egypt: The Palermo Stone and Its Associated Fragments* (2000).[177] Wilkinson menciona O'Mara várias vezes e leva em consideração suas ideias, ao contrário de outros estudiosos que procuram ignorá-lo. (Ele lista dois de seus livros e quatro de seus artigos em sua bibliografia.) Wilkinson passa uma boa impressão como um acadêmico aberto, em vez de fechado. Por ser jovem, ele não tem medo de lidar com opiniões heterodoxas, não corre do incomum como um coelhinho assustado. Ele também considera o problema dos Fragmentos do Cairo terem espessuras diferentes, além de outras anomalias perturbadoras, em vez de fingir que esses problemas não existem. Ele traduz a Pedra de Palermo e os Fragmentos do Cairo e identifica com clareza cada seção com "PS" para a Pedra de Palermo ou "CF1", "CF2", etc., para os Fragmentos do Cairo. Ele renomeia o Fragmento de Petrie como "Fragmento de Londres" e o indica como LF. Dessa forma, podemos ver bem de onde vem cada texto. Assim, eles não são todos jogados juntos como ingredientes em um pudim. Esse livro é muito bem recomendado para quem estiver interessado nesses anais antigos, mas é caro. Eu tive muito problema quando quis comprar minha cópia, porque ele não foi reimpresso depois que o original esgotou. Tinha uma cópia à venda na Internet por mais de 2 mil libras! Desisti nessa ocasião e esperei. Consegui uma por muito menos, mas ainda não gosto de me lembrar do preço.

É mesmo uma pena Wilkinson não reconhecer que os Fragmentos do Cairo são falsos. Para ser exato, devemos provavelmente liberar o Fragmento 4 dessa afirmação geral, pois ele parece realmente ter sido encontrado em uma escavação em Mênfis em vez de comprado em um bazar. Como admite Wilkinson, ele é "o único fragmento que não foi comprado de um negociante".[178] É uma infelicidade ter tão pouco texto

---

176. Quirke, Stephen, resenha em *Discussions in Egyptology*, Oxford, Vol. 6, 1986, p. 101-104.
177. Wilkinson, Toby A. H., *Royal Annals of Ancient Egypt: The Palermo Stone and Its Associated Fragments*, Kegan Paul International, 2000.
178. Ibid., p. 21.

remanescente sobre um lado e nada sobre o oposto, e o único nome de rei que se pode distinguir no fragmento é de Sneferu, o primeiro rei da Quarta Dinastia. Não descobrimos muito do texto, só que 1.100 cativos vivos e 23 mil de "gado pequeno" (que pode ser uma maneira esquisita de descrever carneiros e bodes, segundo Wilkinson) foram trazidos da Líbia. (O nome egípcio para "Líbia" é *Ta Tehenu*, cujo significado literal é "Terra da Oliva", que é discutida com detalhes no Capítulo 8, no qual se explicam também as olivas da Líbia.) Suponho que eu deva bater no peito e exclamar "*Mea culpa*", por caluniar esse fragmento do Cairo falando dos outros como falsos, quando este pequeno provavelmente é genuíno. Ele pode ser o único fragmento remanescente de uma estela com anais que ficava no Templo de Ptah em Mênfis, presumivelmente não no templo do Novo Império, mas em um mais antigo nesse local. Entretanto, resta tão pouco da outrora grandiosa capital de Mênfis e sabemos tão pouco de alguma importância real sobre ela, apesar das décadas de esforços intensos, que é difícil tirar conclusões sobre o lugar. Tanto Mênfis quanto Heliópolis, no outro lado do Nilo, não passam de nomes para nós: grandes nomes, mas perdidos. Suas pedras foram carregadas há tanto tempo para reutilização nas construções que é doloroso pensar nisso. Como Ptah é meu deus egípcio favorito, tenho muita dificuldade em aceitar a destruição desse templo em Mênfis.

Estudei a régua de côvado no Louvre bem de perto (ela pode ser vista na seção de pranchas), é o tipo de régua usada pelos escribas para entalhar a Pedra de Palermo, e as pessoas precisam ver uma para entender do que estou falando. No site do livro há um conjunto completo de fotos dessa água.

Quanto ao livro de Redford, falta também uma dimensão importante à questão da lista de reis, que é tratada na verdade em detalhes por O'Mara e que teria mencionado de qualquer maneira, mesmo se ele não a tivesse abordado. Eu me refiro às várias tentativas de Imhotep, vizir do rei Zoser (primeiro rei da Terceira Dinastia), de construir algum tipo de "história" dos reis da Primeira e Segunda Dinastia. Imhotep foi um dos intelectuais mais famosos na história do Egito. Sabemos que ele escreveu livros sobre medicina e arquitetura, bem como projetou e construiu a Pirâmide de Degraus em Saqqara. Também foi vizir do Egito, sumo sacerdote de Heliópolis e sumo sacerdote de Ptah em Mênfis. Não parecia haver nada que ele não pudesse fazer. Dentre as outras coisas que ele parece ter feito, que não são tão discutidas, estão a reforma do calendário com a criação do chamado "ano civil" e o começo da tradição da criação de anais e listas de reis (chamadas em egípcio pelo nome *genut*).

A parte realmente interessante do último projeto foi sua coleção de uma quantidade enorme de tigelas e vasos de pedra, mais de 40 mil, muitos com os nomes de reis antigos gravados neles e todos provavelmente oriundos de tumbas reais. Dois desses artefatos tinham uma sucessão dos nomes de quatro reis que se seguiram e, por mais estranho possa parecer, essa lista não é notada por Redford em seu livro sobre listas de reis, embora O'Mara a compreenda bem.[179] Ele a chama de "Bloco de Quatro Real" e é realmente uma evidência arqueológica inestimável da sucessão precisa de quatro reis antigos. Essa evidência foi publicada a princípio por Jean-Philippe Lauer e Pierre Lacau em 1959, no volume 4 de uma série enorme de volumes sobre a Pirâmide de Degraus em Saqqara, *La Pyramide à Degrés: Inscriptions Gravées sur les Vases*. As inscrições relevantes são mostradas na Prancha 4 desse volume.[180] Reproduzo essa foto no site do livro. Lauer é o homem que reconstruiu uma seção do complexo da Pirâmide de Degraus em Saqqara, admirada por todos os turistas hoje pela beleza avassaladora de seu *design*. Lauer foi uma figura heroica, inspirado por uma visão e determinado a realizá-la.

A partir de sua grande coleção de tigelas e vasos de pedra que Imhotep reuniu muito de sua informação e tentou montar uma cronologia do passado, por causa da escassez de outros registros escritos adequados. Essas tigelas foram todas meticulosamente coletadas e armazenadas embaixo da Pirâmide de Degraus como uma reserva gigantesca. Infelizmente a maior parte delas se esmigalhou após alguns milhares de anos, quando alguns dos tetos subterrâneos caíram em cima delas. A maioria das peças está em armazéns ou galpões no sítio em Saqqara, como consegui descobrir depois de uma considerável quantidade de perguntas. Muitas das peças escolhidas e inteiras estão em museus, claro. Mas o grosso das 40 mil tigelas e vasos ainda está em Saqqara. Disseram-me que, se fosse pelos motivos apropriados, permitiriam meu acesso a esses objetos para estudá-los, mas a solicitação é um processo longo e não está nada claro que há recursos adequados disponíveis para estudar dezenas de milhares de pedaços de tigelas e vasos em um armazém bem apertado. Seria preciso espalhar vários exemplos em grandes superfícies, que provavelmente não existem lá, a luz não deve ser nada boa e os depósitos sem dúvida devem ser quentes demais para trabalhar por horas a fio. Então, adivinhe, nunca

---

179. O'Mara, *The Palermo Stone*, op. cit., p. 137 e Fig. 48 na p. 156.
180. Lacau, Pierre e Lauer, Jean-Philippe, *Fouilles à Saqqarah: La Pyramide à Degrés*, Tome IV, *Inscriptions Gravées sur les Vases*, Premier Fasc.: Planches, Institut Français d'Archéologie Orientale, Cairo, 1959. As três fotos dessas inscrições que preenchem totalmente a Pr. 4 são enumeradas 19-21.

consegui estudá-los. O que não quer dizer que desisti da ideia, mas pode ser um sonho que nunca se realizará.

Há mais motivos do que a mera cronologia para querer estudar as tigelas e os vasos. Além daqueles de alabastro, que são feitos de um material bem macio e fácil de modelar, os objetos podiam ser feitos de pedras bem duras de formas que parecem impossíveis tecnologicamente. Alguns deles têm abas torcidas, como se fossem de barro. Muitas das pedras mais duras têm espaços ocos que se estendem e se curvam para cima no interior de tal forma que ninguém consegue imaginar nenhuma furadeira que os tenha criado ou pudesse fazer isso hoje. Seria necessária uma furadeira de diamantes para escavar e moldar as pedras mais duras. (Na verdade, em meu livro anterior, *The Crystal Sun*, tratei desse assunto e apresentei a evidência de que os antigos egípcios usavam o que chamamos de diamantes industriais. Eles não viam os diamantes como pedras preciosas e não faziam ideia de que pedras duras pretas que chamamos de diamantes industriais tivessem qualidades de joias. Mas conseguiam usá-los como pontas de furadeiras.)

A tecnologia usada para criar essas tigelas e vasos de pedras não escavados no alabastro macio é incrível e seus verdadeiros detalhes são conhecidos por muito poucos. A resposta a esse enigma é que eles provavelmente foram fundidos, não escavados ou desgastados. O motivo pelo qual as abas poderiam ser torcidas como se tivessem sido feitas de barro, mesmo sendo de pedra sólida, é porque essas abas foram torcidas enquanto o material ainda estava macio. (Veja nas Pranchas 37a e 37b e na Figura 44 um exemplo de uma tigela feita de xisto com "abas dobradas", escavada por Walter Emery em Saqqara.) Em um estágio bem inicial, até antes da chamada "Primeira Dinastia", havia uma tecnologia secreta, regiamente controlada para fabricar essas tigelas milagrosas da pedra líquida, que era então fundida em moldes feitos de barro ou era moldada em tornos de oleiros enquanto estava úmida e macia, antes de endurecer. Essa tecnologia ficava sob a proteção do deus Khnum, por isso sua imagem aparece em algumas dessas tigelas.[181] Khnum costuma ser representado operando um torno de oleiro. Às vezes usava-se a mesma tecnologia para estátuas feitas de diorito e alguns outros materiais de pedra dura. Essa tecnologia foi redescoberta em tempos modernos pelo químico francês Joseph Davidovits. Ele a chamou de química do "geopolímero". Isso porque acontece uma reação de polimerização inorgânica enquanto o material está úmido. Os egípcios usavam partículas de pedra gastas

---

181. Ibid., Tomo V (1965), p. 49, no qual vários exemplos são dados, e uma inscrição é apresentada na Fig. 73.

pela intempérie, que poderiam ser facilmente desagregadas, formavam um agregado muito fino, adicionavam o catalisador necessário com água e isso formava uma espécie de concreto de polímero que fica duro. É impossível diferenciar entre a pedra escavada e a fundida em qualquer análise química ou por análise de difração de raios X, pois os resultados são idênticos. Davidovits iniciou sua vida profissional com a química de polímeros orgânicos (sua tese de PhD foi sobre poliuretano), mas decidiu inventar um polímero *inorgânico*. Todos achavam impossível, uma contradição em si, pois a palavra "polímero" seria, segundo eles, definida em parte pela necessidade de ser orgânico. Porém, Davidovits continuou a inventar uma série de polímeros inorgânicos. Ao fazer isso, ele conseguiu recriar um pouco da tecnologia perdida da fabricação de vasos e tigelas de pedra no Egito Antigo.

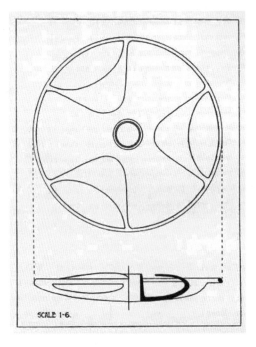

Figura 44. Desenho de Walter Emery em corte e plano da misteriosa "tigela de xisto" escavada por ele na Tumba de Sahu da Primeira Dinastia em Saqqara. (Figura 58 na p. 101 de Walter B. Emery, *Great Tombs of the First Dynasty*, Volume I, Cairo, 1949.)

Apenas cinco pessoas no mundo hoje entendem essa tecnologia: Joseph, três de seus filhos e eu. Estive envolvido com os negócios de Joseph por 11 anos, apresentando a tecnologia do cimento geopolímero ecológico e obtendo patentes internacionais para a tecnologia. Joseph também fundiu alguns "blocos de pirâmides" gigantes de calcário fundido, um de quatro toneladas e um de três toneladas. Acreditamos que as três principais pirâmides de Gizé foram construídas de calcário fundido, não cortado. E como os egípcios não tinham guindastes, não poderiam ter içado esses blocos enormes se eles fossem cortados. Além disso, o motivo pelo qual não há espaço entre os blocos e não dá para passar uma lâmina entre eles é que eles foram fundidos em série um em cima do outro, com apenas uma finíssima película de gipsita se formando naturalmente entre eles sempre que fossem vulcanizados. Esse assunto é melhor explicado no livro recente de Joseph (2009) sobre isso, que está disponível nas edições francesa e inglesa direto de seu site www.geopolymer.org.

Os vasos e tigelas de pedra eram "mágicos" e os cortesãos precisavam de uma permissão real para tê-los. Dezenas de milhares foram feitos, mas o processo era um segredo real. Imhotep ficou bem interessado neles, porque aproveitava sua tecnologia em um grande escala para fazer a Pirâmide de Degraus de blocos de calcário fundido, que ele poderia produzir em massa em quantidade suficiente com cascalho de calcário extraído e carregado em sacos. Então ele tinha dois motivos para enfiar 40 mil tigelas e vasos embaixo dessa pirâmide: tecnologia e como um arquivo pré-histórico. Com um exército de pessoas para recolher cada tigela e vaso que poderiam encontrar (uma tarefa enorme), que deve ter envolvido um pequeno exército de pessoas limpando os cemitérios por todo o Egito, procurado por eles em tumbas saqueadas, podemos ter certeza de que Imhotep mandou copiarem as inscrições nessas tigelas de forma tão atenciosa quanto Lacau e Lauer fizeram mais tarde. Tenho muita sorte de ter cópias dos dois volumes de inscrições em tigelas e vasos de Lauer, autografados em pessoa por ele e presenteados a seu amigo Henry Fischer, cuja parte da biblioteca eu adquiri, incluindo todas as separatas autografadas por Lauer. (Também tenho separatas autografadas por Lauer das bibliotecas de outros egiptólogos, pois comprei seções delas de vários deles.) Lauer é um dos mais admiráveis egiptólogos modernos e um modelo para as gerações mais jovens.

Como estamos no assunto das tigelas, darei um passo para trás no tempo para mostrar como as coisas podem realmente ficar confusas em termos de tecnologia e nossa concepção moderna de "progresso", quando lidamos com o Egito Antigo. Você acharia que a produção de louça de cerâmica evoluiria e ficaria cada vez melhor? Mas ai da nossa noção de que o progresso só vai para cima. Contarei algo sobre a cultura badariana.

Os badarianos tiram seu nome de um local chamado Badari. Não sabemos quem eles eram na verdade. Foram um povo pré-histórico que vivia na margem leste do Nilo no Médio Egito perto de Assiut. (Essa é uma região aonde os estrangeiros raramente vão hoje em dia, embora Olivia e eu tenhamos visitado essa área por razões arqueológicas.) Na verdade, eles foram um povo pré-histórico *antigo*. Prosperaram, segundo noções convencionais, entre 4500 e 3250 a.C. Uma coisa que gosto neles é que eles foram grandes amantes de cães. Enterravam seus cachorros com reverência, o que faz deles bem o tipo de sujeitos que eu aprovo. Muitas pessoas nos fazem acreditar que esses badarianos eram um povo muito primitivo, mas há um problema: sua cerâmica. O maravilhoso é que sua cerâmica era tão brilhante que nunca foi igualada ou superada em toda a história egípcia posterior. Agora, o que você acha disso? O que acontece com a ideia de "progresso"?

Consideremos algumas das coisas que foram ditas sobre a cerâmica badariana. Em seu livro *The Badarian Civilisation* (1928), os escavadores Guy Brunton e Gertrude Caton-Thompson tinham isto a dizer:

> O produto mais característico dos badarianos era sua cerâmica. É feita à mão, como toda cerâmica pré-histórica, e não mostra vestígios de torneamento. Muitas delas têm a superfície completa ou parcialmente coberta com uma ondulação fina ou áspera e foi essa peculiaridade que levou à descoberta da cultura. Nunca antes houve nada igual no Vale do Nilo e era algo novo para nossa experiência (...) Todos os melhores vasos têm bordas muito finas, às vezes quase afiadas. A ondulação pode se estender por toda a superfície externa do vaso, pode seguir para baixo até a metade ou poderia permanecer apenas ao redor da borda, mas ela aparece pelo menos na borda em todos os casos. É difícil dizer exatamente que instrumento foi usado para dar esse efeito (...) fica bem claro que a superfície ondulada foi considerada linda; ela era mantida como uma decoração, às vezes por todo o vaso (...) O próprio barro de que os vasos são feitos tem grãos finos e é denso na maioria das vezes (...) A excelência de sua manufatura nunca foi superada em tempos recentes. É óbvio que temos aqui o resultado de muitas eras de experimento (...) Deve-se procurar em outro lugar os estágios anteriores, que devem ter existido.[182]

---

182. Brunton, Guy & Caton-Thompson, Gertrude, *The Badarian Civilisation and Predynastic Remains near Badari*, British School of Archaeology in Egypt, London, 1928, p. 20-22.

Há muitas tigelas badarianas finas no Museu Petrie em Londres, maravilhosas de observar. Os badarianos dominavam a arte da produção de linho de excelente qualidade, que eles usavam como vestimenta. A evidência arqueológica mostra que eles eram pacíficos, sem qualquer sinal de armas em seus restos. Eram brilhantes escultores de marfim e

os dois sexos gostavam de usar vários grandes braceletes de marfim no antebraço. Brincos parecem ter sido ornamentos comuns e até um *piercing* no nariz verde-claro era considerado atraente, em um toque bem africano. Não podemos estar muito errados se supusermos que os badarianos eram suficientemente civilizados para carregar lenços (...) Os homens eram barbeados ou imberbes.

A evidência de sua disposição pacífica é exposta assim:

(...) ou os badarianos se extinguiram ou, como parece mais provável, foram desalojados por uma ou mais tribos praticamente do mesmo sangue, mas um pouco mais audazes e progressistas. A julgar pelos restos escassos que temos dos badarianos, eles parecem ter sido um povo bem pacífico. Há uma proporção considerável de indivíduos longevos entre os sepultamentos; não há exemplos de ossos quebrados ou ferimentos, e não encontramos armas bélicas como a maça na forma de um disco, característica do período pré-dinástico antigo (...) os cemitérios badariano e pré-dinástico parecem sempre estar em solos separados (...) Eles conheciam cereais, mas não se sabe ao certo quais espécies (...) Eles se destacavam principalmente pela manufatura de cerâmica. Ela não só era feita em grandes quantidades, como suas qualidades mais excelentes nunca foram igualadas depois no Vale do Nilo. Os melhores vasos são extraordinários pela fragilidade e excelência da louça e pelo belo acabamento das superfícies delicadamente onduladas ou suaves (...) Realizava-se trabalho em couro com uma habilidade considerável (...) Temos vasta evidência de comércio (...) os badarianos não foram uma tribo isolada, mas mantinham contato com as culturas ou países em todos os seus limites. Eles não eram nômades; seus vasos, alguns dos quais eram grandes e frágeis, não serviam para o uso dos viajantes (...) [quando eles eram enterrados] era desejável que eles olhassem para o sol poente.[183]

Por tudo isso os badarianos parecem um tipo de cultura *hippie* antiga, vivendo em paz com os homens e os animais, amando seus cachorros, recusando-se a entrar em guerra, fazendo a cerâmica mais linda da história egípcia, vivendo muito e aproveitando a vida ao lado do lindo Rio Nilo em uma espécie de sonho prolongado de feliz tranquilidade. Um dia, apareceram pessoas mais violentas que destruíram essa existência idílica, mataram-nos e se recusaram até a dividir seu solo mortuário. Nunca houve cerâmica igual à dos badarianos, muito menos melhor. Isso significa apenas uma coisa, que o "progresso" foi para trás e não para a frente, quanto às cerâmicas nos próximos *6.500 anos*. Que isso seja uma lição: o "progresso" nem sempre é o que pensamos. As tecnologias podem entrar em declínio com o tempo.

É hora de continuar, depois da história charmosa dos badarianos perdidos e sua existência idílica ao lado de um lindo rio em um dia tão remoto no tempo que precedeu todo o resto que aconteceu depois no Egito. Mas não nos esqueçamos da lição dos badarianos. Pois, até hoje, no século XXI, ninguém consegue fazer um vaso como os badarianos, e eles pertencem ao ano de 4500 a.C. Em 6.500 anos, suas habilidades em cerâmica feita à mão nunca foram igualadas. Voltamos agora ao início da história egípcia "oficial" ou pelo menos o que se convencionou desde Maneton a se chamar "Primeira Dinastia". O que poderia ser mais interessante e importante do que a Primeira Dinastia para quem quiser compreender as origens da civilização egípcia? No que diz respeito às listas de reis, sabemos bem mais sobre a Primeira Dinastia do que sobre a Segunda e a Terceira Dinastia. E várias tumbas reais da Primeira Dinastia foram descobertas, enquanto quase nenhuma da Segunda e da Terceira Dinastia foi. Na verdade, temos tumbas reais da Primeira Dinastia *demais*. Como já mencionei antes, no Capítulo 3, cada rei tinha duas tumbas. Uma era real e a outra era um monumento mortuário, chamado cenotáfio. Uma ficava no norte e a outra no sul. Porém, como nenhum corpo de reis foi encontrado em nenhum dos dois lugares, não sabemos ao certo qual era a tumba e qual era o cenotáfio. Enquanto continuar essa incerteza, precisamos continuar a chamar os dois locais de "tumbas", por via das dúvidas.

O motivo pelo qual os corpos não foram encontrados é que todas essas tumbas e cenotáfios foram roubados, espoliados e saqueados

---

183. Ibid., p. 38-42.

repetidas vezes por milhares de anos, então é uma surpresa haver alguma coisa para encontrar lá. A única evidência material descoberta em algum deles foi encontrada, entretanto, no sul. Em uma das tumbas, o braço de uma mulher coberto de ouro e joias preciosas foi encontrado enfiado dentro de um buraco em uma parede. Supõe-se que ela tenha sido uma rainha. Provavelmente, enquanto um antigo saqueador de tumbas destruía múmias reais para retirar os objetos de valor, ele arrancou seu braço e o enfiou em um lugar para mantê-lo seguro e esqueceu dele ou foi incomodado e fugiu, deixando o braço para trás. Essa evidência sólida sugere que os enterros verdadeiros aconteciam no sul e as "tumbas" do norte eram as vazias, agindo como tumbas honorárias ou cenotáfios.[184]

O local ao sul era Abidos, onde todas as tumbas reais da Primeira Dinastia parecem ter ficado. (A tumba de Khasekhemui, descrita no Capítulo 5, fica muito perto dessas tumbas da dinastia anterior à dele, a uma curta distância de caminhada se você suportar o calor.) Essas tumbas antiquíssimas foram veneradas com grande reverência durante os anos posteriores. No Novo Império, elas foram reverenciadas pelo rei Seti I, pois seu grande templo em Abidos, conhecido como Templo de Seti I, foi pensado na verdade como um Templo dos Ancestrais Reais, como Caulfeild destacou nos idos de 1903.[185] O templo de Seti era orientado e posicionado para se conectar em um eixo com as tumbas da Primeira Dinastia, que ficavam bem longe no deserto, mas em uma linha direta a partir do templo. Esse templo contém a famosa lista de reis escavada na pedra, conhecida como Lista de Reis de Abidos, mencionada antes neste capítulo e ilustrada como Figuras 37 e 38. Esse é o único templo egípcio conhecido a ter uma lista de reis como sua principal característica, além do templo do filho de Seti, Ramsés II, que copiou a ideia de seu pai e acrescentou seu nome quando ele construiu seu próprio templo em Abidos. A Lista de Reis de Abidos é entalhada de forma evidente em uma parede do templo de Seti, pois ela homenageia os antecessores reais do faraó e, claro, lhe concedem legitimidade, pois como faraó ele herdou toda essa tradição de mais de um milênio de governo.

Tenho mais do que a costumeira familiaridade com o Templo de Seti I e sua estrutura subterrânea contígua, o Osireion, pois consegui ter acesso especial a eles ligado ao trabalho arqueológico autorizado oficialmente. Escrevi um extenso relato sobre o templo e seu Osireion,

---

184. Um exemplo de uma voz dissidente é Willem M. van Haarlem, "Were the Archaic Kings Buried at Sakkara or Abydos?", in *Discussions in Egyptology*, Oxford, Vol. 17, 1990, p. 73-74.
185. Caulfeild, A. St. G., *The Temple of the Kings at Abydos*, Egyptian Research Account Eighth Year 1902, London, 1903, com Notas Arqueológicas de W. M. F. Petrie.

mas ele ainda não foi publicado. Inclui um levantamento completo de toda a literatura sobre o templo, com algumas fontes pouco conhecidas. Consegui corrigir grandes erros cometidos por Henri Frankfort, escavador do Osireion, em seu relatório de escavação. Em meu relatório, registro os resultados de datação incomuns. Infelizmente, como esse material não diz respeito ao assunto deste livro, sua publicação deve ser adiada. A questão dos ancestrais também é um dos pontos mencionados em meu relato. Não é possível ter uma compreensão adequada da estrutura do complexo sem a consciência de seu aspecto ancestral, que por sua vez volta às tumbas da Primeira Dinastia que consideramos agora. Quando meu relato sobre o templo de Seti for lançado, haverá uma dimensão um pouco maior aberta sobre as tumbas da Primeira Dinastia, pelas quais Seti obviamente nutria uma reverência supersticiosa profunda. Não se deve superestimar o conservadorismo religioso de um egípcio antigo de qualquer período.

A descoberta das tumbas da Primeira Dinastia no norte em Saqqara ficou a cargo do notável e inspirado egiptólogo Walter B. Emery, um homem de habilidade extraordinária, dedicação a seu objeto e intuição. Por ter sido o descobridor dessas tumbas, que têm aproximadamente o dobro do tamanho das tumbas dos mesmos reis no sul em Abidos, Emery, naturalmente, ficou entusiasmado em promovê-las como tumbas reais, considerando as tumbas no sul em Abidos como os cenotáfios simbólicos. Isso fez sentido para ele porque com certeza os monumentos maiores deveriam ser os verdadeiros e os menores seriam os fictícios. Emery ter presumido isso não é nada estranho, apesar da evidência do braço adornado com joias mencionado anteriormente. Entretanto, a opinião egiptológica predominante foi discordar dele e considerar as tumbas do norte como os cenotáfios e as de Abidos como as verdadeiras.

Dessa vez eu concordo com a opinião predominante. Sugiro que um possível motivo para as "tumbas" do norte serem maiores, apesar de "fictícias", e as do sul serem menores, apesar de reais, era que os habitantes do norte que tinham as habilidades tecnológicas superiores eram vassalos dos habitantes do sul que tinham o poderio militar. A "unificação do Egito", em minha opinião, foi como um tipo de aquisição empresarial inversa na qual uma filial compra a companhia mantenedora em uma oferta hostil, mas não entende as patentes nem tem as habilidades para administrar a empresa direito, então precisa confiar em seus empregados para sobreviver. Suspeito que os habitantes do norte, para mostrar obediência a seus regentes do sul, certificaram-se de que os cenotáfios construídos por eles para homenagear os reis do sul fossem consideravelmente maiores e mais impressionantes do que as tumbas verdadeiras no sul. Assim eles homenageavam seus mestres, mas ao mesmo tempo mandavam a mensagem clara de que as pessoas que realmente sabiam como fazer as coisas eram seus vassalos no norte e era melhor eles não se esquecerem disso. Em uma atmosfera tão cheia de tensão e hostilidade disfarçada como essa, uma situação como a que envolve o rei Enezib foi capaz de inflamar paixões violentas e explicaria por que o rei Semerkhet se sentiu obrigado a mutilar a tumba de seu antecessor de uma maneira tão drástica ou apenas desejou isso.

Emery começou sua obra importante sobre as tumbas reais da Primeira Dinastia escrevendo seu livro magnífico *Excavations at Saqqara 1937-1938: Hor-Aha*, publicado no Cairo em 1939.[186] Hor-Aha é o homem que Emery e muitos outros escolhem identificar como o primeiro rei da Primeira Dinastia. Quem poderia ser mais importante? Se estivermos buscando as origens, aqui está ele. Houve um rei anterior chamado Narmer, considerado pai de Hor-Aha, mas os estudiosos preferem considerá-lo como o último rei pré-dinástico e ver seu suposto filho, Hor-Aha, como primeiro rei dinástico (o que provavelmente não faz muita diferença). Como Emery expõe com orgulho na primeira sentença de seu livro:

> Com a descoberta da Tumba nº 3357 em Saqqara, a Egiptologia é presenteada com o terceiro grande monumento que pode ser atribuído ao reinado de Hor-Aha, primeiro rei da Primeira Dinastia. Até agora, todo o material arqueológico disponível de seu reinado veio de monumentos em Naqadah [Naqqada] e Abidos e evidências conflitantes foram apresentadas por várias autoridades para provar que uma ou outra dessas duas tumbas seria seu último local de descanso. Antes da descoberta da tumba de Saqqara, o consenso geral entre os egiptólogos parece ter sido mais em favor de Abidos como seu último local de descanso e Naqadah como o sepulcro de sua esposa Neith-hotep.
>
> Quando descoberta pela primeira vez por De Morgan, a tumba de Naqadah foi aceita em geral como sendo de Hor-aha e só depois de uma nova escavação por Garstang a tumba foi identificada como da rainha Neith-hotep (...) Com relação à questão do enterro de Hor-aha em Abidos, como sugeri (...) as chamadas tumbas da Primeira Dinastia

---

186. Emery, Walter B., *Excavations at Saqqara*, op. cit.

em Abidos podem muito bem ser cenotáfios (...) O costume de construir cenotáfios reais em Abidos com certeza foi comum em tempos posteriores, como, por exemplo, os monumentos de Senusret III e Seti I [meu relato não publicado sobre Abidos explica uma ligação direta entre as construções desses dois faraós, uma do Médio Império e outra do Novo Império, em Abidos], e não temos motivo para supor que isso não acontecia no período mais antigo (...) Além disso, deve-se lembrar que não se encontrou nenhum resto humano que pudesse ser considerado dos reis em nenhuma das tumbas de Abidos.[187]

Infelizmente, nada foi encontrado em Saqqara também. Será que os *dois* não poderiam ser cenotáfios?

Já expliquei por que acredito que os cenotáfios ficavam em Saqqara e as tumbas em Abidos. Tudo isso se relaciona à divisão tecnológica entre norte e sul, que deve ter existido até na época da chamada "Primeira Dinastia". Já aludi a isso no Capítulo 5, no qual destaquei a discrepância entre os egípcios do norte com sua tecnologia em pedra e os do sul com a falta dela.

Nos fragmentos remanescentes da história do Egito escritos pelo sacerdote egípcio de nome grego Maneton, mencionado antes neste capítulo, afirma-se que o nome do primeiro faraó seria "Menés". Mas os nomes dados por Maneton estão em grego e muitas vezes é difícil igualar com os nomes egípcios, principalmente porque todos os faraós tinham mais de um nome. Então uma das grandes questões que vêm assombrando a Egiptologia é: *Quem era Menés?*

Aqui houve muita divergência. Sugeriu-se que Hor-Aha foi Menés, que seu pai, Narmer, foi Menés e sugeriu-se também que nenhum deles foi Menés. Ninguém sabia ao certo por décadas. Havia traços de evidência, provocadores, tentadores, mas não conclusivos. A abordagem mais sensata a esse estranho problema que já vi (e muitos egiptólogos escreveram sobre ele) é um pequeno artigo de apenas três páginas e meia, intitulado "Menes the Memphite", de James P. Allen, publicado em 1992.[188] Nesse artigo, Allen destaca que é mais provável que *Menés nunca tenha sido um nome*. Ele acredita que vinha da palavra egípcia para a cidade antiga de Mênfis, perto de Gizé, supostamente fundada pelo primeiro faraó da

---

187. Ibid., p. 1.
188. Allen, James P., "Menes the Memphite", *Göttinger Miszellen: Beiträge zur Ägyptologischen Diskussion*, Göttingen, Germany, Vol. [Heft] 126, 1992, p. 19-22.

Primeira Dinastia. Essa era a tradição em que se acreditava na época do Novo Império, quando ninguém se lembrava do nome do cara que fez isso.

Durante os primeiros 1.500 anos de sua existência, Mênfis não era chamada assim, mas sim de Muro Branco.[189] O nome Mênfis, em sua forma egípcia, claro, só passou a ser usado depois, durante o Novo Império. Allen acredita que foi durante tal período que esse rei antigo começou a ser chamado de "o Menfita" (ou, em outras palavras, "Aquele de Mênfis"), escrito em egípcio em hieróglifos que podem ser interpretados como Mene, Meni ou Mini, do nome egípcio para Mênfis, que é Minf ou Minef. Então o que todos queriam dizer quando chamavam esse faraó assim era: "Sabe, aquele rei que fundou Mênfis, qual o nome dele? O cara de Mênfis". E quando os gregos chegaram ao Egito e o chamavam de Menés, todos acreditavam que esse fosse o nome genuíno do primeiro rei do Egito.

Isso me parece bem convincente. Allen rejeita a evidência de um par de placas de marfim escavadas nas antigas sepulturas da Primeira Dinastia, que pareciam combinar Men ou Min com um nome de faraó. O debate sobre isso foi violento por várias décadas. Mas Allen salienta que foi nossa falta de compreensão dos hieróglifos arcaicos que levou a essa confusão. Parece que com nosso conhecimento mais moderno sobre eles agora, a combinação aparente de Men ou Min com o nome de Hor-Aha em um selo pode ser traduzida como algo completamente diferente: "As Duas Damas Residirão"! (Isso deve ser uma referência às deusas naja e abutre, uma representante do norte do Egito e a outra do sul, que ficaram unidos após a conquista.) A ligação aparente com Narmer também é rejeitada como um mal-entendido. Em outras palavras, toda a evidência para qualquer nome real remotamente parecido com Menés na Primeira Dinastia, ou antes, foi desacreditada.

Há precedentes na história para esse tipo de coisa. O rei Guilherme I da Inglaterra nunca é chamado dessa forma, mas sempre como "Guilherme, o Conquistador". Por um período considerável, principalmente durante o século XVII, ele nem era chamado assim, era apenas "o Conquistador". Eu li muitos livros desse período (e isso continuou até na era vitoriana) em que se fala "o Conquistador", mas não o iden-

---

189. A título de curiosidade, devo mencionar que Olivia e eu ficamos muitas vezes em "Muro Branco", mas não foi em Mênfis. Era uma casa de campo em Fowey, Cornualha, que uns amigos nos emprestavam e onde traduzimos muito do livro de Esopo para a Penguin Classics. Você pode chamar esse nosso "período menfita". Eu tinha de mencionar isso, não resisti, pois nunca em minha vida eu tinha encontrado outro lugar chamado "Muro Branco", e o fato de nos acostumarmos a falar casualmente tantas vezes de "Muro Branco" é uma baita coincidência, se você acredita nisso.

tificavam como Guilherme. Todos sabiam de quem se tratava. Nesse período específico da história inglesa, a invasão e conquista da Inglaterra pelos normandos sob o comando de Guilherme, o Conquistador, era uma questão calorosa. Quem se opunha à tirania dos reis Stuart invocava o que os historiadores do século XVII chamam de "Teoria do Jugo Saxão". Ela afirmava que os ingleses foram escravizados pelo "Conquistador" (o que, aliás, era em grande parte verdade) e que, ao se insurgirem e lutarem na Guerra Civil Inglesa (1642-1645) contra o rei Carlos I, eles recuperariam suas liberdades saxãs, perdidas desde 1066, ano da Conquista. "O Conquistador" se tornou assim uma figura famosa de novo, invocado sempre em discussões políticas do tipo mais fervoroso nas quais realmente estava em jogo o destino da região.

Acredito que Allen esteja certo e que algo semelhante aconteceu durante o Novo Império no Egito. Ficou relevante falar sempre do "Menfita", assim como os ingleses há 350 anos falavam do "Conquistador". Na Inglaterra, o rei Guilherme I se tornou uma figura semimítica chamada "o Conquistador" em menos de seis séculos em um país onde os livros impressos circulavam amplamente e registros históricos detalhados estavam nas mãos de um vasto público educado. Em contraste, no caso dos egípcios do Novo Império, o primeiro rei da Primeira Dinastia viveu 1.500 anos antes (senão mais). Então imagine como ficou nebulosa a noção desse rei para um povo que não tinha livros impressos e cujos sacerdotes e escribas confiavam apenas nessas listas de reis que por sorte sobreviveram a dois períodos intermediários de caos e destruição, com bibliotecas de templos saqueadas e papiros queimados (principalmente durante o Primeiro Período Intermediário, após o colapso do Antigo Império) por multidões em alvoroço, e durante os períodos de colapso de governo, praga, fome e desastres naturais. Assim como "o Conquistador" se tornou importante politicamente em discussões generalizadas na Inglaterra do século XVII, "o Menfita" também se tornou importante nas discussões do Novo Império.

Nessa época, os faraós estavam interessados em provar sua legitimidade e Seti I construiu seu templo aos ancestrais com uma grande lista de reis entalhada na parede, com seu eixo orientado na direção dos túmulos dos reis da Primeira Dinastia no deserto, a oeste de seu templo, e com a porta traseira aberta sobre eles e seu domínio. Mênfis deixou de ser a capital durante o Novo Império e Tebas tomou seu lugar; mais um motivo, portanto, para conjurar "o Menfita" como um ancestral, ou seja, provar a legitimidade de sucessão e justificar a nova localização da capital homenageando o fundador da "capital original" de um Egito unificado.

Os "Reis Perdidos" e uma Pirâmide da Primeira Dinastia

Ao mesmo tempo, as pinturas nas tumbas e os papiros do Novo Império conjuravam constantemente os "Espíritos de Buto" e os "Espíritos de Nekhen", em referência aos pretensos centros religiosos *pré-dinásticos* do Egito: Buto no Delta Ocidental no norte e Nekhen, conhecida como Hieracômpolis, no sul. (John Wilson comentou em 1955 que esses dois centros não eram as capitais verdadeiras do norte e do sul e "nunca foram significativos militar ou administrativamente", mas tinham apenas uma importância simbólica e ritualística.)[190] Havia claramente uma tentativa desesperada de invocar o passado distante e o poder de seus espíritos para apaziguá-los com homenagens. Devemos lembrar que isso não era feito para "consumo público", porque não havia "público". Era feito para o "consumo pelos espíritos e deuses", o que era uma questão ainda mais urgente. A opinião pública não é nada se comparada à opinião divina, e o poder dos eleitores do presente não se compara ao poder dos fantasmas do passado, muito menos dos deuses da eternidade.

Essa solução engenhosa do problema de Menés feita por James Allen é, em minha opinião, um dos atos mais esclarecedores e catárticos do pensamento egiptológico de nossa era. Como sabemos agora que "Menés" era apenas "o Menfita", podemos escolher à vontade entre pensar que ele era o rei Narmer ou seu filho, o rei Hor-Aha. Suponho que isso não faça tanta diferença.

Embora a solução de Allen desse aspecto específico do "caos cronológico" tenha sido ignorada por muitos egiptólogos, nenhum deles sugeriu um cenário mais convincente. Então, até alguém sugerir, podemos continuar a nos confortar com o fato de que pelo menos alguém imaginou alguma coisa, mesmo que fosse apenas o significado de uma única palavra. Precisamos começar de algum lugar.

De certa forma, o fato de tantas tumbas e cenotáfios da Primeira Dinastia terem sido escavados aumenta a confusão. Isso acontece com frequência em áreas de pesquisa obscuras, quando os investigadores descobrem que levantam ainda mais questões do que respondem. Assim que tiver alguma evidência física real de algo, você precisa começar a interpretá-la e explicá-la. Mas não se deve resmungar: essa é apenas a natureza das coisas.

Nas Pranchas 38 e 39, mostro detalhes de uma famosa paleta de ardósia conhecida como Paleta de Narmer. Ela pertence ao período do rei Narmer e foi escavada em condições quase perfeitas na temporada de 1897-1898 no sítio ao sul de Hieracômpolis no templo pré-dinástico

---

190. Wilson, John A., "Buto and Hierakonpolis in the Geography of Egypt", in *Journal of Near Eastern Studies*, Vol. XIV, nº 4, October, 1955, p. 209-236.

de Hórus pelos arqueólogos britânicos James Quibell e Frederick Green. Nas Figuras 45 e 46, podem ser vistos os desenhos inteiros da paleta, na frente e atrás. Essa paleta é um dos objetos mais importantes já encontrados de um período tão antigo da história egípcia. Ela é esculpida de um pedaço plano de siltito verde, facílimo de esculpir. Ela foi encontrada perto de uma cabeça de maça (como a que o rei Narmer brande em "posição de ataque" em sua paleta), também pertencente ao reinado de Narmer, e outra chamada "Cabeça de Maça Escorpião", pertencente ao reinado do rei pré-dinástico Escorpião, que deve ter sido o pai ou o avô de Narmer.

Essa paleta é um dos artefatos mais famosos remanescentes do período arcaico no Egito. Ela é discutida sem parar há muito mais de um século, desde sua descoberta inicial. O local sagrado de Hieracômpolis ("Nekhen") foi discutido no capítulo anterior, e algumas fotos reproduzidas mostram seu "forte". No site eu reproduzo também algumas fotos mostrando as grandes pilhas de vasos quebrados encontrados na Necrópole. Há milhões e milhões de vasos quebrados descobertos em Hieracômpolis, depositados lá por peregrinos, visitando o cemitério por milhares de anos, que quebravam vasos como oferendas e deixavam os pedaços nessas grandes pilhas. É importante o não egiptólogo ver o tamanho enorme dessas pilhas, das quais minhas duas fotos dão alguma ideia da escala absoluta dos restos.

A Paleta de Narmer é só uma das muitas feitas de pedra macia desse período escavadas agora. Muitas não são adornadas e podem ter sido simples itens para a vaidade, pois essas paletas eram usadas de verdade ou "em teoria" para pastas feitas de minerais aplicadas aos olhos ou de outras formas como decoração pessoal. O mineral mais usado era um de cobre, a malaquita, que era moída para fazer uma tinta verde. Ocre e hematita eram usados para a tinta vermelha (o ocre, por ser mais duro, precisava de moedores separados). Galena, um mineral de chumbo, era moída para fazer o delineador khol preto para pintar os olhos. Uma das principais especialistas em Egito Antigo foi Elise Baumgaertel. Ela tem uma seção inteira sobre paletas em sua obra em dois volumes *The Cultures of Prehistoric Egypt* (1947-1960).[191] Ela comenta que as paletas começaram com os badarianos, mencionados antes, como simples objetos utilitários para moer a tinta usada em rostos e corpos. Depois disso, elas assumiram um caráter mais sagrado.

---

191. Baumgaertel, Elise, *The Cultures of Prehistoric Egypt*, 2 vols., Griffith Institute, Ashmolean Museum, Oxford, Vol. I, 1949 (tenho uma cópia com dedicatória desse volume em minha biblioteca egiptológica), e Vol. II, 1960. As paletas são discutidas no Vol. II, p. 81-105.

Os "Reis Perdidos" e uma Pirâmide da Primeira Dinastia   271

Figura 45. Rei Narmer, como é retratado no lado oposto da Paleta de Narmer, avançando com uma maça na mão e usando a coroa do norte (Baixo Egito), chamada em geral de "coroa vermelha", embora no período do Antigo Império fosse chamada às vezes de "coroa verde". Pode-se ver com clareza que a espiral saindo do centro do turbante (que lembra a espiral de Fibonacci na matemática) é feita de algo torcido. Petrie achava que fosse "um pedaço de linho bem torcido, e (...) deve ter sido feito em cima de um fio ou outra base firme para mantê-lo em posição" (*Ancient Egypt*, Junho, 1926, Part II, p. 36-37). Narmer, mostrado no outro lado da paleta em uma posição de ataque e usando a "coroa branca" do sul (Alto Egito), como visto na Prancha 38, era evidentemente um rei do sul que conquistou ("atacou") o norte, pois ele fez seu ataque usando a coroa do sul, mas prosseguiu em paz, evidentemente como vitorioso, usando a coroa do norte, com sua maça abaixada. Se Narmer, ou seu filho Hor-Aha, foi "Menés", a unificação do Egito pela força aconteceu do sul para o norte e resultou na criação do que chamamos "Primeira Dinastia".

As paletas posteriores como a de Narmer foram objetos reais ou sagrados importantes, registravam eventos históricos e celebravam temas importantes. Elas também atraíram o interesse de historiadores de arte. Por exemplo, Whitney Davis publicou um livro inteiro de um tamanho considerável e uma complexidade surpreendente chamado *Masking the Blow*, tentando analisar os princípios de desenho artístico e os motivos da Paleta de Narmer e como sua "narrativa" deve ser "lida". Seus argumentos são bem especializados e no livro ele aplica as mesmas técnicas em uma variedade de outras paletas.[192] Ele escreveu vários outros livros sobre os motivos, símbolos, a história da arte e a psicanálise em relação à arte. Logo, ele é o que muitos egiptólogos chamam de "intruso" em sua disciplina. Quando fui ao Congresso Internacional de Egiptólogos no Cairo em 2000, vários egiptólogos manifestaram grande horror em sessão aberta ao pensar que historiadores de arte pudessem querer invadir sua área e dar opiniões sobre qualquer coisa, e sua atitude para com historiadores de ciência era ainda pior.

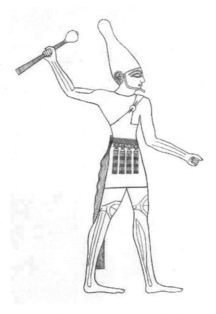

Figura 46. Rei Narmer atacando um inimigo, entalhado do lado anverso da Paleta de Narmer e mostrando os detalhes da roupa e da maça.

Como o rei Narmer é um candidato para "Menés" e o outro em qualquer caso é seu filho, rei Hor-Aha (os dois estavam sem dúvidas ocupados em conquistar o norte para "unificar" o Egito, o que não foi um processo completado sob um único reinado), na realidade não faz diferença *qual* foi "Menés", a Paleta de Narmer tem um lugar de importância exclusivo, considerando as origens de um Egito unificado. Não tentarei discutir em detalhes o que é representado na paleta, embora alguns comentários apareçam nas legendas das ilustrações. Basta dizer que as

---

192. Davis, Whitney, *Masking the Blow: The Scene of Representation in Late Prehistoric Art*, University of California Press, Berkeley, USA, 1992.

Os "Reis Perdidos" e uma Pirâmide da Primeira Dinastia

cenas da conquista de Narmer são retratadas, o que não surpreende, e elas parecem ser da conquista sobre os "líbios" da região do Delta do Egito. Certamente homens que parecem os "líbios" tradicionais da arte egípcia ao longo dos milênios, com barbas pontudas, são mostrados recebendo um tratamento brutal, incluindo a decapitação. O rei Narmer é mostrado em um lado da paleta usando sua coroa nativa do sul e, do outro lado, usando sua coroa do norte, que ele ganhou com a conquista.

Uma variedade surpreendente de outras paletas de ardósia foi identificada recentemente como proveniente do Delta, que parece ter sido um grande centro de sua produção. Toby Wilkinson destaca bem esse ponto no excelente livro *State Formation in Egypt* (1996), que é basicamente uma versão publicada de sua tese de PhD. Uma das seções mais interessantes desse livro é a última e curta "State Formation and the Delta". Ele indica que o Delta parece ser o local de origem do motivo da paleta de animais em pares frente a frente e emoldurando a paleta.[193] (Elise Baumgaertel acredita que esse motivo foi emprestado dos sumérios e não é difícil imaginar os "líbios" entrando em contato com eles, quando se considera a discussão a seguir, no Capítulo 8, sobre suas habilidades marítimas.) Esse motivo (veja Prancha 39) foi adotado então pelo rei Narmer em sua paleta triunfalista, possivelmente como um uso intencional de um motivo do Delta para proclamar sua conquista dessa região.

Outra paleta reconhecida agora como proveniente do Delta é aquela chamada atualmente de Paleta de Hunter. Ela tem uma história muito curiosa, como nitidamente descrita por Hermann Ranke em 1925, referindo-se a ela como a "Paleta Löwenjagd" (Paleta dos Caçadores de Leões).[194] Ranke conta a história de como ela foi encontrada em três pedaços, dois em Londres e um no Louvre em Paris. Eles não foram reconhecidos como egípcios. Foi o famoso egiptólogo Wallis Budge quem finalmente reconheceu que todos os três pedaços pertenciam ao mesmo objeto, reouve aquele de Paris, colocou os três juntos no Museu Britânico, onde era chefe do Departamento de Antiguidades Egípcias e Babilônias, e publicou o resultado na *The Classical Review* em 1890.

---

193. Wilkinson, Toby A. H., *State Formation in Egypt: Chronology and Society*, British Archaeological reports Series 651, Cambridge Monographs in African Archaeology 40, Oxford, 1996, p. 94.

194. Ranke, Hermann, "Alter und Herkunft der Ägyptischen "Löwenjagd-Palette", *Sitzungsberichte der Heidelberger Akademie der Wissenschafter: Philosophisch-Historische Klasse*, 1924/5 Vol., Fifth Treatise, Heidelberg, 1925, publicado como uma separata de 12 páginas com três ilustrações de página inteira. Como minha cópia é a separata original, não sei a paginação do volume completo. Pode ser que isso só tenha sido lançado separadamente, portanto seria dificílimo encontrar em qualquer grande biblioteca, por ser tão pequeno e frágil.

Um dia percebeu-se que a paleta era mesmo egípcia e se assemelhava à Paleta de Narmer, escavada depois em Hieracômpolis.

Ranke comenta que a cena de caça bizarra retratada na paleta, que inclui a matança de dois leões, mostra a caça feita pelos príncipes líbios usando as costumeiras plumas duplas de avestruz na cabeça, com alguns dos homens carregando machados duplos líbios, etc. (Entre os líbios, os homens com duas plumas eram de uma classe mais elevada do que os homens com uma pluma, e aqueles sem plumas eram verdadeiros joões-ninguém. A pluma dupla é a origem fundamental do toucado com as duas plumas de avestruz do deus Amon em Karnak, mas essa é uma longa história que não contarei aqui.) Ele acreditava que a paleta deveria ser do Delta Ocidental e provavelmente estava certo.

Essa primeira interpretação de Ranke cabe bem nas conclusões a que se chegou desde a década de 1980 em escavações no Delta, como relatado por Wilkinson. Ele diz que foi apenas a falta de informação sobre o Delta antes da escavação que levou a essa área ser ignorada sem razão. Wilkinson explica que o Delta Ocidental (discutido no Capítulo 8) seria um "'território conquistado', perfeito para a apropriação pela corte sem referência a estruturas políticas preexistentes". Por isso, ele acredita, havia tantas propriedades reais nessa área na Primeira Dinastia, pois os reis conquistadores do sul se apoderaram delas. O Delta Ocidental era um lugar relativamente selvagem e extenso, com muitas regiões de caça e pasto, a maioria das quais nunca enchia durante a inundação. Um selo de jarro da Primeira Dinastia se referia a esses "campos do oeste". Foi lá que os príncipes líbios com suas plumas duplas de avestruz caçavam antes de ser conquistados, como registrado na Paleta dos Caçadores. Entretanto, devemos ter cautela, porque as conquistas são raramente completas e um rei da Primeira Dinastia após o outro parece ter "conquistado" o Delta. Eles sempre faziam isso. A "unificação do Egito" não foi um evento único, foi um processo contínuo, exigindo combates constantes e resultando em paletas "comemorativas" repetidas e outras representações para celebrar as "conquistas" que nunca eram derradeiras.

O rei Narmer, que gostava de se retratar como o conquistador insuperável, parece ter legitimado sua realeza ao casar-se com a princesa líbia Neithhotep. (Neith era o nome da deusa do norte cujo templo principal ficava em Sais, capital do Delta Ocidental.) Houve outros casamentos com essas princesas líbias, que pareciam ser casamentos dinásticos necessários para tentar "selar a unificação".

Isso nos traz de volta a uma anomalia enigmática da Pedra de Palermo. Já mencionei que apenas três nomes de reis de toda a Primeira,

Os "Reis Perdidos" e uma Pirâmide da Primeira Dinastia

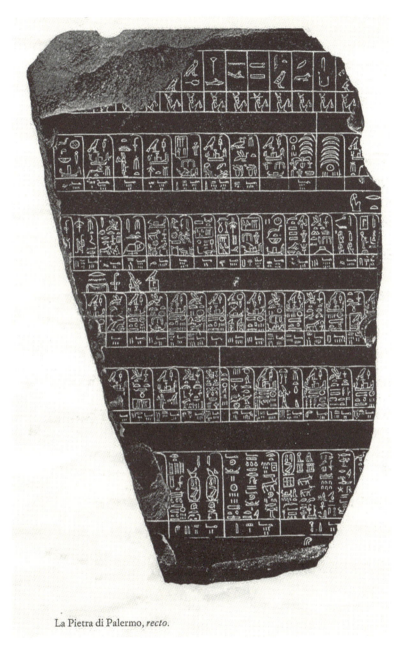

La Pietra di Palermo, *recto*.

Figura 47. Pedra de Palermo, lado da frente. Oficiais do museu em Palermo me deram essa imagem e ela foi realçada digitalmente por Michael Lee. A fileira superior, quebrada no lado esquerdo, lista os reis pré-dinásticos do Delta no norte do Egito (veja a Figura 49 para uma vista em *close* dessa fileira).

Figura 48. Um entalhe encontrado em Dashur do rei Sneferu, o primeiro rei da Quarta Dinastia e pretenso pai de Quéops, sentado em seu trono, segurando o açoite real e usando as duas coroas do norte e do sul. Seu nome é mostrado acima dele em seu cartucho. À direita estão os pares de junco e vespa, abutre e cobra, que representam "rei do norte e do sul". O falcão real Hórus fica em cima da inscrição.

Segunda, Terceira e Quarta Dinastia permanecem na Pedra de Palermo. A frente da pedra pode ser vista completamente na Figura 47. Se você olhar a fileira inferior, verá o mesmo nome de faraó retratado três vezes em cartuchos: Sneferu, o primeiro rei da Quarta Dinastia (lendo os hieróglifos da direita para a esquerda e de cima para baixo). Na última caixa à esquerda na fileira inferior, lado a lado, vemos seu nome em um cartucho encimado pela coroa do norte (à esquerda) e pela coroa do sul (à direita), ambas aparentes referências a edifícios com seu nome. Esses são os únicos cartuchos nesse lado da pedra. Os outros dois nomes de reis que aparecem nesse lado são da Segunda Dinastia, quando ainda não se usavam cartuchos: Ninetjer e Khasekhemui.

Entretanto, os três reis históricos cujos nomes aparecem nesse lado da pedra estão em menor número do que nada menos que sete reis nomeados no que resta da fileira superior, que, como pode ser visto do que resta das partes de baixo dos compartimentos entalhados, continha a princípio o nome de pelo menos 13 reis. E esses sete reis são *desconhecidos para a história*. Esses são verdadeiros "reis perdidos". É engraçado que os "reis perdidos" estão em maior número do que os "conhecidos". Para aqueles que gostam de uma boa piada, não poderíamos querer nada melhor.

Reproduzo essa fileira superior da Pedra de Palermo em uma versão ampliada na Figura 49, que foi melhorada digitalmente especialmente para deixar tudo claro. A caixa retangular maior no topo de cada seção mostra o nome e a figura real sentada embaixo do nome indica que ela é um rei. A leitura da pedra é da direita para a esquerda, então esses sete nomes em sucessão, antecedidos por aqueles na frente e atrás parcialmente visíveis, são:

(1) ...u [ou, segundo alguns, ...pu]
(2) Seka
(3) Khaiu ou Khayu
(4) Tiu ou Teyew
(5) Thesh ou Tjesh ou Tesh
(6) Neheb ou Niheb
(7) Uazanez ou Wadj-adj ou Wadjenedj ou Uadj-adj
(8) Meka ou Mekh ou Mekhet
(9) ...a

Figura 49. A fileira superior da inscrição no lado da frente da Pedra de Palermo. Essa figura mostra uma fileira de nomes de toda uma série de reis pré-dinásticos do Egito, todos usando a coroa vermelha de Neith e do norte. A fileira é lida da direita para a esquerda. O rei sentado embaixo de cada caixa mostra que o nome escrito acima dele em hieróglifos é o de um rei do norte. O primeiro nome está ilegível, exceto pelo fato de terminar em "-u" (ou "-pu", como alguns sugerem), a vogal "u" escrita como um pintinho. O nome seguinte, o primeiro completo, é Seka. Em seguida vêm, nessa ordem: Khaiu, Tiu, Thesh ou Tjesh, Neheb ou Niheb, Uazanez ou Wadj-adj, Meka ou Mekhet e o último quebrado termina em "-a". Nenhum dos nomes desses reis está registrado em qualquer outro documento ou monumento remanescente. Todos são completos "desconhecidos para a Egiptologia". Essa é a única evidência restante de que eles existiram. Por isso muitos estudiosos se sentem desconfortáveis em relação a eles e muitos apenas ignoraram essa fileira de nomes e se recusam a discuti-los, com receio talvez de perderem sua aparência de onisciência e de ser "especialistas". Mas quando há um único pedaço de evidência sobre algo, como é o caso, não há especialistas, e todos são igualmente ignorantes, então não há motivo para se envergonhar. Se a pedra não estivesse quebrada, vemos com clareza ao contarmos as partes de baixo das caixas que havia pelo menos

os nomes de 13 reis, dentre os quais sete estão completamente visíveis e outros dois apenas parcialmente. Sugiro que esses "reis desconhecidos" governaram um importante reino egípcio no norte estendendo-se ao longo do Delta e pelo menos até Meidum ao sul (atualmente a uma distância de quatro horas de carro ao sul do Cairo), mas provavelmente até Heracleópolis (um pouco mais ao sul, como discutido no Capítulo 8). Creio que esses reis possam ter presidido a civilização desaparecida que depois foi conquistada pelos reis guerreiros do sul, Narmer e seu filho Hor-Aha, criador da "Primeira Dinastia" de um Egito unificado. Será que esse "reino perdido" construiu as pirâmides de Gizé e teve todos os vestígios de sua existência apagados pelos faraós Quéops e Quéfren quando estes o "usurparam"? (*Esta imagem foi tirada de uma cedida para mim pelos oficiais do museu em Palermo, que foi melhorada digitalmente por Michael Lee.*)

Ninguém jamais tinha ouvido falar desses reis antes e não ouviu desde então. Eles são mostrados usando a coroa vermelha do norte, portanto a intenção clara era representar uma série de reis pré-dinásticos do Baixo Egito agora esquecidos. Não se sabe de nenhuma tumba, monumento, vestígio ou sinal desses reis de qualquer outra fonte e os nomes são desconhecidos e não parecem ter sido usados depois na história egípcia. Mas não podemos descartá-los só por causa disso, pois a Pedra de Palermo é sem dúvida genuína, então esses nomes também devem ser.

Resolvi tentar traduzir os nomes estranhos desses reis pré-dinásticos, pois ninguém mais parece ter feito isso. No caso do sexto, embora *uadj* signifique "verde", decidi traduzir o segundo hieróglifo do nome como a criatura representada de verdade. Fiquei surpreso com o que sugeri como os significados possíveis desses nomes de reis, pois eles parecem extraordinariamente primitivos. Minha lista é a seguinte:

Seka = Homem do Ka [Ka é a alma dupla]
Khaiu = O Exaltado
Tiu = Esmagador
Thesh = Homem do Lago [muito apropriado para o Delta]
Neheb = Subjugador
Uadj-adj = Peixe Combatente Verde [ou Peixe Combatente do Delta]
Mekhet = Homem da Maça ou Homem da Clava

Eles não parecem o tipo de pessoas que você gostaria de encontrar, e não é minha ideia de diversão conhecer alguém chamado "Esmagador", para falar a verdade.

Encontramos uma dinastia de reis inteira aqui, pelo menos 13 deles, com sete nomes intactos, que eram ativos no norte do Egito antes da "unificação". Minha sensação quanto a isso é que seu desaparecimento completo do registro histórico, exceto por essa pedra, pode estar ligado a uma campanha sistemática realizada pelos "unificadores" para eliminar toda a memória deles. O primeiro dos "unificadores" do sul cujo nome conhecemos é o rei Escorpião (supostamente o pai ou o avô do rei Narmer), e nós temos até sua cabeça de maça de calcário, mostrando cenas de sua vitória sobre alguns habitantes do norte. Ela foi escavada em Hieracômpolis no sul, em 1897, e está exposta no Museu Ashmolean em Oxford. Imagine cenários como este:

"Escorpião contra Homem da Maça" ou "Escorpião contra Esmagador".

Isso pode soar como os antigos programas de luta livre da televisão, mas não há nada de falso na crueldade desses caras. Se eles tivessem cartões de contato, estaria escrito neles: *Ataque é nossa especialidade.*

Acho que temos sorte de não termos vivido no Egito pré-dinástico, pois muitos acabariam com a cabeça quebrada.

Voltamos ao problema: *quem realmente construiu as pirâmides?* Se achamos difícil de acreditar que o "Esmagador", o "Subjugador" e o "Homem da Maça" eram exatamente o que pensávamos, podemos nos consolar com uma coisa: o fato demonstrável de toda uma dinastia de 13 reis poder desaparecer sem vestígios (exceto por ser mencionada em uma pedra) sugere que deve haver muitos outros "reis perdidos" também, incluindo talvez uns mais pacíficos cujo principal objetivo era construir em vez de destruir.

No Capítulo 8, sou muito mais específico ao sugerir de onde podem ter vindo o conhecimento e a perícia necessários para construir as pirâmides de Gizé, então deixo essa discussão para depois.

Antes de deixar o assunto dos "reis perdidos", porém, só quero chamar a atenção para mais alguns exemplos de como se sabe pouco sobre os primeiros dias dos reis antigos. Muitos egiptólogos falam com segurança do rei Huni. Todos o consideram o pai do rei Sneferu, primeiro rei da Quarta Dinastia. "Huni" é um tipo de nome amigável. As pessoas gostam de dizê-lo e eu ouvi egiptólogos quase suspirarem quando o pronunciam. Ah, o bom e velho Huni! Mas para toda suposição cômoda há um cético inconveniente. Nesse caso, o cético é Hans Goedicke. Em um artigo extremamente douto publicado em 1956 com uma análise elaborada de hieróglifos de um tipo mais erudito do que o comum, Goedicke propôs-se a demonstrar que a pessoa conhecida como Huni na verdade não tinha esse nome.[195] Ele conseguiu demonstrar que o nome "Huni" era desconhecido até o fim do Médio Império

---

195. Goedicke, Hans, "The Pharaoh *Ny-Swth*", in *Zeitschrift für Ägyptische Sprache und Altertumskunde*, Leipzig, Vol. 81, Pt. 1, 1956, p. 18-24.

e "não há uma prova de um rei com esse nome em nenhuma inscrição do Antigo Império". Entretanto: "Acreditar que um rei mencionado não só em listas históricas, mas também em um texto literário, não tenha deixado quaisquer vestígios é muito difícil".[196]

Então, Goedicke decidiu que "Huni" deve ter existido, mas com outro nome. Ele concluiu que esse nome era um equívoco, por causa de um erro de escriba. Mas se "Huni" não era "Huni", quem era ele? Depois de um longo discurso e de análise, Goedicke conclui de um modo muito convincente que seu nome na verdade era *Ny-swth*, que não consigo expor nesse livro com a tipografia adequada, mas podemos transliterar como Nishuteh. A confusão do nome veio da ação de escribas centenas de anos depois de sua época de um modo complicado demais para descrever aqui. Goedicke então continua a revelar que ele encontrou no museu no Cairo um cone de granito vermelho extraordinário (Objeto 41556) com o nome desse faraó em um cartucho (do qual ele publica uma foto) e atribui sua descoberta na Ilha de Elefantina ao egiptólogo Henri Gauthier. Porém, tenho a cópia pessoal de Henry Fischer dessa separata original e, em uma nota que Fischer escreveu no rodapé da página, é possível ver que esse objeto foi descoberto na verdade em 1909 por Joseph Étienne Gauthier, não Henri Gauthier. (Isso explica por que Henri Gauthier não o mencionou em seu livro em 1907, uma omissão que intrigou Goedicke. Registro esse fato para a posteridade, pois não há outro registro.) Com esse fato, Goedicke reúne uma informação histórica muito importante (o que seria impossível se ele não tivesse identificado corretamente o "Huni" com o nome errado) sobre quando Elefantina foi estabelecida como um posto avançado do norte e como o Antigo Império evoluiu, mas não entraremos nesses detalhes aqui, por mais interessantes que eles sejam.

Também quero chamar atenção para algumas advertências feitas por Walter Emery em seu livro de 1961, *Archaic Egypt*:

> Não se sabe a causa da queda da Primeira Dinastia e a distinção entre as duas casas reais [da Primeira e Segunda Dinastia] não é aparente (...) [Maneton] nos diz que a [Segunda] Dinastia compunha-se de nove regentes que reinaram por um total de 302 anos. Dentre eles, a ordem de sucessão dos primeiros quatro é estabelecida com evidência arqueológica, mas depois disso a ordem e a identificação são muito incertas.[197]

---

196. Ibid., p. 18.
197. Emery, *Archaic Egypt*, op. cit., p. 91-92.

Ter a certeza de apenas quatro dos nove regentes da Segunda Dinastia não é muito bom. Isso deixa um monte de "reis incertos". Por ironia, no capítulo seguinte, tenho alguma evidência para apresentar sobre um deles, chamado Send ou Sendji. Emery diz o seguinte sobre ele: "Não há monumentos contemporâneos de Sendji (...) Embora se saiba tão pouco no presente sobre ele, é evidente que além de seu longo reinado ele foi um monarca de importância (...)".[198]

No capítulo seguinte revelo uma prova relativa ao rei Sendji, descoberta há mais de um século e depois esquecida! Além disso, ela foi encontrada em Gizé. Então, nesse caso, um dos muitos "reis perdidos" fica só um pouquinho menos perdido.

Será que poderia ser o rei Sendji quem realmente construiu as pirâmides de Gizé? Não é impossível. Os leitores devem considerar a descoberta extraordinária relacionada a ele, feita no Templo do Vale por Uvo Hölscher, como descrito em breve.

A situação a respeito da Terceira Dinastia é até pior do que a da Segunda Dinastia. As divergências sobre essa dinastia são tão grandes que as disputas quase me lembram de "o Esmagador contra o Escorpião". Algumas pessoas acham que havia muitos reis na Terceira Dinastia, outras que não havia quase nenhum. Como já vimos no Capítulo 3, um deles teve seu nome entalhado várias vezes no grande poço de observação astronômica em Zawiyet el-Aryan. (Veja a Figura 50.) Então lá temos um local que a maioria dos egiptólogos quer muito que seja atribuído à Quarta Dinastia, mas há pinturas de cartuchos da Terceira Dinastia. Um pequeno problema cronológico aí! Só há um livro sobre a Terceira Dinastia, escrito por um autor egípcio chamado Nabil Swelim, que é interessantíssimo.[199] Swelim acredita que nove reis formavam a Terceira Dinastia, enquanto alguns acham que havia apenas três ou quatro. É óbvio que identificar o número verdadeiro de reinados faria uma grande diferença à cronologia do Antigo Império. Ninguém resolveu esses problemas, porque não há prova suficiente e os Fragmentos do Cairo bagunçam tudo ainda mais. Há, portanto, muitos "reis perdidos" em potencial na Terceira Dinastia, como há na Segunda Dinastia.

---

198. Ibid., p. 97.
199. Swelim, Nabil M. A., *Some Problems on the History of the Third Dynasty*, op. cit.

Figura 50. O nome do rei Neferka, que se acredita pertencer à Terceira Dinastia (mas em qualquer caso não posterior a isso), copiado por Jean-Philippe Lauer de ocorrências do nome encontradas quando ele escavava o grande poço em Zawiyet el-Aryan. Como o nome é exibido em um cartucho real, obviamente é de um rei. É lido da direita para a esquerda, o segundo sinal sendo os braços erguidos que significam "ka". Ninguém tem certeza do que significa o símbolo à direita. Sugeriu-se que seja um hieróglifo arcaico para "girafa", chamado de *nefer*. Outros sugeriram que é uma versão mal desenhada de um hieróglifo diferente, o que significaria que o nome deveria ser lido Nebka, embora eu não ache isso nada convincente. Esse rei, que parece ter sido quem construiu o poço de Zawiyet el-Aryan, com certeza não foi da Quarta Dinastia, à qual os "teóricos das tumbas das pirâmides" gostariam de atribuir o poço, enquanto tentam manter que ele é uma "pirâmide inacabada". Na verdade, seria fisicamente impossível construir uma pirâmide sobre um poço tão vasto, que é o caso também daquele menor, mas semelhante, em Abu Ruash, mas uma falta de conhecimento em engenharia raramente dissuade um egiptólogo inferior de empurrar sua teoria favorita quando lhe convém. Veja as Pranchas 8 e 9 e as Figuras 11-13 no Capítulo 3, no qual discorri sobre esse poço e seu equivalente em Abu Ruash e sugeri que seu propósito era retificar o calendário realizando observações precisas de culminações estelares no meridiano (norte-sul). (Os poços estão orientados exatamente de norte a sul.)

Não podemos mais entrar em toda essa mixórdia de contradição e debate, todos esses "reis perdidos e achados", essas incertezas. Já basta ter indicado alguns deles.

Encerrarei este capítulo apenas chamando a atenção para uma última questão bizarra e controversa que afeta todas essas discussões. É o assunto do que veio a se chamar "Raça Dinástica", termo criado por *sir* Flinders Petrie para descrever um achado muito intrigante no Egito. Em 1914, um antropólogo físico [cientista que estuda ossos humanos antigos] chamado Douglas Derry estudou os crânios em Saqqara e os comparou com crânios pré-dinásticos do sul. Ele descobriu diferenças drásticas entre eles, tanto que eles vieram de um povo de uma raça totalmente diferente. É esse povo que Petrie chamou de "Raça Dinástica". Esse assunto foi acobertado recentemente porque as pessoas de todo o mundo agora ficam tão histéricas com qualquer discussão sobre raça que têm medo até de pronunciar a palavra. Há vários motivos para isso.

Um compreensível, pelo qual todas as pessoas sensatas devem sentir uma simpatia total, é o abuso do conceito de "raça" pelos nazistas. As palavras "semita" e "ariano" nem são exatamente termos raciais, mas linguísticos. Mas isso não impediu os nazistas de se apoderarem deles e montarem doutrinas fantasticamente malignas e assassinas sobre "arianos" e "semitas" que resultaram na morte de milhões de pessoas em nome de "teorias raciais" que não passavam de desvarios insanos e dementes de lunáticos. Naturalmente isso confunde as pessoas!

Uma causa de hesitação mais recente para mencionar raça é um movimento de "herança afro". Escrevi um livro sobre "herança afro" e quando fui para o Harlem alguns anos atrás fui até saudado como um herói por um vendedor de livros negro por isso. Outra vez também, em Chicago, em 1978, uma jovem negra veio até mim e disse o seguinte: "Nós, povo negro dos Estados Unidos, temos uma sociedade secreta nacional com um número de membros muito restrito e não permitimos nenhum branco saber seu nome ou qualquer informação sobre ela. Mas tivemos uma reunião especial do Conselho na qual passamos uma resolução de abrirmos apenas uma única exceção. Nós lhe contaríamos sobre nossa existência sem lhe dar nosso nome e o informaríamos que o agradecemos muito pelo que fez por nosso orgulho afro-americano e por nosso povo. Não posso lhe dizer quem somos, você nunca mais ouvirá falar de nós, mas votamos para lhe transmitir nosso agradecimento oficial e fui autorizada a contar isso. Por favor, sr. Temple, esperamos que você aceite nosso mais sincero obrigado pelo que fez. É uma pena você ser um branco e eu não poder contar mais nada". Ela apertou minha mão, olhou-me séria, virou e desapareceu na multidão de um grande público em uma conferência que eu ministrava.

Recentemente percebi que, infelizmente, o orgulho negro exagera um pouco às vezes e alguns excessos foram cometidos por todo o entusiasmo pelas "raízes", o que levou algumas pessoas a ficarem um pouco interessadas demais em tudo que tivesse a ver com o Egito Antigo "africano". Há muita influência africana no Egito, mas não devemos deixar o viés moderno influenciar nosso estudo de toda a verdade sobre qualquer questão, principalmente quando o assunto delicado da "raça" estiver envolvido. Eu sou um daqueles que se pergunta até se a palavra "raça" significa alguma coisa no sentido científico. "Raça" realmente existe? Há alguém no mundo inteiro cuja herança genética não seja misturada? Por que os "brancos" são chamados de "raça caucasiana" na América? Alguns deles já estiveram em algum lugar perto do Cáucaso? Essa raça existe? Ela *já* existiu? Um recente exame no DNA do povo espanhol, noticiado na imprensa, descobriu que 10% deles descendiam de árabes e 20% de judeus. Mas árabes e judeus, em minha opinião, nunca foram definidos de modo satisfatório, e não sei o que é um árabe ou um judeu, exceto por aproximação. Com certeza eu sei que nenhum deles é "semita", pois "semita" é apenas um substantivo derivado do termo linguístico "semítico", usado com referência a famílias de linguagem. Esse não é e nunca foi um termo "racial" justificável. Mas se ele fosse usado para descrever povos que falam idiomas semitas, então árabes e judeus são ambos semitas. Portanto, onde fica o antissemitismo? A falta de lógica dos nazistas não é mais bem demonstrada do que no favorecimento da Liga Muçulmana e do Grande Mufti durante a Segunda Guerra Mundial para tentar espalhar o "antissemitismo" no Egito, que acabou levando à expulsão dos judeus alexandrinos após a guerra, muitos dos quais foram para a América. Mas se a Liga Muçulmana se comportasse racionalmente, ao se tornar "antissemita" seria contra os árabes tanto quanto contra os judeus e, portanto, oposta a si mesma, pois era composta inteiramente de árabes. Tamanha é a estupidez entorpecedora do "racismo" que se baseia em conceitos não existentes e não passa de uma forma de pseudo-organização de preconceitos mascarados como ideias.

Então esse é mais um impedimento sociológico atualmente para discussões acadêmicas sobre a questão misteriosa da "Raça Dinástica" no Egito e deixa as pessoas hesitantes de mencioná-la. Por conseguinte, devemos levar em consideração que a expressão "Raça Dinástica" foi cunhada como um modo de falar para lidar com as diferenças nos crânios humanos.

O artigo seminal sobre esse assunto é "The Dynastic Race in Egypt", de D. E. Derry, publicado no *Journal of Egyptian Archaeology* em 1956.[200] Ele foi antecedido por um panfleto de Walter Emery intitulado *Saqqara and the Dynastic Race*, que foi a publicação de uma aula especial ministrada por Emery na University College London em 1952.[201]

Os comentários e descobertas de Derry são extraordinários:

> O objeto do presente ensaio é pôr no papel um registro geral dos fatos que levaram à conclusão de que outra raça, além daquela representada pelos restos encontrados em todos os túmulos datados com segurança do período pré-dinástico, ocupou o Egito no início da era dinástica.

---

200. Derry, D. [Donald] E., "The Dynastic Race in Egypt", in *Journal of Egyptian Archaeology*, London, Vol. 42, 1956, p. 80-85.
201. Emery, Walter B., *Saqqara and the Dynastic Race*, University College London, 1952, 12 páginas.

Os "Reis Perdidos" e uma Pirâmide da Primeira Dinastia

Os primeiros habitantes do Egito de que se tem notícia são os chamados povos pré-dinásticos, cujos vários cemitérios foram escavados no Alto Egito. Não se sabe de onde esses povos vieram, mas há pelo menos alguma prova de que eles podem ter sido descendentes do povo que habitou o que agora é o Deserto Oriental em uma época em que chuvas mais frequentes possibilitaram uma vegetação suficiente para sustentar os rebanhos de carneiros e bodes de um povo bucólico. Temos uma prova definitiva de que predominavam essas condições climáticas (...) Os primeiros cemitérios pré-dinásticos foram descobertos pelo professor Flinders Petrie em 1895, em Nakadah [Naqqada], na margem oeste do Nilo, alguns quilômetros ao norte de Luxor. A princípio ele acreditava ter encontrado uma "raça nova", mas depois se demonstrou que esses povos eram os habitantes autóctones do Vale do Nilo (...) As ossadas foram enviadas à Inglaterra e os crânios constituíram o tópico de um estudo especial realizado por Miss C. D. Fawcett e publicado na *Biometrika*, I, 408-467 (1902). Em 1901, o dr. George A. Reisner (...) revelou um cemitério pré-dinástico antigo e os restos humanos foram empacotados e enviados para a Escola de Medicina no Cairo, onde Elliot Smith era professor de Anatomia na ocasião. Quando o dr. Reisner deixou o Alto Egito, instalou-se nas imediações da Pirâmide de Quéops e começou a escavação de uma necrópole imensa da Quarta e Quinta Dinastia cercando a pirâmide (...) Quando me juntei a Elliot Smith em 1905, ele já tinha iniciado um exame sistemático e a medição dos restos humanos desse cemitério, e juntos nós acumulamos um grande número de medições às quais acrescentei muitas mais durante o verão seguinte quando, a convite do dr. Reisner, fiquei em seu acampamento (...) nós tínhamos o material na Escola de Medicina, como notas ou as próprias ossadas, dos cemitérios pré-dinásticos e do início do período dinástico, ambos escavados pelo dr. Reisner, que nessa ocasião acreditava que a cultura egípcia se desenvolveu no Vale do Nilo e que os povos enterrados ao redor da Grande Pirâmide, cujos restos examinávamos, seriam os descendentes dos egípcios pré-dinásticos (...) Só no ano de 1909, após uma segunda temporada de trabalho na Núbia, onde o levantamento arqueológico da região trouxe à tona uma quantidade enorme de material humano e quando se exigiu os números comparativos das medições dos crânios de várias séries, ao tirarmos o meio de nossas medições dos crânios da Quarta à Sexta Dinastia da necrópole de Gizé, houve a descoberta inesperada de que os construtores das pirâmides eram de uma raça diferente do povo que até então se supunha ser seu ancestral (...) Até aqueles não familiarizados com craniometria ficarão impressionados com a diferença nas medições dos crânios nas duas séries mostradas na tabela na p. 83. Os povos pré-dinásticos têm crânios estreitos com a medida da altura maior que da largura, condição comum também em negros. O oposto é o caso na Raça Dinástica, eles não só têm crânios mais largos, como a altura deles, embora exceda a da raça pré-dinástica, é ainda menor que a largura (...) Se agruparmos esses números [das várias tabelas] e tirarmos uma média das três medições, obteremos um resultado surpreendente e tão distante da média do povo pré-dinástico que não poderíamos considerá-los da mesma raça sob nenhuma circunstância.

Isso não poderia ser mais explícito. O artigo de Derry também apresenta várias referências a estudos mais técnicos com os dados ampliados.

Walter Emery resumiu algumas das implicações dessas descobertas em seu panfleto que acabei de mencionar, quando disse:

Mesmo depois de mais de um século de pesquisa científica no Vale do Nilo, uma questão, se não a principal, enfrentada pelos egiptólogos é a existência do que Petrie chamava Raça Dinástica. A civilização faraônica seria o resultado de um passo repentino adiante na cultura pré-dinástica dos nativos ou deveu-se a uma raça diferente cuja chegada mudou toda a tendência cultural do Vale do Nilo há uns 5 mil anos?

Fica claro por essas afirmações que, para lidar com as sensibilidades inflamadas do mundo atual, a palavra "raça" deveria deixar de ser usada e "povo" deveria ser a substituta. Se falarmos sobre "um povo diferente", não há mais a bagagem de associações às quais já aludi. Entretanto, ao citar trechos dessas publicações, só posso usar a linguagem que eles usavam na ocasião. Emery continua: "Em um problema como esse eu deveria hesitar em manifestar qualquer opinião se não fosse para o surgimento

Os "Reis Perdidos" e uma Pirâmide da Primeira Dinastia

recente de outras evidências. Isso veio à baila como resultado de escavações em um sítio ao norte de Saqqara, que administro há alguns anos".

Ele então dá um relato bem detalhado de várias descobertas arqueológicas que o convenceram de que os líderes da sociedade que ele chama de "aristocracia e classes de oficiais" eram, a julgar por suas tumbas, completamente diferentes das "classes baixas". Resumindo todas as descobertas relevantes, ele conclui: "Tudo isso sugere abertamente a existência de uma raça dominante de cultura superior, que impôs aos poucos seus costumes funerários aos nativos conquistados".

Por fim, Emery apresenta o problema de modo sucinto:

A teoria da existência de uma Raça Dinástica é sustentada por outras evidências, além da arqueológica. Em 1914, o dr. Douglas Derry, em uma aula ministrada na College, chamou atenção à diferença marcante entre as populações pré-dinásticas e dinásticas reveladas pelas medições craniométricas. Ele considerou que a teoria do povo dinástico derivar do pré-dinástico não seria mais convincente, pois as raças eram distintas. O dr. Derry examinou recentemente muito do material anatômico de Saqqara e não achou motivo para modificar sua opinião.

Se considerarmos provada a existência da Raça Dinástica, que trouxe a civilização faraônica ao vale do Nilo, devemos então perguntar: quem ela era e de onde veio?.

É a essa questão que proponho algumas novas respostas no Capítulo 8 deste livro.

Capítulo 7

Os Templos do Vale e da Esfinge em Gizé

Duas das estruturas mais fascinantes e enigmáticas de todo o Egito são os Templos do Vale e da Esfinge, que ficam um ao lado do outro em Gizé. (Veja a Figura 51.) Um deles, o Templo da Esfinge, fica logo na frente da Esfinge. É o mais arruinado e não está aberto ao público. O outro ao sul, muito mais sólido como um edifício atualmente, chama-se Templo do Vale. É ligado à Pirâmide de Quéfren por uma calçada gigantesca com blocos enormes de calcário, conhecida como a Calçada de Quéfren, com quase 402 metros de comprimento. (Veja a Prancha 41.)

Milhões de pessoas andavam em fila pelo Templo do Vale sem saber na verdade o que ele era. Elas acessavam seu lado oriental da vila de Nazlett el-Sammann e depois seguiam pelo templo e para fora na Calçada na parte detrás, onde elas ficavam olhando para a Esfinge abaixo à sua direita, e depois continuavam no declive suave para as pirâmides.

Como a nova organização em Gizé não mais permite a entrada no planalto nesse ponto, esse ritual de passagem pelo Templo do Vale como um ponto de entrada para Gizé e como uma passagem para as pirâmides não é mais a tradição que foi por tanto tempo. Essa era a antiga direção de passagem para o Planalto de Gizé, e nas épocas grega e romana a vila chamada Nazlett el-Sammann era conhecida como Busiris, um fato registrado pelo autor romano Plínio (Busiris também é o nome de uma cidade mais ao norte), e em egípcio tinha o nome de Djedu (que parece significar "Cidade Fantasma"). Mas, como essa antiga rota de passagem para visitantes agora foi abolida, uma hora os visitantes conhecerão cada vez menos o Templo do Vale, pois a memória dele como parte da artéria de passagem a pé para Gizé se desvanece no

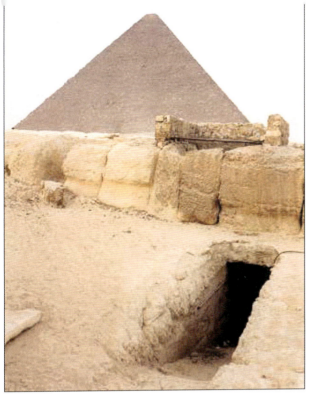

Prancha 1

Prancha 2

Prancha 3

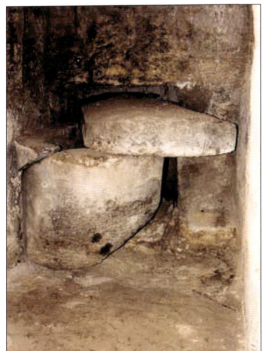

Prancha 4

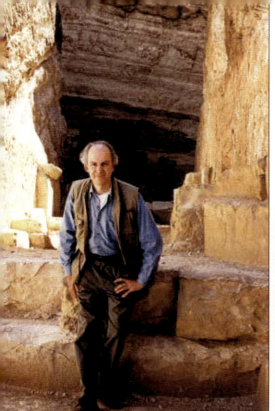

Prancha 5

Prancha 6

Prancha 7

Prancha 8

Prancha 9

Prancha 10

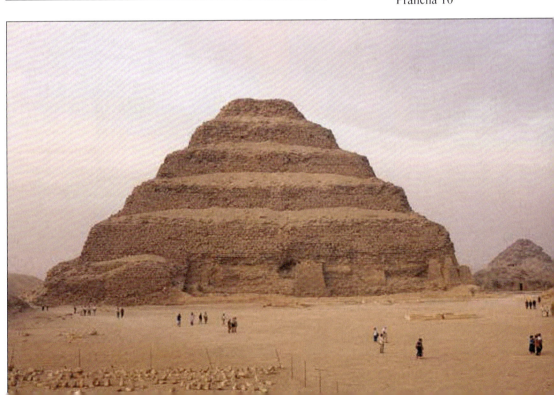

Prancha 11

Prancha 12a

Prancha 12b

Prancha 13

Prancha 14

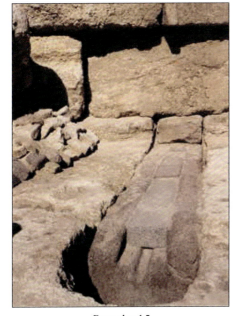

Prancha 15

Prancha 16

Prancha 17

Prancha 18

Prancha 19

Prancha 20

Prancha 21

Prancha 22

Prancha 23

Prancha 24a

Prancha 24b

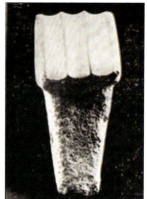

Prancha 24c

Prancha 24d   Prancha 25

Prancha 26

Prancha 27

Prancha 28

Prancha 29

Prancha 30

Prancha 31

Prancha 32

Prancha 34

Prancha 33

Prancha 35

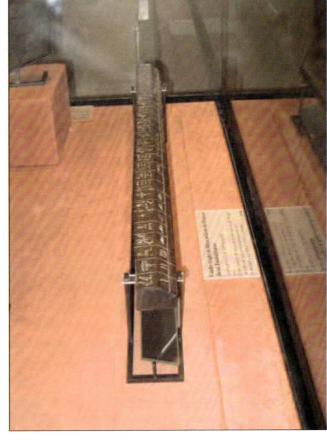

Prancha 36

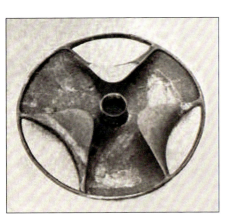

Prancha 37a

Prancha 37b

Prancha 38

Prancha 39

Prancha 40

Prancha 41

Prancha 42

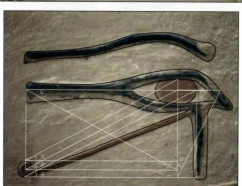

Prancha 43

Prancha 44

Prancha 45

Prancha 46

Prancha 47

Prancha 48

Prancha 49

Prancha 50a

Prancha 50b

Prancha 51a

Prancha 51b

Prancha 52

Prancha 53

Prancha 54

Prancha 55

Prancha 56

Prancha 57

Prancha 58

Prancha 59a

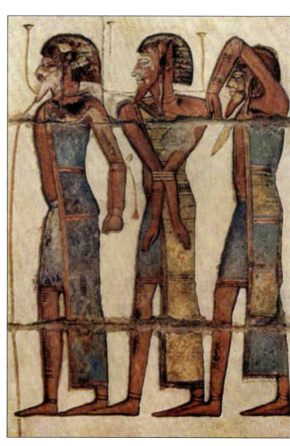

Prancha 59b

Prancha 60

Prancha 61

Prancha 62

Prancha 63

Prancha 64a

Prancha 64b

passado. Os futuros visitantes terão de fazer o esforço a mais de descer até a Esfinge e entrar no edifício, o que muitos não se importarão de fazer. Assim, o templo voltará a cair em um pouco de sua velha sonolência, que experimentou nos milhares de anos em que ninguém sabia que estava lá e era coberto de areia.

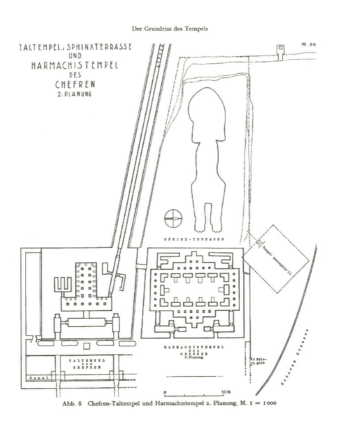

Figura 51. Esse desenho mostra a Esfinge e o Templo da Esfinge logo na frente dela, e à esquerda fica o Templo do Vale. Projetando-se para cima do canto superior direito do Templo do Vale e seguindo ao lado da Esfinge fica a Calçada de Quéfren em direção à Pirâmide de Quéfren (veja a Prancha 41). O Templo da Esfinge foi escavado pela primeira vez em 1936 de debaixo de um monte enorme de areia e ficou desconhecido antes disso por cerca de 4 mil anos. (Esse desenho é a figura 8 da p. 19 do livro de Herbert Ricke, *Der Harmachistempel des Chefren in Giseh*, Wiesbaden, 1972. Diferente de outros arqueólogos, Ricke insiste em chamar o Templo da Esfinge pelo nome "Templo de Harmachis", porque Harmachis foi um nome da Esfinge durante o período do Novo Império. Ele atribui os dois templos ao rei Quéfren, escrito como Chefren em alemão.)

O Templo do Vale nem sempre teve esse nome. O que chamamos agora de Templo da Esfinge, pelo motivo óbvio de ficar logo na frente dela, só foi descoberto em 1936. Antes disso, era comum chamar o Templo do Vale pelo nome de Templo da Esfinge por ser próximo à Esfinge, embora ficasse distante em um lado. Mas, como o Templo do Vale contém muito granito, Flinders Petrie o chamou em 1883 de Templo de Granito.[202] Ele também o chamava às vezes de "templo mais baixo" para distingui-lo do mais alto no pé da Pirâmide de Quéfren e na outra extremidade da Calçada, chamado agora de Templo Funerário de Quéfren. Não tentamos datar esse templo, abordado no Capítulo 4, no qual eu sugeri que ele fica em cima da tumba de Quéfren. Entretanto, obtivemos datas para os Templos do Vale e da Esfinge, descritas neste capítulo.

Quem estiver interessado na história das estruturas abordadas aqui deve sempre se lembrar que, antes da década de 1930, o nome de uma estava ligado ao da outra. Caso contrário, pode acontecer muita confusão se você ler autores mais antigos.

Como se já não houvesse confusão de nomes o bastante, Herbert Ricke, em sua monografia sobre o Templo da Esfinge, publicada em alemão em 1970,[203] se recusou a usar o nome "Templo da Esfinge" e o chamou de Templo de Harmachis. Isso porque a Esfinge em tempos posteriores era considerada o deus Harmachis e Ricke supõe que o templo servisse para seu culto. Por isso ele chama o templo pelo nome de seu pretenso deus. Mas a lógica de Ricke tem falhas graves. Não há qualquer evidência de que a Esfinge no período do Antigo Império fosse considerada como Harmachis, um deus que se tornou identificado com a Esfinge pelo menos mil anos depois, durante o Novo Império. Ricke apenas turvou a água com sua insistência estranha de arrastar mais um nome, injustificado por sinal, para o palco. O que piora ainda mais é que todos os egiptólogos concordam que o Templo da Esfinge foi completamente enterrado e se desconhecia sua existência durante o Novo Império, quando o culto de Harmachis foi vinculado à Esfinge (de cuja verdadeira importância ninguém se lembra mais). Portanto, Ricke quer empurrar para essa estrutura enterrada e desconhecida o nome de um deus cujo culto se vinculou à localidade aproximadamente mil anos depois de o templo ser coberto de areia. Não sabemos o que aconteceu no Templo da Esfinge, mas, seja o que for, acho mais seguro insistir que o deus Harmachis nunca foi cultuado lá.

---

202. Petrie, [*Sir*] W. M. Flinders, *The Pyramids and Temple of Gizeh*, op. cit., Chapter XIV, "The Granite Temple and Other Remains", p. 128-137.

203. Ricke, Herbert, *Der Harmachistempel*, op. cit.

Com certeza toda a questão de tentar discutir monumentos é frustrada se não pudermos adotar uma nomenclatura comum para todos sabermos do que estamos falando. Ricke dá até ao templo o nome completo "der Harmachistempel des Chefren in Giseh" ("o Templo de Harmachis de Quéfren em Gizé"), em uma tentativa de impor a Quéfren na Quarta Dinastia o uso do nome Harmachis para a Esfinge. Se Ricke pudesse fornecer qualquer prova para esse nome ser usado para o monumento na época de Quéfren, nos sentiríamos mais confortáveis. Mas, em vez disso, essa não passa de uma escolha pessoal excêntrica de Ricke. Portanto, embora ao citar Ricke nós sejamos forçados a usar seu nome de Templo de Harmachis nas passagens de seu livro, definitivamente rejeitamos esse nome em todas as nossas discussões e insistimos no simples e óbvio "Templo da Esfinge".

Nossos resultados de datação referem-se aos Templos do Vale e da Esfinge. Claro que o Templo da Esfinge parece mais antigo, por estar mais arruinado. Todos os egiptólogos concordam que o Templo da Esfinge provavelmente ficou enterrado por inteiro do Antigo Império até 1936, um período de mais de 4 mil anos. Isso é bastante tempo no subterrâneo para deixar qualquer coisa um tanto maltratada.

O Templo do Vale também ficou enterrado e bem esquecido até Auguste Mariette limpar a maior parte de seu interior entre 1853 e 1860. Mas um resultado de datação anômalo que obtivemos indica que durante o Novo Império o telhado deveria ser acessível e usado, pois alguns pequenos blocos de calcário foram colocados lá nessa época. O exterior do Templo do Vale ainda estava escondido na areia e no entulho até 15 pés [4,5 metros] do topo até a primeira década do século XX, quando Uvo Hölscher, como parte da Expedição Ernst von Sieglin do que era na época a Alemanha do Kaiser, tentou completar as escavações iniciadas por Mariette, embora ele não tenha limpado o exterior da parede oeste (o lado perto das pirâmides). Hölscher publicou seu volume clássico *Das Grabdenkmal des Königs Chephren* em 1912.[204] Ele permanece como a única obra existente sobre o Templo do Vale até hoje, o que é um fato extraordinário, pois demonstra uma falta de interesse espantosa no edifício por gerações de egiptólogos, exceto Flinders Petrie, como já mencionado.

Um aspecto irritante do livro de Hölscher é que ele, assim como Ricke, confunde a nomenclatura do edifício. Ele insiste em chamá-lo de *Torbau*, palavra em alemão traduzida como "portaria" ou "guarita". Ele faz isso em um sentido genérico, pois havia mais de um *Torbau* em

---

204. Hölscher, Uvo, *Das Grabdenkmal*, op. cit.

Gizé. Hölscher elogia George Reisner por ter descoberto o *Torbau* de Miquerinos. Ele diferencia seu edifício (o Templo do Vale) chamando-o especificamente de *Torbau* de Quéfren. A "Portaria de Miquerinos" era um templo na extremidade da calçada saindo da pequena Pirâmide de Miquerinos para baixo na direção do rio, enquanto o Templo do Vale ficava na extremidade da Calçada de Quéfren, saindo da Pirâmide de Quéfren para baixo na direção do rio, e por isso se tornou para Hölscher a "Portaria de Quéfren". Há uma base lógica para falar dessas construções dessa forma, pois uma interpretação possível das estruturas com certeza é que as duas "portarias" seriam templos do lado do Nilo (que naquele tempo ficava bem perto do Planalto de Gizé na época da cheia), pelos quais se seguia pela calçada à respectiva pirâmide do respectivo faraó, como parte do culto funerário dele. Na verdade, a "Portaria de Miquerinos" e a "Calçada de Miquerinos" são estruturas muito inferiores: aqui os construtores voltaram ao uso do tijolo em vez da pedra e nenhuma das estruturas foi terminada direito.

A questão sobre se deveríamos falar das construções insignificantes atribuídas a Miquerinos junto com as construções magníficas atribuídas a Quéfren é um caso não resolvido de debate. Portanto, não deveríamos prejulgar a questão impondo uma terminologia sobre elas que sugira não haver uma diferença em princípio entre as duas construções. Em qualquer caso, a confusão causada por ter ainda outro nome para uma de nossas estruturas e chamar o Templo do Vale de "Portaria de Quéfren" não vale a pena. Nem o belíssimo e impressionante Templo do Vale se dignifica por ser chamado de "portaria". Mesmo se concluíssemos com certeza absoluta que ele cai nessa categoria, e eu não creio que um dia estaremos em posição para dizer isso, ele dá a impressão errada. Pois o Templo do Vale é uma das estruturas mais incríveis em todo o Egito e chamá-lo de portaria é apenas um degrau acima de chamá-lo de casa de cachorro.

Mantive o estranho nome de "guarita" dado por Hölscher para uma das pequenas câmaras no Templo do Vale porque achei muito engraçado usar essa terminologia do século XIX para uma câmara antiga, cujo verdadeiro uso ou importância não conhecemos. Agradou meu senso de humor. Entretanto, tenho o cuidado de colocá-la entre aspas só para lembrar às pessoas que é uma brincadeirinha. Pode-se usar também a analogia francesa e chamá-la de câmara do *concièrge*! Ou talvez poderíamos pensar em termos militares e chamá-la de sala da guarda. Como ninguém sabe para que serve a câmara, ninguém sabe como chamá-la.

A própria descrição enlevada da construção feita por Hölscher na primeira página de seu livro contradiz a ideia de que se pode fazer justiça ao Templo do Vale chamando-o de "portaria":

Ninguém consegue ficar imune ao efeito deste edifício, com sua simplicidade de formas levada a extremos, com as dimensões gigantescas de seus monólitos e seu material de construção precioso. Nenhuma borda, nenhum ornamento, nenhum relevo, nenhuma inscrição decorava as paredes. Apenas superfícies lisas e suaves, pilares quadrados de granito rosa e um piso de alabastro branco luminescente!".[205]

Que portaria! Em todas as passagens citadas de Hölscher, traduzirei *Torbau* apenas como "Templo do Vale" para evitar confusão.

Pelo fato de eu precisar escrever um relatório sobre o Templo do Vale e o único livro sobre ele estar em alemão, isso exigiu uma tarefa de tradução exaustiva. Minha colaboradora para a tradução do alemão, Eleonore Reed (falante nativa), juntou-se a mim para traduzir os conteúdos relevantes desse livro que trata do Templo do Vale e da Calçada. Só quem tentou ler o alemão obscuro do século XIX de Uvo Hölscher pode apreciar o horror dessa tarefa. Ele não só usa muitos termos acadêmicos e técnicos, como inventa sua própria terminologia de vez em quando. Apesar de Eleonore Reed ser uma alemã culta, e apesar de meu conhecimento do assunto e de estarmos munidos de nada menos que dez dicionários científicos e técnicos separados nos quais poderíamos encontrar os termos de engenharia civil, etc., muitas vezes ficamos reduzidos a imaginar o que diabos Hölscher tentava dizer. Quando ele inventava uma palavra, muitas vezes entrávamos em desespero. Mas acredito que no fim conseguimos clareza sobre o sentido de Hölscher a respeito dos detalhes técnicos mais obscuros, que são tão cruciais em questões arqueológicas. Às vezes um pequeno detalhe pode resultar em uma alteração completa da interpretação da importância de um monumento inteiro. Todo cuidado é pouco, pois são as minúcias que determinam tudo na arqueologia. Minha intenção é colocar as traduções completas no site deste livro para *download* em PDF gratuito. A tradução da introdução está em um apêndice deste livro.

Depois de traduzir Hölscher, nossas dificuldades não acabaram, porque um dos três relatórios sobre o Templo da Esfinge também está em alemão: o livro de Herbert Ricke, já mencionado. Embora Ricke tenha publicado sua obra 58 anos depois de Hölscher, não havia tanta diferença

---

205. Ibid., p. 1.

no uso da linguagem, infelizmente. Era só um pouco mais fácil. Eu já tinha tido a excelente ajuda do generoso Horst Jaritz, ex-diretor do Instituto Suíço no Cairo, para traduzir duas páginas de Ricke para usar no relato dos locais das tumbas no Capítulo 4, então sabia o que enfrentava. Alguns estudiosos alemães deleitam-se em ser tão obscuros e técnicos quanto possível. Entretanto, superamos essas dificuldades como superamos as outras, e devo muito a Eleonore Reed, pois poucos teriam a paciência para lidar com um material tão intragável, na verdade até quase impossível.

É inevitável, portanto, que muito do que tenho a dizer a seguir baseie-se no trabalho relatado por Hölscher e Ricke nas traduções que fizemos de seus livros difíceis. Mas, felizmente, há um breve relato sobre o Templo da Esfinge em um inglês bem escrito e compreensível, em *The Great Sphinx and Its Secrets*, escrito pelo famoso arqueólogo egípcio Selim Hassan, que descobriu e escavou o Templo da Esfinge na década de 1930.[206] (Esse livro mais completo e desconhecido sobre a Esfinge e seu templo não é o mesmo que seu breve livro de quatro anos antes sobre o mesmo assunto, *The Sphinx*, nas edições inglesa e francesa, que muitos conhecem, mas não contém os detalhes abrangentes encontrados na obra mais longa.) Infelizmente, porém, seu relato sobre o Templo da Esfinge, escavado por ele, nem se compara ao detalhadíssimo e longo relato sobre a Esfinge e o Poço da Esfinge, bem como sua história. Seu relato sobre o templo é consideravelmente breve e ele nunca publicou mais nada sobre isso, de modo que não há um relatório de escavação completo publicado do tipo que se esperaria sobre um monumento tão importante ou do tipo que se iguale ao relato de Hölscher sobre sua escavação do Templo do Vale. Provavelmente por isso Ricke pensou que valeria a pena escrever um relato do Templo da Esfinge, tentando preencher esse vazio na literatura, embora, como vimos no Capítulo 4, Ricke claramente não tenha lido com atenção o que o pequeno Hassan disse, e parece que, antes de escrever seu próprio relatório, ele nem deu uma olhada no de Hassan. Embora talvez ele nem tivesse uma cópia do relatório de Hassan, por ser um volume muito raro. Tenho sorte de ter uma.

Ter acesso a essas duas construções antigas misteriosas foi uma experiência maravilhosa. Fiz muitas descobertas extraordinárias sobre

---

206. Hassan, Selim, *The Great Sphinx and Its Secrets: Historical Studies in the Light of Recent Excavations*, Vol. VIII da série de Hassan, *Excavations at Giza, 1936-1937*, Government Press, Cairo, 1953. Esse livro raro não é o mesmo que o anterior e brevíssimo livro de Hassan, *The Sphinx: Its History in the Light of Recent Excavations*, Government Press, Cairo, 1949, largamente disponível e tão resumido que não é o suficiente para propósitos acadêmicos e arqueológicos. Muitos nem sabem que Hassan publicou o livro mais longo e muitas bibliotecas não têm cópia. Sou muito sortudo em ter conseguido obter uma em particular de meu amigo Simon Cox, pois nunca vi uma à venda no mercado livre.

elas, como já vimos no Capítulo 4 e veremos mais aqui quando eu revelar algumas das características bizarras e desconhecidas do extraordinário Templo do Vale. Na verdade, adiante neste capítulo revelarei nada menos do que "o Templo do Vale que ninguém conhece".

Provavelmente será melhor se eu apresentar primeiro um relato direto do Templo do Vale e então revelar seus mistérios de que ninguém suspeita. Depois tratarei do Templo da Esfinge. Por fim, mostrarei os resultados de datação dos dois e discutirei suas implicações.

O Templo do Vale

O Templo do Vale era desconhecido até o aventureiro francês e arqueólogo amador Auguste Mariette (veja seu retrato na Figura 52) decidir que a existência evidente de uma grande estrutura sob um monte de areia e entulho levados pelo vento na base de Gizé, muito perto da Esfinge, merecia alguma atenção, pois poderia conter uma tumba real, e ele era basicamente um caçador de tesouros. Então, em 1853 ele começou a cavar. Ele se ocupou com essa tarefa por sete anos e limpou grande parte do interior, deixando o exterior intocado. Foi ele quem chamou a construção de "Templo da Esfinge", um nome mantido até o

Figura 52. Um retrato de Auguste Mariette, desenhado por Théodule Devéria em 1859, conhecido como Retrato de Mayer de Mariette por causa de Horace L. Mayer, que o adquiriu em 1930 dos herdeiros de Luigi Vassali. (Reproduzido de William Kelly Simpson, "A Portrait of Mariette by Théodule Devéria", in *Bulletin de l'Institut Français d'Archéologie Orientale*, Volume LXXIV, 1974, p. 149-150 e Prancha XVII.)

verdadeiro Templo da Esfinge ser escavado por Hassan em 1936. Mas, como Hölscher destaca:

> Em sua época, Mariette não reconheceu a importância desse edifício. Primeiro [Charles] Piazzi Smyth [em 1865] e depois Flinders Petrie [em 1883] apontaram a ligação entre ele e o Templo Funerário em ruínas na frente da Pirâmide de Quéfren. Entretanto, essa ligação só encontrou uma explicação quando [Ludwig] Borchardt afirmou que o edifício seria o "Portão no Vale", pertencente ao complexo funerário monumental de Quéfren.[207]

Na verdade, Hölscher não é realmente preciso aqui. Giambattista Caviglia em 1817 já conhecia a Calçada de Quéfren, que ele limpou em parte. Já descrevi isso no Capítulo 2, em meu relato sobre o Poço de Osíris. Caviglia foi o homem que escavou a frente da Esfinge e liberou o acesso à Câmara Subterrânea da Grande Pirâmide, portanto ele a descobriu. Em meu livro anterior, *The Sphinx Mystery*, discuti seu trabalho na Esfinge em detalhes e publiquei um relato contemporâneo dele, antes desconhecido, escrito por seu amigo Annibale Brandi em um apêndice. No Apêndice 1 deste livro, publico o restante da publicação de Brandi, que descreve seu trabalho dentro da Grande Pirâmide. Esse é um relato que nenhum egiptólogo vivo hoje já viu, então espero que seja útil. Quanto à Calçada de Quéfren, após o trabalho de Caviglia sobre ela, o vento levou a areia de novo e ela ficou invisível em pouco tempo. Ela sempre ficava invisível e talvez devêssemos chamá-la de "Calçada Desaparecida". Mas hoje ela está segura à vista e só "desaparecerá" porque poucos andam nela e a veem, agora que o acesso ao Planalto de Gizé foi alterado.

Mariette descobriu o que chamou de "Poço" na antecâmara do Templo do Vale (veja a Figura 53 e a prancha no site), um buraco quase retangular medindo 2,2 metros por 1,5 metro em cada lado. Jogada no fundo desse buraco profundo cavado no solo, de ponta-cabeça, ele encontrou uma das estátuas mais famosas do mundo: a figura sentada do faraó Quéfren com as asas do deus falcão Hórus o envolvendo por trás como proteção, que agora é uma das principais atrações do Museu Egípcio do Cairo. Essa estátua incrível, feita do mais lindo diorito lapidado, estava intacta. Muitos afirmaram que a estátua deve ter sido jogada no buraco por saqueadores que odiavam o faraó e queriam destruir o templo na época conhecida como Primeiro Período Intermediário, após o fim da

---

207. Hölscher, *Das Grabdenkmal*, op. cit., p. 1.

Sexta Dinastia e do Antigo Império, quando a lei e a ordem ruíram no Egito como consequência da fome e de desastres naturais. Não há dúvida de que muitos dos saques, incluindo provavelmente o do Templo do Vale, aconteceram nesse período. Mas estou propenso a pensar que a preservação dessa obra de arte magnífica foi intencional e que alguns sacerdotes cavaram o buraco e esconderam a estátua quando perceberam que o templo seria saqueado. Outras estátuas também foram encontradas no "Poço" por Mariette, mas ele nem se importou em registrar os detalhes, pois era muito displicente e não era um arqueólogo responsável.

Hölscher dá um relato interessante de alguns dos acontecimentos referentes à descoberta e primeira escavação do Templo do Vale, que traduzimos de seu livro:

Figura 53. Esse é o desenho da planta do Templo do Vale em Gizé tirado das notas de Auguste Mariette, que completou sua escavação do interior da estrutura em 1870. O aspecto interior em três eixos abaixo à direita mostra os chamados "armazéns". Eles têm na verdade dois andares, de modo que há seis câmaras em vez de três, como essa planta indicaria. O quadradinho escuro um pouco à esquerda do centro do espaço branco no topo (que retrata a antecâmara do templo) mostra a localização precisa do "Poço" no qual a famosa estátua de Quéfren foi encontrada, jogada de ponta-cabeça no buraco. As duas entradas da frente do templo (no topo) ainda estão bloqueadas neste diagrama. A passagem embaixo à esquerda é a chamada Passagem Ascendente, que leva para uma inclinação e se abre na Calçada de Quéfren. Reproduzida de Georges Perrot & Charles Chipiez, *Histoire de l'Art dans l'Antiquité*, Paris, 1882, Volume I: *L'Égypte*. (*Coleção de Robert Temple.*)

O assunto atingiu um novo patamar quando Mariette, do ano 1853 em diante, tentou encontrar o túmulo do rei Harmachis, mencionado por Plínio [História Natural, XXXVI, 17, 1], dentro da Esfinge. [A fonte de Plínio confundiu o nome do deus Harmachis com o de um rei, possivelmente Amasis, e alguns especialistas em Plínio corrigiram isso.] Nessa ocasião ele por acaso deu de cara com o Templo do Vale. Ele começou a limpá-lo desde o topo. Como resultado da enorme massa de areia com que precisava lidar, ele se viu forçado a abordar seus patrocinadores, o duque de Luynes e o governo francês, com pedidos sempre renovados para mais dinheiro. Ele mesmo conta isso [a citação original em francês foi traduzida por minha esposa Olivia]:

"Quatro quintos do templo descoberto estão limpos agora. Ainda não encontramos nada aqui. Mas em um templo cheio de areia até o teto não há motivo por que os objetos que contenha não flutuem e se encontrem de alguma forma presos entre duas camadas. Todo o trabalho feito até agora foi para recuperar os monumentos no piso antigo. Sejamos corajosos e continuemos até o fundo, e, como queremos fazer a colheita, tenhamos a paciência de esperar até o último grão de areia ser retirado!".

Mas esses pedidos foram em vão. As escavações foram interrompidas mesmo ele atingindo um nível a apenas um metro acima do nível do solo. Só o anúncio em 1860 da visita da imperatriz Eugênia deu ao governo egípcio o incentivo para retomar o trabalho interrompido por sua conta.

Mariette relata: Muito tempo depois, um lance de sorte colocou em minhas mãos os meios para retomar, sob a ordem de Said Pasha, o trabalho que tive de abandonar quatro anos antes. Em poucos dias, atingi o nível do solo e a estátua de Quéfren formava o núcleo das riquezas coletadas hoje no Museu de Boulaq [atual Museu Egípcio do Cairo]. Mas, pela falta de algumas centenas de francos, a estátua de Quéfren hoje estaria no Museu do Louvre, em vez disso (...) Esse templo era absolutamente desconhecido até então. A planta de Wilkinson marca esse ponto com estas palavras: "poços fechados".

A respeito de não limpar as paredes externas, ele diz:

Visto de fora, o templo deve se apresentar sob o aspecto de um cubo enorme de alvenaria construído com blocos gigantescos de calcário acinzentado (...)

(...) Considerando o acesso ao edifício, ele observa que apenas uma única portinha no canto era visível. Por essa afirmação podemos traçar as muitas suposições de que o Templo do Vale tivesse apenas uma porta [na verdade tem duas] (...) Segundo o relato de Mariette, durante seu trabalho foi encontrado o seguinte: [Ele lista vários achados além da estátua de Quéfren, incluindo uma estátua de um "macaco", que sem dúvida seria o deus Thoth em sua forma simbólica de babuíno, animal da maior inteligência. Essa estátua parece ter sido perdida. Entretanto, a presença de Thoth nesse templo é importantíssima, sugerindo que esse templo nunca foi totalmente dedicado a um mero culto funerário.] (...) Relatos específicos sobre a condição do interior do Templo do Vale durante essa desobstrução, dos quais se poderia deduzir seu uso posterior e história, infelizmente estão todos ausentes. Igualmente obscuras são as circunstâncias da descoberta das diferentes estátuas e estelas. Mariette diz apenas que aquela mais bem preservada estátua de Quéfren foi encontrada no poço. Atualmente, entretanto, ouve-se em todos os lugares a lenda de que todas as estátuas reais foram encontradas deitadas lá, o que não era possível, pois não haveria espaço para tantas estátuas naquele buraco.[208]

Hölscher dá um relato inestimável do envolvimento alemão na limpeza e escavação do Templo do Vale:

Uma primeira tentativa de obter clareza sobre o edifício do Templo do Vale já tinha sido feita em uma ocasião pelas Escavações de Mastaba de Leipzig em Gizé em 1905 sob o comando de Georg Steindorff. Mas, ao fazer isso, logo ficou evidente que, com os meios relativamente restritos disponíveis, a tarefa não poderia ser executada. A quantidade de areia a ser removida era enorme demais. Depois de eles abrirem uma fenda relativamente insignificante na

---

208. Ibid., p. 9-10.

frente da entrada principal sul, tiveram de desistir da tarefa por ora.

(...) talvez teria se passado um bom tempo antes de alguém encontrar a coragem para tentar a escavação do monumento funerário de Quéfren [essa é a expressão que ele costuma usar para descrever todo o complexo do Templo Funerário de Quéfren, a Calçada de Quéfren e o Templo do Vale], não fosse pelo fato de o conselheiro real confidencial [ao Kaiser] dr. Ernst von Sieglin em Stuttgart, que já tinha um grande mérito por sua pesquisa em antiguidade, se interessar por esse problema importante e generosamente garantir os meios para uma investigação arqueológica do complexo de templos de Quéfren.

Uma vistoria inicial da área da escavação feita por Georg Steindorff e Ludwig Borchardt no outono de 1908 concluíra que o trabalho tinha de resolver uma tarefa dupla, a escavação do Templo Funerário [aquele logo na frente da pirâmide no lado leste, abordado no Capítulo 4] e a revelação do exterior do Templo do Vale. Além disso, era preciso investigar a pirâmide e suas paredes e complexos auxiliares nos arredores e verificar ao mesmo tempo o que foi publicado até então. Por fim, era preciso limpar tudo e medir até o interior do Templo do Vale, do qual, mesmo 50 anos depois de sua descoberta, não havia relatos suficientes disponíveis (...) Além disso, deve-se mencionar apenas que Borchardt tinha vários cestos cheios de pedaços e lascas de estátuas coletados da superfície havia vários anos, guardados agora no Museu de Berlim.[209]

Ludwig Borchardt descreveu e fotografou meticulosamente todos esses achados e publicou uma relação ilustrada deles como um apêndice ao livro de Hölscher.[210] Nem todos os 71 objetos descritos por Borchardt foram guardados no Museu de Berlim. Alguns deles foram para o Museu da Universidade de Leipzig. É possível que alguns, senão todos, principalmente aqueles em Leipzig, possam ter sido destruídos por um bombardeio na Segunda Guerra Mundial, mas não fiz uma busca por eles, pois isso não era necessário em meu trabalho. Em seu relato,

---

209. Ibid., p. 2-11.
210. Ibid., C. VI, "Individual Finds: A. Statue Fragments of the Old Kingdom", p. 89-104. Setenta e um objetos foram ilustrados e descritos em detalhes. Borchardt foi bem minucioso.

Os Templos do Vale e da Esfinge em Gizé

Borchardt teve de se retratar por ter sugerido em 1898 que os fragmentos de estátuas do Templo do Vale eram de origem posterior e nada tinham a ver com a época de Quéfren, uma posição considerada indefensável pelas escavações de Hölscher. É divertido perceber como Borchardt, ao precisar se retratar, se contorce, arfa e bufa, todo desconfortável. Ele também inclui mais alguns comentários de grande interesse a respeito do templo:

> Pois a escavação provou que, sem considerar as marcas das estátuas no antigo piso, o que ainda pode não ser decisivo para os céticos, o Templo do Vale já tinha sido roubado muito antes de sua fachada de granito. E sua frente, destruída dessa forma, já tinha sido murada antes do Novo Império e antes mesmo disso construíram casas bem acima do antigo nível. Portanto, o Templo do Vale ficava inacessível (...) Além disso, a saída de trás que levava à Calçada e ao verdadeiro Templo Funerário não estava viável na época, pois exibe a mesma destruição da fachada leste e foi ainda mais exposta à areia e a ser coberta por entulho. Se essa saída, em algum momento, foi a entrada principal para o Templo do Vale, como foi entre as ocasiões das escavações de Mariette e Von Sieglin [o escavador Hölscher não é mencionado aqui, mas sim o patrocinador de sua escavação, o que é curioso e pode indicar que Borchardt e Hölscher não se davam bem], então ela teria sido restaurada primeiro. Entretanto, não conseguimos encontrar lá nem o menor vestígio de qualquer trabalho de restauração. Portanto, pode-se dizer com confiança que o Templo do Vale ficou inacessível de uma época antes do Novo Império até os dias de Mariette e provavelmente nem era visível (...) O pessoal de Mariette encontrou os restos de nove estátuas de Quéfren mais ou menos completas no Templo do Vale (...) A Expedição Von Sieglin estabeleceu as localizações de 23 estátuas (...) e também determinou os locais de pelo menos outras 14 estátuas no verdadeiro Templo Funerário. Entretanto, essas 41 estátuas podem ter sido apenas uma pequena parte da quantia de estátuas que foram erigidas aqui, porque a escavação desenterrou centenas de fragmentos de estátuas em todas as dimensões e dos materiais mais diversos, desde um macio alabastro até um duro xisto

metamórfico, passando por diorito ou até basalto. O templo deveria estar cheio de estátuas até o ponto de ficar insípido.[211]

Tudo isso foi precedido por alguns estudos de Flinders Petrie no início de 1880 (elogiadíssimos por Hölscher), não muito mais do que 20 anos depois de Mariette terminar seu trabalho lá, também com um interesse profundo pelo Templo do Vale, que, como já mencionado, ele chamava de "Templo de Granito" por causa da grande quantidade de granito que continha. Petrie relembra uma lenda terrível sobre o dano causado ao edifício por Mariette:

O arranjo do Templo de Granito será visto por (minha) planta (...) A calçada do templo superior [na frente da pirâmide] desce pela colina em linha reta até a passagem [a "Passagem Ascendente"], que desce até uma grande sala. Os pilares nessa sala são todos monólitos de granito vermelho escuro, como o das paredes; eles têm 41 polegadas quadradas (dois côvados) [264,5 centímetros quadrados] e 174,2 de altura [4,4 metros], pesando, portanto, cerca de 13 toneladas cada um. Os dois pilares maiores, colocados na junção das duas partes da sala para suportar três vigas cada um, têm 58 polegadas de largura [1,4 metro] e pesam mais de 18 toneladas cada um. Todos esses pilares suportam vigas de granito, com também 41 polegadas quadradas na colunata dupla e 47,8 [121,4 centímetros] a 48,4 [122,9 centímetros] de profundidade na colunata única, onde sua amplitude é maior. As amplitudes menores são de 128 [325 centímetros] e a maior é de 145 polegadas [368,3 centímetros]; de modo que as vigas não são tão pesadas quanto as colunas, pesando 9,5 e 12,5 toneladas. Seis dessas vigas, ou um terço do todo, estão desaparecidas. Os árabes [locais] dizem que elas foram encontradas jogadas no templo e que Mariette, quando desobstruiu o lugar para exibição (nas festividades da abertura do Canal de Suez) [em 1869], mandou os soldados as esmigalharem. Isso não parecia muito crível, embora haja histórias muito semelhantes desse conservador de antiguidades; mas entre as quantidades de granito quebrado, incrustado em uma parede rústica para

---

211. Ibid.

manter a areia a distância, encontrei muitas peças com superfícies lapidadas como as vigas em questão e com perfurações distintas nelas, bem diferentes dos buracos perfurados antigamente. Essa história feia, portanto, parece confirmada.[212]

Atos de vandalismo como esses não eram incomuns naquela época, infelizmente.

Petrie realizou muitas medições, algumas das quais acabamos de ver, fez muitos comentários importantíssimos sobre o Templo do Vale e também publicou uma planta dele em uma escala de 1 para 200,[213] que, entretanto, está incompleta pois muito da estrutura ainda estava imerso em areia e entulho. Por exemplo, o Saguão de Entrada sul está em branco, marcado como "cheio de areia", e mostrando apenas o início de uma passagem partindo da antecâmara para a direção sul. A metade leste da parede norte também estava invisível e todo o exterior, incluindo a fachada leste, estava totalmente obstruído nessa época.

Petrie estava interessado nas câmaras estranhas no Templo do Vale que agora tendemos a chamar de "armazéns". Ele os chamava "*loculi*" (um *loculus* é "uma câmara pequena ou célula em uma tumba antiga para cadáveres ou urnas", segundo o dicionário). Há seis desses e nós conseguimos uma boa amostra para datação do granito de um deles (veja a Prancha 42, na qual somos vistos coletando essa amostra). Os armazéns não são abertos ao público, e quando o Conselho Supremo de Antiguidades do Egito nos concedeu o acesso a eles, ninguém conseguia se lembrar quando alguém esteve lá dentro pela última vez. Nenhum dos inspetores conseguiu se recordar de alguém entrando lá por mais de dez anos, e isso deve ter acontecido há décadas. O cadeado do portão precisou ser destruído porque não se sabia de chave nenhuma. Quando você entra por esse portão (veja a prancha no site), há uma passagem curta levando para oeste até outra passagem perpendicular a ela, indo de norte a sul com um teto alto. Do lado oeste dessa passagem se estendem três câmaras longas e retangulares do mesmo tamanho. Uma prateleira de granito age como um teto para elas e como piso para as três câmaras correspondentes acima delas. Portanto, temos seis dessas câmaras em duas fileiras de três, uma em cima da outra.

---

212. Petrie, op. cit., p. 129-130.
213. Ibid., Pr. VI no verso do livro.

Figura 54. Essa é uma reconstrução imaginária do interior do Templo do Vale em Gizé. Vemos aqui a sala transversal, que segue de norte a sul, na extremidade leste da estrutura. Aqui ela recebe o nome de Sala dos Pilares (*Pfeilersaal* em alemão). Imagina-se uma fileira de estátuas do rei Quéfren aqui, sentadas na escuridão mortalmente tranquila e eterna da luz tênue infiltrando-se pelas estreitas fendas no teto. Os pilares são de granito sólido, blocos maciços pesando dezenas de toneladas cada. O piso é de alabastro egípcio branco, chamado de travertino. Essa é uma visão bem evocativa desenhada por A. Bollacher, baseada na reconstrução de Uvo Hölscher, que escavou toda a estrutura pela primeira vez. Ela foi publicada como Prancha 5 no livro de Hölscher, *Das Grabdenkmal des Königs Chephren*, Leipzig, 1912. Os fragmentos de várias estátuas de Quéfren foram encontrados na vizinhança e uma delas, intacta e grande, está preservada no Museu Egípcio do Cairo. Ela foi jogada em um poço embaixo do templo, provavelmente por sacerdotes que a esconderam lá na época do tumulto para preservá-la. O período do Antigo Império no Egito chegou ao fim com a Sexta Dinastia, quando secas terríveis, dilúvio e pragas devastaram o país por cerca de 150 anos, entre aproximadamente 2150 a.C. e 2000 a.C. Durante esse período, a ordem social ruiu e turbas se alvoroçaram ao redor do Planalto de Gizé destruindo tudo, incluindo as estátuas de Quéfren imaginadas aqui.

Segundo escreve Petrie:

Fora da grande sala, uma entrada, no canto [sud]oeste,[214] leva a um conjunto de seis *loculi*, formados em três nichos fundos, cada um separado em dois por uma prateleira de granito. Esses nichos ainda têm seus tetos e são escuros, exceto pela luz vinda da entrada e da ventilação. A parte inferior das paredes de cada nicho é formada de granito sobre o chão de rocha; ela tem 61,6 (polegadas) a 61,7 (polegadas) [1,56 metro] de altura. Acima disso fica a prateleira de granito com 28 (polegadas) [71,12 centímetros] de espessura, que se estende por todo o comprimento do nicho. No nicho sul, essa prateleira é quase toda de um bloco de 176 [4,47 metros] x mais de 72 [1,82 metro] x 28 [71 centímetros]. Sobre essa prateleira, em cima dos nichos inferiores, ficam duas paredes de alabastro, dividindo os três *loculi* superiores; as duas ficam irregularmente alguns centímetros ao sul das paredes inferiores. O comprimento extraordinário desses *loculi*, acima de 19 pés [5,7 metros], parece estranho, principalmente quando a virada para os *loculi* laterais impediria a colocação de qualquer caixão com mais de 30 [76, 2 centímetros] x 76 polegadas [1,93 metro], a menos que fosse inclinado para se beneficiar da diagonal cúbica. A entrada tem apenas 80,45 (polegadas) [2,04 metros] de altura, de modo que não poderia abrigar em pé nada acima de 80 polegadas [2,03 metros] de comprimento.[215]

Petrie foi muito mordaz ao notar esses fatos. O que raios poderia ser armazenado nesses compridíssimos "armazéns", considerando que não poderia entrar nada rígido e com mais de 80 polegadas de comprimento? Isso equivale apenas a um homem com dois metros de altura. Nenhum sarcófago ou caixão poderia ser levado para dentro, pois todos eram maiores do que isso. A iluminação era tão tênue que quase não se conseguia ver nada. Apenas um tênue vestígio de luz desce do duto de ventilação intacto do teto. Sabemos pela articulação do tubo no batente da porta que havia uma porta de madeira para a passagem que levava a esses armazéns. Quando a passagem estava fechada, eles deviam ficar quase escuros. Mas, quando estava aberta, entraria apenas um pouco

---

214. Por um erro de impressão, o texto de Petrie diz erroneamente canto noroeste.
215. Petrie, [Qual livro?] op. cit., p. 130.

mais de luz. Essa área do templo não continha frestas para entrar a luz como há na Sala dos Pilares (o pátio) (veja as pranchas no site).

Não é agradável entrar nos armazéns. Tivemos de afastar teias de aranha grossas em toda a extensão de cada um, como se abríssemos o caminho por 19 pés [5,79 metros] de cortinas, todas repletas de aranhas, que caíam em nossos braços, pescoços e cabelo. Essa área do templo também não é um lugar saudável para ficar por muito tempo, pois quando fizemos uma leitura da radiação descobrimos que a radioatividade era tão intensa pelo granito que Ioannis me disse: "Qualquer sacerdote trabalhando nesse templo com certeza deve ter contraído leucemia em 20 anos". Creio que trabalhar lá só por algumas horas equivaleria a fazer vários raios X.

Ao tentar pensar para que raios serviriam esses armazéns, só consegui ter a ideia de que poderiam ter sido usados para o armazenamento de cadáveres sendo "curados" no processo da mumificação. Sabemos que um trabalho de mumificação adequado demorava muito tempo (70 dias) e você precisava guardar os corpos em algum lugar entre os tratamentos. Então talvez as múmias da família real, dos oficiais e dos sacerdotes fossem guardadas nesses armazéns, que agiam como um tipo de necrotério.

O fato extraordinário é que, se os armazéns foram usados para guardar cadáveres, a radioatividade intensa de lá exterminaria as bactérias. Na verdade, como descobrimos no Poço de Osíris (abordado no Capítulo 2), quando estudamos a radioatividade dos sarcófagos, os de granito emitiam tanta radiação que qualquer múmia encerrada em um teria irradiado com tanta intensidade a partir do momento que a tampa foi colocada até o corpo ser retirado por saqueadores e muitas das bactérias presentes, senão todas, teriam sido exterminadas. Isso não ocorre com o calcário, pois ele não é radioativo. Alguém deveria conduzir alguns testes de radiação nas múmias egípcias reais!

Os egípcios podem muito bem ter percebido por tentativa e erro que o granito proporcionava proteção antibacteriana. Mas pode ser também que eles nem tenham percebido isso e tenha sido uma coincidência os sarcófagos de granito serem tão usados.

As observações de Petrie sobre as fendas de luz do Templo do Vale são interessantes:

> A ventilação é um aspecto peculiar da construção, embora seja de alguma forma como a vista nas tumbas. Ela era formada por fendas inclinadas ao longo da extremidade superior das paredes, com algumas polegadas de largura e normalmente 41 polegadas [104 centímetros] de comprimento. Só uma continua perfeita, aquela abertura saindo

Os Templos do Vale e da Esfinge em Gizé

da câmara dos *loculi*; essa fenda se abre em um poço retangular, que se eleva de alguma forma acima do teto, e lá se abre com uma embocadura quadrada de alabastro na face da parede superior do pátio. [Veja isso na prancha no site.] A embocadura fica no mesmo lado que a fenda no poço e, por isso, a única luz que entra é refletida do lado do poço. As fendas cortadas para essa ventilação existem por toda a parte oeste da grande sala e são marcadas nas paredes na planta [Prancha VI no verso de seu livro].[216]

Petrie também observou o seguinte sobre as portas do templo:

Todas as entradas parecem ter sido ajustadas com portas de válvulas duplas: a entrada para os *loculi* é a melhor para examinar. Lá os orifícios do eixo cortados na verga de granito por uma broca tubular incrustada com joias devem ser vistos, com o toco do núcleo deixado pela broca, ainda aparecendo no orifício sul. No piso embaixo deles há, não outro orifício, mas um pedaço bem lapidado de basalto negro, bem plano e sem riscos. É difícil ver para que servia essa pedra ou como as portas funcionavam.[217]

Os comentários gerais de Petrie sobre o tamanho da estrutura também são interessantes:

Esse Templo de Granito, então, parece ter sido uma massa de construção, provavelmente revestido externamente com um calcário fino e medindo cerca de 140 pés [42,6 metros] em cada direção e 40 pés [12,1 metros] de altura. Ele continha uma sala de cerca de 60 pés [18,2 metros] de comprimento por 12 de largura [3,65 metros] e 30 ou mais pés [9,1 metros] de altura, com um grande nicho em cada extremidade contendo uma estátua.[218]

A questão da data do Templo do Vale também envolve inevitavelmente a questão de se qualquer coisa mais antiga poderia ter existido no mesmo local. Embora não haja evidência de qualquer estrutura, Hölscher fez um estranho achado dentro do templo que indica com certeza uma continuidade de um tipo inesperado com uma era muito mais antiga do que a de Quéfren, como ele nos conta:

---

216. Ibid., p. 131.
217. Ibid., p. 132-133.
218. Ibid., p. 133.

Não encontramos vestígios de construções mais antigas em nosso sítio de escavação. Encontramos apenas um fragmento de uma tigela fina de diorito com o nome de Send (Terceira Dinastia). Ela pode vir de um monumento funerário na vizinhança anexado pelos sacerdotes de Quéfren.[219]

Figura 55. Essa inscrição em hieróglifos do nome do rei Send, ou Sened, "o Assustador" ou "o Temido", quinto rei da Segunda Dinastia, foi encontrada em um fragmento de uma tigela fina de diorito durante as escavações realizadas por Uvo Hölscher no Templo do Vale em Gizé em 1909, publicado em 1912, e sua existência nunca foi mencionada de novo na literatura arqueológica, exceto uma vez de passagem por George A. Reisner, que trabalhava perto em Gizé na época da descoberta do fragmento e o viu. O nome real não estava escrito dentro de um cartucho, porque eles ainda não eram usados nesse período. Entretanto, o junco e a vespa à esquerda são as indicações de que ele é descrito como "Rei do Alto e do Baixo Egito". Essa é a única evidência arqueológica da ligação de qualquer rei do Egito com o Templo do Vale, além do rei Quéfren da Quarta Dinastia.

Na verdade, Send/Senda/Sened, o Senethēs da cronologia do historiador Maneton, foi o quinto rei da Segunda Dinastia, não da Terceira Dinastia, mas talvez Hölscher só tenha cometido um erro tipográfico aqui. Uma tigela fina de diorito só pode ser uma das famosas tigelas de pedra "impossíveis" das eras pré-dinástica e arcaica, muitas das quais são exibidas no Cairo, mostrando talento artístico e habilidade incríveis. Elas sempre causaram o respeito e a admiração de quem se interessasse em escultura em pedra, pois sua fabricação parece estar além das habilidades de qualquer um hoje em dia, exceto pelas de alabastro, que eram de pedra macia. Mas como essas tigelas foram talhadas em pedras duríssimas como o diorito há muito tempo desafia a imaginação.

---

219. Hölscher, op. cit., p. 80.

Os Templos do Vale e da Esfinge em Gizé

309

É mesmo interessante saber que havia uma de diorito no Templo do Vale com o nome desse faraó muito antigo. Entretanto, a importância arqueológica total desse achado é uma questão de muita especulação.

Georg Steindorff também acrescentou um apêndice ao livro de Hölscher no qual fez seus próprios comentários sobre esse objeto antigo e mencionou a dinastia correta.[220] Ele diz (eliminei os hieróglifos da citação):

Muito importante, entretanto, é um pequeno fragmento de uma tigela de diorito com a inscrição (lido no original da direita para a esquerda): (...) 'o Rei do Alto e do Baixo Egito, (...) [Send]'. Esse rei arcaico pertenceu à Segunda Dinastia, e não é improvável que a tigela venha de seu templo funerário, de localização desconhecida, e ainda fosse usada como parte do culto no santuário de Quéfren.

Esse achado é tão pouco conhecido que um livro publicado recentemente, em 2006, que tentou ser definitivo em listar nomes de reis arcaicos encontrados em tigelas, não o mencionou. Os editores Erik Hornung, Rolf Krauss e David Warburton, bem como o contribuidor de um artigo relevante que trata da Primeira e Segunda Dinastia, Jochen Kahl, claramente não sabiam que um fragmento de tigela com o nome de Send tinha sido encontrado no Templo do Vale em Gizé.[221]

O único arqueólogo além de Hölscher que mencionou esse achado do nome de Send no Templo do Vale, até onde consegui descobrir, foi George Reisner. Ele deve ter ouvido o próprio escavador falar dele, pois Reisner escavava os templos de Miquerinos de 1906 em diante e isso deve ter sido ao mesmo tempo em que o trabalho de Hölscher no Templo do Vale. Reisner menciona o achado de passagem em seu livro *Mycerinus*, no qual diz:

Nos templos de Quéfren, onde poucos objetos foram encontrados, exceto pelas estátuas de Mariette, oito cabeças de maça de pedra sólida foram os únicos objetos em que se viu o nome do rei. Nenhum dos recipientes de pedra tinha seu nome, mas [havia] um fragmento com o nome do rei Sened da Segunda Dinastia.[222]

---

220. Ibid., C. VI, "Individual Finds. B: The Remaining Finds", p. 105-115.
221. Hornung, Erik, Rolf Krauss e David A. Warburton, eds., *Ancient Egyptian Chronology*, com contribuição de Jochen Kahl "Dynasties 0-2" na p. 94-15, Brill, Leiden, 2006.
222. Reisner, George A., *Mycerinus*, op. cit., p. 102.

Essa menção a Send, ou Sened, não é citada no índice remissivo de Reisner, então, a menos que você leia o texto completo, nunca saberá que ele o mencionou. Reisner, que publicou *Mycerinus* em 1931, referiu-se em uma nota de rodapé ao livro de Hölscher. Mas ninguém parece ter percebido ou acompanhado isso.

Com certeza a ideia de um rei da Segunda Dinastia ter um templo funerário em Gizé, como sugeriu Hölscher, é algo chocante, pois eles não são conhecidos de outra maneira lá nesse período. Steindorff também sugere essa ideia e ninguém que eu conheça acompanhou isso. Claro que, se algum dos templos existiu durante a Segunda Dinastia, então o fragmento de um vaso de diorito poderia ser contemporâneo.

Vamos considerar por um momento esse rei estranho chamado Send. O que alguns dos especialistas no período antigo nos dizem sobre ele? Walter Emery evidentemente não conhecia o fragmento de tigela encontrado por Hölscher. Tudo que ele tem a dizer sobre Send em seu livro seminal, *Archaic Egypt*, é o seguinte:

> Não existem monumentos contemporâneos de Sendji [Send], que parece ter sido o sucessor de Sekhemib e provavelmente se identificava com o Sethenēs de Maneton, que ele afirma ter reinado por 41 anos. Embora se saiba tão pouco no momento sobre Sendji, é evidente que, além de seu reinado longo, ele foi um monarca de importância, e sabemos que seu culto foi preservado até um período posterior; realmente, uma estátua de bronze com seu nome foi esculpida na 26ª Dinastia [664-525 a.C.], mais de 2 mil anos depois de sua morte.[223]

Michael Rice, na nova edição de *Egypt's Making*, tem ainda menos a dizer sobre Send ou Sened, como ele o chama:

> A prosperidade do Egito não diminuiu durante o reinado da Segunda Dinastia (...) Segundo algumas listas de reis, Ninetjer foi sucedido por Sened, sobre quem não se sabe praticamente nada. Duvidaríamos que ele tenha existido se não fosse por uma inscrição pertencente a um sacerdote da Quarta Dinastia, Sheri, responsável por manter o culto a Sened em Gizé, que assim permaneceu por pelo menos cem anos.[224]

---

223. Emery, Walter B., *Archaic Egypt*, op. cit., 1984, p. 97.
224. Rice, Michael, *Egypt's Making*, 2nd edn, Routledge, London, 2003, p. 146-147.

Os Templos do Vale e da Esfinge em Gizé

Vemos, portanto, que Michael Rice também não soube do achado no Templo do Vale. Parece claro que poucos egiptólogos falantes de inglês iam querer avançar aos trancos e barrancos pela prosa difícil do livro de Hölscher, isto é, se eles conseguissem encontrar uma cópia. Mas Hornung e Krauss são falantes de alemão e eles também não conhecem o achado, como mencionado pouco antes.

O rei que chamamos de Send é conhecido nos Anais do Antigo Império e no Papiro de Turim como Sendi, na Lista de Saqqara como Sendj e por Maneton na forma grega como Senethēs.[225] Mas quem era ele na verdade? Patrick O'Mara, que também não sabia da descoberta de Hölscher (assim como todo egiptólogo falante de inglês ou qualquer falante de alemão desde Steindorff), tem uma teoria extraordinária sobre ele:

> (...) o nome Sendi é completamente desconhecido de qualquer material arqueológico datado diretamente da Segunda Dinastia. A forma do nome deve ocultar um rei bem conhecido de outro período.
>
> Uma pista da identidade do nome é fornecida pela forma pictográfica preservada nos anais de Abidos e Turim, um ganso depenado (...) O ganso depenado é uma corruptela do escorpião. Esse é o rei Escorpião, o primeiro rei guerreiro do Alto Egito.[226]

O famoso rei Escorpião. Bem, com certeza é uma teoria interessante. Muitos milhões de pessoas que não sabem nada do Egito ouviram esse nome e até o viram retratado na tela, por terem visto o filme épico de Hollywood *O Escorpião Rei*. O fato de o filme ser 99% fantasia não vem ao caso, parece. Às vezes, basta para ficarmos satisfeitos apenas ter um nome registrado na consciência pública, mesmo que seja registrado errado. "Ter ouvido falar de" alguém é o primeiro passo. Muitas vezes nunca há um segundo.

O'Mara defende exaustivamente sua ideia de que o rei Send é um nome alternativo do rei Escorpião, mas não podemos entrar nesses detalhes aqui, exceto para mencionar que todos os reis antigos tinham pelo menos quatro diferentes nomes simultâneos, então a confusão era comum. Eu não queria passar pelo assunto do rei Send sem mencionar essa possibilidade extraordinária, que é intrigante e desafiadora de uma maneira convencional de ver o assunto. Mas então, com um rei de quem

---

225. Verbrugghe, Gerald P., e John M. Wickersham, *Berossos and Manetho*, op. cit., p. 188.
226. O'Mara, Patrick F., *The Palermo Stone and the Archaic Kings of Egypt*, Paulette Publishing Co., La Canada, USA, 1979, p. 166.

se sabe tão pouco, de uma era cuja natureza é tão vaga, tudo é possível. (Tudo, quer dizer, menos a versão hollywoodiana.)

Quanto ao sacerdócio do culto funerário de Quéfren, celebrado sem dúvida desde a época desse rei até o restante do Antigo Império nesse edifício cheio de suas estátuas, Hölscher encontrou evidência de seu prosseguimento muito além da Quarta Dinastia de Quéfren, até o fim do Antigo Império:

> Nosso templo deve ter ficado incólume por vários milênios. O culto funerário parece ter sido realizado com regularidade por todo o Antigo Império, mesmo se com cada vez menos esplendor. Vários sinais disso podem ser encontrados.
>
> Os capeamentos de pedra semicirculares do templo (...) estão muito erodidos na parte externa, entretanto não estão nas junções perpendiculares e nas horizontais. Isso significa que eles devem ter ficado no local por séculos, expostos à influência do clima e do vento antes de ser derrubados. Como esses capeamentos ficaram expostos ao ataque dos destruidores, também se pode supor que as outras partes do templo não foram destruídas antes.
>
> Ao sul do templo, perto da rampa de tijolos, foi encontrado um monumento da Sexta Dinastia no qual se menciona o Superintendente [*Vorsteher*] da Cidade ao lado da Pirâmide de Quéfren. No pátio do templo fica uma coluna de calcário que evidentemente não pertencia ao templo original, mas deve ser atribuída à época da Sexta Dinastia. Nela há um título de rei inscrito na vertical: nessa época, portanto, o sacerdócio ainda deve ter sido o meio para esse tipo de atividades de construção, mesmo que fossem humildes. As pedras podem muito bem servir como um batente para a colocação de tijolos em um período posterior, do tipo encontrado mais bem preservado na entrada lateral do Templo Sahu-Re [em Abusir].
>
> A partir de todos esses sinais, pode-se inferir que a destruição do templo não pode ter acontecido antes do fim do Antigo Império.[227]

Além do nome do rei Send em uma tigela no Templo do Vale, os nomes de outros reis antigos também foram encontrados em Gizé. No Templo do Vale de Miquerinos (como mencionei no Capítulo 3), Reis-

---

227. Hölscher, *Das Grabdenkmal*, op. cit., p. 80-81.

ner escavou tigelas com os nomes do rei Hotepsekhemui, que se supõe hoje ser o primeiro rei da Segunda Dinastia, e do rei Nebra (ou Raneb), pretenso segundo rei da Segunda Dinastia.[228] Entretanto, Reisner demonstrou pelo fato de em uma tigela escavada por ele o nome de Nebra, ou Raneb, ter sido apagado e substituído pelo de Hotepsekhemui, que Nebra, ou Raneb, era mesmo mais antigo do que Hotepsekhemui, de modo que sua ordem de sucessão deve ser reversa e Nebra, ou Raneb, foi na verdade o primeiro rei da dinastia e não o contrário,[229] mas isso não interessa à nossa discussão, embora seja mais uma evidência da confusão cronológica a qual me referi no Capítulo 6. Supondo com cautela que o rei Send fosse o quarto rei da Segunda Dinastia, parece haver aqui um padrão da presença real da Segunda Dinastia provado em Gizé em dois templos do vale. Supondo que havia estruturas nessa área de Gizé associadas com esses reis da Segunda Dinastia na ocasião, elas foram demolidas e todos os seus traços foram erradicados (o que é um pouco estranho, porque, se isso tivesse acontecido, Reisner teria encontrado vestígios no Templo do Vale de Miquerinos) ou suas estruturas foram usurpadas, aumentadas ou aperfeiçoadas na Quarta Dinastia, suprimindo assim todos os vestígios estruturais dos reis anteriores, cujos nomes só sobreviveram nas inscrições das tigelas arcaicas.

Além dos reis da Segunda Dinastia, Reisner também encontrou duas tigelas de diorito no Templo do Vale de Miquerinos com o nome do rei Sneferu, apenas um deles em um cartucho.[230] O rei Sneferu foi o primeiro rei da Quarta Dinastia e acredita-se que tenha sido o pai do rei Quéops. Com certeza, essas ocorrências dos nomes dos reis antigos nos templos do vale em Gizé são bem estimulantes e levantam questionamentos. De fato, é possível até que pelo menos nessa área de Gizé tivesse um centro cerimonial ou até mortuário da Segunda Dinastia e algumas das tumbas de lá que eu descrevi no Capítulo 4 podem realmente ser da Segunda Dinastia. Isso obviamente afeta a questão das datas para o Templo da Esfinge, por exemplo. No mínimo, pode ser tentador supor que uma das tumbas lacradas na região do Templo do Vale em Gizé seja a de Sneferu, como eu sugeri no Capítulo 4 por outros motivos. Se os reis da Segunda Dinastia representavam uma tendência, seja política ou outra, com a qual se ressentiu com amargor desde a época do rei Zoser (primeiro rei da Terceira Dinastia) em diante, como sugerido pelo método bizarro de construção da Pirâmide de Degraus de Zoser em

228. Reisner, *Mycerinus*, op. cit., p. 102.
229. Ibid., p. 179.
230. Ibid., p. 102.

Saqqara e possivelmente representando uma "inversão" da mutilação da pirâmide do rei Enezib feita pelo rei Semerkhet, como descrito em detalhes no Capítulo 6, então talvez a erradicação dos vestígios da Segunda Dinastia em Gizé tivesse um propósito maior. Pode ser que um processo como esse tenha ocorrido e não se tratava apenas das ações de faraós egoístas ou malvados da Quarta Dinastia, mas sim de uma declaração política séria. Não sabemos quase nada sobre a política desses dias antigos no Egito. Apenas abordei isso como uma sugestão. Talvez façamos mais algumas descobertas algum dia desses que esclarecerão todos essas questões obscuras.

Quando Hölscher iniciou seu trabalho no Templo do Vale, achou as medições de Petrie inestimáveis. Ele comenta:

> O próximo material científico sobre nossa área de escavação [depois de Mariette] é apresentado por Flinders Petrie, que realizou uma nova medição das pirâmides em 1881 e 1882. Suas habilidades observacionais aguçadas e a precisão de suas medições tornaram suas publicações extraordinariamente inestimáveis para nós (...) ele desobstruiu a parte superior da Calçada e enfim provou com isso a ligação entre o Templo Funerário e o Templo do Vale, o que Piazzi Smyth já havia sugerido antes. Ele também apresenta uma boa descrição e uma planta bem acurada do Templo do Vale (...) Seus relatos são tão detalhados que só precisamos dar uma verificada superficial neles.[231]

Eis aqui a descrição de Hölscher do que ele realmente encontrou quando começou seu trabalho no Templo do Vale:

> Do Templo do Vale, só o interior foi escavado. As duas salas de entrada estavam apenas parcialmente desimpedidas. Paredes de barro e paredes modernas feitas de pedras quebradas, com as quais eles tentaram deter a pressão da areia de fora, obstruíam as saídas.

> Na sala colunada, a areia soprada pelo vento já havia se acumulado até uma altura de um metro [em apenas meio século], de tal modo que era preciso limpá-la inteira para começar. Duvida-se que isso já tenha sido feito direito antes. De qualquer forma, ninguém nunca prestou atenção aos buracos no piso onde as estátuas um dia ficavam.

---

231. Hölscher, *Das Grabdenkmal*, op. cit., p. 10-11.

Nada foi limpo no exterior do Templo do Vale. A extremidade inferior da Calçada, onde as paredes de calcário estão quase completamente preservadas, deve ter sido desobstruída sem que ninguém reconhecesse direito a importância dessa parte da construção.

A extremidade superior da Calçada, cuja fundação Petrie já tinha desobstruído uma vez, estava escondida de novo na areia fresca [após apenas um quarto de século].[232]

Hoje em dia, a Calçada está completamente desobstruída, e nossa investigação e datação de um poço fundo misterioso e importante logo abaixo dela está descrita no Capítulo 2 sobre o "Poço de Osíris". O ponto onde a Calçada se junta à parede oeste do Templo do Vale pode ser visto nas pranchas no site. Assim que se pisa no Templo do Vale saindo da Calçada, entra-se em uma passagem inclinada extraordinária conhecida como Passagem Ascendente. Em meu livro anterior, *The Crystal Sun*, publiquei minha descoberta de que o ângulo da inclinação dessa passagem é o mesmo que o das Passagens Ascendente e Descendente da Grande Pirâmide.[233] É um ângulo de 26°33'54", conhecido como "ângulo áureo". Relaciona-se à "Seção Áurea" ou "Proporção Áurea", a base geométrica de toda a arte e arquitetura sagrada egípcia. Respeitar o "ângulo áureo" em uma subida ou descida sagrada era honrar e observar maât, o princípio da ordem cósmica que se considerava a reguladora do Universo. O mesmo ângulo é observado pela Passagem Descendente na Mastaba de Akhet-hotep do Antigo Império (reutilizada e renomeada como Mastaba de Neb-Kaw-Her). Uma discussão bem abrangente sobre o ângulo áureo e sua importância religiosa para os antigos egípcios como o que escolhi chamar de o "ângulo áureo da ressurreição", graças às suas associações com a ressurreição de Osíris como Hórus, aparece em meu livro mais recente, *The Sphinx Mystery*.

Quando descobri que uma imensa e espantosa sombra do pôr do sol do solstício de inverno era lançada sobre a face sul da Grande Pirâmide em 21 de dezembro pela vizinha Pirâmide de Quéfren, medi o ângulo dessa sombra e descobri que ela também tinha o "ângulo áureo". Publiquei uma foto dela em *The Crystal Sun*[234] e outra foto da sombra próxima, mas não exatamente na data do solstício, em *The Sphinx Mystery*, como Figura 3.10 na p. 141. A localização e o tamanho da

---

232. Ibid., p. 11.
233. Temple, Robert, *The Crystal Sun: Rediscovering a Lost Technology of the Ancient World*, Century, London, 2000, p. 375-376.
234. Ibid., Pr. 30, com legenda nas p. 216-217.

Pirâmide de Quéfren são perfeitos para lançar a sombra com o "ângulo áureo", mas, se eles variassem, não teria funcionado. Espero que as pessoas tomem conhecimento dessa descoberta algum dia.

Portanto, vemos que um princípio geométrico sagrado estava incorporado em um dos aspectos mais proeminentes do Templo do Vale e o ângulo da Passagem Ascendente se igualava ao de pelo menos três outras importantes passagens do Antigo Império, que estavam todas invisíveis e ocultas, acessíveis apenas aos sacerdotes. Mas ele se igualava também ao ângulo da sombra espetacularmente visível lançada uma vez por ano no crepúsculo na parede sul da Grande Pirâmide. Igualava-se também ao ângulo áureo, que se manifesta amplamente na representação hieroglífica do nome do deus Osíris, como ilustrado no site, e no Olho Uadjet (também escrito como Wadjet ou Udjet). Há muito tempo se reconhece o Olho de Uadjet como composto de hieróglifos para frações matemáticas combinados (veja sua descrição na *Wikipedia* para ter um resumo desse aspecto do Olho e veja minha discussão sobre esse assunto em *The Crystal Sun* por sua relevância para a Coma de Pitágoras em harmonia musical e astronomia), mas a construção gráfica rígida e canônica do Olho com base em múltiplos ângulos áureos jamais foi percebida antes (veja os detalhes na legenda da ilustração).

Os egiptólogos sabem que o deus Ptah, que presidiu Mênfis perto de Gizé, sempre foi chamado pelos egípcios antigos como "aquele ao sul de sua parede". Considerando a face sul da Grande Pirâmide como uma representação da parede de Ptah, então o que fica ao sul dela é o "triângulo áureo" e o "ângulo áureo" uma vez por ano. Em outras palavras, Ptah pode nesse sentido se identificar com o ângulo sagrado. A frase recorrente: "Ptah que está ao sul de sua parede" foi usada por séculos no Egito, deixando os egiptólogos sem a menor ideia do que eles falavam. Mas agora que vimos uma exibição cósmica enorme na parede sul da Grande Pirâmide no solstício de inverno, do que mais precisamos?

Em *The Sphinx Mystery*, consegui reconstruir a teologia da "ressurreição em ângulo áureo" que acontecia no nascer do sol de cada equinócio em Gizé e se associava com a Esfinge. Entretanto, a discussão não precisa ser repetida aqui, pois está disponível em meu livro mais recente, que pode ser obtido facilmente.

Na Figura 7.25 desse livro (e no site), pode-se ver o Plano Áureo de Gizé que consegui reconstruir em *The Sphinx Mystery*. Nela todos podem ver que todo o Planalto de Gizé era uma teia gigante de linhas de visão correlacionadas e cruzadas em ângulos áureos ou "raios", como as chamo por conveniência. Todos esses ângulos sagrados serviam para

Os Templos do Vale e da Esfinge em Gizé

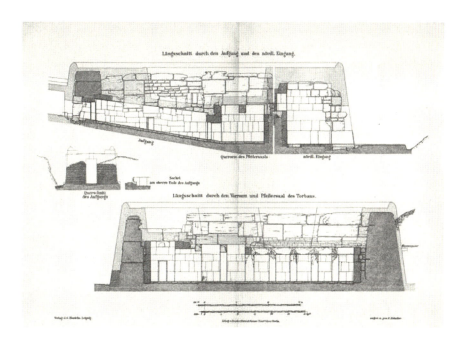

Figura 56. Acima: Corte longitudinal da Passagem Ascendente (que se eleva no "ângulo áureo" de 26°33'54") e a entrada principal norte da parede oeste (da Calçada de Quéfren) do Templo do Vale. (O desenho pequeno abaixo dele é um perfil da entrada na Calçada de Quéfren, mostrando um monte de areia à esquerda, que cobria o ainda desconhecido Templo da Esfinge.) Abaixo: Corte longitudinal do átrio e da Sala dos Pilares do Templo do Vale. (Livro de Hölscher, uma prancha desdobrável, desenhada por O. Schultze.)

expressar reverência pela ordem cósmica divina. Essas questões serão discutidas mais adiante e elucidadas por completo em meu próximo livro, no qual muitas descobertas sobre a geometria das pirâmides serão reveladas pela primeira vez e os relatos anteriores sobre esses assuntos feitos por vários autores também são analisados, incluindo muitos dos esquecidos escritos por engenheiros em idiomas estrangeiros, que foram traduzidos especialmente para o livro.

No caso de alguém pensar no Templo do Vale como apenas uma construção mortuária cheia de estátuas de um faraó, deve-se mencionar outro aspecto "cósmico" dele. Também publiquei essa informação em *The Crystal Sun*.[235] Charles Piazzi Smyth, o investigador de pirâmides vitoriano, fez uma observação interessante no Templo do Vale em 1865 e a registrou em filme. Entretanto, ele nunca teve oportunidade de

---
235. Ibid., p. 421 e Pr. 60, com legenda na p. 406.

publicar essa foto e suas observações sobre ela, que foram encontradas entre seus papéis depois de sua morte por Moses Cotsworth, que enfim a publicou em um livro seu (mas com créditos a Piazzi Smyth, que ele respeitava muito e cujos papéis comprou dentre seus bens em um leilão) em 1902.[236] Eu então a publiquei de novo em 2000, em *The Crystal Sun*. É uma fotografia mesmo incrível. Ela foi tirada exatamente ao meio-dia (determinado por observação astronômica) do topo da parede sul da antecâmara do Templo do Vale. Mostra a parede norte completamente iluminada e as paredes leste e oeste totalmente no escuro. O efeito é impressionante. Piazzi Smyth chamou a antecâmara de "poço de luz", projetada para mostrar esse efeito de luz e sombra como uma determinação precisa do meio-dia. Mais uma vez, temos o fenômeno do uso das paredes, como no caso da Grande Pirâmide, para transmitir mensagens sobre momentos cósmicos ou astronômicos importantes, em reverência a maāt e como uma celebração da ordem cósmica, bem como uma ajuda à contagem perfeita do tempo.

Portanto, se alguém perguntar qual o propósito da antecâmara do Templo do Vale, ao céu aberto e sem cobertura na Antiguidade, olhar para ela do alto como um "poço de luz" para contar o tempo é uma boa resposta. Dizer que a antecâmara do Templo do Vale é um "relógio do meio-dia" não seria um exagero. Pelo menos para isso temos uma evidência fotográfica, enquanto todo o resto é uma especulação sem provas. Não havia nem bases de estátuas nessa câmara. Parece que era vazia, condizente com um "poço de luz" ou "sala para o relógio do sol". Isso também explicaria em parte a estranha estrutura do teto do templo. Os relógios de água, usados diariamente no Egito Antigo, provavelmente eram reajustados uma vez por dia pelo "relógio do meio-dia" da antecâmara para atingir uma maior acurácia. Acredito que "poços de luz" usados para reajustar relógios de água diariamente ao meio-dia devem ter existido nos dois poços de observação astronômica de Abu Ruash e Zawiyet el-Aryan mencionados no Capítulo 3. Como o poço em cada local é interrompido no meio do caminho por uma modesta parede vertical, antes de prosseguir sua elevação, e como os dois estão orientados exatamente para o norte geográfico, essas paredes verticais dentro de cada poço poderiam ter agido como os "poços de luz" ao ficarem totalmente iluminadas ao meio-dia, deixando as paredes laterais sob a sombra. Não haveria nenhum problema então para o relógio de água correr com precisão até a aurora seguinte e possibilitar medições do tempo absolutamente precisas das culminações estelares no meridiano

---

236. Cotsworth, Moses, *The Rational Almanac*, York, England, 1902, p. 176.

observadas aos longos dos poços à noite para ser registradas. Assim o calendário poderia ser mantido no mais alto grau de acurácia possível em uma base de 24 horas. Em outras palavras, o calendário era checado todos os dias com a maior precisão. Com certeza, o "poço de luz" no Templo do Vale teria agido como um relógio confiável para todo o Planalto de Gizé. Como os relógios de sombra usados pelos antigos sacerdotes unuti egípcios não conseguiam contar o tempo ao meio-dia, quando suas leituras falhavam temporariamente, esses "poços de luz" eram uma necessidade para determinar o meio-dia.

Isso nos leva ao assunto do telhado do Templo do Vale. Como se pode ver na foto reproduzida como Figura 170 no fim do livro de Hölscher, até sua época havia muitas construções antigas de tijolos de barro e outras modernas em cima delas se amontoando contra a fachada leste do Templo do Vale acima da altura do telhado. Embora antigamente o telhado apenas cobrisse parte da estrutura, deixando outras partes a céu aberto, após o Antigo Império tudo foi coberto por entulho e areia. Provavelmente apenas partes do telhado estavam acessíveis durante o Novo Império (veja nossos resultados de datação), mas depois todo o edifício foi coberto de tal modo que ninguém sabia onde ele ficava.

Há muitas fotos tiradas do telhado reproduzidas em meu site, que oferece pontos de observação maravilhosos para olhar a construção da maioria das salas. Na Figura 57 vemos a planta do telhado feita por Hölscher, Prancha XII de seu livro, que no original tem duas cores e fica em duas páginas desdobráveis. No original, ele desenhou, em vermelho, várias propostas de reconstrução de características que ele acreditava terem existido lá na Antiguidade, incluindo vários degraus e escadarias; ao lado de alguns deles se pode ver a palavra alemã *Rampe* na planta. Levei essa planta comigo ao telhado do Templo do Vale e caminhei por ele com um cuidado meticuloso, tentando encontrar vestígios dessas características reconstruídas, propostas das quais eu esperava pelo menos encontrar alguma evidência. Para meu espanto, não consegui encontrar nenhuma evidência ou vestígio de nenhum dos degraus ou escadarias de Hölscher. Procurei por todo o lugar várias vezes, sem conseguir aceitar essa situação. Como ele pode ter desenhado essas coisas com tanta confiança e tê-las publicado em sua planta sem ter qualquer evidência além daquelas que vieram de sua imaginação? E ainda assim parece que ele apenas as imaginou *mesmo*. Por isso eu fiquei muito triste e perplexo. Parece que não podemos aceitar a reconstrução do telhado do Tempo do Vale feita por Hölscher, afinal. Claro que é possível, mas onde está a evidência? Procurei bem. Segurei a planta na frente do rosto

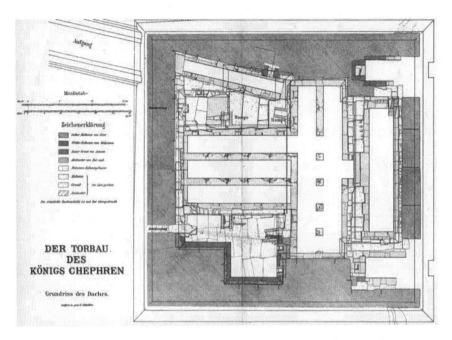

Figura 57. Planta de todo o telhado do Templo do Vale, prancha desdobrável XII do livro de Hölscher. As duas entradas principais do leste ficam à direita, ambas levando ao átrio ou antecâmara, que tem uma porta central levando para a Sala dos Pilares. No topo, isso leva para a Passagem Ascendente que segue em um ângulo na direção da Calçada de Quéfren (*"Aufgang"*) no topo à esquerda. As coberturas vermelhas mostram reconstruções imaginadas por Hölscher das estruturas postuladas, que podem ou não ter existido. (A versão colorida dessa planta está no site.)

e vasculhei cada local, esperando algo se materializar, algo que eu teria deixado passar antes. Mas não consegui encontrar nada.

Embora alguns degraus possam ser vistos no telhado, no primeiro plano da Figura 31 na p. 46 do livro de Hölscher, eles não estão lá agora. Acredito que deveriam ser os degraus de madeira de Hölscher, colocados ali para facilitar seu trabalho e depois retirados.

O telhado ficava em níveis diferentes e na Antiguidade talvez houvesse rampas de acesso de madeira ou degraus que levassem de um ao outro. Embora a antecâmara aparentemente estivesse sempre a céu aberto, sabemos pelas muitas fendas de luzes que a vasta Sala dos Pilares em forma de T estava em um tipo de penumbra, evocada com brilhantismo na incrível litografia (Prancha V, oposta à p. 20, que contém uma foto moderna das ruínas do mesmo ângulo) preparada por Hölscher pelo artista A. Bollacher e reproduzida aqui como Figura 54. Esse

Os Templos do Vale e da Esfinge em Gizé

321

desenho de como o salão deve ter parecido no reinado de Quéfren, seja preciso ou não, é um exercício espetacular em visão artística baseada na reconstrução descrita ao artista pelo próprio Hölscher.

Ele dá um relato do que enfrentou quando começou seu trabalho:

> No início das escavações, o Templo do Vale ficava escondido até a altura de suas paredes externas na areia. Em alguns lugares as dunas de areia compostas de areia soprada pelo vento, restos de edifícios de tijolos antigos e entulho das escavações de Mariette chegavam a mais de 15 metros de altura. Em vista dessas massas enormes de areia, foi impossível liberarmos o Templo do Vale completamente. Tivemos de confinar a maior parte da nossa atividade ao lado leste.[237]

Como ele mesmo esclarece, portanto, a face norte do templo foi deixada de lado, e isso explica por que Hölscher não encontrou qualquer evidência do Templo da Esfinge, apesar do fato de seus restos ficarem apenas a alguns metros de distância.

Como é o Templo do Vale como um todo? Olhando para ele da vila de Nazlett, de frente para as pirâmides, vê-se a grande fachada leste com suas duas entradas, uma na extremidade sul e outra na norte. Você pode entrar por qualquer uma delas. Assim que passa por uma das portas, você fica em uma das salas de entrada de granito, que são muito altas, embora não sejam grandes. Um nicho feito de granito bem acima da altura da cabeça olha para você; ninguém sabe se continha uma estátua ou para que servia. (Veja esse nicho em uma prancha no site.) Você vira à esquerda se entrou pela porta norte ou à direita se entrou pela porta sul. Em qualquer caso, chega a uma comprida e alta antecâmara de granito. Esse era o "poço de luz" ou o "relógio do meio-dia" e é também a sala que contém o poço onde a estátua de Quéfren foi encontrada, agora cercado por uma grade. Então você vira para oeste e entra na vasta Sala dos Pilares, no formato de um T.

Você entra no "topo" do T e a "base" do T consiste de três galerias, separadas por pilares, todas apontando para oeste. Se você ficar na extremidade sudoeste do edifício, há uma pequena porta no granito, fechada e trancada. Ela leva aos armazéns, que já foram descritos. Mas, se você seguir até a extremidade noroeste, verá uma porta levando a um corredor inclinado, que se eleva, chamado Passagem Ascendente. Todas essas câmaras, as salas de entrada, a antecâmara, a Sala dos Pilares e

---

237. Hölscher, *Das Grabdenkmal*, op. cit., p. 37.

a Passagem Ascendente têm pisos de alabastro e paredes e pilares de granito vermelho. O vermelho e o branco juntos compõem um contraste de cor admirável e isso deve ter sido realmente impressionante quando eles acabaram de ser construídos e as cores das pedras estavam frescas. Há alguns blocos de basalto anômalos nas paredes, algo que pode ser importante e que eu discuti em *The Sphinx Mystery*, apresentando uma foto de um deles. Outra foto é reproduzida no site. Eu acredito que a ocorrência anômala de blocos de basalto ou outras características nas estruturas egípcias age como um sinal ou indício de ocultação. Discuto esse simbolismo em *The Sphinx Mystery*, no qual também destaco que nenhum egiptólogo descobriu a palavra egípcia antiga para basalto. Em minha opinião, algumas das traduções que dizem "pederneira" deveriam mesmo dizer "basalto". Creio que a "caixa de pederneira" na lenda misteriosa das "câmaras secretas de Thoth" do Papiro Westcar deveria ser traduzida como "cofre de basalto" em vez disso e que a imprecisão mineralógica da tradução resultante de nossa ignorância da palavra "basalto" obscureceu o sentido verdadeiro da história. Referi-me antes à questão do basalto no Capítulo 2 sobre o "Poço de Osíris", onde também descobrimos um sarcófago de material único, dacito, cujo nome egípcio também é desconhecido.

Se você subir pela Passagem Ascendente, a cerca de meio caminho ao longo dela há duas portas, uma em cada lado. As duas estão fechadas e trancadas e nunca são abertas ao público. A maioria das pessoas passa por elas sem nem pensar. A da esquerda leva à estranha pequena câmara que Hölscher chamou de "Portaria". Quando você passa pela porta, desce por uma pequena rampa e entra em uma câmara retangular, paralela à Passagem Ascendente, mas seguindo a base do templo, enquanto a Passagem Ascendente eleva-se além dela. Seu piso um dia foi de alabastro, mas a maior parte dele foi arrancada, expondo blocos de calcário rústicos e grumosos e o que parece ser leito de rocha em níveis diferentes, tanto que é muito fácil escorregar.

Para ver o piso direito, deve-se tirar toda a areia dele, o que eu não estava em posição de fazer. Duvido que Hölscher tenha se incomodado de limpar o chão também. Em minha opinião, ele deve ser limpo e estudado com cuidado. O enigma é: por que o alabastro foi retirado do piso dessa câmara minúscula, mas deixado nas salas principais mais acessíveis e na própria Passagem Ascendente? Acho isso muito suspeito. As partes inferiores das paredes dessa câmara são feitas de granito vermelho, enquanto as partes superiores são de alabastro. Ninguém tem a menor ideia da serventia dessa sala minúscula. Porém, acredito que seja

Os Templos do Vale e da Esfinge em Gizé

o caminho para aquela câmara subterrânea, já abordada em *The Crystal Sun* e *The Sphinx Mystery*, que fica sob o topo da Passagem Ascendente e provavelmente ficou lacrada desde o Antigo Império. Por isso uma limpeza completa e uma inspeção detalhada dessa câmara mal iluminada são cruciais. Acredito que em algum lugar do piso ou nas paredes norte ou oeste será encontrado o acesso às intocadas criptas subterrâneas desse templo. Acredito que alguém suspeitou da mesma coisa na Antiguidade, por isso o piso foi retirado. Isso deve ter acontecido bem no fim da Sexta Dinastia, quando ainda havia alguém vivo, talvez um membro da equipe de funcionários do templo ou seu filho, que sabia da existência de uma câmara lacrada lá e lutava para achar o acesso a uma cripta que ele imaginava conter ouro. No mínimo, eu imaginaria que mais estátuas lindas e intactas de Quéfren devem ter sido escondidas lá. Aquela que foi jogada no "poço" provavelmente era grande demais para ser enfiada lá. Só alguém desesperado para encontrar algo embaixo do piso de alabastro dessa câmara logo depois do colapso da Sexta Dinastia poderia ter feito esse estranho dano, enquanto deixou os pisos de alabastro mais proeminentes e acessíveis do resto do templo intocados. Podemos ter certeza de que seu motivo não era obter alabastro.

Do outro lado da chamada "Portaria" fica a entrada para a escadaria. Se você passar por essa porta e virar à direita, uma escadaria ascendente (muito da qual também foi retirada; Prancha 45) o leva ao nível do teto. Vire à direita de novo, siga para o sul e verá uma porta com moldura de granito (Prancha 46) que se abre para o telhado do templo. Você precisa virar um bode montanhês depois disso, pois não existe um caminho para o telhado principal a menos que você avance lentamente por uma perigosa saliência da rocha. É óbvio que antigamente deveria haver meios seguros de ir da porta ao telhado apenas caminhando pelo topo da Passagem Ascendente, mas hoje em dia ela fica a céu aberto (Prancha 40 e outras no site). Quando avancei pela saliência, sempre correndo o risco de me estabacar feio no piso de pedra logo abaixo, tive muita dificuldade para convencer o inspetor de Antiguidades ou Ioannis a me seguirem, e demorou um tempão para eles criarem coragem para fazer isso. Mas eu andei por tantas saliências estreitas e elevadas durante minha infância que tirei isso de letra.

Se você continuar a subir pela Passagem Ascendente e deixar o templo de sua "porta de trás" na parede oeste, pisará na grande Calçada de Quéfren, que se estende por 402 metros colina acima até a Pirâmide de Quéfren e seu Templo Funerário em ruínas, que fica no pé da pirâmide e no fim da Calçada.

Hölscher descreve com entusiasmo sua caminhada pelo templo:
Os dois portais levando ao interior do Templo do Vale, que, aliás, são absolutamente idênticos, são de dimensões enormes. Cada metade da porta dupla deveria medir uns 2,80 metros de largura e uns seis metros de altura. Foi provavelmente, como demonstram os exemplos semelhantes, construída de madeira dura unida no interior por travessões. Do lado de fora era possível ver apenas as cabeças dos pregos na superfície polida.

No encaixe da porta ainda se podia ver os orifícios para o grande ferrolho duplo (Prancha XI). Eles foram trabalhados engenhosamente na parede de granito de forma que era possível puxar o ferrolho, mas não mais do que seu encaixe permitia. Vestígios indicam que além dessa existiam outras trancas, como por exemplo ferrolhos nas extremidades.

A sala de entrada tem uma altura interna de 9,40 metros, tão alto quanto era possível, considerando a altura do edifício. [Esta era o "poço de luz" ou "sala do relógio do meio-dia".] Ao mesmo tempo, era a maior das salas interiores de todo o recinto, e cada sala seguinte no Templo do Vale é inferior à anterior.

Essa sala de entrada é toda feita de granito vermelho, ou seja, paredes, teto e piso. [Minha observação: há alguns blocos isolados de granito ou basalto negro não mencionados por ele. Tratei deles, como disse há pouco, em meu livro anterior *The Sphinx Mystery*, porque acredito que fossem marcos de pedra como aqueles mencionados em alguns dos antigos textos do mundo dos mortos. Alguns também poderiam estar ligados com leituras de relógios de sombra por esse "poço de luz".] No lado estreito, oposto à entrada, abre-se a uma grande altura um nicho onde provavelmente deveria ficar uma estátua como a única decoração da sala.

Agora estamos virando para um lado, caminhando um pouco para cima por uma porta alta de dois lados e entrando na comprida antecâmara onde se reúnem as multidões que afluem pelas portas norte e sul. Ela tem uns quatro metros de largura, um bom tamanho considerando que suas vigas do teto de granito podem ter, portanto, pelo menos cinco metros de comprimento. O piso daqui é feito, assim como de todas as demais salas do Templo do Vale a partir de agora, de alabastro polido; as paredes e o teto são feitos de granito.

Devemos agora voltar brevemente nossa atenção à passagem que foi trabalhada de forma rústica no subterrâneo rochoso dessa sala. É o famoso poço onde Mariette encontrou em 1860 a linda

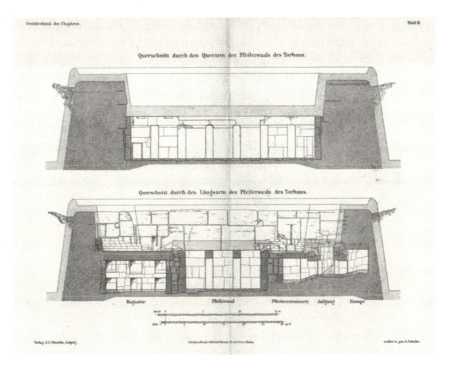

Figura 58. A tradução da legenda de Hölscher para essa prancha é: "(1) Corte transversal pela parte diagonal [leste] da Sala dos Pilares do Templo do Vale. (2) Corte transversal pela parte longitudinal da Sala dos Pilares do Templo do Vale". O segundo mostra também, da esquerda para a direita, o Armazém, a "Portaria", a Passagem Ascendente e a Escada. Os desenhos são cortes norte-sul feitos em profundidades diferentes, o primeiro mais perto da extremidade leste e o segundo mais perto da oeste. A Passagem Ascendente inclinada no desenho inferior é mostrada desaparecendo em um ângulo fora de visão, acima da palavra *Aufgang*. A escada para o teto é mostrada acima da palavra *Rampe*. (Prancha desdobrável IX do livro de Hölscher desenhada por O. Schultze.)

estátua de Quéfren que pertence agora às famosas peças da Coleção do Cairo. Essa passagem não se origina da época do Templo do Vale, mas, como se pode ver com clareza, foi trabalhada depois, possivelmente como uma passagem funerária, até o Templo do Vale, provavelmente já meio arruinado e parcialmente coberto de areia na época (veja as Seções III e V).

Mas agora queremos entrar pela grande porta no eixo central na sala principal do Templo do Vale, a sala dos pilares. Ela tem a forma de um T invertido. Dezesseis pilares de granito monolíticos divididos em um braço principal com três naves e dois braços horizontais com duas naves cada. Uma sala de efeito extraordinário! Nenhum ornamento ou contorno diminui a serenidade cerimonial dessa arquitetura; só paredes sem adornos e pilares quadrados sem decoração, não há uma única linha que não necessariamente pertença à construção. Por outro lado, ao longo das paredes há um grande grupo de 23 estátuas reais em um tamanho sobrenatural, todas na mesma postura inflexível, olhando para a frente, com uma mão fechada e a outra aberta sobre a coxa, em uma imagem de força e dignidade real.

Mesmo sendo essencialmente as mesmas, nenhuma das figuras é completamente igual. Cada uma é obra de um artista. Principalmente, porém, elas se distinguem uma da outra pelo material. A maioria delas é de um alabastro branco brilhante, outras de diorito com veios azul acinzentados, cujos tons variam entre branco e preto. Outras são de novo de uma ardósia metamórfica esverdeada.

Essa sala nos provoca uma impressão avassaladora. As paredes de granito vermelho escuro e o piso branco luminescente onde as estátuas se refletem em diferentes matizes variáveis; além disso, uma luz que flui em um ângulo nas muitas vigas pelas janelas cortadas em parte na parede e em parte no teto, bruxuleando enquanto penetra na sala e fazendo as paredes polidas emitirem vários reflexos.

A arte posterior dos egípcios pode ter produzido criações arquitetônicas mais ricas e bem desenvolvidas, mas será que produziu uma sala mais serena e cerimoniosa do que esta?[238]

É impossível não ser compreensivo com Hölscher em sua avaliação da simplicidade pura e minimalista dessa arquitetura magnífica, a façanha espetacular que ela representa e sua beleza forte e avassaladora. Isso, com certeza, é a essência do que significa ter sido criada em uma época cuja cultura não entrou em um estágio de decadência. Essa é a *arquitetura real* e é sublime.

Quanto às estátuas mencionadas pelo enlevado Hölscher, deixo para o leitor perceber que ele imaginava o lugar como era no tempo de Quéfren, pois todas as estátuas desapareceram, infelizmente.

Algo que ainda não foi mencionado é o que se encontra na frente do Templo do Vale na margem leste. Existe aqui o que os arqueólogos chamam hoje de "cais". O Nilo na inundação chegava até os Templos do Vale e da Esfinge no período do Antigo Império, mas o rio foi deslocado muitos quilômetros para o leste desde esse tempo e por causa da Represa de Assuã não existe mais inundação. Ela durava três meses, durante os quais a parte inabitada do país era alagada,

---

238. Ibid., p. 18-20.

mas esses dias acabaram. Na verdade, a estrutura do "cais" na frente do Templo do Vale é bem bizarra. Há uma depressão retangular proeminente cortada na rocha no centro e em cada lado há uma pequena ponte de tijolos, que fica bem na frente de cada portal de entrada do templo. (Veja as pranchas no site.) Cortadas na rocha sob cada uma dessas pontes há passagens de pedestres, que descem e depois sobem de novo no outro lado da ponte. As baixadas, embaixo das pontes, eram preenchidas evidentemente com água. Esses dois tanques não estão ligados entre si e são escavados artificialmente sob as pontes, sem um propósito prático que possa ser detectado. Todo o arranjo é muito estranho e intrigante.

Estudei o desenho dessas estranhas características e elaborei uma teoria sobre qual poderia ter sido seu uso. O primeiro ponto a observar é que os tanques sob as pontas eram isolados, tanques pequenos, limitados a ficar sob cada ponte. As pessoas aparentemente mergulhavam neles e saíam no outro lado. A única explicação possível parece ser que eles eram tanques de imersão para purificação ritualística como parte de uma cerimônia. A depressão retangular igualmente estranha, cuidadosamente cortada na rocha no centro desse enorme átrio, provavelmente tinha um propósito cerimonial. Presume-se que um grande grupo de sacerdotes ficasse lá de frente para o templo ou, mais provavelmente, de frente para o sol nascente no leste na aurora. Ao tentar descobrir qual ligação possível as pontes e os tanques possam ter com isso, pensei então que o grupo de sacerdotes na depressão se dividiria em dois e eles ficariam enfileirados nas rampas descendentes, passando embaixo das duas pontes pequenas, e, depois de se purificarem na água, emergiriam e voltariam às rampas no outro lado. Depois eles dariam a volta em fila pelas pontes acima das cabeças de seus colegas que ainda se purificavam lá embaixo. Feito isso, eles seguiriam então direto para as duas portas do Templo do Vale, onde entrariam. As duas filas se reuniriam na antecâmara e então seguiriam juntas pela Sala dos Pilares, subindo a Passagem Ascendente do templo, e depois seguiriam para fora da porta oeste até a Calçada, onde a procissão continuaria por todo o caminho até a Pirâmide de Quéfren.

Figura 59. Aqui os sacerdotes de Sokar, o deus do Submundo original (cujo lugar foi tomado depois por Osíris), são vistos carregando a "Barca de Sokar" em procissão em Gizé, durante o Festival Anual de Sokar, quando eles faziam um circuito com ela nas áreas sagradas perto da Esfinge. O estranho objeto com a cabeça de um pássaro sentado no meio da barca é uma imagem representando Sokar na forma de um falcão mumificado, com sua cabeça saindo das bandagens. O terceiro sacerdote da esquerda usa uma pele de animal sobre seu ombro (que sabemos ser pele de leopardo de outras pinturas, embora os pontos não sejam visíveis aqui) e o medalhão suspenso em seu peito mostra que ele é o chefe do grupo, enquanto aquele o seguindo parece ser seu substituto e carrega uma varinha ou cetro sagrado. Os dois sacerdotes principais no centro não participam do carregamento da carga, conduzida pelos quatro grupos de quatro sacerdotes iniciantes, sugerindo que eram necessários 16 homens para carregá-la, pois o barco deve ser mais pesado do que parece. Não se sabe a natureza exata da imagem de Sokar e a enorme parte mumificada pode conter algo secreto e oculto por baixo das bandagens. Minha teoria sobre essa imagem é que uma estátua de ouro puro de Sokar esteja escondida dentro dela, deixando a barca pesadíssima. Essa estátua de ouro teria sido a estátua de culto central do deus, normalmente mantida no santuário interno do templo. Quando carregada para fora uma vez por ano, ela precisava ser mantida longe dos olhos dos profanos e também não poderia ser exposta à luz do sol, porque Sokar era conhecido por nunca emergir de suas trevas perpétuas. A pequena cabeça de Sokar no topo da imagem serve apenas

para identificá-la para que as pessoas possam perceber que o verdadeiro Sokar está oculto sob as bandagens, de acordo com sua natureza. Essa impressão do entalhe de um templo foi publicada em 1809 em *Description de l'Égypte*, antes da decifração dos hieróglifos, mas tomou-se o cuidado de imprimir corretamente os dois hieróglifos na frente do chefe dos sacerdotes, onde se lê SEM. Isso identifica especificamente o sumo sacerdote na imagem como um Sacerdote Sem e significa que temos aqui uma imagem do Sumo Sacerdote de Ptah do Templo de Ptah na vizinha Mênfis, em seu papel como sacerdote mortuário principal, ou Sacerdote Sem, de Sokar. Ptah e Sokar se fundiam como uma divindade conjunta em Gizé. Depois a divindade passou a se chamar Ptah-Sokar-Osíris e se tornou uma trindade sagrada. A localização desse entalhe é desconhecida e pode ter se deteriorado depois desse desenho dele ter sido feito antes de 1809. É possível que ficasse em uma das paredes do Templo de Ptah, mas estava entre a grande quantidade de pedra carregada de Mênfis e Gizé para usar na construção das mesquitas e dos palácios no Cairo durante o século XIX. (*Coleção de Robert Temple.*)

Uma versão alternativa dessa cena seria o inverso, com os sacerdotes seguindo em fila para fora do templo com tochas, sobre as pontes na frente das duas portas, passando embaixo das pontes e se purificando na água, e depois emergindo para se reunirem na área retangular, prontos para observar o nascer do sol.

Claro que isso é uma mera especulação. Mas sabemos que grandes cerimônias eram realizadas em Gizé. Por exemplo, uma vez por ano havia o famoso Festival de Sokar, com uma procissão, enorme e esplêndida que acontecia por toda a área. Uma grande barca sagrada era carregada nessa procissão da qual restam descrições. (Ela é reproduzida na Figura 59.) O que eu imaginei para os "tanques" pode muito bem ter acontecido como parte das extensas e elaboradas cerimônias de Sokar. Ele era um deus do mundo subterrâneo associado com essa área de Gizé. Após o deus Osíris adquirir importância na Quinta Dinastia, ele se fundiu com o muito mais antigo deus Sokar, que se associava com "Rostau" ou "Rose-tau". Em geral, considera-se que "Rostau" ou "Rose-tau" seja o nome da localidade dos Templos do Vale e da Esfinge. Isso é confirmado, por exemplo, por Catherine Graindorge-Héreil em seu livro *Le Dieu Sokar*, no qual diz especificamente:

> (...) Sokar é o mestre do deserto, do reinado do que fica sob ele, domínios evocados pelos santuários principais *Rose-tau* e de *Pedju(-she)*. O primeiro fica nas proximidades da Esfinge de Gizé (...) (certas) propostas tentam quase todos

a comparar o topônimo *Pedju(-she)* a um lugar com uma corrente ou uma massa de água (...).[239]

Portanto, talvez não seja exagerado especular que essas pontes e tanques curiosos e a aparente área de reunião na frente do templo perto da Esfinge estivessem ligados de alguma forma às cerimônias do Festival de Sokar, no qual uma barca sagrada também era carregada em procissão ao redor de Gizé.

Hölscher discorreu sobre os detalhes de cada parte do Templo do Vale e algumas de suas descrições são particularmente interessantes:

> O Templo do Vale é construído sobre uma rocha cuja superfície foi preparada para receber a estrutura da parede ou o pavimento superior. Logo ao redor da base do edifício há um pavimento de drenagem com cerca de 75 centímetros de largura, agora removido, talvez de granito.
>
> Na face leste, a maior parte do revestimento de granito do início da construção ainda está lá, com 2,1 metros de altura ao todo. A fundação da entrada sul tem, por exemplo, 3,9 x 1,7 x 2,15 metros de tamanho e pesa, portanto, uns 38 mil quilos. Uma pedra no meio da fachada tem 5,45 metros de comprimento e pesa uns 42 mil quilos. Em direção ao topo, a fachada era composta de blocos de granito de medidas menores. A maior parte das camadas e da distribuição das juntas ainda pode ser vista no núcleo da construção (...) O fato de eles serem blocos de granito pode ser observado pelos orifícios de parafusos que serviam para deslocá-los (...) A altura da fachada não teria sido muito maior do que o núcleo da construção ainda mostra hoje, cerca de 12,5 a 13 metros ou 24 a 25 côvados egípcios. A inclinação pode ser medida exatamente em uma proporção de 1:7, isto é, na altura de um côvado e o rebote de uma palma ou em cerca de 82°.
>
> O núcleo da construção do Templo do Vale é visível por toda a fachada. Consiste de blocos de calcário numulítico amarelado, como pode ser encontrado em todos os lugares dessa área, de medidas enormes. Ao longo da fachada leste há blocos medindo de 50 a 60 metros cúbicos e pesando,

---

239. Graindorge-Héreil, Catherine, *Le Dieu Sokar à Thebes au Nouvel Empire*, Harrassowitz, Weisbaden, 1994, p. 34-39.

portanto, por volta de 150 mil quilos. Esses blocos também devem ter sido deslocados a alturas consideráveis.

A fachada de granito destruída na época do Novo Império foi coberta por um muro de tijolos de barro e nesse processo as portas foram cobertas. Depois de examiná-las de perto, retiramos essas construções de tijolos e deixamos as portas acessíveis de novo.[240]

Os únicos outros egiptólogos que voltaram sua atenção ao Templo do Vale depois de Hölscher foram os italianos V. Maragioglio e C. Rinaldi. Esses dois estudiosos incansáveis publicaram muitos volumes (raríssimos e difíceis de encontrar até nas bibliotecas mais especializadas, embora felizmente eu possua um conjunto completo) com um levantamento dos monumentos do Egito. Em seu quinto volume eles consideram a Pirâmide e o Complexo de Quéfren, incluindo uma seção sobre o Templo do Vale, bem como um "excurso" ou apêndice de quatro páginas e meia sobre o Templo da Esfinge.[241] Esse volume tem duas partes, a primeira de texto e a segunda de plantas desdobráveis e desenhos. Fica lamentavelmente óbvio pelas plantas dos Templos do Vale e da Esfinge[242] que Maragioglio e Rinaldi não conseguiram acesso às partes lacradas do Templo do Vale ou à Trincheira Norte do Templo da Esfinge, que explorei pessoalmente com todo cuidado, detectando vários erros nas plantas deles. Nelas eles citam Hölscher muitas vezes como a fonte, para deixar claro que eles trabalham de segunda mão no Templo do Vale e não diretamente do monumento, usando as plantas e medições de Hölscher.

Os erros mais óbvios em sua obra ocorrem na Prancha 15, na qual ocorrem também três erros nas legendas.[243] Nessa planta eles mostram apenas a metade leste da Trincheira Norte ao lado do Templo da Esfinge (ao seu norte). Qualquer um que esteve dentro da Trincheira Norte, como eu estive (e poucos fizeram isso), sabe que ela vai muito mais a oeste do que eles mostram em sua planta. Eles claramente não tiveram acesso à trincheira, que não só está lacrada como só é acessível de cima por escada. Quando a examinei, só pulei nela e tive de ser resgatado de escada quando terminei, pois é impossível sair de lá escalando. Acho que foi um pulo de uns 30 pés [nove metros]. Mas é importante levar em

---

240. Hölscher, *Das Grabdenkmal*, op. cit., p. 40.
241. Maragioglio, V. e C. Rinaldi, *L'Architettura delle Piramidi Menfite*, Parte V, Texto, incluindo uma tradução inglesa feita por A. E. Howell, Rapallo, 1966, p. 76-88 e 128-130.
242. Ibid., Parte V, Tavole [Pt. V, Pranchas], Pr. 14, 15 e 16.
243. Ibid., Pr. 16.

consideração que Maragioglio e Rinaldi, que eram muito cuidadosos em seu trabalho, foram impedidos de atingir a acurácia em todos os pontos relativos aos Templos do Vale e da Esfinge porque não os deixaram examinar e medir todas as partes deles direito. Não foi culpa deles. Seu trabalho costuma ser de primeira.

Na Figura 12 da Prancha 15, Maragioglio e Rinaldi mostram uma reconstrução de algumas escadas no telhado para o Templo do Vale, baseados em Hölscher em vez de na observação pessoal (é óbvio que eles não puderam ir até o telhado também). Chamo atenção a isso só por vias das dúvidas, caso meus achados sobre o telhado estejam errados, e convidaria outras pessoas interessadas no futuro a tentar ir no encalço desse problema, isto é, se elas conseguirem acesso.

Em sua discussão sobre o Templo do Vale, Maragioglio e Rinaldi são muito confiantes e começam dizendo:

> O templo do vale de Quéfren fica na extremidade sul da calçada e é estritamente ligado a ela; na verdade, como veremos, o corredor coberto [da Calçada] continuava dentro do templo. Como agora retiraram toda a areia e o entulho que obstruíam o edifício, podemos dar várias informações não encontradas no livro por Hölscher, que se contentou em desobstruir a fachada leste e limpar o interior.[244]

Essa é uma declaração corajosa. E eles emitem a seguinte opinião do edifício:

> A boa preservação do templo nos permitiu determinar que os materiais usados são os mais ricos que o país poderia oferecer. Seu trabalho e modo de disposição são os melhores que se pode encontrar.

> Beleza, riqueza e durabilidade eram os requisitos de todo edifício funerário egípcio, e aqui cada uma dessas características atinge o mais alto grau.[245]

Maragioglio e Rinaldi não concordam com muitas das ideias de Hölscher sobre a reconstrução do telhado, mas deixam claro que eles não puderam examiná-lo ao vivo e tiveram de trabalhar com suas fotos e desenhos avaliados com base em princípios gerais.[246] Se eles tivessem conseguido a autorização lá, provavelmente teriam discordado dele ainda mais.

---

244. Ibid., "Testo", p. 76.
245. Ibid., p. 128 (Observação 36).
246. Ibid., p. 128-130 (Observação 38).

O relato sobre o Templo do Vale escrito por Maragioglio e Rinaldi contém muitos detalhes fascinantes de construção, mas tem apenas oito páginas (embora o formato do livro seja grande e as páginas sejam largas). Nós não precisamos entrar nas muitas coisas discutidas por eles que, assim como os muitos detalhes semelhantes dados por Hölscher com muito mais minúcias em seções de seu livro que omitimos, vão além de nossos interesses aqui.

O Templo do Vale que ninguém conhece

Esse é agora o fim de minha descrição geral do Templo do Vale e nesse ponto quero começar meu relato de seus aspectos mais esquisitos, nunca antes percebidos ou relatados. Eu os descobri por causa de minha bisbilhotice e determinação para investigar cada detalhe de tudo que estudo, o que é característico de minha natureza compulsiva. Nunca descanso até chegar o mais longe possível, até nas minúcias mais insignificantes de qualquer assunto sob minha investigação. Acho qualquer mistério não resolvido intolerável. Ainda estou buscando respostas para coisas que comecei a examinar na adolescência e na casa dos 20 anos. Nenhum caso será sempre encerrado. Porém, isso não é porque eu tenho algum interesse pessoal em qualquer desses projetos investigativos; para mim importa apenas o processo investigatório e uma tentativa de chegar à sua conclusão. Acho que o objetivo final é um arquivo de informação completo e, como isso é impossível, estou condenado a continuar assim para sempre. Sou um arquivista compulsivo ao extremo, não por minha causa, mas pelos registros, que devem ser completos. Não desejo o conhecimento para mim, que seria a motivação da maioria. Não tenho esse desejo "normal". Estou satisfeito com a existência da informação, sem o desejo de "possuí-la", que é a falha pessoal de muitos outros investigadores ingênuos. Assim que você *realmente deseja saber algo sozinho*, nunca conseguirá. A informação deve ser respeitada e sua existência deve ser permitida por si só, assim como deve acontecer a uma vida individual. Isso é o que Albert Schweitzer chama de "reverência pela vida", que eu também estenderia à "reverência pela informação" transmitida por mim como um tipo de forma vital. A informação precisa ser cuidada com tanto amor como as mudas em um jardim. *Ela está viva*. O *uso* da informação é uma questão separada. Ela só pode ser usada com eficácia quando não é para benefício pessoal. Como *a informação é neutra*, qualquer tentativa de o usuário destruir essa neutralidade pode facilmente resultar em desastre, pois a informação resistirá a isso. Ela vive no não partidário Espaço da Informação. O abuso dela levou muitos à ruína durante as eras. A luta do mundo é o conflito incessante entre a neutralidade da informação e as tentativas de abusar dela por interesses humanos investidos. Isso é inevitável, por causa da multiplicidade de egos, todos buscando ganho pessoal. A informação só pode ser usada de forma produtiva e segura quando o objetivo for beneficiar os outros. O benefício próprio é permitido apenas nesse contexto. Nossa civilização hoje está em colapso porque a ganância insana e desenfreada se tornou o novo Deus das elites arrogantes que administram tudo. Mas acho que a maioria dos membros do público impotente já percebeu isso agora, tarde demais para fazer qualquer coisa sobre isso. O mal só é concebível aos malvados.

Quando eu estava em cima do telhado do Templo do Vale, resolvi ir mais alto e subir no topo das paredes externas do templo, o que não é fácil. Elas são muito mais altas do que o teto. Não consegui subir em todas elas, mas a mais fácil de galgar era a norte. Tão logo fiz isso, descobri coisas incríveis que ninguém mencionou em um trabalho publicado. Ao longo da parede norte do Templo do Vale há poços verticais internos gigantescos ocos. Veja minhas fotos detalhadas deles nas Pranchas 51 e 52. Elas são muito dramáticas. Consegui convencer o inspetor de Antiguidades a me seguir e ele ficou muito pasmo e impressionado e não conseguia parar de olhar para os poços. Você pode vê-lo ao lado de dois dos poços no site. Ele disse que ninguém que ele conhecia tinha ideia da existência deles. A ironia é que os eletricistas sabiam de alguns desses poços, pois passaram cabos elétricos por um deles para as exibições de *son-et-lumière* para os turistas. Mas, como arqueólogos e eletricistas não costumam conversar, não se conheceu nada dessa informação. Em minhas várias fotos das estranhas características do "Templo do Vale desconhecido", você pode ver vários cabos elétricos passando por poços, passagens e câmaras. Até eu encontrá-los, aparentemente eles eram conhecidos apenas pelos eletricistas, que, como vimos no Poço de Osíris, às vezes gostam de deixá-lo no escuro.

Vamos começar então com a parede norte do Templo do Vale. Como se pode ver na Figura 57, a planta mais sofisticada do templo desenhada por seu escavador, Hölscher, e na Figura 53, a primeira e mais simples, desenhada por Mariette, essa parede é só uma grande parede grossa representada como um sólido: "nada acontece lá", poderiam dizer. Mas todas as plantas do Templo do Vale são imprecisas e enganosas. Esse fato em si é uma acusação terrível da Arqueologia. É possível que nenhum desses homens notáveis e famosos subiu em cima da parede norte do templo? Claro que na época de Mariette ela

Os Templos do Vale e da Esfinge em Gizé

ficava perto de uma montanha de areia cobrindo o Templo da Esfinge adjacente e ainda desconhecido. Nem Petrie nem Hölscher viram a base exterior da parede norte, porque na época de seus estudos da estrutura ela estava cheia de areia e entulho. Mas se os poços verticais dentro da parede norte também estavam cheios de areia em sua época, de tal forma que eles não poderiam ser detectados, quem os desobstruiu? Não há registro dessa ocorrência. Mesmo se os poços estivessem cheios de areia, deveria ser óbvio que eles estavam lá, pelo menos como "poços cheios de areia". Mas ninguém registrou sua existência ou teceu comentários sobre eles, até onde posso determinar, à exceção dos eletricistas onipresentes. Fui o primeiro a "descobri-los", embora ainda ache isso difícil de acreditar.

A natureza das cavidades enormes dentro das paredes do Templo do Vale pode ser vista com clareza no site na série de seis fotos tiradas do topo e olhando para baixo e nas Pranchas 51a e 51b. A primeira prancha é aquela com o inspetor de Antiguidades que foi lá comigo. Na foto ele está de pé entre o que chamei Poço Um e Poço Dois da parede norte. O Poço Dois é o espaço aberto gigantesco no fundo da foto, mais a oeste. O Poço Um pode ser visto logo além dele e é o mais ao leste dos poços verticais da parede norte. No site eu mostro o Poço Um do topo e aqui podemos ver como ele fica perto do canto nordeste do edifício. Abaixo podemos ver turistas circulando na frente do Templo da Esfinge e à esquerda fica o canto sudeste da parede sul do próprio Templo da Esfinge. Na Prancha 51a é possível olhar melhor esse poço e podemos ver com clareza como ele foi construído. Um canalete protuberante pode ser visto em uma grande pedra logo abaixo da camada superior na segunda sequência de pedras, que parece ter sido feito para a inserção de um pedaço de madeira. O poço foi construído de tal forma que a terceira sequência de pedras do topo foi construída na forma de uma saliência, possivelmente para facilitar o acesso a uma escadaria de madeira descendente. Nesse caso, deve ter sido um traço original do templo, porque é uma parte integral do desenho interno da parede.

Esses poços verticais dentro das paredes do Templo do Vale não são tardios, mas sim traços originais do edifício. Eles são tão profundos que precisei ter muito cuidado para não cair neles. Chutando, eu diria que eles devem ter 40 ou 45 pés [12,1 ou 13,7 metros] de profundidade. No site temos outro ponto de vista do Poço Um do topo. Não houve nenhuma tentativa de terminar a construção em pedra e as superfícies dos blocos de calcário nunca foram polidas ou aplainadas nessas características internas, embora eles sejam essencialmente planos.

Na Prancha 51b olhamos dentro do Poço Dois de cima. Embora o Poço Um não tenha cabo elétrico, pode-se ver com clareza que este tem. Obviamente, o cabo só foi jogado de cima quando os eletricistas estavam no telhado e alguém lá embaixo o pegou para ligar ao cano mestre no nível do solo. Uma prancha no site mostra outra vista do Poço Dois de cima, nesse caso indicando que os dois lados dele são bem planos e quase lisos. Mais uma vez, assim como o Poço Um, vemos uma saliência interna para facilitar a descida na Antiguidade, que é uma parte original do projeto. Nas superfícies lisas vemos um orifício para parafuso furado na rocha. Isso sugere para mim a presença de um "alçapão" de madeira, que teria originalmente coberto esse poço no fundo da primeira camada de construção em pedra e poderia facilmente ser alcançado por alguém de pé no nível da saliência interna. Um recorte na pedra na esquerda, cerca de um pé [30 centímetros] mais alto do que o orifício do parafuso, sugere que a extremidade da viga de madeira encostava lá, mas, como o recorte está aberto no topo, a viga deve ter sido erguida para cima e o recorte só foi necessário para encostar a extremidade da viga quando ela foi abaixada pela abertura.

Não consegui estudar detalhadamente esses poços do topo porque eu teria de amarrar uma corda em mim e ficar pendurado nos buracos e não havia esse tipo de recurso. Esses poços precisam ser explorados e estudados direito. Eles também oferecem oportunidades maravilhosas para ver as técnicas de construção monumentais do templo "de dentro". Se você descesse um poço do topo seria como uma endoscopia, mas, se você subisse por ele, seria como uma colonoscopia. Essa piadinha não é totalmente uma piada, na verdade, porque os antigos egípcios realmente acreditavam que seus templos eram seres vivos assim que foram consagrados, "entregues ao deus" e imbuídos de sua essência mágica pelo poder do que os teólogos chamam de "imanência".

Embora eu acredite na existência de outros poços verticais mais a oeste nessa parede norte, não consegui atingir seus topos e inspecioná-los, pois para isso precisaria de assistência. A única outra descoberta que consegui fazer no topo da parede norte foi outra abertura no canto nordeste, que pode ser vista no site. Descobri uma pequena câmara dentro da parede, separada e aparentemente sem ligação com os poços verticais mencionados. Tentei entrar nela, mas não consegui fazer isso por causa de uma planta crescendo na entrada, que tinha espinhos tão afiados que era como tentar passar por uma floresta de navalhas. Como eu não tinha meios para tirar a planta, nem mesmo um simples par de luvas de jardinagem (que de qualquer forma normalmente não

Os Templos do Vale e da Esfinge em Gizé

faz parte do kit para explorar ruínas antigas), e também não tinha nenhuma ferramenta para cortá-la, minha única alternativa foi me afastar, transtornado por não atingir esse objetivo. Algumas dessas "navalhas vegetais" pareciam como se fossem mudas colocadas lá por alguém para bloquear a entrada, mas como ninguém nunca vai até o telhado do templo, quem poderia ter feito isso e o que poderia ter escondido na câmara a ponto de querer impedir todos de verem? Mesmo assim, da melhor forma que pude, eu espiei de fora e consegui determinar que se tratava de fato de uma pequena câmara interna. Como ela estava em um lugar tão peculiar, creio que se chegava nela normalmente de dentro por uma passagem interna ou talvez até por outro poço vertical sem abertura para o topo. Tive uma sensação desconfortável de que vivia alguma criatura nessa câmara que não me receberia muito bem, não sei se alada ou rastejante, mas achei que podia detectar sinais de habitação e o que me pareceu mais provável foi uma coruja, embora eu não saiba se existem corujas em Gizé. Suponho que, com o Planalto de Gizé vazio à noite, uma coruja poderia viver bem lá, assim como os roedores correndo por toda a imundície deixada para trás pelos turistas. Não tenho dúvidas de que há passagens de ligação horizontais nessa parede norte imensamente grossa, mas, como não consegui ficar pendurado por uma corda nos poços verticais, não pude ver se existem essas aberturas de acessos em suas paredes pelas quais antigamente se poderia cruzar na horizontal por meio de estruturas de madeira. Para mim, porém, essa câmara guardada pela "navalha vegetal" é uma prova incontestável de acesso por uma passagem interna. Em qualquer caso, eu logo descobriria pelo menos uma passagem horizontal ligando os Poços Um e Dois à qual voltaremos a seguir.

Olivia e eu exploramos a base da parede norte do Templo do Vale da passagem entre esse templo e o Templo da Esfinge (veja a planta na Figura 24). Embora essa área seja fechada aos turistas, ela é acessível aos operários e é onde os eletricistas entraram. Entretanto, eu nunca achei provas de que algum arqueólogo se importou em fazer isso. Em uma prancha no site vemos Olivia mascarada como um bandido. Ela não está tentando esconder sua identidade, mas evitar respirar a "poeira do deserto" sufocante ou o que normalmente é conhecido como "areia" em Gizé, que se levanta ao seu redor quando você rasteja para dentro da parede norte do templo. Nessa foto específica, ela está de pé na entrada de uma câmara dentro da parede. Na Prancha 53, vemos sua silhueta enquanto ela engatinha por uma entrada diferente para o interior da parede norte, uma abertura baixa dentro da qual poucos se aventuraram. Você precisa rastejar pela poeira por um trecho considerável e isso não parece levar a algum lugar. Tirei a foto dela de dentro. Na verdade, essa entrada estreita que parece mais um buraco de cobra do que qualquer coisa feita para humanos leva mesmo a uma passagem horizontal ligando os Poços Um e Dois ao nível do solo. Nessa foto, portanto, estamos olhando para o norte e a luz por trás de Olivia vem da passagem entre os Templos do Vale e da Esfinge.

Em uma prancha no site vemos uma câmara dentro da parede norte do templo ao nível do solo que leva a uma pequena passagem no sentido leste-oeste ao nível do solo entre os Poços Um e Dois. Essa foto foi tirada de frente para o sul e a passagem começa na parte traseira dessa câmara.

Vemos também em outra prancha no site uma foto tirada por mim dentro da passagem horizontal virado para o Poço Dois. O cabo dos eletricistas pode ser visto saindo dele. Isso prova que eles estiveram dentro dessa passagem. Eles mesmos devem ter tirado areia o suficiente para possibilitar a entrada nessa passagem para o propósito funcional de instalar cabos. Isso pode significar que nenhum arqueólogo conseguiu entrar nela antes disso, pois ninguém depois de Hölscher em 1910 teve autorização arqueológica para fazer qualquer limpeza. Nesse caso, é incrível como concederam acesso a importantes locais antigos a operários para promover o turismo, algo negado a arqueólogos. Talvez a moral da história seja: se você quiser descobrir os segredos de um monumento antigo é só instalar uma exibição de *son-et-lumière* e tudo será revelado.

A extensão das passagens e câmaras ao nível do solo dentro da parede norte do Templo do Vale também pode ser vista no site, que mostra tanto parte de uma passagem interna (agora parcialmente bloqueada por uma pedra caída) como outra pequena abertura na parede pela qual é possível ver o céu.

A Prancha 52 é uma foto tirada do fundo do Poço Dois para cima, com o céu no topo e o cabo dos eletricistas suspenso no poço. Os blocos de calcário monumentais que compõem a parede são vistos de dentro aqui com muita clareza. Alcancei o fundo desse poço por uma passagem horizontal interna saindo da base do Poço Um. À direita dessa foto pode-se ver um veio de pedra saliente no meio do caminho. A enorme pedra acima à esquerda foi claramente escavada (ou fundida) de tal forma que sua extremidade se dobra para dentro ao redor de seu canto. Podem ser vistos vários buracos e fissuras, mas dessa perspectiva é impossível avaliá-los.

Nada disso é visível do lado de fora e os arqueólogos desconhecem sua existência. Precisamos nos preocupar mesmo é com a indiferença com que todos os arqueólogos tratam esse edifício. Ele é o único templo bem preservado remanescente do período do Antigo Império, mas ninguém nunca o estudou. Por que sobrou para mim, em um projeto de datação em meu tempo livre, após coletar amostras com Ioannis, descobrir que o Templo do Vale está permeado por uma estrutura interna complexa, desconhecida por toda a Egiptologia? Acredito que os egiptólogos tenham abandonado gravemente seu dever e fechado os olhos diante de uma das estruturas mais fascinantes em todo o Egito. Não apareceu nenhuma nota sobre o Templo do Vale desde o difícil relatório de escavação alemão em 1912, que eu tive o trabalho de traduzir por conta própria, enquanto as pessoas naturalmente responsáveis por isso se abstiveram e não cumpriram com suas obrigações.

Mas a parede norte do templo não é o único lugar com uma estrutura oculta. Achei muito mais. Uma prancha no site mostra uma foto que tirei de frente para o sul de dentro da sala de entrada sul do Templo do Vale, construída com granito. No topo das partes de granito no centro da foto vemos a metade inferior de um nicho, cujo topo caiu há muito tempo, e seus blocos devem ter sido explodidos pela detonação doida de Mariette. O que vemos espiando por trás do granito? Um buraco negro. E, elevando-se atrás dele, temos o canto sudeste da parede sul do templo, que é de calcário. Não consegui chegar ao topo dessa parte, mas sinto haver uma forte probabilidade de existir um poço vertical dentro do calcário visível aqui e que ele está ligado com a câmara alta interna, cujo topo pode ser visto nessa foto.

Em outra prancha no site, nós vemos, em uma foto tirada por Olivia, minhas tentativas de me arrastar para outro buraco na construção em pedra do interior do Templo do Vale. Mas, nesse caso, aonde vai a cabeça o corpo não pode acompanhar. Mas eu tentei. Ainda havia mais estrutura interna oculta para ver, supostamente acessível de algum outro ponto interno.

No site deste livro, mostro uma vista do telhado do Templo do Vale de cima para baixo na entrada norte de granito, com um vislumbre do nicho norte à direita, e o que vemos lá é realmente extraordinário. Esse nicho é completo, diferente do sul, que perdeu seu topo. Nesse exemplo, vemos que o nicho norte também tem uma câmara atrás dele, como vimos antes no nicho sul. Mas a pedra de granito que forma a base desse nicho norte foi cortada na época que o templo foi construído em um ângulo oblíquo para possibilitar o acesso ao nicho de dentro da parede, e podemos ver além dele uma entrada de granito intacta de uma câmara interna. Logo, é o caso de atrás de cada um dos dois nichos de granito haver câmaras internas. O único jeito de alcançar uma delas é por meio de uma escada bem alta colocada nos pavimentos das duas entradas quando elas não estiverem sendo usadas pelos turistas. Como eu claramente não estava em posição para fazer isso, não consegui explorar as câmaras, mas pelo menos tenho fotos provando que existem. Elas definitivamente precisam ser estudadas direito. Como não podem ser acessadas de fora de uma maneira confortável, isso deve ser feito por passagens internas. Estou convencido de que todo o Templo do Vale é certamente permeado por aspectos internos possibilitando a comunicação entre câmaras secretas, poços e passagens. Mas a evidência fotográfica mais interessante ainda está por vir, pois eu descreverei agora a Sala Oculta na parede sul do templo, seu poço vertical e outras características.

Em uma parte trancada do Templo do Vale, como disse antes neste capítulo, há os seis armazéns, em um dos quais nós obtivemos um resultado de datação do granito, que apresentarei depois quando chegar às datas dos dois templos. Os armazéns são alcançados pela entrada de granito, coberta por uma porta com barras de ferro trancada. Como os cadeados enferrujaram e as chaves foram perdidas, as trancas precisaram ser quebradas para entrarmos. Ninguém conseguiu se lembrar quando alguém esteve lá dentro pela última vez. A área é totalmente negligenciada e não foi estudada desde a publicação de 1912. Quando você entra, passa por uma passagem curta, e uma pedra na parede esquerda (sul) na altura do peito foi retirada em algum momento no passado, e, se você olhar pela abertura, verá que há uma câmara à frente. Ela nunca apareceu em qualquer planta publicada do Templo do Vale, exceto a de Petrie, reproduzida no site. (É a Prancha VI na parte de trás do livro de Petrie, *The Pyramids and Temples of Gizeh*, primeira edição, 1883.) Deve ter sido Mariette (cuja escavação do interior do Templo do Vale foi completada em 1870) quem empurrou a pedra para fora e possibilitou a entrada e saída dessa câmara no nível do solo pela primeira vez desde a construção do templo. Entretanto, como podemos ver com clareza na Figura 53, não há nenhuma indicação na planta de Mariette da existência da Sala Oculta, apesar do fato de ele ter desobstruído a passagem onde agora se encontra a abertura da pedra perdida. Então talvez essa pedra tenha sido retirada por outra pessoa entre 1870 e 1880, ou seja, um desconhecido entre a época de Mariette e a de Petrie.

Em sua planta do templo (que ele chamava de "Templo de Granito", como disse antes), Petrie sugere que havia uma "passagem forçada, agora fechada" para essa câmara do leste. Porém, em vez disso estou propenso a pensar que Mariette desceu na câmara do topo da parede sul do templo pelo enorme poço vertical que leva a ela, que descreverei em um momento. Essa câmara, lacrada de propósito na Antiguidade, é o tipo de câmara denominada pelos arqueólogos modernos de "Sala Oculta". Estudei salas ocultas em outro lugar no Egito, mas a discussão sobre elas faz parte de outro relato. Tratei dessas salas ocultas em meu livro anterior *The Sphinx Mystery* (2009), no qual destaquei que elas parecem representar a câmara lacrada na qual o deus Osíris era representado nos papiros antigos. Reproduzi algumas dessas imagens de papiros antigos e citei os textos associados que as acompanham.

A entrada da Sala Oculta do Templo do Vale pode ser vista no site. Tirei essa foto de frente para leste e de costas para a passagem contendo os armazéns. Vemos aqui a porta com barras de ferro trancada por dentro. À direita da foto está o que parece ser algo um pouco mais claro do que a pedra usual na camada mais elevada. Isso é na verdade uma fenda da qual a pedra foi retirada, e se você subir e se arrastar por ela, conseguirá entrar na Sala Oculta. Na Prancha 49 eu mostro essa fenda de dentro da Sala Oculta e além dela está a passagem mostrada na foto anterior. Em tempos antigos, a pedra estaria no lugar e a entrada para a Sala Oculta seria indetectável. Como se pode ver nessa foto, a entrada foi feita com muito cuidado como parte do projeto original do templo. Todo o complexo da Sala Oculta situa-se dentro da espessura monumental da parede sul do templo, que em todas as outras plantas é mostrada como sólida. Ninguém depois de Petrie em 1883 já mencionou ou retratou essa Sala Oculta. O site mostra a passagem de dentro dela, olhando para fora pela fenda ocasionada pela pedra removida.

Na Prancha 49, mostro uma foto dessa entrada para a Sala Oculta mais de trás e podemos ver aqui que o teto dela é um bloco gigantesco de calcário e as partes da entrada da câmara são moldadas e aplainadas com cuidado.

A descrição da Sala Oculta apresentada por Petrie, chamada convenientemente de "câmara secreta" por ele, é uma leitura fascinante, e como ele é o único até agora a descrevê-la, eu mostro aqui. Ele chama os armazéns de "*loculi*", como mencionei antes. Ele diz o seguinte:

> No lado S. da passagem curta na direção desses *loculi*, uma pedra foi retirada da parede e, ao subir por ela, alcança-se uma curiosa câmara irregular, evidentemente não projetada para ser vista. Ela está totalmente inacabada, o N. e parte do lado O. são apenas as costas de blocos de granito da sala e da passagem; eles são irregulares, dentro e fora, mas muito bem adornados, planos e precisos em muitas partes. O

resto dessa câmara é de uma construção central inacabada, assim como o centro do templo superior [ele se refere aqui ao Templo Funerário de Quéfren, que é superior por estar em cima da colina do outro lado da Calçada de Quéfren], e o piso é de rocha, com um degrau para baixo do outro lado (linha partida na planta) mais ou menos no meio da câmara. A base do canto SO da câmara é totalmente em um bloco, sendo a parte inferior ou submersa do piso de rocha nivelada por um plano de base cortado no bloco, e os lados S e O são dois planos verticais no mesmo bloco, de modo a formar um canto inteiro oco. No SE a câmara é cercada por uma parede inacabada de restos de pedra incrustados quando foi recentemente aberta. Dizem que na câmara encontraram várias múmias comuns, talvez de uma data posterior, como aquelas que encontrei na trincheira de rocha ENE.

A história da abertura dessa câmara secreta parece ter sido que, ao destruir o templo, por causa das pedras de construção, os saqueadores começaram nos cantos SE e SO; aqui eles empurraram as pedras até abrirem essa câmara e depois, encontrando uma parede de granito em um dos lados dela, arrastaram o bloco menor e assim abriram caminho até a passagem. Entretanto, uma desobstrução do lado de fora do templo é necessária para resolver essa e outras questões.[247]

Na época em que Petrie escreveu, e por muito tempo depois, o exterior da parede sul do templo estava completamente coberto de areia. Além disso, como se pode ver com clareza nessa planta, a entrada sul do templo ainda estava cheia de areia e intransitável e todo o canto sudoeste do templo era uma área desconhecida. Acredito que Petrie poderia estar errado, como um resultado disso, ao sugerir que havia uma entrada forçada para a câmara do sul que depois foi lacrada. Creio que quando as múmias comuns foram arriadas no que se conhece por "período tardio" (isto é, século VII a.C. ou depois), elas desceram pelo poço vertical que leva a essa câmara, e acredito que Mariette deve ter vindo pelo mesmo caminho e empurrado a pedra. Entretanto, como já destaquei, na Figura 53 pode-se ver que Mariette omitiu a Sala Oculta de sua planta, de modo que talvez ele nem soubesse dela e a pedra foi

---

247. Petrie, [Sir] W. M. Flinders, The Pyramids, op. cit., p. 130-131.

Os Templos do Vale e da Esfinge em Gizé

empurrada depois dessa época, mas antes de Petrie, ou seja, em algum momento durante a década de 1870.

Tirei uma foto sem flash para mostrar como a Sala Oculta é escura, exceto em sua extremidade sudeste, iluminada pela luz vinda de um poço vertical na parede sul. Nessa imagem, principalmente, mostra-se bem a cuidadosa, mas bizarra, modelagem de um enorme bloco de calcário. O grande monte de areia soprada pelo vento e entulho nesse ponto pode ser visto facilmente caindo como uma cascata na Sala Oculta.

No site vemos uma foto que Olivia tirou de mim sentado na extremidade sul da Sala Oculta. Nesse ponto, a câmara ramifica-se para o leste e fica em forma de L. Uma quantidade imensa de lixo dos turistas trazido pelo vento, incluindo muitos objetos grandes, emporcalha o lugar e tentei amontoá-lo a um canto. Estou agachado sobre um monte de areia soprada pelo vento que entrou pelo poço vertical na parede sul. Está claro que ninguém se importou em limpar e estudar a Sala Oculta, e isso precisa ser feito com urgência. Na Prancha 50a, você pode me ver de pé no fundo de um poço vertical enorme e relativamente liso na parede sul do templo, que leva para a antecâmara leste da Sala Oculta. Os blocos de calcário são absolutamente gigantescos e devem pesar pelo menos cem toneladas, talvez muito mais. No site vemos minha foto da parte superior desse poço vertical. Os buracos quadrados no bloco de calcário podem ser vistos aqui com clareza, usados aparentemente para receber vigas de madeira na Antiguidade. Deve ter existido uma escadaria aqui em tempos idos.

Há várias anomalias na Sala Oculta. Na Prancha 50b, por exemplo, mostro uma foto em *close* de um grande tampão de pedra lacrando uma passagem estreita saindo da Sala Oculta. Isso precisa ser investigado, pois parece estar nesse lugar desde o período do Antigo Império. Uma prancha no site mostra esse tampão de pedra em seu contexto. Podemos ver com clareza que ele é de granito, enquanto a passagem e todas as pedras ao redor são de calcário. Essa pedra bloqueia claramente uma passagem na direção leste com cerca de dois pés [60,9 centímetros] de altura, que deve levar para o próximo poço vertical mais a leste, o que apenas deduzo por não tê-lo visto. Entretanto, a passagem deve estar lacrada assim com um tampão de granito por um motivo muito importante. Isso prova que a Sala Oculta nem sempre foi assim, mas foi originalmente acessível do leste por essa passagem secreta. O tampão de granito está tão bem encaixado na passagem de calcário que fica difícil de imaginar como isso foi feito, só se foi do outro lado, e parece remota a perspectiva de removê-lo sem causar danos graves à estrutura. É interessante como ninguém tentou isso no passado, e eu suspeito que tenha sido porque a passagem ficou enterrada na areia por milhares de anos por estar tão perto do nível do solo.

Do outro lado dessa passagem para leste, tampada com granito, há uma passagem para oeste, que pode ser vista no site. Ela deve continuar até se unir com o terceiro poço vertical na parede sul, o que apenas deduzo por não tê-la examinado. Essa passagem estava tão entupida de areia e lixo que uma operação de limpeza considerável seria necessária antes de se poder ver algo que valesse a pena. Como a passagem já estava tão cheia de areia e lixo, eu a usei como lixeira empurrando mais lixo para lá, a fim de limpar o piso da Sala Oculta o bastante para ter alguma ideia da câmara em si. Ainda não está claro se a placa de calcário horizontal que fica no topo da entrada dessa passagem foi colocada lá depois da construção, mas parece que sim. A passagem está bloqueada bem na ponta, mas estava tão inacessível por causa da areia e do lixo que não consegui examiná-la direito. Como eu estava desesperado para encontrar um rejunte de pedra próximo que pudesse ser datado nessa Sala Oculta, procurei muito por uma possibilidade e trouxe Ioannis para dentro dela para ver o que ele achava. Acima à esquerda da foto vemos o sinal VT3 marcando a localização de nossa terceira amostra de datação do Templo do Vale. Entretanto, isso foi um erro porque a amostra acabou não servindo para a datação.

Então vemos que apenas um arqueólogo, Petrie, percebeu a Sala Oculta do Templo do Vale e ela foi totalmente ignorada desde seu livro de 1883. Ninguém fez o menor esforço para limpar a Sala Oculta, e a descrição dela feita por Petrie dá apenas dois parágrafos. Ela nunca tinha sido fotografada antes. Na verdade, acho seguro dizer que nenhum egiptólogo vivo sabe de sua existência. Uvo Hölscher (1878-1963) deve ter sido o último a entrar nela, mas por algum motivo escolheu não mencioná-la nem representá-la em sua planta do templo (veja Figura 57) quando seu relatório de escavação do templo foi publicado em 1912. Ao omitir a Sala Oculta de sua planta, ele estava realmente retrocedendo a um estado de ignorância pré-Petrie, pois este teve o cuidado de desenhar a câmara em sua planta, apenas para ter todos os vestígios dela apagados da planta de Hölscher. Quem disse que a arqueologia sempre progride? Às vezes ela dá vários passos para trás.

Há outros aspectos "secretos" do Templo do Vale. Na Prancha 47 e em outras no site eu mostro a estranha "caixa" de calcário protuberante no telhado perto do canto sudoeste do templo. Parece óbvio que essa "caixa" esconde mais uma câmara lacrada. Como ela está colocada sobre um espaço logo atrás dos armazéns, logo acima da única maior "área morta" do templo mostrada em todas as plantas, também me parece óbvio que deveria haver outra câmara lacrada embaixo desta. Eu não consegui subir até o topo dessa "caixa", mas na Prancha 47 pode-se ver seu topo perfeitamente plano, composto de uma placa de pedra plana gigante, como se fosse um lacre. Por uma questão de urgência, sondas de fibra óptica deveriam ser inseridas nessa "caixa" e no espaço abaixo dela, onde prevejo o encontro de câmaras importantes, e elas devem estar lacradas desde o Antigo Império. Afinal, não posso ser acusado de uma especulação impensada ao sugerir câmaras ocultas no Templo do Vale quando já encontrei e fotografei várias delas. Esse templo está certamente cheio de passagens secretas, poços e câmaras, e parece que ninguém além de mim fez o menor esforço para encontrá-los.

Realmente acho muito difícil compreender como o único templo intacto do Antigo Império egípcio pode ter sido tão perversamente ignorado assim. Mesmo se as câmaras e passagens não contiverem absolutamente nada e estiverem completamente vazias, elas oferecem uma oportunidade única para um exame minucioso das técnicas de construção e arquitetura do Antigo Império. Por que ninguém se importou? Quando Maragioglio e Rinaldi tentaram estudar a estrutura, não conseguiram acesso: não puderam entrar nem no telhado. Eles merecem todo o reconhecimento por tentar.

A construção do Templo do Vale é extraordinária de incontáveis maneiras. No site mostro uma foto que tirei de um *close* da junção entre dois dos blocos de granito nesse templo. Como se pode ver bem, *não existe junção*. Esse é um daqueles casos clássicos em que "não dá para passar uma lâmina entre eles".

No site mostro um *close* de um dos soquetes para encaixe de dobradiças de portas perfurado no batente de granito no templo. Essas características, por ser tão facilmente acessíveis, foram discutidas muitas vezes por Petrie e pelos outros desde sua época. Mas, em minha opinião, uma vistoria adequada delas é necessária e alguém deveria escrever uma monografia abrangente, mas breve, dessas características perfuradas. Em meu livro *The Crystal Sun* (2000), citei e examinei a evidência existente para o uso na Antiguidade do que chamamos agora de "diamantes industriais" para perfurações, e mostro a prova de que eles eram corriqueiros não muito depois do século I d.C. até todo o Império Romano. Ressaltei em minha longa discussão nesse livro que há todos os motivos para acreditar que se conheciam as pontas de "diamante industrial" para brocas e elas eram usadas desde os tempos mais remotos no Egito e não é nada impossível que isso tenha sido o caso no Egito do Antigo Império. Não posso repetir toda a discussão aqui, mas o leitor interessado deve consultar a prova reunida e apresentada nesse livro anterior.

No site mostro uma foto do grande e anômalo bloco de basalto negro que aparece em uma parede de granito na antecâmara do Templo do Vale. Publiquei outra imagem dele em *The Sphinx Mystery* (2009). Quando um bloco de basalto como esse aparece sem nenhum motivo em uma estrutura egípcia, costuma ser um indicativo de algo oculto, como mencionei antes. Em minha opinião, a pedra de granito só tocando seu canto superior direito pode ter sido móvel em algum momento, como é sugerido pela parte cortada acima e à direita da foto, sua junção solta com a pedra à sua esquerda e o desgaste evidente visto aqui na margem direita do bloco adjacente, sugerindo que foi esfregado repetidas vezes e danificado. Por outro lado, o próprio bloco de basalto deve ter sido móvel. A argamassa à esquerda e no canto superior esquerdo do bloco de basalto parece ser uma operação de "retoque" com cimento moderno em nome da indústria do turismo. Não há muita dúvida em minha cabeça de que por trás dessas pedras, dentro da parede de calcário atrás delas, há ainda mais cavidades, passagens ou câmaras.

No site mostro outro aspecto peculiar, que só ficou claro quando examinei a foto e notei apenas quando estava na passagem na direção dos armazéns. Essa é uma foto do piso dessa passagem. Vemos aqui o fato muito estranho da existência de um buraco retangular no granito logo abaixo da abertura para a Sala Oculta e ele parece ter sido uma saída para algum fluido corrosivo estranho que saía desse buraco da área da Sala Oculta (embora o piso aparente dela esteja acima desse nível) e erodiu a pedra da passagem por um período considerável. Um fluido causar tanta erosão no piso de granito é bizarro e inexplicável no momento. Isso também requer uma investigação urgente. Estou convencido de que existem estruturas subterrâneas, como criptas embaixo desse templo, às quais ele pode estar relacionado.

Por fim, mostro no site um remendo moderno de tijolo e cimento na construção em granito do interior do Templo do Vale (de um tipo que deve com certeza ser anterior à Segunda Guerra Mundial e pode ser até da era vitoriana). Mostra um buraco, feito provavelmente por caçadores de tesouro no fim do Antigo Império ou então na década de 1870, quando a área ficou acessível mais uma vez e depois foi arrumada. Mas aonde isso leva? Para que vazio possível? Uma sonda de fibra óptica poderia ser inserida pelo tijolo com a maior facilidade para descobrir isso.

Foi em 2000, em *The Crystal Sun*, antes de ter a oportunidade de fazer meu estudo minucioso do Templo do Vale, tendo apenas o acesso normal de turista que qualquer outro membro do público tem, que descobri que a Passagem Ascendente do Templo do Vale tem a "inclinação áurea" e fiquei convencido de que havia uma câmara lacrada sob sua extremidade oeste. Demonstrei agora a existência de tantos aspectos internos ocultos desse templo que isso não é mais uma previsão impalpável, mas uma inferência corroborada por uma evidência incontestável. Além disso, de acordo com informação apresentada no Capítulo 4 sobre os possíveis locais de tumbas em Gizé, essa câmara, prevista por mim em 2000, pode ser vista agora unida e até supostamente constituir uma parte integral das estruturas subterrâneas ou criptas do templo embaixo de sua parede oeste, das quais mostrei evidência com os guias de cabos.

Mais detalhes de minhas descobertas da estrutura interna oculta no Templo do Vale são encontrados nas legendas ampliadas de várias de minhas fotos, muitas das quais podem apenas ser consultadas no site <www.egyptiandawn.info>.

Consideramos agora o Templo do Vale o bastante e é hora de voltar nossa atenção ao vizinho Templo da Esfinge, e depois apresentarei nossos resultados de datação para essas duas estruturas e discutirei sua importância.

O Templo da Esfinge

Esse templo está bem mais arruinado do que o Templo do Vale e, diferentemente deste, as pessoas não o conhecem, porque a entrada nele não é normalmente permitida. Quando entramos nele, o evento causou consternação a um casal de poupas que estavam em paz lá em seu ninho há algum tempo e voaram para longe como se tivessem visto os fantasmas dos faraós. Infelizmente, elas não voltaram enquanto estivemos lá, o que me deixou consternado, porque as poupas são fascinantes de olhar e raramente são vistas na Grã-Bretanha.

O Templo da Esfinge distingue-se principalmente por ficar bem na frente da Esfinge. Mas há um enigma: não há passagem entre os dois. Sim, acredite se quiser, não existia nenhuma porta no Templo da Esfinge para deixar alguém sair pela parede oeste para dentro do Poço da Esfinge e realmente olhar para ela. Então, você pode perguntar, por que alguém se preocupou em construir um templo enorme na frente da Esfinge, que bloqueava sua visão e seu acesso, e depois esqueceu de construir algum meio de comunicação entre os dois? Isso é definitivamente bizarro. Significa que qualquer um que queira sugerir que o Templo da Esfinge foi construído para venerar a Esfinge precisará pensar de novo, porque a Esfinge ficou restrita e bloqueada e não havia meios de se aproximar dela de dentro do edifício supostamente construído para seu culto.

Então esse é o primeiro mistério. E tem mais um: os eixos leste-oeste da Esfinge e do templo também são diferentes. Por que não observaram essa simetria? Se eles se deram ao trabalho de construir esse templo enorme, não poderiam pelo menos tê-lo alinhado com a estátua monumental atrás dele?

Herbert Ricke chamou a atenção para essa anomalia em seu livro de 1970 sobre o Templo da Esfinge (lembre-se de que ele o chama de Templo de Harmachis):

> Como o templo deve estar ligado de alguma forma com a Esfinge, parece estranho a princípio que seu eixo leste-oeste e o da Esfinge corram lado a lado em paralelo em uma distância de 14 côvados (7,35 metros). Se alguém quisesse que os dois eixos coincidissem, deveria ter alargado consideravelmente o terraço inferior como um local de construção na direção norte, o que significaria um grande dispêndio de trabalho, porque o leito de rocha fica bem alto principalmente no lado norte. Eles não tentaram uma extensão como essa do local de construção nem consideraram a alternativa, o que teria sido projetar o Templo de Harmachis de forma assimétrica ou assentá-lo em um ângulo reto com o degrau [*Stufe*] entre os dois terraços para orientar o eixo do templo na direção da cabeça da Esfinge, como foi feito depois com o Templo de Amenófis II [veja nas Figuras 7.3 e 7.4 de *The Sphinx Mystery* as fotos desse pequeno templo do Novo Império perto da Esfinge e sua orientação visual na direção da Esfinge e da Grande Pirâmide; as fotos coloridas estão no site desse livro, www.sphinxmystery.info].[248]

O argumento de Ricke de que eles não poderiam alinhar os eixos porque teriam de cortar mais do pequeno despenhadeiro ao norte do templo não faz o menor sentido. Nenhuma civilização que estivesse preparada para se dar ao trabalho de construir a Grande Pirâmide hesitaria em cortar um pequeno afloramento de rocha porque o esforço seria grande demais. Cortá-lo com um número grande de homens teria demorado apenas alguns dias. O mais provável é que os eixos não coincidem intencionalmente, pois os egípcios nunca cometeram esses "erros" sem um propósito. Mas discutir essas questões nos levaria

---

248. Ricke, *Der Harmachistempel*, op. cit., p. 8.

muito além de nossas preocupações neste capítulo. A coisa principal a se lembrar sempre dos antigos egípcios é que as aparências enganam e isso costuma ser de propósito. Tenho muito a dizer sobre esse tipo de coisa em meu longo estudo e relato sobre o Templo de Seti I em Abidos, que ainda não foi publicado, mas no qual eu encontrei distorções significativas na construção ocultas com esperteza como ilusões ópticas. Os egípcios eram especialistas nesse tipo de coisa, que foi um de seus modos de disfarçar locais ocultos dentro de estruturas.

Então claramente lidamos com uma estrutura curiosa, um templo ao mesmo tempo bloqueado e sem comunicação com a estátua que hoje se supõe reverenciar e que desviava de uma forma óbvia do eixo de alinhamento da mesma. O peculiar também é que os dois templos, o Templo do Vale e o Templo da Esfinge, foram construídos lado a lado. Qual poderia ter sido o propósito de tamanho gasto de energia quando seria razoável considerar essa duplicação um desperdício? É claro que, se alguém vai construir dois templos, fará isso em dois lugares separados. Qualquer que tenha sido o propósito de culto de uma única estrutura, é improvável que tenha sido transferido para a segunda estrutura. Portanto deve ter havido dois propósitos. Então ocorre o problema da competição: instalados lado a lado assim, as pessoas ficam tentadas a escolher um favorito, o que rouba a glória de um dos templos, pois um será sempre considerado inferior ao outro, e mesmo que a escolha entre os dois possa variar de acordo com a opinião, um templo sempre sofrerá em comparação com o outro. Até as pirâmides de Gizé não ficavam exatamente contíguas, mas tinham algum espaço entre elas.

Ninguém realmente chegou a nenhuma resposta a essas perguntas, mas poucas pessoas pensaram nelas. Os problemas, aparentemente insolúveis, foram apenas deixados por aí.

Em meu livro anterior, *The Sphinx Mystery*, Olivia e eu propusemos uma explicação de por que os dois templos ficavam perto um do outro, por que o Templo da Esfinge não acabava no Poço da Esfinge, e esclarecemos a importância crucial do corredor entre os dois templos (publiquei muitas fotos detalhadas disso para apresentar a evidência visual para sustentar minhas sugestões). Mas não tive uma resposta quanto aos propósitos sagrados verdadeiros dos dois templos. O Templo do Vale estava cheio de estátuas de Quéfren, claro, e era dedicado, portanto, ao culto de Quéfren, pelo menos desde a época de sua morte. Se ele foi construído originalmente para isso é outra questão e não precisamos considerá-la aqui. Ela nos levaria muito longe e seria necessário uma discussão longa sobre religião e a mitologia da divindade do mundo subterrâneo Sokar. Algumas informações já apareceram em *The Sphinx Mystery* extraídas dos textos do Mundo Subterrâneo do Médio e Novo Impérios, e também algumas das estranhas descrições e textos do período ptolomaico, como as mais misteriosas das criptas embaixo do Templo de Dendera. Dois capítulos inteiros de *The Sphinx Mystery* tratam desse material religioso e mitológico e mostram sua relação direta com a "seção áurea" e o "ângulo áureo".

Nesse livro eu sugeri que o "Poço" da Esfinge onde ela se encontra foi no Antigo Império um fosso cheio de água trazida pelas eclusas do Nilo, que durante o período da cheia chegava até as margens leste dos Templos do Vale e da Esfinge. Elevar a água o pouco necessário para encher o Poço ou Fosso da Esfinge era simples e eu mostrei o equipamento para elevação de água que teria sido usado. Publiquei também uma série de fotos detalhadas mostrando a evidência dos orifícios dos parafusos das comportas e outras indicações dos mecanismos para controle do fluxo de água usados na passagem entre os dois templos pelos quais a água entrava. Também expliquei que não havia acesso à Esfinge pela parede oeste do Templo da Esfinge porque ela agia como a barreira leste do fosso, mas dei provas de que havia uma plataforma nessa parede (agora oculta pelas instalações de luz da exibição de *son-et-lumière*) que foi usada como um ponto de embarque e desembarque para usar os pequenos barcos que participavam das cerimônias funerárias religiosas e faraônicas que acredito acontecerem na água. Explico também desse modo os padrões de erosão pela água no fosso da Esfinge, mostrando que eles são horizontais no corpo da Esfinge porque ela apenas ficava lá no meio dsa água, mas vertical nos lados, principalmente no sul, por causa da dragagem contínua necessária para tirar a areia do fosso, com a água caindo e lavando as laterais. Citei também excertos de muitos dos Textos das Pirâmides que se referem a esse "lago" e o que acontecia dentro e perto dele.

Acredito que os órgãos internos do faraó em seus quatro jarros eram lavados e purificados nesse lago antes de seu sepultamento. Entretanto, isso tudo é explicado em detalhes no outro livro, de quase 600 páginas, com 375 ilustrações; o leitor interessado também pode querer consultar o site abrangente do livro: www.sphinxmystery.info.

A descoberta do Templo da Esfinge foi feita por Selim Hassan em 1936. Hassan ficou muito intrigado com templo e falou dele:

> A julgar pelo estilo de arquitetura e a ausência de decoração, ou inscrições, podemos seguramente atribuir esse templo a uma data que não ultrapassa o meio da Quarta Dinastia.

Os Templos do Vale e da Esfinge em Gizé 351

O fato de esse templo não ter comunicação direta com o Pátio da Esfinge [Poço] parece apontar para uma destas duas conclusões: ele não tinha nenhuma ligação com a Esfinge ou, o que é mais provável, a Esfinge era considerada tão santa que se aproximar dela era proibido a todos, exceto apenas ao rei e aos mais altos graus do sacerdócio. Essa com certeza era a regra quanto às imagens de culto nos templos egípcios tardios, mas, mesmo assim, o santuário sempre teve um meio de acesso fácil.

No caso da Esfinge, porém, resta-nos supor que o venerador real ou sacerdotal tinha de subir pela parede traseira do templo por algum meio ou senão deixar o edifício e caminhar ao redor dele por uma passagem estreita para sair em um ângulo embaraçoso no canto do pátio, de qualquer forma os dois eram métodos extremamente indignos e inconvenientes.[249]

Quanta eloquência ao colocar o problema! Deveríamos imaginar um faraó infeliz se arrastando por um beco entre os dois templos como um ladrão furtivo para ter acesso à magnífica esfinge de dentro do Templo da Esfinge se aproximando em silêncio dele? Estou convencido de que minha solução a esse problema apresentada em *The Sphinx Mystery* explica todas as anomalias.

Aparentemente sabemos o nome do Templo da Esfinge na Antiguidade, ou pelo menos é o que Selim Hassan acredita. Ele fez mais estas observações interessantes:

Até recentemente o nome "Templo da Esfinge" nasceu do Templo do Vale de Khafra [Quéfren] e foi adquirido quando se compreendeu imperfeitamente a verdadeira importância desse edifício. O verdadeiro Templo da Esfinge, que junto com a cavidade onde fica era chamado pelos egípcios de "Setepet", o "Eleito", deve ser a construção monumental na frente da Esfinge (...) Localizado a poucos passos ao norte do Templo do Vale de Khafra, parece tão distante no que diz respeito à fachada para ser projetado nas mesmas linhas (...) Os dois templos estão de frente para o leste, cada um tem uma entrada nos lados norte e sul de suas fachadas, que

---

249. Ibid., p. 29.

ficam alinhadas uma com a outra (...) Além disso, os dois templos têm um núcleo de construção de calcário local e são revestidos por dentro e por fora com blocos de granito lindamente adornados. O tamanho de alguns dos blocos formando o centro do Templo da Esfinge é enorme, rivalizando e até mesmo muitas vezes excedendo três vezes o tamanho daqueles usados na construção da Grande Pirâmide. Mesmo sendo cortados no local, não diminui nossa admiração pela habilidade e organização que os colocou na posição (...) Além das fachadas, termina a semelhança entre os dois edifícios, pois o arranjo interior do Templo da Esfinge é bem diferente daquele de seu vizinho, o que prova que foi projetado para outro uso. Pode-se mencionar aqui que o edifício é o templo divino mais antigo já descoberto no Egito, embora diferente de um templo mortuário real.[250]

É muito decepcionante Hassan dedicar apenas quatro páginas de um livro de 323 páginas a uma descrição do Templo da Esfinge. (O resto de seu grande livro é sobre a esfinge.) A situação é ainda pior com Maragioglio e Rinaldi, que, como já mencionei, dedicam apenas três páginas e meia ao assunto. Até Ricke só discutiu o Templo da Esfinge, todo o assunto de seu livro, por umas 30 páginas de texto real e algumas delas foram dedicadas apenas para justificar porque deu o nome "Templo de Harmachis" à estrutura. Então ninguém realmente encontrou muito o que dizer sobre o Templo da Esfinge. Se você juntasse todos os comentários feitos sobre o Templo da Esfinge por todo autor até agora, provavelmente teria muito menos do que 50 páginas de texto no total e muito dele seria repetitivo. Algumas das coisas ditas sobre o Templo da Esfinge parecem um tanto simplórias e ingênuas. Por exemplo, como ele é orientado pelos pontos cardeais e tem uma fachada leste, alguns afirmam ser um templo solar. Mas aqueles que fazem essa sugestão não dizem o mesmo sobre o Templo do Vale ao lado dele, orientado da mesma forma e também com uma fachada leste. Por que um deles seria um templo solar e o outro, não quando compartilham os mesmos atributos sobre os quais se baseia a hipótese do templo solar? Alguns dizem: "Ah, o Templo da Esfinge tem uma 'capela' no leste e uma no oeste de sua estrutura interna, então deve ser solar". Mas não há nenhuma evidência dessas capelas; as câmaras estreitas a que se referiam são os recessos

---

250. Ibid., p. 25.

centrais leste e oeste, que poderiam ser o que você quiser e imaginar, embora capelas parecem estar bem embaixo na lista de possibilidades, pois eles não têm nenhum dos atributos de uma capela. Com certeza eles são pequenos demais para ter alguma importância e nenhum grupo de pessoas teria se espremido neles em uma cerimônia, então "interpretá-los" como capelas solares soa ridículo para mim.

Em *The Sphinx Mystery* consegui sugerir dois usos bem específicos para os quais o Templo da Esfinge servia e para os dois há evidência física sólida. Embora um deles fosse sagrado e cerimonial, enquanto o outro era apenas físico, não tratei do uso e da função principal do templo em si. O fato de que ele provavelmente ficasse no topo da tumba de um faraó, como descrito antes no Capítulo 4, e que tivesse evidentemente sido usado em ligação com rituais funerários faraônicos, como descrito em minúcias em *The Sphinx Mystery*, sugere que era pelo menos em parte funerário e não completamente divino, como pensava Hassan.

Às vezes um observador aguçado pode perceber algo que acaba sendo uma pista possível, mesmo se não sabemos sobre o quê. Um exemplo disso vem de Maragioglio e Rinaldi. Se você olhar as pranchas no site verá o misterioso par de "armazéns" no canto noroeste do Templo da Esfinge. Ninguém tem a menor ideia de para que serviam. Eles combinam com um par correspondente no canto sudoeste do templo. Maragioglio e Rinaldi dizem que notaram vestígios de pedra que os levaram a reconstruir a aparência original desses "armazéns". Segundo eles, os mais curtos perto do pátio central "eram completamente revestidos de alabastro", enquanto os mais longos junto à parede oeste do templo eram revestidos de granito.[251] Supondo que eles estivessem corretos sobre isso, embora não podemos deixar de nos impressionar com sua habilidade em chegar a uma conclusão dessas, torna apenas os "armazéns" ainda mais misteriosos e inexplicáveis e, de fato, até mesmo menos provável de ser armazéns! Mas essas pequenas pistas devem ser sempre procuradas. Devo confessar que não vi vestígios de

---

251. Maragioglio e Rinaldi, *L'Architettura*, op. cit., "Text", p. 136. Há um erro tipográfico nessa página do livro, que terei a oportunidade de corrigir para eles. Na l. 34 do texto em inglês, a palavra "norte" deve ser apagada e substituída pela palavra "sul", de modo que ficaria: "Aqui a porta fica perto do canto sul da parede oeste (...)". Há também erros na prancha desdobrável 14 que acompanha esse volume e contém a planta do Templo da Esfinge; o "armazém externo" no canto noroeste está erroneamente indicado como PN, enquanto deveria ser RN. (Faltam também na planta as indicações SW e PW, os equivalentes a oeste de SE e PE no leste do templo. E, como mencionei em meu texto principal, a Trincheira Norte vizinha do templo se estende muito mais a oeste do que se mostra na planta; isso pode ser confirmado por minhas fotos, Pr. 21 e outras no site. Quanto à planta do Templo do Vale, que também aparece nessa prancha, não há nenhuma alusão às características ocultas que explorei, fotografei e descrevi.)

alabastro ou granito nesses "armazéns", mas não voltei ao templo depois de encontrar essas observações no texto de Maragioglio e Rinaldi. Se você olhar bem a prancha no site da minha foto mostrando os armazéns "interno" e "externo" no canto noroeste do templo lado a lado, verá que nenhum vestígio de alabastro ou granito parece ser visível. Eles devem ter encontrado vestígios minúsculos de algum tipo e, a menos que eu volte e procure especialmente essas coisas, não posso fazer comentários sobre isso de minha observação pessoal. Contudo, devo admitir que fico um tanto cético quanto a essas sugestões.

Maragioglio e Rinaldi acreditam que o piso do pátio do Templo da Esfinge fosse coberto provavelmente de "alabastro egípcio", como o do Templo do Vale.[252] Mas, então, não se pode ter certeza de novo, porque o piso, supondo que houvesse um, foi arrancado na Antiguidade e agora há apenas o leito de calcário. Se, como eu suspeito, o piso desse templo ficasse alagado durante o período anual de cheias, pode nunca ter havido um piso de pedra sobre o leito de rocha. Durante o período das secas, um piso de materiais perecíveis deve ter sido colocado para ser retirado depois no recomeço do período de cheia, alguns meses depois.

Embora eu tenha a mais alta estima possível por Maragioglio e Rinaldi, pelo trabalho espetacular feito por anos no estudo dos monumentos antigos, suas plantas às vezes contêm erros graves, e esse é o caso principalmente dos Templos do Vale e da Esfinge, infelizmente. Às vezes eles apenas omitem suas legendas (o que realmente fizeram na planta dos armazéns noroeste que acabamos de tratar), mas também entendem as coisas errado de vez em quando, como seu desenho completamente enganoso da Trincheira Norte ao lado do Templo da Esfinge, para citar um único exemplo. (Como ressaltei antes, isso ocorre muitas vezes porque eles tiveram o acesso negado aos locais.) Uma conclusão deles da qual sou forçado a discordar é a noção de que os pequenos blocos de granito vistos nas pranchas no site sejam os restos da fileira inferior de um revestimento interno de granito da parede leste do templo.[253] Aqueles blocos, eu sei por examiná-los de perto, não são nada convincentes para esse fim. (Veja-os no site.) Eles são pequenos e irrisórios demais e é como se tivessem sido colocados lá depois. (Quando vistos contra a parede que fica na frente deles, lembram-me de alguns blocos vermelhos semelhantes em um daqueles jogos vitorianos de bloquinhos de construção para crianças.) Demonstramos a inexatidão da hipótese de Maragioglio e Rinaldi com nossos resultados de datação, pois nossa amostra ST-3 foi coletada lá e

---

252. Ibid., p. 138-140.
253. Ibid., p. 136.

datamos a época em que os blocos de granito foram colocados sobre o leito de rocha. (Observe que eles foram colocados sobre o leito de rocha, não sobre um piso, que, se algum dia existiu, já tinha sido arrancado. Eles não observaram esse detalhe crucial.) Esse resultado mostra que isso aconteceu cerca de 2 mil anos depois da construção do templo, quando esse canto interno nordeste da estrutura estava acessível, possivelmente por meio de um poço cavado nas camadas de areia e entulho levadas pelo vento para os propósitos de um túmulo tardio. Nessa ocasião, os pequenos blocos de granito, que são tão anômalos quando vistos contra aqueles gigantescos de calcário atrás deles, podem ter sido colocados como parte de uma base circundante para um túmulo improvisado. Os blocos são tão pequenos que alguns homens podem facilmente tê-los carregado. Os detalhes desse resultado serão apresentados com os demais resultados de datação. Conclui-se que não há evidência alguma de que o templo teve um revestimento interno de granito original. Quanto ao poço e túmulo tardios mencionados, discuti isso em *The Sphinx Mystery*, pois acredito que esse poço também deve ter sido conhecido e usado nos períodos ptolomaico e romano como uma câmara oculta conveniente para sacerdotes ligados ao culto da Esfinge como Harmachis durante essa era.

Embora Selim Hassan achasse que o Templo da Esfinge teve um dia um revestimento em granito tanto fora quanto dentro,[254] o revestimento exterior ainda não foi determinado também. Maragioglio e Rinaldi estão convencidos de que o exterior da fachada leste nunca teve um revestimento de granito, exceto pelos dois portais.[255] Ricke, assim como Hassan, acredita que o Templo da Esfinge fosse completamente revestido de granito no interior.[256] Quanto ao exterior, ele diz que, embora a parede leste do templo provavelmente fosse revestida de granito, as oeste, norte e sul provavelmente não eram:

> A largura da frente leste do Templo de Harmachis foi ampliada durante a reconstrução [um segundo estágio de construção postulado por Ricke] de 88 para cem côvados. Esse cálculo inclui o outro revestimento de granito no lado sul que nunca foi executado. Esse número arredondado pode ser um indicativo dc que as paredes exteriores norte não deveriam ser cobertas de granito (...).[257]

---

254. Hassan, Selim, *The Great Sphinx*, op. cit., p. 25. Maragioglio e Rinaldi ("Text", p. 134) dão a referência errada para isso, citando erroneamente a p. 28.
255. Maragioglio e Rinaldi, *L'Architettura*, op. cit., p. 134.
256. Ricke, *Der Harmachistempel*, op. cit., p. 16.
257. Ibid., p. 18-19.

Logo, vemos agora que nenhum dos especialistas consegue concordar com algo tão básico como se o Templo da Esfinge foi revestido de granito ou não e que Hassan, Ricke e Maragioglio e Rinaldi têm visões completamente diferentes sobre o assunto. Não precisamos tomar uma posição sobre a questão, porque não datamos nenhuma pedra de granito do revestimento além das falsas, mencionadas há pouco. Mas de qualquer forma foi apenas uma doce ilusão para quem acreditasse que elas seriam prova de algum revestimento de granito interno, pois as pedras em questão são tão ridiculamente pequenas para o trabalho que é um alívio se livrar delas como "evidência". É verdade que vários pedacinhos de granito podem ser encontrados espalhados pelo Templo da Esfinge, mas eles não parecem constituir evidência de um revestimento interno de granito. Coletamos duas outras amostras de granito do templo, mas nenhuma delas tinha a ver com um revestimento interno ou externo. Uma amostra, a ST-5, veio de um bloco pequeno colocado bem apertado no que os arqueólogos acreditavam ter sido um canal de águas residuais no piso, mas que, como expliquei em detalhes no Capítulo 4, acredito ser na verdade um guia de cabos para arriar um sarcófago pesado na cripta abaixo. A outra, ST-4, veio de um bloco de granito de finalidade ou importância desconhecida, que ficava na base de uma coluna no Pátio Central. Essas duas peças de granito pareciam ser originais da construção, mas nenhuma delas se associava a qualquer uma das paredes do templo. Estou propenso a duvidar de que as paredes do Templo da Esfinge tiveram algum revestimento interno e concordar com Ricke quando diz que as paredes oeste, norte e sul nunca foram revestidas de granito no exterior. Logo, só resta a fachada leste. E estou propenso a duvidar disso também, exceto pelos portais.

Ricke faz algumas observações estranhíssimas sobre esse assunto:

> (...) o Templo de Harmachis está claramente posicionado em relação ao Templo do Vale de Quéfren (...) Ele o limita: as fachadas leste dos dois templos estão ou teriam ficado em alinhamento se o revestimento externo em granito do Templo de Harmachis tivesse sido completado. Além disso, as faces traseiras [oeste] dos dois templos estão alinhadas. Isto é, o lado oeste revestido do Templo do Vale está alinhado com o lado oeste não revestido do Templo de Harmachis. Fica evidente que este não deveria ser revestido,

por falta de espaço, porque aqui a construção central foi trabalhada até ficar com um acabamento liso.[258]

Vamos avaliar isso por um momento e tentar ter um foco mais claro. O que ele nos diz? Ele diz que há uma linha oeste contínua atrás dos dois templos feita pela combinação de uma parede revestida e de uma não revestida, mas que a linha leste contínua não existe porque foi projetada para duas paredes revestidas, uma das quais nunca existiu. Há algo errado: não há nenhuma continuidade de concepção ou raciocínio aqui. Um alinhamento é projetado para paredes diferentes, mas o outro foi projetado para paredes idênticas, porém não funcionou porque no final elas diferiam. Essa é uma das anomalias estruturais inquietantes que é só tão bizarra e inexplicável quanto os eixos diferentes da Esfinge e do Templo da Esfinge. Com certeza se a ideia fosse combinar revestido com não revestido, então isso teria sido conseguido de forma coerente.

Outra grande diferença entre os dois templos não é nada insignificante: sugeriu-se que nunca houve um pavimento na frente do Templo da Esfinge como havia na frente do Templo do Vale, um ponto enfatizado por Maragioglio e Rinaldi.[259] Segundo os arqueólogos da atualidade, não parece ter vindo à tona nenhuma evidência de pequenas pontes, reservatórios ou de qualquer "cais" na frente do Templo da Esfinge. Nesse caso, pareceria que o aspecto processional ao qual o Templo do Vale parece estar ligado não se aplicaria ao Templo da Esfinge. Não havia nele também qualquer saída para as pessoas que quisessem sair por trás, enquanto o Templo do Vale levava direto para a Calçada e de lá para as pirâmides. Então, do ponto de vista da funcionalidade cerimonial, as duas estruturas eram bem diferentes. O Templo da Esfinge era um beco sem saída: você entrava nele e saía. Mas o Templo do Vale era um lugar para atravessar.

Entretanto, em minha grande coleção de fotos raras do Planalto de Gizé que juntei com zelo por anos, tenho uma visão aérea mostrando que, no fim da década de 1930, alguns cais podiam ser vistos claramente na frente do Templo da Esfinge. Até onde sei, essa foto é a única evidência visual remanescente deles. Eu a reproduzi como Figura 4.2 em *The Sphinx Mystery*. Parece, portanto, que o Templo da Esfinge não tinha "cais" na verdade porque o vento levou a areia e os cobriu de novo. Então, o que mais é novidade no Egito?

O Templo da Esfinge pode ter tido um telhado, ou um parcial. Mas não havia escada levando a ele como no Templo do Vale. Ao que

---

258. Ibid., p. 9.
259. Maragioglio e Rinaldi, *L'Architettura*, op. cit., "Text", p. 134.

parece, nenhum vestígio de degraus ou caminho para o telhado de algum tipo foi encontrado. Essa é outra grande diferença entre os dois templos vizinhos. O telhado do Templo do Vale era um lugar animado, com todos lá se divertindo, fazendo o que quisessem, alguns dos quais com certeza contavam o tempo observando o "poço de luz" todos os dias ao meio-dia. Os relógios de sombra ficariam lá também, mas, como eles ficavam imprecisos exatamente ao meio-dia e não podiam contar o tempo por um período de vários minutos, ter o "poço de luz" era necessário para detectar o momento exato do meio-dia, o que os relógios de sombra não conseguiam fazer. Isso significava que os relógios de água poderiam ser ajustados, o que precisava acontecer todo dia, e eram eles que mediam as culminações das estrelas à noite, pois obviamente os relógios de sombra não funcionavam nesse horário. Os egípcios coordenavam assim três relógios separados durante o dia para contar o tempo perfeitamente. (Tudo isso será discutido em detalhes em um livro futuro, explicando por que eles faziam isso e as façanhas fantásticas, quase inconcebíveis, que eles realizaram como resultado.) Mas o telhado do Templo da Esfinge ao lado estava aparentemente deserto. Portanto, quanto mais procuramos, mais descobrimos grandes diferenças de função entre esses edifícios.

A principal característica do Templo da Esfinge era seu Pátio Central, um espaço retangular no meio, com sua longa extremidade norte-sul, cercado por pilares de calcário monumentais. Considera-se que uma colunata cercava esse pátio. Costuma-se pensar que o Pátio Central ficasse a céu aberto, mas ninguém sabe ao certo. Porém, ele não se parece em nada a Sala dos Pilares no centro do Templo do Vale, pois ela tinha um formato em T. Pode ser que os dois ficassem a céu aberto, ou talvez não: quem sabe? Agora começamos a perceber quanto ainda precisamos aprender.

Se imaginássemos a aparência dos dois templos lado a lado na Antiguidade, teríamos uma visão extraordinária. Olhando suas fachadas frontais do leste, veríamos uma escura à esquerda (Templo do Vale) e uma clara à direita (Templo da Esfinge). O contraste deveria ser espantoso, um deles revestido de granito vermelho escuro, como se tivesse segredos a esconder, e o outro brilhando com orgulho e abertamente ao sol, com seu calcário branco fresco. Se pensássemos simbolicamente, diríamos que o da esquerda representa "o oculto" e o da direita era "o revelado". Como esse espantoso contraste lado a lado era obviamente intencional, não se pode descartar essas possibilidades simbólicas nas mentes dos construtores. Talvez o propósito da irmã negra fosse ocultar e o da clara, proclamar. Essa dicotomia lembra a das duas deusas irmãs, Ísis e Néftis, uma brilhante e a outra negra. Temos evidências de várias fontes indicando que Gizé já teve um Templo de Ísis e um Templo de Osíris. Será que o Templo da Esfinge um dia foi o de Ísis e o Templo do Vale foi o de Osíris (originalmente Sokar, que foi absorvido em Osíris)?

Como Osíris só ganhou notoriedade como deus na Quinta Dinastia, um templo da Quarta Dinastia usado por Quéfren pode muito bem ter sido tomado à força na dinastia seguinte para o uso de Osíris, talvez até conservando um culto a Quéfren como um aspecto associado. Se as estátuas de Quéfren no Templo do Vale foram destruídas no fim da Quarta Dinastia em um ataque violento por uma horda que odiava os faraós dessa dinastia, então deve ter sido necessário encontrar um novo uso para o templo, pois ninguém poderia fazer um monte de estátuas de Quéfren de novo para substituir as anteriores e o uso único do templo para um culto a Quéfren teria sido impossível (até se fosse recomendável politicamente). Já vimos a prova de que os vestígios de 41 estátuas foram identificados pelos escavadores, mas deveria haver muitas mais. Para os sacerdotes da Quinta Dinastia teria sido simples cavar o "poço", jogar lá as seis estátuas intactas e colocar os fragmentos restantes nos depósitos, de onde depois eles foram espalhados e encontrados entre os escombros por Mariette (que não registrou nenhum dos locais). A evidência de que ainda se realizava um culto a Quéfren durante a Sexta Dinastia poderia muito bem se referir a um culto residual ou menor e não prova que o Templo do Vale estava em pleno funcionamento exclusivamente como um santuário a Quéfren.

Se quiséssemos ver o Templo do Vale como um "Templo de Osíris" antes da Quinta Dinastia, teríamos de considerá-lo uma "Casa de Sokar", pois Osíris se fundiu ao deus da morte Sokar de Gizé durante a Quinta Dinastia.

Analisando de forma simbólica, talvez o templo negro representasse a morte e o templo branco, o renascimento. De acordo com esse conceito, a "morte" era algo em que você entrava e saía do outro lado, como acontece no Templo do Vale. Mas, se você "entrasse na luz" do Templo da Esfinge, não poderia atravessar, pois ele era uma apoteose por si. Essas observações devem ser apenas sugestivas. Mas com certeza algo acontecia nas mentes dos egípcios antigos quando eles decidiram colocar esses dois edifícios lado a lado em um contraste tão espantoso. E a explicação derradeira deve ser sagrada e simbólica, pois tudo que os antigos egípcios faziam seguia esses princípios.

Se o Templo da Esfinge fosse mesmo chamado Setepet na Antiguidade, isso fortaleceria a ideia de um lugar de renascimento onde a pessoa entraria na luz e faria parte do séquito do deus Sol. (Quem afirmava que o Templo da Esfinge era um templo solar se referia a algo diferente do que proponho. Sugeria que era um templo usado para venerar o Sol.) Às vezes afirma-se que Setepet significa "o escolhido" ou "o eleito", do verbo *setep*, "escolher ou selecionar". Entretanto, se com Setepet eles na verdade queriam dizer Sethepet, o significado seria bem diferente e poderia ser interpretado como "Lugar de Aniquilação", um nome comum para o Mundo Subterrâneo, pois lá os maus eram aniquilados enquanto os inocentes ressuscitavam. (Um ponto teológico importante na tradição egípcia antiga dizia que a aniquilação dos maus acontece após a morte e não por causa dela, pois a "morte" era um estado de transição pelo qual se deixava o corpo físico e o conceito de deixar de existir quando se "morria" era inconcebível para os egípcios, para quem deixar de existir só poderia acontecer *após* a morte.) Em qualquer caso, *setep* pode significar "escolher ou selecionar" no sentido específico de "escolher aniquilar", e as duas formas da palavra, embora linguisticamente distintas em um sentido, por causa da consoante diferente, estão ligadas como acontece às vezes em egípcio. Os sacerdotes poderiam estar engajados em um de seus passatempos favoritos, trocadilhos sagrados.

Por acaso, os dois significados são direta e simultaneamente relevantes a esse lugar de nascer do sol no equinócio, onde o "Lugar de Aniquilação" ou Mundo Subterrâneo foi concebido literalmente como a base do horizonte oriental, enquanto o lugar de ser escolhido para ressurreição foi concebido logo acima dele. O Setepet poderia assim ter sido o lugar intermediário entre esses dois locais mitológicos distintos, de modo que os dois significados poderiam se ligar a ele de certa maneira por trocadilho e afinidade, ainda que, como o edifício ficava acima e não abaixo do solo, a ênfase cairia sobre o aspecto positivo de ressurreição e vida eterna. (Isso é um motivo ainda maior para as cavernas subterrâneas embaixo do templo terem alguma importância sagrada além de apenas ser uma tumba do faraó.) Escrevi muito sobre esses assuntos, pois eles se relacionam à área da Esfinge, em *The Sphinx Mystery*, que posso apenas indicar ao leitor mais uma vez para ganhar uma compreensão adequada do que todo esse saber religioso significa em relação a esse templo e seus arredores.

A mais mundana das conclusões seria pensar nos dois templos vizinhos como templos funerários de Quéfren. Ele já tinha um desses lá no topo da Calçada, ao pé da pirâmide que hoje carrega seu nome. Até megalomaníacos, como ele parece ter sido, não constroem três templos para si, todos em um mesmo lugar, principalmente quando eles também supostamente tinham uma pirâmide confortável para chamar de sua.

E então há a questão das estátuas. Nem um único fragmento foi escavado no Templo da Esfinge, nem mesmo o menor pedacinho ou lasca de uma. Já o Templo do Vale continha centenas de fragmentos!... Com certeza esse é um caso para Philip Marlowe...

Em várias pranchas no site podemos ver os buracos retangulares gigantescos no leito de rocha encontrados na frente de cada uma das colunas no Pátio Central do Templo da Esfinge. Ninguém sabe para que serviam. Se eles fossem bases para estátuas, então estas deveriam ter sido gigantescas. Se elas ficassem de pé, seriam mais altas do que as colunas, o que é improvável. Dá para ver que as depressões estão em um ângulo, o que não seria o caso se elas tivessem sido feitas como bases para estátuas, que assim ficariam inclinadas. Sugeriu-se que os buracos fossem para plintos retangulares monumentais, sobre os quais ficavam estátuas reclinadas como esfinges. Mas se deve lembrar que não há vestígios de nenhuma estátua, reclinada ou não, e também nenhum vestígio de plintos. As portas do templo são pequenas demais para qualquer uma delas ter sido levada para dentro (o templo teria de ser construído ao redor delas), mas, e ainda mais importante, as portas também são pequenas demais para qualquer uma delas ter sido levada para fora. Então, se não foram retiradas e não foram destruídas, o que aconteceu com elas? É tentador concluir que elas não existiram, e então seu "desaparecimento" seria logo explicado. Esses buracos são bem estranhos e sugeriu-se também que eles foram usados apenas para erigir as colunas. Mas, sério, nós não sabemos.

Selim Hassan, o escavador, supôs que as estátuas do "Rei" ficassem sobre esses buracos:

> Na frente de cada pilar há uma depressão retangular cortada no piso de rocha, inclinando-se um pouco na direção dos pilares. Essas depressões foram feitas para acomodar as bases de estátuas colossais do Rei, projetadas de propósito em larga escala para que não parecessem anãs ao lado da imensidão da Esfinge, como seria o caso com estátuas com apenas o tamanho natural. Portanto, o centro do pátio estava cercado por dez pilares enormes, atrás de estátuas

colossais do Rei que construiu o templo e provavelmente esculpiu a Esfinge também.[260]

Após essas declarações, Hassan acrescentou a seguinte nota de rodapé: "Por outro lado, as depressões no piso podem ter sido feitas para facilitar a construção dos pilares".[261]

Hassan não era um homem arrogante e, mesmo supondo que os pilares devessem ficar "atrás de estátuas colossais do Rei", estava perfeitamente disposto a admitir que, por outro lado, eles poderiam não ficar.

O fato é que não há a menor evidência de que os pilares ficassem atrás de estátuas colossais do Rei ou de qualquer outra coisa ou pessoa. Mas isso não impediu Leslie Grinsell de declarar com total segurança, em 1947 (seis anos antes de o livro de Hassan ser lançado), que todos os pilares ficavam atrás de esfinges: "Logo a leste da Esfinge e ao norte do templo de granito inferior [o Templo do Vale] fica o Templo da Esfinge, uma estrutura retangular cercando um pátio que tinha uma fileira de dez pequenas esfinges cujos pedestais ainda podem ser vistos".[262]

A certeza com que Grinsell nos assegura de que o Templo da Esfinge continha estátuas de esfinges causa espanto. De onde raios ele tirou essas esfinges? O livro de Hassan só foi publicado seis anos depois e nem ele sugeria esfinges, apenas estátuas reais. Não se pode confiar na credibilidade de Grinsell quando ele fala em dez esfinges no Templo da Esfinge como se as tivesse visto ontem. Na verdade, não há nenhuma evidência de nenhuma dessas esfinges.

Depois de Hassan, os próximos a debater sobre as grandes depressões na frente dos pilares foram Maragioglio e Rinaldi em 1966. Ao contrário da situação no Templo do Vale, onde tiveram o acesso negado às partes trancadas e ao telhado, eles claramente conseguiram entrar no Templo da Esfinge (embora não na Trincheira Norte, como já mencionei, que não pode ser alcançada de dentro do templo). Dentro do Templo da Esfinge, eles fizeram medições muito cuidadosas e detalhadas, muito mais instrutivas do que a informação dada por Hassan. Promovem um debate considerável sobre o assunto e começam se referindo assim aos buracos na frente dos pilares:

> Na frente de cada um desses [pilares], no lado do pátio, um buraco foi cavado na rocha evidentemente para receber um ponto estrutural ou decorativo.

---

260. Hassan, Selim, *The Great Sphinx*, op. cit., p. 26.
261. Ibid., p. 26, Nota 1.
262. Grinsell, Leslie, *Egyptian Pyramids*, John Bellows, Gloucester, England, 1947, p. 109.

Os buracos não têm o mesmo tamanho. Os quatro a leste são quase idênticos (1,50-1,85 metro x 3,10-3,30 metros) e dois deles são incomuns por ainda estarem cheios de uma alvenaria de calcário até a uns poucos centímetros de sua margem superior e contra o esteio do centro dos pilares correspondentes. Outro buraco nessa fileira é bem raso, mas seu fundo parece ser formado de rocha viva.

Os dois buracos ao norte e sul do pátio são mais largos do que os outros (cerca de 2-2,35 metros x 3,30 metros). Aquele ao norte tinha as laterais muito desgastadas e cortadas, e uma camada um pouco inclinada de placas de calcário em seu fundo talvez seja o resto de um enchimento semelhante àqueles descritos antes. O buraco ao sul tem uma inclinação na superfície na direção da pilastra e é precedido por um corte regular, mas profundo.

Dos quatro buracos a oeste, os dois externos têm dimensões semelhantes àqueles no lado leste (1,50-1,65 metro x 3 metros). Seu fundo de rocha tem degraus e superfícies com graus de inclinações. Os dois buracos internos são maiores (1,85 metro x 4,30-4,50 metros) e seus fundos de rocha são curiosamente cortados, atingindo a profundeza máxima de um metro. Obviamente não foi possível medir a dimensão vertical dos buracos cheios de alvenaria, mas os outros têm cerca de um metro de profundidade com uma única exceção possível, como já foi dito. Todos os buracos, mas principalmente os dois mais ao norte no lado oeste, têm suas margens superiores muito desgastadas, talvez como resultado da demolição que aconteceu.

A diferença no corte vertical entre os buracos do Templo da Esfinge e aqueles no pátio do Templo Superior [Templo Funerário] de Quéfren [no pé da pirâmide] é tão notável a ponto de fazer alguém supor que até os propósitos para os quais eles foram escavados não eram os mesmos e que os pontos de destaque para os quais eles foram preparados também eram diferentes (...) Grinsell acredita que o pátio do Templo da Esfinge tinha "uma fileira com dez pequenas esfinges cujos pedestais ainda podem ser vistos".

Selim Hassan (...) por outro lado, acredita que erigiram estátuas colossais do Rei nos pedestais.[263]

Eles não dão qualquer conclusão sólida quanto ao que pensavam sobre esses buracos, apenas diziam que neles "aspectos ornamentais, em vez de estruturais (como as estátuas ou tríades [uma estátua com três figuras juntas]) (...) encontraram um lugar, pelo menos em parte".[264] Isso é bem vago, para dizer o mínimo, e indica que eles francamente não sabiam o que pensar. Talvez houvesse algumas estátuas lá, "pelo menos em parte", isto é, em alguns dos buracos, mas possivelmente não em outros. Mas eles não se aventuram em especular sobre que tipo de estátuas e com certeza não especificam se eram esfinges ou reis.

Na época do relato de Ricke em 1970, as estátuas voltaram com força e nessa ocasião eram reis sentados:

> Estátuas colossais foram colocadas ao redor do pátio do Templo Funerário de Quéfren, assim como ao redor do pátio do Templo de Harmachis, e aqui e acolá, provavelmente imagens do rei sentado (...) No Templo Funerário de Quéfren havia 12 estátuas, no Templo de Harmachis, por causa do menor número de pilares, havia apenas dez lugares para bases de estátuas. Entretanto, parece que nas maiores denteações na frente dos pilares, nos lados estreitos do pátio (...) estátuas de um tipo especial foram erigidas (...) Como essas estátuas eram permanece, porém, completamente incerto (...) Os buracos dos pedestais para instalar as estátuas têm profundidades diferentes. As estátuas foram entregues, portanto, com pedestais de larguras diferentes. Que as estátuas realmente foram erigidas pode-se deduzir pelo fato de que alguns buracos para os pedestais foram um pouco preenchidos com placas de pedra porque os pedestais das estátuas erigidas neles não eram tão altos como se previa ou esperava.[265]

Essa é a erudição compilada das pessoas que consideraram esse problema até hoje. Vemos que eles na verdade não concordam em detalhes, mas em geral estão propensos a concluir que estátuas grandes ficavam no pátio nos buracos. Entretanto, nenhum desses autores considera os problemas fundamentais que já destaquei, ou seja, que não havia

---

263. Maragioglio e Rinaldi, *L'Architettura*, op. cit., "Text", p. 138.
264. Ibid.
265. Ricke, *Der Harmachistempel*, op. cit., p. 12.

forma de colocar ou tirar esses plintos e estátuas e não se encontrou nenhum vestígio, nem o menor fragmento, de um único plinto ou uma única estátua no Templo da Esfinge, enquanto centenas de fragmentos de estátuas reais foram encontrados no Templo do Vale ao lado. Se alguém supuser que havia grandes estátuas dentro do Templo da Esfinge e estiver disposto a aceitar que o templo foi construído ao redor delas, tudo bem. Mas, nesse caso, onde elas estão agora? As paredes do templo ainda estão todas intactas. As portas são pequenas demais para retirar estátuas. E não resta nenhum fragmento delas.

Um desaparecimento inigualável. Por isso digo que é o ato de desaparecimento de algo que nunca existiu. Como se pode ver em uma prancha no site, coletamos uma amostra de um grande bloco de granito pressionado contra o leito de rocha em uma das depressões no solo e com ela conseguimos uma data que se supõe ser o início da construção do templo (amostra ST-4). Claramente, se um grande bloco de granito esteve preso na depressão contra o leito de rocha na época da construção, deve significar algo em relação a todas as depressões. Mas ninguém antes mencionou sua existência ou o considerou nem por um momento. Esse bloco de granito seria o resto de um plinto? Não parece ser. Com certeza também não é o resto de parte de uma estátua, colossal ou não. Todas as depressões um dia tiveram esses blocos de granito nelas? Se sim, por quê? Essas são perguntas que precisamos considerar no futuro. Esse é definitivamente um templo de mistério e esse mistério se deve em grande parte à nossa ignorância.

Está claro agora que os "buracos", "depressões" ou "pedestais" no chão do Templo da Esfinge são completamente diferentes daqueles do Templo do Vale. Este sem dúvida estava cheio de um número espantoso de estátuas de Quéfren, enquanto o Templo da Esfinge não fornece evidência de ter contido uma única delas. Esse é um contraste notável entre os dois templos lado a lado e fornece ainda mais provas, como se precisasse, de que os dois tinham funções diferentes.

Tenho uma sugestão um tanto incomum quanto aos usos possíveis das colunas centrais do Templo da Esfinge e os buracos estranhos na frente delas, que menciono apenas como uma possibilidade. Como o Nilo atingia a extremidade leste do templo na época da cheia e se direcionava até o Fosso da Esfinge, como eu acredito, é possível que durante esse período o piso do Templo da Esfinge ficasse alagado e fosse projetado para ser usado nessa condição. Eu, portanto, proponho a hipótese de que as colunas eram usadas como ancoradouros formais para pequenos barcos ritualísticos, que, quando a água recuava, ficavam nas bases de madeira fixadas nesses buracos no piso. Como acredito que um barco pequeno fosse usado no "lago" do Fosso da Esfinge, faria sentido que outros barcos pequenos pudessem ter algum uso em ritual dentro do próprio Setepet, ou Templo da Esfinge, como parte de uma encenação religiosa complexa? Quando Olivia e eu entramos no Templo da Esfinge pela primeira vez, sentimos a mesma coisa instintivamente: que ele já ficou alagado e o piso ficava com frequência debaixo d'água. Nós só "sentimos" isso. No pátio central do templo, no meio das colunas, há um grande espaço retangular a céu aberto. Ele deve ter formado um pequeno "lago", e como os lagos são mencionados várias vezes nos Textos das Pirâmides e tinham tanta importância aos cultos de morte e ressurreição do Antigo Império, parece que na área seca de Gizé nunca havia lagos o bastante.

O que exatamente dez barcos pequenos fariam em um laguinho no meio de um templo não é fácil de imaginar. Com certeza eles caberiam e poderiam ser transportados para dentro e para fora do templo pelas portas estreitas, pois poderiam ser desmontados. Então essa hipótese resolveu todos aqueles problemas. Mas qual seria sua função? Devemos nos lembrar que barcas sagradas montadas em uma liteira foram de importância fundamental nos templos egípcios, mesmo quando elas não eram usadas para nada, mas apenas carregadas em procissão (como demonstrado na Figura 7.22 em *The Sphinx Mystery*, reproduzida como Figura 59 aqui). Sabemos que elas estavam lá mesmo sem entender realmente por quê. O Templo de Seti I em Abidos tinha tantas barcas sagradas dentro que havia até uma "Sala das Barcas". Então eu não acredito estar exagerando ao sugerir que o Templo da Esfinge deve ter contido barcas sagradas reais que flutuavam de verdade na água durante o período da cheia. Há tantos precedentes para as barcas que invocá-las como uma hipótese não precisa de justificativa. Porém, essa é só uma ideia e pode estar completamente errada.

Nas várias fotos que tirei desses chamados "pilares" no Templo da Esfinge, pode-se notar que eles eram bem incomuns. A metade de cima de cada um é estranhamente dentada, cortada com muito cuidado. Deve haver um motivo para isso. Qual seria ele? Se cordas para ancoragem eram jogadas ao redor de cada pilar, essa técnica de corte poderia evitar que a corda escorregasse até a base. As denteações nos pilares estão bem evidentes em várias pranchas no site. Ninguém comentou sobre essas características antes, por isso ninguém sugeriu para que poderiam ter servido. Elas foram simplesmente ignoradas. Em qualquer caso, não consigo resistir à impressão de que de alguma forma esses pilares eram funcionais, não ornamentais (o que não é difícil de acreditar, considerando como eles têm uma aparência tão feia!), e cada um servia para segurar alguma coisa ou, como disse, amarrar ou ancorar alguma coisa. Suponho que os recessos retangulares cortados nas partes superiores possam ter sido usados para inserir painéis de madeira entalhados. Mas qual seria a finalidade disso? Imagens de deuses? Mas então por que os buracos na frente dos pilares? Para a inserção de altares de madeira portáteis em cima dos quais eram colocadas oferendas e se queimava incenso? Esses pilares faziam parte de alguma forma das cerimônias de procissão?

Volto mais uma vez ao problema proposto por nossa amostra ST-4, que dá a data para a inserção de um pequeno bloco de granito apertado na extremidade interna de um dos buracos na frente dos pilares. Isso foi feito com tanto cuidado quanto a inserção do granito no conduto, descrita no Capítulo 4. Qual poderia ser o propósito disso, principalmente com um bloco de granito tão pequeno? O fato de nenhum dos escavadores o mencionarem demonstra sua falta de atenção aos detalhes. Essas anomalias é que precisam ser explicadas e ignorá-las apenas deixa o mistério para trás como um rastro de perfume. Infelizmente, não consigo pensar em nada. Só posso observar que seu propósito parecia ser içar essa minúscula parte interna do buraco de volta para o nível normal do piso para aquela curta distância, possivelmente ligado à segurança de algo mais firme no buraco como uma base e amarrado contra o pilar. Ou então pode ter lacrado um buraco para cabo para as câmaras subterrâneas.

Há outra diferença entre os Templos do Vale e da Esfinge que parece nunca ter sido mencionada e é um detalhe de técnicas de construção. Dieter Arnold ressaltou em seu livro *An Encyclopaedia of Ancient Egyptian Architecture* que o Templo do Vale foi aparentemente o primeiro edifício no Egito a usar ganchos (às vezes chamados grampos) para segurar as pedras. Ele diz o seguinte:

> Eles foram usados pela primeira vez na Quarta Dinastia (templo do vale de Khafre [Quéfren]). Durante o Antigo Império seu uso ficou restrito a partes da estrutura consideradas vulneráveis (arquitrave); seu uso se tornou mais abrangente no Médio Império (...) Ganchos de bronze são menos comuns (Khafre, cobre ou bronze, pesando 20-25 quilos) (...).[266]

De fato, os larápios do Templo do Vale estavam atrás dos ganchos de metal segurando os blocos das arquitraves em vez das pedras quando atiraram as arquitraves no chão no fim do Antigo Império (aquelas que

---

266. Arnold, Dieter, *The Encyclopaedia of Ancient Egyptian Architecture*, I. B. Tauris, London, 2003, p. 60.

depois foram dinamitadas aos pedacinhos por Mariette), como Uvo Hölscher ressaltou a princípio. O metal tinha um valor considerável e cada gancho pesava cerca de 25 quilos. Só era preciso derretê-los e vender os lingotes. Os saqueadores teriam obtido centenas de quilos de cobre ou bronze e feito uma pequena fortuna.

Logo, a tentação do valor monetário dos ganchos de bronze ou cobre do Templo do Vale era forte demais para resistir. Mas e o Templo da Esfinge? E seus ganchos? Bem, isso nos leva de volta ao problema curioso das diferenças entre as estruturas. Pois, embora o Templo do Vale fosse cheio de ganchos, o Templo da Esfinge não tinha nenhum. E esse é um ponto que ninguém nunca mencionou antes.

De fato, se os dois templos tivessem sido construídos pelos mesmos trabalhadores ao mesmo tempo, o Templo da Esfinge teria ganchos. Mas, em vez disso, encontramos apenas o Templo do Vale descrito como o edifício mais antigo no Egito a tê-los. Isso significa, portanto, que o Templo da Esfinge é realmente mais antigo e foi construído antes da introdução dos ganchos? Enquanto estamos nesse assunto, vamos lembrar que as pirâmides também não têm ganchos. Então, de acordo com esse raciocínio, o Templo do Vale deve ser uma estrutura mais recente do que as pirâmides ou o Templo da Esfinge.

Apresento agora nossos resultados de datação para as duas estruturas e discuto suas implicações possíveis.

Os resultados de datação

Obtivemos um resultado de datação de cada edifício muito mais recente do que sua data de construção. Já mencionei que o telhado do Templo do Vale ficou acessível por parte do tempo em que a estrutura principal ficou enterrada na areia. O telhado permanece tão bem hoje provavelmente porque foi útil como uma plataforma (ou, em outras palavras, como um piso!) em tempos recentes. Em uma prancha no site podemos ver o lugar de onde coletamos a amostra de calcário com a data mais recente. Essa foi claramente uma adição de calcário dessa época, pois a pedra até parece diferente. A data obtida dela foi 1050 a.C., com uma margem de erro de 540 anos para mais ou para menos, resultando em um intervalo de 1590 a.C. a 510 a.C. Em outras palavras, em algum momento entre o reinado do rei Apófis do período hicso e o reinado de Dario I durante a ocupação persa, alguém acrescentou uma pequena quantidade de calcário ao telhado do Templo do Vale. É improvável que ele permanecesse acessível após o período persa, pois nenhum grafite grego, romano ou copta foi encontrado nele, o que com certeza teria

Os Templos do Vale e da Esfinge em Gizé

sido o caso se esses grafiteiros inveterados pudessem chegar até o telhado. Portanto, podemos concluir com segurança que o telhado do Templo do Vale ficou enterrado por pelo menos dois milênios e meio antes de Mariette o desenterrar no século XIX. O período mais provável para o calcário adicional ter sido acrescentado foi de fato o Novo Império, pois o monte do Templo do Vale foi escolhido como local para muitas estruturas de tijolos de barro do Novo Império, como Uvo Hölscher relatou e descreveu em detalhes. Todas elas foram retiradas durante a escavação, mas sobraram várias fotos e desenhos delas. Com base nessa evidência, fico propenso a acreditar que o telhado realmente ficou enterrado por pelo menos 3 mil anos antes de sua descoberta por Mariette e que desde aproximadamente o fim do Novo Império ele não poderia ser mais visto e foi esquecido.

Embora possa não ser surpreendente o telhado de um templo enterrado ter sido acessível em tempos recentes, com certeza é espantoso o piso de leito de rocha de um templo enterrado ter sido acessível! Mas isso é o que encontramos no Templo da Esfinge. Nossa amostra ST-3 foi coletada da junção entre os blocos de granito pequenos e o leito de rocha que pode ser visto no site, perto do canto nordeste do Templo da Esfinge. Ficamos chocados com uma data tão recente obtida: 890 a.C., com uma margem de erro de 300 anos para mais ou menos, ou, em outras palavras, caindo em um intervalo de 1190 a.C.-590 a.C. Esse é o período entre o fim da 19ª Dinastia do Novo Império e o reinado do terceiro rei da 26ª Dinastia, a saíta (a última dinastia de egípcios nativos antes da invasão persa). Esse resultado extraordinário nos coloca alguns problemas graves. Sabemos de forma conclusiva que o Templo da Esfinge ficou enterrado e desconhecido durante o Novo Império e os períodos grego e romano. No primeiro período, dois pequenos templos foram realmente construídos em parte em cima dele. No último período, escadas monumentais foram construídas em cima dele, descendo até o Poço da Esfinge. (Muitos desenhos e fotos mostrando tudo isso podem ser vistos em meu livro *The Sphinx Mystery*.) É inconcebível que o Templo da Esfinge tenha sido inteiramente desobstruído, ou parcialmente até um grau significativo, durante o período de 1190 a.C.-590 a.C. Como, então, se explica o resultado de datação bizarro obtido?

Acredito que há apenas uma resposta possível a essa questão. Deve ter sido uma cova para enterro tardio, escavada no que se pensava ser terra sólida, mas que acabou sendo os restos do Templo da Esfinge perto de sua extremidade leste. Eles pararam quando atingiram o leito de rocha. Por coincidência, estavam muito perto dos restos de uma verdadeira parede de calcário elevando-se na vertical ao lado do poço. Para formar uma cerca forte e imponente para o nível inferior do poço, eles usaram o leito de rocha para sua base e empilharam pequenos blocos de granito reciclados para fazer um muro baixo como uma espécie de forro baixo de câmara mortuária no fundo do poço. Eles devem ter encontrado o gigantesco bloco de base da parede de calcário enquanto faziam isso, pois empilharam os blocos pequenos de granito em cima dele, levando depois os arqueólogos a concluir erroneamente por essa fraca evidência que todo o templo um dia teve seu interior revestido de granito.

Chegamos agora aos resultados de datação das construções originais dos dois templos vizinhos. Nossas várias tentativas para coletar amostras do "alabastro egípcio" do Templo do Vale fracassaram e Ioannis concluiu que não conseguia datas dessa pedra por ela ser translúcida. Segundo ele, essa pedra "não atende os critérios de datação por luminescência". Após análise, duas outras amostras coletadas no Templo do Vale acabaram sendo gipsita pura e, portanto, era reboco em vez de pedra. No Templo do Vale ficamos bem restritos, porque não podíamos coletar amostras das áreas visíveis aos turistas.

Na Prancha 42, pode-se ver o armazém superior do Templo do Vale de onde obtivemos uma amostra de granito que nos forneceu nossa única data original para esse templo. O resultado foi 2400 a.C. com uma margem de erro de 300 anos para mais ou menos, ou o intervalo de 2700 a.C.-2100 a.C. Como o edifício não poderia ter sido construído depois da época de Quéfren, pois estava cheio de suas estátuas, e a data convencional para Quéfren atualmente é um pouco anterior a 2550 a.C., podemos considerar o verdadeiro resultado como sendo necessariamente entre 2700 a.C. e 2550 a.C., um período de apenas 150 anos. A evidência de que esse edifício foi realmente construído por e para Quéfren é, portanto, muito forte, mas o resultado de datação também é compatível com o reinado de Quéfren ter sido um pouco antes do que se assume normalmente. (Veja outros capítulos para maiores discussões sobre a possibilidade de todas as datas do Antigo Império, pelo menos antes da Quinta Dinastia, serem um pouco anteriores ao que se convencionou aceitar hoje.)

Os resultados de datação para o Templo da Esfinge não são tão diretos, no entanto. Conseguimos três resultados além daquela data posterior já mencionada. A amostra ST-2, de calcário, apontou um resultado de 2690 a.C. com uma margem de erro de 290 anos para mais ou para menos, dando um intervalo de 2980 a.C.-2400 a.C. A amostra ST-4 deu um resultado de 2300 a.C. com uma margem de erro de 580 anos para mais ou

Os Templos do Vale e da Esfinge em Gizé   371

para menos, dando um intervalo de 2880 a.C.-1720 a.C. E a amostra ST-5 deu um resultado de 2520 a.C. com uma margem de erro de 470 anos para mais ou para menos, dando um intervalo de 2990 a.C.-2050 a.C.

Se aceitarmos todas essas pedras como originais da construção do templo, então significa que ele foi construído entre 2880 a.C. (o mais baixo dos resultados maiores) e 2400 a.C. (o mais elevado dos resultados menores), um período de 480 anos.

Como a estrutura estava além das capacidades de construção da Quinta Dinastia, podemos diminuir isso para 350 anos e considerar seu período possível de construção como entre 2850 a.C. e 2500 a.C.

Isso indica que, com base nos resultados de datação, o Templo da Esfinge pode muito bem ser mais antigo do que o Templo do Vale, pois toda a extensão do intervalo temporal é anterior ao do Templo do Vale. Por outro lado, ele também poderia ter sido construído por Quéfren, cuja data convencional de reinado cai dentro do intervalo (assim como cairia se a cronologia fosse reavaliada para antes).

As pessoas tirarão desses resultados de datação as conclusões que concordarem com suas visões preexistentes. Quem quiser insistir que os dois templos foram construídos por e para Quéfren está livre para isso. Porém, não concordo com essa visão. Acredito que o Templo da Esfinge seja anterior à época de Quéfren por vários motivos. Primeiro, ele parece ter sido construído antes do início do uso de ganchos no reinado de Quéfren, como mencionado antes. Segundo, nunca se encontrou lá nenhum vestígio de uma estátua de Quéfren, aliás, de nenhuma estátua. Terceiro, há uma forte evidência de que seu propósito fosse completamente diferente de um memorial funerário a um rei e foi provavelmente o templo de um ou vários deuses (mas não "Harmachis"!). Se usado para rituais funerários faraônicos, provavelmente foi usado por mais de um faraó e, portanto, foi um estabelecimento funerário real geral, talvez associado com o deus Sokar (depois Osíris). Quarto, as diferenças na construção em geral entre os dois templos são tão grandes que fica difícil imaginar os mesmos arquitetos e construtores envolvidos com os dois; se estivessem, os edifícios com certeza seriam mais semelhantes.

O Templo da Esfinge, portanto, foi construído pelo faraó Quéops? Ou por alguém ainda mais antigo, como Sneferu, pai de Quéops? Qualquer construção com uma data tão antiga quanto 2850 a.C. é aceitável, segundo nossos resultados de datação. Se alguém vir o grande bloco de granito colocado na depressão do pilar no qual coletamos a amostra ST-4 como não sendo original da construção principal, mas uma inserção tardia ao buraco durante um período de uso (que é minha visão pessoal baseada em observação direta), então qualquer data tão antiga quanto 2980 a.C. é aceitável por nossos resultados. Como pode ser visto no capítulo sobre o Poço de Osíris e as datas antigas que obtivemos dos dois sarcófagos de pedra datados lá, datas antigas nesse intervalo estão aparecendo agora em Gizé.

Talvez o questionamento em Gizé apenas tenha começado. Minha visão é de que o Templo do Vale foi mesmo construído, ou pelo menos amplamente convertido por Quéfren, em um momento cronologicamente mais antigo do que costuma ser atribuído por convenção a ele no presente (aproximadamente 150 anos antes), que concorda com nosso resultado mencionado no Capítulo 5 sobre a tumba de Khasekhemui ser 173 anos mais antiga do que se convenciona. Suspeito também que a estrutura poderia estar no local de um templo mais antigo ou, por outro lado, grande parte dessa estrutura é mais antiga do que os "*loculi*", ou armazéns, de onde coletamos nossa data "original" confiável. Pois, afinal, datamos os armazéns, não o templo inteiro. Embora o templo não pudesse ter sido construído depois dos armazéns, estes com certeza poderiam ter sido inseridos em um templo mais antigo como parte de um processo de conversão por Quéfren, se ele pegou uma estrutura antiga e a transformou em um templo para si. O fato de ele ter se tornado um templo à memória de Quéfren é indiscutível, mas não precisa necessariamente ter sido assim a princípio. Enquanto uma pirâmide tem uma data só se sua estrutura for integral e um sarcófago inteiro obviamente tem uma única data, com os templos a situação não é tão simples, pois eles podem ser renovados e, em muitos casos, podem ser reconstruídos sobre fundações mais antigas (como aconteceu em Edfu, por exemplo). Só conhecendo melhor o Templo do Vale, principalmente suas fundações e criptas, podemos descobrir se o templo existente está no local de uma estrutura mais antiga.

Agora que sabemos que é impossível datar alabastro egípcio – ou travertino, como é chamado na Mineralogia –, em virtude de sua translucidez, precisamos voltar e coletar mais algumas amostras de granito para estender a datação de outras partes da estrutura, além dos armazéns. Entretanto, a proibição de mandar amostras de datação para laboratórios estrangeiros fora do Egito, imposta por Zahi Hawass, torna isso impossível no presente, pois não há laboratório no Egito capaz de fazer esse trabalho bem especializado. De fato, como a tecnologia é tão avançada, não vejo o Egito capaz de sustentar seu próprio sistema. Isso significa que, se a política insensata de proibir o envio de minúsculas amostras de datação para fora do país não mudar, nenhuma datação por termoluminescência óptica poderá ser feita no Egito de novo. E, franca-

Os Templos do Vale e da Esfinge em Gizé

373

mente, muito pouca datação poderá ser feita, pois a ideia de que apenas os laboratórios egípcios poderiam datar todas as amostras de madeira e cerâmica de escavações é muito ridícula. Essa proibição só pode ter um resultado: o fim da datação. Isso pode ser conveniente para alguns. Em qualquer caso, aqueles com contatos especiais sempre poderão enviar amostras de datação para fora, se o objetivo for uma datação particular, não para publicação. Dessa forma, o controle das amostras de datação equivale a uma forma de controle de informações.

Em suma, eu diria que há todo motivo para acreditar que o Templo da Esfinge foi construído muito antes do Templo do Vale (pelo menos em sua "forma para Quéfren", se houve uma anterior) e ele provavelmente provém de uma era mais próxima à das pirâmides e do Poço de Osíris. Tudo isso bem antes da vida de Quéops e Quéfren. Se a pequena peça de granito mencionada antes ligada ao Templo da Esfinge não for original, mas inserida algum tempo depois da construção, o que é bem possível, então esse templo é provavelmente até mais antigo. Mas talvez a mais crucial de todas as evidências foi apresentada por mim no Capítulo 4 sobre a existência possível de uma tumba ou um complexo de câmaras subterrâneas embaixo de toda a estrutura do templo. Como há todo motivo para suspeitar que as tumbas de Quéops e Quéfren ficam morro acima, embaixo dos locais de seus respectivos templos funerários, qualquer tumba embaixo do Templo da Esfinge precisaria ser mais antiga do que esses reis. Como não há evidência nenhuma ligando os primeiros reis da Quarta Dinastia com Gizé (as associações de Sneferu eram com Dashur), o Templo da Esfinge pareceria ser de uma época anterior e talvez associado com o único outro nome encontrado pelos escavadores no Templo do Vale: rei Send, seja quem for e quando ele tenha vivido.

Portanto, somos de fato levados de volta às nevoas da Antiguidade e ficamos perdidos no que chamei em um capítulo anterior de "caos cronológico" da Terceira Dinastia e de tudo que a precedeu. Logo, os resultados de datação do Templo da Esfinge fazem parte do mistério intrigante do que realmente aconteceu em Gizé antes de Quéops. Embora eu tenha escrito exaustivamente sobre isso em *The Sphinx Mystery* do ponto de vista da própria esfinge, agora temos evidência de Setepet, o Templo da Esfinge, e, portanto, de todo o recinto da esfinge para ponderar enquanto tentamos desemaranhar esses estranhos sinais sobre as origens da civilização superior no Egito. As datas do Templo da Esfinge, da pirâmide e do segundo nível do Poço de Osíris parecem vir todas juntas para sugerir que há mais coisas no céu, na terra e em Gizé do que sonha nossa vã filosofia.

Figura 60. Atlas, carregando o céu noturno nos ombros. De uma gravura em cobre francesa de 1749 de Bernard Picart. (*Coleção de Robert Temple.*)

Capítulo 8

STONEHENGE NA ÁFRICA

Na busca por um povo que poderia ter passado o conhecimento matemático, astronômico e geométrico incorporado na Grande Pirâmide e no Planalto de Gizé e tê-lo fornecido para o povo egípcio pré-dinástico do norte, há apenas um lugar certo a recorrer. Refiro-me àquela estranha civilização da costa atlântica e ao povo que chamamos de "construtores megalíticos". São os assentamentos megalíticos na costa do Atlântico, estendendo-se do norte da África à Escandinávia, que acredito constituir a verdadeira "Atlântida". Em outras palavras, não creio que algum dia tenha existido uma ilha perdida no Oceano Atlântico. Acho que "Atlântida" foi um mito criado de propósito pelos habitantes costeiros a leste do Oceano Atlântico destinado aos povos do Mediterrâneo, como um tipo de campanha de desinformação. Mais tarde, quando os construtores megalíticos foram sucedidos pelos sidonianos, tírios, fenícios, etc., e depois ainda pelos cartagineses (que se originaram como uma colônia fenícia, Cartago, fundada em cerca de 800 a.C. pelos fenícios de Tiro), esse mito se perpetuou e se espalhou entre todos os outros povos que poderiam representar uma ameaça ao comércio atlântico. Desde a época dos fenícios ou, em outras palavras, desde cerca de 1550 a.C., o comércio atlântico foi em grande parte de estanho, levado pelo Mediterrâneo para a produção de bronze, que não poderia ser feito sem ele, pois bronze é uma liga de cobre e estanho e, portanto, um metal artificial, não natural.

Um centro antigo especial para essa manufatura do bronze era a Ilha de Chipre, mencionada até como um centro de trabalho em metal por Homero na *Ilíada* (II, 16-23). Chipre tinha as minas de cobre e os barcos que vinham do Atlântico levavam o estanho extraído na Cornualha; esses metais eram combinados e, assim, o bronze era produzido. Esse foi um monopólio comercial muito lucrativo do que foi, francamente, um material bélico necessário. Na época dos construtores megalíticos, o bronze ainda não era produzido e, no Egito do Antigo Império, a maioria das ferramentas de metal era de cobre, embora o cobre em uma liga com apenas 2% de arsênico produzia um metal mais forte do que o bronze, e desde a Primeira Dinastia se conhece um cobre arsênico forte. Petrie especula que o arsênico nos espécimes de liga da Primeira Dinastia provavelmente vinha naturalmente de um minério de cobre arsênico,[267] embora os egípcios sempre estivessem familiarizados com realgar e ouro-pigmento, dois minerais que produziam arsênico. Eles também usavam bismuto como um agente de endurecimento, até 1%, na Primeira Dinastia, que era superior para fins de corte. Poucos percebem que os implementos de cobre da maioria dos antigos egípcios, muitas vezes apresentados de um modo pejorativo como incorrigivelmente fracos e ineficientes, eram mais fortes do que bronze e ferro. Como menciona Petrie, em uma resenha crítica de um livro de G. F. Zimmer: "Na realidade, nenhum metal era usado para cortar pedras duras, mas cobre suave servia como um leito para pontos de corte de esmeril. De fato, o cobre pode ser colocado em uma liga e ser endurecido para ser superior ao ferro e só igualado pelo aço".[268]

Quanto ao bronze em si, ele faz sua primeira aparição no registro arqueológico egípcio durante a Terceira Dinastia, embora tenha permanecido raro por muitos séculos depois disso. Como disse Petrie: "A peça de bronze puro mais antiga conhecida é o tirante encontrado nas fundações de uma mastaba da Terceira Dinastia em Meidum, que continha 9,1% de estanho e 0,5% de arsênico (segunda análise do núcleo inalterado do dr. Gladstone)".[269] Ninguém sabe de onde vinha o estanho usado nesse tirante.

Desde o Antigo Império, um número pequeno de itens feitos de ferro começou a aparecer. Uma massa de ferrugem claramente datada de uma cunha de ferro foi escavada ao nível do solo no templo primitivo em Abidos e datada da Sexta Dinastia (cuja data convencional é 2345 a.C.-2183 a.C.). Por um bom tempo imaginou-se que esses itens devessem ser de ferro meteorítico forjado, que era abundante e facilmente descoberto em objetos escuros na areia clara, coletados, venerados como sagrados e levados para o pátio. As ferramentas cerimoniais especiais usadas para "abrir a boca" do falecido em cerimônias fúnebres

---

267. Petrie, [*Sir*] W. M. Flinders, "The Metals in Egypt", *Ancient Egypt*, London, Vol. 2, Pt. 1, 1915, p. 17.
268. Petrie, [*Sir*] W. M. Flinders, em resenha sobre *The Antiquity of Iron* de G. F. Zimmer em *Ancient Egypt*, London, Vol. 2, Pt. 4, 1915, p. 190.
269. Petrie, "The Metals in Egypt", op. cit., p. 17.

Stonehenge na África

377

eram às vezes pensadas como feitas desse ferro que caiu do céu. Como escrevi muito sobre o ferro meteorítico no Egito Antigo em um livro anterior, *The Crystal Sun*, não repetirei toda a informação aqui.

Entretanto, parece agora que muito do ferro usado pelos egípcios no Antigo Império não era meteorítico (por mais que o ferro meteorítico possa ter sido valorizado e precioso para fins religiosos, representando os "pedaços do piso de ferro do céu polar" que se partiram e caíram na terra), pois, como um metalúrgico explicou, Petrie insistiu e a evidência sugere, ele não poderia ter se transformado na maioria dos objetos metálicos remanescentes.[270] Um pouco de ferro foi obtido como um derivado da extração de calcário, pois às vezes se encontravam veios de ferro, como vi com meus próprios olhos no nível inferior do Poço de Osíris, descrito no Capítulo 2, onde veios finos de ferro são visíveis nas paredes de leitos de rocha da câmara. Certa quantidade de minério de ferro era obtida na Antiguidade em um vale lateral perto de Assuã e derretido lá, mas a data dele aparentemente não foi verificada e eu não acredito que essa questão específica tenha recebido mais atenção desde sua publicação em 1917.[271]

Mas quanto à fonte principal de ferro, sabemos agora que ele vinha do norte do Sinai, onde era extraído do minério e transformado em objetos de metal. Grandes quantidades de escória de lingotes ainda são encontradas empilhadas lá nos restos arqueológicos. Sabe-se da existência de dois pinos de ferro nas paredes do "poço" da Grande Pirâmide, embora não se saiba se eles são contemporâneos ou foram acrescentados depois. As posições desses dois pinos estão marcadas no diagrama do corte vertical da Grande Pirâmide em *Great Pyramid Passages* de J. e M. Edgar. Nunca tive permissão para descer no poço da pirâmide, o que exige uma corda e a assistência hábil de alguém. Não deve haver muitas pessoas vivas atualmente que já tenham feito isso. Logo, nunca vi esses pinos. O objeto de ferro encontrado dentro de um dos "poços de ventilação" da Grande Pirâmide pode ser visto

---

270. Petrie, "The Metals in Egypt", op. cit., p. 21-22, em que ele diz: "(...) que o ferro não era meteorítico prova-se por sua maleabilidade (...)". Para alguns exemplos recém-escavados de objetos de ferro não meteoríticos, veja Gale, Noel e Stos-Galse, Zofia, "The 'Fingerprinting' of Metals by Lead Isotopes and Ancient Iron Production at Timna", in *Discussions in Egyptology*, Vol. 1, 1985, p. 7-13. Os autores afirmam, por exemplo: "As análises de [12] objetos de ferro de Timna realizadas pelo professor Bachmann em Oxford demonstram, pela ausência de níquel, que eles foram feitos de ferro derretido, não meteorítico". (Eles foram encontrados no Templo de Hathor em Timna e eram provenientes das 19ª e 20ª Dinastias.)

271. Paul Bovier-Lapierre, "Note sur le Traitement Métalurgique du fer aux environs d'Assouan", *Annales du Service*, Tome XVII, 1917.

em uma foto no site deste livro. Supõe-se que esteja preservado em um depósito no Museu Britânico, mas isso não significa necessariamente que qualquer um de lá realmente saiba onde está. O único depósito em um porão de museu em que estive onde tudo era organizado à perfeição foi em Estocolmo, e isso porque os suecos são mais metódicos do que Deus. Eu estive "lá embaixo" no Museu Britânico e se pode dizer que as coisas lá são de "cruas" a "malpassadas", mas nunca "bem-feitas". Até em Estocolmo, devo confessar, encontrei uma bandeja de objetos perdidos que os curadores deixaram fora do lugar. (Algumas carinhas vermelhas lá.) Bem, eu sou um chato, sei disso. Por isso as pessoas não gostam de me deixar entrar em suas adegas. Que dirá em suas bibliotecas! Uma vez me deixaram sozinho por 20 minutos na Biblioteca da Casa Branca em Washington e, enquanto isso, fiz uma bela arrumação dos livros, como, por exemplo, colocando os volumes um e dois de *Agee on Film* juntos em vez de a três prateleiras de distância, virando para cima os livros que algum idiota tinha colocado de ponta-cabeça nas prateleiras, tentando no geral colocar um pouco de ordem no caos. Pena que não me deixaram fazer o mesmo com sua política externa! Isso foi durante o governo de Jimmy Carter.

Deve-se considerar o relato breve do comércio de estanho dos fenícios no Atlântico a seguir de interesse pela luz que lança sobre as antigas rotas de navegação dos construtores megalíticos e seu Império Atlântico. Os fenícios eram oportunistas e redescobriram muito, se não tudo, do mundo perdido de "Atlântida" de seus antecessores, o Império Costeiro. Os fenícios lucraram com ele e seus motivos foram comerciais. Entretanto, sabendo um pouco sobre eles, podemos relembrar as rotas e a civilização costeira dos misteriosos construtores megalíticos que os antecederam. É até possível que os fenícios estivessem de alguma forma relacionados aos construtores megalíticos primitivos, ou descendessem deles em parte, e que não fossem exclusivamente um povo "semítico", mas sim uma mescla de "semitas" do Oriente Médio com descendentes dos construtores megalíticos, suspeitos de serem o que os linguistas às vezes chamam de "protoibéricos", e aqueles povos indefinidos às vezes mencionados pelos egiptólogos como "líbios" (sejam o que ou quem fossem, pois "líbio" é apenas um termo geográfico vago).

O mito de Atlântida criou um desvio importante para qualquer mediterrâneo fora do "clube" que pudesse tentar ultrapassar de alguma forma os bloqueios navais do Estreito de Gibraltar para descobrir as verdadeiras rotas de comércio. Ao desviar a atenção para uma ilha mítica que fica logo adiante, os verdadeiros "atlantes" que navegavam perto das costas para a direita e para a esquerda se livravam de investigadores curiosos encaminhando-os para o mar aberto, indo em vão até o meio do oceano, onde com alguma sorte eles se perderiam no mar em busca de uma ilusão. É claro, alguns encontrariam a Ilha da Madeira, outros até as Canárias, mas com alguma sorte eles não explorariam as costas atlânticas do norte da África e da Europa.

Há muito tempo se sabe que boatos foram espalhados na Antiguidade para impedir os curiosos de explorarem perto demais até a parte leste da "Líbia", nome dado pelos gregos a todo o norte da África a oeste do Egito. Como um exemplo dentre muitos, o reverendo Watkins observa em seu livro, *Gleanings from the Natural History of the Ancients*, quando discute as maravilhas líbias narradas por Heródoto: "Muito provavelmente, muitos desses relatos se espalharam habilmente no exterior pelos cartagineses para impedir vizinhos problemáticos de interferirem com seu comércio (...)".[272]

O antigo geógrafo Estrabão (64 a.C.-25 d.C.) também escreveu:

Como eles [os britânicos] têm minas de estanho e chumbo, dão esses metais e o couro de seu gado para os comerciantes em troca de cerâmica, sal e utensílios de cobre [erro de tradução: deveria ser "bronze"]. Ora, no passado apenas os fenícios realizavam esse comércio (isto é, de Gades [Cadiz]), pois mantinham a viagem oculta de todos. Quando os romanos estavam no encalço de um certo capitão de navio para que conseguissem descobrir os mercados em questão, por desconfiança o capitão desviou seu navio de propósito para a água rasa e, depois de atrair os perseguidores para a mesma ruína, escapou em um pedaço dos destroços e recebeu do governo o valor da carga perdida. Ainda assim, após tentar muitas vezes, os romanos descobriram tudo sobre a viagem.[273]

O tradutor da passagem acima não entendeu que, em troca pelo fornecimento de estanho para fazer o bronze, produtos de bronze feitos com seu próprio estanho eram então levados de volta para os fornecedores britânicos como retribuição por esse estanho. Sem cobre eles não poderiam produzir seu próprio bronze em casa. Um outro tradutor dessa mesma passagem, percebendo que a palavra grega *chalkos* pode significar tanto "cobre" como "bronze" dependendo do contexto, acertou e disse: "De metais eles têm estanho e chumbo, que, junto com peles, eles trocam com os mercadores por produtos de cerâmica,

---

272. Watkins, Rev. M. G., *Gleanings from the Natural History of the Ancients*, London, 1885, p. 231.

273. Strabo, *The Geography of*, traduzido por H. L. Jones, Loeb Classical Library, Harvard University Press, USA, 1988, 8 vols., Vol. II, p. 156-157 (Bk. III, Ch. 5, 11).

sal e vasos de bronze".[274] Os bretões são descritos por Estrabão usando túnicas até os pés, cobertos em longos mantos negros com cintos e carregando bengalas ou cajados. Muitos deles eram nômades e viviam de seus rebanhos. Os fenícios pareciam ter medo deles, pois Estrabão diz que eles se pareciam com as deusas da vingança mostradas nas tragédias gregas, quando olhavam fixamente para seus visitantes e pareciam lúgubres e nefastos em seus longos mantos negros. (Uma gravura de um "bretão antigo" feita em 1676 para retratar o que Estrabão descreve pode ser vista no site.)

Para proteger os segredos de suas preciosas rotas comerciais e de seu sustento, todos os povos sucessivos especializados no monopólio lucrativo do comércio atlântico no passado espalharam rumores de feras monstruosas, tribos perigosas, correntes arriscadas, ilhas perdidas, e assim por diante, para confundir e despistar quem quisesse tentar meter o nariz em seus negócios. Também estou convencido de que eles mantinham uma guarda rígida do Estreito de Gibraltar, atacando e queimando qualquer navio que tentasse passar, mas, mesmo se um navio sobrevivesse aos ataques e zarpasse para o Atlântico, seria muito provável que ele cometesse o erro de navegar para o mar aberto, na direção de "Atlântida", e nunca encontrar nem a cidade fenícia de Gades (Cadiz é seu nome moderno, Gadir é seu nome púnico usado pelos fenícios), que dirá outro povoado de importância ou rota de comércio de valor.

O centro do Atlântico, francamente, era um lugar excelente para descarregar os rivais comerciais. Esse continuou a ser o caso até a era romana, quando os romanos ultrapassaram todos os obstáculos e descobriram muitas das rotas e povoados atlânticos, mas não todos. Portos "atlantes" como Lixus na costa atlântica do Marrocos (40 milhas [64 quilômetros] ao sul dos Pilares de Hércules) e Cadiz na costa atlântica da Espanha logo se tornaram cidades romanas de grande importância e, claro, a Grã-Bretanha se tornou a Bretanha romana.

Os construtores megalíticos foram a primeira civilização superior das costas do Atlântico. Eles parecem ter sido mais ou menos contemporâneos da época em que sabemos agora que as pirâmides de Gizé foram construídas, antes do período clássico do Egito do Antigo Império. E como eles são a única civilização conhecida que era realmente avançada em matemática, geometria e astronomia na ocasião, faz sentido postular um contato entre eles e alguns povos nativos do

---

274. Strabo, *The Geography of*, traduzido por H. C. Hamilton, George Bell, Bohn's Libraries, London, 1887, 3 vols., Vol. I, p. 262 (Bk. III, Ch. 5, 11).

Delta egípcio, o que levou à construção das pirâmides de Gizé. Outro fator que entra aqui é nossa falta de conhecimento dos "líbios" dessa época. Pois, após ler o que se segue, não nos parecerá nada estranho perceber que os "líbios", principalmente os ocidentais, descendiam até certo ponto da civilização de construtores megalíticos. Parece inevitável concluir que os construtores megalíticos foram um povo a quem arqueólogos e historiadores linguísticos se referem vagamente como "protoibéricos" e que os bascos dos Pireneus, os guanches das Ilhas Canárias e os berberes do norte da África são seus parentes ou descendentes. A língua basca pode ser a remanescente mais próxima daquela que deve ter sido falada pelos construtores megalíticos. Mas voltaremos a esses assuntos. Primeiro, vejamos como os círculos megalíticos realmente chegaram perto do Egito Antigo. Essa por si já é uma história fascinante, em grande parte desconhecida, e que minha esposa Olivia e eu exploramos e pesquisamos pessoalmente. Essa história nos ajudará a compreender de onde a "ciência das pirâmides" pode ter vindo.

Um dos mais importantes sítios megalíticos no mundo estava até agora desconhecido dos arqueólogos. Escondido em um recôndito obscuro do Marrocos aonde ninguém vai, ele escapou de nossa atenção. Quando foi construído há milhares de anos, era acessível pelo mar, mas agora esse acesso está assoreado e o local deve ser visitado a pé, por estar a quilômetros de distância da estrada mais próxima.

Chama-se Mezorah (também escrito como M'Zorah), que segundo uma interpretação significa "Lugar Sagrado" em árabe, embora depois eu mostrarei qual eu acredito ser o verdadeiro significado do nome. É a maior elipse megalítica exata do mundo. Consistia outrora de 175 pedras, das quais ainda restam 168. O Mezorah é bem maior do que Stonehenge. Parece ter sido construído pela mesma cultura que construiu os círculos de pedra britânicos. Pois ele foi disposto em um plano de um triângulo pitagórico, idêntico àquele usado na disposição dos monumentos da Grã-Bretanha de Woodhenge e Daviot, perto de Clava na Escócia, bem como alguns outros.

No centro do enorme círculo de pedra no Mezorah, erigiu-se um túmulo gigantesco, aparentemente de uma cultura bem tardia. Este era realmente antigo quando foi escavado pelos romanos no século I a.C., como descrito depois. Nessa época, um esqueleto foi encontrado dentro dele.

Figura 61. Este desenho mostrando uma parte de uma parede pré-romana remanescente em Lixus na costa atlântica do Marrocos é da p. 123 do livro de George Rawlinson, *A History of Phoenicia*, London, 1889. Rawlinson supôs que essa parede, inspecionada pessoalmente por ele, seria pelo menos fenícia, embora pudesse datar de um período anterior e é com certeza de muito anterior à ocupação romana de Lixus. Ele a descreveu assim: "Os blocos são quadrados, polidos com cuidado e dispostos em fileiras horizontais, sem nenhum cimento. Alguns deles têm até 11 pés [3,3 metros] de comprimento por seis pés [1,8 metro] ou mais de altura. A parede era ladeada por torres quadradas e formava um tipo de hexágono irregular, com cerca de uma milha [1,6 quilômetro] de circunferência. Um grande edifício entre as paredes parece ter sido um templo, e nele foi encontrado uma dessas incríveis pedras cônicas conhecidas por terem sido empregadas no culto fenício. O estuário do rio formava um porto regularmente seguro para os navios fenícios e o vale no qual o rio corria dava um acesso rápido ao interior". Com certeza é possível que toda essa parede de mais de uma milha de comprimento ou parte dela, talvez esta parte, date da ocupação pré-fenícia de Lixus. Os restos megalíticos de uma era muito mais antiga devem ter sido reciclados pelos fenícios em Lixus depois de 1550 a.C., porque a utilidade das pedras era óbvia. Até se realizar um estudo arqueológico muito mais cuidadoso dos restos pré-romanos em Lixus, é impossível diferenciar o que é totalmente fenício do que é anterior ou o que é uma combinação de ambos, sendo que as pedras mais antigas foram recicladas ou erigidas como alicerces por estruturas fenícias. Com certeza esses blocos grandes, que se supõe serem de calcário (Rawlinson não identifica a pedra), equivalem em tamanho e forma a muitos blocos de calcário egípcios do Antigo Império. Os comentários feitos por Rawlinson sobre o porto e o acesso à ilha rio acima são relevantes ao que sabemos agora sobre o círculo megalítico no Mezorah, cuja existência Rawlinson desconhecia.

Stonehenge na África

A próxima escavação do túmulo aconteceu cerca de 1.900 anos depois, em 1935-1936, quando um arqueólogo espanhol chamado César Luis de Montalbán transpôs o monte em duas trincheiras cruzadas enormes. Dizem que ele encontrou três sepulturas pré-históricas. Don César Luis de Montalbán y de Mazas foi um arqueólogo espanhol muito famoso, presidente da Comissão de Monumentos (conhecida também como a Junta Estadual de Monumentos) do Marrocos, quando ele foi um protetorado espanhol chamado Marrocos Espanhol. Consegui um livro dele a respeito das escavações das estruturas subterrâneas na cidade marroquina de Tetuão (Tetuán em espanhol), publicado em 1929, alguns anos antes de ele ir para o Mezorah.[275] Ele também escavou na cidade antiga de Lixus na costa perto do Mezorah, que, embora seja em geral considerada um local romano, foi fundada muito antes dessa era. Montalbán escavou uma parede antiga extraordinária lá construída ao modo ciclópeo, com blocos de pedra enormes, alguns dos quais têm 40 pés de comprimento e pesam muitas toneladas. As pedras foram dispostas na horizontal com junções retas. Ele deu uma foto dessa parede para sua amiga Ellen M. Whishaw, com a permissão dele para reproduzi-la, e ela apareceu no livro *Atlantis in Andalucia* (1929),[276] que discutirei logo a seguir.

Antes de Montalbán poder publicar suas descobertas no Mezorah, ele foi preso no próprio local enquanto completava suas escavações, em ligação a alguma questão política relativa à Guerra Civil Espanhola. Já idoso, ele nunca voltou, e seu destino é mesmo desconhecido. Sugeriu-se que ele morreu na cadeia ou foi executado. Nunca houve publicação sobre seu trabalho no Mezorah e é possível que suas notas tenham sido confiscadas na hora de sua prisão. Um álbum de suas descobertas ficou no Marrocos e um dia falei com alguém que o vira, mas não consegui localizá-lo. Durante a década de 1980, dois relatos preliminares sobre o Mezorah, escritos por Montalbán antes de sua prisão, mas não publicados, foram encontrados em Tânger. Eles revelavam que ele encontrou uma tumba com um esqueleto a oeste do círculo principal e descreveu lascas que foram encontradas no túmulo principal. Toda a área do Mezorah é tão cheia de lascas que é possível encher o bolso com elas em 15 minutos. O local parece ter sido um importante povoado da Idade da Pedra.

---

275. Montalbán y de Mazas, César Luis de, *Las Mazmorras de Tetuán, su Limpieza y Exploración*, Comp. Ibero-Americana, 1929.

276. Whishaw, Ellen M., *Atlantis in Andalucia*, Rider, London, sem data, mas de 1929, Fig. 33, oposta à p. 164. Veja a discussão sobre essa foto na p. 198.

384 — Aurora Egípcia

O círculo principal no Mezorah foi completamente medido nos anos de 1970 pelo agrimensor e oceanógrafo americano James Watt Mavor Jr., do Instituto Oceanográfico de Woods Hole em Massachusetts, Estados Unidos, que descobriu que ele era uma elipse perfeita com as seguintes dimensões:

Eixo maior: 59,29 metros
Eixo menor: 56,18 metros
Distância focal: 18,95 metros
Perímetro: 181,45 metros

A elipse é construída no triângulo retângulo pitagórico, com a proporção de 37 para 35 para 12, que o professor Alexander Thom descobriu ser a segunda mais usada nos sítios megalíticos britânicos. Os números exatos para a proporção das dimensões principais no Mezorah são 37 para 35,07 para 11,83.

Caso uma "jarda megalítica" de 0,836 metros (descoberta na Grã--Bretanha por Thom) fosse a unidade de medida para a construção do círculo do Mezorah, então o eixo maior e o perímetro do círculo assumiriam valores quase integrais. Segundo Alexander Thom, atingir medidas integrais dos perímetros de seus círculos como essas foi um objetivo fundamental dos construtores dos círculos megalíticos. Ele acredita que esses povos antigos tinham por algum motivo horror a números irracionais como *pi* e fizeram esforços elaborados para construir círculos e elipses que os evitassem. Eles fizeram isso com números integrais de "jardas megalíticas" (uma antiga medida que Thom demonstrou ter sido usada em sua construção) nos dois eixos dos círculos e nos perímetros. Isso só poderia ser feito usando alguns triângulos pitagóricos selecionados para dar os raios das principais dimensões do círculo. O fato de o Mezorah basear-se em tal triângulo é praticamente uma evidência irresistível de que o círculo foi construído pelo mesmo povo que construiu os círculos de pedra na França e na Grã-Bretanha.

Thom (1894-1985) foi professor de Engenharia em Oxford e, após sua aposentadoria do ensino, dedicou seu tempo por muitos anos a medir os restos megalíticos da Grã-Bretanha e da Bretanha. Ele era um escocês magro com um senso de humor sarcástico. Eu o conheci superficialmente nas décadas de 1970 e 1980. Sobre o assunto dos megálitos, ele escreveu dois livros como único autor (1967 e 1971) e um com seu filho Archie (1978), além de vários artigos.[277]

---

277. Thom, Alexander, *Megalithic Sites in Britain*, Oxford University Press, 1967, reimpresso com correções em 1971 e 1972, 1974, 1976 e 1979; Thom, Alexander, *Megalithic*

Stonehenge na África

De acordo com essa discussão sobre os círculos megalíticos, vale a pena notar que o antigo historiador inglês Geoffrey de Monmouth (que viveu de c. 1100-c. 1155) coloca as seguintes palavras na boca de Merlin: "Elas são pedras místicas e de efeito medicinal. Os gigantes do passado as trouxeram das costas mais longínquas da África e as colocaram na Irlanda, enquanto habitavam essa região".[278]

Ele falava de um círculo de pedra chamado "A Dança dos Gigantes" em Killare, que deveria ser transportado para a Inglaterra "para se estabelecer ao redor desse pedaço de terra em um círculo". Geoffrey de Monmouth ouviu muito escárnio por suas fábulas bizarras sobre a história britânica antiga. Transportar pedras da África era um exemplo perfeito, como se disse, de como sua informação era tola. Mas, se considerarmos que a lenda foi deturpada, então veremos de repente que Geoffrey deve ter preservado alguma informação inestimável, afinal. Provavelmente, segundo a história verdadeira, não foram as pedras físicas que foram levadas da África para a Irlanda e a Grã-Bretanha, mas sim *a tradição das pedras eretas, as técnicas para erigi-las e a ciência de seu projeto.*

Se interpretarmos a história dessa forma, podemos ver que Geoffrey deve ter preservado uma memória popular britânica autêntica da existência de círculos megalíticos bem longe da Grã-Bretanha e da Irlanda ao sul, até na África, e que os próprios construtores megalíticos vieram do norte da África. Afinal, Geoffrey viveu há cerca de 850 anos e deve muito bem ter encontrado memórias populares genuínas nesse sentido, que hoje estão extintas. Embora essas memórias teriam uns 3.500 anos, apresentei provas conclusivas em meu livro *The Sphinx Mystery* (o Capítulo 3, "An Amazing Survival", é totalmente dedicado a esse assunto) de que memórias muito específicas ligadas a um monumento arqueológico permaneceram no Egito por 3.500 anos. Então sabemos que essas coisas podem acontecer.

Lunar Observatories, Oxford University Press, 1971, reimpresso com correções em 1973 e 1978; Thom, Alexander e Thom, Archibald S., *Megalithic Remains in Britain and Britanny*, Clarendon Press, Oxford, 1978. Exemplos dos artigos escritos pelos dois Thoms para o *Journal for the History of Astronomy*, ed. M. A. Hoskin, Science History Publications, Chalfont St Giles, Buckinghamshire, England, são: "The Astronomical Significance of the Large Carnac Menhirs", Vol. 2, Pt. 3, n⁰ 5, 1971, p. 147-160; "The Carnac Alignments", Vol. 3, Pt. 1, 1972, p. 11-26; "The Uses of the Alignments at Le Menec Carnac", Vol. 3, Pt. 3, n⁰ 8, 1972, p. 151-164. Referência ao triângulo pitagórico de 12, 35, 37 no qual as elipses megalíticas foram construídas pode ser encontrada em *Megalithic Sites in Britain*, p. 27 e 77-78.

278. Geoffrey of Monmouth, *The British History of*, traduzido do latim por A. Thompson e J. A. Giles, James Bohn, London, 1842, p. 158 (Bk. 8, Ch. 11).

Se o Mezorah representa o alcance da cultura responsável pela construção dos círculos de pedra britânicos até o sul, então devemos admitir a existência de um povo navegante cuja cultura abrangia mais de 2 mil milhas [3.218,6 quilômetros] da Suécia à costa atlântica noroeste do Marrocos. Esse cenário não era surpresa para a família Thom. Certa vez, o filho do professor Alexander Thom, dr. Archibald Thom, me disse que ele e seu pai estiveram convencidos por anos de que os construtores dos círculos tinham uma "grande marinha mercante que negociava para cima e para baixo da costa oeste da Europa". Alexander Thom estudou os restos megalíticos das Ilhas Shetland bem de perto. Mas seu filho levou o trabalho ainda mais para o norte e mediu 27 círculos megalíticos na Suécia, publicando os resultados no *The Archaeological Journal*, London, nº 140, 1984. Os dois Thoms, em seu trabalho conjunto, *Megalithic Remains in Britain and Brittany* (1978), afirmaram que os construtores de círculos britânicos devem ter desfrutado de "comunicação livre em navios razoavelmente grandes de Shetland à Escandinávia na era megalítica". Eles tinham certeza disso porque C. S. T. Calder descobriu, associados a um monumento megalítico de Shetland, restos de abeto e pinheiro. Mas nunca houve nenhum pinheiro lá e o abeto só foi introduzido em 1548. Essa madeira, portanto, deve ter sido trazida da Escandinávia.

A evidência de que os construtores foram uma potência marítima esteve presente por algum tempo, além, claro, do famoso desenho da "adaga micênica" entalhado nas pedras em Stonehenge na Antiguidade, considerado por alguns como indicativo de um elo com a grande potência marítima dos minoicos de Creta. Um amigo dos Thoms tentou em vão obter permissão durante a era soviética para medir um enorme círculo megalítico que existiria na Armênia e na extremidade remota do Mar Negro. Aparentemente, ele pensava nos círculos de pedra encontrados no local conhecido como Zoraz Kar (*kara* em armênio significa "pedra", mas provavelmente é um empréstimo de um idioma antigo perdido, pois *kar* parece ter permanecido também no nome do maior complexo megalítico do mundo, Carnac na Bretanha), a 250 quilômetros a sudeste da cidade de Erevan e a três quilômetros ao norte/nordeste de Sisian na região de Syunik. Esse lugar também pode ser chamado de Zorahar, Zorats Karer, Zorakarer e Zorats Qarer, e referências a ele estão às vezes com esses nomes. Além desses, outros nomes para o local são Karahunj e Angelakoth. Hoje ele passou a ser conhecido como "Stonehenge armênio" com o desenvolvimento da indústria do turismo após o colapso do império soviético e a libertação da Armênia, que mais uma vez é um país independente.

Esse incrível complexo megalítico consiste de centenas de megálitos de basalto ainda de pé. Eles podem ter ou não alguma ligação com a civilização que erigiu o Mezorah. Como não acredito que as pedras armênias já tenham sido medidas, esse seria um primeiro passo necessário para estudá-las direito. A arqueologia armênia não está em voga; poucas pessoas de fora podem ler os artigos publicados em armênio e esse assunto ainda está envolto em mistério no que diz respeito ao mundo falante de outros idiomas.

Continuo convencido por intuição de que o Mezorah no Marrocos e o Zorakar na Armênia devem estar ligados. Afinal, os dois incluem o termo Zora. O nome armênio significa "Zorah-pedra" ou "Zorah-das-pedras". *Zorah* é a palavra árabe para "aurora" ou "nascer do sol", supostamente um empréstimo de uma língua mais antiga. Supondo que *zora* seja na verdade uma palavra protoibérica com o significado de "aurora" ou "nascer do sol" tomada como empréstimo tanto pelo armênio (como *zoraz* ou *zorats*) como pelo árabe (como *zora* ou *zorah*, presumivelmente por meio dos berberes), então obviamente ela é bem adequada para se referir aos círculos megalíticos. Pois, como veremos depois pelo levantamento topográfico do local, os círculos eram usados para observações no nascer do sol nos solstícios e equinócios, usando pedras marcando esses pontos no horizonte. O significado do círculo armênio seria, portanto, "pedra do nascer do sol" ao pé da letra. Quanto ao Mezorah árabe ou M'zorah, não sou um especialista em árabe, mas o M' é um prefixo e em algumas línguas semitas é uma abreviação de "de", então seria possível interpretar o significado real de M'zorah como sendo "do nascer do sol" ou mais provavelmente poderíamos inferir por dedução o significado correto como "o lugar do nascer do sol".

Um mito sobre o Mezorah foi preservado em tempos modernos. Ele foi registrado por *sir* Arthur de Capell Brooke, que visitou o local em 1830 sob a proteção de uma tropa da cavalaria inglesa de Tânger e foi o primeiro europeu moderno a "descobrir" o Mezorah. Segundo esse mito, durante o Dilúvio, a pomba da Arca de Noé pousou em cima de um alto menir no Mezorah, ainda de pé. Esse menir é conhecido como al Uted ("o ponteiro" ou "o monte"), com 5,5 metros de altura e designado como Pedra 130 no levantamento topográfico de Mavor. (Ele pode ser visto nas Pranchas 55 e 56.) Dois outros menires (Pedras 131 e 132) ficavam ao lado dele, mas agora caíram, a Pedra 131 com 4,2 metros de altura e a Pedra 132 estando parcialmente enterrada hoje.

O fato de o Mezorah ser conhecido hoje se deve em grande parte aos esforços de dois homens que conheci, agora falecidos, que eram grandes amigos. Os dois moraram por muito tempo em Tânger. Um deles é Michael Scott, um antigo amigo íntimo meu e de Olivia do meio da década de 1960. Quando menino, Michael foi levado por seus pais (britânicos, mas moradores de Tânger) para observar Montalbán trabalhando no Mezorah e isso deixou uma impressão enorme nele. O segundo, Gordon Browne, foi alguém que só conheci com Michael no Marrocos, eu não o conhecia antes. Os dois falavam árabe fluentemente e tinham um conhecimento íntimo não só da cultura árabe, como também das tribos berberes. Os dois também eram especializados nos detalhes mais obscuros da topografia marroquina e conheciam o país tão bem quanto um nativo. Na verdade, Michael era um sufi praticante que frequentava uma mesquita em Tânger de vestimenta árabe e participava de pequenas reuniões sufis e nos levou a uma em Tetuão para conhecer lá um mestre sufi amigo seu. No Marrocos, assim como em muitos países islâmicos, há redes secretas de místicos sufis que se mantêm o mais invisíveis possível para evitar problemas com os fundamentalistas fanáticos que gostam de persegui-los. Michael era extremamente versado na história sufi, muito da qual derivou da Espanha. Na Espanha, durante a Idade Média, os místicos muçulmanos e os judeus eram muito amigáveis uns com os outros e sufis e cabalistas trocavam ideias e se influenciavam profundamente, um fato abafado hoje por ser politicamente inconveniente admitir que isso um dia aconteceu. Hoje em dia há tantas pessoas com interesse fixo em provocar conflitos entre muçulmanos e judeus que todo o conhecimento sobre as relações amigáveis entre eles é considerado um constrangimento. Ouvi falar disso pela primeira vez com 18 anos quando estudei História Islâmica na universidade com o professor S. D. Goitein, autor de *Jews and Arabs: Their Contacts through the Ages*. O dr. Goitein era muito sincero sobre esse assunto e muitas vezes nós o discutíamos juntos. Ele era um estudioso israelense ensinando na América com sentimentos pró-árabes. Ele estava convencido de que israelenses e árabes poderiam e deveriam conviver perfeitamente, se os agitadores os deixassem em paz e parassem de incitar o ódio. Infelizmente, o mundo real não foi feito para estudiosos como ele e a noção de que os agitadores um dia parariam suas atividades é improvável de acontecer. Como todos sabemos, esse problema fica a cada ano pior, não melhor.

Michael Scott levou Olivia e eu ao Mezorah em 1983. Ele e Gordon Browne já tinham apresentado James Mavor ao local em 1972, o que levou ao levantamento topográfico mencionado antes. Mavor é um oceanógrafo e agrimensor americano. Ele voltou ao Mezorah várias vezes e mediu todo o círculo megalítico principal. Em 1976, publicou suas descobertas em inglês em um periódico acadêmico austríaco e me deu permissão para reproduzir suas plantas desse círculo. Sem o trabalho árduo de Mavor, nenhuma discussão sensata sobre esse assunto seria possível. Ele autografou para mim a separata de seu artigo, intitulado "The Riddle of Mzorah", que apareceu em inglês na Áustria, no *Akademische Druck und Verlagsanstalt, Graz; Almogaren*, Volume VII, 1976, p. 89-122. Mavor publicou os azimutes de todas as pedras do círculo, culminando com a Pedra 175 no azimute zero. Na cópia que me deu, ele riscou a última frase do parágrafo três na p. 97 por estar errada. Registro isso aqui no caso de ser útil para quem consultar uma cópia não corrigida em uma biblioteca.

Sempre foi dificílimo encontrar o Mezorah, mesmo se a pessoa já esteve lá antes. Os mapas têm apenas um uso limitado. Nenhuma estrada se aproxima do local mais perto do que a vários quilômetros de distância. Quando fomos lá com Michael Scott, que já estivera ali muitas vezes ao longo dos anos, mesmo assim precisamos recrutar um jovem local como guia para ajudar. Entretanto, embora ele vivesse na vizinhança, também não conseguiu encontrar o Mezorah. Chegamos de carro a vários quilômetros de distância do Mezorah com a van da Volkswagen de Michael e a estacionamos onde a estrada sumia, continuando o percurso a pé. Saímos do caminho por alguns quilômetros e atravessamos um pântano com a ajuda de um cavalo local, e perguntas aos fazendeiros locais resultaram em indicações vagas e insatisfatórias no geral que acabaram sendo completamente erradas por mais vezes do que gostaríamos, e até na direção oposta. Como a raiva é endêmica no Marrocos, o principal perigo da jornada provavelmente seria o ataque de um grande número de cachorros, rosnando e latindo. Michael nos mostrou como a maioria deles pode ser espantada ao nos abaixarmos e pegarmos uma pedra para atirar neles, mas essa é uma experiência horripilante e um porrete com certeza é aconselhável. (Afinal, cães raivosos não ficariam atemorizados com uma pedra de qualquer forma, apenas os não raivosos ficam intimidados com a amcaça de uma pedra ser lançada contra eles, pois os locais fazem isso sempre que caminham para qualquer lugar.)

A ignorância verdadeira ou fingida sobre a localização do Mezorah entre os habitantes locais é espantosa. Mostra como o local raramente é visitado e como é mal respeitado. A um quilômetro e meio do local, ainda não se encontra ninguém para dar uma direção sensata, mesmo se algum nativo faz as perguntas para pessoas que conhece pelo nome. É difícil de acreditar que essa ignorância seja genuína. Mas, seja ela real ou não, contribui de forma drástica à inacessibilidade e ao desconhecimento contínuo do Mezorah. É claro que hoje em dia, com os aparelhos de GPS, só é necessário visitar o Mezorah uma vez e fazer leituras posicionais para se poder encontrá-lo de novo. Não sei se alguém já fez isso. Não fui para lá desde os aparelhos de GPS ficarem disponíveis. Tentei encontrá-lo no Google Earth, mas o nome não aparece nos mapas e, quando procuro o terreno visualmente, aparece a informação de que "esse nível de zoom" da fotografia por satélite não está disponível para aquela área, então parece impossível encontrar o Mezorah (M'Zora) por esse meio também.

Se esse lugar sempre foi tão impossível assim de achar, como os construtores chegaram lá? Para a resposta a essa pergunta devemos muito às pesquisas de Mavor, auxiliado por sua experiência como oceanógrafo e familiaridade com estuários e litorais. Ele conseguiu estabelecer que o Mezorah originalmente foi acessível por barco. Ele diz: "Hoje ele fica a dez quilômetros acima de um vale com apenas um rio sinuoso para ligá-lo ao oceano".

Mas nem sempre foi assim, como ele relata:

> Stearns reconstruiu uma sequência climática ao nível do mar na região do Cabo Ashakar. O período neolítico, de 4000 a.C. ao início da nossa era, foi uma época de clima mais ameno do que hoje e de um nível do mar dois metros maior (...) todos os vales de rios do norte do Marrocos têm uma densa aluvião, incluindo Wadi Garifa (Wad Ayacha), que leva ao Mezorah (...) Nas margens de Wad Sebu no Marrocos, fragmentos romanos foram encontrados embaixo de uma deposição de nove metros em Banassa (...) Por ter sido, desde tempos remotos, preenchido aos poucos com aluvião dos morros nas margens e das montanhas Rif mais distantes, é provável que Wad Achaya era navegável por barco quase até o Mezorah quando o monumento foi construído e era usado. O antigo povoado de Kouass, escavado por Ponisch, fica na foz do rio. Em Kouass, ao longo da rodovia litorânea, fica uma antiga plataforma horizontal construída a partir do campo vizinho com muros de arrimo. Ela tem 47 metros quadrados de área e uma ponta suporta 265,8 graus. Ponisch a chama de acampamento pré-romano. Para o lado do interior da rodovia mais próxima, Ponisch escavou uma cidade neolítica, Fours. É possível que o

povoado antigo em Kouass tenha tido alguma relação com os monumentos no Mezorah. Talvez uma construção sobre a plataforma, que pudesse ser vista do Mezorah, sinalizasse aos viajantes do mar a entrada para o estuário ou o rio para cima do qual se encontraria o lugar sagrado.

A primeira "descoberta" registrada do Mezorah em tempos históricos foi feita pelo general romano Quinto Sertório no século I a.C. Durante uma campanha no noroeste do Marrocos, ele e seu exército marchavam de Lixus para Tânger, a leste da qual hoje fica a estrada litorânea moderna (uma rota intransitável na ocasião por causa das fozes de rios), quando eles chegaram ao local. Habitantes nativos o descreveram a eles como a tumba do gigante Anteu (chamado com mais frequência de Antaeus na ortografia latina), morto nesse local por Hércules e enterrado lá. Os nativos também disseram que a esposa de Anteu, Tinge, deu seu nome à cidade Tinais, o nome romano para a cidade que chamamos agora de Tânger. Sertório ficou intrigado e escavou o grande monte mortuário no centro do círculo. Plutarco, em *Vida de Sertório*, nos diz no Capítulo 9: "Sertório cavou o monte, pois não acreditava no que os bárbaros diziam, de tão enorme que era. Mas, depois de encontrar o corpo lá, com 60 côvados de tamanho, como eles dizem, ele ficou perplexo e, depois de fazer um sacrifício, empilhou a terra e aumentou a reputação e a fama do monumento".

A informação numérica preservada por Plutarco é notavelmente precisa, embora seu contexto tenha sido deturpado. Não era o esqueleto em si, obviamente, mas o túmulo que o continha, com as dimensões de 60 côvados. Um côvado antigo é igual a 45,72 centímetros, então esses 60 côvados são iguais a 27,43 metros. As medições de Mavor dão o raio do túmulo do Mezorah de 27,5 metros. Portanto, os dados numéricos de Plutarco são precisos com uma margem de erro de *sete centímetros*. Essa é uma prova conclusiva de que Plutarco (século I d.C.) deve ter tirado isso de um relato deixado pelo próprio Sertório (século I a.C.), cujos engenheiros militares e de construção obviamente realizaram as medições do túmulo para ele.

Essa evidência numérica extraordinária nos faz sentir uma confiança absoluta em considerar o Mezorah como o pretenso local da "tumba de Anteu" descoberta por Sertório e seu exército no século I a.C.

Mavor concluiu independentemente que o Mezorah foi a "tumba de Anteu", mas ele fez isso por outros motivos, pois nunca fez os cálculos que acabei de mostrar. Isso parece não lhe ter ocorrido.

Há muitos relatos de autores antigos sobre a "tumba de Anteu" ficar perto de Lixus e Tânger. O Mezorah fica entre as duas e, de fato, nenhum outro lugar poderia ser concebido como a "tumba". Nem há qualquer outro túmulo com essas dimensões em todo o Marrocos. A identificação do Mezorah com o local encontrado por Sertório é uma certeza absoluta.

É essencial estabelecermos esse fato, porque, ao demonstrarmos a identificação do Mezorah com a tumba lendária de Anteu, conseguimos ligar o Mezorah com o corpo enorme de folclore mítico relacionado a Anteu e Hércules. Isso nos dá acesso a um pouco da informação textual que buscamos. Essas fontes nos dão então os primeiros indícios confiáveis para lendas genuinamente antigas a respeito desse círculo megalítico. Não temos lendas confiáveis de alguma antiguidade real sobre qualquer um dos círculos na Grã-Bretanha e na França, exceto pela passagem em Diodoro Sículo, Livro 2, relativa ao Stonehenge, que eu discuti em detalhes em meu livro *The Crystal Sun*, p. 172-185.

Portanto, no Mezorah conseguimos indícios maravilhosos quanto à religião e à cultura do povo megalítico. Isso um dia poderia revolucionar nosso conhecimento da cultura britânica antiga, dando-nos uma espécie de informação que até agora faltava.

A primeira coisa a observar, então, é que o antigo poeta grego Píndaro (518-438 a.C.) refere-se ao local africano da luta entre Anteu e Hércules como "Santuário de Poseidon" (Fourth Isthmian Ode, III, 56 ff.). Poseidon (chamado de Netuno em latim) era o deus do mar, e podemos receber essa informação sobre o Mezorah com uma satisfação considerável, pois ela concorda com o esperado, ou seja, que um centro sagrado de um povo marítimo seja consagrado a um deus do mar.

Reza a lenda que Atlas, que segurava o céu nas alturas na mitologia grega, ficava na margem ocidental do mundo. Daí vem o nome do Oceano Atlântico. No mito ele é imaginado no Marrocos, perto de Lixus. De fato, a princípio Atlas foi colocado no Mezorah, como revelam outras fontes, o que demonstro a seguir. Ele foi o pai das virgens Hespérides. Hércules, em um de seus 12 trabalhos, teve de ir lá colher as chamadas "maçãs douradas das Hespérides". O que eram as maçãs douradas, quem eram as Hespérides e onde elas ficavam?

No século I d.C., Plínio (*História Natural*, Livro V, 1, 3), citando fontes mais antigas, nos conta explicitamente que os jardins das Hespérides ficavam perto de Lixus no Marrocos, *no local da luta entre Anteu e Hércules*. Esse era aquele famoso jardim na margem ocidental do mundo onde, segundo Hesíodo (*Teogonia*, 215), as Hespérides "protegiam as lindas maçãs douradas e suas árvores" ou, em outra tradução: "as

Hespérides que guardam as ricas maçãs douradas e árvores frutíferas".[279] Ou em francês: *"des belles pommes d'or et des arbres qui portent tel fruit"*.[280] A palavra grega *mélon* tem o sentido básico de "maçã", mas também era uma palavra geral para um fruto redondo, de modo que para os gregos um "pomo persa" seria o que chamamos de pêssego e um "pomo cidoniano" (termo usado por Dioscórides) ou "pomo dourado" (usado por Plínio) seria o que chamamos de marmelo.

Portanto, as "maçãs douradas" das Hespérides não eram maçãs na verdade, mas marmelos. Plínio também nos informa em *História Natural* (Livro 15, 10) que a forma mais dourada de marmelo era conhecida em grego como *chrysomélon*, o que significa "pomo dourado" ao pé da letra. As traduções inglesas dos mitos hercúleos estão erradas, pois Hércules buscava marmelos, não maçãs, no Marrocos. Mas os marmelos crescem no Mezorah? Plínio registrou no século I d.C. que "do famoso pomar na história que produzia o pomo de ouro nada (resta), exceto algumas oliveiras selvagens" (Livro 5, 1, 3-4). Mas ele falava da área imediata de Lixus, sem saber a localização exata do Mezorah. Mas eu posso resolver esse problema de uma forma simples: há mesmo vários lindos e altíssimos marmeleiros crescendo nas imediações do Mezorah, e Olivia até fotografou um em floração (veja no site). Olivia e eu cultivamos há anos vários tipos de marmelo e conhecemos marmeleiros muito bem. As árvores que vimos definitivamente eram marmeleiros e eram mais altas do que jamais vimos antes. Elas tinham uns 30 pés (dez metros) de altura. É difícil imaginar essas árvores como algo além do que os botânicos chamam de "provenientes do jardim". Mas, nesse caso, elas parecem ser "foragidos do Jardim das Hespérides".

Graças ao seu tamanho enorme, essas árvores podem representar uma variedade perdida de marmelo. Estávamos lá durante a temporada de floração, por isso não vimos nenhum fruto. Entretanto, o fruto dessas árvores é provavelmente de uma variedade globular grande e bem dourada de "marmelos orientais". Embora cultivemos variedades modernas de marmelo também, sempre temos um marmeleiro oriental crescendo em nosso jardim, pois preferimos o fruto grande e magnífico dessa espécie às variedades modernas. Para fazer geleia de marmelo, porém, como eles são mais secos e têm menos suco para extração, você precisa usar mais deles para fazer a mesma quantidade de geleia. Mas devo dizer que nunca

---

279. *Hesiod, the Homeric Hymns and Homerica*, traduzido por H. G. Evelyn-White, Loeb Classical Library, Harvard University Press, 1982, p. 94-95.
280. *Hésiode*, traduzido por Paul Mazon, Paris, 1960, p. 39-40.

cultivamos um "marmeleiro oriental" de uma altura aproximada daqueles no Mezorah, nem vimos um marmeleiro tão alto assim em nenhum outro lugar do mundo. A maior altura que já vi um marmeleiro velho atingir na Inglaterra foi entre 15 e 20 pés. Quando Olivia e eu vimos o pomar magnífico de marmeleiros no Mezorah, eu ainda não havia elaborado a ideia dos "pomos dourados das Hespérides", porque não tinha feito nenhuma pesquisa antes de ver o local. Ficamos fascinados pelas árvores apenas porque amamos e admiramos marmeleiros. Se não fôssemos jardineiros e fãs de marmeleiros, essa informação jamais seria registrada e os "foragidos do Jardim das Hespérides" continuariam desconhecidos.

Voltamos agora às questões astronômicas. Há algumas informações interessantes sobre Atlas no livro *History* do autor do século I a.C. Diodoro Sículo (tradução de Oldfather):

> Atlas elaborou a ciência da astrologia a ponto de superar outros e descobriu com destreza a natureza esférica das estrelas, por isso se acreditava que ele carregasse todo o firmamento nos ombros. Da mesma forma, no caso de Hércules, quando ele levou aos gregos a doutrina da esfera, ganhou grande fama, como se tivesse assumido o fardo do firmamento que Atlas carregou, pois os homens insinuavam dessa forma enigmática o que realmente aconteceu.[281]

Em uma tradução anterior de G. Booth, publicada em 1700, lemos sobre Atlas: "Dizem que ele foi um astrólogo excelente e o primeiro a descobrir o conhecimento da esfera, por isso atiçou a opinião comum de que carregava o mundo nos ombros; observando por essa inclinação sua invenção e descrição da esfera".[282]

O texto grego diz *ton sphairikon logon*, o que significa "o princípio da esfera". Portanto, essa tradição atribui a "Atlas" o conhecimento da Terra como uma esfera e por implicação também o estudo das posições e dos movimentos dos corpos celestes na "esfera celeste", que é projetada da superfície esférica da Terra na ciência astronômica.

É extraordinário que no fim de seu livro de 1978, mencionado antes, os Thoms concluíram que uma das maiores conquistas do homem

---

281. Diodorus Siculus, *Diodorus of Sicily (The History)*, traduzido por C. H. Oldfather, Loeb Classical Library, Harvard University Press, USA, 12 vols., Vol. II, p. 278-279 (Bk. III, 60, 1).
282. Diodorus Siculus, *The Historical Library of Diodorus the Sicilian*, traduzido por G. Booth, London, 1700, p. 115 (Book III, Chapter 4, 135, um sistema de numeração diferente do usado depois na coleção da Loeb). Tenho a sorte de possuir uma cópia desse livro raro, que não é fácil de encontrar. Geralmente tento colecionar todas as traduções existentes de obras clássicas importantes para compará-las. A primeira delas costuma ser a mais fascinante.

Figura 62. Atlas segurando o mundo nos ombros. (*Gravura do século XVII, coleção de Robert Temple*.)

megalítico provavelmente foi a descoberta de que "a Terra era uma esfera".[283] Isso porque "do norte da Ilha de Unst, a Lua em sua maior parada parecia ser circumpolar por alguns dias". E o antigo historiador Diodoro Sículo parece nos dizer o mesmo: que os construtores megalíticos do Atlântico descobriram que a Terra e o firmamento visto eram esféricos e passaram esse conhecimento adiante para os povos mediterrâneos, representados simbolicamente no mito por seu herói Hércules.

Busquei a literatura para tentar descobrir o que é que Atlas realmente tinha em seus ombros. Outras fontes textuais mais antigas divulgam que Atlas carregou mesmo um *pilar* (*kion*, em grego) em suas costas. Ésquilo (525 a.C.-456 a.C.) coloca Prometeu falando em sua peça *Prometeu Acorrentado* (350-1): "Desola-me o destino de meu irmão Atlas, que, parado no Ocidente, sustém em seus ombros o pilar do Céu e da Terra".[284] Uma tradução mais antiga de Buckley contém: "(...) dilacera meu coração o infortúnio de meu irmão Atlas, posicionado nas regiões ocidentais, sustendo nos ombros o pilar do céu e da terra (...)".[285]

Da mesma forma, o autor do século XII Eustácio de Tessalônica, que foi um antiquário muito erudito (1390,10), usou o verbo *kionophoreó*, que significa "carregar pilares", como um epíteto de Atlas.

A palavra grega usada por Ésquilo para descrever a posição de Atlas, que os tradutores citados traduziram respectivamente como "parado" e "posicionado", é *hestēke*, da raiz verbal *histēmi*, com o sentido específico de "fazer ficar parado". Esse na verdade é um termo astronômico. Os construtores megalíticos eram obcecados com as "paradas" da Lua e as "paradas" do Sol, estas conhecidas como solstícios ("solstício"

---

283. Thom e Thom, *Megalithic Remains*, op. cit., p. 181.
284. Aeschylus, traduzido por H. W. Smyth, Loeb Classical Library, Harvard University Press, 1922, 2 vols., Vol. I, p. 246-247.
285. Aeschylus, *The Tragedies of*, traduzido por Theodore Alois Buckley, George Bell, Bohn's Classical Library, London, 1899, p. 12.

vem do latim e significa "Sol parado"). As "paradas" de tais corpos foram marcadas por várias pedras megalíticas, como por exemplo o extraordinário nascer do sol no solstício em Stonehenge, que eu mesmo observei do centro do círculo (uma experiência incrível, que faz valer a pena todos os esforços para tê-la). O fato de a palavra para "parada" ser usada assim para descrever a posição de Atlas, que está parado com um pilar (megálito ou menir) no ombro, não pode ser uma coincidência. Ésquilo foi, afinal, um dos maiores dramaturgos da história e um mestre artífice da palavra.

Por sabermos que Atlas se localizava no Marrocos perto de Lixus, e vermos que suas filhas, as Hespérides, e seu pomar de marmelos ficavam na "tumba de Anteu", ou seja, o Mezorah, é provável que os pilares do céu não passassem de menires do Mezorah. Dentre as pedras do círculo principal, pelo menos cinco (ainda intactas) eram menires muito altos. Havia vários outros menires altos fora do círculo principal, vários mais altos do que os do próprio círculo. (Todos estes já caíram.)

A pedra 30 do círculo principal marca o nascer do sol do solstício de verão e a 146 marca o pôr do sol do solstício de verão (as duas indicam a "parada" solar no verão); as pedras 61 e 62 marcam o nascer do sol do solstício de inverno e a 118, o pôr do sol do solstício de inverno (todas marcando a "parada" solar no inverno); as pedras 47 e 132 marcam, respectivamente, o nascer e o pôr do sol equinocial. Portanto, o Círculo do Mezorah é um "círculo para todas as estações" por cuidar de todos os quatro maiores eventos solares do ano: os dois solstícios e os dois equinócios (estes últimos dois têm os mesmos marcadores). Por conseguinte, o Círculo do Mezorah é um tipo de "'avô' dos círculos", suprindo todas as provas solares.

Todas essas descobertas são feitas no centro do círculo e só poderiam acontecer antes da construção do túmulo lá por um povo tardio, que claramente não entendia o propósito astronômico do círculo nem como usá-lo. O fato de um observador astrônomo poder usar o círculo do Mezorah dessa forma para observar o Sol parado nos solstícios também parece fazer parte do mito de Atlas. Considerando que, como vimos, o verbo grego usado na realidade por Ésquilo para descrever a posição de Atlas é *histēmi*, que significa literalmente "fazer ficar parado", o pilar marroquino de Atlas pelo qual se marca o ponto do solstício *não faz o Sol ficar parado*.

Aristóteles, em *Do Movimento dos Animais* (Livro III, 699a, 28-29), cita especificamente um mito sobre Atlas que o descreve *com seus pés plantados na terra*, que em grego é *epi tēs gēs*. Como diz Aristóteles, em uma tradução não muito precisa de Forster: "Agora aqueles que

Stonehenge na África

na fábula representam Atlas com seus pés plantados na terra pareceriam mostrar sentido na história que contam, pois o representam como um raio [*diametron*, para o qual "raio" é um erro de tradução: a palavra significa "diâmetro", não "raio", mas, segundo Liddell e Scott, nesse caso específico significa "o eixo de uma esfera"], girando [*strephonta*, o que significa na verdade "fazer rotar em um eixo"] o céu [*ton ouranon*] em redor dos polos [*peri tous polous*] (...)[286] (Isso corresponde ao que acabamos de ver, ou seja, a tradição da "esfera".)

Na tradução de Farquharson: "E os mitólogos com sua fábula de Atlas com os pés plantados na terra parecem tê-la baseado em alicerces inteligentes. Eles representam Atlas como um tipo de diâmetro rodopiando pelo céu ao redor dos polos".[287]

Interpreto isso como mais uma descrição de como Atlas foi mesmo o nome do Círculo do Mezorah e os pés plantados na terra são as bases dos pilares constituintes desse círculo, assim como as "cabeças" eram as pontas dos pilares. (O mito mencionado por Aristóteles é desconhecido hoje.) Considerando que os pés das pedras estão plantados na terra, devo salientar que alguns deles vão até vários pés para baixo da superfície e os menires em especial eram mesmo "plantados".

Claramente, vemos surgir aqui uma tradição rica do folclore mítico referente à cultura marítima do Atlântico dos construtores de círculos megalíticos como especialistas em astronomia. E o fato de eles passarem seu conhecimento astronômico para "Hércules" ou para o mundo mediterrâneo concorda com o que soubemos na cronologia revisada atual sobre os construtores de círculos serem a cultura mais antiga.

Se o pilar ou os pilares de Atlas fossem menires, a mesma origem poderia valer para os lendários "Pilares de Hércules"? Aparentemente sim. A literatura antiga é repleta de tentativas de explicar que os "pilares" apenas há pouco tempo passaram a ser considerados como as duas montanhas ao lado do Estreito de Gibraltar, chamadas de Djebel Tariq, mais conhecida como "Rochedo de Gibraltar", e Djebel Moussa no lado marroquino. (No passado, esses dois picos eram conhecidos respectivamente como Kalpē e Abilyx. O segundo não é um nome de origem grega e pode estar ligado de alguma forma com o nome Lixus, enquanto o primeiro tem vários sentidos e significados em grego, o que nos levaria para uma

---

286. *Aristotle in Twenty-Three Volumes*, Loeb Library, Harvard University Press, USA, Vol. XII, 1983, incluindo *Movement of Animals*, traduzido por E. S. Forster, p. 448-449.
287. Smith, J. A. e Ross, W. D., eds., *The Works of Aristotle Translated into English*, Vol. 5, Clarendon Press, Oxford, 1912; *De Motu Animalium* (*On the Movement of Animals*), traduzido por A. S. L. Farquharson (essas edições não têm páginas e as referências são encontradas apenas por referências textuais).

discussão longa demais.) O antigo geógrafo Estrabão (século I d.C.) fala dos "pilares" em detalhes. Ele relata (Livro 3, 170-172):

> (...) alguns opinam que os promontórios no Estreito são os Pilares; outros, Gades [Cadiz]; e outros, que eles ficam bem mais à frente e para fora do estreito do que Gades. Mais uma vez, alguns presumiram que Kalpē e Abilyx são os Pilares (...) enquanto outros acreditavam que as ilhas perto de cada montanha [isso é uma confusão, pois não se conhece essas tais ilhas] são os Pilares (...) Há alguns que transferem para cá (...) rochas para serem os pilares que Píndaro chama de "portões de Gades" quando insiste que elas são os limites mais distantes alcançados por Hércules (...) a maioria dos gregos representa os Pilares nos arredores do estreito. Mas os ibéricos [espanhóis] e líbios [ele se refere aqui aos marroquinos] dizem que os Pilares ficam em Gades, pois as regiões nos arredores do estreito, eles dizem, não lembram pilares em nenhum aspecto (...) Outros dizem que são os pilares de bronze no templo de Hércules em Gades (...)[288]

Então vemos que os marroquinos e os espanhóis do século I d.C. não consideraram o Rochedo de Gibraltar e seu pico irmão no lado oposto do Estreito como os Pilares de Hércules e ninguém conseguia concordar com o que eram ou onde ficavam os pilares! O que Estrabão achava? Ele diz (Livro 3, 170-171):

> Mas negar que as ilhas ou as montanhas lembrem pilares e procurar por (...) Pilares que eram assim adequadamente chamados é mesmo uma coisa sensata a se fazer (...) e que quando os monumentos lavrados à mão desapareceram, seu nome foi transferido aos lugares, seja as adjacências das ilhas ou os promontórios que formam o estreito.[289]

Ele foi bem sensato, mas, como não sabia da existência dos menires do Mezorah, não poderia identificá-los como os Pilares evasivos.

Alguns outros comentários enigmáticos sobre outros pilares existentes além de Cadiz são encontrados em Tácito, o historiador romano

---

288. Strabo, *The Geography of*, trad. Jones, op. cit., Vol. II, p. 134-137 (Bk. 3, 5,5); Strabo, *The Geography of*, trad. Hamilton e Falconer, op. cit., Vol. I, p. 255.
289. Ibid., p. 136-139; p. 256: "a afirmação de que nem as pequenas ilhas nem as montanhas se parecem com os pilares, chamados exatamente assim, [estabelecidos] como o fim da terra habitável ou da expedição de Hércules, tem alguma razão em si em todo caso; por ser um uso antigo para estabelecer esses marcos divisórios".

Stonehenge na África

do século I d.C. Em seu *Germania* (34), ele nos relata (na tradução de Mattingly e Handford):

> Nós [os romanos] aventuramo-nos no Oceano do Norte e há rumores de Pilares de Hércules no extremo norte. Pode ser que Hércules foi mesmo lá ou talvez seja apenas que nós imputemos de comum acordo qualquer feito heroico notável em qualquer lugar a seu nome famoso. Não faltava a Druso Germânico [irmão do imperador Tibério] a coragem do explorador, mas o oceano proibiu outras pesquisas em seus próprios segredos e naqueles de Hércules. Desde então ninguém tentou. Julgou-se ser mais devoto e venerável acreditar nos supostos feitos heroicos dos deuses do que estabelecer os fatos verdadeiros.[290]

Na tradução anterior de Bohn:

> Nós exploramos o oceano desse lado [Oceano Atlântico] e rumores relatam que as colunas de Hércules ainda permanecem nessa costa, seja porque Hércules algum dia esteve lá na realidade ou porque tudo o que for grande e magnífico e não se igualar a nada é, com o consentimento de todos, atribuído a seu reputado nome. A tentativa de Druso Germânico de fazer descobertas nessas partes foi bastante ousada, mas o oceano resistiu a qualquer outra indagação sobre si mesmo e Hércules. Tempos depois, ninguém repetiu a tentativa; e julgou-se mais devoto e respeitoso acreditar nas ações dos deuses do que investigá-las.[291]

O humor distorcido de Tácito é mais bem abordado na tradução de Bohn, na qual podemos ver que ele ridiculariza aqueles que acreditam literalmente na existência de Hércules e atribuem a ele tudo aquilo com tamanho grande.

Então vemos que diziam que os pilares "além de Cadiz" ficavam no "extremo norte". Finalmente temos uma menção explícita de um autor clássico ao que podemos interpretar como menires e pedras eretas da Grã-Bretanha e da Bretanha, sugeridas apenas por Estrabão. É mais do que provável que se refira aqui especificamente a Carnac na Bretanha. Já

---

290. Tacitus, *The Agricola and the Germania*, traduzido por H. Mattingly e S. A. Handford, Penguin, Harmondsworth, Middlesex, England, 1971, p. 130.

291. *The Works of Tacitus: The Oxford Translation, Revised with Notes*, trand. Anonymous, George Bell e Sons, London, mas vinculado a Bohn's Classical Library [Bohn comprou a Bell], London, 2 vols., 1896-1898, Vol. II, *Germania*, Chapter 34, p. 324-325.

destaquei que a palavra *kar* em armênio significa "pedra", provavelmente é um empréstimo de uma língua mais antiga e forma parte do nome do gigantesco complexo megalítico na Armênia conhecido como Zoraz Kar. O nome "Zoras" empregado para um enorme círculo megalítico deve ter a mesma origem de "Zorah" de Mezorah/M'zorah. Vemos, portanto, os três maiores centros megalíticos do mundo antigo, todos mais ou menos da mesma data, ligados por nomes comuns. Isso não é uma coincidência.

Mas e Karnak no Egito? Poderia haver alguma ligação imaginável entre Carnac na Bretanha e Karnak, perto de Tebas (atual Luxor), no Egito? À primeira vista, isso parece impossível, pois Karnak no Egito é de muitos séculos depois de Carnac na Bretanha e não havia uma ligação direta entre os dois lugares na época. Entretanto, não devemos nos iludir pela aparência de impossibilidade. Acontece que há uma ligação mais profunda. Sabe-se que a palavra egípcia *kar* existia no Antigo Império no Egito e ocorre nos Textos das Pirâmides. Significa "santuário". Ahmed Eissa analisou a história e o significado de "Karnak" em um artigo publicado na Alemanha em 1995, no qual explica que a palavra foi empregada em geral para o naos [câmara interna] de um templo do santuário de uma estátua divina e: "uma capela-*kar* pode ser vista no céu ou embaixo da terra". A segunda metade do nome Karnak vem, segundo ele acredita, da palavra *negeg*, de origem do Baixo Egito, referindo-se a um grande ovo do monte primevo da criação, posto por um pássaro primevo que voou sobre o mar cósmico e trouxe a primeira luz e o primeiro som a um mundo surgido do caos.[292] O ovo foi concebido como posto pelo deus da terra Geb (simbolizado pelo ganso sagrado) todas as manhãs no nascer do sol, o ovo obviamente sendo o sol nascente. (Portanto, temos de novo ligações com o sol nascendo no horizonte, observado tão de perto nos círculos megalíticos e no Templo de Amon em Karnak.) Eissa cita um texto do Novo Império dizendo que "Karnak é o horizonte da Terra e o monte supremo da Primeira Vez".[293]

Está claro que esses sentidos são ecos dos sítios megalíticos cosmicamente sagrados, tais como Carnac, que também se preocupam com o horizonte da Terra. O que parece ter acontecido, portanto, é que o

---

292. Em *Wörterbuch*, o termo *negeg* pode ser encontrado na página 350 do Vol. 2 (Adolf Erman e Hermann Grapow, *Wörterbuch der Aegyptischen Sprache*, Leipzig, 1928). Felizmente, tenho cópias desses volumes e vejo que um significado alternativo é "o grito de um falcão", que seria o grito do Hórus ressuscitado, o sol nascente, quando ele aparece no céu.

293. Eissa, Ahmed, "Zur Etymologie des modernen Namens vom grossen Amuntempel in Theben: "Karnak", in *Göttinger Miszellen*, Göttingen, Germany, Volume 144, 1995, p. 31-41. Omiti vários detalhes mitológicos, tais como o "Grande Cacarejador", o "Ganso Sagrado de Amon", etc.

nome se manteve por eras e acabou sendo aplicado, com todas as suas ressonâncias de significado, a Karnak em Tebas. Em outras palavras, Carnac e Karnak não estão ligados diretamente, mas têm uma ligação interna subjacente e profunda pela sobrevivência de um nome carregado de significado. Às vezes o inefável pode ser mais importante do que o óbvio, como qualquer mulher possuidora da qualidade misteriosa da *sedução* mostra com tanta clareza.

Sabe-se bem que o nome antigo do herói Hércules era Briareōs e que os "Pilares de Hércules" eram antigamente chamados de "Pilares de Briareōs" (em grego, *Briareo stelai*). Quem foi Briareōs? Irmão de Atlas e Anteu e um deus do mar. Segundo o poeta Hesíodo (século VIII a.C.), Briareōs tinha 50 cabeças sobre seus ombros (*Teogonia*, 151-152).[294] Como vimos com Atlas que os pilares costumam ficar nos ombros, talvez "cabeças" se refiram também a menires ou pedras eretas, 50 delas em um círculo. Segundo o mito, Anteu decorou o Mezorah com os crânios de estranhos, sugerindo talvez que "cabeças" se referiam na verdade às pontas das pedras eretas. A confirmação disso talvez possa ser encontrada no fato peculiar de que no grego antigo a palavra para "cabeça", *kephalē*, tem o significado suplementar de "capitel de coluna". Isso poderia ser uma permanência de um uso antigo voltando para a Idade da Pedra e as eras megalíticas?

O poeta romano Lucano afirmou (*Farsália*, Livro IV, l. 593-597) que Briareōs nasceu na verdade no Marrocos com Anteu. O Mezorah é descrito por Lucano como um "túmulo rochoso" (l. 589, a palavra latina usada seria especificamente *tumulos*,[295] embora nenhum dos tradutores de Lucano a tenha traduzido corretamente, deixando de perceber a importância do que ele relatava), o que com certeza é completamente preciso. Todos os autores clássicos citados até agora parecem ter contado com relatos prévios agora perdidos.

Há um aspecto nos mitos relativos ao Mezorah que mais uma vez encontra um eco curioso na Grã-Bretanha. Já se mencionou que houve uma famosa luta no Jardim das Hespérides entre Anteu e Hércules. Esse combate foi vencido por Hércules, que descobriu que o truque para derrotar Anteu era levantá-lo no ar, privando-o assim de seu contato com o solo, o que o fez perder sua força. Dessa forma ele foi dominado.

---

294. *Hesiod, the Homeric Hymns and Homerica*, traduzido por H. G. Evelyn-White, op. cit., p. 89. Pode-se ver também *Hesiod and Theognis*, traduzido por Dorothea Wender, Penguin, Harmondsworth, Middlesex, England, 1973, p. 28.
295. Lucan, *The Civil War (Pharsalia)*, traduzido por J. D. Duff, Loeb Classical Library, Harvard University Press, USA, 1928, p. 218 (Bk. 4, l. 589).

Esse mito reaparece na história de Geoffrey de Monmouth escrita no século XII, dessa vez como uma lenda britânica. O combate aconteceu na Cornualha entre o monstro britânico nativo Gogmagog (também chamado Goemagot) com 12 côvados de altura e um andarilho que chegara à Grã-Bretanha vindo do Mediterrâneo, que em latim se chamava Corineus e em galês se chamava Korineys. Como Geoffrey nos informa: "Então Korineys se encolerizou, tomou sua força para si e levantou o gigante na altura do ombro, e correu com ele na direção de um rochedo e, segurando-o no cume mais elevado, lançou-o sobre a rocha para dentro do mar, partindo-o em milhares de pedaços (...)".[296]

No Mezorah e na Cornualha, vemos nesse caso a lenda recorrente de um gigante local, derrotado apenas por um invasor que o eleva nas alturas e o segura no ar.

O que isso significa? Vamos começar descobrindo o significado do nome Anteu. Ele vem do verbo grego *antairō*, que significa "elevar-se no lado oposto ou no mesmo paralelo de". Essa é uma referência clara aos usos para observação astronômica das pedras do Mezorah em ligação com as elevações solares, estelares e lunares. Por isso, o nome de Anteu em grego poderia personificar uma referência codificada ao verdadeiro propósito do local. Como o nome Anteu pode significar, portanto, "aquele que se eleva contra (alguém)" ou "aquele que se eleva no mesmo paralelo de (alguém)", temos claramente aqui os elementos de um mito astronômico cifrado.

Nada menos que três egiptólogos sugeriram que Anteu é na verdade o deus egípcio Set. Como diz Petrie: "Ainda não se tem certeza do que significa a igualdade de Set com o gigante Anteu. Sethe propôs *entayye* como o nome do deus de Antaiopolis [nome grego dado a uma cidade egípcia, derivada de Anteu] e Von Bissing vê em Anteu como Set a representação da força humana e do barbarismo".[297]

Resolvi verificar essa sugestão do filólogo egípcio Kurt Sethe. Mas como Sethe (1869-1934) viveu antes da formalização das atuais transliterações, é difícil saber o que ele queria dizer com a palavra egípcia *entayye*. Entretanto, procurei por *tayet* e a palavra significa convenientemente "antagonista" ou "oponente", o que Anteu exatamente era no mito, antagonista ou oponente de Hércules.[298] Ao tentar entender o que ele quis

---

296. Geoffrey of Monmouth, *The Historia Regum Britanniae of*, ed. por Acton Griscom, traduzido do manuscrito galês por Robert Ellis Jones, Longmans Green, London, 1929, p. 251 (folha 47 do manuscrito).
297. Petrie, [*Sir*] W. M. Flinders, resenha de *Der Name und das Tier des Gottes Set*, in *Ancient Egypt*, London, Vol. One, Pt. 3, 1914, p. 133.
298. *Wörterbuch*, Vol. 5, p. 231 ("*Widersacher*").

dizer com a primeira parte da palavra sugerida por ele, descobri que, se a palavra fosse *enertayet* (e ter a contração *entayye(t)*, mas não conheço a gramática egípcia tão bem para saber se isso acontece em egípcio), o significado seria "antagonista de pedra, visto que a palavra egípcia para "pedra" é *ener*. (*Ener kem* é granito negro, *ener khedj* é calcário, *ener khedj nayen* é calcário fino de Tura, *ener khejen rudjet* é arenito).[299] Por outro lado, *enertay* também significa inesperadamente as duas coisas sobre as quais Thoth fica. Mas como nunca ouvi falar de Thoth ficando sobre duas coisas, que é um detalhe mitológico que de alguma forma me escapou, pela primeira vez na vida estou sem palavras, transliteradas ou não.

Mas e o nome de Hércules? Tem alguma conotação astronômica? Sim, tem, se percebermos que os gregos não tinham numerais e usavam letras do alfabeto como números. Isso significava que cada palavra em grego tinha um valor numérico. Muitas vezes os nomes de deuses e heróis tinham sentidos secretos indicados por seus valores numéricos. Isso vale para Hércules. Seu nome (a forma latina do nome) no original grego é Heraklēs. O "significado" desse nome é "glória de Hera" (a rainha dos deuses). Mas como as letras substituíam números em grego, Heraklēs tem o valor numérico de 367, e *hē Chthōna* ("a Terra") tem o valor numérico de 1468. O número 367 é um quarto de 1468. Logo, Hércules é "um quarto da Terra". Ou, passando isso para geometria, Heraklēs é o lado de um rombo ou quadrado cujo perímetro é *hē Chthōna*, a Terra.

Podemos ver assim que Anteu se elevava em um certo paralelo (latitude) oposto ao (portanto, o "oponente de") Heraklēs, que simbolizava um "quadrante" da Terra. Para a Terra ser dividida em "quadrantes", ela deve ser dividida exatamente em quatro pelos quatro pontos cardeais: norte, sul, leste e oeste. Isso só pode ser feito por uma "elevação" no horizonte na direção leste. Portanto, esse mito refere-se ao nascer do sol no equinócio. Só em um equinócio era quando um corpo se elevava a um ponto oposto aos quadrantes da Terra, e esse corpo era o próprio Sol. No Mezorah, o nascer do Sol no equinócio ficava marcado no círculo de pedra. Por isso, esse era o ponto onde o Sol nascente do equinócio e a Terra em quadrantes se "encontravam". Tão logo isso acontecia, Anteu era elevado nas alturas e a Terra recuperava seu poder e domínio sobre seus próprios negócios, porque a elevação passou, no Mezorah, o "ponto do nascer do Sol".

Embora seja possível em teoria que Geoffrey de Monmouth possa ter conhecido a história da luta entre Heraklēs e Anteu de alguns textos clássicos, não é muito provável que ele tivesse tanta familiaridade com os

---

299. *Wörterbuch*, Vol. 1, p. 97-98.

mínimos detalhes do mito grego. Ele foi, afinal, um monge ou clérigo interiorano na Grã-Bretanha. Sua história não é cheia de alusões clássicas, o que nos levaria a vê-lo como um especialista em mitologia clássica. É mais provável que o mito de Corineus e Gogmagog fosse um mito britânico legítimo. Portanto, é provável que personificasse um mito que remetia à cultura dos próprios construtores megalíticos. O nome Gogmagog aparece na Bíblia e claramente não é o nome original do monstro no mito britânico, mas foi um empréstimo da tradição bíblica empregado para o monstro. Presumo que o nome alternativo do monstro, Goemagot, seja apenas uma versão galesa de Gogmagog, embora haja algumas teorias alternativas sobre isso e sobre o nome em geral.

É óbvio que os construtores megalíticos cujos círculos de pedras foram usados para observação astronômica eram avançados de modo significativo em astronomia e geometria. Como eles eram uma civilização marítima, devem ter sido navegadores inigualáveis, e deve ser bem aí onde seu conhecimento de astronomia e geometria recebeu seu ímpeto original. Isso nos ajudará a entender melhor a "civilização atlântica" e também como ela deve ter tido comunicação pelo mar com o Delta egípcio, se considerarmos mais evidências sobre os navios e suas conquistas marítimas.

Clemente de Alexandria (cerca de 150 d.C.-215 d.C.), em *Stromata* (*Miscellanies*), Livro I, Capítulo 16, primeiro parágrafo, diz: "Atlas, o líbio, foi o primeiro a construir um navio e navegar pelo mar".[300]

Esse é um boato muito importante de uma tradição perdida. Ele mostra que, além de Atlas ser reconhecido como "líbio" (isto é, norte-africano, ou marroquino nesse contexto), ele foi associado com a cultura marítima pré-histórica mais antiga conhecida.

Inúmeros autores, antigos e modernos, teceram comentários sobre as culturas atlânticas, mas essas observações raramente receberam a atenção adequada. Talvez o motivo para isso seja a ausência de uma disciplina acadêmica ou departamento interessado na "cultura atlântica". Assim que os arqueólogos de uma região do mundo começam a discuti-la, eles se sentem desconfortáveis por "vagarem além de suas fronteiras". Não há nada que deixe um acadêmico mais nervoso do que isso, porque o deixa exposto a críticas de seus colegas. O mundo acadêmico é cruel, onde não há misericórdia e o menor desvio do "comportamento consensual" pode prejudicar toda uma carreira acadêmica. Só aqueles

---

300. Clement of Alexandria, *The Writings of*, trad. por Rev. William Wilson, Vols. IV-V de Roberts, Rev. Alexander e Donaldson, James, eds., *Ante-Nicene Christian Library*, Edinburgh, 1867, Vol. IV, p. 401.

Stonehenge na África

como eu, que não dependem de favores e aprovação de colegas para viver, podem dizer o que quiserem e ultrapassar quaisquer fronteiras que quiserem. A cada ano que passa, a competição por emprego na comunidade acadêmica se intensifica, o nível do medo se agrava e a timidez do discurso aumenta. Qualquer dia desses, o mundo acadêmico apenas encalhará como um mar de gelo, sem movimento nenhum, e todas as opiniões ficarão bem rígidas. Então todos ficarão seguros.

A sugestão de Clemente de Alexandria de que a primeira civilização marítima se originou na "Líbia" faz muito sentido, mais do que se ele sugerisse que os construtores megalíticos se originaram na Grã-Bretanha e se espalharam para a "Líbia" (isto é, Marrocos). A Grã-Bretanha era subpovoada e uma origem improvável para a cultura dos construtores megalíticos. A "Líbia", ao contrário, é um lugar de origem bem mais provável. Sabemos que a África do Norte foi temperada há milhares de anos e, antes de o clima se deteriorar e a desertificação arruinar a terra, criando os desertos, toda a parte norte da África foi uma vasta savana, cheia de animais e com uma grande população humana. Todas essas pessoas tiveram de ir para algum lugar quando seu habitat se tornou intolerável, acontecendo assim uma grande migração. Alguns se estabeleceram no Delta do Nilo. Outros chegaram até as costas litorâneas, onde a fartura de peixes poderia garantir sua sobrevivência, desde que eles também tivessem água fresca para beber por perto. Só foi natural eles se familiarizarem bastante com barcos, porque a pescaria era imperativa. Eles tiveram todos os motivos para querer ir de um ponto a outro ao longo da costa para comercializar, pois alguns povoados tinham mercadorias que outros não tinham e assim eles poderiam trocar por escambo. Dessa forma, uma civilização costeira teria evoluído e sua penetração no continente aconteceria ao longo de rios e estuários. Se analisarmos o padrão de distribuição da civilização megalítica, é isso que encontraremos. E ao longo de toda a costa norte-africana também encontramos isso, pois Marrocos, Argélia, Tunísia e Líbia estão repletos de restos megalíticos, salpicados pela costa.

Esses povos foram vulneráveis a ataques, pirataria e invasões. Então era sensato para eles se refugiar em locais remotos, como aqueles além do Estreito de Gibraltar. Eles também costumavam favorecer ilhas como bases comerciais, pois elas só poderiam ser alcançadas por navio e ameaçadas por povos com navios, não pelos habitantes das terras. Esse foi um motivo para a popularidade de um lugar como Chipre, e o mesmo vale para a minúscula Ilha de Ísquia, na costa da Itália, em uma data posterior; essas duas ilhas foram centros metalúrgicos antigos. Depois, os comerciantes de estanho armazenaram seus minilingotes de estanho ("pedaços do tamanho de bolas de gude") em uma ilha chamada Ictis, antes de enviá-los ao Mediterrâneo, como narra o historiador Diodoro Sículo. Essa ilha era "quase certamente a atual St. Michael's Mount, uma ilha na Baía de Mount da Cornualha (...)".[301] Depois de juntarem o estanho nessa pequena ilha de maré na costa da Cornualha, ele parece ter sido enviado à Ilha de Wight, uma grande ilha mais para o leste, que foi sugerida como o ponto de embarque principal dos comerciantes de estanho. Essas duas ilhas parecem ter sido "jurisdições extraterritoriais" onde objetos de valor poderiam ser depositados com segurança. Se o estanho pronto para o embarque fosse armazenado em terra, ficaria suscetível a quadrilhas de saqueadores, mas, ao ser mantido nas ilhas, só poderia ser "saqueado" por pessoas com barcos e os comerciantes poderiam se defender com mais facilidade em um combate no mar.

Ao navegarem para a Grã-Bretanha para o comércio de estanho, é provável que a primeira vista, depois das Ilhas Scilly, fosse Land's End, o ponto mais a oeste no continente da Grã-Bretanha. O verdadeiro Land's End na Cornualha é marcado por uma única pedra megalítica vertical gigantesca no topo de um despenhadeiro, de frente para o mar, que obviamente esteve lá como um marco silencioso desde a época dos construtores megalíticos. Eu estive lá e o filmei para a televisão. Ele fica a alguns quilômetros de distância do que é chamado popularmente de "Land's End", para onde vão os turistas. O verdadeiro é um local deserto e atmosférico, condiz com seu nome e está correto geograficamente, enquanto o pseudo-Land's End é uma cidade com lojas para comprar bugigangas. O grande megálito em Land's End é a indicação derradeira de que o povo que o erigiu era de uma cultura marítima, pois ele marca o ponto mais extremo da Inglaterra no lado oeste e proporcionaria o primeiro vislumbre do continente da Grã-Bretanha do sudoeste pelo mar.

Ao se espalhar para o norte partindo da Líbia, o primeiro lugar para os povos migratórios na Antiguidade irem era a Espanha. Cruzar o Estreito de Gibraltar de barco é a coisa mais fácil do mundo. É só subir no barco e você chega lá rapidinho. Cruzar o Estreito de Gibraltar de balsa de Tânger para Algeciras na Espanha é uma experiência maravilhosa. Estar dentro d'água lhe dá a sensação de como deve ter sido para os fenícios e seus antecessores. A vista é tão magnífica em todos os lados e é bem emocionante sentir a água espirrando no rosto. Recomendo essa travessia a todos que quiserem experimentar um pouco de como as coisas eram no passado remoto. Atravessamos em um fim de tarde do equinócio de primavera e foi uma experiência maravilhosa entender

---

301. Diodorus Siculus, Loeb Library, op. cit., p. 156-157 e nota 3 na p. 157.

Stonehenge na África 407

a "vista panorâmica dos fenícios" dos estreitos, seguida por um pôr do sol magnífico.

A Espanha ou a "Ibéria" costuma ser mencionada em tantas velhas histórias e crônicas como a fonte dos habitantes originais da Grã-Bretanha que o testemunho compilado nesse ponto é vasto. O historiador romano Tácito (55 d.C.-120 d.C.) escreveu em sua obra *Agricola*: "A tez trigueira e o cabelo crespo dos silures [galeses do sul], junto com sua situação oposta à Espanha [uma referência à facilidade de navegação entre os dois locais], fazem com que seja provável que uma colônia de antigos ibéricos [povo da Ibéria, isto é, Espanha] tenha se apoderado desse território".[302] Em outra tradução: "(...) as faces trigueiras dos silures, a tendência de seu cabelo encrespar e o fato de a Espanha estar oposta, tudo nos leva a crer que os espanhóis cruzaram em tempos idos e ocuparam essa parte do país".[303] Dizem que os silures na época dos romanos habitavam a área do sul do País de Gales ao norte de Severn. Modernos estudos de DNA demonstraram que os galeses são mesmo parentes dos bascos do norte da Espanha.[304] Como já salientei antes, os bascos são remanescentes dos "protoibéricos" e provavelmente são descendentes diretos dos construtores megalíticos, bem como preservam um idioma semelhante ao falado por eles, que os linguistas chamam de "protoibérico" para distingui-lo do espanhol, com o qual não tem relação nenhuma. (O espanhol é um idioma indo-europeu, que se espalhou na Espanha muito depois.)

O antigo cronista inglês Nênio, que viveu no século IX, disse em *Historia Brittonum*:

> (...) os escoceses chegaram na Irlanda da Espanha. O primeiro a vir foi Partholomus, com mil homens e mulheres (...) O segundo foi Nimech, filho de Agnomen, que, segundo relatos, depois de ficar no mar por um ano e meio e ter seus navios estilhaçados, chegou a um porto na Irlanda e, depois de continuar lá por vários anos, enfim voltou com seus seguidores para a Espanha. Depois deles vieram três filhos de um soldado espanhol com 30 navios, cada um com 30 esposas (...) A Irlanda (...) foi povoada até o presente período por essa família [um daqueles que acabou dc mencionar] (...) Depois disso, outros vieram da Espanha e se apoderaram de várias partes da Grã-Bretanha. O último a chegar foi Hoctor

---

302. Tacitus, *The Life of Agricola*, in *The Works of Tacitus*, The Oxford translation revised [Anonymous], 2 vols., George Bell e Bohn's Library, London, 1898, Vol. II, p. 353 (Ch. 11).
303. Tacitus, *The Agricola and the Germania*, trand. Mattingly e Handford, op. cit., p. 61.
304. Veja o verbete sobre os silures na *Wikipedia*.

[Damhoctor, Clamhoctor ou Elamhoctor], que continuou lá e cujos descendentes permanecem lá até hoje".[305]

Há referências específicas a contatos entre os britânicos com a Espanha e a África em Geoffrey de Monmouth. O herói mítico Brutus, escapando de Troia, foi se estabelecer na Grã-Bretanha. Durante a viagem, ele e seus navios "içaram as velas e, cortando as ondas no nono dia, chegaram à África, e de lá (...) navegaram até chegar à terra da Mauritânia, e por falta de alimento e bebida lá precisaram aportar (...) Então eles chegaram à Ackwitania [Aquitânia] e ancoraram no porto de Lingyrys [o Loire] por sete dias para ver a condição do território".[306]

Isso é de um texto galês antigo. O texto latino apresenta algumas variações importantes:

> Sem demora, portanto, eles (...) partiram de novo e, depois de um percurso de 30 dias, chegaram à África (...) passando pelo Rio Malua, chegaram à Mauritânia, onde, enfim, por escassez de provisões, foram obrigados a desembarcar; e, dividindo-se em vários bandos, assolaram todo o território. Depois de abastecerem bem seus navios, eles se dirigiram para os Pilares de Hércules (...) De lá eles rumaram para a Aquitânia e, entrando na foz do Loire, ancoraram. Lá eles ficaram por sete dias e examinaram o território.[307]

Um dia, Brutus chegou à Grã-Bretanha e desembarcou em Totness, vendo seu novo reinado da Grã-Bretanha pela primeira vez. Como Geoffrey nos conta: "A ilha então foi chamada Albion e habitada por apenas alguns gigantes".[308] Lembraremos que os construtores megalíticos foram descritos em Geoffrey, como citado antes, como "os gigantes do passado". Foram eles que trouxeram os círculos de pedra da África, ele disse. Em outras palavras, os construtores megalíticos eram conhecidos pelos colonizadores posteriores como "os gigantes". O motivo para isso é óbvio: supunha-se que eles fossem gigantes por ser capazes de erigir pedras tão gigantescas e os povos posteriores não conseguiam imaginar

---

305. Nennius, *History of the Britons*, in *Six Old English Chronicles*, ed. por J. A. Giles, Henry Bohn, London, 1848, p. 389 (Book III, chapter 13).
306. Griscom, Acton, *The Historia Regum Britanniae of Geoffrey of Monmouth*, junto com uma tradução literal do manuscrito galês nº LXI da Jesus College, Oxford, por Robert Ellis Jones, Longmans Green, London, 1929, p. 240-241.
307. *Geoffrey of Monmouth, The British History of*, traduzido do latim por A. Thompson, nova edição revisada e corrigida por J. A. Giles, James Bohn, London, 1842, p. 16-17 (Bk. I, Chs. 11, 12).
308. Ibid., p. 22 (Bk. I, Ch. 16).

Stonehenge na África

como eles fizeram isso a menos que fossem gigantes. Essa pode ser também a origem da afirmação bíblica: Havia gigantes na Terra naqueles dias. (Essa, aliás, foi a citação da Bíblia da qual Ole Rolvaag tirou o título de seu romance clássico sobre os antigos pioneiros escandinavos na América, *Giants in the Earth*.) Pode muito bem ser que todas as tradições dos "gigantes" antiquíssimos preservados por culturas tardias se refiram a povos antigos que conseguiam elevar pedras gigantes, sejam como megálitos ou estruturas, o que estava além da compreensão de seus sucessores, levando à suposição de que eles deveriam ser gigantes. Geoffrey de Monmouth tem muitas histórias sobre os gigantes, não só do famoso gigante britânico Gogmagog, mas está além de nosso propósito considerá-lo aqui em maiores detalhes. Basta dizer que os construtores megalíticos foram considerados "gigantes" e havia apenas "alguns" deles habitando a Grã-Bretanha quando chegou a próxima onda de colonizadores.

O porto espanhol de onde se originou todo esse contato marítimo com a Grã-Bretanha e a Irlanda, pelo menos na época dos fenícios, com certeza foi Cadiz (antes chamado de Gades em grego ou Gadir em fenício). Não sabemos se os construtores megalíticos tiveram um porto lá. Segundo Estrabão, Cadiz foi fundada pelo povo de Tiro.[309]

O arqueólogo T. C. Lethbridge escreveu sobre a chegada dos construtores megalíticos à Grã-Bretanha:

> O povo seguinte a aparecer nas ilhas deve ter sido um dos mais extraordinários e aventurosos da história. Costuma-se falar deles como homens megalíticos porque introduziram o método de construção com grandes pedras (...) Não há dúvida de que eles remaram ou navegaram por todo o caminho até o litoral do oeste da Europa e entraram em contato com os povos navegantes do Mediterrâneo. Cerca de 2 mil anos antes do nascimento de Cristo eles chegaram em nossas costas ocidentais onde sua cerâmica "neolítica" característica de fundo redondo do tipo espanhol se misturou com os vasos conhecidos depois como "*beaker*" (...) O povo megalítico e o *beaker* pareciam ter se misturado (...) A ourivesaria irlandesa característica foi encontrada no extremo sul da Espanha e até na Palestina. É difícil imaginar o mundo ocidental nesse estágio, mas evidentemente

---

309. Strabo, *The Geography of*, Hamilton & Falconer trads., op. cit., Vol. I, p. 255 (Bk. III, Ch. 5, 5); Loeb trad., op. cit., Vol. II, p. 134-135.

o tráfico pelo mar era considerável e os povos litorâneos ocidentais não viviam em um lugar atrasado.[310]

Os "atlantes" deveriam ter a habilidade de manobrar no vento com seus navios, usando armação latina para ter um império marítimo tão vasto. Eles não podem ter confiado tecnologicamente em velas redondas às quais os povos do Mediterrâneo se limitavam. Pode ser que aqueles veleiros conhecidos agora como os *dhows* árabes, com suas velas especializadas, descendam dos navios de *design* atlante. Em meu livro *The Genius of China*, descrevo a invenção chinesa da armação latina, mas as origens dos *dhows* do norte da África e do Golfo Pérsico sempre foram um tanto ambíguas e não podemos provar que eles tiraram a inspiração da China em vez do Atlântico.

Um detalhe e pista importantes é a história de Connemara na Irlanda, com seu estilo de armação latina, que se assemelha aos *dhows* e pode ter uma origem atlante. Os estudiosos irlandeses estão bem cientes disso e a televisão de lá apresentou há muitos anos um documentário excelente e provocador sobre o assunto feito pelo famoso cineasta irlandês Sean O'Mordha. Entrei em contato com ele há muito tempo, mas nunca o conheci pessoalmente.

O fato de os construtores megalíticos serem uma cultura marítima foi reconhecido desde cedo pelo egiptólogo T. Eric Peet. Ele é famoso nessa área como um estudioso esplêndido e um dos principais especialistas em matemática egípcia. Entretanto, ele também tinha interesses mais amplos. Em 1912, ele publicou um livro que, embora pequeno, era um levantamento geral surpreendentemente abrangente dos megálitos ao redor do mundo, intitulado *Rough Stone Monuments*.[311] Nele, Peet afirmou com um discernimento considerável:

> (...) a construção megalítica é um sistema muito difundido e homogêneo, que, apesar das diferenças locais, sempre preserva certos aspectos em comum apontando para uma única origem. É, portanto, difícil aceitar a sugestão de que seja apenas uma fase pela qual muitas raças passaram (...) Há mais objeções a essa teoria na distribuição das construções megalíticas tanto no tempo como no espaço. No espaço elas ocupam uma posição muito notável ao longo de um vasto litoral, que inclui a costa mediterrânea da África e a

---

310. Lethbridge, T. C., *The Painted Men*, Andrew Melrose, London, 1956, p. 186-187. (Esse livro é dedicado em grande parte aos pictos, os "homens pintados".)
311. Peet, T. Eric, *Rough Stone Monuments*, Harper, London & New York, 1912.

costa atlântica da Europa. Em outras palavras, elas ficam ao longo de uma rota marítima natural. É mais do que um acaso que os muitos lugares nos quais, segundo essa teoria, a fase megalítica surgiu independentemente ficam todos na ligação marítima mais natural uns com os outros, enquanto nenhum fica no interior da Europa.

Em tempo, a grande maioria dos monumentos megalíticos da Europa parece começar perto do fim do período neolítico (...) é curioso que a construção megalítica, se fosse apenas uma fase independente em muitos territórios, aparecesse em tantos ao mesmo tempo e sem nenhum motivo aparente (...) Por esses motivos é impossível considerar a construção megalítica como uma mera fase pela qual muitas nações passaram e deve, portanto, ter sido um sistema originado com uma raça, espalhando-se por toda a parte, graças à influência do comércio ou à migração (...) deve ter estendido uma vasta rota comercial ou uma série delas ao longo das quais percorreu a presença de dolmens precisamente semelhantes na Dinamarca, na Espanha e no Cáucaso (...) (ou) não há nada improvável *a priori* na ideia de que os monumentos megalíticos foram construídos por uma única raça invasora.

Há outras considerações que sustentam tal teoria. Será reconhecido prontamente que a forma mais comum e mais extensamente distribuída de monumento megalítico é o dólmen. Tanto isso quanto seus derivados óbvios, como Giant's Grave, o *allée couverte*, entre outros, são reconhecidos como tendo sido tumbas, enquanto outros tipos de estrutura, como os templos malteses, os menires e os cromeleques, quase certamente tinham um propósito religioso. É difícil de acreditar que esses tipos de construção, tão ligados à religião e ao sepultamento, fossem introduzidos nessas regiões apenas por influência de relações comerciais. Os costumes religiosos e os ritos funerários ligados a eles são talvez a propriedade mais preciosa de um povo primitivo e são aqueles a cujas mudanças eles mais resistem e se opõem, mesmo quando envolve detalhes e não princípios. Por isso é quase incrível que os povos, por exemplo, da Espanha, ao saberem de comerciantes que os povos da África do Norte enterravam em dolmens, trocaram, em casos isolados, seu hábito de enterrar em valas pelo enterro em dolmens. É ainda mais impossível acreditar que esse evento anormal aconteceu em um território depois de outro (...) Uma troca de produtos entre um país e outro não é anormal, mas um tráfico de hábitos funerários é impensável (...) As medições apresentadas no último capítulo pareceriam demonstrar que apesar da variação local há uma homogeneidade subjacente nos crânios dos povos megalíticos.

Portanto, parece que a teoria mais provável da origem dos monumentos megalíticos é que esse estilo de construção foi levado aos vários territórios onde o encontramos por uma única raça em uma migração imensa ou séries delas. É importante que essa teoria seja aceita pelo dr. Duncan Mackenzie, que talvez seja a primeira autoridade nas estruturas megalíticas da enseada mediterrânea (...) Ainda resta uma questão para ser discutida. De qual direção a arquitetura megalítica veio e qual era seu lar original? Mackenzie está (...) propenso a acreditar em uma origem africana. Se ele estiver certo, pode ser que alguma mudança climática, possivelmente a redução da precipitação pluviométrica no que agora é o deserto do Saara, tenha provocado uma migração da África para a Europa muito semelhante a que muitos acreditam ter dado à Europa sua população neolítica. O povo megalítico pode até ter sido um ramo da mesma raça vasta que os neolíticos: isso explicaria o fato de os dois inumarem seus mortos em uma posição contraída.[312]

Todo o norte da África está repleto de restos megalíticos de todos os tipos. Na Líbia, há um grande número de "trílitos", que lembram aqueles de Stonehenge na Inglaterra. Eles foram pouco estudados e o relato mais abrangente deles provavelmente é aquele feito por H. S. Cowper em um livro publicado em 1897.[313] O livro extraordinário de Cowper tem muitas fotos e ilustrações de trílitos, com descrições detalhadas deles. Precisa-se dizer logo que esses poucos trílitos que são estudados em tempos recentes muitas vezes foram descartados como "prensas de oliva romanas". Eu não consideraria impossível alguns deles serem prensas de oliva ou, o que é mais provável, adaptados para se tornar prensas por terem denteações

---

312. Ibid., p. 146-153.
313. Cowper, H. S. [Henry Swainson Cowper], *The Hill of the Graces: A Record of Investigation among the Trilithons and Megalithic Sites of Tripoli*, Methuen, London, 1897.

Stonehenge na África 413

para apoiar estruturas acessórias de madeira. Grande parte da Líbia com certeza foi densamente povoada em tempos romanos e a destruição do ambiente líbio parece ter acontecido após a conquista árabe, que deixou a Líbia como a terra devastada seca, infecunda e inóspita que é hoje. A Líbia já teve água abundante e foi coberta de florestas e plantações. O que não fazem os poderes destrutivos do homem!

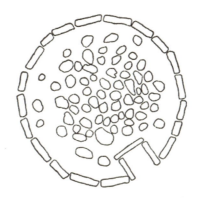

Figura 63. A planta de um círculo de pedra megalítica na Argélia, mostrando como ele foi preenchido por povos tardios com outras pedras megalíticas coletadas na área, levadas para seu cerco protetor e apenas jogadas lá, provavelmente por "proteção" mágica. Essa é a Figura 19 na p. 94 em T. Eric Peet, *Rough Stone Monuments and Their Builders*, Harper, London/New York, 1912. Esse círculo, cujo topo fica aproximadamente para o norte, é um dos vários círculos megalíticos encontrados em um monte chamado "Senam" em Msila ou M'Sila, Distrito ou Província, a sudoeste de Argel. As pedras são de calcário. Em 1912, ainda restavam três círculos perfeitos, medindo 23 $\frac{1}{2}$, 26 $\frac{3}{4}$ e 34 $\frac{1}{3}$ pés (7, 7,92 e 10,3 metros) de diâmetro. Cada um deles tinha uma ruptura na circunferência, como a mostrada aqui no quadrante inferior direito, apontando aproximadamente para o sudeste, obviamente na direção de um ponto nascente de algum corpo celestial, mas sem saber mais não podemos dizer qual. Essas "rupturas" constituíam nichos retangulares abertos com largura variando de dois pés e seis polegadas a seis pés (de 76,2 centímetros a 1,82 metro). A Argélia parece ter tantos restos megalíticos quanto a Líbia, mas enquanto os líbios costumam ser trílitos em planos quadrados, os argelinos parecem ser círculos, mais como os restos do Marrocos e da Grã-Bretanha. Supostamente, as diferenças de estilo indicam povos vizinhos e relacionados, mas separados, com suas próprias subculturas. A maior concentração de círculos megalíticos e outros restos na Argélia parece ser um lugar chamado Roknia na Região Guelma no nordeste da Argélia. Em Roknia, há mais de 7 mil dolmens em uma região espalhada por aproximadamente uma milha (1,6 quilômetro). Isso sugere que Roknia tem a maior concentração de pedras megalíticas de qualquer lugar do mundo, superando em muito até a densidade das pedras encontradas em Carnac na Bretanha. A história da civilização megalítica norte-africana ainda precisa ser contada.

A sugestão de os trílitos líbios serem "prensas de oliva romanas" não se mantém após um exame minucioso pelo que se pode ver na Prancha 60. Essa é uma foto tirada por volta de 1890 por Herbert Weld-Blundell, um explorador que parece não ter publicado nada, mas que deu a foto a seu amigo H. S. Cowper, que a reproduziu em seu livro como Figura 49 na p. 169. Todas as fotos do livro dele, incluindo essa, têm má qualidade, mas em muitos casos são as únicas existentes de certos trílitos. Essa é a mais incrível de todas. Ela mostra um grupo megalítico de trílitos em Messa, na região cirenaica da Líbia, que lembra muito Stonehenge. Como todos que estudaram Stonehenge mesmo que superficialmente sabem, os trílitos não eram originais lá, mas sim acrescentados em um momento posterior. No início, Stonehenge se parecia mais com o Mezorah e não tinha pedras colocadas na horizontal sobre os topos das outras. O predomínio comum de mais de uma centena de

Trílito em Elkeb na Líbia, de um desenho do dr. Henry Barth. Ele fica a cerca de 45 milhas (72,4 quilômetros) a leste do sul de Trípoli. Tem dez pés (três metros) de altura e a pedra superior tem seis pés e seis polegadas (1,98 metro) de comprimento. De James Fergusson, *Rude Stone Monuments in All Countries*, London, 1872, Figura 176, p. 412.

Trílito em Khassia Hills na Índia. De James Fergusson, *Rude Stone Monuments in All Countries*, London, 1872, Figura 204, p. 464.

Um dos seis trílitos juntos em Ksaea, perto de Trípoli, no norte da África, a 45 milhas ao sul do leste de Trípoli, de um desenho do dr. Henry Barth. De James Fergusson, *Rude Stone Monuments in All Countries*, London, 1872, Figura 175, página 411.

Figura 64

trílitos por toda a Líbia, alguns em grupos, mas muitas vezes erigidos sozinhos e muitos caídos e destruídos, indica uma "trilitomania" na Líbia em algum período pré-histórico desconhecido, e eu sugeriria que esses povos entraram em contato com a Grã-Bretanha e seus trílitos foram adotados em Stonehenge sob sua influência. Na verdade, vejo o norte da África, do Marrocos à Líbia, como a verdadeira pátria dos construtores megalíticos, pelo menos nesse período, se não desde o início.

O complexo de trílitos em Messa é tão extraordinário que não se pode duvidar de que é uma ruína megalítica. O nome "Messa" também é semelhante ao nome "Mezorah". Cowper não visitou esse sítio remoto, mas Weld-Blundell lhe disse que ficava "na estrada Merj-Greanah, em um lugar chamado Zawieh Beida, a umas 40 milhas [64,3 quilômetros] desse último local".[314] Cowper nos diz o seguinte sobre isso, lembrando que o nome líbio para um trílito ou um grupo deles é *senam:*

> Ao descrever uma série tão espantosa de monumentos megalíticos é preciso ver se podemos encontrar em qualquer outra série pontos de analogia; e ao fazer isso temos dois monumentos extraordinários que exigem atenção. O primeiro deles é o fantástico grupo megalítico encontrado em Messa, na Cirenaica, pelo sr. Weld-Blundell, e o outro é o grande círculo de Stonehenge. Os paralelos entre esses dois tipos e os *senams* são de fato impressionantes. Pois, embora os planos em todos os três tipos sejam bem diversos, encontramos as duas características principais de Stonehenge representadas, uma em Tarhuna e a outra em Messa; pois, enquanto o monumento cirenaico [Messa] é o círculo externo de trílitos contínuos de Stonehenge esticados em uma linha reta, os *senams* de Tarhuna estão dispostos em um quadrado. Pareceria de fato quase possível construir um Stonehenge a partir do monumento de Messa e dos *senams* de Tarhuna.
>
> Esses pontos de semelhança são tão espantosos que não devem ser ignorados, pois pareceria que apenas na costa de Trípoli encontramos algum paralelo real com nossa grande ruína na planície de Salisbury.
>
> A grande diferença na disposição em todos esses grupos, embora bem notável, é, ouso dizer, mais aparente do que real. Após examinar cerca de 80 dos sítios de *senam*, a

---

314. Ibid., p. 170.

impressão mais forte deixada é que o símbolo real e efetivo do ritual, a ideia ao redor da qual tudo se centrava, era a forma trilitônica em si; por isso, a disposição da construção passa a ser uma questão de importância secundária. Por mais ridículo que isso soe no início[,] a tradição de Geoffrey de Monmouth, de que as pedras de Stonehenge foram levadas pela astúcia dos gigantes da Antiguidade da África para Kildare e de lá por Merlin para a planície de Salisbury, podemos afinal encontrar um substrato de fato: podemos descobrir algum dia que o culto do símbolo dos trílitos realmente veio da África, ou de alguma forma do leste, para nossos litorais.[315]

Então o que é toda essa conversa moderna sobre "prensas de oliva"? Um exemplo da suposição casual de que os trílitos eram meras "prensas de oliva" pode ser encontrado em um artigo de R. G. Goodchild em *The Geographical Journal* em 1950.[316] Goodchild menciona o livro de Cowper, que ele elogia muito, porém diz também ser "um trabalho excelente arruinado apenas pelas conclusões falsas quanto à data e ao propósito dos monumentos de '*senam*'". Goodchild reproduz uma foto mostrando dois *senams* e diz na legenda: "Prensas de oliva romanas em Snemat, Wadi Merdun". Ele tem certeza de que a área nunca foi ocupada de modo significativo antes da época romana. Ele fala da "Arqueologia da Tripolitânia interior, que é, de modo monumental, quase exclusivamente romano-líbia (...)". A maioria dos *senams* está na área do que Cowper chamava Monte Tarhuna e que Goodchild chama de Planalto Tarhuna. Por um raciocínio um tanto tautológico, Goodchild usa os *senams* para definir a fronteira sul da região produtora de olivas, que ele deseja usar para provar que os *senams* eram usados para espremê-las. Ele diz:

> Os limites ao sul da área principal de cultivo antigo de oliva podem ser determinados com alguma precisão pela distribuição de prensas de oliva romanas e esses limites coincidem quase exatamente com a margem da zona climática da "planície elevada" e o início da "estepe" (...) Mas as áreas de estepe e deserto ao sul de Gebel foram, no período romano, capazes de suportar uma população sedentária considerável (...).

Então por que as oliveiras pararam?
Goodchild fala mais:

---

315. Ibid., p. 169-171.
316. Goodchild, R. G., "Roman Tripolitania: Reconnaissance in the Desert Frontier Zone", *The Geographical Journal*, London, Vol. 115, nº 4/6 (April-June 1950), p. 161-171.

Já no meio do século I a.C., os habitantes de Léptis Magna conseguiram contar com a produção de centenas de milhares de oliveiras, e as áreas plantadas provavelmente aumentaram durante o período romano. Por toda a área de Gebel, o viajante encontra os pilares monumentais das prensas de oliva romanas, suspeitas certa vez de ser monumentos "megalíticos" de origem pré-histórica.

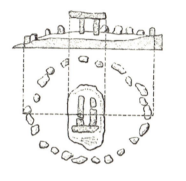
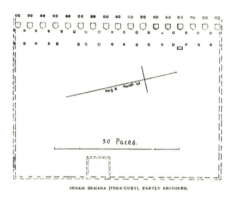

Figura 65. ESQUERDA: Círculo megalítico perto de Bona, Argélia, visto de perfil (acima) e de cima (abaixo). Ele foi descoberto por M. A. Leternoux em cerca de 1886 e se parecia assim na época. Note o trílito em destaque no círculo. Uma *cippus* (estela) de um trabalho romano tardio com uma inscrição berbere também foi encontrada aqui. Bona é um importante porto mediterrâneo na costa nordeste da Argélia. De James Fergusson, *Rude Stone Monuments in All Countries*, London, 1872, Figura 233, p. 532 (para ler o texto relevante, veja a p. 405 e a Figura 174).

DIREITA: Desenho de Cowper do diagrama das pedras de Senam Semana em Terr'gurt (veja a fotografia na Prancha X), mostrando a predileção nessa parte da Líbia por arranjar as pedras grandes em áreas cercadas retangulares em vez de círculos, preferidos mais a oeste. Talvez essas áreas cercadas retangulares antigas fossem a inspiração para as áreas cercadas retangulares pré-dinásticas, arcaicas e do Antigo Império, se elas realmente forem anteriores a esses períodos. Pouco se sabe para ter certeza sobre qualquer coisa relativa a esses megálitos líbios. Figura 89 na p. 281 de H. S. Cowper, *The Hill of Graces: A Record of Investigation among the Trilithons and Megalithic Sites of Tripoli*, London, 1897.

Goodchild não apresenta os motivos por que os trílitos devam ser "prensas de olivas", nem por que eles não devam ser megálitos pré-históricos. Mas ele insiste bastante que a área só foi habitada durante o período romano, não antes nem depois. Entretanto, ele estranhamente se contradiz nesse ponto por admitir que havia um número enorme de olivais *antes* dos romanos, pois, na última citação feita, ele fala de como os olivais "provavelmente aumentaram durante o período romano". Se algo *aumentou* durante o período romano, obviamente estava lá antes, mas se estivesse lá antes, então não é verdade que a área era inabitada antes dos romanos. Claramente, a lógica não é o ponto forte de Goodchild.

Para os antigos egípcios, a Líbia e a área se estendendo até a margem do Delta Ocidental eram conhecidas como "Terra da Oliva" desde o tempo pré-dinástico, mais de 3 mil anos antes de qualquer romano pisar no norte da África. Foi Percy Newberry quem decifrou o significado do nome *Ta Tehenu* pelo qual a Líbia era conhecida pelos egípcios desde os tempos mais remotos registrados, pois ninguém antes dele conseguiu traduzi-lo. Sua primeira pista veio quando ele estudava os selos de marfim e madeira escavados nas tumbas da Primeira Dinastia por Petrie, Griffith, Naville, entre outros. Esses selinhos vieram de jarras de oferendas nas tumbas, identificando seus conteúdos. Um dos conteúdos mencionados era "óleo de *tehenu*". Newberry percebeu que o nome tinha do seu lado um símbolo de um galho de árvore, um hieróglifo do tipo que os egiptólogos chamam de "determinativos", pois determinam a natureza da palavra ou do nome. Ele percebeu que o óleo deveria vir de uma planta, provavelmente uma árvore. No primeiro artigo em que mencionou isso, em 1912, ele disse: "(...) Suspeito que possa ser azeite".[317] Em 1915, Newberry estava bastante confiante quanto a essa identificação de *tehenu* com "oliva" para publicar um artigo na revista de Petrie chamado especificamente de "*Ta Tehenu* – 'Olive Land'". [Eu usei a ortografia mais comum *tehenu* em vez de *djehenu*, apresentada por ele, usando o símbolo linguístico do "t" sublinhado, e fiz isso nas citações a seguir e na nota de rodapé, em nome da consistência da discussão com usos mais modernos.] Ele escreveu lá (omitindo os hieróglifos que, por não poderem ser impressos aqui, foram substituídos por pontos):

> Não houve ainda nenhuma interpretação do nome... *Ta Tehenu*. Os egiptólogos costumam identificar a palavra como "Líbia", mas embora esse significado seja correto

---

317. Newberry, Percy E., "The Wooden and Ivory Labels of the First Dinasty", in *Proceedings of the Society of Biblical Archaeology*, December, 1912, p. 288. (Como minha cópia desse artigo é uma separata original, não tenho o número do volume, pois não o tirei de um volume encadernado. O artigo como um todo está nas p. 279-289, com três páginas de pranchas, numeradas XXXI-XXXIII.)

sem dúvida, não é uma tradução do nome. Os territórios costumavam ser nomeados pelos egípcios e outros povos conforme o produto principal da terra. Eles chamavam o Baixo Egito de... *Ta-meh*, "Terra do Linho", o Médio Egito de... *Ta-skhemaa*, "Terra do Junco", e a Núbia de... *Ta-ped-jet*, "Terra do Arco", pois o arco era a arma principal dos habitantes. *Ta Tehenu* é, claro, "Terra de *Tehenu*", mas a pergunta a ser respondida é: "O que é... *Tehenu?*".

Newberry refere-se então ao óleo de *tehenu* das oferendas das tumbas, destaca os motivos por que deve ser um óleo de uma árvore, mas não pode ser de cedro, cujo nome é conhecido. Ele então descreve e reproduz uma foto de uma paleta de ardósia arcaica no Museu do Cairo, que mostra imagens de oliveiras, com um sinal hieroglífico ao lado delas que por outros motivos já foi lido como "*tehenu*". Ele apresenta provas adicionais e conclui:

> Observou-se que *Ta Tehenu* (que podemos chamar agora de "Terra da Oliva") costuma ser interpretada como Líbia, mas esse é um termo vago. Alguns autores clássicos interpretavam Líbia como toda a África a oeste do Istmo de Suez [isto é, chegando até o Marrocos], outros como o território a oeste do Egito, incluindo os oásis [também na altura do Marrocos]. Os egiptólogos no geral defendem essa última definição, mas há provas para demonstrar que em tempos idos, em todas as ocasiões, a Terra da Oliva abrangia a região do Lago Mareótico e todo o território a oeste da parte canópica do Nilo [veja os mapas nas Figuras 71 e 72], possivelmente também *grande parte do Delta.* Não se pode duvidar que a Terra da Oliva foi um território próspero e muito rico. O rei Sahure da Quinta Dinastia [datada por convenção em cerca de 2487-2473 a.C.] capturou de seu povo nada menos que 123.440 bois, 233.400 asnos, 232.413 bodes e 243.688 carneiros. O número imenso de gado de grande e pequeno porte prova que a Terra da Oliva deveria ter abrangido em suas fronteiras pastos bem extensos. Vários séculos antes de Sahure, [rei] Narmer-Menés conquistou o povo da Terra da Oliva. Essa conquista está registrada em um pequeno cilindro de marfim (...) encontrado em Hieracômpolis e confirma a afirmação de Maneton [discutida no Capítulo 6] que o fundador da monarquia

egípcia [o primeiro rei da Primeira Dinastia, chamado em geral de "Menés", como discutido no Capítulo 6] realizou uma expedição contra os líbios (...) Os reis [mais antigos] do Egito mencionados na Pedra de Palermo são retratados usando a coroa [vermelha] de Neith [veja-os representados na Figura 49, p. 268], e foi pelo casamento com Hetep, a chefe de Sais [capital política do Baixo Egito no Delta], que Narmer-Menés uniu os dois reinos do Egito sob sua única autoridade. O reinado que Narmer-Menés conquistou foi, portanto, o reinado *líbio* do Baixo Egito.[318]

Agora precisamos completar nossa deliberação sobre os trílitos líbios. Vimos que a Líbia era conhecida como "Terra da Oliva" desde a Pré-História e produzia óleo de oliva, usado como oferenda nas tumbas da Primeira Dinastia. Logo, temos prova de que Goodchild falava uma bobagem completa quando sustentava que as áreas de plantação de olivas da Líbia não eram habitadas antes de os romanos virem e plantarem todos os olivais. (Aliás, já destaquei que ele se contradisse sobre esse assunto.) Mas esses olivais já estavam lá 3 mil anos antes da chegada dos romanos. Além disso, Newberry demonstrou as quantidades gigantescas de gado que os líbios possuíam e que na Quinta Dinastia, séculos após os líbios serem "conquistados" por "Menés", eles ainda eram uma cultura gigantesca e vicejante capaz de ter rebanhos tão vastos que centenas de milhares de cabeças de gado puderam ser capturadas pelo faraó Sahure. Somei o número total de animais capturados por ele e isso dá 832.941! E isso é só o que ele conseguiu *capturar*. Fica claro então que por todo o norte da África, mesmo depois, em 2500 a.C., "líbios" de todos os tipos deveriam ter milhões de cabeças de gado pastando em vastos gramados, onde hoje fica a areia, abastecidos por rios onde agora há uádis secos. Deve ter sido um paraíso bucólico e tanto, de um tamanho enorme, estendendo-se do Egito ao Atlântico. Obviamente essa civilização tinha os recursos alimentícios e a prosperidade para sustentar uma cultura bem avançada e poderia produzir quantidades gigantescas de grãos, azeite e carne para uma população enorme.

Estou propenso a acreditar que os trílitos líbios são megálitos pré-históricos e não eram originalmente "prensas de oliva". Alguns trílitos tinham buracos em suas colunas, o que pode muito bem ter sido feito em uma data posterior, seja no período romano ou não, para torná-los úteis aos fazendeiros. Eles podem ter convertido alguns em

---

318. Newberry, Percy E., "*Ta Tehenu* – 'Olive Land'", in *Ancient Egypt*, Vol. 2, Pt. 3, 1915, p. 97-102 com a prancha (Fig. 4) de frente para a p. 97.

prensas de oliva, quem sabe? Alguns dos trílitos parecem ter sido adulterados de outras formas, com o acréscimo de outras pedras. Sem dúvida aconteceu bastante improviso ao longo das eras. Mas não consigo ver como um local como Messa pudesse ser de prensas de olivas. Não há motivo para continuar colocando pedras horizontais sobre toda uma fileira de colunas dessa forma se você estiver apenas espremendo olivas. Acho até ridículo imaginar uma coisa dessas. Acredito, portanto, que podemos aceitar que os trílitos apareceram originalmente na área como megálitos pré-históricos, mas alguns foram adaptados para uso durante o período romano. Não sei onde se originou a "teoria da prensa de oliva", mas ela deve ser bem antiga, porque é mencionada por alto pelo estudioso líbio Oric Bates, que, embora reconheça que ocorrem megálitos na metade ocidental do norte da África, afirma:

> Não há informações de nenhum monumento realmente megalítico da Líbia, a leste da Tunísia. Por mais de 50 anos desde a época de sua descoberta, defendeu-se repetidas vezes que os restos de prensas de óleo romanas do tipo *torcular* seriam megálitos [ele dá várias referências além daquelas que já consideramos], mas sua verdadeira natureza agora é por via de regra reconhecida.[319]

Ele segue identificando os criadores da "teoria da prensa de oliva" como o autor francês H. Méhier de Mathuisieulx, que contribuiu com uma revista francesa cuja data ele não dá (embora este autor publicasse no início do século XX) e dois autores britânicos, D. R. MacIver e A. Wilken, que escreveram um livro chamado *Libyan Notes* de data desconhecida. Entretanto, consegui descobrir que esse livro foi publicado em 1901 por David Randall MacIver e Anthony Wilkin (não Wilken) e tem 113 páginas. Nele (p. 78), os autores dizem que "muitos supostos monumentos pré-históricos de Trípoli não são mais extraordinários do que prensas de óleo romanas". Porém, como esses homens eram meros viajantes e não especialistas em monumentos megalíticos, acredito que podemos desconsiderar essa teoria. Não seria nada extraordinário os monumentos trilitônicos terem sido adaptados em alguns casos pelos habitantes locais com o tempo para um propósito utilitário, mas não acredito que um número tão grande de estruturas trilitônicas (pelo menos uma centena) possa ter sido erigido a muito custo e com muito trabalho só para espremer oliva. Por outro lado, por existirem centenas de milhares de oliveiras, como admite o próprio Goodchild, uma cen-

---

319. Bates, Oric, *The Eastern Libyans*, Macmillan, London, 1914, p. 159-160.

tena de prensas feitas de pedra não faria sentido, pois milhares delas seriam necessárias na Líbia. Obviamente, prensas de oliva perecíveis perfeitamente adequadas existiam em abundância e não havia nenhuma necessidade de se dar o trabalho de fazer algumas em pedra. Essa "teoria da prensa de oliva" é, portanto, ridícula. Os *senams* devem ser estruturas megalíticas, embora alguns tenham sido adulterados.

Acredito que o estranho nome *senam*, usado pelos locais para descrever todas essas estruturas, pode estar relacionado ao antigo termo egípcio *sensen*, que significa "encaixado", sendo uma forma reduplicada de *sen*, que significa "juntar" (do fato de *sen* ser o pronome oblíquo os ou lhes). Mas deve haver um jogo de palavras envolvido, pois *senem* é um verbo usado para significar "agarrar as cabeças dos conquistados pelos cabelos deles". Mais uma vez, como vimos no Mezorah, podemos ter um eco do significado de "cabeças" referindo-se aos topos dos pilares.

No site deste livro, <www.egyptiandawn.info>, reproduzi imagens escaneadas de muitos trílitos líbios para o leitor estudar. Em termos do acesso antigo a eles, o mapa enorme preparado por Cowper para seu livro esclarece que muitos deles eram acessíveis por barco pelo mar da cidade atual de Kam viajando na direção oeste até o Rio Cinyps, que em tempos mais felizes corria ao longo do leito do agora seco e desolado Wadi Targelat. Você então pega uma bifurcação à esquerda subindo o rio até o Wadi Daun (que depois teve diques romanos, de modo que não era mais navegável nessa época) e pega outra bifurcação à esquerda para chegar à área de Ghirah, onde os *senams* começaram. Esse mapa também pode ser visto no site, de onde pode ser baixado e ampliado para um exame minucioso. Nesse respeito, o acesso oculto por rio do mar lembra aquele para o Mezorah, que Mavor conseguiu descobrir ter sido usado na Antiguidade.

Parece ter existido outra rota, ainda mais obscura, por barco para os *senams* diretamente para o sul, ao longo de um rio estreito no atual Wadi Terrgurt. Os *senams* começaram ao pé do Monte Tarhuna por essa rota e depois marcharam para cima no planalto. Presumivelmente, o rio deixou de ser navegável em Senam Semana e depois era preciso seguir por terra. Também reproduzo um mapa útil na Figura 70 mostrando as viagens do viajante francês Méhier de Mathuisieulx, que mostra com clareza a localização do Planalto de Tarhuna (ou Tarhouna em francês) a sudeste de Trípoli.

No meio do século XIX, o viajante dr. Henry Barth descobriu um conjunto de seis trílitos erigidos juntos a 45 milhas (72 quilômetros) de Trípoli em Ksaea, um dos quais pode ser visto na Figura 64. Em 1886, um trílito foi encontrado no nordeste da Argélia, perto da costa, como

Stonehenge na África 423

Figura 66. Um círculo megalítico em Cirenaica, Líbia, desenhado por Giuseppe Haimann em seu livro *Cirenaica*, extraído do Boletim da Sociedade Geográfica Italiana, 1882 (em italiano).

parte de um círculo megalítico perto do porto de Bona. Esse círculo e o trílito podem ser vistos de perfil e de cima na Figura 65. Por toda a extensão e amplitude do norte da África, há uma quantidade extraordinária de restos megalíticos, incluindo círculos de pedra, e alguns dos restos são trílitos, embora eles pareçam um tanto aglomerados regionalmente. Entretanto, ninguém em sua sã consciência diria que um trílito como aquele perto de Bona erigido em um círculo megalítico fosse uma "prensa de oliva", a menos, é claro, que as pedras formando o círculo fossem grandes azeitonas petrificadas.

Quem ainda não foi às regiões da Espanha que têm restos megalíticos pode não saber quão vasta a cultura megalítica foi nesse território. Pode-se dizer com segurança que a Espanha foi o centro do mundo megalítico para o continente europeu, pelo menos em termos de população e a dimensão enorme de atividade e construção. Um dos sítios megalíticos mais incríveis de lá ainda está intacto e fez uma impressão enorme em mim quando o vi. Eu me vi questionando por que mais pessoas na Grã-Bretanha parecem não saber disso. Ele se chama Antequera e fica na Andaluzia. Simeon Reyna escreveu sobre ele.[320] As

---
320. Reyna, Simeon Gimenez, *Die Dolmen von Antequera*, Antequera, 1978.

placas de pedras usadas para construir esse dólmen são tão gigantescas que uma das pedras do telhado pesa 180 toneladas. Isso excede o peso de qualquer pedra usada no Egito Antigo, exceto por aquelas formando o pavimento ao lado da Pirâmide de Quéfren, cujos pesos estimados são de até 200 toneladas cada. Mas essas ficam no chão e aquelas de Antequera são *pedras do teto*. Se alguém fosse procurar por evidência de uma cultura pré-histórica com a habilidade demonstrável de manejar pedras enormes de um peso inconcebível para a construção e que tivesse as aptidões para trabalhos com pedras para aconselhar ou participar da construção das pirâmides de Gizé, com certeza seriam esses construtores megalíticos. Reproduzo algumas fotos dos dolmens de Antequera no site deste livro. Eles são incríveis e vê-los é emocionante.

Os restos megalíticos da Espanha foram completamente estudados e publicou-se muito sobre eles em alemão, começando em 1943 em Berlim, no meio da Segunda Guerra Mundial. Eu tenho esses tomos enormes, quase tão pesados quanto as pedras do dólmen de Antequera! Não poupei trabalho nem dinheiro, e as ilustrações são incríveis. Os autores eram Georg Leisner (1879-1957) e Vera Leisner (1885-1972).[321] Os Leisner dedicaram suas vidas profissionais a esse projeto imenso e meritório. Sem querer lançar calúnias sobre os Leisner, sobre quem não sei nada de natureza pessoal, precisa-se destacar que o gasto excessivo da publicação de seus volumes iniciais no meio da guerra, após a derrota desastrosa dos alemães em Stalingrado, deve ter exigido apoio financeiro e político da Ahnenerbe (Departamento para Herança Ancestral) da SS. Por coincidência, o tipo de pesquisa realizada pelos Leisner cabia perfeitamente nos objetivos e nas teorias raciais dos nazistas, que na década de 1930 enviaram equipes arqueológicas e etnográficas para muitos cantos do mundo (incluindo lugares tão distantes quanto Islândia e Tibete) para estudar os "antigos arianos" (sim, eles acreditavam na existência de "arianos" no Tibete; na verdade, que os arianos se originaram lá, mas essa é uma longa história...). Nosso conhecimento da cultura megalítica espanhola, portanto, deve muito às teorias e crenças bizarras de nada menos que Heinrich Himmler, que também deve ter financiado o trabalho, o que claramente exigiu um grande grupo de apoio e uma equipe de pesquisa importante. Isso é mesmo uma grande ironia, pois parece que foram os fascistas espanhóis que prenderam Montalbán (que deve ter tido uma afinidade republicana) no Mezorah assim que ele

---

321. Leisner, Georg e Leisner, Vera, *Die Megalithgräber der Iberischen Halbinsel* (*The Megalithic Graves of the Iberian Peninsula*), Berlin, 1943 em diante, vários volumes, incluindo volumes de pranchas.

terminou seu trabalho lá e apreenderam suas anotações, privando-nos assim de seu relatório arqueológico sobre os megálitos do Marrocos. Tudo isso serve para mostrar que às vezes você ganha, outras você perde: os fascistas alemães nos ajudaram a aprender sobre os megálitos da Espanha enquanto os fascistas espanhóis nos impediram de aprender sobre os megálitos do norte da África.

Um dos trabalhos acadêmicos mais impressionantes da primeira parte do século XX foi o grande calhamaço *The Eastern Libyans* de Oric Bates.[322] Ele conseguiu ser impresso por um triz logo antes do início da Primeira Guerra Mundial. Bates não era arqueólogo, mas um geógrafo, um agrimensor e um ótimo estudioso com um domínio soberbo do aprendizado clássico. Pergunta-se se hoje haveria alguém que pudesse produzir um trabalho tão enorme e seminal.

Bates não tinha dúvida de que os líbios e os povos do norte da Europa tinham uma ligação direta. Ele fala sobre a predominância no norte da África do que ele chama de "xantocroides". Essa palavra estranha significa apenas "povo com cabelo e pele claros". Às vezes ele volta à realidade e os chama apenas de loiros. Poderíamos dizer apenas "brancos loiros". Os egiptólogos já sabiam há muito tempo que havia membros loiros e de olhos azuis na família real durante a Quarta Dinastia, como por exemplo Hetepheres, a filha de Quéops (que recebeu o nome de sua avó, mãe de Quéops), casada com o rei Djedefre, seu meio-irmão. Alguns dos olhos incrustados das estátuas do período mostram olhos azuis em vez de castanhos. Esses traços parecem ter vindo dos vários casamentos inter-raciais entre os reis egípcios e as princesas líbias que aconteceram da Primeira à Terceira Dinastia. Evitarei entrar em detalhes e dar todos os exemplos disso aqui por falta de espaço, mas esses fatos não são contestados e, portanto, não há controvérsia quanto a isso. Devo acrescentar que alguns entusiastas amadores alegaram em livros, artigos e na Internet que as primeiras princesas das quais se tem registro no mundo eram negras africanas. Para "provar" essa teoria, eles afirmaram que as princesas líbias que se tornaram rainhas egípcias, como Neith Hetep do Baixo Egito e Mer Neith da Primeira Dinastia (e principalmente na 25ª Dinastia), que vieram de Sais no Delta, eram negras. Embora seja verdade que os negros africanos tiveram um papel na história egípcia e houve até alguns faraós negros, as princesas/rainhas líbias eram mulheres loiras de pele clara. Os negros africanos vieram do Alto Egito (no sul) e abaixo, não do Baixo Egito (o Delta no norte).

Eis aqui alguns outros comentários de Bates:

---

322. Bates, Oric, *The Eastern Libyans*, op. cit.

A origem, seja europeia, asiática ou africana, da raça hamítica, que, junto com os árabes, compartilha agora essa parte da África que fica ao norte da lat. 10° N, ainda aguarda solução (...) Os elementos extra-africanos mais importantes entre os hamitas são os berberes braquicéfalos [de cabeça larga] e os loiros. Os dois, como se esperaria *a priori*, são encontrados no norte. Os braquicéfalos são, quase certamente, invasores, pois eles formam um pequeno grupo perto da costa norte do continente africano de dolicocéfalos [cabeças alongadas]. Os loiros são muito mais numerosos, mas são ainda mais claramente de origem não africana (...) Que os xantocroides sejam invasores nórdicos, como supuseram há muito tempo Broca e Faidherbe, parece (...) indubitável (...) os xantropoides africanos são encontrados no fim de uma estrada percorrida em tempos históricos por outra invasão loira nórdica [os vândalos; 80 mil deles cruzaram o Mediterrâneo até a África em 428 d.C. e em 439 d.C. eles tomaram Cartago], (e) só é razoável supor que os xantocroides dos monumentos egípcios e informações clássicas fossem invasores em um território povoado a princípio por negros e *bruns* "autóctones". Pode-se dizer realmente, como fez de Quatrefages, que a origem dos loiros africanos ainda é desconhecida, mas é, pelas razões dadas, seguro dizer que eles eram imigrantes.[323]

Mais adiante no livro, Bates é mais específico quanto aos construtores megalíticos serem loiros:

Se alguém tentar conjecturar o que eram esses construtores megalíticos, a forte possibilidade parece ser que eram xantocroides ou loiros nórdicos. Esse povo parece ter ido para a África pela Europa Ocidental, e em Mogreb [Magreb é a escrita mais comum hoje; é a região que contém Marrocos, Argélia e Tunísia], onde os rudes monumentos de pedras são mais numerosos, encontra-se o grosso dos africanos claros. Essa teoria, que é bem corroborada por outros fatos e atribuiria os megálitos africanos aos xantocroides que os berberes assimilaram em parte, foi formulada e defendida pela primeira vez pelo general [Louis] Faidherbe [em seu artigo "Instructions sur l'Anthropologie de l'Algerie",

323. Ibid., p. 39-41.

Stonehenge na África

publicado em Paris em 1873] e ainda pode ser aceita como essencialmente verdadeira.[324]

Com certeza, na opinião de *sir* Flinders Petrie, o "primeiro povo pré-histórico" do Egito foram os líbios. Ele disse:

> Parece agora absolutamente claro que havia três sistemas de escrita no Egito e cada um deles foi conhecido pela primeira vez com uma raça diferente. As marcas geométricas do sistema alfabético apareceram com o primeiro povo pré-histórico, que parecem ter sido os líbios. Eles pertenciam ao oeste e foram a fonte de todos os alfabetos mediterrâneos (...) a longa prioridade dos sinais alfabéticos no Egito deixa a tradição de origem fenícia [do alfabeto] fora do caso (...) Até Diodoro [Sículo] não acreditou nisso (...) Quando vemos como esse alfabeto completo era muito difundido, é simples que o fenício tinha apenas uma pequena parte de um todo. Há 23 letras que eram usadas no Egito, em Karia e na Espanha, todas desconhecidas na Fenícia. Há dez outras que os árabes do sul tinham em comum com os mediterrâneos e as runas do norte da Europa, mas eram todas desconhecidas na Fenícia. Parece óbvio que havia um alfabeto muito difundido a partir do qual se formou muito tempo depois uma seleção fenícia.[325]

Não preciso lembrar o leitor que os fenícios, por ser herdeiros diretos das rotas comerciais litorâneas do Atlântico como já explicado, teriam sido naturalmente herdeiros também do alfabeto dos mesmos antecessores. Nota-se também que Petrie reconhece a existência do alfabeto no Egito e na Espanha megalítica bem antes da época dos fenícios e admite prontamente que a "primeira raça pré-histórica" a levar cultura ao Egito antes da Primeira Dinastia foi a líbia do oeste. Essa é uma confirmação direta da hipótese aventada neste capítulo. Temos, portanto, a autoridade do próprio Petrie para o que proponho sobre uma origem líbia (ou pelo menos parte líbia) para a primeira civilização avançada do Egito.

Petrie insistiu muitas vezes nas origens líbias. Ele afirmava que a cidade egípcia de Heracleópolis (chamada agora de Ehsnasya) fora fundada pelos líbios na pré-história:

---

324. Ibid., p. 160.
325. Petrie, [*Sir*] W. M. Flinders, "The Alphabet in the XIIth Dynasty", in *Ancient Egypt*, 1921-1922, Pt. 1, p. 2-3.

O local tem uma história extraordinária. No passado geológico, o Nilo abriu uma saída para o Fayum [uma área fértil grande a oeste do Nilo, abaixo do Cairo] a umas dez milhas [16 quilômetros] ao sul da entrada Lahun. Os estratos ruíram no canal erodido e ficaram inclinados em 45 graus. Essa ruptura no círculo da bacia de Fayum depois deu fácil acesso do oeste para o Vale do Nilo. Por essa fenda vieram várias ondas de líbios, os mais conhecidos deles são os chefes líbios de Heracleópolis na 22ª Dinastia. Sem dúvida a cidade foi fundada a princípio por uma invasão dessa, o que explica sua posição incomum, longe do Nilo (...) provavelmente o canal [Bahr Yusuf] corria ao longo da antiga extremidade do deserto e a cidade foi fundada na margem oposta. Isso teria acontecido na pré-história, por ser uma cidade da categoria mais antiga (...).[326]

Petrie é, portanto, bem explícito em insistir que os líbios fundaram cidades no Egito em tempos pré-históricos e uma delas ficava ao sul de Gizé. O nome egípcio de Heracleópolis era Henen-Nesut, cujo significado se acredita ser "palmeiral do rei",[327] ou às vezes Henun-Seten. A cidade fica a oeste do Nilo, logo ao sul da região de oásis de Fayum e aproximadamente na mesma distância ao sul da pirâmide em Meidum (a pirâmide do Antigo Império mais ao sul), pois Meidum fica ao sul das pirâmides do Antigo Império em Dashur. Então podemos chamar Heracleópolis de fronteira sul efetiva do que gosto de descrever como a "região Mênfis/Gizé" (que começa na base sul do Delta, onde o Nilo se bifurca em afluentes) antes de você entrar no que poderia ser chamado "Egito Médio", ao sul dele.

Entretanto, Petrie também acreditava que os líbios se estabeleceram mais ao sul. Em sua opinião, o importante sítio pré-histórico de Naqada foi fundado por líbios, formando assim o que os arqueólogos chamam de "civilização naqadiana":

O primeiro título [real] foi o da coroa vermelha, *deshert*, modelada com esmero em alto-relevo em um jarro (...) da primeira civilização pré-histórica depois da badariana (...) Obviamente é uma boina, como a do doge de Veneza, com uma pena de avestruz espetada em cima dela. Sabemos mais

---

326. Petrie, [*Sir*] W. M. Flinders, relatório arqueológico do ano, in *Ancient Egypt*, 1921-1922, Pt.1, p. 33.
327. Bruijning, F. F., "The Tree of the Herakleopolite Nome", in *Ancient Egypt*, 1921-1922, Pt. 2, p. 1.

sobre isso do que os egípcios históricos, que não conseguiram entender a forma tradicional que chegara a eles e esticaram a pena em uma linha que não tinha significado. Esta se tornou mais tarde a coroa [da cidade] de Sais [no Delta] e da deusa Neit [Neith], portanto evidentemente de origem líbia, e encontrando isso no extremo sul, em Naqada, corresponde com a fonte líbia da civilização daquele período.[328]

O nome egípcio para Naqada era Nubt e seu nome clássico era Ombos. Fica bem no extremo sul no Nilo, além do meio do caminho de Edfu para Assuã. O fato de que os líbios estiveram lá também na pré-história é espantoso, por se tratar de uma distância imensa ao sul de Heracleópolis. É um lugar estranho para a representação mais antiga conhecida da Coroa Vermelha do *Norte* ser encontrada em um cântaro. É meio como encontrar um pinguim no Polo Norte ou, talvez ainda mais apropriado, encontrar um urso polar (do Círculo Ártico) no Polo Sul. Isso tudo serve para mostrar que as pessoas viajaram bem mais pelos lugares na pré-história do que imaginamos.

Há muitas imagens egípcias antigas dos líbios pintadas em paredes e outras fontes, algumas das quais reproduzo na Prancha 59b e na Figura 67. Muitas delas mostram com bastante clareza certos padrões de desenho recorrentes que aparecem nos trajes dos líbios ou como tatuagens em sua pele. Semelhanças podem ser vistas entre estes e os padrões de desenho coletados e reproduzidos pelos Leisner dos construtores megalíticos espanhóis/ibéricos. Eu os reproduzi como Figura 68. O ponto principal nos dois casos é o losango ou uma série deles. Essas semelhanças confirmam a ideia de que os construtores megalíticos líbios e ibéricos tiveram origens comuns, e devemos nos lembrar de que os exemplos de desenhos líbios são muito mais do que mil anos posteriores, de modo que certas continuidades culturais foram bem fortes por extensos períodos de tempo.

Outra cultura pré-dinástica do Egito é chamada de amratiana, datada por convenção de cerca de 4000 a.C.-3500 a.C. Essa cultura, que seguiu os badarianos (cultura antiga mencionada no Capítulo 6, aqueles com a melhor cerâmica), às vezes é chamada de Naqada I. Segundo *sir* Flinders Petrie, os amratianos eram líbios. Ele escreveu:

> Logo depois da badariana (...) veio a civilização amratiana (...) Ela está ligada à badariana pela continuidade da cerâmica vermelha com as pontas negras, a forma das

---

328. Petrie, [*Sir*] W. M. Flinders, "The Palace Titles", in *Ancient Egypt*, 1924, p. 114-115.

Figura 67. Um líbio retratado segundo a estética do Novo Império. De Karl Oppel, *Das Alte Wunderland der Pyramiden*, Leipzig, 1868, p. 144. Era tradição os líbios eminentes usarem duas penas no cabelo, e elas foram consideradas a origem da pluma dupla que aparecia na cabeça de vários deuses egípcios, como Amon e Sokar.

tigelas carinadas [serrilhadas ou em forma de carena], o uso de paletas de ardósia e a pintura de olho com malaquita. Mas uma grande irrupção de tipos e decoração novos mostra sem dúvida pessoas novas entrando na terra. A característica mais óbvia é a abundância de padrões de linhas brancas em tigelas vermelhas, todos imitações de padrões de cestas dos quais os badarianos não mostram um traço. Eles sugerem um crescimento independente da cerâmica do cesto de barro com linhas, enquanto os badarianos trabalhavam o barro como um material para fazer vasos, puro e simples. Os padrões são aqueles ainda presentes nas regiões montanhosas da Argélia, onde é comum o uso da cerâmica trabalhada com hematita e uma decoração de argila branca. Devemos, então, nos referir à Líbia como esse novo grupo da população.[329]

Petrie destacou também em uma resenha de um artigo sobre a antiga Malta do estudioso francês E. de Manneville: "As tigelas carinadas da cerâmica neolítica [encontrada em Malta] são mais como aquelas tigelas dos antigos amratianos [do Egito]".[330]

Esse é um detalhe importante, porque, se os amratianos foram "líbios" e a cerâmica semelhante à deles fosse usada em Malta aproxima-

---

329. Petrie, [*Sir*] W. M. Flinders, "The Peoples of Egypt", in *Ancient Egypt*, 1931, p. 78.
330. Petrie, [*Sir*] W. M. Flinders, resenha em *Ancient Egypt*, 1931, p. 113.

Stonehenge na África

damente ao mesmo tempo, então isso sugere que os "líbios" foram um povo marítimo capaz de navegar entre a costa norte-africana e a ilha de Malta, o que por sua vez sugere que esses "amrato-líbio-malteses", como podemos chamá-los, portanto, descenderam de povos megalíticos. E isso sustenta minha tese geral muito bem.

Em outra resenha, Petrie comenta sobre as descobertas feitas pelo filólogo alemão E. Zyhlarx: "Um reconhecimento da homogeneidade entre a fala berbere [do norte da África contemporâneo] e um componente líbio do antigo idioma egípcio leva a pesquisa sobre o egípcio antigo para uma nova fase de conhecimento".[331]

Não creio na existência de outros trabalhos para elucidar os elementos linguísticos líbios no antigo egípcio e sua relação com o berbere; mas, se existem, esses estudos não receberam uma atenção hoje em dia.

Enquanto muitos dos egiptólogos antigos insistissem em uma origem líbia para a civilização do Delta Ocidental, os contemporâneos foram acusados de evitar a questão de um modo extraordinário. Um dos contribuidores mais eminentes à discussão foi uma mulher incrível que conheci pouco, a dra. Alessandra Nibbi (1923-2007). Ela foi uma italiana, doutora em Letras em Etruscologia (estudo dos etruscos), mas que voltou sua atenção ao Egito, tornou-se egiptóloga e mudou para Oxford. De 1972 até 2007, ela lutou incansavelmente contra um mar de inércia e indiferença para chamar a atenção dos egiptólogos para algumas questões anômalas relativas especialmente ao Delta egípcio, que ela explorou pessoalmente antes de grande parte dele ser terraplenado, destruindo tantos sítios arqueológicos na busca pela agricultura moderna. Ela publicou vários livros e incontáveis artigos. Era uma daquelas pessoas com uma energia aparentemente infinita.

---

331. Petrie, [*Sir*] W. M. Flinders, resenha em *Ancient Egypt*, 1935, Pt. 2, p. 119.

(1)

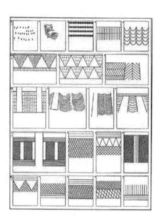

(2)

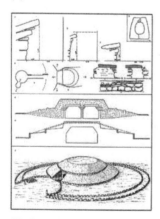

(3)

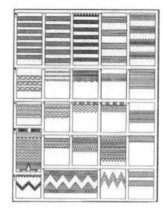

(4)

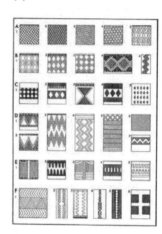

(5)

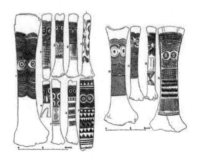

(6)

Figura 68

(1) Desenhos ibéricos encontrados na cerâmica do período megalítico na Espanha. Prancha 91 de Leisner, Georg e Leisner, Vera, *Die Megalithgräber der Iberischen Halbinsel* (*The Megalithic Graves of the Iberian Peninsula*), Berlin, 1943 em diante.

(2) Desenhos ibéricos encontrados na cerâmica megalítica no sudeste da Espanha. Prancha 90 (1) de Leisner, Georg e Leisner, Vera, *Die Megalithgräber der Iberischen Halbinsel* (*The Megalithic Graves of the Iberian Peninsula*), Berlin, 1943 em diante.

(3) Desenhos ibéricos encontrados na cerâmica megalítica no sudeste da Espanha. Prancha 90 (2) de Leisner, Georg e Leisner, Vera, *Die Megalithgräber der Iberischen Halbinsel* (*The Megalithic Graves of the Iberian Peninsula*), Berlin, 1943 em diante.

(4) Desenhos ibéricos encontrados na cerâmica megalítica no sul da Espanha. Prancha 93 de Leisner, Georg e Leisner, Vera, *Die Megalithgräber der Iberischen Halbinsel* (*The Megalithic Graves of the Iberian Peninsula*), Berlin, 1943 em diante.

(5) Reconstrução pelos Leisner da aparência original de uma sepultura megalítica ibérica no sul da Espanha. Prancha 85 de Leisner, Georg e Leisner, Vera, *Die Megalithgräber der Iberischen Halbinsel* (*The Megalithic Graves of the Iberian Peninsula*), Berlin, 1943 em diante.

(6) Desenhos geométricos ibéricos antigos com o motivo do "olho duplo" ou "sol gêmeo", entalhados em ossos descobertos nos restos megalíticos. Prancha 92 de Leisner, Georg e Leisner, Vera, *Die Megalithgräber der Iberischen Halbinsel* (*The Megalithic Graves of the Iberian Peninsula*), Berlin, 1943 em diante.

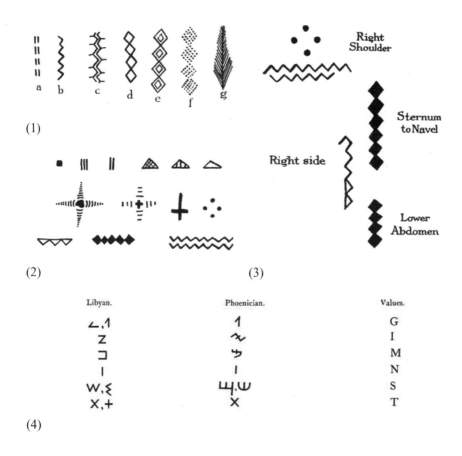

Figura 69

(1) Padrões de tatuagens líbias mostradas em estatuetas dos líbios do "grupo C", chamados às vezes de "núbios médios", habitantes da região da Núbia entre a primeira e a segunda catarata do Nilo. As estatuetas foram escavadas no cemitério de Dakkah (Pselchis). Bates demonstra que esse grupo tem ligação com os líbios pré-dinásticos e os identifica como um ramo dos líbios temehu do norte, que viviam como um grupo desunido por muitos séculos no Nilo no extremo sul. Bates destaca que os líbios alcançaram essas áreas embaixo do Alto Egito partindo da Líbia, viajando por terra de um oásis a outro, no extremo oeste do Nilo, em vez de navegando pelo rio. Eles tinham traços arquitetônicos e culturais completamente diferentes daqueles da maioria dos "núbios" negros e viviam, em parte, da pesca. (Figura 98 de Oric Bates, *The Eastern Libyans*, London, 1914, p. 250.)

(2) Desenhos de tatuagens mostrados na pele dos líbios retratados pelos egípcios. Eles vêm de duas fontes: um grupo de quatro príncipes líbios temehu pintados em um muro da tumba de Seti I e três telhas preservadas em Medinet Habu, perto

Stonehenge na África

de Luxor; as duas pertencentes ao Novo Império. (Figura 52 de Oric Bates, *The Eastern Libyans*, London, 1914, p. 140.)

(3) Análise feita por Oric Bates das várias partes do corpo onde apareciam os diferentes desenhos de tatuagens dos líbios. (Figura x de Oric Bates, *The Eastern Libyans*, London, 1914, p. x.)

(4) Listas feitas por Oric Bates das letras do alfabeto como apareceram pela primeira vez no norte da África ("líbio"), depois na Fenícia, e como são pronunciadas hoje, por terem nos alcançado pelo alfabeto grego, derivado do fenício. As letras fenícias derivam claramente das norte-africanas mais antigas. A origem definitiva de nosso alfabeto pode, portanto, estar em eras megalíticas. Um estudo mais completo e abrangente dos monumentos do norte da África e as inscrições encontradas às vezes neles e nas rochas podem resultar em uma melhor compreensão dessas origens aparentes. (Figura x de Oric Bates, *The Eastern Libyans*, London, 1914, p. x.)

Em 1985, ela fundou e editou, até um pouco antes de seu falecimento, a revista egiptológica *Discussions in Egyptology*, radicada em Oxford. Foram lançadas um total de 65 edições, das quais consegui colecionar agora quase todas, menos uma, e em qualquer momento eu tenho uma grande esperança de completar minha coleção dessa revista extraordinária. Ela foi fundada em imitação de outra revista egiptológica em formato reduzido, mas muito mais velha, também encadernada em amarelo, chamada *Göttinger Miszellen*, publicada em Göttingen na Alemanha. Entre elas, essas duas revistas maravilhosas e estimulantes agiram como editores necessários de artigos curtos e notas nas maiores línguas do Ocidente, bem como publicaram com frequência contribuições "heterodoxas" com observações ou teorias que as revistas mais solenes teriam medo de publicar por desafiarem tanto o pensamento convencional.

As ideias de Alessandra Nibbi são tão extraordinariamente interessantes e relevantes que eu cheguei a considerar tentar fazer um levantamento ampliado delas aqui e compilar uma bibliografia abrangente para ela como eu fiz para Patrick O'Mara (que ela publicava muito em sua revista). Se não fosse pelas atividades de alguns "encrenqueiros" educados e gentis como Nibbi e O'Mara, a Egiptologia ficaria totalmente petrificada e incapaz de gerar uma nova compreensão. Por isso, pessoas como eles devem ser encorajadas com entusiasmo, pois cutucam os cadáveres dos "zumbis", dos estudiosos ortodoxos que nunca desviam nem por um fio de cabelo das opiniões unânimes, e os fazem acordar de seu sonambulismo e os agitam levemente. Entretanto, eu tive de abandonar meu projeto nobre de fazer o levantamento das ideias de Nibbi,

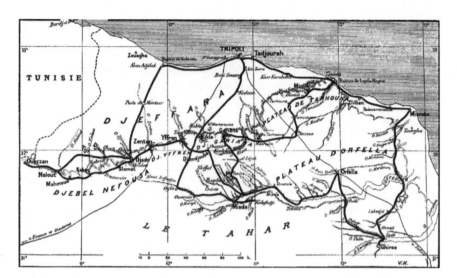

Figura 70. O mapa das viagens do antigo viajante francês do século XIX Méhier de Mathuisieulx pela Líbia, mostrando o Planalto de Tahuna (escrito em francês como Tahouna, pois eles sempre gostam de enfiar um "o" a mais nos nomes na menor oportunidade) no lado direito superior. Essa região é especialmente rica em trílitos, muitos dos quais foram fotografados por Cowper (veja Pranchas 60-64 e muitas outras no site).

por mais importantes elas sejam em termos do que discuto, porque a tarefa seria grande demais e este livro nunca terminaria. Portanto, devo me contentar em citar apenas um de seus muitos artigos, que apareceu em sua revista em 1995, pois seus comentários são chocantes demais à luz do que consideramos:

> (...) nós recebemos [em um livro que ela acabava de citar] um resumo dos livros egiptológicos sobre os "líbios" sem considerar o fato de haver muita incerteza e suposições ao juntar o material egiptológico e não ter clareza nenhuma a respeito do histórico geográfico desses povos, que não pode ter sido o deserto (...) Devemos aceitar o uso romano desse termo que se aplicava a todas as áreas logo a oeste do Nilo (...) Logo, o termo *ocidental* é mais adequado do que *líbio* para os povos de que tratamos (...) Estudos mais recentes sobre os povos "líbios" relutaram em separá-los da área da Líbia atual e raramente tentam identificá-los a partir de alguma evidência. Até encontramos referências a "faraós da etnia líbia", seja lá o que for que isso queira

dizer. No seminário que formou a base de *Libya and Egypt c. 1300-750 B.C.* (1990), de Anthony Leahy, nem se tentou definir "líbio". Os estudiosos dependiam consideravelmente do artigo primordial de Leahy sobre o período líbio no Egito que tenta identificar a dinastia "líbia" estrangeira no Egito como governo por homens de "extração líbia", muito embora "a retenção de sua identidade étnica seja obscurecida pela evidência". Nesse artigo, Leahy precisa dar duro para nos convencer de que os "líbios" eram muito diferentes dos egípcios, o que alguns estudiosos antigos [ela cita dois egiptólogos alemães, Ludwig Borchardt e Uvo Hölscher] não teriam aceitado. Mas ele não nos informa mais sobre quem eram os líbios.[332]

Isso nos adverte de que não há estudiosos "entusiásticos" nesse campo hoje em dia!

James Henry Breasted, um dos egiptólogos mais importantes no início do século XX (e criador da "cronologia de Breasted" da história egípcia mencionada em capítulos anteriores), em seu livro *A History of Egypt*, explicou que acreditava que os líbios foram cruciais à formação da civilização egípcia. Alguns de seus comentários foram os seguintes:

[O Egito tinha] ao norte do litoral desabrigado do Delta e no sul as barreiras rochosas de cataratas sucessivas, impedindo a fusão com os povos do interior da África. Sobretudo nas duas margens ao norte do Delta as influências externas e os elementos estrangeiros, que sempre se infiltravam no vale do Nilo, conseguiram acesso ao território. Pelo canto leste a população semítica pré-histórica da vizinha Ásia abriu caminho pelos perigosos desertos intermediários, enquanto as raças líbias, de possível origem europeia, encontraram entrada pelo lado oeste (...) O Delta ficou, durante toda a era histórica, aberto às invasões dos líbios que viviam a oeste dele, e a constante afluência de povos dessa fonte deu ao Delta Ocidental um caráter distintamente líbio que ele preservou até o tempo de Heródoto [cerca de 484 a.C.-425 a.C.]. No primeiro momento em que os monumentos nos possibilitaram discernir as condições no Delta, o faraó está lutando contra os invasores líbios, e o antigo reino do norte [os reis pré-dinás-

---

332. Nibbi, Alessandra, "Some 'Libyans' in the Thera Frescoes?", in *Discussions in Egyptology*, Oxford, Vol. 31, 1995, p. 89.

438   **Aurora Egípcia**

ticos, alguns dos quais estão registrados na Pedra de Palermo (veja a Figura 49)] terá sido, portanto, fortemente líbio, se de fato não deveu sua origem a essa fonte. O templo em Sais, no Delta Ocidental, o centro principal da influência líbia no Egito, tinha o nome "Casa do Rei do Baixo Egito" (o Delta) e os líbios tatuavam nos braços o emblema de Neit, sua deusa principal (...) Infelizmente, o Delta é tão profundamente revestido de depósitos de lodo do Nilo que os restos materiais dessa civilização antiga estão enterrados para sempre longe de nosso alcance. Essa civilização foi provavelmente mais antiga e avançada do que a do vale acima.[333]

Essa é exatamente minha tese, à qual eu francamente cheguei antes de verificar para ver quais eram as visões de Breasted. Temos aqui um motivo claro para que não saibamos e não possamos nunca saber os detalhes da civilização que eu acredito ter realmente construído as pirâmides de Gizé, pois o lar de sua civilização e os níveis de ocupação originais de sua capital em Sais estão em grande parte enterrados em profundezas enormes abaixo de um acúmulo de milhares de anos de lodo e areia do Delta. Mas eles devem ter sido os maiores pináculos da conquista desses povos de procedência líbia/megalítica/"atlântica". Do histórico megalítico veio o conhecimento em matemática, geometria e astronomia, junto com a habilidade de trabalhar e construir com pedras gigantescas equivalentes àquelas encontradas em Antequera na Espanha (180 toneladas). Não parece haver outra fonte contemporânea possível para esses elementos de tecnologia e cultura. Mas como eles se transformaram nas façanhas fantásticas em Gizé permanece uma incógnita. Acredito que só consegui demonstrar que alguns dos elementos necessários existiam e estavam disponíveis para o Baixo Egito no tempo certo. Essa me parece ser a única possibilidade para sua procedência e incorporação na "civilização egípcia". Por que mágica isso aconteceu e resultou na criação de estruturas tão fantásticas quanto as pirâmides de Gizé não posso dizer. As respostas, como sugere Breasted, podem estar para sempre inacessíveis para nós. Mas isso não quer dizer que não devemos continuar tentando encontrá-las.

---

333. Breasted, James Henry, *The History of Egypt*, London, 1906, p. 6-7, 31-32.

Figura 71. Um mapa de Wilson mostrando o Egito na direção norte de Heracleópolis, a área supostamente controlada antes da Primeira Dinastia pelo "rei do norte" do período pré-dinástico. O atributo pantanoso da região do Delta do norte é bem representado aqui. A cidade sagrada do Delta foi Buto, vista aqui um pouco à esquerda do centro logo no início das regiões pantanosas. Abaixo dela, em uma área mais seca, ficava Sais, a capital política do Delta.

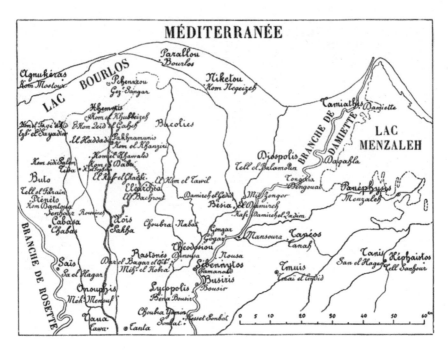

Figura 72. Mapa do norte do Delta traçado por Georges Daressy e publicado em *Annales du Service des Antiquités*, Vol. 26. Sais está perto da esquerda abaixo. Busiris está no centro, quase diretamente a leste de Sais. Tanis está na direita, quase diretamente a leste de Busiris. Buto está no meio, na extrema esquerda.

Apêndice 1

Dois Relatórios Antes Desconhecidos do Século XIX sobre as
Passagens da Grande Pirâmide
Uma descrição do trabalho de Giambattista Caviglia dentro da Grande
Pirâmide, publicada em particular por seu amigo Annibale Brandi em
1823
Traduzida por Stefano Greco
(com notas de Robert Temple)
A partir do que se acredita ser a única cópia remanescente de:
DESCRIÇÃO CONCISA DAS PIRÂMIDES DE GIZÉ NO EGITO
POR
A. B.
[Annibale Brandi]
LIVORNO
POR STAMPERIA DELLA FENICE
1823

Depois de passar pelo Grande Portão do Cairo, precisa-se andar por
pelo menos uma hora antes de chegar à cidade velha do Cairo; de lá,
pode-se ir para Roda e depois cruzar para Gizé, terra raramente considerada. Ela não fica longe da margem do Rio Nilo e tem o deserto
atrás de si. Viaja-se então por três horas no lombo de cavalos ou bur-
ros antes de chegar à Grande Pirâmide. A distância entre Gizé e esta
Pirâmide é de aproximadamente 17 milhas italianas.

Os antigos historiadores e geógrafos, isto é, Heródoto, Estrabão,
Diodoro Sículo, Ptolomeu e, acima de tudo, Plínio, falavam sobre as
grandes pirâmides do Egito, dentre as quais as mais celebradas por seus
tamanhos e boa conservação são absolutamente aquelas de Gizé. O que
eu poderia dizer sobre elas depois desses famosos escritores? Mesmo
assim, mostrarei meus sentimentos sobre elas; como suas descrições

são bem conhecidas, não direi muito sobre elas. Direi apenas por alto algo sobre sua construção. Se a Grande Pirâmide de Gizé serviu como um mausoléu para o faraó egípcio, segundo Heródoto, Estrabão e alguns historiadores árabes, ou como a tumba de antigos reis do Egito, como dizem muitos autores, é um problema para os eruditos. Entretanto, a opinião de um escritor chamado Monsieur [Benoit de] Maillet parece bem plausível. Ele diz que, depois de colocarem os corpos do rei e da rainha na Grande Pirâmide, eles a fecharam por dentro e os últimos a saírem desceram pelo poço escavado na rocha e então tiveram de subir pela passagem; depois disso, ao fechar a entrada dela, eles deixaram uma superfície continuamente plana por todo o caminho até sua base.

É uma grande questão se aqueles que entraram lá pela primeira vez foram levados pela tradição, por certos escritos de autores antigos ou só por sua autoconfiança, quando eles encontraram a abertura da passagem descendente que acabei de mencionar.

É um mistério também se antes do século VIII alguém entrou nas câmaras do rei e da rainha pelo poço, porque os autores antigos não dizem nada sobre isso.

Pelo que pude ver e do que as pessoas cultas dizem, certos escritores árabes afirmam que a sede por ouro levou o califa Mohammed, por volta do início do século VIII, a forçar uma entrada na Grande Pirâmide, acreditando poder encontrar alguns tesouros. Eles dizem que certos ídolos de ouro, encontrados com a múmia do rei, foram a pequena recompensa por muitos anos de trabalho e custos excessivos. Outros autores orientais dizem que essa empreitada foi do califa Haroun el-Rashid, que viveu no tempo de Carlos Magno [Charlemagne]. Digam o que for, não há dúvida de que a abertura forçada da Grande Pirâmide foi feita durante a dominação dos árabes.

Depois de uma certa época, alguns viajantes e curiosos conseguiram entrar com grande dificuldade nas câmaras mencionadas por essa entrada forçada. Alguns homens inteligentes, porém, pensaram que seja qual fosse o uso da pirâmide, deveria, haver outras formas de adentrar o interior de uma construção tão maravilhosa.

O capitão Giovanni Battista Caviglia de Gênova, que esteve no Egito por um tempo (e talvez ainda esteja lá), por ter algum conhecimento de ciência, foi até as pirâmides e a Esfinge que guarda o Vale Sagrado [entrada para o Planalto] e iniciou o projeto para tentar desobstruir essas passagens.

Ele começou seu trabalho em janeiro de 1817 e conseguiu limpar o caminho subterrâneo, chamado de Passagem, que levava da pirâmide

Apêndice 1

443

para a abertura da entrada forçada pela qual se poderia chegar ao túnel, às câmaras do rei e da rainha e ao famoso poço; depois ele deixou a entrada forçada mais confortável, retirando a pedra esburacada pela qual se tinha de entrar [provavelmente as pedras de revestimento com um buraco forçado nelas foram deixadas ao redor dessa entrada forçada até essa ocasião]. Além disso, como ele não poderia prever que na continuação da passagem [descendente] houvesse uma entrada para o poço, ele decidiu limpar o poço, que estava cheio de terra e pedras, enquanto trabalhava até a abertura horizontal da passagem. O poço é escavado na rocha dentro da Grande Pirâmide. Perto do meio do fundo do poço, no lado esquerdo, há uma caverna escavada na rocha, conhecida e descrita pelos antigos autores árabes. [Ela é conhecida popularmente como "a Gruta".]

O capitão Caviglia, segundo o que me disseram, limpou a caverna [a Gruta] por 60 pés (18,2 metros) [se isso for mesmo verdade, então houve um desmoronamento de pedregulho na Gruta, escondendo isso hoje]. Continuando a limpar a passagem descendente, ele achou sua ligação com o poço. Então, no fim da passagem, isto é, a uns 380 pés (115,8 metros) de sua abertura, eles encontraram no lado direito uma câmara [a Câmara Subterrânea], cheia de pedras e terra. [A descrição "eles encontraram no lado direito" refere-se ao fato de que, embora você entre de frente, a entrada fica no canto esquerdo, de modo que, quando você entra, a maioria das câmaras fica à sua direita.] Depois de desobstruí-la [a Câmara Subterrânea] [das pedras e da terra], ele descobriu que ela não levava a nenhuma outra sala e não há nenhum sinal de abertura. Deve-se subtrair cem pés [30,48 metros] (aqueles da abertura) do comprimento dessa passagem para chegar à entrada do acesso forçado. [Esse é um jeito estranho de dizer que a entrada forçada de Mamoun leva à Passagem Descendente em um ponto a cem pés de sua própria entrada.] O fato de eles [pessoas anteriores] terem entrado até essa câmara [a Câmara Subterrânea] é indicado por algumas letras vistas no teto, formadas pela fumaça de tochas ou velas, mas quando isso aconteceu é um mistério. Caviglia também limpou bem toda a câmara da rainha [até então, como soubemos com Greaves, Sandys, entre outros, ela estava cheia de pedras, lixo e fedia a "sepultura"], imaginando que ele pudesse encontrar algum caminho para outras salas, porém ele não teve nenhum resultado. Ele descobriu que no canto esquerdo do túnel [a Grande Galeria] havia uma janela; ele subiu nela com uma escada e achou uma salinha [a Câmara de Davison, descoberta uns 30 anos antes] escura com granito maravilhoso, que não levava a nenhum outro lugar. É verdade que nenhum outro autor escreveu sobre a continuação dessa passagem, o que acontece em seu fim, sua ligação com o poço, nem sobre essas outras salas.

Só Maillet imaginou que o poço tinha de se ligar à passagem, mas essa foi apenas uma conjectura. Parece que Caviglia não fez nada além de limpar a Grande Pirâmide de Gizé e medir suas dimensões com exatidão.

Importantes também são as descobertas feitas quando escavaram ao redor da Andro-Esfinge [Esfinge] e a respeito da abertura de várias tumbas localizadas nas adjacências das pirâmides, como veremos na continuação dessas minhas memórias. O tempo curto que tive nas pirâmides e meu pobre talento não me deixam fazer uma descrição muito exata. Porém, auxiliado pelo conselho de pessoas cultas, continuo o quanto posso para descrever o que o sr. Caviglia realizou.

Esse mesmo Caviglia, depois de examinar a Grande Pirâmide de Gizé e descobrir a continuação da passagem [*descendente*] em um comprimento de 280 pés [85,3 metros] além do que se conhecia, com uma câmara no fim [a Câmara Subterrânea], a ligação entre a passagem e o poço e a salinha de granito negro no lado esquerdo do túnel [Grande Galeria], depois de tirar as pedras e a terra das câmaras e de tomar nota do fato de que ele não tinha nenhuma outra pista para encontrar novas câmaras, deixou a Grande Pirâmide para procurar outras antiguidades nos arredores. Essas iniciativas dele foram infrutíferas, para dizer o mínimo. [Eu omiti aqui a descrição do trabalho de Caviglia na Esfinge e em algumas tumbas menores, já publicada como um apêndice em meu livro anterior, *The Sphinx Mystery*, 2009.]

(...) Caviglia desceu em uma tumba subterrânea e encontrou uma grande câmara com um sarcófago de granito impressionante com sua tampa em uma ótima condição. [Esse parece ser o chamado "Poço de Osíris" embaixo da Calçada de Quéfren, descrito no Capítulo 2. Caviglia foi o primeiro europeu a descobri-lo, como James Burton também registra em seu manuscrito.]

(...) Caviglia entrou e abriu uma pequena pirâmide, aquela na frente da Grande Pirâmide, no lado leste, e achou lá salas e passagens mais confortáveis do que as da Grande Pirâmide. Depois de muito escavar lá e procurar nas passagens subterrâneas, ele encontrou o espaço de uma toca que lembra os Antros de Minerva, que consiste de quatro pequenas cavernas, escavadas na rocha calcária (...)

(...) A pequena pirâmide [de Miquerinos] não é acessível, pois até agora ninguém conseguiu retirar todas as pedras que a cercam, e parece, como eles dizem, não valer a pena se dar ao trabalho de tentar encontrar sua entrada. As outras cinco pirâmides ficam muito longe dessas

Apêndice 1   445

no norte do Egito, mas elas não são tão lindas quanto as de Gizé. Essa Grande Pirâmide tem uma altura perpendicular de 462 pés [140,8 metros], isto é, 70 *tese*, e seus lados têm 660 pés de comprimento [201 metros], isto é, 110 *tese*.

[Nota: *tese* é plural de tesa, unidade italiana de medida linear dessa época, usada às vezes também como unidade volumétrica. A unidade foi um empréstimo do francês durante a Baixa Idade Média, sendo que o nome do meio francês é *toise*, da palavra do latim tardio *tesa*, do latim clássico *tensa*, significando "braços esticados" pelo latim medieval *tensa*, *teisa* significando "dispêndio, extensão", e também do latim *te(n) sa/tensus/tendere* "esticar", logo "o comprimento, a distância, extensão ou tamanho de (uma estrada)". O valor dessa unidade variava bastante na Itália do século XIX, indo de 1,414 metro em Novara a 2,242 metros em Bardonecchia. (Como unidade volumétrica, ela variava da mesma forma e equivalia a aproximadamente dois metros cúbicos.) Brandi emprega *tese* em um sentido frouxo, não preciso, para significar 6,6 pés no primeiro exemplo e seis pés no segundo; entretanto, os pés aparentemente não são ingleses, mas franceses do século XIX: *piedi*, ou *piedi "del Re"*. O uso de Brandi dessa unidade de medida agora obsoleta, a *tesa*, e o fato de ele se contradizer em termos de seu valor nos dois exemplos dados quer dizer que a medida é apenas aproximada. Portanto, não precisamos realmente nos preocupar com sua menção de *tese*, mas, no caso de alguém que possa se preocupar, eu apresentei essa visão geral da questão para botar uma pedra sobre ela. R.T.]

JAMES BURTON (1826)
(NÃO PUBLICADO, TIRADO DE UM MANUSCRITO)
Tirado do manuscrito original não publicado de Burton na
Biblioteca Britânica:
MS. Add. 25.618

(Descrição da Gruta e do "poço" por Burton)

Poço. O poço alinhado com a alvenaria acima e abaixo da gruta para sustentar como deveria um daqueles leitos insulados de cascalho muito encontrados na rocha que os pedreiros chamam de falhas.

(Descrição da Câmara Subterrânea por Burton)

A nova passagem. Continuando até a distância de 23 pés [sete metros] passando pela porta que se abriu no fundo do poço no mesmo ângulo de inclinação, ficou mais estreita e tomou uma direção horizontal por cerca de 28 pés [8,5 metros] mais adiante, onde se abria em uma câmara espaçosa logo embaixo do ponto central da pirâmide. Essa câmara nova tem 66 pés [20 metros] de comprimento por 27 pés [8,2 metros] de largura com um telhado plano e, quando descoberta pela primeira vez, estava quase cheia de pedras soltas e lixo que o sr. Caviglia retirou com um trabalho considerável. A plataforma do piso escavada na rocha é irregular por quase metade do comprimento da extremidade leste ou de entrada sendo nivelada e a cerca de 15 pés [4,5 metros] do teto enquanto no meio ela desce por cinco pés [1,52 metro], em cuja parte há um espaço oco com toda a aparência do começo de um poço. Dali ela se eleva para a extremidade oeste de modo que em sua extremidade quase não há espaço entre o piso e o teto para ficar de pé; toda a câmara com a aparência de uma escavação inacabada, embora o sr. [Henry] Salt ache, após uma comparação cuidadosa dela com outras câmaras subterrâneas que foram desfiguradas pelos efeitos combinados do tempo e das mãos rudes de pesquisadores curiosos, que um dia pode ter sido bem acabada e usada talvez para o propósito de mistérios solenes e secretos. O sr. Salt diz que tinha a esperança de que essa câmara acabaria sendo aquela descrita por Heródoto como contendo a tumba de Quéops insulada por um canal do Nilo, mas a ausência de uma entrada e sua elevação de 30 pés [9,14 metros] acima do nível do Nilo em seu ponto mais elevado puseram um fim a essa ideia ilusória. Ele acha, porém, de uma expressão de Estrabão alegando que a passagem da entrada leva diretamente para baixo para a câmara que continha (...) (o receptáculo dos mortos), que essa câmara seria a única conhecida por esse autor, qualquer que tenha sido a intenção dessa câmara bem escavada. Não há vestígios agora de nenhum sarcófago. No lado sul dessa câmara formada irregularmente ou inacabada há uma passagem escavada [*chamada agora de Beco sem Saída*] apenas larga e alta o suficiente para um homem se rastejar sempre na horizontal na rocha por 55 pés [16,76 metros], onde ela termina de repente. Outra passagem na extremidade leste da câmara começa com um tipo de arco e

Apêndice 1

segue por cerca de 40 pés [12,19 metros] até o corpo sólido da pirâmide. [*Isso sugere que há uma passagem horizontal na direção leste a partir da porção superior do "poço subterrâneo" que pode ter ficado bloqueada ou oculta pelas escavações nesse poço feitas por Vyse e Perring 11 anos depois.*] O sr. Salt alude a alguma outra passagem percebida por Olivier onde os nomes de Paisley e Munro foram encontrados inscritos em sua extremidade. [*Esse último parágrafo aparece palavra por palavra em um relatório enviado por Henry Salt à* The Quarterly Review *em Londres, em 1818, sugerindo que Salt usou o manuscrito de Burton, mantendo a referência a si mesmo na terceira pessoa.*]

Apêndice 2
"Medições" da Pedra de Palermo

A Pedra de Palermo registra medições ano a ano de algo que não sabemos o que é. Todos aceitaram sem questionar que devem ser dos níveis anuais máximos do Nilo todos os anos no período da cheia. Essa é uma suposição razoável em face disso, pois sabemos que os nilômetros (aferidores verticais) foram usados para medir o nível do Nilo por milhares de anos no Egito e, como o nível da água era absolutamente crucial para a agricultura, podiam determinar se o povo passaria fome em anos bem desfavoráveis. Todos sabem disso e não discutem. Mas me sinto bem desconfortável com a suposição de que as medições registradas na Pedra de Palermo realmente se refiram ao Nilo. Acho essa hipótese dúbia porque as medições são precisas demais, até o valor mínimo de um quarto de "dedo". Como um "dedo" tem o valor de 18,71 milímetros ou 0,7366 de uma polegada, as medições da Pedra de Palermo são, portanto, tão precisas que registram variações tão pequenas quanto 4,6775 milímetros ou 0,18415 de polegada. Não acredito que as medições do nível do Nilo alcançassem tamanha precisão, que a superfície da água ficasse tão estável para determiná-la ou que os nilômetros pudessem ser tão precisos.

Os instrumentos astronômicos, por sua vez, teriam sido precisos assim por causa da obsessão com calendários e a verdadeira duração do ano (assunto que pretendo discutir em detalhes em um livro futuro). Portanto, sou da opinião de que realmente se media alguma soma astronômica ligada com computações de calendários. Seja o

Apêndice 2 449

que fosse, variava todo ano e poderia ser expresso como uma medida linear. Para tentar entender o que isso poderia ser, analisei primeiro os dados numéricos na configuração mostrada adiante. Naturalmente desconsiderei todos os dados vindos dos "fragmentos do Cairo" por acreditar que sejam falsos. Considerei apenas os dados registrados na própria Pedra de Palermo.

Preparei uma tabela na qual é possível ver as variações das medidas, muitas das quais em períodos de anos contínuos amplos, expressos no sistema métrico inglês e americano. Às vezes não há variação. Se as medições forem relativas aos movimentos lunares, deve-se observar que a Lua se eleva e se abaixa cinco graus acima e abaixo da eclíptica. Se os egípcios estivessem observando isso usando uma medição em escala linear plana e igualando um grau angular com um côvado real em seu instrumento medidor (o antigo conhecimento egípcio sobre graus celestiais é algo a ser abordado em uma ocasião futura, pois não há espaço para uma discussão dessas aqui, mas eles conheciam seu valor e os expressavam geodesicamente também na superfície terrestre, pois tinham uma propagação geográfica de estações "lunares" usadas para medir as sombras estendendo-se pelo Egito de leste a oeste entre Gaza e Siwa, pelas quais eles mediam o tamanho da Terra e o valor de um grau), então isso faria sentido, porque, como não há uma variação registrada excedendo dez côvados reais, as medições estariam todas dentro das variações de movimento lunar como foram observadas do mesmo ponto fixo durante o ano. Imagino uma régua vertical marcada de 0 a 10 na vertical e com uma ranhura central posicionada na direção do centro morto de um poço de observação meridiana como aqueles em Abu Ruash ou Zawiyet el-Aryan, abordados no Capítulo 3. Então, como a Lua culminava no meridiano em uma certa data, um número seria obtido, que poderia variar com o tempo pelo fato de os movimentos lunares não coincidirem com o ano solar. Esse é meu raciocínio inicial. Não tive a oportunidade de pensar em tudo isso direito, mas, em vez de esperar até poder formular alguma hipótese, decidi publicar a análise dos dados e a tabela, para que quem estiver interessado possa tentar e resolver isso sozinho.

A respeito das suposições, é necessário decidir se essas medições se referem a côvados comuns ou reais. Um côvado comum continha seis palmas e um real continha sete palmos. Os dados nos dão a resposta, porque no registro 5, quadro nº 4, dá uma medida de dois côvados, seis palmas e 2,5 dedos. Como isso excede seis palmas e é menor do que seis, sendo assim mais do que um côvado comum e menos do que um real, prova que os côvados reais foram usados. Logo, estamos seguros em usar as conversões do côvado real e não corremos o risco de nossos números ficarem errados por um sétimo.

Com referência ao equivalente moderno de um côvado real de comprimento, Petrie descobriu em Gizé que o côvado real tinha 1,71818 pé, o que dá 523,7 milímetros. Arredondamos para 524 milímetros como a conversão.

Observe, por favor, que os números em parênteses no início de cada linha (na esquerda) dão os números em quadros nas fileiras e que elas sempre são consecutivas (p. ex., o registro 2 não tem o quadro 4).

Considerando um côvado real de 524 mm:
Considerando uma palma de 75 mm:
Considerando um dedo de 19 mm:
Considerando um palmo de 262 mm:

Registro 1: não ocorrem medições (período pré-dinástico).
Registro 2: (período dinástico)

(3) [primeiro ano de Djer] 6 côvados	3.144 mm (10,315 pés)
(5) 4 côvados, 1 palma	2.171 mm (7,123 pés)
(6) 5 côvados, 5 palmas, 1 dedo	2.620 + 375 + 19 mm = 3.014 mm (9,89 pés)
(7) 5 côvados, 5 palmas, 1 dedo	3.014 mm (9,89 pés)
(8) 5 côvados, 1 palma	2.620 + 75 = 2.695 mm (8,84 pés)
(9) 5 côvados	2.620 mm (8,60 pés)
(10) 6 côvados, 1 palma	3.144 + 75 = 3.219 (10,56 pés)
(11) 4 côvados, 1 palmo	2.096 + 262 mm = 2.358 mm (7,74 pés)

(PRÓXIMO, MAS NÃO NA SEQUÊNCIA DO ACIMA)
Registro 3:

(1) 3 côvados, 1 palma, 2 dedos	1.572 + 75 + 38 = 1.872 mm (6,14 pés)
(2) 4 côvados, 1 palmo	2.096 + 262 = 2.358 mm (7,74 pés)
(3) 8 côvados, 3 dedos	4.192 + 57 = 4.249 mm (13,940 pés)
(4) 3 côvados, 1 palmo (?)	1.572 + 262 = 1.824 mm

Apêndice 2

(5) 5 côvados, 2 palmas
(incerto) (5,98 pés?)
2.620 + 150 = 2.770 mm
(9,09 pés)

(6) 5 côvados, 1 palma, 2 dedos
2.620 + 75 + 38
= 2.733 mm (8,97 pés)

(7) 4 côvados, 2 palmas (?)
2.096 + 150 = 2.246 mm
(incerto) (7,37 pés?)

(8) 2 côvados
1.048 mm (3,44 pés)

(9) 5 côvados
2.620 mm (8,60 pés)

(10) 4 côvados, 1 palmo (?)
2.096 + 262 = 2.358 mm
(incerto) (7,74 pés?)

(11) 6 côvados, 1 palma, 2 dedos
3.144 + 75 + 38
= 3.257 mm (10,69 pés)

(12) 2 côvados, 1 palmo (?)
1.048 + 262 = 1.310 mm
(incerto) (4,30 pés?)

(13) 3 côvados, 5 palmas, 2 dedos
1.572 + 375 + 38
= 1.985 mm (6,51 pés)

(PRÓXIMO, MAS NÃO NA SEQUÊNCIA DO ACIMA)
Registro 4:

(2) 3 côvados, 4 palmas, 2 dedos
1.572 + 300 + 38
= 1.910 mm (6,27 pés)

(3) 4 côvados, 2 dedos
2.096 + 38 = 2.134 mm
(7,00 pés)

(4) 4 côvados, 1 palma, 2 dedos
2.096 + 75 + 38
= 2.209 mm (7,25 pés)

(5) 4 côvados, 4 palmas
2.096 + 300 = 2.396 mm
(7,86 pés)

(6) 3 côvados, 4 palmas, 2 dedos
1.572 + 300 + 38
= 1.910 mm (6,27 pés)

(7) 4 côvados, 3 dedos
2.096 + 225 = 2.321 mm
(7,62 pés)

(8) 4 côvados, 3 dedos
2.096 + 225 = 2.321 mm
(7,62 pés)

(9) 1 côvado
524 mm (1,719 pé)

(10) 3 côvados, 4 palmas, 3 dedos
1.572 + 300 + 225
= 2.097 mm (6,88 pés)

(11) 3 côvados, 5 palmas, 2 dedos
1.572 + 375 + 38
= 1.985 mm (6,51 pés)

(12) 2 côvados, 2 dedos
1.048 + 38 = 1.086 mm
(3,56 pés)

(13) 2 côvados, 2 dedos	1.048 + 38 = 1.086 mm (3,56 pés)
(14) 3 côvados	1.572 mm (5,16 pés)

(PRÓXIMO, MAS NÃO NA SEQUÊNCIA DO ACIMA)
Registro 5:

(1) 2 côvados, 4 palmas, 1½ dedos	1.048 + 300 + 28,5 = 1.376,5 mm (4,52 pés)
(2) 2 côvados, 3 palmas, 1 dedo	1.048 + 225 + 19 = 1.292 mm (4,24 pés)
(3) 3⅔ côvados	1.572 + 345 = 1.917 mm (6,29 pés)
(4) 2 côvados, 6 palmas, 2½ dedos	1.048 + 450 + 47,5 = 1.545,5 mm (5,07 pés)
(5) 4 côvados, 2 palmas, 2⅔ dedos	2.096 + 150 + 50,5 = 2.296,5 mm (7,53 pés)
(6) 4 côvados, 2 palmas	2.096 + 150 = 2.246 mm (7,37 pés)
(7) 2 meses, 23 dias	segundo o calendário, não linear
(8) 4 côvados, 2 palmas, 2⅔ dedos	2.096 + 38 + 50,5 = 2.184,5 mm (7,17 pés)
(9) 4 côvados, 1⅔ palmas	2.096 + 28,5 = 2.124,5 mm (6,97 pés)
(10) 2 côvados, 3 palmas, 2¾ dedos	1.048 + 225 + 52,25 = 1.287,25 mm (4,22 pés)
(11) 3 côvados, 3 palmas, 2 dedos	1.572 + 225 + 38 = 1.835 mm (6,02 pés)
(12) 3 côvados	1.572 mm (5,16 pés)

(PRÓXIMO, MAS NÃO NA SEQUÊNCIA DO ACIMA)
Registro 6:

(2) 2 côvados, 2 dedos	1.048 + 38 = 2.921 mm (9,58 pés)
(3) 5 côvados, 1 palma, 1 dedo	2.620 + 75 + 19 = 2.714 mm (8,90 pés)
(4) 2 côvados, 2 palmas, 2¾ dedos	1.048 + 38 + 52,25 = 1.138,25 mm (3,73 pés)

VERSO DA PEDRA (NÃO NA SEQUÊNCIA DOS ANTERIORES)
Registro 1:

(1)...meses, 24 dias	segundo o calendário, não linear

Apêndice 2
453

(2) 4 côvados, 3 palmas, 2½ dedos $\qquad$ 2.096 + 225 + 47,5
= 2.368,5 mm (7,77 pés)

(NÃO NA SEQUÊNCIA DO ACIMA)
Registro 2:
(2) 4 côvados, 2½ dedos $\qquad$ 2.096 + 47,5
= 2.143,5 mm (7,03 pés)

(NÃO NA SEQUÊNCIA DO ACIMA)
Registro 3:
(1) 2 côvados, 2¼ dedos $\qquad$ 1.048 + 42,75
= 1.052,75 mm (3,45 pés)

(2) 3 côvados... $\qquad$ 1.572 +?? = 1.572+ mm
(incompleto) (5,16 pés +)

(3) 3 + x côvados $\qquad$ 1.572 +?? = 1.572+ mm
(incompleto) (5,16 pés +)

CÔVADO = 6 palmas = 24 dedos (450 mm)
CÔVADO REAL = 7 palmas = 28 dedos (524 mm)
CÔVADO REAL PADRÃO (em Gizé) = 1,71818 pé (Petrie) (523,70 mm)
CÔVADO REAL = 7 palmas = 20,61-20,63 polegadas/523,5-524 mm
PALMA = 4 dedos
PALMO PEQUENO (metade de um côvado comum) = 12 dedos (ou 3 palmas, ½ côvado)
PALMO GRANDE (metade de um côvado real) = 14 dedos (isto é, 3½ palmas, ½ côvado real)
CÔVADO REAL considerado como 524 mm
PALMA considerada como 74,86 mm ou, arredondando, 75 mm
DEDO considerado como 18,71 mm ou, arredondando, 19 mm

APÊNDICE 3

Tradução da Introdução ao Relatório de Escavação de Uvo Hölscher
sobre o Templo do Vale em Gizé
Hölscher, Uvo, *Das Grabdenkmal des Königs Chephren (The
Funerary Monument of King Chephren)*, Erster Band (Vol. I) de
*Veröffentlichungen der Ernst von Sieglin-Expedition (Publications
of the Ernst von Sieglin Expedition in Egypt)*, editado por Georg
Steindorff com contribuições de Ludwig Borchardt e Georg
Steindorff, J.C. Hinrich's Booksellers, Leipzig, 1912.

As traduções de capítulos adicionais e outros materiais podem ser
encontrados no site www.egyptiandawn.info

Introdução

Pré-história da escavação

Depois de um estudo completo das pirâmides e dos templos funerários
da Quinta Dinastia em Abusir, do conhecimento deles e da elaboração de
uma imagem clara do complexo dos monumentos reais como resultado
das escavações prósperas do Instituto Alemão sob seu diretor Ludwig
Borchardt, ficou ainda mais premente o desejo de obter também uma
imagem igualmente clara dos templos das pirâmides mais antigos da
Quarta Dinastia em Gizé.

Contudo, a área das pirâmides em Gizé está terrivelmente danificada. Ao longo dos séculos, ela foi usada como uma mina a céu aberto
para as antigas Heliópolis e Mênfis, para a fortaleza romana da Babilônia e para as cidades árabes de Fostat e Cairo. Só as pirâmides parecem ter resistido ao tempo de uma maneira vitoriosa. Por outro lado,
restaram apenas vestígios maldiscerníveis dos templos, por isso não se

– 454 –

Apêndice 3   455

pode esperar conseguir uma noção completa da disposição das pirâmides em Gizé. Entretanto, após a publicação do complexo de pirâmides da Quinta Dinastia, a situação mudou completamente.[334] Dotado dessas experiências arquitetônicas históricas, pode-se ousar se aproximar dos templos ritualísticos terrivelmente dilapidados de Gizé.

Já se conhecia um edifício específico do tempo das pirâmides. Seguindo o exemplo de Mariette, o sortudo descobridor que escavou seu interior entre 1853 e 1860, ele passou a ser chamado "Templo da Esfinge". [*Nota: o que chamamos hoje de Templo do Vale em Gizé costumava ser chamado "Templo da Esfinge" antes de 1936, porque só então Selim Hassan descobriu outro templo ao lado dele e bem na frente da Esfinge, que hoje é corretamente chamado de Templo da Esfinge. Entretanto, só para deixar as coisas confusas desnecessariamente, o antigo especialista no Templo da Esfinge, Herbert Ricke, insistiu em chamá-lo pelo nome de "Templo de Harmachis", pois pensava que servisse para o culto do deus Harmachis, simbolizado em sua opinião pela própria Esfinge. Porém, uma discussão inteligível desses assuntos só é possível se nos mantivermos na terminologia-padrão!*]

Ninguém ficaria imune ao efeito desse edifício, com sua simplicidade de formas levada ao extremo, com as dimensões gigantescas de seus monólitos e seu precioso material de construção. Nenhuma borda, nenhum ornamento, nenhum alto-relevo, nenhuma inscrição decorava as paredes. Só superfícies polidas e lisas e pilares quadrados de granito rosa e um piso de alabastro luminescente! Mariette não reconheceu a importância desse edifício em sua época. Primeiro Piazzi Smyth e depois Flinders Petrie apontaram a ligação entre ele e o Templo Funerário em ruínas na frente da Pirâmide de Quéfren.[335] Contudo, essa ligação só encontrou uma explicação quando Borchardt intitulou o edifício de "Portaria do Vale", pertencente ao complexo funerário monumental de Quéfren.[336]

Seria esse agora o tipo segundo o qual nós teríamos de reconstruir os templos funerários da Quarta Dinastia? Quem ousaria responder a essa questão com um inequívoco sim, considerando que nem soubesse

---

334. Borchardt, *Grabdenkmal des Königs Ne-user-re; Grabdenkmal des Königs Nefer-ir-ke-re* e *Grabdenkmal des Königs Sahu-re*, J. C. Hinrichs, 1907, 1909, 1910, depois disso mencionado nas referências na forma abreviada como Ne-user-re, Nefer-ir-ke-re e Sahu-re.

335. Flinders Petrie, *The Pyramids and Temples of Gizeh* [London, 1883, primeira e mais completa edição], p. 128 e 153.

336. Compare Borchardt *Das Re-Heiligtum des Königs Ne-Woser-Re* I, p. 25, de agora em diante referido apenas na forma abreviada como "Re-Heiligtum".

ainda se, com as salas reveladas até agora, o interior da Portaria tinha sido completamente escavado, se ainda tivesse ou não uma sala posicionada diante dele, como no caso dos templos da portaria de Abusir, e onde rumores fantásticos sobre o edifício de seu frontispício estivesse em circulação desde a época de Mariette? O templo em si não deveria ter sido decorado com adornos e altos-relevos mais ricos? Afinal, as sepulturas particulares da Quarta Dinastia exibiam muitas vezes decorações em alto-relevo em muitos lugares. Como deveríamos imaginar o complexo verdadeiro de templos funerários? O tamanho dessa portaria e da pirâmide sugeriam uma infinidade. Aqui só uma escavação completa ajudaria. [*Nota: daqui em diante, o termo* Torbau *dado por Hölscher ("Portaria" ou "Guarita") para o Templo do Vale será abandonado e na tradução chamaremos a estrutura por seu nome atual de Templo do Vale.*]

Uma primeira tentativa de obter clareza sobre o edifício do Templo do Vale já tinha sido feita em uma ocasião pelas Escavações de Mastaba de Leipzig em Gizé, em 1905, sob o comando de Georg Steindorff. Mas, ao fazer isso, logo ficou evidente que, com os meios relativamente restritos disponíveis, a tarefa não poderia ser executada. A quantidade de areia a ser removida era enorme demais. Depois de eles abrirem uma fenda relativamente insignificante na frente da entrada principal sul, tiveram de desistir da tarefa por ora.

Enquanto isso, George Reisner teve o privilégio de ser convidado pela Universidade de Harvard para trabalhar no Templo Funerário no pé da terceira pirâmide. Logo depois disso, ele encontrou a Portaria [*isto é, o Templo do Vale de Miquerinos*] pertencente a ele no vale. Resultados científicos preciosos e achados valiosos garantiram a seu trabalho cuidadoso um prosseguimento de muitos anos. Mas, em relação à arquitetura, os resultados deixaram um tanto a desejar. Pois o monumento mortuário de Miquerinos ainda estava completamente inacabado na morte precoce de seu construtor. Seu sucessor Shepseskaf apenas o terminou superficialmente com tijolo, com o qual o projeto original foi muitas vezes modificado e simplificado. Isto é, a respeito de nossa questão de como os templos funerários da Quarta Dinastia se pareceriam, o templo de Miquerinos só pôde nos dar uma resposta insuficiente.

Como as ruínas na frente da Pirâmide de Quéops [*Nota: desse Templo Funerário de Quéops resta só parte de um pavimento*] também

Apêndice 3

não prometiam muito sucesso,[337] muitos olhares questionadores[338] foram lançados na direção do templo de Quéfren, principalmente porque, em virtude do Templo do Vale, era preciso supor que esse complexo foi totalmente completado. Por outro lado, o aparecimento e a escavação exploratória de Flinders Petrie revelaram que esse templo também estava em uma condição desoladora de destruição. Com certeza suspeitamos que até recentemente partes consideráveis do templo ainda estavam de pé, porque Maspero[339] conta que por volta de 1700 [Benoit de] Maillet ainda tinha visto quatro grandes pilares do templo eretos. Entretanto, revelou-se depois que isso era um erro de Maspero, porque Maillet não se refere[340] ao templo na frente da segunda pirâmide, mas àquele na frente da terceira pirâmide, onde os pilares ainda estão de pé do mesmo jeito hoje.[341]

Todavia, talvez teria se passado um bom tempo antes de alguém encontrar a coragem para tentar a escavação do monumento funerário de Quéfren, não fosse pelo fato de o conselheiro real confidencial dr. Ernst von Sieglin em Stuttgart, que já tinha um grande mérito por sua pesquisa em antiguidade, se interessar por esse problema importante e generosamente garantir os meios para uma expedição arqueológica que inicialmente deveria conduzir uma investigação mais abrangente do complexo de templos de Quéfren.

A tarefa

Uma vistoria inicial da área da escavação feita por Georg Steindorff e Ludwig Borchardt no outono de 1908 concluíra que o trabalho tinha de

---

337. No ano de 1904, [Ernesto] Schiaparelli, durante suas escavações em mastabas, também escavava no templo da Pirâmide de Quéops e nessa ocasião descobriu um pavimento de basalto. Entretanto, nada se sabe dos outros resultados dessa escavação. [*Observação: O professor Ernesto Schiaparelli da Universidade de Turim abandonou suas escavações e passou sua concessão para George Reisner, dos Estados Unidos.*]

338. Infelizmente, ainda nada se sabe sobre os resultados arquitetônicos das escavações francesas em Abu Rouash.

339. *Egyptian History of Art*, German edition, p. 549.

340. [L'Abbé Jean Baptiste] Le Mascrier, *Description de l'Égypte contenant plusiers remarques curieuses sur la géographie etc. de ce pays, composée sur les Mémoires de M. [Benoit] de Maillet* (Paris, 1735).

341. Também na época de [Richard] Pococke, os restos do templo com certeza foram mais bem preservados no início das escavações; veja [The Rt. Rev. Richard] Pococke, *Description of the East*, Vol. I, p. 46, London, 1743 [*A Description of the East and Several Other Countries*, 2 vols., London, 1743-1745], e a nota em [Alfred] Wiedemann's Ägyptischer Geschichte, Supplement, p. 16, que não corresponde com ele.

resolver uma tarefa dupla, a escavação do Templo Funerário e a revelação do exterior do Templo do Vale. Além disso, era preciso investigar a pirâmide e suas paredes e complexos auxiliares nos arredores e verificar ao mesmo tempo o que foi publicado até então. Por fim, era preciso limpar tudo e medir até o interior do Templo do Vale, do qual, mesmo 50 anos depois de sua descoberta, não havia relatos suficientes disponíveis.

A localização da área de escavação

Para se informar sobre a área de escavação, é melhor escalar a Pirâmide de Quéfren[342] e dar uma boa olhada ao redor.

Ao fazermos isso, encontrar-nos-emos na extremidade do deserto líbio, cuja paisagem montanhosa desce bem abruptamente na direção da terra cultivável a nordeste. Dois vales cheios de areia que se esvaziaram como dois rios das montanhas do deserto na direção das planícies cultiváveis separam do resto da extensão montanhosa um planalto rochoso que desce íngreme em três lados e se une ao interior da região atrás apenas a oeste. Esse planalto, que se eleva a 40 ou 60 metros acima da planície, foi como que criado especialmente para conter a necrópole mais suntuosa do mundo.

Três reis da Quarta Dinastia encontraram aqui seu lugar de descanso: Quéops, Quéfren e Miquerinos. Além disso, há uma pirâmide inacabada no declive sudeste do planalto. Ela pode ter sido iniciada por Shepseskaf, possível filho e sucessor de Miquerinos. [*Não se acha mais isso.*]

O lugar mais vantajoso foi sem dúvida escolhido pelo primeiro rei, Quéops. Ele colocou sua pirâmide o mais perto possível do íngreme declive nordeste, que, visto da área cultivável abaixo, parece ser um plinto para a estrutura monumental.

Já Quéfren, mais tarde, quis erigir um monumento mortuário aqui também, então teve de ir mais para o sudoeste, mais para cima do planalto. Enquanto a pirâmide de seu antecessor parecia mais imponente da terra cultivável ao lado por causa de sua posição, o efeito da distância[343] da pirâmide nova a superou, porque ela fica uns dez metros mais elevada e por isso parece maior.

---

342. A Pirâmide de Quéfren fica a 13,5 quilômetros a sudoeste da Cidadela do Cairo, 20°59' na latitude norte e 31°8½' a leste do meridiano de Greenwich.
343. A primeira pirâmide tinha, segundo Petrie, originalmente 146,59 metros de altura; a segunda, porém, apenas 143,50 metros de altura. Portanto, a primeira é 3,09 metros mais alta. A segunda, entretanto, de acordo com Perring, encontra-se 10,11 metros mais alta, de modo que sua ponta ultrapassa a da primeira em 7,02 metros. Hoje a diferença na altura é consideravelmente maior, porque a ponta da primeira pirâmide está muito mais danificada do que a da segunda.

Apêndice 3   459

Na mesma posição,[344] da mesma forma que a segunda pirâmide se relaciona com a primeira, a terceira (de Miquerinos) se relaciona com a segunda. Porém, ela não tolera uma comparação com as outras duas por ser consideravelmente menor.

O planalto rochoso onde fica a Pirâmide de Quéfren se inclina bem aos poucos do noroeste para o sudeste. Para conseguir construir a pirâmide, era preciso antes de tudo construir uma superfície horizontal sobre a qual se pudessem projetar as medições do futuro edifício. Com essa finalidade, os construtores antigos cortaram parte do piso rochoso alto na direção norte e oeste e elevaram para o leste as duas áreas fundas com muros de arrimo monumentais. Mais para o norte, o oeste e o sul, os antigos muros nos arredores das pirâmides ainda podem ser identificados. Hoje, contudo, eles estão bem danificados e quase submersos na areia. Apenas listras de um calcário desgastado demarcam as paredes embaixo. Do outro lado do muro oeste há um pátio largo onde se podem discernir os restos de várias salas compridas, mas estreitas. Petrie provavelmente as identificou corretamente como o acampamento dos antigos trabalhadores.

Mais para o oeste, as dunas ondulatórias do deserto, com seus cumes e seu calcário duro e vítreo brilhando no sol, estendem-se entre os montes em vales de areia com ondulações suaves.

Para o norte e o nordeste, o olhar vaga pelo vasto campo de túmulos, estendendo-se atrás, na frente e ao lado da Pirâmide de Quéops. Em lugar nenhum se vê tão claramente quanto de nosso elevado ponto de observação a malha viária regular onde estão agrupadas as mastabas parecidas com casas. Ao redor da Pirâmide de Quéops, as sepulturas da família real estão agrupadas: as três pirâmides pequenas das mulheres reais no sudeste e as mastabas dos príncipes no lado sul.

Separado por uma ribanceira da área da Pirâmide de Quéops fica nosso campo de escavação. Na saída dessa ribanceira, no vale, quase no eixo da Pirâmide de Quéfren, eleva-se a Grande Esfinge, que agora está quase completamente enterrada na areia. Ela consiste de uma rocha cuja forma por sua natureza sugere um leão sentado. Por uma modelagem

---

344. Petrie apresenta em seu *Pyramids and Temples of Gizeh* [op. cit.], p. 125, uma triangulação do campo da pirâmide. Segundo isso, as posições das três se relacionam entre si, o que foi calculado da seguinte forma:

	Distância	Direção
Partindo da ponta da 1ª pirâmide para a 2ª	486,87 m	43°22'52"
Partindo da ponta da 1ª pirâmide para a 3ª	936,17 m	37°51'6"
Partindo da ponta da 2ª pirâmide para a 3ª	453,95 m	34°10'11"

Selecionou-se por meio disso a direção de partida do eixo norte sul médio [azimute] das primeira e segunda pirâmides, que deve desviar aproximadamente 5' a leste do norte legítimo.

artificial, ela então foi criada como o símbolo da majestade real, o leão hibernante com a cabeça do faraó.

A sudeste dela identifica-se o chamado Templo da Esfinge [*o que chamamos agora de Templo do Vale; o verdadeiro Templo da Esfinge de hoje ainda estava completamente coberto de areia e estruturas posteriores dessa época e era completamente desconhecido*] sufocado pela massa arrasadora de areia, o Templo do Vale, parte do monumento funerário de Quéfren. Hoje sabemos que entre este e o Templo Funerário existia uma calçada coberta. Agora também identificamos a língua de pedra estendida levemente em um suave declive na direção do Templo do Vale, que antes carregava essa Calçada. Desta não sobrou quase nenhuma pedra. Nem mesmo sua trajetória pode ser discernida com clareza, exceto de um ponto de observação elevado, porque o dorso da rocha está completamente crivado de poços funerários tardios.

Então a natureza veio em auxílio dos construtores por tê-los fornecido com uma ascensão natural ao templo e à pirâmide. Com isso ela os aliviou do esforço necessário para transportar o material para construir fundações difíceis e custosas, como, por exemplo, foi preciso no caso da Pirâmide de Quéops[345] e das pirâmides de Abusir.

Bem na frente da pirâmide ficam as ruínas do Templo Funerário, onde nosso trabalho deveria começar.

Ao sul da Grande Esfinge, além da Calçada, pode-se reconhecer um lugar onde, durante o início de nossa atividade, uma escavação foi realizada pelo conde Galearza e controlada pelos oficiais do Serviço de Antiguidades Egípcio, Ahmed Bey Kamal e G. [Georges] Daressy,[346] durante a qual se descobriu a sepultura de uma mãe real, talvez de Quéfren.

Com uma olhada na planície arenosa, no cemitério árabe no sudeste, nas ladeiras rochosas elevando-se atrás na direção da pirâmide inacabada de Shepseskaf e no complexo funerário de Miquerinos, essa orientação preliminar ficará completa. Essa é a área onde, sob a direção especializada de George Reisner, vastas escavações americanas têm sido feitas nos últimos anos.

O monumento funerário de Quéfren antigamente

A informação que nos foi transmitida pelos autores da Antiguidade a respeito da Pirâmide de Quéfren é bem escassa, composta mais de

---

345. Herodotus, Book II, 124, diz que a construção do caminho ascendente para a Pirâmide de Quéops deu tanto trabalho quanto a da pirâmide toda, mas isso parece exagerado.

346. G. [Georges] Daressy, in *Annales du Service des Antiquités*, Vo. X, p. 41.

Apêndice 3 461

mitos e muitos poucos dados tangíveis. Afinal, os gregos e os romanos conseguiram ver um pouco mais do que havia para ser visto antes do início de nosso trabalho. As câmaras da pirâmide não eram acessíveis, o revestimento fora muito danificado no exterior, o templo fora completamente destruído, a entrada desaparecera e o Templo do Vale provavelmente estava escondido sob a areia.

Heródoto só poderia dizer[347] que a segunda pirâmide tinha um comprimento de base com 40 pés a menos do que a primeira e que sua base era revestida de granito. Por mais estranho que possa parecer, ele não menciona a Esfinge, muito embora seja quase certo que naquele tempo ela estivesse quase completamente livre e essa imagem do deus Sol Harmachis fosse um objeto de veneração na época. Estrabão disse[348] que duas das pirâmides foram incluídas entre as sete maravilhas do mundo. Plínio contou[349] que a Esfinge foi tomada por um monumento funerário do rei Harmais [*corruptela latina do nome grego do deus egípcio Harmachis*]. Por último, lê-se em Diodoro Sículo[350] que lá existe uma subida ao pico da segunda pirâmide cortada no revestimento.

---

347. Herodotus, Book II, 125 [*sic*]. [Está errado, a referência certa é 127.]
348. Strabo, Book XVII, 808. [Chapter 1, Section 33. A referência "808" é a numeração Casaubon.]
349. Pliny, *Natural History*, Book XXXVI, 17, 1: "Harmain regem in ea [a Esfinge] conditum et volunt invectam videri; est autem saxo naturali elaborata". [Outras edições do texto latino diziam que o nome do rei era Amasis, mas Harmais costuma ser aceito agora, como uma corruptela latina do nome grego Harmachis.] [*Nota do tradutor:* meu velho amigo, o falecido professor D. E. Eichholz, foi o tradutor deste livro de Plínio, *História Natural*, para a Loeb Library (1971), e o texto que ele usou difere daquele acima pelo acréscimo da palavra *putant*: "Harmain regem putant in ea conditum et volunt invectam videri; est autem saxe naturali elaborata". Sua tradução de toda a passagem foi: "Na frente delas [as pirâmides] fica a Esfinge, que merece ser descrita até mais do que elas, mas os egípcios a ignoraram. Os habitantes da região a consideram uma divindade. Na opinião deles, um rei Harmais está enterrado dentro dela e tentam compreender como ela foi levada ao ponto; ela é na verdade cuidadosamente talhada na rocha nativa". Eichholz destaca com muita sensatez a semelhança de seu nome com Harmachis. Veja Pliny, *Natural History*, Volume 10, traduzido por D. E. Eichholz, Loeb Classical Library, Harvard University Press, USA, 1971, p. 60-61.]
350. [Diodorus Siculus, *The Library of History*,] Book I, Chapter 63. [Essa declaração foi editada a partir de edições modernas de Diodoro, como a da Loeb Library. Entretanto, ela foi aceita como uma declaração legítima de Diodoro pelos especialistas meticulosos W. W. How e J. Wells em sua obra seminal *A Commentary on Herodotus*, 2 vols., Clarendon Press, Oxford, 1912, Vol. I, p. 230. Ali, ao comentarem sobre o Livro II, 127, de Heródoto (veja a nota 347), eles afirmam: "Diodoro (I, 64) [*observe que essa é uma correção da referência de Hölscher apresentada como I, 63*] nos diz que havia uma *anábase* ["ascensão"] para um lado dessa pirâmide".]

O Templo do Vale não é mencionado em nenhum lugar. Estrabão, por outro lado, menciona que:[351] "Há em Heliópolis e em Mênfis um prédio ou edifício de muitas colunas de uma construção rudimentar, porque além do tamanho, da quantidade e do número de colunas, não tem nada de gracioso nem nenhuma inscrição". Em Luciano, lemos: "Na Antiguidade havia templos no Egito sem imagens em alto-relevo".[352] [*Há outra tradução do que Luciano disse feita por Herbert Strong: "Originalmente os templos dos egípcios não possuíam imagens".*[353]] Essa caracterização poderia se referir a um edifício de um estilo semelhante ao do Templo do Vale, como Perrot e Chipiez já observaram.[354] Não seria nosso Templo do Vale, porque, como foi explicado na seção 5, o mais provável é que estivesse completamente enterrado nessa ocasião.

Na Idade Média, e em tempos recentes, muitos viajantes nos deixaram notas sobre as pirâmides.[355] Entretanto, como naqueles dias se conseguia ver até menos do que os autores das eras grega e romana poderiam ver, essas notas suscitam muito pouco interesse.

Por exemplo, o que os autores árabes relatam é na maior parte pura lenda e fantasia. O mais importante do que podemos descobrir com eles é que as pequenas pirâmides de Gizé ou, em outras palavras, as pirâmidessatélite dos recintos mortuários de Quéops, Quéfren e Miquerinos foram destruídas no fim do século XII d.C. pelo eunuco Karakus sob a égide de Saladino. Ele usou as pedras para construir a Cidadela do Cairo, o muro da cidade e as pontes em Gizé.[356] Também ouvimos falar de várias comunicações com sua importância que concordam com os achados atuais sobre a abertura do interior da Pirâmide de Quéops que

---

351. Book XVIII, 128 [*sic*]: "...*oiden echei charien, oide graphikon*". [Essa referência está errada, pois não existe um Livro XVIII de Estrabão. Hölscher quer dizer Book XVII, Chapter 1, Section 28, a verdadeira numeração Casaubon seria 804/5. A numeração "128" é incompreensível.]

352. [Lucian], "On the Syrian Goddess", Section 3: "*azoanoi neoi*".

353. Garstang, John, ed., *The Syrian Goddess*, trad. por Herbert A. Strong, Constable, London, 1913, p. 43. Garstang, que fez várias anotações nessa tradução, não comenta essa afirmação.

354. *Art of Antiquity*, Vol. I, Egypt, p. 311. [Essa referência é feita à edição alemã do que em inglês foi publicado em dois volumes. como Georges Perrot e Charles Chipiez, *A History of Art in Ancient Egypt*, Chapman and Hall, London, 1883.]

355. Vyse, [Colonel Howard, *Operations Carried on at the Pyramids of Gizeh in 1837*, 3 vols., London,] Vol. II. Este é onde elas foram compiladas. Compare também o ensaio "The Wisdom of the Pyramids" ("Pyramiden-Weisheit") de A. Wiedmann em *Globus*, Vol. LXIII, nº 14, Braunschweig, 1893.

356. Vários depoimentos sobre as pirâmides foram compilados pelo historiador árabe Makrizi (1364-1442) em sua grande obra a respeito da geografia e da história do Egito. Uma nova tradução do capítulo sobre as pirâmides de Emil Gräfe está no Vol. 5 do *Leipziger Semitischen Studien* (Leipzig, 1911).

Apêndice 3 463

aconteceu sob a regência do califa Mamun (813-833), filho de Harun er-Raschid, durante a ocasião de uma visita ao Egito.

Só depois da redescoberta científica do Egito no início do século passado [XIX] prevaleceram as investigações sobre nossa área de escavações.

Em 1818, Belzoni tentou descobrir a entrada da Pirâmide de Quéfren,[357] que não era aberta na época. Em primeiro lugar, ele limpou uma parte do pavimento inferior encoberto entre o templo e a pirâmide. O dano no pátio da pirâmide que encontramos na frente de seu eixo parece ser de vestígios deixados desses esforços infrutíferos. Então ele virou para o lado norte, onde encontrou a entrada que foi evidentemente forçada na época árabe ou até antes. O caminho para o interior, porém, também levava por uma alvenaria compactada de forma tão frouxa que ele temia que seus trabalhadores pudessem ser soterrados pelas massas de pedra que desmoronavam. Ele então foi forçado a desistir dessa abordagem e procurar pela real ou verdadeira passagem de entrada antiga. Depois de observar que na primeira pirâmide a entrada não fica exatamente no eixo, mas sim um pouco deslocada para o leste, ele a achou lá também em um local parecido. A abertura no dia 2 de março de 1818 foi imortalizada por ele em uma inscrição acima da entrada. A passagem inclinada estava cheia de pedras grandes e escombros. Embaixo, a porta levadiça ainda estava no local. Depois de esforços prolongados eles conseguiram levantá-la o bastante para rastejar pela passagem. O descobridor entrou agora em uma passagem horizontal que levava direto para a câmara mortuária. Aqui terminava também a passagem forçada pela qual os saqueadores entraram antes. Belzoni nos diz que a câmara mortuária já teve um teto pintado. Nas paredes ele encontrou vários rabiscos feitos com carvão dentre os quais havia no lado oeste uma inscrição árabe.[358] O sarcófago ainda estava em seu lugar, a tampa estava quebrada e parcialmente deslocada para um lado. Restos de ossos de animais, escombros e terra estavam espalhados no interior.

Então ele penetrou pela passagem descendente, meio cheia de rochas e entulho, até a câmara mortuária inferior. Lá ele viu nas paredes inscrições primitivas que achou ser coptas. Depois ele seguiu a passagem ascendente na direção norte e percebeu que lá a ponte levadiça não estava no local e que a passagem era alinhada com blocos. Depois de se convencer que essa passagem só levava para fora, ele desistiu da tentativa inútil de abrir essa entrada bloqueada.

---

357. De Vyse, op. cit., Vol. II, p. 294 ff.
358. Veja a seção 5.

464   Aurora Egípcia

Podemos falar mesmo de investigações científicas de nossa área de escavação a partir do tempo de [John] Perring e [coronel Howard] Vyse, que trabalharam aqui nos anos de 1837 e 1838. Eles realizaram um exame novo e preciso da segunda pirâmide sempre pensando que ela poderia conter ainda mais câmaras, não encontradas até aquele momento. Antes de mais nada, eles se certificaram se a passagem inferior que não fora aberta por Belzoni realmente levava ao ar livre, limpando a entrada inferior no piso do pátio da pirâmide. Então Perring achou que precisasse procurar pela abertura das outras passagens no piso da câmara mortuária superior. Ele então destruiu totalmente o piso da câmara e também tirou o sarcófago do lugar.[359] Tudo isso em vão! Apesar disso, deve-se ter uma admiração total pelas investigações científicas e estudos desses dois pesquisadores, principalmente pelas plantas feitas por Perring de toda a área das pirâmides, bem como dos edifícios individuais, que mantiveram seu valor até agora e também foram muito usadas por nós.

A expedição prussiana sob o comando de [Karl Richard] Lepsius, com suas vastas atividades em outras áreas, não conseguiu tanto se preocupar com as pirâmides. A planta baixa da área das pirâmides de Gizé desenhada por Erbkam,[360] por outro lado, mostra mais uma melhoria na de Perring e não foi superada até hoje. Vários comentários valiosos são encontrados no primeiro volume de *Denkmäler*.[361]

A Esfinge foi desbravada inicialmente em tempos recentes pelo [capitão J.-B., ou Giambattista] Caviglia em 1816. Ele encontrou lá, proveniente talvez da era romana, escadas inclinadas que iam de leste na direção da Esfinge, bem como o templo menor entre as patas do colosso e a estela comemorativa que Tutmósis IV erigiu no século XV a.C. para celebrar o fato de ter libertado a Esfinge da sufocante areia do deserto.[362] Mais tarde, Perring e Vyse continuaram essas investigações em particular.

O assunto atingiu um novo patamar quando [Auguste] Mariette, do ano 1853 em diante, tentou encontrar o túmulo do rei Harmachis, mencionado por Plínio,[363] dentro da Esfinge. Nessa ocasião ele por

---

359. Vyse, op. cit., Vol. I, p. 196, e Vol. II, p. 99.
360. [Karl Richard] Lepsius, *Denkmäler aus Ägypten und Äthiopien*, Abtheilung 1, p. 14.
361. Ibid.
362. Veja [James Henry] Breasted, *Ancient Records of Egypt* [5 vols., reimpresso por Histories & Mysteries of Man Ltd., London, 1988], Vol. II, Section 810 ff., no qual se elenca também a literatura mais importante.
363. Veja a nota 349.

Apêndice 3 465

acaso deu de cara com o Templo do Vale. Ele começou a limpá-lo desde o topo. Como resultado da enorme massa de areia com que precisava lidar, ele se viu forçado a abordar seus patrocinadores, o duque de Luynes e o governo francês, com pedidos sempre renovados para mais dinheiro. Ele mesmo conta isso [em francês]:[364]

> Quatro quintos do templo descoberto estão limpos agora. Ainda não encontramos nada aqui. Mas em um templo cheio de areia até o teto não há motivo por que os objetos que contenha não flutuem e se encontrem de alguma forma presos entre duas camadas. Todo o trabalho feito até agora foi para recuperar os monumentos no piso antigo. Sejamos corajosos e continuemos até o fundo e, como queremos fazer a colheita, tenhamos a paciência de esperar até o último grão de areia ser retirado!

Mas esses pedidos foram em vão. As escavações foram interrompidas mesmo ele atingindo um nível a apenas um metro acima do nível do solo. Só o anúncio em 1860 da visita da imperatriz Eugênia deu ao governo egípcio o incentivo para retomar o trabalho interrompido por sua conta.

Mariette relata: Muito tempo depois, um lance de sorte colocou em minhas mãos os meios para retomar, sob a ordem de Said Pasha, o trabalho que tive de abandonar quatro anos antes. Em poucos dias, atingi o nível do solo e a estátua de Quéfren formava o núcleo das riquezas coletadas hoje no Museu de Boulaq [atual Museu do Cairo]. Mas, pela falta de algumas centenas de francos, a estátua de Quéfren hoje estaria no Museu do Louvre, em vez disso (...) Esse templo era absolutamente desconhecido até então. A planta de Wilkinson marca esse ponto com essas palavras: "poços fechados".

A respeito de não limpar as paredes externas, ele diz:

> Visto de fora, o templo deve se apresentar sob o aspecto de um cubo enorme de alvenaria construído com blocos gigantescos de calcário acinzentado. As três estelas de Tutmósis IV e de Ramsés II representam a Esfinge apoiada em um cubo semelhante, que não pode ser o templo que descrevemos. Esse cubo nas três estelas é ornamentado com longas ranhuras prismáticas no estilo do Antigo Império. Não é desarrazoado supor que o próprio templo tenha recebido essa decoração no exterior e visto de longe deva lembrar um

---

364. Auguste Mariette, *Sérapeum de Memphis*, ed. por G. Maspero, p. 91 ff.

em suas proporções enormes dessas fachadas de um estilo tão original do qual o sarcófago de Khufu-Ankh no Museu de Boulaq [Cairo] oferece um exemplo perfeito (...).[365]

Essa suposição resultou na crença arraigada em muitos lugares de que as fachadas fossem ornamentadas como descrito anteriormente.

Considerando o acesso ao edifício, ele observa que apenas uma única portinha no canto era visível. Por essa afirmação podemos traçar as muitas suposições de que o Templo do Vale tivesse apenas uma porta, assimétrica em relação ao eixo.[366]

Segundo o relato de Mariette, durante seu trabalho foi encontrado o seguinte:

1. A estátua de um macaco [*sem dúvida um babuíno simbolizando o deus Thoth*] na base do qual se supunha ter sido encontrado o resto de uma inscrição.

2. Pequenas estelas de calcário venerando a Esfinge como Harmachis.

3. A famosa estátua de Quéfren que caiu de ponta-cabeça no poço.

4. Outra estátua de Quéfren de serpentina,[367] danificada, mas com a cabeça intacta.

5. Fragmentos de outras oito estátuas, cinco delas com inscrições de Quéfren.

6. Queixo e boca de uma linda estátua colossal de alabastro, sendo que a boca tem cerca de 15 centímetros de comprimento.

Relatos específicos sobre a condição do interior do Templo do Vale durante essa desobstrução, dos quais se poderia deduzir seu uso posterior e história, infelizmente estão todos ausentes [*do relato de Mariette*]. Igualmente obscuras são as circunstâncias da descoberta das diferentes estátuas e estelas. Mariette diz apenas que aquela mais bem preservada estátua de Quéfren foi encontrada no poço. Atualmente, entretanto, ouve-se em todos os lugares a lenda de que todas as estátuas reais foram encontradas deitadas lá,[368] o que não era possível, pois não haveria espaço para tantas estátuas naquele buraco.[369] Acima de tudo,

---

365. Veja [Auguste] Mariette, *Questions, etc.* in *Comptes Rendus*, 1877, p. 427-473.
366. Por exemplo, até no artigo de [Ludwig] Borchardt em *Zeitschrift für Gesch. d. Architektur*, Third Year, Vol. 4, p. 68.
367. Na verdade, ela é uma ardósia metamórfica esverdeada.
368. Por exemplo, *Bibliothèque Égyptologique*, XVIII (*Oeuvres de Auguste Mariette*), CVIII, e Bädeker, *Ägypten*, 1906, p. 126.
369. Parece que apenas Petrie, em *The History of Egypt*, Vol. I, p. 51, deu a proveniência correta.

Apêndice 3 467

não há a informação de onde foram encontradas essas peças provenientes de tempos tardios (o macaco e as estelas). Infelizmente, faltou também o cuidado necessário para a limpeza do edifício. Pode-se estabelecer também[370] que aquelas arquitraves de granito, agora ausentes, quebraram naquela época no interior. Como Mariette não conseguiu colocá-las de volta em seu lugar, em 1869, ele mandou que elas fossem destruídas pelos soldados com pólvora e depois retiradas. Hoje ainda é possível encontrar nos arredores algumas dessas peças de granito com buracos modernos feitos para explosivos.

O próximo material científico sobre nossa área de escavação é apresentado por Flinders Petrie, que realizou uma nova medição das pirâmides em 1881 e 1882. Suas habilidades observacionais agudas e a precisão de suas medições tornaram suas publicações valiosíssimas para nós.[371] No templo superior [funerário], ele só arranhou a superfície, na qual foram coletados pedaços de estátuas e coisas do tipo. Mas então ele desobstruiu a parte de cima da Calçada e com isso finalmente provou a ligação entre o templo funerário e o Templo do Vale, que Piazzi Smyth já sugerira antes. Ele também apresenta uma boa descrição e uma planta baixa bem precisa do templo. Ele dedicou um estudo cuidadoso aos muros da pirâmide e ao acampamento dos trabalhadores. Seus relatos são tão detalhados que precisamos fazer apenas uma verificação superficial neles.

Outros trabalhos em nossa área de escavação não vieram a público. Além disso, deve-se mencionar apenas que [Ludwig] Borchardt tinha vários cestos cheios de pedaços e lascas de estátuas coletados da superfície havia vários anos, guardados agora no Museu de Berlim.

Já mencionamos que em 1905, durante a ocasião das escavações de mastaba de Leipzig, eles não completaram a tentativa de desobstruir a entrada sul do Templo do Vale por falta de dinheiro.

O estado antes da escavação

Agora queremos resumir brevemente em que condição encontramos os monumentos funerários de Quéfren no início de nosso trabalho.

Do Templo do Vale, só o interior foi escavado. As duas salas de entrada estavam apenas parcialmente desimpedidas. Paredes de barro e paredes modernas feitas de pedras quebradas, com as quais eles tentaram deter a pressão da areia de fora, obstruíam as saídas.

---

370. [Flinders] Petrie, *Pyramids and Temples of Gizeh*, op. cit., p. 130.
371. Ibid.

Na sala colunada, a areia soprada pelo vento já havia se acumulado até uma altura de um metro, de tal modo que era preciso limpá-la inteira para começar. Duvida-se que isso já tenha sido feito direito antes. De qualquer forma, ninguém nunca prestou atenção aos buracos no piso onde as estátuas um dia ficavam.

Nada foi limpo no exterior do Templo do Vale. A extremidade inferior da Calçada, onde as paredes de calcário estão quase completamente preservadas, deve ter sido desobstruída sem que ninguém reconhecesse direito a importância dessa parte da construção.[372]

A extremidade superior da Calçada, cuja fundação Petrie já tinha desobstruído uma vez, estava escondida de novo na areia fresca.

Os blocos centrais de alvenaria monumentais do templo funerário elevavam-se bem acima do entulho. Eles sempre foram notados pelos visitantes. Também aqui se identificavam vestígios das escavações de Petrie. De um lado um fragmento do revestimento de granito da face leste poderia estar visível. As partes mais destruídas do templo, isto é, o pátio e as partes do edifício na direção oeste, por outro lado, ficaram completamente desconhecidas. Elas ficaram enterradas sob uma camada de entulho de aproximadamente 1,4 metro de altura. Por causa da pirâmide protetora ao lado dela e também de sua posição elevada [no planalto], ela não ficou tão exposta ao vento e pouca areia se acumulou lá. Muito provavelmente Petrie e talvez também saqueadores de antiguidades autorizados ou autônomos vasculharam aqui, mas sem os menores resultados científicos.

Em volta da pirâmide havia pilhas enormes de entulho depositadas, resultantes da quebra do revestimento da pirâmide. Parte delas alcançou uma altura de quase dez metros sobre o piso do pátio do templo.

Nada ainda se sabia sobre o muro interno da pirâmide. O muro externo, por outro lado, ainda estava bem visível embaixo da areia. Da mesma forma, as casas dos trabalhadores apareciam. Os lugares onde Petrie cavou lá estavam indicados claramente como denteações suaves na areia.

Na Pirâmide da Rainha, apenas uma tênue pilha bem baixa de entulho podia ser vista, no meio da qual apareciam alguns blocos de calcário grandes salientes.

Nós não tocamos o interior da pirâmide, mas o deixamos no mesmo estado que o encontramos e como foi deixado desde a investigação de Perring, que agora já faz mais de 70 anos.

---

372. O fato de calçadas cobertas subirem do vale ao templo funerário só foi estabelecido em Abusir. Veja [Ludwig] Borchardt, *Ne-user-re*, p. 13.

LEGENDAS DA SEÇÃO DE PRANCHAS COLORIDAS

Prancha 1
O caminho subterrâneo embaixo da Calçada de Quéfren que leva ao Poço de Osíris, visto do sul, com a Grande Pirâmide ao fundo. As ruínas de uma superestrutura construída grosseiramente depois podem ser vistas projetando-se do topo da Calçada, logo abaixo do poço inicial que desce ao Nível Um, cuja outra entrada fica à esquerda quando você entra no caminho vindo dessa direção. A superestrutura e a porção do poço que foi cortada pela Calçada teriam facilitado a reutilização desse poço antigo e o arriamento de cinco sarcófagos menores que agora estão desaparecidos por terem sido retirados desde 1944 por pessoas desconhecidas. *(Foto: Robert Temple)*

Prancha 2
O poço profundo do Nível Um ao Nível Dois do Poço de Osíris. Duas escadas foram fixadas na parede, uma do lado da outra. O poço tem cerca de cem pés de profundidade [30,48 metros] e foi aqui que fomos deixados pendurados no espaço quando as luzes se apagaram de repente. *(Foto: Robert Temple)*

Prancha 3
Sarcófago Dois no Nível Dois do Poço de Osíris em um nicho norte na extremidade oeste da câmara. Esse é um dos objetos mais extraordinários do Egito, feito de uma pedra aparentemente não usada em nenhum outro objeto conhecido da Egiptologia, o dacito. A tampa foi empurrada para o lado e o sarcófago está vazio e sem inscrições. Nossa datação feita nele mostra que é antiquíssimo, com um intervalo de data entre o período pré-dinástico até pouco depois do período de Quéfren,

– 469 –

sob cuja Calçada se encontra. Segundo esses resultados de datação, esse sarcófago poderia ser de 850 anos antes do período de Quéfren. *(Foto: Robert Temple)*

Prancha 4

Visão geral da Tumba de Osíris. À esquerda fica a parte do canal de água que corre rente à parede oeste e circunda a ilha, exceto pelo caminho de entrada vindo do sul. Em 1940, os quatro pilares em cada canto da ilha ainda estavam intactos, mas agora foram todos quebrados, deixando apenas tocos no topo e na base de cada um. Como é improvável que isso tenha sido feito em uma busca por tesouro, suspeita-se de um dano intencional a esse centro osiriano. Os destroços dos pilares destruídos ainda estão espalhados pela ilha central. *(Foto: Robert Temple)*

Prancha 5

Estou sentado em um degrau no topo de um enorme poço descendente em Abu Ruash, que é direcionado perfeitamente ao meridiano (linha norte-sul geográfica). Em minha opinião, o poço era usado como um observatório astronômico para estudar os trânsitos meridianos das estrelas. (O poço provavelmente teria tido um telhado de materiais perecíveis, desaparecido há muito tempo.) Era escavado na rocha sólida no topo de uma colina acima de Gizé, o ponto mais elevado nessa parte do Egito, e uma escolha excelente para um observatório astronômico. Os trânsitos meridianos eram cruciais para a contagem do tempo e a manutenção de um calendário preciso. Não se acredita que o poço seja posterior à Quarta Dinastia, mas seu "irmão gêmeo" em Zawiyet el-Aryan não era posterior à Terceira Dinastia, pois arqueólogos encontraram lá duas ocorrências do nome do faraó Neferka (ou Nebka), da Terceira Dinastia. As tentativas para sugerir que os dois poços gigantes e as duas enormes "câmaras" abertas aonde eles levam seriam cobertos por pirâmides que nunca foram construídas não têm base e não convencem. Nenhuma pirâmide existente contém poços e "câmaras" tão gigantescos. Eles foram usados com fins astronômicos, com certeza, embora também possam ter servido para ocasiões cerimoniais. *(Foto: Olivia Temple)*

Prancha 6

Olivia escala o poço de Abu Ruash. Nesse ponto do poço, a construção em pedra remanescente sugere que havia um obstáculo erigido cuja maior parte foi retirada. Parece como se tivesse sido um alicerce de pedra para uma superestrutura de madeira, que poderia talvez servir para estreitar a visão. Se o poço fosse projetado para observação

Apêndice 3 471

astronômica, esperar-se-ia um estreitamento dele em algum ponto para melhorar a observação do meridiano (no centro fixo do poço). *(Foto: Robert Temple)*

Prancha 7

O poço de Abu Ruash, visto de cima para baixo e bem de frente para o norte. No centro inferior do piso do poço, os soquetes definitivamente sugerem instalações de algum tipo (supostamente madeira), talvez para refinar as observações do meridiano, estreitando e alargando a vista, como for conveniente. Os pés e as panturrilhas de Olivia são vistos acima à direita, o que dá uma escala. *(Foto: Robert Temple)*

Prancha 8

O egiptólogo Jean-Philippe Lauer, na beira do grande poço descendente de Zawiyet el-Aryan, que leva para uma câmara sem cobertura. Bem ao longe pode-se ver as duas principais pirâmides em Gizé. Esse poço pertence aparentemente à Terceira Dinastia. Embora se fale muitas vezes em uma "pirâmide inacabada" e atribuída à Quarta Dinastia, não há evidência para qualquer argumentação. Ele foi usado provavelmente para observações astronômicas ou ocasiões de cerimônias ritualísticas, ou para ambas. Por ser uma zona militar fechada, ele não foi estudado pelos arqueólogos por mais de meio século. Essa foto é a Figura 1 do artigo de Lauer "Reclassement des Rois des IIIe et IVe Dynasties Égyptiennes par l'Archéologie Monumentale", *Comptes Rendus 1962, Académie des Inscriptions & Belles-Lettres*, Paris, 1963, p. 290-309, com uma resposta por Pierre Montet nas p. 309-310. Lauer salienta em seu artigo que embora o poço em Zawiyet el-Aryan lembre o de Abu Ruash, é na verdade muito maior e contém uma abundância de blocos enormes de granito.

Prancha 9

Olhando para o norte ao longo do poço aberto ascendente, orientado exatamente para o norte geográfico em Zawiyet el-Aryan. De G. [*Sir* Gaston] Maspero, *Histoire Générale de l'Art: Égypte*, Librairie Hachette, Paris, 1912, Figura 78 na p. 47.

Prancha 10

A Pirâmide de Degraus em Saqqara, construída para o rei Zoser, primeiro rei da Terceira Dinastia (reinado de 2707 a.C. a 2670 a.C., segundo a datação convencional), por seu arquiteto e vizir, Imhotep. *(Foto: Robert Temple)*

Prancha 11

Essa maravilhosa estátua do faraó Miquerinos (Menkaure) foi escavada em seu Templo do Vale em Gizé, na extremidade leste da Calçada saindo da Pirâmide de Miquerinos. À esquerda está a deusa Hathor e à direita está a "deusa de Tebas". Nesse retrato, Miquerinos usa a coroa branca do Alto Egito (do sul), cuja capital era Tebas. A estátua está no Museu Egípcio do Cairo. *(Foto: Robert Temple)*

Prancha 12

a) Os blocos de granito nos dois terços da esquerda dessa foto são pedras de revestimento no lado leste da Pirâmide de Miquerinos. Essa foto em *close* mostra com muita clareza como os blocos de calcário à direita, que faziam parte do Templo Funerário de Miquerinos, foram comprimidos grosseiramente contra a pirâmide em uma data tardia, sem qualquer tentativa de sofisticação nem qualquer acabamento. *(Foto: Robert Temple)*

b) Vemos à direita pedras de revestimento de granito da Pirâmide de Miquerinos. À esquerda estão os blocos de calcário do Templo Funerário de Miquerinos grosseira e cruelmente comprimidos contra a pirâmide. A natureza simples dessa construção é mesmo assombrosa. Isso é uma prova conclusiva de que o templo funerário foi um edifício posterior construído com muito menos cuidado e precisão. Sem dúvida, se os templos funerários das pirâmides de Quéops e Quéfren fossem preservados direito, nós teríamos uma vista semelhante a essa em cada caso. Não sei se alguém já chamou atenção a esse detalhe ou publicou uma foto mostrando-o, embora ele esteja prontamente disponível para qualquer turista curioso examinar. *(Fotos: Robert Temple)*

Prancha 13

Esta foto apareceu na *McClures Magazine* (Estados Unidos) em janeiro de 1902 para acompanhar um artigo de Cleveland Moffett intitulado "In and Around the Great Pyramid". Felizmente, colecionei a *McClures Magazine* por anos! É a melhor foto que já vi da "câmara de descarga" superior logo acima da Câmara do Rei dentro da Grande Pirâmide. Essa foto mostra que a câmara estava completamente coberta de grafites vitorianos, incluindo o nome "Câmara de Campbell" na base da foto, pintado por ordem de Howard Vyse. A grande abundância de grafites nessa câmara supostamente remota na era vitoriana mostra como não se pode confiar nos "grafites antigos" da câmara como evidência de qualquer coisa e é muito provável que eles tenham sido forjados, como foi elucidado no texto principal com base nas próprias anotações no diário de Vyse. *(Foto: Cleveland Moffett)*

Prancha 14

A Esfinge (esquerda), o Templo do Vale (abaixo à direita) e o Templo da Esfinge (acima à direita) vistos do alto. A Calçada de Quéfren pode ser vista ao lado da Esfinge seguindo até o Templo do Vale. Essa é uma foto aérea sem crédito reproduzida por Herbert Ricke como metade do frontispício em seu livro *Der Harmachistempel des Chefren in Giseh (The Harmachis Temple of Chephren at Giza)*, Wiesbaden, 1972. Essa foto é antiga, pois não há nenhum estacionamento à direita e não há nenhuma estrada moderna indo para a direção das pirâmides no topo da foto, como haveria hoje. Portanto, essa foto deve ser de algum momento entre 1936 e no máximo 1960. O mais provável é que seja do fim da década de 1940. A Esfinge não passou por sua "restauração moderna" e a traseira destruída e muito erodida fica especialmente evidente quando vista de cima. Uma característica estranha que não costuma ser evidente, mas pode ser vista nessa foto específica, é que a Esfinge não está orientada em ângulos retos com a parede oeste do Templo da Esfinge na frente dela, mas, em vez disso, seu rosto está olhando diretamente para a Trincheira Norte logo além dele, sobre a qual os romanos construíram sua grande escada descendente quando o Templo da Esfinge ficou esquecido, enterrado na areia. Tira-se a conclusão estranhíssima dessa foto que as plantas de Ricke da Esfinge e do Templo da Esfinge (veja a Figura X como um exemplo) são imprecisas e não têm a medida certa, pois nelas Ricke coloca a Esfinge de frente para a parede oeste do templo, que essa foto prova não ser o caso. O fato de Ricke ter publicado essa mesma foto em seu livro e não perceber que ela desabonava suas plantas presentes no mesmo livro mostra que ele deve ter dormido no ponto e seus olhos estavam fechados.

Prancha 15

O estranho canal ou conduto cortado na rocha e passando embaixo da parede do Templo da Esfinge. Ele é tampado com uma placa de granito basal com uma ranhura central bem preenchida por uma sucessão de pequenos blocos de granito com 24 centímetros de largura. Embaixo deles corre um minúsculo "canal" que se inclina para dentro do templo e não pode ser um dreno. Estima-se que a placa de granito pese até cem toneladas. Ela fica abaixo da parede norte do templo e entra em uma face de despenhadeiro natural. Esse é na minha opinião um exemplo clássico de uma das várias ranhuras para cabos, fixadas com um peso em cima, para guiar os cabos que arriavam sarcófagos de pedra pesadíssimos em tumbas subterrâneas. Acredito que na extremidade dessa ranhura, onde a pedra para, um poço leve a uma tumba intacta que não pode ser posterior à época do rei Quéfren. *(Foto: Robert Temple)*

Prancha 16

Um *close* da ranhura minúscula para cabo de nove centímetros de altura inclinada para dentro que corre por baixo dos blocos de granito encaixados na placa de granito basal do canal norte do Templo da Esfinge. Ela se abre em uma largura máxima de 13 centímetros. Apesar de essa ranhura descer para dentro em vez de para fora, ela é pequena demais para carregar uma quantidade significativa de qualquer tipo de fluido, então não pode ter sido o "dreno de águas residuais" que os dois escavadores acharam ser. Sinais evidentes de desgaste no granito nos dois lados da ranhura parecem indicar que algo se esfregava forte neles em um sentido lateral, para trás e para a frente com grande força, que deve ter sido o cabo. *(Foto: Robert Temple)*

Prancha 17

Vista de baixo para cima da Grande Galeria da Grande Pirâmide. A escada no topo foi construída para possibilitar o acesso à Câmara de Davison, a "câmara de descarga" inferior sobre a Câmara do Rei, alcançada por meio de uma passagem estreita partindo do topo dessa galeria. Ninguém sabe a finalidade das estranhas rampas com buracos que seguem junto da rampa em cada lado da Grande Galeria. Os trilhos e degraus de madeira são instalações modernas para facilitar o acesso de turistas. *(Foto: Robert Temple)*

Prancha 18

A esfinge vista do piso do canto nordeste do Templo da Esfinge. No primeiro plano à direita, pode-se ver a depressão cortada na rocha para a inserção do canal de granito para cabos. Logo à esquerda dela, no centro da foto, fica o buraco também cortado na rocha para uma pessoa poder se agachar ao lado do suporte de entrada da ranhura para cabos. *(Foto: Robert Temple)*

Prancha 19

Atrás de mim está a parede norte do Templo da Esfinge e logo sobre minha cabeça vê-se o bloco de calcário monumental no centro da parede. Por sua vez, ele mantém no lugar o pequeno tampão de calcário logo abaixo do centro dele, à direita da minha cabeça. É esse pequeno tampão de pedra, obviamente inserido por último, que fica no topo do canal de granito para cabos. Estou agachado na área cortada no piso de rocha que permite uma pessoa ficar no nível da ranhura para cabos.

Apêndice 3 475

A abertura de um buraco tosco tão enorme na rocha do piso do templo pode ter apenas um objetivo: o acesso à ponta do conduto de cabo para duas pessoas guiando o cabo duplo pelo conduto durante o processo de arriamento do sarcófago na outra ponta dos cabos. *(Foto: Olivia Temple)*

Prancha 20

A foto mostra o canal cortado na rocha de calcário entrando na face de despenhadeiro ao norte, que constitui a parede norte da Trincheira Norte. Juntei o lixo dos turistas (levado pelo vento para todos os lugares do Planalto de Gizé) embaixo do despenhadeiro para limpar o canal o máximo possível para a fotografia. No ponto onde a areia escurece, termina o conduto de granito incrustado. Desse ponto em diante (embaixo da parte escura), não há pedra nenhuma embaixo da areia e parece que a areia de lá encheu um poço vertical. Cavei a areia com minhas mãos o quanto pude e golpeei com o cinzel pontudo que tinha comigo, mas não consegui detectar nada além de areia. Esse, portanto, parece ser o lugar aonde o cabo descia da ranhura. Tomei muito cuidado para limpar com as mãos um dos blocos de granito colocado sobre a ranhura; quase imperceptível em cada lado dele, mas mais do lado direito, pode-se ver o verdadeiro conduto de granito, ainda bem coberto de areia, pois não tive como limpá-lo direito para deixá-lo mais visível. *(Foto: Robert Temple)*

Prancha 21

O canal quando emerge debaixo da parede norte do Templo da Esfinge para dentro da Trincheira Norte. O grande bloco de calcário colocado acima do canal projeta-se para fora da parede e embaixo dele um pequeno bloco de calcário foi enfiado no canal para bloqueá-lo. A pedra retangular que se mostra com clareza no canal é um da série de blocos de granito que algum arqueólogo em algum momento parece ter retirado da incisão basal no conduto de placa de granito embaixo dela e depois, quando colocou de volta, não conseguiu encaixá-lo direito de novo. Isso pode ter sido feito por Selim Hassan ou Herbert Ricke, os escavadores. Levantar esse pequeno bloco revelaria nada além de outro pedaço de granito abaixo, então o investigador desistiria de prosseguir com isso. *(Foto: Robert Temple)*

Prancha 22

A Trincheira Norte de sua extremidade oeste, mostrando o canal protuberante talhado no leito de rocha cruzando-o debaixo da parede norte do templo (à direita) e entrando na face de despenhadeiro à esquerda. *(Foto: Robert Temple)*

Prancha 23

Esse é o canal para cabos sul, talhado no leito de rocha do piso do Templo da Esfinge, mas tampado com blocos de calcário em vez de granito. Ele passa por baixo de uma parede aqui e contém entulho que nem Hassan nem Ricke se importaram de retirar, porque acharam que este seria apenas um dreno para águas residuais e, portanto, nada interessante. Claro, esse canal deveria ser limpo e estudado direito, porque ele provavelmente leva a outro poço de acesso às tumbas subterrâneas e estruturas embaixo do templo. *(Foto: Robert Temple)*

Prancha 24

a) Polia de basalto do Antigo Império, escavada por Selim Hassan, que teria sido usada ligada ao arriamento de sarcófagos de pedra pesados nas tumbas de Gizé. (Essa é a Prancha XVII A em Selim Hassan, *The Great Pyramid of Khufu and Its Mortuary Chapel*, Cairo, 1960.)

b) Perfil da polia de basalto do período do Antigo Império escavada em Gizé por Selim Hassan, vista na Prancha 23a. Essa é a Prancha XVII B do livro de Hassan. As três ranhuras no topo dessa polia permitem que três cabos paralelos sejam usados para objetos pesados e firmar seu içamento ou arriamento.

c) Esse é o "canal de Quéfren", outro dos canais para cabo de granito, escavados embaixo do piso de reboco do Templo Funerário de Quéfren por Uvo Hölscher em 1909, logo na frente da Pirâmide de Quéfren. É bem provável que esse canal fosse usado para o cabo utilizado para arriar o sarcófago do faraó Quéfren em sua tumba, que acredito ficar embaixo desse ponto. Uma foto da tampa de granito fechando o topo do canal na extremidade pode ser vista na Prancha 50. Essa foto é do ponto de vista sul, mostrando o canal saindo do pátio do templo embaixo do meio da parede sul do pátio. (Essa é a Figura 47 na p. 57 de Uvo Hölscher, *Das Grabdenkmal des Königs Chephren* (*The Funerary Monument of King Chephren*), Leipzig, 1912.)

d) Essa é a extremidade sul externa do canal para cabos de granito que foi oculta pelo piso de reboco do Templo Funerário de Quéfren e passou por baixo da parede sul do pátio do templo. Aqui, assim como o canal no Templo da Esfinge, vemos o mesmo traço de uma tampa de granito encaixada confortavelmente em cima do canal para evitar que o cabo voe e mantê-lo parado durante o arriamento do sarcófago. (Essa é a Figura 48 na p. 57 de Uvo Hölscher, *Das Grabdenkmal des Königs Chephren* (*The Funerary Monument of King Chephren*), Leipzig, 1912.)

Prancha 25

Essa é a Prancha 34-B em George A. Reisner, *Mycerinus*, Harvard University Press, Estados Unidos, 1931. (A foto foi tirada olhando para o oeste.) O conduto de cabos pode ser visto na frente à esquerda, terminando em um grande poço retangular escavado em um bloco sólido de calcário, que foi transportado para esse ponto e encaixado no piso de cascalho. (Ele toma o lugar do "poço baixo" semelhante escavado no leito de rocha em uma posição equivalente no Templo da Esfinge.) O conduto passa sob o caminho de pedras central e termina embaixo de uma parede de calcário, embora não possa ser visto nesta foto. Alguns dos blocos de pedra depositados no canal ainda estão no lugar, como pode ser visto, de modo que esse conduto lembra o conduto norte do Templo da Esfinge por ter uma ranhura na pedra, coberta por pedras menores encaixadas no topo.

Prancha 26

Parte da câmara mortuária de calcário de Khasekhemui visível na ocasião de nossa visita. A câmara ainda está bem cheia de areia, mas não é profunda, estendendo-se para baixo por meras seis fileiras de blocos de calcário. Aqui a fileira superior e parte da segunda estão expostas, o que bastou para coletarmos nossas amostras para datação. A foto é tirada do sul, olhando para o norte. *(Foto: Robert Temple)*

Prancha 27

Foto em *close* da fileira superior de construção em calcário no lado leste da câmara mortuária de Khasekhemui, com parte da segunda fileira visível. Os blocos de calcário são ásperos e inacabados, cortados grosseiramente e unidos de forma desajeitada. Atrás deles pode-se ver o tijolo de barro escuro. É difícil acreditar que uma construção incompetente como essa precedeu em apenas 20 ou 30 anos a construção da enorme Pirâmide de Degraus em Saqqara (veja a Prancha 10).

Prancha 28

A tumba de Khasekhemui em Abidos, escavada pela primeira vez por *sir* William Flinders Petric em 1900 e exposta aqui pela nova escavação em 2001 por Gunter Dreyer. Toda a estrutura da tumba é de tijolo de barro e madeira, exceto pelo pequeno remendo retangular na frente, que é a câmara mortuária de calcário datada por nós. Essa foto foi tirada do sul olhando para o norte. *(Foto: Robert Temple)*

Prancha 29
Essa é uma estátua de Imhotep, vizir e arquiteto chefe do Egito no reinado de Zoser (Djoser), primeiro rei da Terceira Dinastia. Imhotep projetou e construiu a Pirâmide de Degraus em Saqqara. Essa estátua é do período ptolomaico e é o objeto N4541 em exibição no Louvre. *(Foto: Olivia Temple)*

Prancha 30
Uma pequena imagem em calcário do rei Khasekhemui, último da Segunda Dinastia, preservada no Museu Ashmolean em Oxford. Antes ele se chamava rei Khasekhem ("A Aparição do Poder"), mas depois mudou seu nome para Khasekhemui ("A Aparição dos Dois Poderes"), após unificar as regiões norte e sul do Egito. Nessa estátua ele só usa a coroa branca do Alto Egito, sua terra de origem, antes de sua conquista de todo o norte ou parte dele. Ele também usa a vestimenta do Festival Sed, um ritual de renovação da realeza. Dizem que ele foi um gigante com mais de 2,43 metros de altura. *(Foto: Robert Temple)*

Prancha 31
"O Forte" em Hieracômpolis. *(Foto: Robert Temple)*

Prancha 32
Passagem que levava até a entrada do "Forte" em Hieracômpolis. A parede à direita faz parte do "Forte", mostrando uma parte bem pre-servada no tijolo de barro de um baixo-relevo típico de grandes estruturas reais desse período da história egípcia. *(Foto: Robert Temple)*

Prancha 33
A Pirâmide de Degraus de Enezib em Saqqara, como parecia em 1937 depois de Walter Emery escavá-la. Ela tinha 75 pés [22,8 metros] de comprimento na base e 43 pés [13,1 metros] de altura originalmente, com uma inclinação de 49 graus nas laterais. A pirâmide foi construída como uma tumba pelo rei Enezib, quinto rei da Primeira Dinastia. Ela foi "decapitada" pelo faraó sucessor, rei Semerkhet, que a cobriu com uma mastaba mortuária retangular convencional, que a disfarçou completa-mente até Emery cavar mais fundo e encontrar essa estrutura escondida embaixo. O tamanho pode ser apreciado pelo homem de pé no topo. Esta é a Prancha 77 de Walter B. Emery, "A Preliminary Report on the Ar-chitecture of the Tomb of Nebetka", *Annales du Service*, Cairo, Vol. 38, 1938. (A princípio Emery achava que a tumba fosse de Nebetka ou de Nebitka, um funcionário real do governo de Enezib, mas depois ele foi forçado a revisar sua opinião.) Um relato mais detalhado dessa tumba

Apêndice 3 479

foi publicado 11 anos depois em Walter B. Emery, *Great Tombs of the First Dynasty*, Volume I, Cairo, 1949, no qual essa foto aparece de novo como Prancha 35-A, mas não é tão bem reproduzida, e a tumba recebeu um número e foi renomeada como "Tumba 3038". Emery anunciou que ela foi a tumba do rei Enezib em 1961 em seu livro *Archaic Egypt*.

Prancha 34

O "Fragmento de Petrie" ou "Fragmento de Londres" ou "Fragmento de Petrie/Londres da Pedra do Cairo", que *sir* Flinders Petrie comprou de um "pequeno comerciante" de antiguidades no Cairo "enquanto eu estava [cavando] em Mênfis". Investigações realizadas extraoficialmente por Petrie com comerciantes revelaram a história de que "ele foi encontrado no Alto Egito, levado de lá e vendido a um comerciante do Cairo, que o passou para um comerciante menfita e, por fim, para mim". Agora ele está preservado no Museu Petrie na University College London. Essa foto foi reproduzida no periódico *Ancient Egypt*, Volume 8, 1916, p. 119. A análise de Patrick O'Mara sugere que esse fragmento, assim como todos os "fragmentos do Cairo", exceto um (o único obtido em escavação e sobre o qual infelizmente quase não há texto), é falso, feito por falsificadores de antiguidades para venda por comerciantes. Sua aceitação como legítimo, apesar da forte evidência de falsificação, distorceu as cronologias aceitas, os relatos históricos e as interpretações do Egito antes da Quinta Dinastia (datado atualmente de cerca de 2500 a.C.).

Prancha 35

Dr. Patrick O'Mara, que demonstrou que os fragmentos da "Pedra do Cairo" eram falsos, feitos por falsificadores de antiguidades em 1910. Assim ele conseguiu "expurgar" a cronologia arcaica no Egito de elementos falsos inventados pelos falsificadores. *(Foto cortesia de sua filha, sra. Kathleen Kottler, da Califórnia)*

Prancha 36

Uma vara ou régua de côvado do Novo Império, preservada no Louvre. Todo escriba deveria ter uma. Os fragmentos do Cairo são falsos principalmente porque, ao contrário da Pedra de Palermo, as inscrições não foram feitas de acordo com essa régua de côvado. *(Foto: Robert Temple)*

Prancha 37

a) Esse é um dos mais misteriosos recipientes, dentre tigelas e vasos, do período arcaico encontrados no Egito. Foi escavado por Walter Emery em Saqqara na tumba de um oficial real da Primeira Dinastia chamado Sabu, conhecida apenas como "Tumba 3111". O buraco central é bizarro, para dizer o mínimo, e esse item provocou muita controvérsia, com alguns dizendo de brincadeira até que ele parecia uma pá de turbina moderna. É importante lembrar que ele deve ser feito de uma peça única de pedra esculpida. Tem 61 centímetros de largura por dez centímetros de altura. É uma daquelas "tigelas com bordas" que coloca em dúvida a ideia de que elas poderiam ter sido talhadas a partir de uma rocha sólida. Algumas dessas "tigelas" têm quatro bordas, tais como um espécime perfeito de diorito que vi exposto no Grand Palais em Paris há alguns anos, mas esta tem três. Essas bordas se curvam como se tivessem sido feitas de argila mole. Joseph Davidovits e eu acreditamos que esses objetos feitos de uma rocha bem dura (não o macio alabastro) não foram na verdade esculpidos na rocha sólida, mas sim fabricados a partir de fragmentos de pedra gastos misturados em um aglutinante geopolimérico como um tipo de concreto ou cimento, moldados quando moles e depois deixados endurecendo. Isso explicaria como seria possível fazer essas "tigelas com bordas". A tumba de Sabu pertence ao período dos reinados dos reis Udimu (também chamado Den e o "Hórus que golpeia") e Enezib (também chamado Anedjib e "seguro é seu coração"), como demonstrado pelos selos nos jarros encontrados na tumba. (Prancha 40-A em Walter B. Emery, *Great Tombs of the First Dynasty*, Volume I, Cairo, 1949.)

b) Perfil da "tigela de xisto" da Primeira Dinastia com as três bordas dobradas. (Prancha 40-B em Walter B. Emery, *Great Tombs of the First Dynasty*, Volume I, Cairo, 1949.)

Prancha 38

O rei Narmer, de maça em punho e usando a coroa do sul, em pleno ato simbólico de ataque a seus inimigos do norte no Delta. O falcão Hórus, símbolo de autoridade real, agarra uma corda trançada ao redor do pescoço de um "líbio do Delta", que é identificado pelas plantas de papiro atrás dele. (O papiro só cresce em água parada e nunca cresceu ao longo do Nilo com suas correntes, apenas no norte de Mênfis nos pântanos do Delta.) O nome de Narmer em hieróglifos arcaicos está no centro superior, em um "serekh" ou caixa retangular ornamentada com uma representação da "fachada do palácio". *(Foto: Robert Temple)*

Prancha 39

O tema central do lado reverso da Paleta de Narmer. As duas bestas estranhas, chamadas pelos arqueólogos de "serpopardos", por falta de um nome melhor, e provavelmente baseadas na girafa, são dominadas

Apêndice 3

aqui por cordas ao redor do pescoço, formando assim esse emblema heráldico de pescoços entrelaçados com as cabeças de frente uma para a outra. Parece ser uma tentativa zoomórfica de simular o hieróglifo *shen*, que significa "infinito", sob as duas cabeças se observando, que simbolizam o norte e o sul observando um ao outro para sempre como uma entidade unida e entrelaçada, daqui em diante para ser o que chamamos de Egito. *(Foto: Robert Temple)*

Prancha 40

Ioannis Liritzis (direita) e eu em Gizé com a Pirâmide de Quéfren ao fundo *(Foto: Olivia Temple)*

Prancha 41

Foto aérea da Esfinge tirada em algum momento depois de 1937, provavelmente por um avião militar durante a Segunda Guerra Mundial. A Grande Pirâmide está no topo da foto. Logo na frente da Esfinge ficam as ruínas do Templo da Esfinge e à sua esquerda o bem mais firme Templo do Vale, atrás do qual se estende a longa Calçada de Quéfren na direção da Pirâmide de Quéfren, que não pode ser vista nessa foto. (A pequena ruína retangular em um ângulo logo acima do Templo da Esfinge, entre ele e a estrada na foto, é o Templo de Amenhotep IV do Novo Império, construído quando o Templo da Esfinge foi completamente coberto de areia e sua existência esquecida.) Essa foto é uma prova clara de que a limpeza feita por Selim Hassan em 1936-1937 também se estendeu até a frente do Templo da Esfinge, onde os traços de alguns cais são visíveis. Eles ficaram cobertos de areia de novo por tanto tempo (provavelmente desde os anos 1950) que ninguém se lembra que eles já foram limpos, e essa foto é a única prova disso que eu já vi. *(Coleção de Robert Temple)*

Prancha 42

Ioannis (direita) e eu dentro de um dos armazéns superiores do Templo do Vale, tentando encontrar uma amostra para datação adequada. Não estou usando chapéu por alguma estranha excentricidade, mas para tentar manter as aranhas longe do cabelo, pois quando entramos lá grossas teias de aranha cruzavam todo o lugar, de modo que tivemos de abrir caminho por elas. A parede afastada e o teto são de granito vermelho, mas as paredes são de travertino ("alabastro egípcio"). Há seis armazéns ao todo dispostos em dois andares: três em uma fileira superior e os outros três em uma inferior. Eles ecoam bem o som, como canos. Eles têm apenas uma extremidade aberta. Ninguém sabe para que serviam. Os arqueólogos presumem que eles tenham sido usados para armazenamento, por isso recebem esse nome. Descobrimos com nosso contador Geiger que os armazéns do Templo do Vale são tão radioativos que os sacerdotes em serviço no templo todos os dias com certeza teriam leucemia ou algum outro câncer em 20 anos. Segundo minha teoria, esses armazéns, bem como os muitos sarcófagos de granito (ainda mais radioativos), radiariam e matariam bactérias, ajudando na preservação dos cadáveres mumificados. Talvez esses armazéns já tenham sido cheios de múmias, antes do enterro. Elas podem ter ficado armazenadas aqui durante seu processo de "secagem" de 70 dias. *(Foto: Olivia Temple)*

Prancha 43

Olho de Osíris pintado na parede do Templo de Seti I em Abidos *(Foto de Robert Temple)*. Sobreposta está a análise geométrica do desenho, mostrando como os pontos importantes, tais como o centro da pupila, o lado de cima no centro da íris e o lado direito no centro da íris, bem como o lado esquerdo da sobrancelha, estão todos unidos por linhas formando padrões triangulares e retangulares definidos por um total de cinco "ângulos áureos" de 26°33'54", o ângulo sagrado usado em toda arte e arquitetura sagradas egípcias por todas as eras. O "ângulo áureo" deriva da "Seção Áurea" por meio de um "triângulo áureo". (Veja a descrição detalhada em meu livro anterior com Olivia Temple, *The Sphinx Mystery*, 2009.) O desenho sobreposto é de Robert Temple, melhorado, corrigido e desenhado por computador com o colaborador gráfico Jonathan Greet.

Prancha 44

Olhando para baixo no corredor do meio na extremidade oeste da Sala dos Pilares do Templo do Vale. Dando as proporções das colunas e arquitraves de granito por comparação com as pessoas de pé no piso de alabastro. *(Foto: Robert Temple)*

Prancha 45

Tentando obter uma amostra viável da parede de travertino da escada dentro do Templo do Vale. Infelizmente, descobrimos depois que a técnica de termoluminescência óptica de Ioannis não funciona com travertino ("alabastro egípcio"), pois a pedra é translúcida e não opaca. Portanto, não podemos datar nada feito com essa pedra. *(Foto: Olivia Temple)*

Prancha 46

Olivia e uma inspetora de antiguidades olhando a vista na porta com batente de granito no topo da escada do telhado do Templo do Vale. O único caminho hoje para deixar a porta e ter acesso ao telhado é se

Apêndice 3

equilibrar em uma borda abaixo à esquerda da foto, que fica acima da Passagem Ascendente, e uma queda nas pedras lá embaixo machucaria bastante. Tive alguma dificuldade de convencer alguém a me seguir, mas enfim Ioannis e o inspetor de antiguidades arriscaram. Creio que os únicos a estarem no telhado por muitos e muitos anos foram os eletricistas, que obviamente usaram suas próprias escadas para o acessarem de fora do templo. *(Foto: Robert Temple)*

Prancha 47

O telhado do Templo do Vale, fotografado do topo da escada e virado para o canto sudoeste do templo. A estranha "caixa" de calcário, provavelmente com uma câmara, está no centro superior da foto. Ioannis está ajoelhado com dois inspetores de cada lado, coletando a amostra de calcário que ele datou como pertencente do Novo Império, provando assim que esse telhado era acessível naquela época, embora o resto do templo estivesse provavelmente enterrado. Pode-se ver que as amostras de pedras coletadas por Ioannis aqui são mais brancas do que a parede principal e parecem ser um tipo de acréscimo tardio, o que de fato são (do Novo Império). O ponto onde Ioannis está agachado fica logo acima da extremidade oeste dos armazéns. *(Foto: Olivia Temple)*

Prancha 48

Vista do telhado do Templo do Vale de frente para o norte a partir da parede sul. Ao longe fica a estrada que leva à Grande Pirâmide, com as pessoas andando nela. Então há a parede de calcário norte do templo bem grossa; a porta no centro superior da foto, cercada por blocos de granito vermelho, é a abertura da escada para o teto. Olivia está sentada lá na sombra enquanto seu marido doido pula de pilar em pilar como uma gazela louca, algo que não consegui convencer ninguém a fazer junto comigo. A fileira de blocos de granito vermelho inclinada para cima é a Passagem Ascendente, que leva pela parede oeste (extrema esquerda) e para fora na Calçada. Na frente estão as várias arquitraves de granito vermelho da Sala dos Pilares em forma de T, na maioria intactas, sobre seus pilares. A sala tem 16 desses pilares de granito. *(Foto: Robert Temple)*

Prancha 49

Dentro da Sala Oculta do Templo do Vale, olhando para fora pela passagem que leva aos armazéns. O fundo desse buraco, do qual se removeu uma pedra para permitir a entrada, fica na altura do peito quando estamos de pé na passagem, e é preciso escalar para entrar lá. A princípio, essa Sala Oculta não poderia ser vista da passagem, porque um bloco de granito preencheria esse espaço. Ele provavelmente foi retirado no século XIX por Mariette ou Petrie. Embaixo do piso dessa Sala Oculta, à direita da foto, fica o espaço misterioso de onde vazava uma solução ácida por um dreno especial por um longo período no Antigo Império, como mostrado na Prancha 25. Deve haver um espaço embaixo de toda a Sala Oculta, e provavelmente é uma câmara real. Ninguém além de Petrie se referiu à existência dessa grande e impressionante Sala Oculta. Ela nunca foi mencionada no relatório de escavação do templo feito por Hölscher. Na traseira (atrás da câmara), essa Sala Oculta se liga a duas passagens bloqueadas que correm de leste para oeste na parede sul do templo (a tampa de granito que bloqueia a passagem leste pode ser vista na Prancha 50) e também se abre em um enorme poço vertical. Todas essas características podem ser vistas nas várias fotos adicionais no site deste livro, www.egyptiandawn.info. *(Foto: Robert Temple)*

Prancha 50

a) Aqui estou de pé no fundo da Sala Oculta do Templo do Vale em Gizé, tirando uma foto do poço vertical descendo até ela pela parede sul do templo. *(Foto: Olivia Temple)*

b) Dentro da Sala Oculta do Templo do Vale pode ser vista essa abertura com uma grande tampa de pedra, um dos muitos mistérios da câmara. Ela bloqueia uma passagem para leste na parede sul. *(Foto: Robert Temple)*

Prancha 51

a) Imagem de cima para baixo do primeiro poço vertical NE dentro da parede norte do Templo do Vale. *(Foto: Robert Temple)*

b) Imagem de cima para baixo do segundo poço vertical NE dentro da parede norte do Templo do Vale. Um cabo elétrico usado para a iluminação do espetáculo *son et lumière* preso no teto passou por ele, provando que os eletricistas sabem mais sobre esse edifício do que qualquer arqueólogo. Uma passagem horizontal parece ir para fora à esquerda, mas não tive como me pendurar no poço para examiná-lo, nem acredito que algum eletricista já tenha feito isso, pois eles só jogam os cabos para baixo e os pegam no fundo (acessado pela passagem horizontal interna ao nível do solo, vista nas Pranchas X e X). Embaixo à esquerda podemos ver claramente uma saliência de pedra indo para dentro do poço. Tenho certeza de que no período do Antigo Império escadas de madeira foram afixadas dentro desses poços verticais, pois há evidências de rachaduras, saliências e indentações na construção de pedra para indicar que essas instalações de madeira ficavam acomodadas

Apêndice 3

e eram usadas sempre para facilitar a movimentação dos sacerdotes por toda a complexa rede de passagens, câmaras e poços dividindo o templo. A saliência vista aqui foi, acredito eu, uma plataforma para ancorar a escada nesse nível elevado e agir como desembarque para seguir para a passagem horizontal superior. Acredito que havia provavelmente três andares sucessivos de passagens horizontais enchendo as paredes do templo, ligando os poços e indo para as câmaras. Essa rede interna nunca foi explorada e foi completamente ignorada pelos escavadores alemães no início do século XX. Não foi feito nenhum estudo do templo desde então, até meu relato neste livro. *(Foto: Robert Temple)*

Prancha 52

Vista de baixo para cima da base do segundo poço vertical, Poço Norte Dois, no canto nordeste da parede norte do Templo do Vale. A base desse poço está ligada à base de outro por uma passagem horizontal dentro da parede no nível do solo pela qual eu rastejei, pois havia areia nela. Embora os trabalhadores tenham jogado do teto um cabo elétrico dentro do poço para o fornecimento de eletricidade para as instalações de luz, nenhum dos inspetores de antiguidades tinha a menor noção da existência de algum dos poços verticais que descobri, pois é claro que eles nunca perguntaram aos eletricistas onde eles instalaram seus cabos. É óbvio que este poço, como os outros, não foi criado por saqueadores de pedra, mas é um ponto original e integral da construção do templo. Estou convencido de que cada poço vertical continha originalmente uma escada de madeira interna para acesso ao telhado, às passagens laterais e às várias câmaras nas paredes. *(Foto: Robert Temple)*

Prancha 53

Tirei essa foto bem no fundo da parede norte de calcário do Templo do Vale, olhando para o norte e para fora ao nível do solo. A figura engatinhando na minha direção é a intrépida Olivia. Essa é uma passagem baixa norte-sul dando em uma câmara interna que se liga a uma passagem leste-oeste e junta as bases dos dois poços verticais (Números Um e Número Dois) na parede norte em sua extremidade leste. Como se pode ver, muita areia trazida pelo vento impedia nosso progresso. Esses poços, câmaras e passagens nunca foram examinados por um arqueólogo. Todos eles precisam ser desobstruídos e demarcados direito em uma planta do templo. *(Foto: Robert Temple)*

Prancha 54

O Templo da Esfinge visto do topo do Templo do Vale. O pátio central monumental domina a cena, com restos de pilares de calcário. O piso é de rocha nivelada. Alguns arqueólogos especularam que esse templo já teve um pavimento de "alabastro egípcio", que foi retirado na Antiguidade (o que deve ter sido antes de aproximadamente 2000 a.C., pois o templo esteve coberto de areia continuamente desde então até 1936), mas isso é especulação pura e não há prova nenhuma disso. É muito improvável que esse templo tivesse tido um piso de pedra de algum tipo e que qualquer outro usado de vez em quando fosse perecível, mas não foi de madeira (não foram encontrados vestígios de madeira durante as escavações dessa estrutura por Hassan ou Ricke). Sugeri em *The Sphinx Mystery* que durante os três meses do período de cheia na época do Antigo Império, os egípcios podem ter deixado o piso desse templo ser alagado naturalmente pela água do Nilo. Veja a Prancha X do armazém noroeste do templo, que eu sugiro ter sido usado para guardar uma barca solar usada nessas ocasiões ligada com rituais de algum tipo realizados na água desse templo, que nunca teve um teto. *(Foto: Robert Temple)*

Prancha 55

Um retrato de al Uted e seus amigos. Al Uted é o único menir ainda de pé dentro do Círculo do Mezorah com os outros caídos. A base de um deles pode ser vista logo à direita de al Uted, por ele ter caído para fora e longe da direção desse cenário. À esquerda de al Uted, três das pedras quebraram. À direita nessa foto, três grandes pedras continuam de pé, uma das quais está bem inclinada e partes de duas outras pedras caíram. Ao todo, 11 pedras do Círculo ou restos delas estão visíveis nessa foto. Bem ao fundo, pode-se vislumbrar um telhado de ferro ondulado de uma moradia local. No meio, pode-se ver as pedras componentes de outra formação em uma fileira na grama, a maioria quebrada bem embaixo. Há grupos de pedras externas no Mezorah que não foram demarcadas ou estudadas direito e muitas pedras estão completa ou parcialmente enterradas. Algumas também foram incorporadas em moradias. *(Foto: Robert Temple)*

Prancha 56

Olhando para o menir ereto al Uted e muitas pedras quebradas e caídas do Círculo do Mezorah do qual faz parte. Um minimenir pode ser visto não muito longe dele no Círculo, que ainda está de pé. O modo com que muitas das pedras do Círculo foram derrubadas e quebradas é visto com clareza aqui. Nada menos que 24 pedras do Círculo podem ser vistas, a maioria caída, quebrada ou deslocada. A beira do túmulo interno é vista à direita. Mais longe à direita pode-se ver uma parte de uma moradia local com as duas janelas aparecendo. *(Foto: Robert Temple)*

Apêndice 3

Prancha 57

Seis das pedras do Mezorah são vistas aqui, a terceira da direita foi quebrada de forma que só resta um toco. Essa é uma parte ínfima do Círculo do Mezorah. *(Foto: Robert Temple)*

Prancha 58

Essa é a maravilhosa e selvagem paisagem do Marrocos vista do local do Círculo do Mezorah. Algumas das árvores cercando a área desse local são grandes marmeleiros selvagens, bem mais altos do que os marmeleiros de jardim. *(Foto: Robert Temple)*

Prancha 59

a) Um marmelo crescendo em meu jardim na Inglaterra. A palavra grega para essa fruta, como registrada pelo naturalista romano Plínio, é traduzida como "pomo dourado". *(Foto: Olivia Temple)*

b) Chefes de tribos líbias capturados em sua vestimenta tradicional, com suas barbas costumeiras, como retratado em um alto-relevo egípcio do Novo Império da época do faraó Ramsés III. Esses presos foram capturados na guerra de Ramsés III contra os líbios do norte. De *Geschichte Ägyptens (History of the Egyptians)*, por Georg Steindorff, Leipzig, 1931, prancha oposta à p. 384.

Prancha 60

O grupo megalítico (*"senam"*) de trílitos em Messa na Líbia, uma foto tirada por Herbert Weld-Blundell e publicada como Figura 49 na p. 169 de H. S. Cowper, *The Hill of the Graces: A Record of Investigation among the Trilithons and Megalithic Sites of Tripoli*, London, 1897. Messa fica em um lugar chamado Zawieh Beida, a 40 milhas [64,3 quilômetros] de Greanah na Líbia, na região Cirenaica. Está claro que originalmente as pedras eram colocadas continuamente ao longo dos topos das pedras perpendiculares para formar uma linha contínua de trílitos, lembrando muito o uso de construções de trílitos em Stonehenge na Inglaterra. Sugere-se que os povos megalíticos norte-africanos e britânicos tivessem um contato frequente pelo mar por um período prolongado. A semelhança do nome Messa na Líbia com o nome Mezorah no Marrocos pode não ser uma coincidência. Além disso, o nome contemporâneo do Egito entre os egípcios é grafado em inglês como *Misr* ou *Mesr*, pronunciado aproximadamente como "Mezrr", e, embora o nome tenha origem antiga reconhecida, ela é um pouco vaga e ninguém tem certeza absoluta sobre os detalhes ou qual era o verdadeiro sentido antigo do nome. Entretanto, os egípcios modernos são mais insistentes com esse nome para seu país, que eles nunca chamam de "Egito", exceto para estrangeiros. (O fotógrafo, Herbert Joseph Weld-Blundell, viveu em 1852-1935 e encurtou seu nome para Herbert Weld em 1924.)

Prancha 61

Senam Semana (Terr'gurt). Figura 21 na p. 91 de H. S. Cowper, *The Hill of the Graces: A Record of Investigation among the Trilithons and Megalithic Sites of Tripoli*, London, 1897.

Prancha 62

Senam el-Khab (M'Salata). Figura 33 na p. 141 de H. S. Cowper, *The Hill of the Graces: A Record of Investigation among the Trilithons and Megalithic Sites of Tripoli*, London, 1897.

Prancha 63

Trílito líbio conhecido como Senam Bu-Saiedeh, cercado de pedras caídas. Figura 54 na p. 190 de H. S. Cowper, *The Hill of the Graces: A Record of Investigation among the Trilithons and Megalithic Sites of Tripoli*, London, 1897.

Prancha 64

a) Trílito líbio conhecido como Senam em Kom Nasr. Figura 38 na p. 147 de H. S. Cowper, *The Hill of the Graces: A Record of Investigation among the Trilithons and Megalithic Sites of Tripoli*, London, 1897.

b) Frontispício de H. S. Cowper, *The Hill of the Graces: A Record of Investigation among the Trilithons and Megalithic Sites of Tripoli*, London, 1897, mostrando o trílito líbio conhecido como Senam el-Gharabah.

Índice Remissivo

Símbolos

12ª Dinastia 94, 95, 98, 241
19ª Dinastia 224, 242, 369
22ª Dinastia 28, 428
25ª Dinastia 243, 425
26ª Dinastia 58, 66, 67, 123, 310, 369
<www.egyptiandawn.info> 8, 347, 422

A

Abidos 22, 78, 79, 83, 84, 85, 86, 89, 109, 110, 119, 203, 213, 215, 218, 224, 225, 226, 231, 233, 242, 263, 264, 265, 266, 311, 349, 366, 376, 477, 482
Abu Ruash 101, 102, 103, 104, 105, 106, 107, 282, 318, 449, 470, 471
Adams, Barbara 218
Additional Unlabeled Lunar Dates from the Old Kingdom in Egypt (O'Mara) 244
Agnew, Henry Crichton 42
Akhet-hotep 315
Alexandre, o Grande 242
Allen, James P. 266
Alpha Draconis 34
Amenófis II 348
Amon 274, 400, 430
Ancient Egyptian Stone Vessels (Aston) 73
Ancient Records of Egypt (Breasted) 94, 136, 464
Anedjib 222, 223, 480
Annales du Service 157, 159, 223, 225, 377, 440, 460, 478
Antequera 423, 424, 438
Anteu 391, 392, 396, 401, 402, 403
Antigo Império 16, 18, 28, 59, 71, 75, 79, 80, 82, 92, 109, 156, 158, 160, 162, 164, 166, 173, 182, 189, 191, 197, 206, 207, 224, 233, 236, 268, 271, 280, 281, 290, 291, 297, 304, 311, 312, 315, 316, 319, 323, 326, 339, 343, 345, 346, 350, 366, 367, 370, 376, 377, 380, 382, 400, 417, 428, 465, 476, 484, 486

Apófis, rei 368
Arbuthnot, *sir* Robert 144
Archaic Egypt (Emery) 100, 110, 117, 208, 214, 216, 223, 224, 226, 280, 310, 479
Argélia 405, 413, 417, 422, 426, 430
Aristóteles 396, 397
Armênia 386, 387, 400
Arnold, Dieter 140, 367
Ashmolean, Museu 212, 279, 478
Assuã 68, 71, 75, 123, 136, 177, 189, 326, 377, 429
Aston, Barbara 73
Atlântida 26, 27, 28, 59, 60, 375, 378, 380
Atlantis in Andalucia (Whishaw) 383
Atlas 26, 225, 374, 392, 394, 395, 396, 397, 401, 404

B

Badarian Civilisation, The (Brunton, Caton-Thompson) 260
Band, Erster 195, 454
Barsanti, Alessandro 81
Barth, dr. Henry 414, 422
Barthoux, Jules 74
Bates, Oric 197, 421, 425, 434, 435
Baumgaertel, Elise 270, 273
Bauval, Robert 70
Bedjau, rei 241
Biometrika 285
Birch, Samuel 147, 148, 153, 156
Bonani, Georges 157
Borchardt, Ludwig 195, 238, 248, 300, 437, 454, 457
Brandi, Annibale 61, 63, 296, 441
Breasted, James Henry 94, 239, 437
Brettel, sr. 144
Brewer, Humphries 155
Brooke, *sir* Arthur de Capell 387
Browne, Gordon 388
Brunton, Guy 260
Brutus 408
Budge, Wallis 210, 273
Building in Egypt (Arnold) 140
Bulletin de l'Institut Français d'Archéologie Orientale 295
Burton, James 60, 63, 65, 444

C

Cadiz 379, 380, 398, 399, 409

Índice Remissivo

Cairo 23, 24, 26, 27, 33, 56, 66, 74, 93, 104, 110, 113, 128, 153, 157, 173, 174, 185, 191, 192, 203, 211, 216, 218, 219, 221, 223, 225, 226, 231, 237, 238, 239, 240, 241, 243, 244, 245, 246, 247, 248, 249, 251, 252, 253, 254, 255, 256, 258, 265, 272, 278, 280, 281, 285, 294, 296, 298, 304, 308, 325, 329, 419, 428, 441, 449, 454, 458, 462, 465, 466, 472, 476, 478, 479, 480

Calçada de Quéfren 56, 64, 65, 66, 68, 80, 87, 88, 176, 184, 185, 189, 196, 199, 288, 289, 292, 296, 297, 300, 317, 320, 323, 342, 444, 469, 473, 481

Calder, C. S. T. 386

Carnac 385, 386, 399, 400, 401, 413

Cartago 375, 426

Caton-Thompson, Gertrude 260

Caviglia, capitão Giambattista 21, 60, 64, 296, 441

Cayce, Edgar 59

Charles Chipiez 138, 297, 462

Chipre 375, 405

Chronology of the Palermo and Turin Canons, The (O'Mara) 244

Classical Review 273

Cleópatra, rainha 242

colapso social 28, 236

Coma de Pitágoras 53, 316

Complete Pyramids (Lehner) 135

Congresso Internacional de Egiptólogos 272

Conselho Supremo de Antiguidades do Egito 57, 163, 303

Constantino, imperador 48

Corineus 402, 404

Cornualha 267, 375, 402, 406

Cotsworth, Moses B. 31

Cowper, H. S. 412, 414, 417, 487, 488

Cronologia de Breasted 94

Crystal Sun, The (Temple) 31, 32, 42, 43, 53, 109, 185, 189, 246, 257, 315, 316, 317, 318, 323, 345, 346, 377, 392

Cultures of Prehistoric Egypt, The (Baumgaertel) 270

D

Daily Telegraph 66

Daressy, Georges 247, 440

Das Grabdenkmal des Königs Chephren (Hölscher) 65, 195, 291, 304, 454, 476

Dashur 111, 112, 121, 129, 276, 373, 428

"Dated Texts of the Old Kingdom" (Spalinger) 96, 137

Davidovits, Joseph 257, 480

David, Rosalie 83, 85

Davison, Nathaniel 133

Davis, Whitney 271

Dawn of Astronomy, The (Lockyer) 224
Debono, Fernand 98, 99
Delta 25, 26, 27, 28, 213, 214, 229, 269, 273, 274, 275, 278, 381, 404, 405, 418, 419, 420, 425, 428, 429, 431, 437, 438, 439, 440, 480
DeMille, Cecil B. 115
Den, rei 216, 217, 229
Derry, D. E. 24, 284
Devine, James M. 157
Die Annalen (Borchardt) 238
Dilúvio 387
Discussions in Egyptology 25, 244, 245, 254, 263, 377, 435, 437
Djebel Moussa 397
Djedefre (Radjedef), rei 425
Djer, rei 250, 251
Djet, rei 229
Djoser/Djeser 115, 158, 204, 210, 478
"Dynastic Race in Egypt, The" (Derry) 25, 284

E

Eastern Libyans, The (Bates) 421, 425, 434, 435
Edgar, J. e M. 377
Egito 16, 19, 20, 22, 23, 24, 25, 26, 27, 28, 29, 54, 57, 58, 59, 60, 66, 73, 74, 75, 77, 78, 90, 92, 93, 95, 99, 101, 109, 111, 114, 115, 117, 118, 120, 124, 125, 126, 127, 129, 155, 156, 160, 161, 163, 179, 183, 203, 204, 205, 206, 207, 209, 212, 213, 214, 215, 221, 222, 224, 225, 226, 227, 234, 235, 240, 241, 243, 246, 247, 251, 255, 258, 259, 260, 262, 264, 266, 267, 268, 269, 270, 271, 272, 273, 274, 275, 277, 278, 279, 282, 283, 284, 285, 288, 292, 297, 303, 304, 308, 309, 310, 311, 314, 316, 318, 331, 339, 341, 345, 352, 357, 367, 368, 372, 373, 376, 377, 379, 380, 381, 385, 400, 419, 420, 424, 425, 427, 428, 429, 430, 431, 434, 437, 438, 439, 441, 442, 445, 448, 449, 462, 463, 469, 470, 472, 478, 479, 481, 487
Egyptian Heritage: Based on the Edgar Cayce Readings (Lehner) 59
Egyptian Pyramids, The (Lepre) 136
Eissa, Ahmed 400
el Ardi, Abd 61, 62
Emery, Walter 110, 117, 128, 208, 209, 224, 257, 258, 280, 284, 286, 310, 478, 479
Encyclopaedia of Ancient Egyptian Architecture (Arnold) 367
Enéade 42
Enezib (Anedjib), rei 222, 223, 226, 228, 230, 231, 233, 234, 235, 265, 314, 478, 479
Escócia 381
Escorpião, rei 279, 311
Esfinge 20, 21, 22, 29, 41, 47, 48, 51, 52, 56, 61, 62, 64, 87, 91, 111, 112, 126, 141, 163, 164, 165, 167, 168, 169, 170, 172, 173, 174, 176, 178, 179, 180, 181,

Índice Remissivo

182, 183, 184, 185, 186, 190, 192, 194, 196, 197, 198, 199, 200, 201, 202, 288, 289, 290, 291, 293, 294, 295, 296, 298, 313, 316, 317, 321, 326, 328, 329, 330, 331, 332, 335, 337, 338, 347, 348, 349, 350, 351, 352, 353, 354, 355, 356, 357, 358, 359, 360, 361, 362, 363, 365, 366, 367, 368, 369, 370, 371, 373, 442, 444, 455, 459, 460, 461, 464, 465, 466, 473, 474, 475, 476, 477, 481, 485

Espanha (Ibéria) 380, 388, 406, 407, 408, 409, 411, 423, 424, 425, 427, 433, 438

Estela de Ikhernofret 85

Estrabão 379, 380, 398, 399, 409, 441, 442, 446, 461, 462

Excavations at Giza (Hassan) 66, 113, 294

Excavations at Saqqara (Emery) 110, 265

F

Fawcett, C. D. 285

Fayyum 75

Filas 86

Firth, Cecil 197

Fischer, Henry 259, 280

Fosso da Esfinge 350, 365, 366

Fox Television Network 58

Frankfort, Henri 264

Freud, Sigmund 106

G

Gaballah, G. A. 125

Gauthier, Joseph Étienne 280

Gebel Dukhan 75

Gebel Ferani 75

Gebel Um-Sidri 75

Genius of China, The (Temple) 31, 410

Geoffrey de Monmouth 28, 385, 402, 403, 408, 409, 416

Geographical Journal 416

Gizeh and Rifeh (Petrie) 81

Gleanings from the Natural History of the Ancients (Watkins) 379

Godley, A. D. 109, 193

Goedicke, Hans 279

Gogmagog 402, 404, 409

Göttinger Miszellen 244, 245, 246, 266, 400, 435

Grã-Bretanha 27, 28, 130, 347, 380, 381, 384, 385, 392, 399, 401, 402, 404, 405, 406, 407, 408, 409, 413, 415, 423

Graindorge-Héreil, Catherine 329

Grande Pirâmide 19, 20, 21, 28, 30, 31, 32, 33, 34, 36, 37, 38, 39, 40, 41, 42, 43, 47, 48, 50, 51, 52, 54, 56, 78, 87, 94, 96, 97, 105, 106, 112, 113, 114, 115, 123,

125, 128, 129, 130, 133, 134, 137, 138, 139, 140, 141, 143, 144, 147, 149, 150, 151, 154, 155, 160, 185, 191, 192, 193, 194, 222, 228, 285, 296, 315, 316, 318, 348, 352, 375, 377, 441, 442, 443, 444, 445, 469, 472, 474, 481, 483

Great Pyramid of Khufu and Its Mortuary Chapel, The (Hassan) 113, 191, 192, 476

Great Pyramid Passages (Edgar, Edgar) 377

Great Sphinx and Its Secrets, The (Hassan) 172, 173, 294

Great Tombs of the First Dynasty (Emery) 223, 225, 226, 258, 479, 480

Greco, Stefano 21, 61, 441

Green, Frederick 270

Greet, Jonathan 29, 37, 43, 45, 48, 51, 482

Grinsell, Leslie 362

Grupo dos Nove 42

Guerra Civil Inglesa 268

Guilherme I da Inglaterra 267

H

Haas, Herbert 157

Hamilton, William 143

Harmachis 170, 172, 174, 175, 289, 290, 291, 298, 348, 352, 355, 356, 364, 371, 455, 461, 464, 466, 473

Harris, J. R. 74

Hassan, Selim 57, 59, 66, 71, 80, 113, 168, 172, 191, 192, 294, 350, 351, 355, 361, 364, 455, 475, 476, 481

Hawass, dr. Zahi 57, 58, 61, 115, 124, 125, 129, 372

Hecateu de Abdera 129

Hecateu de Mileto 129

Hein, Heinrich 133

Helck, Wolfgang 97

Heliópolis 255, 454, 462

Helwan 215, 216, 217

Hemaka 110

Heracleópolis 278, 427, 428, 429, 439

Hércules 27, 380, 391, 392, 393, 394, 395, 397, 398, 399, 401, 402, 403, 408

Heródoto 108, 109, 129, 162, 192, 193, 379, 437, 441, 442, 446, 461

Hespérides 26, 392, 393, 394, 396, 401

Hetepheres (filha de Quéops) 425

Hetepheres (mãe de Quéops) 112, 425

Hieracômpolis (Nekhen) 210, 212, 213, 218, 269, 270, 274, 279, 419, 478

Hierakonpolis (Quibell) 212, 218, 269

Hill, J. R. 142, 143

Himmler, Heinrich 424

Histoire de l'Art dans l'Antiquité (Perrot, Chipiez) 138, 297

Índice Remissivo

History of Egypt, A (Breasted) 94, 210, 212, 437, 438, 466
History of Phoenicia, A (Rawlinson) 382
Hoffman, Michael 117, 209
Hölscher, Uvo 65, 189, 195, 196, 281, 291, 293, 304, 308, 344, 368, 369, 437, 454, 476
Homero 375
Hor-Aha, rei 110, 113, 269, 272
Hornung, Erik 209, 309
Hórus 53, 85, 91, 139, 140, 179, 207, 208, 209, 210, 214, 270, 276, 296, 315, 400, 480
Hórus Medjedu 139
Hotepsekhemui, rei 313
Huni, rei 121, 279

I

Ilíada 375
Illustrated London News 66
Imhotep 115, 118, 121, 205, 228, 229, 230, 231, 232, 234, 236, 255, 256, 259, 471, 478
Introduction to the Study of the Egyptian Hieroglyphics (Birch) 147
Irlanda 27, 385, 407, 409, 410
Irmandade Muçulmana do Egito 77
Ísis 85, 86, 359

J

Jaritz, dr. Horst 174, 294
Jesus "de Nazaré" 26, 48, 56, 57, 78, 108, 408
Jews and Arabs (Goitein) 388
Journal of Egyptian Archaeology 25, 216, 217, 219, 284

K

Kahl, Jochen 309
Kaiser, Werner 209
Khafre/Raqaf 95, 99, 100, 367
Khaiu 277, 278
Khasekhem (Hudjefa), rei 208, 209, 212, 478
Khasekhemui (Bebti), rei 116, 119, 120, 203, 208, 212, 218, 221, 231, 236, 478
Khnum 135, 136, 139, 148, 155, 257
Khufu 20, 94, 98, 99, 100, 113, 114, 128, 129, 130, 133, 134, 135, 136, 137, 139, 140, 141, 142, 144, 148, 149, 151, 154, 155, 156, 191, 192, 466, 476
Killare 385
Kolber, Suzy 58

Kottler, Kathleen 244, 479
Krauss, Rolf 309
Kronick, William 130

L

Lacau, Pierre 256
La Pyramide à Degrés 256
Lauer, Jean-Philippe 105, 106, 229, 230, 231, 232, 256, 282, 471
Leahy, Anthony 437
Le Dieu Sokar (Graindorge-Héreil) 329, 330
Lee, Michael 275, 278
Lehner, Mark 58, 59, 130, 135, 157
Leisner, Georg 424
Leisner, Vera 424
Lepre, J. P. 136
Leprohon, Ronald 139
Lethbridge, T. C. 409
Líbano 25
Líbia (Ta Tahenu) 27, 255, 379, 405, 406, 412, 413, 414, 415, 417, 418, 419, 420, 421, 422, 423, 430, 434, 436, 487
Libya and Egypt (Leahy) 437
Life and Work at the Great Pyramid (Piazzi Smyth) 96, 131
Liritzis, prof. Ioannis 15, 20, 92, 161, 163, 236, 481
Lixus 380, 382, 383, 391, 392, 393, 396, 397
Lockyer, *sir* Norman 224
Louvre 255, 273, 298, 465, 478, 479
Luxor (Tebas) 68, 118, 233, 285, 400, 435

M

Mahu 241
Malta 430, 431
Mamun, califa 463
Mandelbrot, Benoit 46
Maneton 100, 207, 208, 212, 213, 242, 243, 262, 266, 280, 308, 310, 311, 419
Manneville, E. de 430
Mariette, Auguste 291, 295, 297, 465, 466
Marrocos 26, 380, 381, 382, 383, 386, 387, 388, 389, 390, 391, 392, 393, 396, 401, 405, 413, 415, 419, 425, 426, 487
Masking the Blow (Davis) 271, 272
Maspero, Gaston 219
Mathuisieulx, H. Méhier de 421, 422, 436
Médio Império 16, 28, 72, 79, 80, 83, 85, 87, 89, 90, 94, 95, 266, 279, 367
Megalithic Remains in Britain and Brittany (Thom, Thom) 386

Índice Remissivo

Meidum 27, 111, 121, 129, 278, 376, 428
Mekhet 277, 278
Mendelssohn, Kurt 117
"Menés", rei 124
Mênfis 28, 33, 84, 104, 119, 135, 184, 238, 254, 255, 266, 267, 268, 316, 329, 428, 454, 462, 479, 480
Menkaure 97, 114, 139, 154, 472
Meresankh 251
Merlin 385, 416
Mer-Neith 28
Mersyankh III, rainha 85
Mesopotâmia 117
Messa 414, 415, 421, 487
Meyer, Eduard 247
Mezorah 381, 382, 383, 384, 386, 387, 388, 389, 390, 391, 392, 393, 394, 396, 397, 398, 400, 401, 402, 403, 414, 415, 422, 424, 486, 487
Mistério de Sírius, O (Temple) 29
Monroe, Marilyn 98
Montalbán, César Luis de 383
Montet, Pierre 105, 471
Museu Britânico 63, 144, 147, 183, 273, 378
Museu da Universidade de Leipzig 300
Museu de Berlim 300, 467
Museu de História Natural 21
Museu de Petrie 237
Museu do Cairo 185, 219, 237, 240, 247, 419, 465
Mycerinus (Reisner) 123, 139, 154, 199, 200, 201, 309, 310, 313, 477

N

Naqada 428, 429
Narmer, rei 269, 270, 272, 273, 274, 279, 480
National Geographic 129
Nazlett el-Sammann 163, 288
Nebetka 223, 225, 226, 478
Neb-Kaw-Her 315
Nebra (Reneb), rei 313
nebti 207, 208
Neferka, rei 105, 282
Néftis 359
Neheb 277, 278
Neith 28, 229, 265, 274, 277, 420, 425, 429
Neith-Hotep 28
Nekhbet 213

Nênio 407
Netjerykhet 118, 206
Newberry, Percy 418
"New Portions of the Annals" (Petrie) 237, 238
Nh-Shufu 134
Nibbi, Alessandra 25, 26, 431, 435
Noé 387
Novo Império 16, 83, 98, 128, 164, 174, 180, 207, 209, 233, 251, 255, 263, 266, 267, 268, 269, 289, 290, 291, 301, 319, 331, 348, 369, 400, 430, 435, 479, 481, 483, 487

O

O'Connor, David 218
Olho de Rá 44, 45, 46, 47, 48, 49, 51, 53
Olho Uadjet 316
O'Mara, dr. Patrick F. 211, 244
"Opening the Lost Tombs: Live from Egypt" 58
Operations Carried on at the Pyramids of Gizeh in 1837 (Vyse, R. H.) 61, 64, 107, 140, 145, 146, 462
Oppel, Karl 430
Osíris 18, 19, 20, 43, 55, 56, 57, 58, 59, 60, 61, 62, 63, 64, 65, 66, 68, 70, 72, 73, 74, 75, 76, 77, 78, 79, 80, 81, 82, 83, 84, 85, 86, 87, 88, 89, 90, 91, 109, 126, 127, 130, 161, 162, 236, 250, 296, 306, 315, 316, 322, 328, 329, 334, 341, 359, 371, 372, 373, 377, 444, 469, 470, 482
Our Inheritance in the Great Pyramid (Piazzi Smyth) 34

P

País de Gales 407
Palermo Stone and the Archaic Kings of Egypt, The (O'Mara) 211, 244, 311
Paleta de Narmer 269, 270, 271, 272, 274, 480
Paleta dos Caçadores 273, 274
Papiro de Turim 97, 241, 242, 311
Papiro Westcar 322
Parker, Richard 95
Pedra de Palermo 23, 24, 93, 211, 235, 236, 237, 238, 240, 241, 244, 246, 247, 248, 249, 251, 252, 253, 254, 255, 274, 275, 276, 277, 278, 420, 438, 448, 449, 479
Pedra de Roseta 137
Pedra do Cairo 23, 24, 211, 237, 240, 241, 243, 246, 247, 248, 249, 251, 479
Pedreira de Hawara 182, 183
Peet, T. Eric 410, 413
Período Arcaico 93, 120, 128, 226, 236, 251
Perring, John S. 64, 107, 141
Perrot, Georges 138, 297, 462

Índice Remissivo

Petrie, *sir* Flinders 38, 43, 81, 203, 216, 247, 251, 282, 285, 290, 291, 296, 302, 314, 427, 429, 455, 457, 467, 477, 479
Piankoff, Alexandre 179
Piazzi Smyth, Charles 96, 131, 317
Pilares de Hércules 27, 380, 397, 398, 399, 401, 408
Pirâmide de Miquerinos 20, 34, 35, 36, 37, 41, 44, 51, 52, 97, 114, 122, 124, 126, 127, 154, 159, 160, 197, 236, 292, 472
Pirâmide de Quéfren 20, 36, 37, 39, 40, 41, 42, 47, 48, 51, 52, 56, 64, 87, 95, 121, 152, 160, 176, 196, 198, 288, 289, 290, 292, 296, 312, 315, 316, 323, 327, 424, 455, 458, 459, 460, 463, 476, 481
Pirâmide Vermelha 121
Planalto de Gizé 19, 29, 30, 32, 35, 42, 45, 51, 54, 55, 56, 57, 63, 64, 69, 78, 80, 82, 83, 87, 88, 90, 109, 112, 125, 154, 161, 164, 183, 193, 288, 292, 296, 304, 316, 319, 337, 357, 375, 475
Plínio 288, 298, 392, 393, 441, 461, 464, 487
Plutarco 85, 391
Poço de Osíris 18, 19, 20, 43, 56, 57, 58, 59, 60, 61, 62, 63, 64, 65, 66, 68, 72, 73, 74, 75, 76, 77, 78, 80, 81, 82, 83, 84, 85, 86, 87, 88, 90, 91, 109, 126, 127, 130, 161, 236, 296, 306, 315, 322, 334, 372, 373, 377, 444, 469
Polias 189
Povich, Maury 58
Protestantismo 48
Ptah 255, 316, 329
Ptolomeus 243
Pyramids and Temples of Gizeh, The (Petrie) 134, 340, 455, 459, 467

Q

Quadrado da Sombra 30, 34, 35, 36, 37, 38, 39, 40, 41, 42, 43, 44, 45, 46, 47, 49, 50, 51, 52, 53, 54
Quadrado Perfeito 35, 37, 43, 44, 45, 46, 47, 48, 49, 50, 51, 52, 53, 54
Quéfren (Khafre/Raqaf), rei 22, 185, 289, 304, 308, 474
Quéops (Khufu), rei 20, 99, 180, 181, 194, 313
Quibell, James 212, 270
Quirke, Stephen 244, 253

R

Radjedef 95, 99
Radwan, Mansour 167
Rambova, N. 179
Ramsés II, rei 233, 242, 263, 465
Raneb, rei 49
Ranke, Hermann 273
Rá (Ré) 44, 45, 46, 47, 48, 49, 51, 53, 99, 148, 149

Raven, sr. 144
Rawlinson, George 382
Redford, Donald 233, 244, 252
Reed, Eleonore 293, 294
Reforma 48
Reisner, George 112, 139, 154, 292, 309, 456, 457, 460
Religious Ritual at Abydos (David) 83
Reyna, Simeon 423
R. G. Goodchild 416
Rice, Michael 209, 310, 311
Ricke, Herbert 165, 167, 168, 170, 172, 173, 174, 289, 290, 293, 348, 455, 473, 475
Riddle of the Pyramids, The (Mendelssohn) 117
Rinaldi, C. 118, 331
Rostau 163, 192, 329
Royal Annals of Ancient Egypt (Wilkinson) 254
Royal Tombs of the Earliest Dynasties, The (Petrie) 204, 216, 251

S

Saad, Zaki 216
Saguir, Mohammed 125
Sahu, rei 258, 312, 455
Sahure, rei 419, 420
Sais 229, 274, 420, 425, 429, 438, 439, 440
Sala de Registros 59, 60, 163, 181
Salt, Henry 447
Saqqara 23, 45, 92, 93, 110, 112, 115, 117, 119, 120, 121, 128, 158, 204, 205, 206, 216, 217, 220, 222, 223, 224, 225, 226, 227, 228, 229, 230, 231, 232, 233, 234, 235, 241, 255, 256, 257, 258, 264, 265, 266, 282, 284, 287, 311, 314, 471, 477, 478, 479
Saqqara and the Dynastic Race (Emery) 284
saqueadores 34, 73, 83, 112, 194, 221, 296, 306, 342, 368, 406, 463, 468, 485
Scott, Michael 388, 389
Secret Chamber (Bauval) 70
Secret of the Great Pyramid, The (Hein) 133
Seka 277, 278
Semerkhet, rei 222, 223, 224, 226, 227, 228, 229, 230, 231, 233, 234, 235, 265, 314, 478
Send (Sened/Sendji), rei 22, 49, 93, 181, 308, 311, 312, 313, 373
Senusret III 266
Sertório, Quinto 391
Sesóstris III, rei 85
Set 85, 86, 209, 210, 214, 402
Sethe, Kurt 247, 402

Índice Remissivo   501

Seti I, rei 78, 83, 86, 109, 224, 225, 242, 263, 266, 268, 349, 366, 434, 482
Sharif, Omar 130
Shepseskaf, rei 200, 456, 458, 460
Sheri 310
Sheshet 219
Shu-Shufu 134
Sículo, Diodoro 392, 394, 395, 406, 441, 461
Sieglin, Ernst von 65, 195, 291, 300, 454, 457
Sinai 25, 74, 75, 377
Sírius 29, 94
Skinner-Simpson, Nigel 58
Smith, Elliot 285
Sneferu, rei 94, 121, 122, 127, 181, 240, 255, 276, 279, 313, 371, 373
Sokar (posterior Osíris) 162, 328, 329, 330, 350, 359, 371, 430
Some Indirect Sothic and Lunar Dates from the Middle Kingdom in Egypt
       (O'Mara) 244
Some Lunar Dates from the Old Kingdom in Egypt (O'Mara) 244
Some Problems on the History of the Third Dynasty (Swelim) 117, 281
"Sothic Dating of the Twelfth and Eighteenth Dynasties, The" (Parker) 95
Spalinger, Anthony 96, 97, 137
Sphinx Mystery, The (Temple) 30, 35, 42, 45, 51, 61, 76, 85, 109, 111, 156, 163,
       296, 315, 316, 322, 323, 324, 341, 346, 348, 349, 350, 351, 353, 355, 357,
       360, 366, 369, 373, 385, 444, 482, 486
Stadelmann, Rainer 97
State Formation in Egypt (Wilkinson) 273
Steindorff, Georg 65, 195, 299, 300, 309, 454, 456, 457, 487
Stonehenge 18, 27, 28, 375, 381, 386, 392, 396, 412, 414, 415, 416, 487
Strudwick, Nigel 139
Swelim, Nabil 117, 281

T

Tábua de Desenho de Gizé 241
Tácito 398, 399, 407
Taylor, John 38
Tebas (Luxor) 233, 268, 400, 401, 472
Temple, Olivia 470, 475, 478, 481, 482, 483, 484, 487
Templo da Esfinge 20, 21, 22, 41, 163, 164, 165, 167, 168, 169, 170, 172, 173, 174,
       178, 179, 180, 181, 182, 183, 184, 185, 186, 190, 194, 196, 197, 198, 199,
       200, 201, 202, 288, 289, 290, 291, 293, 294, 295, 296, 313, 317, 321, 331,
       335, 337, 347, 348, 349, 350, 351, 352, 353, 354, 355, 356, 357, 358, 359,
       360, 361, 362, 363, 365, 366, 368, 369, 370, 371, 373, 455, 460, 473, 474,
       475, 476, 477, 481, 485
Templo de Dendera 85, 350

502   **Aurora Egípcia**

Templo de Seti I 78, 83, 109, 224, 225, 242, 263, 349, 366, 482
Templo do Vale 22, 49, 65, 73, 81, 84, 93, 163, 164, 174, 175, 181, 184, 185, 186,
       187, 189, 190, 197, 199, 200, 201, 202, 281, 288, 289, 290, 291, 292, 293,
       294, 295, 296, 297, 298, 299, 300, 301, 302, 303, 304, 306, 307, 308, 309,
       311, 312, 313, 314, 315, 316, 317, 318, 319, 320, 321, 324, 325, 326, 327,
       330, 331, 332, 333, 334, 335, 337, 338, 339, 340, 341, 344, 345, 346, 347,
       349, 351, 352, 353, 354, 356, 357, 358, 359, 361, 362, 365, 367, 368, 369,
       370, 371, 372, 373, 454, 455, 456, 457, 458, 460, 461, 462, 465, 466, 467,
       468, 472, 473, 481, 482, 483, 484, 485
Templo Funerário 64, 65, 176, 191, 192, 193, 194, 195, 196, 197, 198, 199, 290,
       296, 300, 301, 314, 323, 342, 363, 364, 455, 456, 458, 460, 472, 476
termoluminescência 15, 16, 20, 207, 220, 372, 482
Teti, rei 24, 93, 128
Textos das Pirâmides 163, 181, 350, 366, 400
Texts from the Pyramid Age (Strudwick, Leprohon) 139
Thesh 277, 278
Thom, dr. Archibald 386
Thom, prof. Alexander 384, 386
Thoth 85, 86, 299, 322, 403, 466
Tinis 227
Tiu 277, 278
Tjuloy 233, 234
Tomb of Ramesses VI (Piankoff, Rambova) 179
Tumba de Campbell 62, 63, 66, 141, 142, 143
Tumba de Osíris 55, 56, 59, 61, 78, 79, 83, 90, 470
Tunísia 405, 421, 426
Tutankhamon, rei 108, 180, 224, 242
Tutmósis IV, rei 464, 465

U

Uadji, rei 110
Uazanez 277
Udimu, rei 110, 480
Userkaf, rei 241

V

Veröffentlichungen der Ernst von Sieglin-Expedition (Band) 195, 454
Vyse, coronel Richard Howard 61, 136

W

Wadi Hammamat 98, 99, 241
Wadi Mouelih 75

Índice Remissivo

Wadi Ranga 75
Warburton, David 309
Weeks, dr. Kent 117, 118
Weld-Blundell, Herbert 414, 487
Wenke, Robert J. 157
Whishaw, Ellen M. 383
Wickersham, John M. 208, 243, 311
Wilkin, Anthony 421
Wilkinson, *sir* Gardner 147
Wilkinson, Toby 254, 273
Wilson, John 269
Wölfli, Willy 157
Wood, Wendy 216

Z

Zawiyet el-Aryan 103, 104, 105, 106, 107, 281, 282, 318, 449, 470, 471
Zer, rei 110, 250
Zimmer, G. F. 376
Zoraz Kar 386, 400
Zoser (Djoser/Djeser/Netjerykhet), rei 45, 108, 112, 115, 116, 117, 118, 119, 120, 204, 206, 210, 211, 216, 220, 221, 228, 229, 230, 231, 232, 234, 235, 255, 313, 471, 478
Zyhlarx, E. 431

Nota do Editor

A Madras Editora não participa, endossa ou tem qualquer autoridade ou responsabilidade no que diz respeito a transações particulares de negócio entre o autor e o público.

Quaisquer referências de internet contidas neste trabalho são as atuais, no momento de sua publicação, mas o editor não pode garantir que a localização específica será mantida.

Este livro foi composto em Times New Roman, corpo 11,5/13.
Papel Offwhite 66,6g
Impressão e Acabamento
Orgráfic Gráfica e Editora — Rua Freguesia de Poiares, 133 —
Vila Carmozina — São Paulo/SP — CEP 08290-440